Japan

Korea
Dem.
Rep.

Korea
Rep.

Taiwan

Hongkong
:ao

Philippinen

ei

nesien

Papua
Neuguinea

Übersichtskarte Asien

—— Staatsgrenzen

—— Flüsse (Auswahl)

Quelle: *Diercke Weltatlas, 1996.*
Entwurf: *J. Clemens, August 1996.*

Wasser in Asien

Elementare Konflikte

Herausgegeben
von Thomas Hoffmann
für das Asienhaus Essen

Wasser in Asien
Elementare Konflikte

Herausgegeben von Thomas Hoffmann
für das Asienhaus Essen

Übersetzungen aus dem Englischen
— Wasser in Seoul
— Bangladeschs Kampf
— Der Hoa Binh-Damm
übersetzt von Thomas Hoffmann

— Stauen des Mekong
— Das »Beschleunigte Mahaweli-
Entwicklungsprogramm«
— Das »Bakun Hydroelektrische Projekt«
übersetzt von Ira Stubbe-Diarra
und Thomas Hoffmann

Realisation
sec Kommunikation und
Gestaltung GmbH, Osnabrück
Gestaltung: Jochen Fritz
Lektorat: Kerstin Beimdiek
Satz und Graphische Arbeiten:
Kerstin Beimdiek
in Zusammenarbeit mit
Alexander Müller und Sascha Wilde

Druckerei
Pfotenhauer GmbH, Ankum

Buchbinder
Bramscher Buchbinder Betriebe
GmbH & Co. KG, Bramsche

secolo Verlag
Rolandsmauer 13/14
49074 Osnabrück
Telefon 0541/2 89 98
Telefax 0541/20 15 55

1. Auflage 1997
ISBN 3-929979-37-3

Copyright bei secolo Verlag, Osnabrück.
Alle Rechte vorbehalten.

Bildnachweis
B. Basting 151 l., 151 r.
J. Clemens 329, 331
I. Decker 101
R. Dusik 27, 38, 39, 206 u.
P. Franke 145
Th. Hoffmann 18, 19, 21, 26, 29, 37, 82,
83, 88, 95, 113, 127, 130, 138, 139, 142,
143, 146, 147 l., 147 r., 149, 150, 205 o.,
209 o., 209 u., 210, 211, 212 u., 213,
214 o., 215, 216 o., 216 u., 217 o.,
217 u., 219, 221 u., 222 o., 222 u., 223,
297, 347 o., 347 u., 382
M.P. Houscht 413 o., 413 u.
W. Keller Titelbild, 15, 20, 44, 46, 55,
56, 59 o., 59 l.u., 59 r.u., 87, 89, 90,
206 o., 208, 212 o., 214 u., 218, 220,
221 o., 224, 235, 259
F. Kraas 178
L. Lenhart 60, 61, 63, 65, 66, 67, 69, 75
H. Löschmann 103, 104
Minamata, Stadtverwaltung 267
das neue China 189 o., 189 u.
A. Pleumarom 315
R. Siebert 23, 47 o., 47 u., 109, 157, 207
J. Scholz 14, 17, 31, 205 u.
E. Sternfeld 184, 185, 186, 187
M. Ursin 320, 321, 322, 323
E. Weber 123 o., 123 u., 133, 167
M. Weidner-El Salamouny, Staatliches
Museum für Völkerkunde, München 112
B. Weißen 421, 422, 423

Kapitelübersicht

Inhalt

6 —————— **Wasser als Waffe –**   *225*
Politische Konflikte um Wasser

8   ——————   Das gestaute Naß – Fluch oder Segen?

____ Vorwort

Im Frühjahr 1995 bezogen die in der *Asienstiftung* zusammengeschlossenen Organisationen *Korea-Verband, Philippinen-Büro, Südasienbüro, Südostasien-Informationsstelle* und die *Tibet-Initiative Deutschlands* das in Essen-Katernberg neu eingerichtete Asienhaus. Ziel dieses Projektes ist nach den Worten des Stiftungsvorsitzenden Prof. Dr. Günter Freudenberg, eine Brücke zwischen den Gesellschaften Asiens und Deutschlands zu schlagen sowie zur Demokratisierung asiatischer Länder und zur gegenseitigen Unterstützung fortschrittlicher Bewegungen beizutragen. Darüber hinaus sollen Fragen von beiderseitigem und globalem Interesse vertieft werden. Gefördert werden sollen supranationale bzw. überregionale Vernetzungen zur Bekämpfung von Verbrechen gegen Umwelt und Frauen und zur Bekämpfung von Geschäften mit Krieg und Elend. Schließlich sollen herrschende Wirtschaftsstrukturen und an ihnen die Orientierung der entwicklungspolitischen Diskussionen hinterfragt werden. Neben dieser Orientierung an den Themenbereichen Menschenrechte, Politik und Ökologie ist es das Anliegen des Asienhauses, eine breit gefächerte Informations- und Öffentlichkeitsarbeit über die Länder Asiens zu leisten, kulturelle Veranstaltungen sowie Seminare, Tagungen und Vorträge zu aktuellen Themen durchzuführen, Sprachkurse anzubieten und in Deutschland lebenden Asiaten Rechtsberatung zukommen zu lassen.

Die in der Tradition der einzelnen Büros stehende, kontinuierliche Informationsarbeit für die deutschsprachige Öffentlichkeit über Ereignisse, Entwicklungen und Trends in Asien wird einerseits durch die Zeitschriften *Korea-Forum, Philippinen-Forum, Südasien* und *Südostasien-Informationen* und andererseits durch Sonderpublikationen der einzelnen Büros fortgeführt.

Mit der Etablierung des Asienhauses sollen neben diesen primär regional ausgerichteten Publikationen auch asienübergreifende Themenschwerpunkte erarbeitet und der Öffentlichkeit zugänglich gemacht werden. Das erste gemeinsame Publikationsprojekt des Asienhauses wurde dem Thema »Wasser« gewidmet und liegt nun, nach einjähriger Arbeit, vor. Fast fünfzig Mitarbeiter des Asienhauses, Journalisten, Wissenschaftler, Entwicklungshelfer und Mitarbeiter verschiedener Nichtregierungsorganisationen aus den Ländern Asiens und aus Europa haben sich dem Thema von den unterschiedlichsten Seiten genähert und ein facettenreiches Ganzes zusammengetragen. Ziel dieser Publikation ist zum einen, Wasser in seiner Funktion als Lebensraum und in seiner kulturellen Bedeutung darzustellen. Im Mittelpunkt aber stehen insbesondere die vielfältigen politischen, sozialen, ökonomischen und ökologischen Konfliktlinien und -dimensionen um Wasser in asiatischen Ländern. Es gilt, die Öffentlichkeit für das dem Wasser innewohnende Konfliktpotential zu sensibilisieren und zum Verständnis der asiatischen Realität beizutragen.

Allen Autoren sei an dieser Stelle nochmals für ihr Engagement gedankt. Der Dank geht ferner an die Mitarbeiter des Asienhauses, die in vielfältiger Weise zur Fertigstellung des Buches beigetragen haben, an Frau Kerstin Beimdiek für ein außerordentlich gründliches Lektorat und an Frau Marion Hoffmann, die die Mühen des Korrekturlesens auf sich genommen hat.

Thomas Hoffmann

1

»Wo das Wasser endet, endet auch die Welt«

—— » Wo das Wasser endet,
endet auch die Welt «

Thomas Hoffmann

» Wo das Wasser endet, endet auch die Welt « lautet ein usbekisches Sprichwort. Es betont nicht nur die existentielle Abhängigkeit des Menschen vom Wasser, sondern verweist zugleich auf den Naturraum Usbekistans, der zu 70 Prozent von den Wüsten und Halbwüsten Kysilkum und Karakum dominiert wird. Das natürliche Wasserangebot ist hier aufgrund äußerst geringer jährlicher Niederschlagsmengen sehr begrenzt und entsprechend kostbar. Ähnliches gilt für die Wüstengebiete der Tharr im indisch-pakistanischen Grenzbereich, deren Jahresniederschlag meistens nur zwischen 100 Millimeter und maximal 250 Millimeter beträgt, für die ariden Regionen Afghanistans, die nordchinesische Gobi und natürlich für die größte der zentralasiatischen Wüsten, die im Herzen der autonomen Region Xinjiang gelegene Takla Makan – » Gehst Du hinein, kommst Du nicht wieder heraus « bedeutet sinngemäß ihr aus dem Uigurischen stammender Name. Der Wasserarmut in diesen Teilen Asiens stehen als extremste Gegenpole die innertropischen Feuchtgebiete Südostasiens mit über 3.000 Millimeter Jahresniederschlag entgegen, und im Nordosten des indischen Subkontinentes eine der niederschlagsreichsten Regionen der Erde überhaupt – Jahr für Jahr prasseln dort mehr als 10.000 Millimeter Regenwasser auf den Ort Cherrapunji nieder.

Trotz aller Entscheidungsfreiheit und technischen Möglichkeiten der verschiedenen menschlichen Gesellschaften gibt diese extreme Gegensätzlichkeit des natürlichen Wasserdargebots seit jeher die groben Leitlinien für sehr unterschiedliche Lebensweisen und agrare Wirtschaftsformen vor. Darüber hinaus birgt diese Gegensätzlichkeit stets auch den Kern für Konflikte um die Verfügungsgewalt über Wasser. Während in der einen Region die Menschen in Abhängigkeit von Gletscherschmelzwässern der innerasiatischen Hochgebirge Kunlun, Tian Shan, Pamir, Hindukusch, Karakorum und Himalaya in Oasen leben, ist das Wasser selbst die Heimat von Seenomaden-Völkern wie den Moken, Orang Suku Laut oder den Sekah und Bajo in den Küstenregionen des insularen und Festland-Südostasien. Bangladesch wie auch einige andere Regionen Süd- und Südostasiens sind nicht nur durch starke Jahresniederschläge und gewaltige Stromlandschaften geprägt, son-

dern auch der immer wiederkehrenden Gefahr von Naturkatastrophen ausgesetzt, insbesondere Taifunen und damit einhergehenden Überschwemmungen und Sturmfluten. Eine Existenz in diesem Raum war dauerhaft also nur möglich, wenn die Menschen lernten, mit der Flut und den damit verbundenen Gefahren und Unwägbarkeiten zu leben – den Bangladeschis gelang es. Mit Blick auf die Landwirtschaft ergibt sich eine weitere, facettenreiche asiatische Realität: Während in weiten Bereichen des asiatischen Kontinentes Regenfeldbau betrieben werden kann, ist in anderen Teilen Landwirtschaft nur mit Feldbewässerung möglich, und zwar unabhängig davon, welche Kulturpflanzen angebaut werden.

Die ausreichende quantitative und qualitative Verfügbarkeit von Wasser ist unabdingbare Voraussetzung jeglichen Lebens in einem Raum. Neben der unmittelbaren Versorgung des Menschen steht insbesondere die ausreichende Versorgung der Nutztiere und der landwirtschaftlichen Nutzflächen im Vordergrund. Um letztere zu gewährleisten, mußten die Menschen in Anpassung an die naturräumlichen Voraussetzungen adäquate technische Lösungen entwickeln, um Wasser zu erschließen, es dann gegebenenfalls zu transportieren und zu heben, ehe es genutzt werden konnte. Aus diesen Bedingungen resultiert die auffallende Vielfalt der Bewässerungsmethoden in Asien.

Im kultisch-religiösen Bereich kommt Wasser in allen Religionen Asiens eine besondere Bedeutung zu. Es symbolisiert das Reine, das Reinigende und wird daher in kultischen Handlungen auf vielfältige Weise instrumentalisiert. Doch über die Komplexe »Wasser als Lebensraum« und »Wasser als kulturelles Element« hinaus rückt Wasser als unabdingbare existentielle Lebensgrundlage in den vergangenen Jahren immer stärker in das politische Bewußtsein und offenbart bzw. betont das Konfliktpotential, das dem Wasser prinzipiell innewohnt und sich in sehr unterschiedlichen Dimensionen äußern kann: politisch, ökonomisch, ökologisch und sozial. Dabei kommt es zu vielfältigen und graduell verschiedenen Überschneidungen. Pressemeldungen und Buchtitel der jüngsten Zeit dokumentieren einerseits die aktuelle brisante Verknappung der Ressource Wasser, und sie verweisen anderer-

»Wo das Wasser endet, endet auch die Welt«

seits auf die Vielfältigkeit der mit dem Medium Wasser verbundenen potentiellen wie existenten Konflikte:

- *Gefahren durch globale Wasserknappheit*
- *Um Leben und Tod. Der Kampf um die Wasserreserven wird zum globalen Konfliktpotential*
- *Der Kampf um das Wasser*
- *Das Süßwasserreservior ist in Gefahr*
- *Trübe Aussichten für das Wasser*
- *Jeder Tropfen zählt*
- *Großstädten droht extreme Wasserknappheit*
- *Wasser bald wertvoller als Öl*
- *Ist Wasser für alle ein unerfüllbarer Traum?*
- *In 80 Ländern ist das Wasser knapp*
- *Wasservorräte sind stark gefährdet*
- *Indiens heiliger Fluß stinkt zum Himmel*
- *Trinkwasser ist jetzt ein Luxusgut*
- *Nach uns die Sintflut. Staudämme in Asien*
- *Wasser: Element des Friedens und des Konfliktes*
- *Gefährliche Spiele mit Wasser und mit Feuer*
- *Flüssiger Kriegsgrund*
- *Von der Grünen Revolution zur Wasserkrise*
- *Wasser: die politische, wirtschaftliche, und ökologische Katastrophe – und wie sie bewältigt werden kann*
- *Trinkwasser bald teurer als Gold. Asiens Wasserreserven sind in nur fünf Jahren um 50% gesunken*
- *Die Weltbank befürchtet, daß es Kriege um knappes Wasser geben wird*

Zentrales Anliegen des vorliegenden Buches ist es, diese verschiedenen Konflikt-dimensionen auszuleuchten und im asiatischen Kontext darzustellen. Zwar ist auf die primär unpolitischen Dimensionen von Wasser im kulturellen Zusammenhang einzugehen, aber prinzipiell soll nicht Wasser an sich im Mittelpunkt der Betrach-tung stehen und analysiert werden. Das Erkenntnisinteresse richtet sich vielmehr auf Wasser als umstrittenes, als umkämpftes, als konflikträchtiges und konflikt-verursachendes Medium.

Politische Konflikte um Wasser treten insbesondere dann auf, wenn ein für die Bewässerungslandwirtschaft wichtiger Flußlauf, häufig ein Fremdlingsfluß, das Territorium zweier oder mehrerer Staaten durchfließt, die alle auf die Nutzung die-ses Wassers angewiesen sind und jeweils einen größtmöglichen Anteil an diesem Wasser beanspruchen. Naturgemäß kommt in der Regel dem bzw. den am Ober-lauf eines Flusses gelegenen Staat(en) die stärkere Position zu. Klassische Beispiele für politische Wasserkonflikte sind etwa der im Nahen Osten zwischen Jordanien und Israel bestehende Konflikt um die anteilige Nutzung des Jordanwassers oder der zwischen der Türkei einerseits und Syrien sowie dem Irak andererseits ausge-tragene Konflikt über die Kontrolle und die Nutzungsrechte am Euphrat-Wasser. Die potentielle Reichweite dieser Konfliktkonstellation im Nahen Osten veranlaß-

*Kaschmir, im nordwestlichen Himalaya gelegen, ist durch
die sommerlichen Monsunniederschläge ausreichend mit Wasser versorgt.*

te den vormaligen UN-Generalsekretär Boutros Boutros-Ghali in seiner früheren
Funktion als ägyptischer Außenminister bereits vor Jahren zu der Prophezeiung,
der nächste Krieg werde in der Region nicht um territoriale Anrechte oder Öl, sondern um Wasser geführt werden. Konflikte dieser Art sind nicht auf den nahöstli-
chen Raum beschränkt. Ebenso zu finden sind sie um den Colorado und Rio Gran-
de zwischen den Vereinigten Staaten und Mexiko, um den Lauca zwischen Bolivien
und Chile, um den Paraná und den Rio de la Plata zwischen Argentinien, Brasilien
und Paraguay, um den Nil zwischen Äthiopien, dem Sudan und Ägypten sowie um
den Indus und seine Nebenflüsse zwischen Pakistan und Indien oder um den
Ganges zwischen Indien und Bangladesch.

Unterschiede ergeben sich jedoch bei den Nutzungsmotiven, die den Konflikten
zugrundeliegen. Sie sind primär im Bereich der Bewässerung, aber auch bei der hydroelektrischen Energiegewinnung angesiedelt. Politische Konflikte um Wasser
müssen nicht zwangsläufig bi- bzw. multilateral sein, sondern können durchaus
binnenstaatliche Dimension annehmen: dies ist beispielsweise der Fall zwischen
den pakistanischen Provinzen Punjab und Sindh um das Induswasser, zwischen den
südindischen Bundesstaaten Karnataka und Tamil Nadu um das Wasser der Cauvery oder zwischen Karnataka und Andhra Pradesh um das Wasser des Krishna.
Zwar geben vertragliche Einigungen über die Nutzung von Wasser Anlaß zu der
Hoffnung, daß politische Konflikte um Wasser vertraglich gelöst werden können
und nicht zwangsläufig gewaltsam ausgetragen werden müssen. Dies zeigen etwa
die jüngsten vertraglichen Vereinbarungen zwischen Israel und Jordanien um die
künftige Nutzung des Jordanwassers, die soeben erfolgte Annäherung zwischen Indien und Bangladesch um die Nutzung des Gangeswassers und auch die bereits
1960 in Vertragsform gefaßte Einigung zwischen den südasiatischen Erzfeinden
Pakistan und Indien im sogenannten »Indus Water Treaty«. Genauso muß allerdings gesehen werden, daß eine Reihe von Konflikten um geteilte Flüsse nach wie

vor offen sind und selbst bestehende vertragliche Vereinbarungen aufgrund der existentiellen Bedeutung des Wassers für jeden der Vertragspartner als per se fragil eingestuft werden müssen.

Die ökonomische und die soziale Konfliktdimension von Wasser sind eng miteinander verbunden und kaum voneinander zu trennen. Hier sind in erster Linie die sozialen Konflikte zu nennen, die durch die Erhöhung von Wasserpreisen ausgelöst werden, da einkommensschwache Bevölkerungsgruppen von einer solchen Maßnahme naturgemäß viel stärker betroffen sind, als Haushalte der kaufkräftigen

18

Der Huang He, hier bei Lanzhou, durchzieht
die niederschlagsarmen Regionen Nordwest-Chinas.

Mittel- oder gar Oberschicht. Sobald sich der Staat aus seiner sozialen Verantwortung stiehlt, indem er die Wasserversorgung privatisiert oder Subventionen für die Verfügbarkeit von Wasser streicht, verbleiben für die betroffenen Bevölkerungsgruppen als Lösungsstrategien nur noch ein reduzierter Verbrauch oder der Rückgriff auf qualitativ minderwertiges Wasser – beides geht auf Kosten ihrer Gesundheit – oder aber der Schritt in die Illegalität, indem öffentliche Wasserleitungen angezapft werden und Wasser unentgeltlich entnommen wird. Wasser soll eine neue Bewertung zukommen, so die Forderung von Klaus Lanz, dem Verfasser des *Greenpeace-Buches vom Wasser* – dieser Ansatz ist prinzipiell begrüßenswert und kann als Schritt in die richtige Richtung zur zukünftigen Lösung der Wasserfrage gesehen werden. Dennoch muß der potentiellen Konfliktgefahr einer überzogenen Handhabung dieses Instrumentariums unbedingt Rechnung getragen werden.

Andere Ursachen für ökonomische Konflikte um Wasser entstehen beispielsweise durch unterschiedliche Nutzungsinteressen, bei denen die kaufkraftschwächere Nutzergruppe aus rein ökonomischen Gründen unterliegen muß. Dies ist etwa zu beobachten in der Auseinandersetzung zwischen thailändischen Golfplatzbetreibern und autochthonen Reisbauern, oder in dem Konflikt um eine ausreichende Wasserversorgung zwischen internationalen Hotelkonzernen mit ihrem überproportionalen Bedarf an Brauchwasser einerseits und der lokalen Bevölkerung von Touristenzielorten in Asien andererseits.

Konflikte um Wasser, die ökologische Gründe haben, treten insbesondere da auf, wo entweder große Areale durch Staudammprojekte überflutet werden oder da, wo es aufgrund unsachgemäßen menschlichen Wirtschaftens oder Verhaltens zu Verunreinigungen von Wasser mit allen daraus resultierenden Folgeerscheinungen kommt. Als Ursachen ökologisch initiierter Konflikte sind etwa zu beobachten: Veränderungen des Mikroklimas durch große Wasserflächen, das Verschwinden einmaliger und daher schützenswerter Pflanzengesellschaften, die Umsiedlung angestammter Bevölkerungsgruppen, die übermäßige Entnahme von Bewässerungs-

19

Im äußersten Westen Chinas, am Übergang der Wüste Takla Makan
zum Tian Shan, zum Himmelsgebirge, kommt es nur sehr selten zu Niederschlägen.

wasser aus natürlichen Gewässern oder die Vernichtung von Flüssen und Seen durch Einleitung giftiger Abfälle und Abwässer aus Haushalten und Industriebetrieben. Diese Konflikte verlaufen zumeist zwischen Industrie und Staat auf der einen Seite und betroffenen Bürgern und Umweltschützern auf der anderen Seite.

Schließlich ist die soziale Konfliktdimension des Mediums Wasser sicherlich als die zentrale und umfassendste Größe zu nennen, da sie alle anderen Konfliktebenen überlappt. Immer wieder ist der Mensch, ist die Gesellschaft betroffen – ganz gleich, ob das Wasser eines zwischen zwei Staaten geteilten Flusses vom Anrainerstaat am Oberlauf gestaut oder umgeleitet wird, ob der Bau eines Staudammes traditionelle Lebensräume überflutet, ob unverantwortliche, da für die Umwelt unverträgliche Produktionsverfahren zum Einsatz kommen, ob Wasser dadurch rein quantitativ reduziert oder qualitativ verschlechtert wird, ob Wasser teurer, vielleicht sogar unerschwinglich wird oder ob es zu Überschwemmungen im Zusammenhang mit Naturkatastrophen kommt. Der Grad der Betroffenheit einzelner gesellschaftlicher Gruppen ist strukturell bedingt sehr unterschiedlich. So treten soziale Konflikte in erster Linie auf, wenn gesellschaftliche Gruppen unterschiedliche Verfügungsrechte über Wasser bzw. Zugänglichkeiten zu Wasser haben. Dies ist im Zusammenhang mit der Frage der Ökonomisierung von Wasser zu beobachten.

Ein anderes, weit verbreitetes soziales Problem hängt mit dem Bau von großen, zumeist multifunktionalen Staudämmen zusammen. Wenngleich sich die Vertreibung ansässiger Bevölkerungsgruppen aus dem für einen Stausee vorgesehenen

»Wo das Wasser endet, endet auch die Welt«

20

Die zerstörende Kraft des Wassers zeigt sich für Millionen von Menschen,
wie hier in Bangladesch, etwa durch verheerende Überflutungen.

Raum nicht immer in Größenordnungen von weit über einer Million Menschen bewegt – dies ist der Fall bei dem derzeit im Bau befindlichen Prestigeprojekt der chinesischen Regierung am Jangtsekiang –, so kommt es doch bei fast allen Großprojekten dieser Art zur Umsiedlung, besser gesagt zur Vertreibung Tausender von Menschen aus ihren traditionellen Lebensbereichen, ohne daß ihnen der eigentliche Nutzen dieser Projekte zugute kommt. Sie sehen sich dadurch über Jahre schlechter gestellt und müssen zusätzlich damit zurechtkommen, daß sie ihre tradierten Sozialstrukturen und ihre in vielen Fällen kollektiven Identitätsmuster verloren haben. Oftmals orientierungslos, zumindest aber mit erheblichen Orientierungsschwierigkeiten, finden sie sich in einer sozialen wie räumlichen Umwelt wieder, die nicht die ihre ist und in der sie ohne jeglichen Einfluß auf die Gestaltung ihres Lebensraumes zur Ohnmacht verurteilt sind. Der Bau eines Staudammes besteht eben nicht nur aus einer architektonischen Leistung und technischen Umsetzung der auf dem Reißbrett entworfenen Planung, sondern er muß immer im Kontext der sozialen Folgen, Kosten und Konflikte gesehen werden, die ihn im Vorfeld und im Nachhinein begleiten.

Politische, ökonomische, ökologische und soziale Dimensionen kennzeichnen die Konflikte, die in Asien am Ende des 20. Jahrhunderts um Wasser zu beobachten sind. Selten repräsentieren die Konflikte nur eine der Dimensionen in Reinform, vielmehr läßt sich zumeist ein Konglomerat verschiedener Konfliktdimensionen beobachten. Die auslösenden Faktoren der unterschiedlichen Konfliktdimensionen lassen sich im wesentlichen auf folgende Punkte zurückführen: auf die regional verschiedenen Verfügbarkeiten und Verfügungsrechte von Wasser, auf die lokalen Machtkonstellationen und Nutzungsstrukturen und auf die voneinander abweichenden, konkurrierenden Ansprüche verschiedener Nutzergruppen.

*Wüsten und Halbwüsten bestimmen das Landschaftsbild Rajasthans,
dem westlichsten Bundesstaat Indiens.*

Unter »Asien« ist im Rahmen des vorliegenden Buches nicht der geographisch abgegrenzte Kontinent zu verstehen, sondern ein Teil desselben: der von Pakistan und Afghanistan im Westen über die zentralasiatischen Staaten Turkmenistan, Usbekistan, Tadschikistan, Kirgisistan und Kasachstan über die Mongolei nach Norden begrenzte Raum, der im Osten die Volksrepublik China umfaßt und bis Japan reicht, im Süden den indischen Subkontinent einschließt und im Südosten mit den Staatsgrenzen Indonesiens endet. Damit werden der Nahe und Mittlere Osten sowie die Gemeinschaft unabhängiger Staaten (GUS) mit Ausnahme der mittelasiatischen Republiken nicht in die Betrachtung einbezogen. Diese Abgrenzung des Raumes beruht zum Teil auf Ansätzen einer Gliederung der Welt nach Kulturerdteilen und zum Teil auf den im Rahmen der Arbeit des Asienhauses berücksichtigten Staaten. Betrachtet man nun dieses abgegrenzte Asien unter den verschiedensten kulturellen, religiösen, existentiellen und konfliktträchtigen Aspekten, so zeigt sich, daß eine Vielzahl – zuweilen die Mehrzahl – der weltweit zu beobachtenden potentiellen wie existenten politischen, ökonomischen, ökologischen und sozialen Probleme und Konflikte in diesem Raum zu finden sind.

Unter den Regionen der Erde weisen Ostasien und Südasien die größte Bevölkerung auf, und bis zum Jahr 2025 werden nach den derzeitigen Prognosen etwa 58 Prozent der Weltbevölkerung in diesen beiden Weltregionen leben. Einhergehend mit dieser heute bereits weit über drei Milliarden Menschen zählenden Bevölkerung und einem durchschnittlichen jährlichen Bevölkerungswachstum von mehr als zwei Prozent ist eine entsprechende Verknappung der Ressourcenbasis zu beobachten. Dies gilt insbesondere für Wasser. 97,5 Prozent des globalen Wassers sind in den Weltmeeren enthalten und damit für eine Nutzung durch den Menschen

»Wo das Wasser endet, endet auch die Welt«

nicht relevant. Von den verbleibenden 2,5 Prozent, die als Frischwasser weltweit verfügbar sind, sind 69 Prozent in den Gletschern der Erde gebunden, und zum Verzehr geeignetes, sauberes Grundwasser beträgt lediglich rund 30 Prozent – das sind von den globalen Wasservorkommen weniger als ein Prozent.

Infolge des starken Bevölkerungswachstums in der Region nimmt die statistisch pro Kopf zur Verfügung stehende Wassermenge kontinuierlich ab. Diese Entwicklung verschärft sich, weil der Pro-Kopf-Wasserverbrauch der Menschen in Asien gleichzeitig ebenso steigt wie in anderen Regionen der Erde. Zwischen 1970 und 1992 ermittelte Daten zeigen erhebliche Unterschiede beim Wasserverbrauch einzelner Länder (die statistischen Angaben beziehen sich auf den Wasserverbrauch pro Einwohner und Jahr; Daten zu Wassernutzung und -verbrauch weiterer Staaten ausführlich im Anhang S. 439):

22

Verbrauch unter 200 Kubikmeter		*Verbrauch über 2.000 Kubikmeter*		
Kambodscha	67 Kubikmeter	Pakistan	2.053	Kubikmeter
Indonesien	95 Kubikmeter	Kasachstan	2.294	Kubikmeter
Birma	101 Kubikmeter	Tadschikistan	2.455	Kubikmeter
Nepal	148 Kubikmeter	Kirgisistan	2.729	Kubikmeter
		Usbekistan	4.121	Kubikmeter
mittlerer Wasserverbrauch		Turkmenistan	6.390	Kubikmeter
China	462 Kubikmeter			
Indien	612 Kubikmeter			

Mit Blick auf den Gesamtwasserverbrauch in den Staaten Asiens läßt sich feststellen, daß er in Indonesien, in den Staaten Indochinas, in Birma, Nepal und in der Mongolei zwischen 1970 und 1992 um weniger als 10 Prozent stieg. Die bevölkerungsreichsten Staaten Indien und China hingegen verzeichneten im selben Zeitraum eine Steigerung des Gesamtwasserverbrauchs zwischen 10 und 20 Prozent. In Nordkorea stieg der Verbrauch zwischen 20 und 30 Prozent und in Südkorea wie auch in den zentralasiatischen Staaten sogar um mehr als 40 Prozent.

Den größten Anteil am Wasserverbrauch verzeichnet in Asien – wie auch weltweit – die Landwirtschaft. Aufgrund des hohen Anteils an Bewässerungsflächen macht sie in Asien durchschnittlich 86 Prozent des Wasserbedarfs aus. Weltweit beläuft sich dieser Wert auf 69 Prozent. Die privaten Haushalte in Asien beanspruchen hingegen nur 6 Prozent des Wassers, die Industrie nur 8 Prozent. Die nationalen Landwirtschaften von Afghanistan, Pakistan, Bangladesch, Indien, Nepal und Sri Lanka verzeichnen dabei Werte von 93 bis 99 Prozent des gesamten nationalen Wasserverbrauches. Demgegenüber verbraucht die Landwirtschaft des Himalayastaates Bhutan nur 54 Prozent, die Landwirtschaft Japans 50 Prozent und die Malaysias nur 47 Prozent. Nachdem der hohe Anteil der Landwirtschaft am nationalen Wasserverbrauch erkannt ist, rücken Möglichkeiten zur Wassereinsparung ins Blickfeld, wie etwa optimierte Bewässerungstechniken und technische Einrichtungen sowie der Anbau ökologisch angepaßter Kulturpflanzen.

Der zunehmende individuelle Wasserverbrauch und die Verknappung der Wasserressourcen insgesamt nehmen zusammen mit den hygienischen und sanitären Verhältnissen in den Ländern Asiens wesentlichen Einfluß auf den Anteil der jewei-

ligen Bevölkerung, die Zugang zu sauberem Trinkwasser hat. Nach Berechnungen   23
von UNDP weiß Thailand annähernd 90 Prozent seiner Bevölkerung mit Zugang zu
sauberem Wasser versorgt. In Indien, Malaysia, den Philippinen und der Mongolei
sind es über 70 Prozent, in China und Pakistan 70 Prozent, in Indonesien weniger
als 60 Prozent, und in Kambodscha sind sogar nur 30 Prozent der Bevölkerung mit
Zugang zu sauberem Wasser versorgt. Die Tragweite dieser statistischen Werte
wird im Zusammenhang mit Berechnungen der Weltgesundheitsbehörde (WHO)
deutlich: schätzungsweise 80 Prozent aller Krankheiten und über ein Drittel aller
Todesfälle in den Ländern der »Dritten Welt«, zu denen die überwiegende Zahl der
asiatischen Staaten zählen, sind auf den Konsum unsauberen Trinkwassers zurückzuführen. Der Grad der Sterblichkeit von Kindern unter fünf Jahren verhält sich daher genau umgekehrt proportional zum Anteil der Bevölkerung mit Zugang zu sauberem Trinkwasser: In ihren ersten Lebensjahren starben in Kambodscha von
1.000 Kindern unter fünf Jahren annähernd 200, in Pakistan etwa 130, in Indonesien immerhin noch 80 und in China und Thailand etwa zwanzig Kinder.
    Wenngleich die Versorgung der Bevölkerung mit sauberem Trinkwasser in den
Ländern Asiens von 61 Prozent im Jahr 1990 auf 80 Prozent im Jahr 1994 gesteigert werden konnte, sind nach wie vor Land-Stadt-Unterschiede erkennbar. Nach
Berechnungen der Weltgesundheitsorganisation im Jahr 1990 galten 83 Prozent
der städtischen, aber nur 53 Prozent der ländlichen Haushalte Asiens als mit sauberem Trinkwasser versorgt. Vier Jahre später wurden für den städtischen Bereich
84 Prozent und für die ländlichen Gebiete bereits 78 Prozent angegeben. An dieser
Entwicklung ist einerseits abzulesen, daß der Schwerpunkt der Entwicklungsprojekte, die auf die Verbesserung der Trinkwasserversorgung und der sanitären Einrichtungen ausgerichtet sind, im ländlichen Raum Asiens lag. Andererseits konnte
im urbanen Bereich jedoch kaum eine Verbesserung der Situation in diesem Zeitraum erreicht werden. Dies wiederum ist wesentlich auf das rasante Wachstum der
asiatischen Städte zurückzuführen: die Projektbemühungen und -erfolge können
mit dem städtischen Bevölkerungszuwachs durch starke Zuwanderungen und
Geburtenüberschüsse nicht mithalten. So konnten zwischen 1990 und 1994 absolut gesehen zwar zusätzliche 172 Millionen Menschen in den Städten Asiens mit
sauberem Trinkwasser versorgt werden, der Grad der Versorgung aber stieg
prozentual nur um einen Prozentpunkt von 83 Prozent 1990 auf 84 Prozent 1994.

»Wo das Wasser endet, endet auch die Welt«

Pro Kopf-Wasserverbrauch 1970–1994

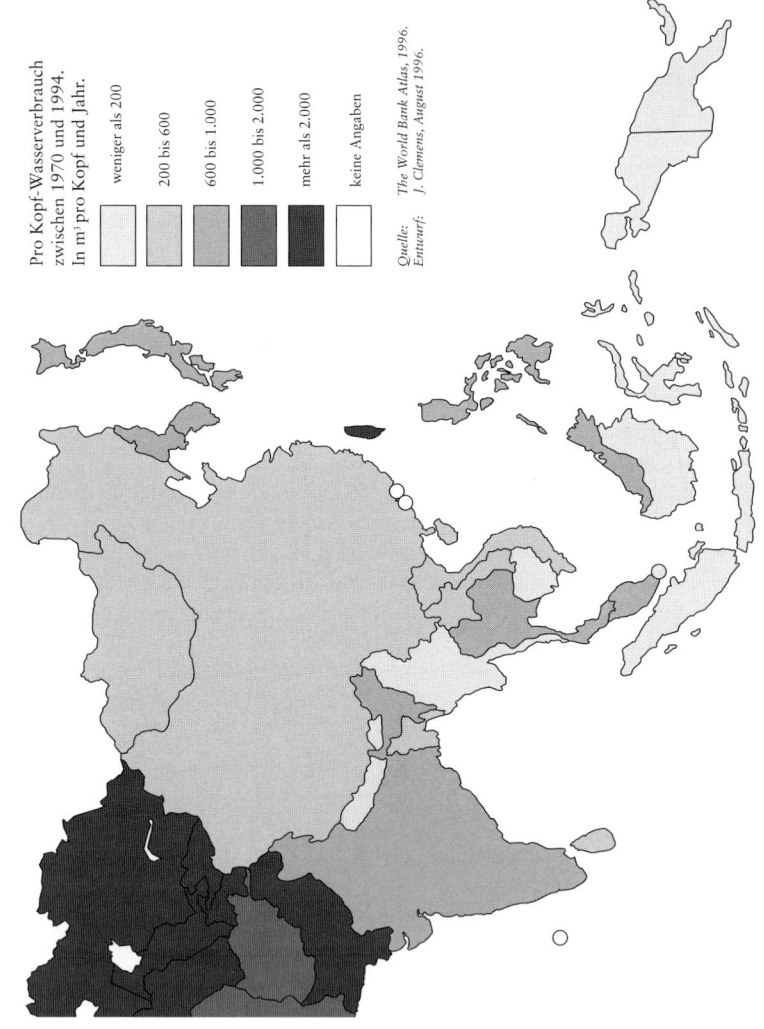

Pro Kopf-Wasserverbrauch
zwischen 1970 und 1994.
In m³ pro Kopf und Jahr.

weniger als 200

200 bis 600

600 bis 1.000

1.000 bis 2.000

mehr als 2.000

keine Angaben

Quelle: *The World Bank Atlas, 1996.*
Entwurf: *J. Clemens, August 1996.*

Gesamt-Wasserverbrauch 1970 – 1994 und verfügbare Wasserressourcen

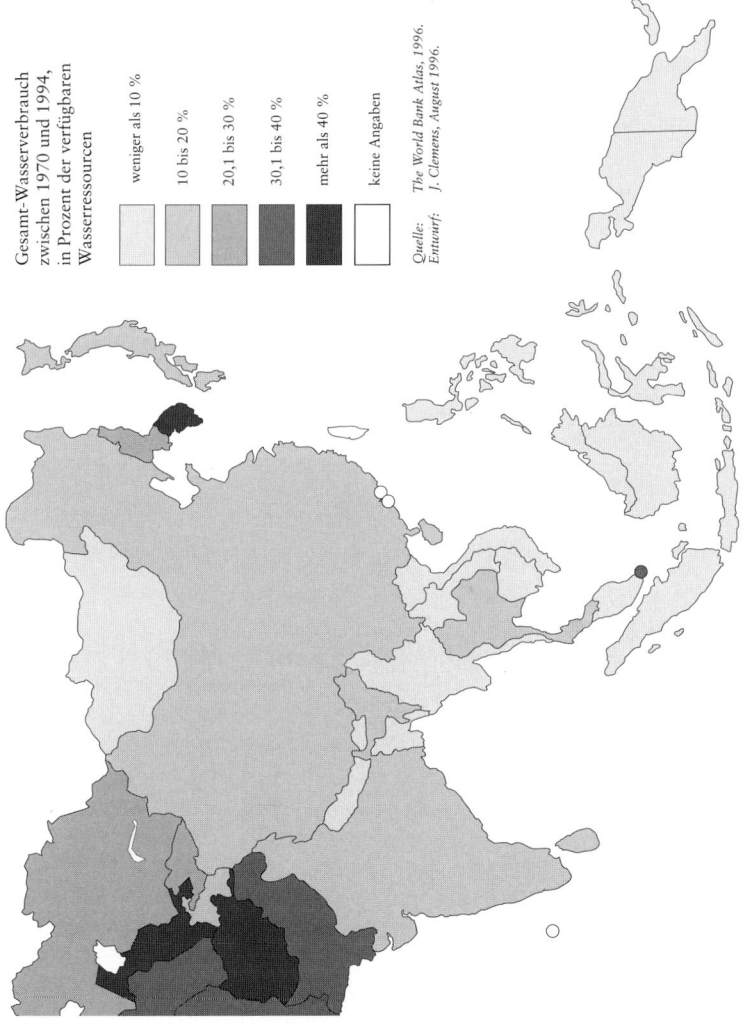

Gesamt-Wasserverbrauch
zwischen 1970 und 1994,
in Prozent der verfügbaren
Wasserressourcen

weniger als 10 %

10 bis 20 %

20,1 bis 30 %

30,1 bis 40 %

mehr als 40 %

keine Angaben

Quelle: The World Bank Atlas, 1996.
Entwurf: J. Clemens, August 1996.

»Wo das Wasser endet, endet auch die Welt«

Aus der Synopse dieser verschiedenen Daten und Aspekte zur Wasserfrage in Asien geht folgendes hervor: sauberes Wasser ist zunehmend zu einem knappen Gut geworden und diese Entwicklung hält weiter an; die gesundheitlichen, wirtschaftlichen und sozialen Folgen verschärfen sich und bilden die Grundlage einer multidimensionalen Konfliktsituation. Als Kernpunkte verschiedener Konflikte kristallisieren sich dabei heraus: die Frage der Trinkwasserversorgung, die Landwirtschaft, die Megastädte, die Verfügungsgewalt über die großen Ströme, die Wasserverschmutzung und der Bau großer multifunktionaler Staudammanlagen. Diese Kernpunkte bestimmen die Struktur und den Aufbau des vorliegenden Buches.

Nach einer Annäherung an das Medium Wasser als Lebensraum von Millionen von Menschen in Bangladesch und dem insularen Südostasien wird im nächsten Schritt die Bedeutung von Wasser in den Kulturen, insbesondere in den Religionen Asiens fokussiert.

26   Im vierten Kapitel stehen die zentralen Aspekte des Wassers als Lebensgrundlage für Mensch und Landwirtschaft im Vordergrund. Dazu zählt vorrangig die Trinkwasserqualität in den Staaten Asiens, aber auch die Frage einer möglichen Ökonomisierung von Wasser und die daraus resultierenden Folgen. Verschiedene, in Asien entstandene bzw. gebräuchliche Wassergewinnungs- und Bewässerungstechnologien werden vorgestellt. Erörtert wird außerdem die Bedeutung des Wassers im Rahmen der »Grünen Revolution«, die die Landwirtschaft Asiens in den vergangenen Jahrzehnten prägte.

Im Mittelpunkt des nachfolgenden Kapitels stehen die großen und nach wie vor rasant wachsenden Städte Asiens, die einer ausreichenden und zuverlässigen Versorgung der Bevölkerung mit Trinkwasser bereits heute große Probleme bereiten. Diese werden in den kommenden Jahrzehnten mit der zu erwartenden weiteren Zunahme der städtischen Bevölkerung noch eine dramatische Steigerung erfahren.

Die zentralasiatische Oase Dunhuang wird von ausgedehnten Dünenlandschaften begrenzt.

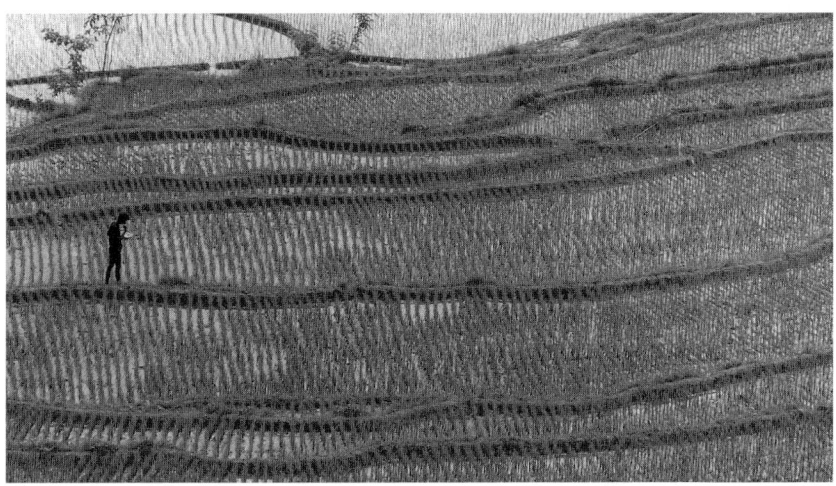

Reisfelder dominieren die Landschaften Balis.

Anhand der Städte Madras, Bangkok, Beijing, Karachi, Seoul und Tokio werden beispielhaft verschiedene Aspekte dieser Problematik und der zu erwartenden Konflikte verdeutlicht.

Gegenstand des sechsten Kapitels ist der Gebrauch des Wassers als Waffe im Rahmen bestehender politischer Konflikte, die zum Teil vertraglich beigelegt sind, zum Teil aber auch jederzeit wieder aufzubrechen drohen. Thematisiert werden dabei sowohl bi- oder multilaterale internationale Konfliktkonstellationen, wie der zwischen Indien und Nepal schwelende Streit um die Wasserfrage, die zwischen Indien und Bangladesch um die Farakka-Frage geführte Auseinandersetzung, die indisch-pakistanische Kontroverse um die Nutzung des Induswassers und seiner Nebenflüsse, die verschiedenen Nutzungsansprüche und Planungen der Anrainerstaaten entlang des Mekong und auch die indischen und pakistanischen innenpolitischen Konfliktdimensionen um die Nutzung des Cauvery bzw. des Indus.

Wasserverschmutzung, Wasserverseuchung und Wasserverknappung sind die zentralen Folgen einer auf bloßes Wachstum ausgerichteten und ökologischen Bedenken gegenüber blinden Modernisierungspolitik, die über den gesamten asiatischen Kontinent verstreut ihren Niederschlag in zum Teil verheerenden und zum Teil erschütternden Beispielen findet. Das Anliegen des siebten Kapitels ist es, zumindest einen Teil dieser Entwicklungen und Fälle aufzuzeigen. Die Vergiftung des Trinkwassers durch Quecksilber im japanischen Minamata zählt in diesem Zusammenhang sicher zu den erschütterndsten Ereignissen, die sich in den vergangenen Jahrzehnten in Asien ereigneten. Auch in den asiatischen Tigerstaaten Taiwan und Südkorea, die weltweit aufgrund ihres kometenhaften wirtschaftlichen Aufstiegs vielfach bewundert werden, fordert der Fortschritt seinen ökologischen Preis. Gleiches gilt für das in der vermeintlichen Abgeschiedenheit des Himalaya gelegene Kathmandu-Tal, für die pakistanische Ledergerberstadt Kasur, für die Goldabbau-

»Wo das Wasser endet, endet auch die Welt«

gebiete auf den Philippinen, im indonesischen Irian Jaya und im zentralasiatischen Kirgisistan, für die entlang des mittelchinesischen Huai He gelegenen Industriegebiete und natürlich für die ökologische Katastrophe in Asien schlechthin, den Aralsee. Doch der Preis der Entwicklung kann sich auch in einer Verknappung der Wasserressourcen äußern, wie es etwa in Thailand der Fall ist: die Anlage und Unterhaltung von Golfplätzen erfordert solche Wassermengen, daß es zu dramatischen Engpässen bei der benachbarten bäuerlichen Bevölkerung kommt, die aufgrund ihrer geringeren Kaufkraft den Unternehmern unterliegt.

Das letzte Kapitel widmet sich einem Thema, das mittlerweile seit Jahrzehnten heftig diskutiert wird: dem Bau von Staudämmen. Sie werden zur Regulierung des Abflußverhaltens im Jahresverlauf, zur Gewinnung von Trink- und Bewässerungswasser und hydroelektrischer Energie errichtet. In den Staaten Asiens finden sich alle Varianten unterschiedlich dimensionierter multifunktionaler Staudammprojekte: es gibt Kleinkraftwerke in den Hochgebirgstälern Nepals und in Pakistans Northern Areas genauso wie das im Bau befindliche größte Staudammprojekt der Welt, das Drei-Schluchten-Projekt am Jangtsekiang. In den asiatischen Ländern gibt es darüber hinaus auch die vielfältigsten politischen, ökologischen, ökonomischen und sozialen Konflikte, die sich an den verschiedenen Staudammprojekten entzündeten und die verschiedene Phasen ähnlich verlaufender Konflikte repräsentieren. Eine Vielzahl von Fallbeispielen dokumentiert diese Konflikte und gewährt Einblick in die Ungerechtigkeiten, die sehenden Auges im Namen der Modernität und der Entwicklung begangen werden, obgleich die sozial und ökologisch oftmals verheerenden Folgen der Projekte bekannt sind. Mit Blick auf soziale und ökologische Konflikte um Wasser werden folgende Projekte dargestellt: der am Indus entstehende Ghazi Barotha-Staudamm in Pakistan, das von chinesischer Seite gebaute Wasserkraftwerk am tibetischen Yamdrok-See, das vermeintlich prestigeträchtige Drei-Schluchten-Projekt am Jangtsekiang, die geplanten Kraftwerke am Mekong und seinen Nebenflüssen in Laos, der Hoa-Binh-Damm im Norden Vietnams, das Mahaweli-Projekt auf Sri Lanka, das im Bau befindliche Bakun-Projekt im Osten Malaysias, die Dammprojekte am Chico-River auf der nordphilippinischen Insel Luzon, der Kedung-Ombo-Staudamm auf der indonesischen Insel Java, die im Zusammenhang mit dem Flutaktionsplan in Bangladesch erbauten bzw. geplanten Dämme und der an der indischen Narmada entstehende Riesenstaudamm.

Die Vielzahl der Beispiele, die die verschiedenen Konfliktfälle im heutigen Asien repräsentieren, verbietet jeder Darstellung der Problematik per se den Anspruch auf Vollständigkeit. Im Rahmen des Projektes »Wasser in Asien«, das 1996 vom Asienhaus Essen durchgeführt wurde, ist versucht worden, dieser Vielzahl so weit wie möglich gerecht zu werden und ein Kompendium zu schaffen, das über die bedeutendsten Konflikte um Wasser in Asien informiert bzw. diese dokumentiert. Um dieses Ziel zu erreichen, war die Mitarbeit einer großen Zahl von Experten erforderlich, die entweder als aktiv an einem Entwicklungsprojekt Beteiligte, als Wissenschaftler, als Journalisten oder als Mitglieder von Nichtregierungsorganisationen in besonderer Weise mit den von ihnen erarbeiteten Themen vertraut sind. Gelingt es, auf der Grundlage dieses versammelten Sachverstandes, die Diskussion um Konflikte über Wasser in Asien anzuregen und weiterzuführen, dann haben wir unser Ziel erreicht.

In der extremen Trockenheit Ladakhs, hier das Likir Tokpo-Tal,
wird die begrenzt lebensspendende Kraft des Wassers augenfällig.

»Wo das Wasser endet, endet auch die Welt«

——— **Flußporträts**

Der Indus – Segen und Fluch Pakistans

Jorge Scholz

Mit 3.180 Flußkilometern und einem rund eine Million Quadratkilometer umfassenden Einzugsgebiet liegt der Indus (altind. *Sindhu*) im statistischen Vergleich der größten Wasserläufe Asiens »nur« auf Platz zehn. Im Wettstreit der Flußgiganten des südasiatischen Subkontinents gebührt ihm zumindest in dieser Region die
30   Spitzenposition.
  Doch nicht Datenrekorde machen diesen Fluß interessant, sondern seine geradezu unglaublichen Kontraste und Extreme auf dem Weg vom über 5.100 Meter hoch gelegenen Quellsee Manasarovar im südtibetischen Transhimalaya zum fernen Mündungsdelta an der südpakistanischen Küste des Arabischen Meeres. Der Indus verbindet nämlich nicht nur so verschiedene Länder wie China, Indien und Pakistan, sondern nahezu alle Klimazonen und Landschaftsformen dieser Erde. Respekt gebietet zudem eine hydrologische Besonderheit: Der Indus durchbricht auf seiner Reise von der eisigen zentralasiatischen Hochebene zum glühendheißen pakistanischen Tiefland die Wasserscheide des Himalaya-Hauptkammes – immerhin die höchste der Welt. Die Erklärung der Geologen: Der Indus ist älter als die nach erdgeschichtlichen Maßstäben relativ jungen Hochgebirgsketten, die er durchquert. Als diese sich auffalteten, konnte sich der Indus durch die Erosionskraft seiner Wassermassen, die vor allem im Oberlauf in ein denkbar enges Bett gepreßt sind, entsprechend tiefer in die Gesteinsschichten hineinfräsen. Daraus resultieren spektakuläre Schluchten, die teilweise mehrere tausend Meter tief die Trennlinie zwischen Himalaya und Karakorum markieren.
  Diese Schluchten flankieren den Indus auf den ersten 1.500 Kilometern durch die monumentalen Landschaften Tibets (China), Ladakhs (Indien) und Baltistans (Pakistan). Er schwillt auf diesem Weg schon nach kurzer Strecke durch das Schmelzwasser gigantischer Gletscher vom Gebirgsbach zum schäumenden Wildfluß an. Bei Gilgit, wo er auf die östlichen Ausläufer des Hindukusch trifft, weicht der Indus in einem scharfen Knick von seinem bisherigen Nordwest-Kurs ab und wendet sich gen Süden. Noch einmal tost er über mächtige Katarakte, dicht vorbei am schneebedeckten Nanga-Parbat-Massiv, durch zerklüftete Felswildnis, bevor dann die Berge allmählich zurücktreten und der Rückstau der Tarbela-Talsperre den Indus vorübergehend in einen riesigen künstlichen See verwandelt. Hinter den Turbinen, die mit einer Leistung von 4.300 Megawatt eines der weltweit größten Wasserkraftwerke antreiben, stößt noch der Kabul-River als bedeutendster westlicher Nebenfluß hinzu, bevor die Auen und Felder der selbst geschaffenen frucht-

Hochwasser am Indus.

baren Schwemmlandebene erreicht sind. Ab hier weist der Indus nur noch ein geringes Gefälle auf, so daß sich die trüben Wassermassen in weiten Mäanderschleifen träge dem Meer und Mündungsdelta (8.000 Quadratkilometer) entgegenwälzen. Zahlreiche Deich-, Wehr- und Kanalbauten sowie diverse Stauwerke zeigen, daß von Menschenhand erhebliche Wassermengen in weitläufige Bewässerungssysteme eingespeist werden, die regenarme Wüsten und Halbwüsten in ertragreiche Oasen verwandeln. Gut 70 Prozent des gesamten Wasserflusses des Indus und seiner großen östlichen Nebenflüsse Jhelum, Chenab, Ravi und Sutlej, die südwestlich von Multan zum Panjnad vereint in den Hauptstrom münden, versickern so auf insgesamt 17 Millionen Hektar Bewässerungsfläche. Doch nicht nur die Landwirtschaft Pakistans hängt am »Tropf« des Indus-Beckens, sondern auch die Trinkwasserversorgung von 140 Millionen Menschen und die Industrie, die zur Hälfte auf Wasserkraftenergie angewiesen ist. Entsprechend drohen nach längeren Dürreperioden Mißernten und Stromausfälle. Wenn dagegen in manchem Sommer die Schneeschmelze im Gebirge mit außergewöhnlich ergiebigen Monsunniederschlägen zusammenfällt, kann sich der Indus zu einer alles vernichtenden Wasserwalze aufbauen. Beim Hochwasser von 1992 hinterließ eine solch ungeheure Flutwelle eine bis zu 150 Kilometer breite Spur der Zerstörung. Sämtliche Stau- und Schutzdämme konnten bis jetzt nichts daran ändern, daß der Indus für das Land und die Bevölkerung Lebensader und tödliche Bedrohung zugleich ist.

»Wo das Wasser endet, endet auch die Welt«

Der Ganges – Indiens heiliger Fluß

Bernd Basting

O Ganga, die du in Brahmas Krug geboren wurdest, von dort in Strömen
in Shivas Haupthaar flossest, aus Shivas Haar zu Vishnus Füßen,
von dort auf die Erde herab, um die Sünden der Menschen zu tilgen,
um sie zu läutern und glücklich zu machen.
Du bist der Hort und der Halt aller lebendigen Kreatur.

Dieses Gebet zu Ehren von »Ganga Ma«, der Mutter Ganga, des heiligsten aller Flüsse Indiens, beschreibt anschaulich die Geburt des über 2.500 Kilometer langen Stromes. Er besitzt für das religiöse Alltagsleben der Inder und für ihre hinduistische Mythologie überragende Bedeutung.

Der Ganges entspringt am Gangotri-Gletscher im Himalaya-Distrikt Garhwal. Er quellt dort aus einer Höhle mit Namen *Gomukh* (Kuhmaul), die den reinen und heiligen Charakter des Flusses von Anfang an festschreibt. Der in seinem ersten Abschnitt in 4.200 Metern Höhe dahinströmende Quellfluß wird Bhagirathi genannt. Er bildet den sichtbaren Ursprung des Ganges. Seine geographische Genesis wird eigentlich in den Tiefen des an der Grenze zu Tibet gelegenen Gebirgsmassivs lokalisiert, unweit der großen Zwillingsbergseen Rakas Tal und Manasarovar sowie des fast 7.000 Meter hoch aufragenden Berges Kailasa, dem Sitz des Gottes Shiva.

Ab Devaprayag führt der Strom explizit den Namen Ganges. Bei Hardwar, das auch *Gangadwar*, »Tor des Ganges«, genannt wird, erreicht er die Ebene. Mit Gangotri, Prayaga, der Flußgabelung nahe der Insel Sagar und Varanasi, gehört Hardwar zu den meistverehrten Orten am Ganges. Weiter fließt der Ganges durch die riesige Ebene zum Golf von Bengalen. Diese Ebene erstreckt sich von den Himalaya-Bergen des Nordens bis zur Vindhya-Gebirgskette in Mittelindien, von der Wüste Rajasthans im Westen bis zu den Hügeln im Osten, die Bengalen von Birma scheiden. Sie umfaßt eine Gesamtfläche von einer Million Quadratkilometern, ist an einigen Stellen über 300 Kilometer breit und weist einen Höhenunterschied von nur 229 Meter auf – damit ist sie eine der flachsten Ebenen der Erde.

Der Fluß passiert Allahabad, wo er sich mit dem Yamuna paart, und gelangt nach Varanasi (Benares), zur heiligsten Stadt Indiens. Hierher kommen gläubige Hindus, um zu sterben, ihre Leiche auf einem Scheiterhaufen am Jalsain Ghat verbrennen und die Asche in den Ganges streuen zu lassen. Nach hinduistischem Glauben tritt man dadurch schneller aus dem Kreis der Wiedergeburten und des irdischen Leidens aus und kann durch Shivas Gnaden mit dem göttlichen Brahman verschmelzen. Unweit der Insel Sagar am südlichsten Ende des Sundarban-Deltas im Golf von Bengalen endet das Gewässer schließlich – Mutter Ganga ist am Ziel.

Die indischen Mythen setzen den heiligen Fluß mit Honig und himmlischem Nektar gleich, der Unsterblichkeit verleiht, oder sie weisen dem Ganges reinigende und schöpferische Kräfte zu. So spricht der *Kodex des Manu* (eine Art religiöse Unterweisung der Hindus), der von der Befleckung des Samens und des Mutterleibes unreine und läuterungsbedürftige Mensch könne durch ein rituelles Bad im heiligen

Wasser Katharsis erfahren. In den vedischen Gedichten liest man von Agni, dem Feuer(-gott) als dem schöpferischen Prinzip aller Dinge und dem »Enkel des Wassers«. Wie Shivas Samen lebt das Feuer im Ganges und harrt darauf, die Welt zu zerstören und wieder neu zu erschaffen.

Am Eingang vieler Hindu-Tempel erscheint die Göttin Ganga als anmutiges Mädchen, das einen Krug mit Wasser und einen Schirm trägt. Sie reitet auf dem Flußungeheuer Makara. Jeden Gläubigen gemahnt sie, die durch den Tempelbesuch ersehnte Annäherung an Gott durch ein rituelles Reinigungsbad im heiligen Naß vorzubereiten. Der Weltenstrom »Loknadi«, »Sursarit«, der Fluß der Götter, all das ist der Ganges, der 108 Namen trägt. Kein anderer Strom unseres Planeten wird so verehrt und in zahllosen Legenden, Gemälden und Skulpturen mystifiziert. Und dies, obwohl sein Landschaftsprofil ohne steile Wasserfälle und grandiose Felsschluchten wenig spektakulär ist und 38 andere Flüsse der Erde länger sind, z.B. der Indus und der Brahmaputra in Indien.

Neben diesen religiösen Legenden und Symbolen, die sich um den Ganges als Gravitationszentrum ritueller Reinigung ranken, gibt es noch eine andere, weit profanere, dafür aber reale Dimension des Flusses, die alles andere als rein und reinigend ist: Der Ganges ist eine Kloake. Er dient als Badewanne für die Körperreinigung, zum Wäschewaschen, zum Abladen von privatem Haushaltsmüll aller Art und von Tierkadavern sowie als Transportmedium für jährlich rund 45.000 unverbrannte Leichname zum Meer. Vor allem sind es die vielen Tausend Industrieunternehmen längs der Ufer, die ohne Not ihre ungeklärten Abwässer in die »Ewig Reine« einleiten und ihre Existenz als Bio-System stark gefährden. Mitte der 80er Jahre überschritt das Ganges-Wasser den empfohlenen Anteil an Bio-Masse um das Vierfache. Ein Krankheitsherd ersten Ranges, stand der Fluß vor dem biologischen Kollaps. Die damalige Regierung Rajiv Gandhi beschloß angesichts der dringlichen Lage ein Säuberungsprogramm, den »Ganga Action Plan I«: Die 27 Städte am Fluß mit über 100.000 Einwohnern sollten Kläranlagen erhalten, damit 900 Millionen Liter Abwässer täglich gesäubert würden. Der darauf folgende »Ganga Action Plan II« plante ab 1993, die Zuläufe zum heiligen Fluß, unter anderem den Yamuna, zu klären. Obwohl bereits über fünf Milliarden Rupien investiert worden sind, ist bis dato nur ein Drittel der angestrebten Klärmenge erreicht worden. Die gröbste Verschmutzung ist nun beseitigt und Ganga Ma konnte vorerst noch einmal vor ihrem endgültigen Ableben bewahrt werden – doch für wie lange?

Der Tsangpo – Lebensspender Tibets

Klemens Ludwig

Woher der Tsangpo kommt, weiß niemand ganz genau. Der Fluß, der Tibet das Leben spendet, ist mysteriös wie vieles auf dem »Dach der Welt«. Auf jeden Fall speist sich der Tsangpo aus dem Gebiet des Manasarovar-Sees im Westen des Landes. Seine 2.900 Kilometer lange Reise bis zum Golf von Bengalen beginnt auf über

»Wo das Wasser endet, endet auch die Welt«

5.000 Metern Höhe ausgesprochen gemächlich. Das Flußtal ist weit, und zur Regenzeit verbreitert sich der Tsangpo um mehrere Meter. Während der Trockenzeit gleicht er dagegen einem Rinnsal.

Weit im Westen hält die Umgebung manche Überraschung bereit: Sichelförmige Sanddünen im Flußtal erinnern eher an eine Wüste. Der langsam dahinziehende Tsangpo hat in Jahrmillionen Felsen zu Sand zerrieben. Darin zeigt sich seine kaum zu ermessende Kraft, die seine wahre Natur ausmacht.

Die Menschen haben sich mit dem Tsangpo arrangiert. Um das flache Bett für den Transport zu nutzen, haben sie ebenso flache und sehr leichte Yakhautboote konstruiert, die auch von der heutigen Technik unerreicht sind. Der Tsangpo prägt Tibet. Er durchquert das Land von West nach Ost und teilt es in den Transhimalaya, eine lebensfeindliche Hochebene mit vielen Salzseen im Norden, und das Himalaya-Zentralmassiv im Süden. Die tibetische Zivilisation ist entweder direkt im Tal des Tsangpo oder an seinen Nebenflüssen entstanden. Die erste große Stadt nach seinem Quellgebiet ist Shigatse. Von dort Richtung Lhasa zeigt der Tsangpo ein ganz anderes Gesicht. Durch enge Felsschluchten hat er sich hindurchgewunden, und an einigen Stellen gleicht sein Bett eher einem Gebirgsbach, so schmal und reißend ist es. Hier konnte er sich gegen die Gesteinsmassen nicht so leicht durchsetzen, doch aufgehalten haben die Felsen seinen Weg nicht. Je weiter sich der Tsangpo nach Osten windet, desto mehr weicht das Leben aus seiner Umgebung. Die schroffen Felswände lassen keinen Raum mehr für Menschen. Schließlich dreht er mit einem 90 Grad-Winkel nach Süden zum indischen Subkontinent. Als Brahmaputra bildet er dort erneut die Lebensgrundlage für viele Millionen Menschen.

Der Irrawaddy – Lebensader Birmas

Bernd Basting

Birma, Reisland. Wo die Wirtschaft eines Landes so auf dem Reisanbau gründet wie in dem größten Staat Festland-Südostasiens, da sind die großen Flüsse der Puls der Nation. Die Hauptader Birmas ist der Irrawaddy. Er entspringt im südlichen Himalaya und durchzieht Birma auf 2.170 Kilometern von Norden nach Süden, bis er in einem neunarmigen, riesigen Delta in die Andamanische See mündet.

Auf seiner langen Reise zum Meer passiert der Irrawaddy alle klimatischen und ethnischen Zonen des Vielvölkerstaates: Im hohen Norden das Kachin-Bergland, die birmesischen Randäste des Himalaya. Im Gebirge der Shan, bei Bhamo, noch 1.500 Kilometer entfernt von der Küste, liegt der nördlichste noch schiffbare Punkt des Flusses während der Trockenzeit. In der Regenzeit ist er sogar bis Myitkyina schiffbar. Dann quillt er mit Macht aus den Bergen hervor, um daraufhin ruhig und erhaben in die trockene Zentralebene Birmas einzufließen. Hier liegen die antiken Städte Sri Ksetra und Pagan.

Noch immer fast 300 Kilometer entfernt von der Andamanischen See, beginnt der Strom bereits in ein vielstrangiges Delta zu diffundieren, welches die »Reisschüssel« des Landes hervorbringt, die Birma zu einem der größten Reisexporteure der Welt macht. Es ist ein schwebstoffreiches, fruchtbares Schwemmland, das noch im frühen 19. Jahrhundert nicht erschlossen und durch häufige Hochwasserüberschwemmungen agrarisch nutzlos war. 1860 begannen britische Ingenieure damit, Deiche anzulegen, welche die Wassermenge des Irrawaddy regulierten und die Urbarmachung des Bodens ermöglichten. Die Reisbauern folgten rasch und ließen sich zahlreich im Delta-Gebiet nieder.

Es handelt sich hier also nicht um ein Ansiedelland einer alten Hochkultur, sondern um eine erst in verhältnismäßig junger Zeit bewohnte und intensiv kultivierte Agrarregion, ähnlich wie das Maenam- oder das Mekong-Delta. 66 Prozent seiner Fläche werden bebaut, davon 92 Prozent mit Reis. Das Umland der Hauptstadt Rangoon, die am gleichnamigen Fluß liegt und mit dem Irrawaddy durch den Twante-Kanal verbunden ist, wuchs so zum dichtestbesiedelten Gebiet Birmas an.

Von den britischen Kolonialherren wurde der Irrawaddy »die Straße nach Mandalay« getauft, zu jener Zeit die Residenzstadt der birmesischen Herrscher. Birma ist nach wie vor ein Land mit einer geringen Anzahl befestigter Straßen, und die Verkehrsinfrastruktur ist sehr dürftig. Deshalb ist der Fluß unverändert wichtiger Personen- und Warentransportweg und zentrale Verbindung zwischen Nord und Süd. Die staatliche Schiffahrtsgesellschaft IWTC (»Inland Water Transport Corporation«) betreibt eine Armada von 600 Schiffen, auf denen jährlich 15 Millionen Passagiere befördert werden. Alt und fragil sind die Dampfer, mancher ist schon gesunken. Auch das ehemals hohe Ansehen der Dampfer-Kapitäne hat stark gelitten. Früher boten Seidenhändler in Mandalay mit geschwellter Brust ihre Ware mit dem lärmigen Hinweis an, sie belieferten auch »die Könige Birmas sowie die Kapitäne der Flußdampfer!« – angesichts der heruntergekommenen Dampfer, die ächzend und mühsam ihren Dienst tun, würde das heute niemandem mehr einfallen.

Der stark variierende Wasserstand des Irrawaddy ist ein Problem. Er schwankt mit dem jährlichen Niederschlagsgang zwischen zwei und dreizehn Metern, aber die Kanäle und Deiche verhindern Katastrophen.

Birma ist Buddhaland, und das verleiht auch dem Irrawaddy eine religiöse Bedeutung. Im August/September, im Monat Tawthalin, zeigt er sich übervoll mit Wasser. Das ist die Zeit der Bootsrennen und der rituellen Wasserfeste. Dann sind die Karaweik-Flußprozessionen zu sehen, die benannt sind nach jenem sagenhaften Vogel aus der indischen Vorgeschichte, der den birmesischen Königen als Wappentier diente. Wenn sich die prächtigsten der Karaweik-Boote mit ihren majestätischen, monumentalen Doppelbugs stolz und eindrucksvoll auf dem Irrawaddy präsentieren, wie einst die königlichen Barken, dann vermitteln sie eine Ahnung von der Magie und der ungebrochenen und kraftvollen Vitalität dieser alten religiösen Mythen im heutigen Birma.

Im Februar/März, den letzten Monaten im birmesischen Kalender, findet das *Tabaung* statt. In der immer klaren Vollmondnacht begeben sich die Birmesen an die Ufer des Irrawaddy, um zu tanzen und zu singen und die Sorgen und Sünden des alten Jahres von dem Fluß wegtragen zu lassen. Eine zauberhafte Welt entsteht dann am Fluß, in der die Menschen ihre oft wenig rosige Wirklichkeit vergessen, die bedrückende Militärdiktatur oder ihr eigenes soziales Elend. Der Strom gibt Mut für eine bessere Zeit.

»Wo das Wasser endet, endet auch die Welt«

Huang He und Jangtsekiang –
Chinas ungleiche Brüder

Andreas Gruschke

Nach einer Legende gehen die beiden größten Ströme Chinas auf zwei Brüder, Ma Chau und Dri Chau, zurück. Von ihnen erhielten die tief im Inneren des tibetischen Hochlandes entspringenden Flüsse ihren Namen. Ihre Fließrichtung von West nach Ost hat seit dem Altertum das chinesische Weltbild geprägt. Wenngleich beide Ströme beim Verlassen des Hochplateaus zunächst entgegengesetzte Richtungen einschlagen, schaffen auch sie keine markante Verbindung zwischen Chinas Norden und Süden.

Der Huang He – der »Gelbe Fluß« – und der Jangtsekiang zeigen im Quellgebiet – eine von ausgedehnten Sumpflandschaften durchzogene Steppenregion von durchschnittlich 5.000 Metern Höhe – eine hohe Wesensgleichheit. Im eigentlichen China jedoch sind sie äußerst ungleich. Der 5.464 Kilometer lange »Gelbe Fluß« bleibt überwiegend ein Hochlandfluß, da er nach dem Verlassen Tibets die Plateaus der Mongolei und des nordchinesischen Lößberglandes durchströmt. Der 6.300 Kilometer lange Jangtse dagegen wird zu einem Strom, dessen Lauf zwischen Schluchten und weiten Beckenlandschaften abwechselt.

Durch das große Gefälle in seinem Ober- und Mittellauf entfaltet der Huang He im größten Teil seines 771.000 Quadratkilometer großen Einzugsgebietes seine ganze Erosionskraft. Er ist nur stellenweise schiffbar, denn entweder ist er zu reißend oder aber zu wasserarm und zu flach durch das in der Ebene aufgeschüttete Schwemmland. Beim Eintritt in die Nordchinesische Tiefebene bei Luoyang schwankt seine Wasserführung zwischen einem Minimum von 245 Kubikmeter pro Sekunde und einem Maximum von 25.000 Kubikmeter pro Sekunde. Die jährliche Sinkstoffmenge wird auf 1 bis 1,8 Milliarden Kubikmeter geschätzt, von der sich 40 Prozent im Flußbett ablagern und 60 Prozent das Meer erreichen. Mit durchschnittlich 34 Kilogramm Schlamm pro Kubikmeter Wasser ist der Huang He der schlammreichste Fluß der Erde. Die »Große Ebene«, Chinas bedeutendstes Agrarland, gilt als »Geschenk des Gelben Flusses«. Aus ihr, die der Dammfluß bis zu zehn Meter überragt, erhält er keinerlei Zuflüsse.

Im Laufe der Zeit hat der Huang He seinen Lauf, vor allem sein Mündungsgebiet, mindestens siebenmal nachhaltig verlegt. Fundamentale Mündungsverlagerungen erfolgten zu beiden Seiten der Shandong-Halbinsel, die er 1194 bis 1494 gar mit je einem Wasserarm umfaßte. Noch 1938 bis 1947 erreichte der Huang He das Meer 800 Kilometer südlich des heutigen Deltas. Danach wurden Unterlauf und Mündungsgebiet stabilisiert, und seither schiebt sich sein Delta jährlich um etwa 100 Meter weiter ins Meer vor. Im Kampf mit den Überschwemmungen des Huang He erwuchs die soziale Ordnung und entstand das frühe chinesische Staatswesen. Nach den ständig erneuerten Dammbauten im Unterlauf wurde die Beherrschung des Huang He 1949 zur nationalen Aufgabe erklärt. Der Ausbau ist heute so weit fortgeschritten, daß Überflutungen und Dürrekatastrophen die Existenz des Landes nicht mehr bedrohen.

Mit seinen Nebenflüssen erschließt der südchinesische Stromriese Jangtsekiang zigtausende Kilometer von Wasserstraßen. Darüber hinaus ist er Energiequelle und Lebensspender für ein Viertel der chinesischen Bevölkerung. Im Mittel fließt durch sein Bett die zwanzigfache Wassermenge des Huang He. Im Verhältnis transportiert der »Gelbe Fluß« aber 65mal so viel Schwemmaterial wie der Jangtse (0,575 Kilogramm pro Kubikmeter). Dessen Einzugsgebiet – mit 1,8 Millionen Quadratkilometern nahezu ein Fünftel der Volksrepublik China – liefert gut zwei Drittel der chinesischen Reisproduktion und 40 Prozent der Baumwollproduktion. Die mächtigen Hochwasser des Jangtse verursachen bei Meeresflut Rückstau und gewaltige

Der Huang He 37
bei Lanzhou,
West-China.

Überflutungen des Küstenhinterlandes. Zur Zeit der Hauptniederschläge im Sommer steigt sein Wasserspiegel im Mittel um zehn bis fünfzehn Meter an. Ohne die natürlichen Rückstaubecken der Seen Dongting Hu und Poyang Hu in den mittelchinesischen Jangtse-Tieflandkammern wäre das Ausmaß seiner Fluten kaum überschaubar. Der ästuargleiche, mehrere Dutzend Kilometer breite Hauptmündungsarm des Stromes täuscht darüber hinweg, daß der Jangtse eigentlich ein gewaltiges, 350 Kilometer langes und bis 80 Kilometer breites Delta von 80.000 Quadratkilometern Fläche geschaffen hat.

Zwei ungleiche Brüder sind die Ströme Jangtsekiang und Huang He: der eine transportiert vor allem riesige Wassermengen, der andere dagegen ungeheure Massen von Schlamm; während der eine die Erde bewässert, befruchtet der andere sie vorwiegend. Zwischen den beiden Flüssen erstreckt sich die Wasserscheide der Gebirgszüge des Qinling Shan, die bis auf 4.000 Meter Höhe reichen. Eine Verbindung des Nordens mit dem Süden durch Flüsse ist daher nicht möglich, so daß einzig der in Ostchina geschaffene Kaiserkanal als integrierendes Gewässer wirkt, das die Nordregion mit der Südregion verbindet.

Der Chao Phraya –
Thailands königlicher Fluß

Bernd Basting

»Auf den Feldern wächst Reis; in den Gewässern gibt es Fische.« – Ramkamhaeng, ein Thai-König des 13. Jahrhunderts, charakterisierte mit diesen Worten die Autarkie seines Reiches, die sich in hohem Maß auf seinen Wasserreichtum gründete. Es ist heute noch so wie damals: Thailand ist eine der erfolgreichsten Agrarnationen

38   *Im Norden Thailands: Allmorgendliches Bad in der Elefantenschule von Chiang Dao bei Chiang Mai am Ping, einem Quellfluß des Chao Phraya.*

Asiens. Unzählige Wasseradern durchziehen das Land und machen den Anbau von Reis und ein üppiges Fischangebot möglich.

Die »Hochwürdige Mutter Wasser«, der Mae Nam Chao Phraya, bildet das größte und bedeutendste Flußsystem des ehemaligen Siam. Über ihn wanderten die ersten Thais aus Süd-China ein und besiedelten schrittweise die Ufer des Flusses, von seiner Quelle im Norden bis zur Mündung im Süden, am Golf von Siam. Die Könige der mittelalterlichen Residenz Ayutthaya wie die von Bangkok ließen sich durch seine Kanalwälle schützen. Er bewässert die Reisfelder, kanalisiert die Überschwemmungen während des Monsuns und fungiert seit früher Zeit als wichtiger Transportweg zwischen Land und Stadt.

Der Chao Phraya hat ein Einzugsgebiet von 178.000 Quadratkilometern. Im Norden fließt er zunächst in Gestalt seiner Quellflüsse Ping, Wang, Non und Yom, die sich nördlich von Nakhon Sawan zum eigentlichen Strom vereinigen. Dieser erhält weiter südlich noch einmal Gesellschaft durch den Pa Sak, der aus der Phetchabun-Kette im Osten kommt. Die Zentralebene gestaltet der Chao Phraya zur Reiskornkammer Thailands. Im ganzen Land versorgt er 2,5 Millionen Hektar Kulturfläche. Doch es gibt technische und organisatorische Probleme bei der effektiven Nutzung der Wasserreserven: In Trockenjahren kann den Böden oft nicht ausreichend Wasser zugeführt werden. Daran hat auch der Bau der zwei großen Stauwerke Bhumiphol- und Sirikit-Damm wenig geändert. Zwar gleichen sie die schwankende Wasserführung bei Trocken- und Überschwemmungsperioden in der Nordregion spürbar aus, aber die Zentralebene profitiert nicht davon. Die Nivellierung und Eindeichung der zu bewässernden Felder erweist sich zudem häufig als schwierig und wird unsachgemäß ausgeführt. Während der Monsunregen tritt der Fluß samt seiner Kanäle über die Ufer und überschwemmt die außerordentlich flache Zentralebene und die Straßen Bangkoks.

Auch die dramatische Umweltbilanz des Chao Phraya gibt Anlaß zur Sorge. Hier sind es nicht naturbedingte, sondern anthropogen bedingte Probleme: Das

Im Süden   **39**
Thailands:
Morgentoilette
im Chao Phraya,
Bangkok.

Gewässer wird kontaminiert durch den ungehemmten Eintrag von Düngemitteln und Pestiziden aus den agrochemisch oft dilettantisch behandelten Feldern. An den Ufern des Chao Phraya leben sieben Millionen Menschen, und es wirtschaften dort zehntausend Fabriken der Zucker-, Stärke-, Fisch-, Konserven-, Getränke- und Papierindustrie, Brauereien, Reismühlen, Gerbereien und schwermetallverarbeitende Unternehmen. Sie alle leiten ihre ungeklärten Abwässer und oft hochgiftigen Schadstoffe ohne Not in den Fluß und überfordern damit dessen Selbstreinigungskraft. Der Gehalt an gelöstem Sauerstoff in ihm drängt besonders in der Hauptstadt und südlich von ihr bereits häufig gegen Null – die »Verehrte Mutter Wasser« ist an diesen Stellen biologisch tot.

Diese düsteren Realitäten des Stromes haben jedoch seine mythologisch-rituelle Ausstrahlung auf die buddhistische Thai-Bevölkerung nicht ins Wanken gebracht. Buddha erlebte die Erleuchtung bei der meditativen Betrachtung eines Flusses, und so gießen die Thais bei den Initiationsriten Wasser über den Täufling, baden bei der Hochzeit die Hände des Paares in einer Wasserschüssel und beträufeln die Hand eines Leichnams mit Wasser. Die beiden beliebtesten Feste sind Wasser-Festivals: Beim *Loy Krathong* in der Vollmondnacht des November läßt man kleine selbstgebastelte und lotusgeschmückte Blüten-Boote mit brennenden Kerzen und Weihrauch die Flüsse hinuntertreiben. Sie tragen die Sünden der Menschen mit sich fort und bringen zugleich den Segen des Himmels zu den Verliebten. Beim *Songkran*, dem buddhistischen Neujahr im April, bespritzt man sich während dreier Tage gegenseitig mit Wasser und zwar zur Segnung, aber auch, um die Sünden wegzuspülen.

Der Mae Nam Chao Phraya spielt dabei immer eine wichtige Rolle, denn er ist der primus inter pares unter den thailändischen Wassern, eben die »magische Göttin des Naß«, die schützende Mutter, die von Sünden befreit und reinigt.

2

Wasser als Lebensraum

Die Natur des Wassers ist ambivalent: es ist unabdingbare Voraussetzung allen Lebens auf der Erde und birgt zugleich existentielle Gefahren für den Menschen. Sowohl unzureichende Wasserressourcen als auch alles überflutende Wassermassen bedrohen Menschen in ihrem jeweiligen Lebensraum.

Auch in Asien begegnet man dieser Zwiespältigkeit – den Wüstengebieten Zentral- und Südasiens stehen die überschwemmungsgefährdeten Regionen Bangladeschs, Ost-Chinas oder des Großraums Bangkok gegenüber. Beide Extreme fordern vom Menschen ein hohes Maß an Anpassungsfähigkeit und -bereitschaft.

Während die Wasserunterversorgung eines Gebietes ab einem bestimmten Grad unweigerlich zur Aufgabe dieses Lebensraumes führt, scheint die Anpassungsmöglichkeit bei einem Überangebot an Wasser größer zu sein:

Die Bewohner Bangladeschs beispielsweise haben sich auf die regelmäßig wiederkehrenden Überschwemmungen des Yamuna, wie der Brahmaputra hier genannt wird, eingestellt. Selbst die Chars, jene nur temporär existierenden und durch Erosion und Sedimentation ständiger Veränderung unterworfenen Schwemmlandinseln des Stromes, beziehen

sie in ihr Siedlungsgefüge und in ihr landwirtschaftliches
Nutzungsgefüge mit ein – wissend, daß der Fluß es ihnen
jederzeit wieder nehmen kann.

Im Südosten des asiatischen Kontinentes, etwa in Thailand, Vietnam oder auf den Philippinen, reicht die Anpassung an den Lebensraum Wasser noch weiter. In den ausgedehnten, von Hunderten von Wasserläufen durchzogenen
Mündungs- und Deltabereichen des Mekong oder des Mae
Nam Chao Phraya sind die Menschen dazu übergegangen,
ein gleichsam amphibisches Dasein zu führen: sie leben in
Pfahlbauten oder auf Hausbooten.

Den Schritt von einem amphibisch-seßhaften zu einem
maritim-nomadisierenden Dasein vollziehen die Moken im
Süden Birmas und Thailands, die Orang Suku Laut, die
Orang Kuala und die Sekah im Bereich des indonesischen
Riau-Archipels, der Malakka- und der Karimata-Straße sowie die Bajau des Sulu-Archipels und deren Verwandte entlang der Küsten Sulawesis. Sie alle sind nomadisierende
Völker, die das Meer zu ihrem eigentlichen Lebensraum
gemacht haben.

Das folgende Kapitel stellt Wasser als Lebensraum einer
Vielzahl von Gruppen und Ethnien dar.

Alles im Fluß – Geschichten
aus einer schwankenden Welt

Rüdiger Siebert

Da ist es wieder, dieses befreiende Gefühl von Aufbruch und Unterwegs-Sein. Ich stehe auf dem mit Aluminiumblech überzogenen Dach des Bootes, das mich von Samarinda aus den breiten Mahakam flußaufwärts trägt, hinein ins grüne Innere des östlichen Borneo, das Kalimantan heißt. Ich bin allein hier oben. Die zwei Dutzend einheimischen Passagiere liegen und kauern unten auf den Brettern über dem Frachtraum, wo sie zwischen Bordwand und Dach bloß einen engen, flachen Ausschnitt von Fluß und Ufer sehen. Nur die kleinen Kinder können dort aufrecht gehen inmitten der dicht aneinandergereihten Menschen, Koffer, Bündel und Kartons. *Harapan Baru* heißt das Schiff, die »Neue Hoffnung«. Mit gleichförmigem Tuckern stemmt es sich gegen den Strom. Welche Weite! Die Lungen saugen sich voll mit dem frischen Fahrtwind. Im braunen, trägen Wasser spiegelt sich die scheinbare Endlosigkeit Borneos. Mir ist, als schwebte ich auf einem Teppich durch die Flußlandschaft. Da werden Straßen wie Pfähle ins Herz der Borneo'schen Finsternis getrieben und öffnen dem zweifelhaften Licht des Fortschritts die Bahn. Flugzeuge verändern auch die Zeitbegriffe der Menschen ferner Wälder, die es gewohnt sind, in Reisewochen zu rechnen. Und doch ist und bleibt es die Fahrt auf dem Fluß, die einem die Augen weitet für Zeit und Raum dieser gigantisch großen Insel. Der Fluß ist die Lebenslinie, der Mahakam ein Beispiel. Der Weg zur Außenwelt folgt von alters her seinen Fluten, auf denen Einwanderer kamen, Händler, Feinde, Entdecker, Piraten und die ersten Europäer. Ohne die Straßen ist Borneo seit ewigen Zeiten ausgekommen – ohne den Fluß müßte es sterben.

Kinderlachen schwirrt übers Wasser. Winkende, kleine Hände auf den schwimmenden Plattformen mit langen Balken, die den Klohäuschen und Waschplätzen am Ufer den nötigen Halt geben. Abendliche Planschfreuden sehe ich von meinem Ausguck. Nackte Kinder, die ins Naß springen. Frauen, die ihr Bad nehmen, ohne die Kleider auszuziehen. Männer, von oben bis unten eingeseift. Alles ist der Fluß: Trinkwasserreservoir und Müllkippe und Vorratskammer voller Fische.

Aus einer Moschee trägt der Wind den Lautsprecherruf des Imam herüber, die Mahnung zum Magrib-Gebet. Lautlos flattern die Fliegenden Hunde in den Sonnenuntergang; nur ihre dunklen Silhouetten sind sichtbar. Unheimliches Himmelsgetier im Zwielicht des schwindenden Ta-

44

ges. Die grellen Farben welken dahin. Das Sonnengold verblaßt zu Rot und Rosa, wird bleiernes Grau und silbernes Steinkohlenschwarz. Auf die sattblaue Himmelsleinwand malt ein flüchtiger Pinsel einen Hauch gelber Wolken. Einen zerzausten Vogel vermag ich darin zu erkennen. Weit hat das Fabeltier meiner Träume die Schwingen gespannt und fliegt in die Nacht.

———

Tanah Air nennen die Indonesier ihre Heimat – »Land und Wasser«, so die wörtliche Übersetzung. Wer lange und weit weg ist von *Tanah Air*, der spricht das Wort mit sehnsuchtsvollem Unterton aus, mag er in Nordsumatra, in Java oder irgendwo auf den Molukken zu Hause sein. »Land« und »Wasser« sagen die Indonesier in einem Atemzug, um die Region zu umreißen, in der das Wesen ihrer Herkunft liegt. *Tanah Air* ist vordergründig verstanden das heutige Indonesien, aber »Land und Wasser« kennzeichnet auch die über den Staatsbegriff hinausreichende Heimatverbundenheit der Menschen Südostasiens. In den Worten *Tanah Air* klingen Gefühle, Kindheitserinnerungen, Märchen und Liebschaften mit, individuell angesiedelt in irgendeinem Winkel dieses größten Archipels der Welt. Von den verwirrend vielen Inseln Südostasiens gehören immerhin mehr als 17.000 zum indonesischen Staatsgebiet, mehr als 7.000 zu den Philippinen. Land und Wasser bestimmen darin das Werden und Sein insularer Nationen, die in Ausdehnung und Beschaffenheit einmalig auf diesem Erdball sind. Das Wasser ist hier das alles verbindende, nicht das trennende Element. Die Rand- und Binnenmeere zwischen Indischem Ozean und Pazifik haben die Erschließung und Besiedlung des Archipels bestimmt. Zumeist sind sie nach der bedeutendsten von ihnen beeinflußten Insel benannt, also: Java-See, Sulawesi-, Banda-, Flores-See, und sie sind durch schiffbare Meeresstraßen verbunden. Die meisten Bewohner des Archipels wurden bäuerlich seßhaft und siedelten dort, wo das insulare Land fruchtbare Erträge versprach; einige Volksgruppen aber blieben Seefahrer.

Die Spannung zwischen *Tanah* und *Air* hat die Geschichtsabläufe geprägt und die Menschen in ihren Unterschieden geformt. Auf den Wasserwegen der Jahrhunderte strömten nördliche, östliche und westliche Kulturgüter ein. Sie mischten und befruchteten sich gegenseitig und schufen in dem Schnittpunkt dreier Kulturkreise – des chinesischen, des indischen und des polynesischen – die Symbiose aus Festem und Flüssigem, stets in der Wechselbeziehung von Geben und Nehmen. Dank seiner Gewässer ist Südostasien auf vielfältige Weise von alters her miteinander verbunden.

———

Als das Schnellboot mit ohrenbetäubendem Lärm ablegte, zeigte sich Singapur noch einmal von seiner modernsten Seite. Wie die Kulisse eines Science-fiction-Filmes wuchs die Hochhaussilhouette über die Hafenanlagen hinaus. Im Kielwasser verquirlte die sich spiegelnde Skyline des erfolgreichsten Wirtschaftsmodells Südostasiens zu Gischt; soweit das Auge reichte, lagen handelsbereite Frachter auf Reede. Über unsere Köpfe donnerten Großraummaschinen im Anflug auf Changi Airport, dessen Rollbahnen mittels Landgewinnung dem Meer abgetrotzt wurden.

Wasser als Lebensraum

Vier Schiffsstunden weiter südlich, im indonesischen Riau-Archipel, war all dies verstummt und vergessen. In der Hafenstadt Tanjung Pinang auf Bitan vertauschte ich das klimatisierte Expreßboot mit einem schmalen Holzkahn und ließ mich gemächlich nach Penyengat hinüberbringen. Die Insel schwamm in den blauen Wellen der Zeitlosigkeit, von Palmen geschmückt, von bunten Holzhäusern auf Pfählen gesäumt, von vier spitzen Türmen der leuchtend ockergrünen Moschee überragt. Bis in diesen Winkel bläst noch kein Wind des Fortschritts. Hier weht sanft und verführerisch »der schwermutsvolle Anhauch des Ostens«, wie ihn Joseph Conrad nennt. Ich sprang auf das Inselchen, und mir war, als träte ich aus dem Jetzt meiner Gegenwart heraus.

Ich schlenderte die Dorfstraße entlang und war geblendet von den Farben der Moschee. Einstmals sei dem Anstrich das Weiß Tausender Hühnereier beigemischt worden, verriet der Junge, der mich übergesetzt hatte. Eine weiche Brise trug mir den Duft von Hibiskusblüten und den Rauch von Küchenfeuern zu. Da eine Frau, die Wäsche auf dem Rasen zum Trocknen breitete, dort ein Mädchen, das den kleineren Bruder in einer Hängematte aus Batikstoffen wiegte. Ein Lächeln huschte über die Gesichter, wenn ich an den bescheidenen, mit Wellblech gedeckten Holzhäusern vorbeikam. Die winzige Insel ist nur ein Punkt auf der Landkarte, so klein, daß von jedem Standort aus das Meer ringsum stets im Blickfeld liegt. Eine Trauminsel von unendlicher Ruhe. Ich tauchte ein in die dörfliche Alltäglichkeit, wo einmal ein Machtzentrum war, dessen Sultan im weiten Archipel unbestrittenes Ansehen genoß und auch in Singapur die Geschicke bestimmte, ehe dort ein gewisser Raffles zu Beginn des vorigen Jahrhunderts den Kurs nach britischen Interessen steuerte. Mir fielen Erzählungen von verwunschenen Schlössern und efeuumschlungenen Burgen der Königreiche ein, deren Namen niemand mehr kennt. Penyengat ist die indonesische Ausgabe eines solchen Märchens.

Die Residenz der vergangenen Herrlichkeit liegt in Trümmern. Rauchgeschwärzt die Ruinen, verlassen schon vor vielen Jahren: sie sind letzte Zeugnisse eines Regierungsanspruchs, dem die hölzernen Pfahlbauten, wie sie die Zeiten überdauerten, ehedem zu ärmlich gewesen waren. Hier gab eine muslimische Dynastie den Ton an, der im Riau-Archipel bis hin zur malaiischen Halbinsel unerbittlicher Befehl gewesen war. Die überwucherte Steinfassade mit den toten Fensterhöhlen blieb als stummer Rest einstiger Pracht, umhüllt von der Schläfrigkeit eines schwülheißen Tages. Sorgsam gepflegt dagegen sind die Gräber der Großen, der Sultane, Rajahs, Datus; von weißen Mauern umgeben, unter Kuppeln geborgen. Auf hölzernen Tafeln halten indonesische Worte dem Kundigen die Namen in Erinnerung und geben dem Unkundigen eine Ahnung von gestürzter Macht, die unter den Tricks und Taten europäischen Herrschaftswillens zerbrach. Der Verfall war unaufhaltsam. Die Insel kündet von einer Tragödie; und der Wind wird nicht müde, in den Palmen vom Niedergang verblichener Generationen zu wispern. Nicht einmal ein Transistorradio störte an jenem Tage den Anhauch der alten Geschichte.

Die Sulu-See zwischen den Philippinen und der Insel Borneo.

Sie schwimmen wie Fische, tauchen wie Wasservögel und segeln wie Regatta-Meister. Alles schwankt in ihrer Welt, die auf die Wellen der Sulu-See gebaut ist. Doch wirklich unsicher fühlen sich Samals vom Volke der Bajaus nur, wenn sie festen Boden unter den nackten Füßen spüren. Ihr Element ist das Meer zwischen den südlichen Inseln der Philippinen und der nördlichen Küste Borneos. »Seezigeuner« werden sie genannt, und auch dort, wo sie Pfähle in seichte Gewässer treiben und Hütten aus Bambus und Brettern daraufstellen, wie es die Samals an den Gestaden der Insel Basilan tun, haben sie zu den Landbewohnern ein gespanntes Verhältnis.

Eine der Behausungen auf wogendem Grund ist die Schule, eingerichtet von hilfreichen Lehrern aus Maluso. Heute ist Maltag. Hingekauert auf den Bambuslattenrost des Bodens, durch dessen Ritzen das Wasser schimmert, vertrauen zwei Dutzend Kinder dem Papier zeichnerisch an, wie sie sich selbst und ihre Zukunft sehen.

»Fischen bedeutet unser Leben. Die offene See ist unser Himmel«, hat Peldon neben seine Zeichnungen geschrieben. Andere Erläuterungen geben Alltagshinweise. »Wir sind sechs in der Familie. Jeden Tag gehen mein Vater und mein Bruder zum Fischen«, skizziert Pacita ihr junges Le-

Samal-Dorf bei Maluso auf der südphilippinischen Insel Basilan.

Wasser als Lebensraum

ben, »meine Mutter kümmert sich um den jüngsten Bruder. Meine vier Schwestern weben Matten. Wir sind arm, unsere Bedürfnisse sind gering.«

Arm zu sein und zum Lebensunterhalt der Familie beitragen zu müssen, gehört zu den frühen Selbsterkenntnissen. »Ich fange Krabben und Shrimps«, bemerkt Maljid, »ich muß für die Familie sorgen. Von meinem Geschick hängt es ab, ob meine Geschwister satt werden oder nicht.« Und Sonohaya schrieb neben ihr Boot: »Ich verkaufe Küchlein, jeden Tag, auch wenn dicke Wolken aufziehen. Ich muß Geld verdienen.« Dieser Hinweis wiederholt sich variantenreich. »Ich handle mit Seefrüchten von meinem Banca aus, mit dem ich jeden Tag von Haus zu Haus rudere«, läßt Jumharija wissen. Der Schulkamerad Tawhari versteht es, mit Zahlen umzugehen, wie seine Auskunft unter dem gezeichneten Schifflein verdeutlicht: »Dies ist mein Banca, mit dem ich die Leute von einem Hafen zum andern fahre. Das kostet 50 Centavos. Wir sind sechs Geschwister. Wir sind Waisen. Als Ältester bin ich für meine jüngeren Brüder und Schwestern verantwortlich.«

Eines fällt dem europäischen Betrachter auf: Der Zeichenstift wird nicht zum Vehikel für eine imaginäre Flucht. Das Reich der Samal-Träume ist das, was unmittelbar vor den Pfahlbauten liegt: das Meer mit den vielen Inseln. Kaum ein Kind setzt zum großen Gedankenflug in Märchen oder ferne Regionen an. Klaira ist die einzige, die ihren Wunsch auf festen Grund und Boden stellt: ein solides, großzügiges Haus mit Swimmingpool und Auto, wie es als Vorbild wohl auf einer Illustriertenseite hierher geweht sein mag. »Ich möchte eine reiche Frau werden«, hat Klaira zielbewußt darunter geschrieben. Alle anderen Kinder ziehen ihre Wasserwelt allen anderen Welten vor. »Ich möchte ein angesehener Mann in unserem Dorf werden«, erhofft sich Abdusali, »ein guter Headman, der die Samals fair und gerecht führt.« Für Matigre ist klar: »Ich möchte Kapitän eines Schiffes werden, Geld sparen und ein eigenes Boot kaufen.« Sein Freund Malik, der denselben Wunsch hat, hat bereits eine Idee, wie das Schiff heißen soll: »Ich würde es ›Endless Love‹ nennen.« Samal-Kinder fürchten sich nicht vor den Stürmen der See, sondern vor den Gewittern an Land. Einer der Jungen sieht sich offenbar nur ungern in der Rolle eines leidenden Opfers am Rande gewaltvoller Auseinandersetzungen: »Ich bitte Allah, einen Soldaten aus mir zu machen, damit ich mein Volk vor Unterdrückung schützen kann«, schreibt Sailaddin an diesem Schultag und malt sich mit schwarzem Bart und grüner Uniform.

———

Es spritzt und planscht und schwappt. Das Dorf steht unter Wasser, und eine bunte und vergnügte Schar taucht und tobt im trüben Naß. Derweil pflügt ein Bauer mit seinem Büffel die Fluten. Tänzerinnen mit luftigen Gewändern wie Schmetterlinge vollführen ein Ballett, das sich in den Wellen spiegelt. Feuerspeiende Drachen peitschen mit ihren Schwänzen die Gischt. Kaum hat sie sich beruhigt, defiliert in feierlicher Prozession der Mandarin mit großem, prächtig farbigem Gefolge hoch zu Roß über das schwankende Element hinweg.

Sieben Musikanten mit schmeichlerischen Stimmen und traditionellen Instrumenten begleiten das Treiben auf dem Wasser von sicherer, trockener Empore aus. Beim Spiel der Dorfkinder schwillt der Gesang zu übermütigem Lachen und Heiterkeit an. Den Aufmarsch der Noblen trägt ein lobpreisendes Lied davon. Der

Drachen und Schlangen wildes Gemenge wird mit Gongs und Geschrei dramatisch aufgewühlt.

Die Musikanten sind Menschen, die sichtbaren Akteure im und auf dem Wasser sind Puppen. Die turbulenten Szenen spielen sich vor Hunderten von Zuschauern ab. Begeistert sehen sie der überschäumenden Inszenierung uralten vietnamesischen Wassertheaters zu. In jüngster Zeit erhielt es dank Tourismus und wieder friedlicherem Zeitvertreib im kriegsgeschüttelten Land neuen Auftrieb.

Es ist ein phantastisches Drunter und Drüber. Vor Beginn der Vorstellung kann das ungeübte Auge gar nicht einschätzen, was sich da in der braunen, noch unbewegten Brühe der Bühne ereignen wird. Im ehemaligen Kino am Hoan Kiem See mitten in Hanoi beispielsweise – dort wurde das Theater der Lichtspiele mit aufsteigenden Sitzreihen mit einem Bassin ausgestattet und zum Schauplatz der Wasserspiele umgebaut. So fern glaubt sich der Betrachter, so klein scheinen ihm zu Beginn die Figuren. Doch dann lassen Phantasie und zauberhafte Bilder in der amphibischen Welt die Entfernungen schrumpfen. Mit Witz und Wunderkerzen wird eine versunkene Zeit der Kinderträume lebendig, in denen die Grenzen dahinschwimmen. Poesie auf schimmerndem Grunde.

Was so schwerelos einherschwebt, Schabernack vollführend, die Haltlosigkeit des Wassers verspottend, ist lang einstudierte Kunst.

Zu Beginn der Planscherei versucht der Neuling im Parkett die Technik zu ergründen. Bald ist er jedoch mitgerissen vom Strom der ausgelassenen Episoden im überschwemmten Dorf und vergißt, an das Gestänge unter dem Wasser zu denken. Erst zum Schluß, wenn sich der Vorhang hinter der sparsam angedeuteten ländlichen Kulisse hebt, tauchen die eigentlichen Künstler auf: sie stehen dort in Gummihosen, die bis zur Brust reichen. Wenn die Spieler erscheinen, tief im Wasser stehend, ist es aus mit der Illusion. Die Puppen verkleinern sich wieder auf das Normalmaß ihrer 30 bis 80 Zentimeter. Der Applaus gilt der Perfektion, mit der ihre Meister eben solche Miniaturen mit prallem Leben erfüllten.

Ein ausgeklügeltes System von Stangen, Drähten, Schnüren erlaubt es, virtuos gehandhabt, den Puppen die Beweglichkeit und scheinbare Selbständigkeit zu verleihen, die mit physikalischen Grundgesetzen scherzt. Jede Puppe ist aus Holz geschnitzt; bevorzugt wird das des Feigenbaumes benutzt, denn es ist weich und trotzdem haltbar. Kräftige Lack- und Goldfarben geben den Figuren den unverwechselbaren Ausdruck; weiß die Gesichter, berauschend bunt die Gewänder. Jede Puppe ist ein Unikat, gefertigt in Handarbeit, zwischen einem und fünf Kilogramm schwer. Einzelne Glieder sind lebensecht zu bewegen und mittels kompliziertem Unterwasser-Apparat aus dem Hintergrund, durch den Vorhang verdeckt, von den Spielern zu bedienen. Jede Puppe ist ein kleines Kunstwerk, jeder Auftritt ein artistisches Kabinettstückchen. Zu den Verwandten gehören die Chinesische Oper und das javanische Stockpuppenspiel, Wayang Golek, und die vielen Marionetten in aller Welt.

Die Wurzeln des Wassertheaters reichen weit in die Geschichte zurück. Literarische Quellen aus dem 12. Jahrhundert preisen es bereits als höfische Unterhaltung der Könige. Was heute in städtischen Theatern dargeboten wird, war ursprünglich ein dörfliches Ereignis mit kultisch-religiösen Inhalten. Im wasserreichen Delta des Roten Flusses, in Nordvietnam, dürfte das beziehungsreiche Spiel einst begonnen

49

haben. Dort sind die Reisfelder, die Bäche, Kanäle, Teiche, Seen, aus denen heraus eine ganze Kultur erwuchs. Im Wassertheater verschwimmen die Traditionen einer ländlichen Lebensweise, die sich mit dem Reisanbau aus dem Wasser heraus als dem Element des Lebens entwickelte. Nach der Ernte, wenn allen guten Geistern Dank zu sagen war für ihren Beistand, war die Zeit des Wassertheaters. Stets war es mehr als bloßes Spiel; vielmehr Abbild des Lebenskampfes, wie dem Wasser und mit dem Wasser die Früchte der Arbeit abzugewinnen waren. Das Wasser zu bändigen, zu leiten, zu kanalisieren und in Zeiten des Überflusses zu speichern; in Zeiten der Trockenheit sparsam mit jedem Tropfen umzugehen: das wurde Wesenselement vietnamesischer Kultur der Dörfer. Wenn dann in Gestalt der Reisgarben der Lohn der Mühen eingebracht war, begannen die Tage der Feste mit dem Wassertheater als Ausdruck der Freude, mit dem Lebensspender freundlich und verbunden auf Gedeih und Verderb zu existieren.

50 Das alles ist auch in Vietnam längst Vergangenheit in einer nüchterner, im übertragenen Sinne trockener gewordenen Welt. Doch in manchen Dörfern stehen noch in kleinen Seen steinerne Tempel, die einmal Bühne eines Wassertheaters waren. Die Spieler agierten in pagodenähnlichen Gemäuern, das Publikum saß am Ufer. Die Schnitzer besaßen hohes Ansehen im Dorf, die Spieler ebenso; sie waren in Gilden vereint. Heute gibt es noch etwa zwei Dutzend solcher organisierter Theatergruppen in den Dörfern. Mit den Aufführungen in städtischen Häusern bildeten sich professionelle Ensembles; auch das Wassertheater wurde kommerzialisiert. Gleichwohl: in seinen Wellen der Lebensfreude schwingen Kult und Kunst der Vorväter mit, Ritual und Spiel zugleich – und ein spritziges Vergnügen.

––––––––

Eine Vollmondnacht im November. Flackernde Lichter schaukeln über die Schwärze des Flusses, Wesen gleich, die der Strom in die Weite der Meere entführt. Die Menschen am Ufer schauen ihnen gebannt nach und versuchen, mit Blicken das festzuhalten, was sie selbst auf die Reise geschickt haben: runde Gestecke aus Bananenblättern oder Plastik, mit Blumen geschmückt, mit brennenden Kerzen versehen und beladen mit Wünschen und Träumen und dem Dank für die unerschöpfliche Kraft des Wassers. Der milde Wind nimmt Gelächter, Wortfetzen und Kindergeschrei mit über den gewundenen Fluß, in den sich das Mondlicht aus silberschwarzem Himmel ergießt. Die Menschen von Bangkok feiern *Loy Krathon*, wie es in dieser Novembernacht viele ihrer Landsleute tun, die in Thailand in der Nähe eines Flusses oder eines Seen wohnen und ehrfurchtsvoll ihrer Abhängigkeit von seiner Leben spendenden und Leben nehmenden Macht gedenken.

Es ist das Ende der Regenzeit. Die Gewässer sind auf ihrem höchsten Stand. Der Reis reift auf den Feldern. Alle Arbeit bis zur nahen Ernte ist getan. Zeit des Aufatmens. Eine Nacht der Besinnung. So war es Brauch während der verflossenen Jahrhunderte und so ist es noch immer Sitte draußen in den Dörfern, wo die Menschen ein inniges Verhältnis zum Wasser bewahrt haben. In der Millionenmetropole Bangkok geht die fromme Tradition im Meer aus Fortschritt und Kommerz unter. Ein Volksfest ist es: Die Gestecke, die *Krathongs*, werden Tage vorher auf den Märkten angeboten, meist Kunststoffgebinde aus der Massenproduktion einschlägiger Werkstätten.

Feuerwerk und Kracher platzen in die fröhliche Ausgelassenheit der Kinder, die ihre *Krathongs* ans Wasser tragen. In den Kindergesichtern schimmert ein Abglanz jenes uralten, nächtlichen Zaubers. Erwartungsvoll halten kleine Hände die *Krathongs* ihren Vätern und Müttern hin, damit die Kerzen entzündet werden. Das aufgeregte Gekicher wird immer wieder vom Geknatter eines vorbeischießenden Schnellbootes übertönt, und heftiger Wellenschlag wirbelt die schon schwimmenden *Krathongs* durcheinander. So geraten Wunsch und Wirklichkeit in Bedrängnis. Denn der alte Glaube, der aus stillen Wassern stieg, besagte, daß es Glück bedeute, wenn man lange die brennenden Kerzen seines *Krathongs* mit den Blicken verfolgen könne und die Gestecke zweier befreundeter Menschen auf den sanften Wellen in nachbarschaftlicher Nähe blieben. Wenn sie auseinandertrieben und die Lichter schnell verlöschten, dann mochte dies ein böses Omen sein. Nun schwemmen Motoren und Maschinen die Poesie von gestern einfach fort.

»Alles ist beseelt«, erläutert die thailändische Freundin Nut dem europäischen Gast das geisterhafte Treiben, »man muß dem Wasser danken und für alle Verschmutzungen, die wir Menschen ihm zufügen, Abbitte leisten.« Nut, das pfiffige, moderne Mädchen, fügt der ernstgemeinten Erklärung ironisch hinzu: »Und dies tun wir, indem wir dem Fluß wieder neuen Abfall zuführen.« Das ist leider wahr: Die Styroporinselchen, die nächstens so phantasieanregend über den vom Mond versilberten Fluß schweben, treiben am nächsten Morgen zu Tausenden in Kanälen und Seitenarmen: zählebige Zeugnisse der neuen Zeit.

51

Wasser als Lebensraum

Bangladesch – eine schwimmende Welt

Walter Keller

»Wasser ist die Mutter unseres Landes. Es bringt Leben und nicht Tod«. Europäern fällt es schwer, dieses Sprichwort nachzuvollziehen, angesichts der alljährlich wiederkehrenden Überschwemmungen, die Bangladesch heimsuchen, viele Menschenleben fordern und Ernten und Eigentum zerstören. Aber die Existenz des Sprichwortes zeigt, welche Bedeutung die Menschen dieses südasiatischen Landes ihren Flüssen beimessen: für sie sind sie Ausdruck göttlicher Kräfte und trotz des gewaltigen Zerstörungspotentials, das sie besitzen, werden sie mehr als Segen denn als Fluch betrachtet. Ohne ihr Wasser und die alluvialen Ablagerungen, die bei den Überflutungen auf den Feldern zurückgelassen werden, zählte das Land nicht zu den fruchtbarsten der Erde.

Ohne die Flüsse, die das Land durchkreuzen, wäre keine Beschreibung Bangladeschs vollständig. Das imposante Flußsystem mit 230 großen und kleinen Flüssen mit einer Gesamtlänge von 24.000 Kilometern ist das auffälligste an der Landschaft des Landes. Flüsse nehmen während der Trockenperiode sieben Prozent der Staatsfläche ein; während der Monsunzeit schwellen sie jedoch kräftig an und bedecken dann nicht selten die Hälfte des Landes. 85 Prozent der Wassermassen werden von den drei großen Flüssen Brahmaputra (Yamuna), Ganges (Padma) und Meghna geführt. Sie sind es, die nach ihrem Zusammenfluß das größte Flußdelta der Welt formen. Mit 60.000 Quadratkilometern ist es zweimal größer als das des Mississippi und dreimal so groß wie das des Nils.

Fast alle Flüsse fließen in Nord-Süd-Richtung und nehmen in ihrem Verlauf unzählige kleine Zuflüsse und Entwässerungskanäle auf, die westlich, östlich, südöstlich oder südwestlich verlaufen. Die mittelgroßen und kleinen Flüsse sind nicht immer Nebenflüsse der großen Flußsysteme. Eine große Anzahl von ihnen, vor allem im eigentlichen Delta, sind Ableger, »distributaries« der drei Riesenströme – ein regelrechtes Flußlabyrinth, das auch Seen und Sumpfland umfaßt. Weil Bangladeschs Flüsse »jung« und morphologisch aktiv sind und das Delta nur aus Schwemmland besteht, ändern sie häufig ihren Verlauf. So »sterben« Flüsse an einer Stelle, um anderswo »neu geboren« zu werden. Sie lassen sich nicht kontrollieren: »Flüsse sind wie junge Mädchen, sie machen, was sie wollen«, heißt es im Volksmund.

Der Ganges, in Bangladesch Padma genannt, kommt aus Indien und fließt in südöstlicher Richtung. Kurz nach der Grenze zwischen Indien und Bangladesch hat der Fluß den ersten größeren Abzweig durch den Bhagirati-Hooghly Fluß, der dann südlich in Richtung Kalkutta fließt. Früher war dies die Hauptrichtung des Ganges. Vermutlich haben zu Beginn des 18. Jahrhunderts aber große Ablagerungen am Oberlauf des Bhagirati-Hooghly dafür gesorgt, daß sich der Fluß teilweise ein neues Hauptbett suchen mußte.

Wie der Ganges entspringt auch der Brahmaputra im Himalayagebiet. Er fließt erst östlich durch Südtibet, macht dann eine abrupte Südkehre, bevor er westlich, entgegengesetzt zur anfänglichen Richtung, durch den indischen Bundesstaat Assam fließt und schließlich Bangladesch erreicht, wo er eine südliche Richtung ein-

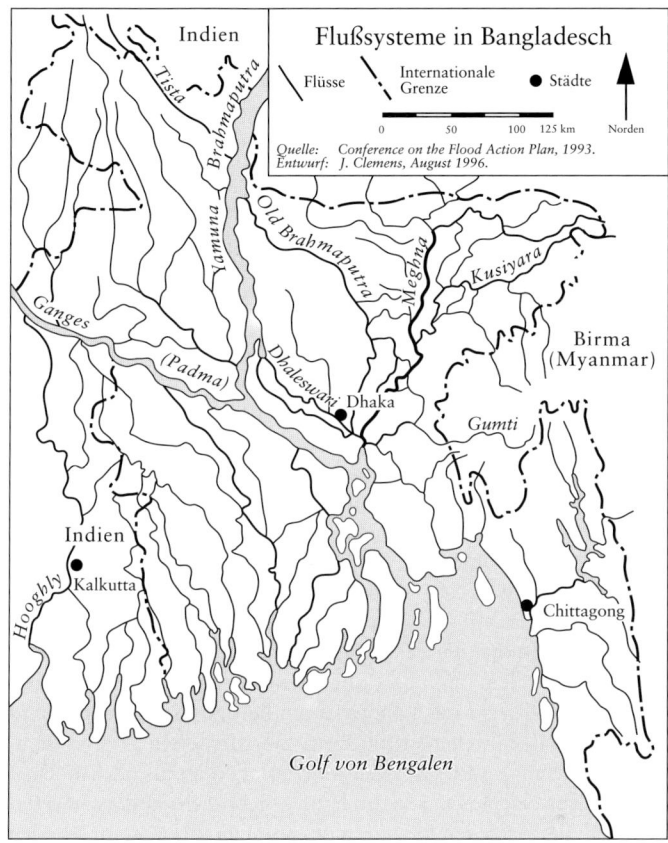

Indien

Flußsysteme in Bangladesch

\ Flüsse \ Internationale Grenze ● Städte ↑

0   50   100   125 km   Norden

Quelle: Conference on the Flood Action Plan, 1993.
Entwurf: J. Clemens, August 1996.

Tista

Brahmaputra

Yamuna

Old Brahmaputra

Meghna

Kusiyara

Ganges

(Padma)

Dhaleswari

Dhaka

Gumti

Birma
(Myanmar)

Indien

Hooghly

Kalkutta

Chittagong

Golf von Bengalen

nimmt. Schon 40 Kilometer nach dem Grenzübertritt nimmt er zwei große Neben-flüsse auf: zuerst den Dharla, dann den größeren Tista. Südlich des Tista-Zuflusses gibt es dann einen neuen Namen für den Brahmaputra: Yamuna. Weiter am Unter-lauf, etwa 70 Kilometer westlich von Dhaka, vereinigt er sich mit dem Padma. In Spitzenzeiten führt der Brahmaputra bis zu 100.000 Kubikmeter Wasser pro Se-kunde – nur der Amazonas kann da noch mithalten.

Der Meghna entsteht im Nordosten Bangladeschs durch den Zusammenfluß mehrerer Flußsysteme. Bevor er sich weiter südlich mit dem Padma vereinigt, nimmt der Meghna noch andere große Flüsse auf, die sich weiter nordwestlich aus dem Brahmaputra abgezweigt haben. Bis ins frühe 18. Jahrhundert floß der Meghna noch parallel zum Padma und mündete als »selbständiger« Fluß in die Bucht von Bengalen.

Den Flüssen Bangladeschs kommt jedoch mehr als nur geographische oder land-wirtschaftliche Bedeutung zu. Sie sind die »Autobahnen«, die Arterien, die für die Wirtschaft große Bedeutung haben. Bangladeschs Flüsse formen das womöglich größte und umfangreichste Netz von Wasserverkehrswegen. Es gibt wohl kaum ein

Land, wo der Binnenschiffahrt eine ähnliche Bedeutung zukommt. Insgesamt verfügt das Land über 10.000 Kilometer schiffbarer Wasserwege, wovon der größte Teil das ganze Jahr über genutzt werden kann. Dieses Netz ist umso bedeutender, als nach wie vor 80 Prozent der knapp 70.000 Dörfer des Landes nicht an das nationale Straßennetz angeschlossen sind.

Schon die frühen arabischen Seefahrer, die bereits vor über eintausend Jahren ins Land kamen, zeigten sich beeindruckt von den Möglichkeiten, die die Wasserstraßen eröffneten. Sie ließen sich in der Gegend von Chittagong nieder und segelten von dort die östlichen Flüsse hinauf bis ins heutige Noakhali, Comilla und Sylhet. Später kamen Afghanen, Portugiesen, Franzosen und Engländer. Sie alle haben den Bootsbau geprägt, was sich in der großen Vielfalt der heute verwendeten Boote niederschlägt. Sie heißen *jali, sampan, goloi, ghashi, raptani* oder *kosha, dingi, patam, ubori* und *bhedi, palowary, dorakha* oder *sharonga* – insgesamt sollen es über einhundertfünfzig verschiedene Bootstypen sein, die auf den Flüssen unterwegs sind. Wurden sie früher aus Sal- und Teakholz gefertigt, bestehen sie heute meist aus minderwertigeren Hölzern, wobei auch Bambus eine große Rolle spielt.

Auf etwa 700.000 größeren Booten, die mit Segeln oder einer Rudercrew ausgestattet sind, finden mehrere Millionen Menschen Arbeit. Die Binnenschiffahrt zählt daher zu den bedeutendsten Arbeitgebern. Transportiert werden vor allem Rohjute, Salz, Korn, Baumaterialien wie Sand, Steine, Holz oder Ziegel, Obst und Gemüse und natürlich täglich ein Millionenheer von Reisenden. Zu dieser »Flotte« gesellen sich unzählige Privatboote, die das Leben der meisten der 120 Millionen Einwohner Bangladeschs vor allem dann bestimmen, wenn für einige Monate des Jahres regelmäßig bis zu 50 Prozent des Landes durch heftige Monsunregen und ansteigende Flüsse unter Wasser stehen. Millionen von Menschen greifen dann nicht nur zu ihrem Boot, wenn sie zum nächsten Marktplatz oder ins nächste Dorf wollen – schon das Haus des Nachbarn ist dann häufig nicht mehr anders zu erreichen. Das sind die Zeiten, die fast jeden Bangladeschi zu einem Bootsmann werden lassen und ein Boot, wie auch immer geartet, wird zur lebenswichtigen Notwendigkeit. Das Land wird zu einer schwimmenden Welt.

Anfang der 80er Jahre begann mit der sukzessiven Motorisierung vieler Boote eine technische Revolution auf den Flüssen Bangladeschs. Kleine und große chinesische Außenbordmotoren »zieren« seitdem viele der sogenannten »countryboats«. Gerade beim Transport von Passagieren werden heute immer häufiger motorisierte Boote eingesetzt. Dies betrifft vor allem den Personenverkehr auf dem Brahmaputra/Yamuna, wo es angesichts der Größe und Breite des Flusses während der Regenzeit – dann ist er zwischen fünf und zehn Kilometer breit – immer wieder zu tagelangen Verzögerungen beim Übersetzen kam. Andere Bootsbetreiber haben mittlerweile nachgezogen, und bis zum Beginn der 90er Jahre sind so schätzungsweise 200.000 Boote mit Motoren ausgestattet worden, und ihre Anzahl steigt von Tag zu Tag. So verschwinden die traditionellen Segelboote schnell und machen Platz für die lauteren und geschäftigen mechanisierten Boote. Es bleibt zu hoffen, daß die traditionellen »country-boats« und das mit ihnen verbundene Leben nicht schon bald ganz der Vergangenheit angehören.

Fährverkehr über den Buriganga-Fluß in Dhaka.

Wasser als Lebensraum

Leben mit der Flut in Bangladesch

Hanna Schmuck

»Es war Allahs Wille, daß der Yamuna unser Haus weggerissen hat. Wir können nichts dagegen tun«. Abdul Huq mußte sich während seines 35jährigen Lebens schon sechsmal dem Willen Allahs fügen. Er ist einer der etwa zwei Millionen Bewohner der Schwemmlandinseln des Brahmaputra, der in Bangladesch Yamuna genannt wird. Der Yamuna ist einer der größten Flüsse der Erde – und einer der unbe-

Flußbetterosion am Yamuna.

rechenbarsten. Während der Monsunzeit von Juni bis September verwandelt er sich in einen fünfzehn Kilometer breiten Strom, der das gegenüberliegende Ufer nicht mehr erkennen läßt. Er reißt seine unzähligen Schwemmlandinseln, *Chars*, teilweise oder ganz mit sich und läßt an anderer Stelle neues Land entstehen. Mit den *Chars* wandern auch ihre Bewohner, die *Choira*. Daß sie sich darauf verstehen, mit dem Fluß zu leben, beweisen sie seit Generationen. Da gegen die Launen des Yamuna wenig zu unternehmen ist, haben sie ihre Lebensweise an Flut und Erosion angepaßt. Die *Choira* verstehen sich als Bauern – auch dann noch, wenn ihr Land über Jahre hinweg im Fluß liegt, und sie auf Einkommensquellen außerhalb der Landwirtschaft ausweichen müssen. Gerade weil sich die Verfügbarkeit landwirtschaftlicher Anbaufläche jährlich ändert, kombinieren *Char*-Bewohner ihre Landwirtschaft mit anderen Erwerbsquellen, wie Handel und Tierhaltung. Häufig arbeitet ein Familienmitglied auf dem Festland, etwa als Rickschafahrer in der Hauptstadt Dhaka. Im Gegensatz zu vielen anderen Bauern, die aufgrund zunehmender Land-

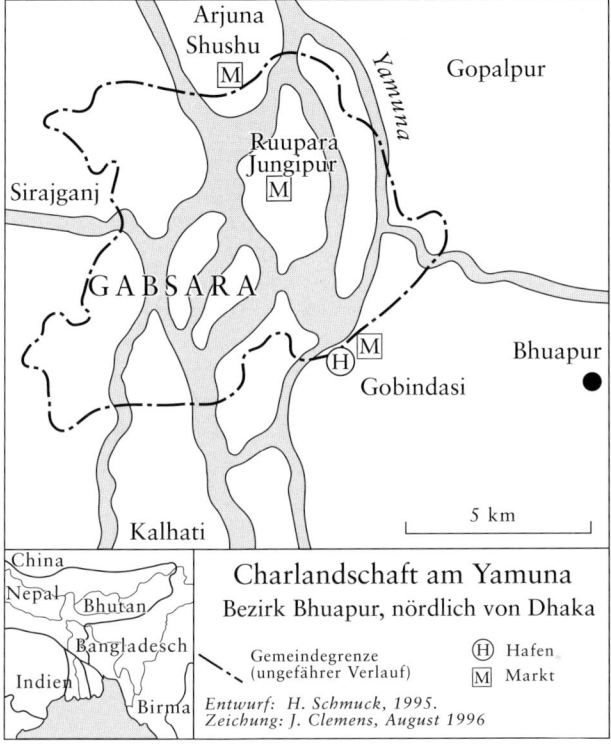

Arjuna
Shushu
M
Gopalpur

Sirajganj

Ruupara
Jungipur
M

GABSARA

Gobindasi M H
Bhuapur ●

Kalhati
5 km

Charlandschaft am Yamuna
Bezirk Bhuapur, nördlich von Dhaka

China
Nepal Bhutan
Bangladesch
Indien
Birma

Gemeindegrenze   H Hafen
(ungefährer Verlauf)   M Markt

Entwurf: H. Schmuck, 1995.
Zeichung: J. Clemens, August 1996

losigkeit für immer in die Städte abwandern, bleiben *Choira* dort aber nur vorübergehend. Sie geben ihre Felder nicht auf, auch wenn sie jahrzehntelang unter Wasser liegen. Die Parzellen, die die Bauern als Felder nutzen, erstrecken sich über das gesamte Flußbett. In ihren Hütten finden sich alte Truhen voller alter Landkarten, die den jeweiligen Landbesitz ausweisen. Auch unter Wasser liegendes Land kann man kaufen und verkaufen. Auch wenn es gerade nicht nutzbar ist, hat es einen bestimmten Wert. In einem solchen Fall sprechen die *Char*-Bewohner von »Wasser kaufen«.

Mit dem Land wandern

Über Nacht wurde das Haus von Abdul Huq und seiner siebenköpfigen Familie weggerissen. Da es aus leichtem Material gebaut und sparsam eingerichtet war, verschwand nur wenig von seinem Hab und Gut in den Fluten des Yamuna. Innerhalb

weniger Stunden kann das aus Jute und Schilf gebaute Gehöft ab- und wieder aufgebaut werden. Abdul Huq siedelte sich auf der Nachbarchar an. Er hatte keine
Zeit, den Besitzer des Bodens, auf dem er sein Gehöft errichtete, um Erlaubnis zu
bitten. Das war auch nicht notwendig, denn das *Char*-eigene Gewohnheitsrecht erlaubt ihm, sich überall anzusiedeln, unabhängig davon, wem das Land gehört. Der
Besitzer wird ihn und seine Familie nicht vertreiben oder mit einer hohen Pacht erpressen, denn schon morgen kann er selbst auf dieses Recht angewiesen sein.

Der Flut ausweichen

Bei starken Niederschlägen kann der Wasserspiegel des Yamuna innerhalb weniger
Tage um mehrere Meter ansteigen. Weil Flut nicht unbedingt Erosion zur Folge hat,
ergreifen die Bewohner der *Chars* nicht gleich mit ihrem Hab und Gut die Flucht.
Sie treffen jedoch einige Maßnahmen, um auf einen weiteren Anstieg des Wassers
vorbereitet zu sein. Die Männer fällen Bananenstauden und bauen daraus Flöße für
die Tiere. Man zieht auf Boote und Dächer und kocht auf dem tragbaren Herd, der
in jeder Familie für solche Situationen bereitsteht. Wenn der Wasserspiegel wieder
sinkt, kehrt man in die Häuser zurück und beginnt mit Reparaturarbeiten.

Mitunter steigt der Wasserspiegel so stark an, daß den *Choira* nur noch die
Flucht auf Dämme am Ufer bleibt. Während solcher Fluten werden Nahrungs-
vorräte und Brennmaterial knapp. Weil die *Char*-Bewohner dann das Flußwasser
trinken müssen, kommen Durchfallerkrankungen zu Unterernährung hinzu. Ein
einschlägiges Beispiel ist die sogenannte Jahrhundertflut des August 1988. Die
Chars waren für mehrere Wochen überschwemmt, viele ihrer Bewohner suchten
Unterschlupf bei Verwandten auf dem Festland – bei Verwandten, die sie sich für
solche Situationen geschaffen hatten: Die Eltern achten darauf, daß zumindest eines ihrer Kinder auf das Festland heiratet, um im Ernstfall auf die Solidarität der
angeheirateten Verwandtschaft bauen zu können.

Auf die *Chars* zurückkehren

Als die Flut 1988 vorüber war, kehrte man in sein Dorf auf die *Char* zurück. Nur
wenige *Choira* ziehen das Festland den *Chars* vor. »Hier haben wir unser Land, es
gibt außerdem viel Platz und der Boden ist sehr fruchtbar«, erklären sie. Doch das
ist nicht der einzige Grund, warum die *Char*-Bewohner trotz der schwierigen Umweltbedingungen auf den *Chars* bleiben. Auf dem Festland gelten sie als wild, pri-
mitiv und rückständig – Vorurteile, derer sie sich durchaus bewußt sind. Der
vierzigjährige Iqbal ist nichtsdestotrotz stolz darauf, ein *Choira* zu sein: »Auf den
Chars sind wir frei wie die Vögel. Mal wohnen wir hier, mal wohnen wir dort. Auf
dem Festland würden wir uns fühlen wie in einem Käfig.«

59

Fluß-Gypsies auf dem Yamuna.

Wasser als Lebensraum

Leben auf dem Meer:
Seenomaden in Südostasien

Lioba Lenhart

»*Die Menschen auf dem Land, ja, die besitzen viel, aber sie sind nicht zufrieden. Auf dem Meer ist das anders. Mal hat man viel Fisch, mal fängt man wenig, doch man ist unbeschwert. Alle Freunde, die Eltern, meine Verwandten sind auf dem Meer. Wenn wir unsere Boote einige Tage ankern und dann einer von uns zu einem anderen Platz reisen will, segeln wir zusammen. Wir treffen uns überall. Auf dem Land zu leben, immer nur an einem Ort zu sein, kann ich mir nicht vorstellen. Das geht nicht lange gut, macht mich unruhig, vielleicht gibt es Streit, doch dann ziehen wir einfach weiter.*«

»*Ich bin es gewohnt, auf dem Boot zu leben. Das Meer ist ein guter Ort, ein sicherer Ort. Will man essen, so rudert und sucht man eine Weile und schon findet man etwas. Andere mögen es an Land, ein Haus ist geräumig, man hat Geld, kauft zu essen. Aber wenn man kein Geld hat, bleibt der Magen leer, man kann nicht weg, weil man das Haus hat, weil man viele Sachen hat, für mich ist das kein Vorteil.*«

So antworteten mir Pak Jantan und Mak Tara, als ich sie fragte, wie sie das Leben auf dem Meer im Vergleich zu einem Leben an Land sehen. Beide gehören zu den Orang Suku Laut, den »Menschen vom Stamm des Meeres« im indonesischen Riau-Archipel – eine der ethnischen Gruppen Südostasiens, die häufig auch als »Seenomaden« oder »Seezigeuner« bezeichnet werden. Vielen von uns fällt es sicher schwer, ihre Ansichten über das Meer als Lebensraum nachzuvollziehen, der im tagtäglichen Sinne lebenswert ist. Doch auch den meisten Menschen in Südostasien ist die Lebensweise der Seenomaden fremd.

Wenn »Menschen des Landes« über das Meer nachdenken, dann kommen ihnen mitunter die Reisebeschreibungen aus dem Zeitalter der Entdeckungen in den Sinn oder der in Literatur und Kunst thematisierte »Kampf mit den Elementen«. Das Meer wird mit romantischen Vorstellungen assoziiert, als Urlaubsambiente genossen, als sportliche Herausforderung empfunden, naturwissenschaftlich erforscht. Seine Ressourcen sind eine bedeutende Nahrungsquelle, sein Wasser wird zur Erzeugung von Energie genutzt. Es liefert vielfältige Rohstoffe und dient als Mülldeponie und Terrain für Atomversuche. Doch obschon der Planet Erde zu zwei Dritteln aus Wasser besteht und das kontinuierliche Wachstum der Weltbevölkerung in vielen Ländern bereits zu gravierender Raumnot geführt hat, ist das Meer nur von einem verschwindend kleinen Teil der Menschheit als Lebensraum in Betracht gezogen worden. Aufgrund topographischer, klimatischer und ökologischer Bedingungen ist die maritime Umwelt der meisten Kontinente dafür wenig geeignet; doch das Meer und die Küstengebiete des Festlands, der großen Inseln und der Archipele Südostasiens sind ein Raum, aus dem die Menschen nicht nur großen ökonomischen Nutzen ziehen, sondern in dem sie potentiell auch leben können.

61

Die Seenomaden, die diese Wahl getroffen haben, leben in Wohnbooten auf dem Meer oder in semipermanenten Siedlungen vor der Küste in fünf Staaten Südostasiens: in Birma, Thailand, Malaysia, Indonesien und den Philippinen. Als mobile Jäger und Sammler unterscheiden sie sich von südostasiatischen Fischergruppen in ihren Strategien zur Anpassung an die maritime Umwelt, die sie zu ihrem Lebensraum gemacht haben, auf die sich ihre Überzeugungen richten und deren Ressourcen sie mehrheitlich so nutzen, wie sie diese vorfinden.

In der Geschichte Südostasiens – eine Geschichte fortwährender Auseinandersetzungen einheimischer Seereiche und europäischer Kolonialmächte über die Kontrolle des Meeres –, spielten einzelne Seenomadengruppen eine über Jahrhunderte dokumentierte Rolle. Teile der Seenomaden waren den Herrschern früherer Seemächte tributpflichtig, sie griffen in den Handel und die Politik der Region ein, und einige wurden im Laufe der Zeit an Majoritätengruppen assimiliert. Andere konnten sich der Kontrolle der damaligen Obrigkeiten entziehen und sind auch in den Staaten, in denen sie heute leben, marginale Gruppen geblieben.

Von den Majoritäten, mit denen sie Kontakt haben, werden sie als ein »Volk von Fremden« betrachtet, das seit jeher in der Region lebt und doch immer abseits steht. Sie selbst wehren sich kaum gegen ihr negatives Image und sind ihrerseits bestrebt, ihre kulturellen Eigenarten vor Neugierigen nicht offen zu zeigen. Der interethnische Umgang ist durch gegenseitige Meidung gekennzeichnet. Doch viele Regierungen südostasiatischer Länder bemühen sich seit geraumer Zeit, das »Los« der Seenomaden zu verbessern, d.h. sie an Land anzusiedeln und mittels Maßnahmen des gelenkten Kulturwandels in die Staatsgesellschaften einzugliedern. Dahinter steht nicht zuletzt auch ein Interesse an ihrem Lebensraum, dessen Ressourcen im Zuge staatlicher Modernisierungsmaßnahmen und forcierter zwischenstaatlicher Wirtschaftsbeziehungen wachsenden Gewinn versprechen.

Wasser als Lebensraum

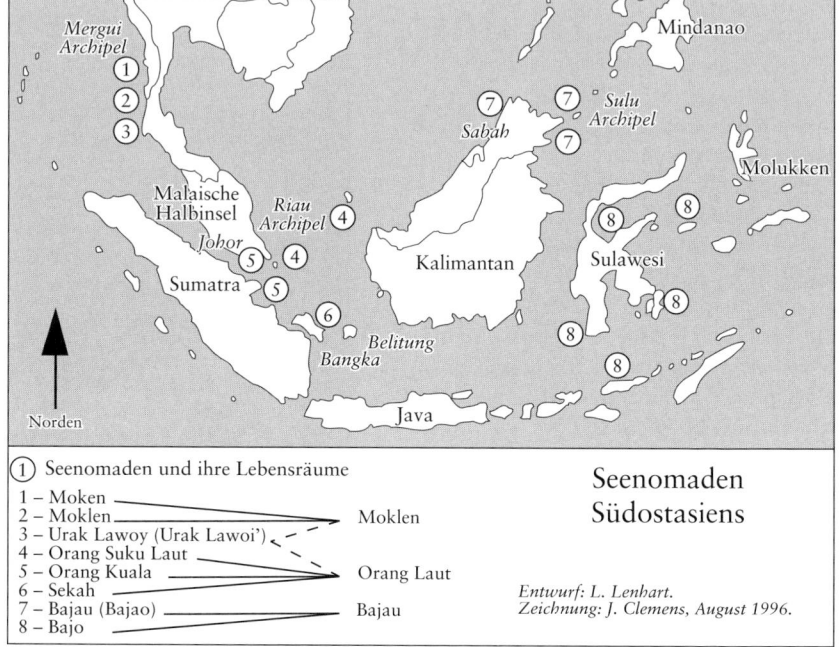

① Seenomaden und ihre Lebensräume	**Seenomaden**
1 – Moken	**Südostasiens**
2 – Moklen — Moklen	
3 – Urak Lawoy (Urak Lawoi')	
4 – Orang Suku Laut	
5 – Orang Kuala — Orang Laut	
6 – Sekah	*Entwurf: L. Lenhart.*
7 – Bajau (Bajao) — Bajau	*Zeichnung: J. Clemens, August 1996.*
8 – Bajo	

Das Meer als Lebensraum der Seenomaden

In Südostasien übertrifft das Meer flächenmäßig das Land. Als Teil des Sunda-Schelfs ist es relativ flach, und Inselketten schützen es vor der Brandung des Indischen und des Pazifischen Ozeans. Daher hat es eher den Charakter eines Binnenmeeres. Meer und Land sind eng verzahnt, da die Küsten durch Halbinseln, Landzungen, Becken und Meerengen stark zergliedert sind. Das immerfeuchte äquatoriale Klima und die hohen Wassertemperaturen fördern eine reiche und vielfältige tropische Flora und Fauna im Meer und an den Küsten. Dies sind günstige Bedingungen für ein Leben auf dem Meer.

Fischer oder Handelsschiffer suchen das Meer nur aus wirtschaftlichen Gründen auf und kehren immer wieder an Land zurück, wo sie zu Hause sind. Wird das Meer mit seinen Küsten aber zum Lebensraum, dann bedeutet dies für die Seenomaden eine Anpassung all ihrer Lebensbereiche an diese besondere ökologische Zone. Diese Anpassung erfordert nicht nur Erfahrungen im Bootsbau und nautische Fähigkeiten, die die Seefahrt auch im allgemeinen kennzeichnen – sie zeigt sich auch in der Wirtschaftsweise, in sozialen Organisationsformen, und sie spiegelt sich in Weltbildern und Überzeugungen wider, so daß bei Seenomaden von einer maritimorientierten Kultur gesprochen werden kann, die sich grundlegend von der Kultur derjenigen unterscheidet, die an Land leben, den »terrestrischen Kulturen«.

63

Ethnische Gliederung der Seenomaden

Die Seenomaden gehören zu den indigenen Bevölkerungen Südostasiens. Sie werden auf knapp 100.000 Personen geschätzt. Diese Angabe stellt jedoch nur einen sehr groben Annäherungswert dar, da es prinzipiell schwierig ist, nomadisierend lebende Menschen statistisch zu erfassen, und – außer in Malaysia – keine umfassenden Zensuserhebungen durchgeführt wurden.

Die Seenomaden bilden drei große Gruppen. Die erste Gruppe sind die Moken und Moklen des Mergui-Archipels und der Küsten Myanmars (des früheren Birma) sowie der Inseln Südwest-Thailands. Die zweite Gruppe sind die Orang Laut oder Orang Suku Laut des indonesischen Riau-Archipels und Pulau Tujuh-Gebiets im Südchinesischen Meer, der indonesischen Küsten und vorgelagerten Inseln Ost-Sumatras und der Südwestküste des malaysischen Bundesstaates Johor (wo sie auch Orang Kuala genannt werden) sowie der indonesischen Inseln Bangka und Belitung (dort sind sie auch unter dem Namen Sekah bekannt). Zu den Orang Laut gehört wahrscheinlich auch die kleine Gruppe der Urak Lawoy (auch: Urak Lawoi') im Bereich der Inseln zwischen Phuket und Adang in Südwest-Thailand, die aber auch ein abgewanderter Teil der Moken sein könnte. Die dritte und größte Gruppe der Bajau (auch: Bajau Laut, Sama Bajau, Sama(l) oder Sama Laut) lebt in einem weiten Gebiet, das den Sulu-Archipel der südlichen Philippinen (wo sie auch Badjao heißen), die malaysischen Küsten Ost-Borneos (Bajau) sowie die indonesischen Küsten Ost-Borneos/-Kalimantans und die Küsten und angrenzenden Inseln von Sulawesi, Nusa Tenggara und den Süd-Molukken (Bajo) umfaßt. Moken, Orang Laut und Bajau zerfallen in eine Vielzahl von Untergruppen in unterschiedlichen Gebieten, die sich wiederum in lokale Gruppen aufsplittern. Alle diese Gruppierungen haben eigene Namen, die sich oft auf eine engere Region, eine Inselgruppe oder eine einzelne Insel beziehen, die als ihr jeweiliges Herkunftsgebiet gilt.

Die genannten Namen der drei großen Gruppen sind Eigenbezeichnungen, die auch Außenstehende kennen, während die Namen der Untergruppen Dritten meist nicht bekannt sind. Daneben gibt es Bezeichnungen für Seenomaden, die diese in der Regel nicht selbst verwenden. So werden beispielsweise die Moken in Birma/Myanmar von Außenstehenden auch Selung und die Moklen in Thailand auch Chao Lay sowie Chao Thalay, Chao Ta Le oder Chao Nam, »Meeres-/Wasservolk«, genannt. Schließlich werden oft Fischerei betreibende Küstenbevölkerungen mit Namen benannt, die auch für Seenomaden verwendet werden – ein eklatantes Beispiel ist die Bezeichnung Orang Laut (»Menschen des Meeres«) für Seenomaden und Küstenmalaien der malaiischen Halbinsel und des Riau-Archipels. Aufgrund dieses Bezeichnungswirrwarrs sind einige Gruppen bislang nicht als Seenomaden identifiziert worden, und andere wurden ihnen fälschlicherweise zugeordnet.

Verbreitung der Seenomaden Südostasiens

Über eine gemeinsame Herkunft der Seenomaden wurde viel spekuliert. Es gibt die These, die Vorfahren der heutigen Seenomaden und andere Jäger und Sammler der malaiischen Halbinsel, Sumatras und des Riau-Archipels hätten während der Eiszeit zu einer weddiden Bevölkerung gehört, die aus dem indischen Raum über den im Pleistozän noch trocken liegenden Sunda-Schelf in die Region gekommen sei. Mit dem Anstieg des Meeresspiegels hätte ein kleiner Teil dieser Bevölkerung seine Jagd- und Sammeltätigkeit auf Strand und Meer spezialisiert, schließlich Boote gebaut und damit größere Mobilität erlangt. Als dann die Proto-Malaien (malaiischen Altvölker) von Norden einwanderten, hätten sich diese mit der weddiden Bevölkerung vermischt, doch sei die frühere Differenzierung in Bewohner des Landes und Bewohner der See bestehen geblieben. Später hätte sich die zahlenmäßig kleinere Gruppe der Seenomaden von dieser Region aus auf ganz Südostasien zerstreut.

Diese These wurde als äußerst spekulativ kritisiert. Wahrscheinlicher ist, daß die maritim-mobile Lebensweise eine unabhängig voneinander entstandene Spezialisierung in unterschiedlichen Regionen aufgrund ähnlicher ökologischer Bedingungen darstellt. So sind zwischen den Moken und den beiden anderen großen Seenomadengruppen keinerlei historische Beziehungen nachweisbar. Historische Rekonstruktionen belegen mit einiger Wahrscheinlichkeit, daß die Moken, deren Name mit »im Meer ertrunkene Menschen« übersetzt wird, bis spätestens zum 18. Jahrhundert eine seßhafte, Landwirtschaft betreibende Bevölkerung waren, die aufgrund äußeren Drucks zu Seenomaden wurden – kriegerische Birmanen des Nordens, Malaien des Südens und Piraten und Sklavenhändler überfielen häufig ihre Siedlungen. Orang Laut und Bajau könnten jedoch eine gemeinsame Herkunft

Orang Suku Laut.

haben. Dies läßt die Herkunftsgeschichte der Bajau vermuten, die von ihrer einige Jahrhunderte zurückliegenden Abwanderung aus Johor berichtet – ein Gebiet, in dem Orang Laut bis heute leben. Ob diese Geschichte jedoch historische Fakten zum Ausdruck bringt, oder aber eine prestigereiche Beziehung zu den damals Mächtigen der Region konstruiert, um die eigene soziale Stellung aufzuwerten, konnte bislang nicht geklärt werden.

Lebensweise der Seenomaden

Die Mehrheit der Seenomaden lebt in kleinen Gruppen von Familien auf Wohnbooten, andere haben semipermanente Pfahlbausiedlungen vor der Küste im Meer errichtet. Die besondere ökologische Zone des Meeres, der Koralleninseln, Riffe und Mangrovenküsten ist für sie Lebensraum, Schutz- und Rückzugsgebiet. Bei ihren Reisen orientieren sie sich an den Gestirnen und folgen den wechselnden Winden, den Meeresströmungen und Gezeiten und dem saisonalen Aufkommen von Meeres- und Küstenressourcen in verschiedenen Gegenden. Ihre Reiserouten umfassen unterschiedlich große Areale und führen einige Gruppen wie die Bajau und Bajo weit über das offene Meer. Andere halten sich vorwiegend im Bereich von Küsten und Inselgruppen auf, z.b. die Moken und Orang Suku Laut. Dementsprechend unterscheiden sich ihre Boote, die gerudert und gesegelt werden und deren Blätterdächer vor Sonne und Regen Schutz bieten: die Boote der Orang Suku Laut sind beispielsweise nur knapp fünf Meter lang und 1,5 Meter breit und damit für das Reisen zwischen den Inseln geeignet. Der seegängigere Typ der Bajo ist größer und mit Auslegern ausgestattet, auf denen mitunter eine Plattform aufliegt, die als zusätzliche Arbeitsfläche für das Trocknen von Fisch genutzt werden kann. Die

66

Pfahlbauten der Seenomaden, die von einem Tag auf den anderen abgerissen und an anderer Stelle wieder aufgebaut werden können, unterscheiden sich in ihrer Größe und Ausstattung kaum von ihren Wohnbooten.

Die Seenomaden leben vorwiegend vom Fischfang mit Speeren oder Angelleinen. Sie jagen aber auch Seesäugetiere und Wild der Küsten, sammeln Muscheln und Schalentiere im Uferschlick sowie Knollen, Wurzeln, Früchte und andere Erzeugnisse des Strandes und ufernahen Waldes. Dort finden sie auch Süßwasser, Feuerholz und die Materialien, die sie zum Boots- und Hausbau, zur Herstellung von Fischfanggeräten, Matten, Körben und ähnlichem benötigen. Sie wirtschaften überwiegend für den unmittelbaren, d.h. den täglichen Bedarf. Überschüsse des Fischfangs, die ihren Subsistenzbedarf übersteigen, verkaufen sie an Zwischenhändler; in der Regel sind dies Chinesen. Inzwischen verkaufen sie einige ihrer Erzeugnisse und bezahlen mit diesem Erlös Dinge des täglichen Bedarfs wie Petroleum für die Lampen, Streichhölzer, Reis und Kleidung. Dadurch wurde der Tauschhandel ersetzt, und die Seenomaden nehmen nun in gewissem Umfang am Handel und Geldwesen der Regionen teil. Sie betreiben allerdings nach wie vor kaum Vorratswirtschaft, weder bei den Waren noch beim Geld. Zwar erwerben sie bei einem sehr guten Fangergebnis manchmal auch Goldschmuck, Radios und mitunter selbst mit Autobatterien betriebene Fernsehgeräte, doch wenn sie anderntags kein Geld einnehmen, wechseln diese Konsumgüter sofort wieder ihren Besitzer.

Die Seenomadengruppen der Moken, Orang Laut und Bajau setzen sich aus mehreren Clans und weiteren Untergruppierungen zusammen. Die soziale Organisation von gemeinsam umherziehenden oder zusammen siedelnden Gemeinschaften beruht auf verwandtschaftlichen Bindungen. Nur diese Familienverbände haben einen Anführer. Meist ist es der Älteste der Gemeinschaft, der sie nach außen vertritt und dessen Rat bei Konflikten gesucht wird. Männer und Frauen gehen im Grunde den gleichen Tätigkeiten nach, und eine Arbeitsteilung erfolgt nur, wenn sie aus biologischen Gründen notwendig ist. Statusunterschiede beruhen auf biologischem und sozialem Alter und besonderen Fähigkeiten. So genießen beispielsweise ältere und verheiratete Personen, Hebammen, Bootsbauer und Heiler ein höheres

Ansehen. Endogamie, also das Heiraten in den Grenzen der eigenen Gruppe, garantiert, daß die Verwandtschaftsgruppen nicht infolge außerverwandschaftlicher Eheschließungen auseinanderbrechen.

Die Glaubensvorstellungen und Überzeugungen von Seenomaden richten sich auf ihre natürliche Umwelt, die sie als von den Seelen der Ahnen, von Geistern und übernatürlichen Kräften belebt und beseelt erfahren. In ihrer Sicht stehen die Wesen des Meeres und der Küstenzonen in einer besonderen Beziehung zu den Seenomaden, während ihnen das Land und die dortigen Wesen und Kräfte gefährlich sind. Sie können die Erscheinungen ihrer natürlichen Umwelt zum eigenen Nutzen aktivieren und beispielsweise Winde herbeirufen oder den Regen zurückweichen lassen. Zudem sehen sie sich verpflichtet, der belebten und beseelten Natur in kritischen Situationen beizustehen – so helfen beispielsweise die Orang Suku Laut dem Mond, wenn die Sonne ihn während einer Sonnenfinsternis gefangennimmt und damit die Gefahr ewiger Nacht heraufbeschwört, indem sie ihn durch Schlagen auf metallene Gegenstände befreien.

Teile der Seenomaden sind dem Buddhismus, dem Islam oder dem Christentum beigetreten, doch halten viele von ihnen trotzdem noch immer an ihren überlieferten Überzeugungen fest. Für andere wie die Bajau und Bajo war der Beitritt zu einer der großen Religionsgemeinschaften, die der Muslime, bereits früher ein Weg, ihrer Stigmatisierung als »unzivilisierte Heiden« zu begegnen. Dieser Weg wird heute verstärkt beschritten.

Die Seenomaden standen aufgrund ihrer hohen räumlichen Mobilität immer in Kontakt mit anderen ethnischen Gruppen. Diese Kontakte beschränken sich nach wie vor weitgehend auf wirtschaftliche Transaktionen. Engere soziale Beziehungen werden von beiden Seiten vermieden. Dies hat folgende Gründe: In den Augen der Majoritäten gelten einige Seenomadengruppen, z.B. die Orang Suku Laut, als unsauber und kulturlos und aus der Sicht von Muslimen zudem als unrein. Diese Ansichten beruhen auf den Vorstellungen der Majoritäten von den hygienischen Bedingungen, unter denen Seenomadenfamilien dicht gedrängt in ihren kleinen Wohnbooten zusammenleben, sowie auf ihrer Gewohnheit, Schweinefleisch und Alkohol zu konsumieren und Hunde zu halten. Andere, z.b. die Bajau, werden als aggressives Volk und notorische Piraten betrachtet. Dies ist eine Verallgemeinerung der im letzten Jahrhundert dokumentierten piratischen Aktivitäten einiger weniger Seenomaden, die zu den Besatzungen größerer, von Malaien, Makassaren und Buginesen geführter Schiffe gehörten – dabei zählen Seenomaden eher zu den Opfern piratischer Überfälle.

Zudem sind Seenomaden für ihre außergewöhnlichen magischen Fähigkeiten bekannt und gefürchtet. Seenomaden kennen die Argumente, die gegen sie vorgebracht werden und erleben oft ein damit zusammenhängendes, negatives Verhalten. Sie selbst verstärken die Furcht Außenstehender ihnen gegenüber, indem sie sich mit einer gefährlichen, magischen Aura umgeben. So heißt es beispielsweise, die Orang Suku Laut benutzten bei Beleidigungen ein Parfümöl, das aus den Tränen der Seekuh gewonnen ist und zusammen mit dem Sprechen magischer Formeln bewirkt, daß man ihnen folgen muß und also fortan das Leben derjenigen teilen muß, die man so sehr verabscheut. Außenstehenden erscheint es deshalb angeraten, den Orang Suku Laut ihre Verachtung nicht offen zu zeigen.

Prägung der Lebensweise der Seenomaden durch ihre natürliche und soziale Umwelt

Moken, Orang Laut und Bajau leben in weit voneinander entfernten Regionen. Sie unterscheiden sich beispielsweise in ihren Sprachen, in ihrer mit der Wirtschaft verbundenen Technologie und in ihrem mobilen Verhalten. Einige leben exklusiv auf dem Meer, andere in Siedlungen am Strand. Trotzdem haben sie auffallende Gemeinsamkeiten, die aus der Anpassung ihrer Lebensweise an die ökologische Zone von Meer und Küste und aus der Entwicklung einer auf diese natürliche Umgebung ausgerichteten Kultur resultieren. Ihre Lebensweise ist aber nicht nur durch ihre natürliche Umwelt geprägt, sondern auch beeinflußt durch ihre soziale Umwelt, also die Art ihrer Beziehungen zu den Majoritäten der jeweiligen Regionen.

Moken, Orang Laut und Bajau ziehen fast alles, was sie zu ihrer materiellen Existenzsicherung brauchen, aus ihrer natürlichen Umgebung. Das Meer und die Küsten mit ihren vielfältigen Ressourcen bieten ihnen ausreichende Nahrung. Meer- und Küstenprodukte decken ihren Bedarf an Proteinen; Knollen und andere Gewächse der Uferzonen versorgen sie mit Kohlehydraten; die Tiere der Küste liefern ihnen sporadisch tierische Fette. In diesem Habitat finden sie zudem die Materialien, die sie für die Ausübung bestimmter Jagd- und Sammeltätigkeiten (Herstellung von Geräten) und zu ihrem Schutz (Boots-/Hausbau) brauchen. Die von ihnen ausgebeuteten Ressourcen sind reich vorhanden und vorhersehbar, da das Ökosystem noch einigermaßen intakt ist. Sie können mit minimalem technischen Aufwand und praktisch von allen Mitgliedern der Gemeinschaft erreicht werden, egal ob Mann, Frau, Kind, alt oder jung. Ihre wirtschaftliche und soziale Organisation ermöglicht es ihnen, in dieser Umwelt zu (über-)leben, ohne das ökologische Gleichgewicht zu stören. Da sie in kleinen, gleichberechtigten und voneinander unabhängigen Familiengruppen unter informeller Führerschaft zusammen leben, jagen und sammeln, finden sie für alle Mitglieder der Gemeinschaft genügend Nahrung. Da sie mobil leben, können sie den Ressourcen folgen, die saisonal an bestimmten Orten auftreten.

Nomadismus und Seminomadismus machen es erforderlich, den Besitz auf das Notwendigste zu beschränken. Sie erwirtschaften daher nur so viel, daß die Reproduktion der Familien gesichert ist. Dem Horten von Gütern wird kein besonderer Wert beigemessen. Ihre Anpassung an die maritime Umwelt ist durch Überzeugungen untermauert, nach denen es eine partnerschaftliche, kommunikative Beziehung zwischen den Seenomaden und den Erscheinungen ihrer natürlichen Umgebung bzw. den Wesen und Kräften gibt, die ihren Lebensraum beleben und beseelen. Diese Beziehung kommt in ihrer Umgangssprache, ihrer Poesie und ihren Sprichwörtern, ihren Mythen und Ritualen zum Ausdruck, in denen das Meer, Fische, Boote und ähnliches eine wichtige Rolle spielen. Das Meer gilt als sicherer Ort, dem überwiegend positive Eigenschaften zugeordnet werden, das Land hingegen wird mit vielen schlechten Einflüssen assoziiert, gegen die man sich beispielsweise mit Amuletten schützen muß.

Die soziale Umwelt von Moken, Orang Laut und Bajau trägt dazu bei, daß sie ihr natürliches Habitat als Lebensraum erhalten und als Basis ihrer materiellen Existenz und damit ihres kulturellen Überlebens nutzen können. Zum einen steht die maritime Umwelt für ihre Nachbargruppen als Lebensraum nicht zur Disposition, zum anderen beuten diese wirtschaftlich vor allem Ressourcen des Landes oder aber solche marinen Ressourcen aus, die Seenomaden nicht interessieren. Da beide Seiten unterschiedliche ökologische Nischen wirtschaftlich nutzen, entstehen zwischen ihnen kaum Wettbewerbssituationen. Die ökonomischen Tätigkeiten von Seenomaden dienen vorwiegend der Selbstversorgung. Die Arbeiten, die für den Markt von Interesse sind, z.B. die Produktion von Seegurken, wollen andere nicht tun. Sie nennen diese Tätigkeit »im Schlamm wühlen«. Aufgrund wirtschaftlicher Beziehungen zu Nachbargruppen können die Seenomaden ihren Mangel an Produkten des Landes ausgleichen, und sie selbst versorgen diese Gruppen im Gegenzug mit marinen Produkten. Aufgrund der bereits genannten Vorbehalte der Majoritätengruppen gegenüber Seenomaden und ihren Produkten wird dieser Warenaustausch in der Regel durch chinesische

Zwischenhändler vermittelt, die diese Vorbehalte nicht teilen. Die Beziehungen zwischen Seenomaden und diesen Händlern sind in gewisser Weise symbiotisch: Die Chinesen sind auf die Seenomaden als Lieferanten von Fisch genauso angewiesen wie diese umgekehrt auf die Händler, die ihre Produkte kaufen, ohne nach Angebot und Nachfrage zu entscheiden und die ihnen in jüngerer Zeit auch Kredite einräumen. Die chinesischen Händler sind jedoch sowohl durch ihre wirtschaftliche Potenz als auch aufgrund ihres Bildungsstandes in einer stärkeren Position. Sie sind nicht daran interessiert, dem Paria-Status entgegenzuwirken, den Seenomaden in den Augen der anderen Bevölkerungsteile haben, denn unter dieser Voraussetzung können sie ihr Vermarktungsmonopol beibehalten, die Preise festsetzen und somit guten Profit aus dieser Verbindung ziehen. Die Bindung der Seenomaden an die Händler stabilisiert ihre tradierte Wirtschaftsweise und damit auch die übrigen Aspekte ihrer Lebensweise.

70   Moken, Orang Laut und Bajau leben in relativ dünn besiedelten Regionen, deren natürliche Umwelt bis dato alle Bevölkerungsgruppen noch genügend versorgt. Ihre Anpassung an ihre natürliche und soziale Umwelt variiert jedoch in Abhängigkeit von der demographischen Situation einer Region. Ein hoher Bevölkerungsdruck, die dadurch bewirkten ökonomischen und politischen Veränderungen, steigende Konkurrenz um gleiche Ressourcen und zunehmender interethnischer Kontakt können eine extrem auf das Meer hin ausgerichtete Lebensform und Wirtschaftsweise zugunsten einer stärkeren Landorientierung verändern. Solche Wandlungsprozesse wurden immer wieder beobachtet. Einige verliefen vom Meer zum Land, andere jedoch nicht in nur eine Richtung, sondern oszillierend.

Die Situation der Seenomaden im Kontext der Interessen von einheimischen Seereichen, Kolonialmächten und postkolonialen Staaten am Meer

Die Kultur und Lebensweise der Seenomaden wurde im historischen Prozeß durch den Kontakt mit Bevölkerungen beeinflußt, die ihren Meereslebensraum zunächst im Zuge der Einwanderungen und dann im Zusammenhang mit dem Handel bereisten und als Machtsphäre der einheimischen und kolonialen Reiche zu kontrollieren versuchten. In den postkolonialen Staaten gewinnt zu all dem die wirtschaftliche Ausbeutung der Ressourcen des Meeres an Bedeutung, so daß heute fraglich ist, wie lange das Meer den Seenomaden als Lebensraum noch zur Verfügung steht. Schließlich wird ihnen dieser Lebensraum von den Regierungen der Staaten Südostasiens aberkannt, da sie bestrebt sind, die Seenomaden an Land anzusiedeln.

Das Meer hat in der Geschichte Südostasiens immer eine besondere Rolle gespielt. Ein Teil der großen Einwanderungswellen zwischen circa 500.000 bis 300 v. Chr. verlief über das Wasser. Mit Beginn des indischen und des chinesischen Seehandels um 300 v. Chr. bzw. um 200 n. Chr., der Ankunft der ersten arabischen und persischen Seefahrer im 13. und 14. Jahrhundert und dem Eintreffen der europäischen Seemächte und späteren Kolonialherren Portugal, Spanien, England, Niederlande, Frankreich und USA zwischen dem 16. und 19. Jahrhundert drangen unterschiedliche kulturelle und religiöse Einflüsse (Hinduismus, Buddhismus, Islam und Christentum) in die Region ein. Die Kontrolle der See- und Handelswege in Südostasien und später zwischen Indien, Südostasien und China war ein wesentlicher Faktor, der autochthonen Reichen die Vorherrschaft in der Region garantierte (z.B. Srivijaya im 7. bis 13. Jahrhundert und Majapahit im 14. bis 15. Jahrhundert).

Den europäischen Kolonialmächten ging es ebenfalls immer auch um die Kontrolle der Seewege, die durch die Region führten und Europa und Ostasien verbanden. Sie annektierten zunächst die Hafenstädte und Küstenzonen und zogen den Handel an sich, ehe sie im 19. Jahrhundert ihre Herrschaft auch auf das Hinterland ausdehnten und schließlich die sukzessive geschwächten Herrscherdynastien ersetzten. Eine Ausnahme ist Thailand, das aufgrund der Rivalitäten zwischen Briten und Franzosen unabhängig blieb. Der Prozeß der Entkolonialisierung begann erst nach dem 2. Weltkrieg und dauerte bis Mitte der 1970er Jahre (im Falle von Brunei gar bis Ende 1983), als die heutigen Staaten Südostasiens ihre Unabhängigkeit erklärten. Die Vorrangstellung des Raumes als bedeutender Umschlagplatz für den internationalen Seehandel ist bis zur Gegenwart erhalten geblieben.

Die heutigen Seenomaden gelten als Nachfahren einer alten, proto-malaiischen Bevölkerung (oder weddiden-proto-malaiischen Mischbevölkerung), die vermutlich bereits in Festland- und Insel-Südostasien lebte, als die heutigen großen Bevölkerungsgruppen einwanderten. Mobil auf dem Meer lebende Gruppen werden bereits ab dem 8. Jahrhundert in einzelnen chinesischen und arabischen Berichten und ab dem 14./15. Jahrhundert in zahlreichen europäischen Reisebeschreibungen erwähnt. Ab dem 17. Jahrhundert erscheinen die Bewohner der Straße von Malakka und angrenzender Seewege namentlich unter der portugiesischen Bezeichnung »Celates« (vermutlich vom malaiischen *selat*, »Meeresstraße«, abgeleitet) sowie unter den Bezeichnungen Orang Laut, Bajau und Celates Bajuus. Ab dem 19. Jahrhundert werden dann die drei großen Gruppen der Seenomaden – Moken, Orang Laut, Bajau – und einige ihrer Subgruppen differenziert benannt.

Diesen Quellen zufolge wurden die Moken durch dominierende Bevölkerungen in abgelegene Gebiete abgedrängt, wo sie fortan isoliert waren. Orang Laut und Bajau lebten dagegen im Gebiet einheimischer maritimer Reiche und waren den Herrschenden zu Lehensdiensten verpflichtet. Sie hatten marine Produkte wie Seegurken, Perlen, Seegras sowie Vogelnester zu liefern, die im regionalen und im internationalen Handel insbesondere mit China gefragt waren. Sie deckten einen großen Teil der Nachfrage nach diesen Produkten auf den damaligen Märkten. Orang Laut und Bajau rangierten in den Hierarchien der Reiche im allgemeinen auf der untersten Stufe, was mit ihrer Bootslebensweise und ihrer damit assoziierten Religionslosigkeit begründet wurde.

Einige spielten jedoch in der Politik bestimmter Seemächte als Seestreitkräfte und Wachen über Küstengebiete eine wichtige Rolle, beispielsweise Teile der Bajau im Sultanat von Brunei des 16. Jahrhunderts sowie Teile der Orang Laut im Sultanat von Johor des 17./18. Jahrhunderts. In seltenen Fällen wurden diese Beziehungen sogar durch Heiratsverbindungen zwischen Seenomaden und Mitgliedern der herrschenden Schichten untermauert. Diese Teile der Orang Laut und Bajau lebten in der Nähe der damaligen Machtzentren und unterschieden sich damit von anderen Seenomaden in den Peripherien, die nur schwer zu kontrollieren waren und sich daher häufig ihren Lehensverpflichtungen entziehen konnten. Als Folge der Einmischung der Kolonialmächte verloren die meisten Herrscher der einheimischen Reiche ihre frühere Machtposition, und einige wurden nun zu führenden Akteuren der Piraterie, was weniger als krimineller Akt, sondern eher als eine Form des Widerstands gegen die europäische Vorherrschaft betrachtet wurde. Dabei fanden sie wieder die Unterstützung derjenigen Seenomaden, die ihnen schon zuvor loyal zur Seite gestanden hatten, beispielsweise im 19. Jahrhundert die Orang Laut der Insel Galang im Gebiet des Riau-Archipels sowie Teile der Bajau von Sulu. Im Laufe der Zeit wurden diese Seenomadengruppen seßhaft. Einige vermischten sich mit lokalen Majoritäten, deren Religion sie annahmen und von denen sie sich auch im Hinblick auf andere Aspekte ihrer Kultur und Lebensweise heute kaum noch unterscheiden. Die übrigen, die nicht oder nur graduell an andere Bevölkerungssegmente assimiliert wurden, blieben jedoch auch im Kontext der postkolonialen Staaten Südostasiens geographisch periphere und sozial marginale Gruppen.

Seenomaden heute –
Betroffene der zunehmenden Ausbeutung
der Ressourcen des Meeres

Für die postkolonialen Staaten Südostasiens war und ist die Aufteilung des Meeres, über das sie eine möglichst große Verfügbarkeit anstreben, ein vorrangiges politisches und wirtschaftliches Thema. Dies betrifft die Kontrolle der Schiffahrtswege und geostrategisch wichtiger Inseln und Küstenbereiche genauso wie die reichen Fischgründe und untermeerischen Erdöl- und Erdgaslagerstätten. Die meisten dieser Staaten – insbesondere die Mitglieder der 1967 gegründeten politischen und wirtschaftlichen Gemeinschaft Südostasiatischer Staaten (ASEAN) – verzeichnen derzeit ein rapides Wirtschaftswachstum, bei dem die Vermarktung der Ressourcen des Meeres eine zunehmend bedeutende Rolle spielt. In der jetzigen Dekade macht das Modell sogenannter Wachstumsdreiecke (regionale, über Staatsgrenzen hinausgehende Wirtschaftsgemeinschaften) Schule, die in den Grenzgebieten aller südostasiatischen Staaten geplant oder bereits im Entstehen sind.

Die Seenomaden im postkolonialen Südostasien leben in bis heute eher dünn besiedelten Regionen, meist in Unkenntnis oder Nichtbeachtung staatlicher Grenzen. Diese Gebiete sind in politischer und ökonomischer Hinsicht periphere Gebiete der jeweiligen Staaten, die heute jedoch zunehmend in den Blick der strategischen und wirtschaftlichen Interessen geraten und teilweise im Gebiet der zwischenstaatlichen Wirtschaftsdreiecke liegen. Mit der wachsenden Kontrolle der maritimen Grenzen werden die Wanderbewegungen der Seenomaden beschränkt. Die forcierte Ausbeutung der Ressourcen des Meeres und der Küsten gefährdet für Seenomaden die Nutzung dieser ökologischen Zone als Lebensraum.

Ein Beispiel für die gravierende Veränderung des Habitats von Seenomaden ist der indonesische Riau-Archipel, in dem die Orang Suku Laut leben. Dieser Archipel im Grenzgebiet zu Malaysia und Singapur wird seit etwa zwei Jahrzehnten im Rahmen der indonesischen Fünfjahrespläne zur wirtschaftlichen Entwicklung besonders berücksichtigt. Bis 1990 konzentrierte sich diese Entwicklung vornehmlich auf nur eine Insel, Batam, die in den 1970er Jahren zum industriellen Entwicklungsgebiet erklärt und einige Zeit später zollfreie Zone wurde. Seit 1990 ist der gesamte nördliche Archipel Teil des »Sijori«-Wachstumsdreiecks im Gebiet von Singapur, Johor (Malaysia) und Riau (Indonesien). Seitdem werden die reichen natürlichen Ressourcen der Region (z.B. Öl, Gas, Bauxit, Zinn, Holz und Fisch) in großem Stil abgebaut und industriell genutzt, der Tourismus wird forciert, kleine und mittlere Industrien werden angesiedelt und Werften werden errichtet. Dies alles ist vom Ausbau einer Infrastruktur begleitet, die den industriellen Erfordernissen angemessen erscheint. Zudem zieht es immer mehr ausländische Investoren in die Region, denen die indonesische Regierung Sonderrechte eingeräumt hat.

Mit der ökonomischen Entwicklung verändert sich die natürliche Umwelt. Beispielsweise nimmt die Meeresverschmutzung im Bereich der Insel Batam zu, da die Fäkalien der größten Schweinezuchtfarm Indonesiens und industrielle Abwässer ins Meer geleitet werden. Im Gebiet der Insel Bintan werden für den Bauxitabbau extensive Rodungen vorgenommen und hügelige Küstenstriche kilometerweit eingeebnet. Desweiteren kommen im Zuge der ökonomischen Entwicklung Arbeitskräfte aus allen Teilen Indonesiens in den Archipel. Das außergewöhnliche Bevölkerungswachstum sowie Mechanisierungen in der Fischerei und anderen ökonomischen Sektoren führen zu Konkurrenz und Wettbewerb um die natürlichen Ressourcen, die sich früher oder später drastisch verringern werden. Dies macht wiederum die Entwicklung alternativer ökonomischer Ressourcen notwendig – und verstärkt somit die Maßnahmen zur Industrialisierung.

Diese vernetzten ökonomischen, ökologischen und demographischen Veränderungen stellen langfristig jeden Aspekt der tradierten Lebensweise von Orang Suku Laut in Frage. Ihr Überleben in der spezifischen ökologischen Zone des Meeres, der kleinen Inseln und Mangrovenküsten machten bis heute folgende Gründe möglich: sie verhalten sich nomadisch bzw. semi-nomadisch; sie leben eher für sich in kleinen Gruppen von Verwandten unter der Führung eines Ältesten; unterstützt durch ihre Überzeugung von einer belebten, beseelten Natur, zu der sie sich zugehörig fühlen, nutzen sie die natürlichen Ressourcen des Meeres und der Küsten für ihre Subsistenzbedürfnisse, ohne jedoch das ökologische Gleichgewicht zu stören.

Doch nun gerät die natürliche Umwelt, in der die Orang Suku Laut leben, aus dem Gleichgewicht: andere Bevölkerungsteile zeigen ein Interesse an räumlichen und ökologischen Nischen, die Orang Suku Laut vorher exklusiv nutzen konnten; ihre Rückzugsmöglichkeiten verringern sich; mit zunehmendem interethnischem Kontakt verbreiten sich neue Werte. All dies drängt darauf, daß sie seßhaft werden und ihre Wirtschaftsweisen modifizieren. Da Seßhaftigkeit mit zunehmendem interethnischen Kontakt einhergeht, werden auch ihre sozialen und kulturellen Orientierungen nachhaltig beeinflußt. Das ethnische Selbstbewußtsein der Orang Suku Laut wird in Frage gestellt durch die Konfrontation mit neuen Werten, von denen viele nicht mit ihren eigenen tradierten Werten übereinstimmen, und durch den starken Druck zur Anpassung an die umgebende Gesellschaft. Auch nach der Seßhaftwerdung begegnet die Gesellschaft ihnen als besonderer kultureller Minderheit vielfach weiterhin mit Vorbehalten und zeigt sich somit wenig integrationsbereit.

Wasser als Lebensraum

Leben die Seenomaden morgen auf dem Land?

Die Seenomaden werden von den Repräsentanten der Staaten Südostasiens zu einem Leben an Land gedrängt. Dies wird als wesentlicher Schritt betrachtet, sie in die Staatsgesellschaften einzugliedern, d.h. sie ökonomisch, sozial und kulturell den Majoritäten anzupassen. Infolge dessen beginnt heute auch die tradierte Lebensweise derjenigen Seenomadengruppen sich zu verändern, die nicht im Laufe der Geschichte an andere Bevölkerungen assimiliert wurden. Die Seßhaftmachung der Seenomaden vollzieht sich im Rahmen spezieller Projekte für ethnische Minderheiten. Die Zielgruppen dieser Projekte sind zahlenmäßig kleine indigene Bevölkerungen, so auch Seenomadengruppen wie z.b. die Urak Lawoy in Thailand, die Orang Kuala in Malaysia oder die Orang Suku Laut in Indonesien. Sie werden von den Repräsentanten der Staaten, in denen sie leben, in eine unselbständige Mündelposition gebracht. Seenomaden, die jedoch einen relativ großen Bevölkerungsanteil einer Region stellen und von denen einige eine Schulausbildung besitzen, haben sich bereits teilweise organisiert und vertreten ihre Rechte selbst (z.B. die Bajau in Sabah/Malaysia).

Die Projekte für ethnische Minderheiten sind ein Bestandteil der Regierungsprogramme südostasiatischer Staaten zur wirtschaftlichen Entwicklung der Regionen und werden als ein Beitrag zum »nation-building«-Prozeß verstanden: Infolge der willkürlichen Grenzziehungen der Kolonialmächte, die von den unabhängigen Staaten weitgehend übernommen wurden, sollen die verschiedenen Bevölkerungen heute zusammenleben. Im »nation-building«-Prozeß sollen diese multiethnischen Bevölkerungen nun durch gezielte regierungspolitische Maßnahmen zu Nationen geformt werden. In den Grenzen eines jeden Staates sollen sie zu einer komplexen Gesellschaft verschmelzen, deren Mitglieder ein Nationalbewußtsein und -empfinden verbindet, deren politische Loyalität sich auf den Staat richtet und die in der technologisch-ökonomischen Entwicklung zur Verbesserung des Lebensstandards der Bevölkerung eine aktive Rolle spielen. Von vielen Regierungen wird in diesem Zusammenhang das Prinzip der nationalen Einheit in kultureller Vielfalt beschworen. Es wird als Lösung von Konflikten zwischen staatstragenden Gruppen (z.B. die Thai in Thailand, die Malaien in Malaysia oder die Javanen in Indonesien) und regionalen Majoritäten betrachtet.

Für indigene Bevölkerungen wird dies aber offenbar nicht in Erwägung gezogen, denn ihre Integration wird durch Assimilierung an Majoritäten vollzogen. Dies liegt in der Sicht der Regierungen einerseits im Interesse der betroffenen Gruppen selbst und ist andererseits von gesamtnationalem Interesse. Die indigenen Bevölkerungen, so die Argumentation der politisch Verantwortlichen, bilden innerhalb der Staaten Mikrogesellschaften, die zum einen teilweise nicht einmal um die Existenz dieser Gemeinwesen, in denen sie leben, wissen oder dem wenig Bedeutung beimessen; zum anderen wirkt die technologisch-ökonomische Entwicklung bereits in ihre unmittelbaren Lebensbereiche hinein. Weiter heißt es: Da sie die Kontexte der Entwicklung nicht begreifen, besteht nicht nur die Gefahr, daß sie im Kampf um immer knapper werdende natürliche Ressourcen ins Hintertreffen geraten, sondern daß sie in diesem Zusammenhang auch von nicht-regierungstreuen Gruppen unterwandert werden. Daher ist es unabdingbar, sie so lange unter den paternalistisch

Bau eines Dorfes zur Ansiedlung der Seenomaden.

verstandenen Schutz der Regierungen zu stellen, bis sie lernen, sich als mündige Staatsbürger zu begreifen und zu verhalten und bis sie selbst imstande sind, von der Entwicklung zu profitieren.

Zudem erweist sich in der Sicht der Regierungen die Kultur und Lebensweise der indigenen Bevölkerungen als Hindernis im Prozeß des »nation-building«: sie leisten keinen gesellschaftlichen Beitrag als Arbeitskräfte und Steuerzahler; Nomaden schlüpfen leicht durch die staatlichen Kontrollnetze; sie passen nicht in das anvisierte Bild moderner, technologisch und ökonomisch fortschrittlicher Nationen, mit denen sich alle Bevölkerungsteile der jeweiligen Staaten identifizieren können.

Die wesentlichen Maßnahmen der Projekte für Seenomaden sind ihre Seßhaftmachung und Ansiedlung in Projektdörfern an Land, die Änderung ihrer Wirtschaftsweise, die Verbesserung der medizinischen Versorgung sowie schulische Erziehung, Staatsbürgerkunde und religiöse Bekehrung eingeschlossen. Ungeachtet der Tatsache, daß Teile der Seenomaden seit langem zumindest teilweise seßhaft sind, wird die Seßhaftmachung zum »missionarischen Schlachtruf« gegen eine schwer kontrollierbare Lebensweise. Trotzdem gelingt es nicht immer, Seenomaden, die einmal zur Teilnahme in einem Projekt bewegt werden konnten, auch zu dauerhaftem Bleiben zu gewinnen. Zu groß sind die kulturellen Konsequenzen, die von ihnen verlangt werden – die Urak Lawoy in Thailand sollen zu »neuen Thai« (»Thai Mai«) werden, die Orang Kuala in Malaysia sollen sich als »ursprüngliche Malaien« (»Orang Melayu Asli«/»Aboriginal Malays«) mit der malaiischen Majorität identifizieren. Ein Beispiel dafür, daß zu großer Druck die Absicht ins Gegenteil verkehren kann, sind die Orang Suku Laut im Riau-Archipel. Dort konnten nomadisierende Orang Suku Laut zwar in Projektdörfern der Regierung angesiedelt werden, doch viele von ihnen kehrten ihren neuen Häusern nach kurzer Zeit wieder den Rücken und gingen auf ihre Boote zurück.

Resümee und Ausblick

»... die Orang Suku Laut haben keine Religion, keine Bräuche, keine Kultur, kein Benehmen, ... sie folgen immerzu den Fischen und denken nicht an morgen. ... Sie sind dreckig, riechen nach Fisch, haben schuppige Haut, ... das ist ekelerregend und abstoßend. ... Ihr ganzes Leben verbringen sie auf ihren Booten, wo sie geboren werden, essen, trinken, ihre Bedürfnisse verrichten, ohne jedes Schamgefühl. ... Uns [die Malaien] meiden sie ... und auch wir wollen keine Nähe, da sie bei jeder noch so kleinen Beleidigung ihre Magie gegen uns einsetzen, so daß wir krank werden oder ihnen folgen müssen. ... Diese rückständige Lebensweise muß verschwinden, sie paßt nicht mehr in die heutige Zeit ...«

»... die Orang Suku Laut ... sind skeptisch gegenüber jedem und allem, das von außen kommt ... . Doch ihre Entwicklung, die der Lenkung durch die Regierung bedarf, ist unabdingbar. ... Ihre Lebensweise muß sich ändern, sie müssen sich den fortschrittlichen Teilen der indonesischen Gesellschaft angleichen ... womit auch die Räder der Entwicklung der Region schneller vorangetrieben werden können«

Diese Bemerkungen über die Orang Suku Laut des Riau-Archipels, die ein malaiischer Lehrer und ein lokaler Beamter mir gegenüber äußerten, sind typisch für die Meinungen vieler »Landmenschen«, mit denen ich mich über die Seenomaden der Region unterhielt. Ihre Seßhaftmachung wird immer als erster Schritt zu ihrer Erlösung aus dem »Elend des nomadischen Daseins« betrachtet. Somit ergeht es den Seenomaden in Südostasien in vielerlei Hinsicht heute so wie den umherziehenden Sinti und Roma in Europa oder den Nomaden anderer Länder, die verstreut leben, kein eigenes Territorium haben und in den meisten Fällen keine eigene Interessenvertretung besitzen. Ihr nichtseßhaftes Leben als »Zigeuner« erscheint vielen suspekt, unzivilisiert und mangelhaft. Sie sind mit Vorurteilen und abwertenden Verhaltensweisen von Außenstehenden konfrontiert. In der Sicht der Regierungen ist die Lebensweise der Seenomaden ein Hemmnis für die ökonomische Entwicklung der Regionen, und ihre Integration erscheint nur unter der Voraussetzung möglich, daß sie sich den seßhaften Majoritäten angleichen – nach der Meinung der Betroffenen wird nur selten gefragt.

Der Blick auf die Geschichte der Seenomaden zeigt, daß sie immer Veränderungen unterworfen waren, die von außen auf sie eindrangen. Sie haben es jedoch verstanden, auf neue Lebensbedingungen flexibel zu reagieren. Teile der Seenomaden, die in den einheimischen Reichen eine privilegierte Stellung besetzten und akzeptiert waren, vermischten sich mit regionalen Majoritäten und wählten schließlich deren Lebensweise. Auch das Leben der anderen veränderte sich im Laufe der Zeit; sie integrierten technologische Innovationen in ihre Lebensform und gingen wirtschaftliche Beziehungen mit verschiedenen Bevölkerungsteilen ein, ohne jedoch ihre kulturellen Traditionen aufzugeben. Bislang konnten sie relativ frei entscheiden, welche materiellen oder nicht-materiellen Neuerungen sie in welcher Form annehmen oder zurückweisen wollten. Doch ihre räumlichen, ökonomischen und sozialen Rückzugsmöglichkeiten verringern sich mit dem wachsenden Zugriff anderer auf ihren Lebensraum, dessen ökologisches Gleichgewicht diese im Zuge der rapiden Industrialisierung gefährden. Die Auseinandersetzung mit Ideen, die von anderen entwickelt und im Lebensbereich der Seenomaden konkret umgesetzt werden, ist nur noch schwer zu vermeiden, insbesondere wenn sie sich im Rahmen der Ansiedlungsprojekte vollzieht. Die unter dem Schlagwort des Fortschritts »von oben« forcierte Seßhaftmachung und Assimilierung an regionale Majoritäten stellt die tradierte Lebensweise und kulturelle Eigenständigkeit der Seenomaden nun grundlegend in Frage. So erfahren die Seenomaden heute eine Zeit des Umbruchs, infolge dessen sich ihre Gemeinschaften wiederum in »Anpassungswillige« und »Traditionalisten« spalten. Doch im Gegensatz zu früher bleibt letzteren nun kaum noch eine Wahlmöglichkeit.

Es wäre weltfremd, sich der Tatsache zu verschließen, daß die Auswirkungen des globalen Modernisierungsprozesses heute bis in abgelegene Gebiete hineinreichen. Auch ist es verständlich, daß die Regierungen der multiethnischen Staaten in Südostasien wie auch anderswo ein friedliches Zusammenleben von Majoritäten und Minoritäten in einem Gemeinwesen anstreben, um zu verhindern, daß womöglich interethnische Konflikte im Kampf um knappe Ressourcen gewaltsam ausgetragen werden und die Staaten auseinanderbrechen, wie in vielen Teilen der Welt zu beobachten ist. Beide Argumente liegen der Minderheitenpolitik südostasiatischer Staaten zugrunde, die als Teil der »nation-building«-Politik auf die Sicherung der äußeren Grenzen und der inneren Stabilität durch Schaffung einer komplexen Gesellschaft zielt. Diese Gesellschaft soll eine nationale Identifikation teilen, was als Bedingung für wirtschaftliche Entwicklung verstanden wird. Doch beides rechtfertigt nicht die exzessive Ausbeutung und Zerstörung der Lebensräume von ethnischen Minderheiten und den fragwürdigen Umgang mit ihnen. Zum einen sollten sich Regierende und Wirtschaftsplaner bewußt sein, daß der industrielle Ressourcenabbau großen Stils zwar mittelfristig zur Verbesserung der materiellen Lebensbedingungen der Bevölkerung beitragen kann, daß die damit einhergehende rapide Rohstoffverknappung und Umweltverschmutzung jedoch das ökologische Gleichgewicht gefährdet – und das wird sich letztlich auf die Lebensqualität aller Bevölkerungsteile auswirken. Zum anderen ist die soziale und kulturelle Assimilierung der ethnischen Minderheiten nicht der einzig denkbare Weg, den Einfluß der Modernisierungseffekte auf diese Gruppen abzuschwächen und interethnische Konflikte zu vermeiden, zumal die Integrationsbereitschaft der anderen Seite sich erst noch erweisen muß. Besonders die nomadische Lebensweise hat immer den Widerspruch der Seßhaften herausgefordert. Nomaden, die sich niederlassen wollten, wurden vertrieben, doch wenn sie es vorzogen umherzuziehen, wollte man sie an einen Ort zwingen – allerdings nur zu den Bedingungen der Seßhaften. Es gibt genügend Beispiele dafür, daß diejenigen, die nicht bereit und in der Lage waren, diese Bedingungen zu erfüllen, sich schließlich als sozial Ausgegrenzte und kulturell Entfremdete in ihrer neuen Welt fanden.

Integration, die nicht als Assimilation begriffen wird, setzt Toleranz gegenüber dem Fremden voraus – nur so sind innere und äußere Grenzen zu überwinden. Das Leben der Seenomaden hat sich immer innerhalb einer kulturellen Umgebung anderer Art abgespielt, ohne daß sie den Lebensvollzug der anderen gestört hätten. Dabei haben sie sich bereit und fähig erwiesen, Außeneinflüsse in ihr kulturelles Gebäude zu integrieren, ohne ihre kulturelle Eigenständigkeit einzubüßen. Ihre Leistung, das Meer als alternatives Habitat zum Land erschlossen zu haben, bedarf der Anerkennung. Der verträgliche Umgang mit ihrer natürlichen Umwelt könnte seßhaften Bevölkerungen zum Vorbild werden. Ihr kulturelles Erbe ist nicht weniger wert als das der Majoritäten. Als intelligente Individuen sind sie durchaus in der Lage, über die Dinge nachzudenken und zu entscheiden, die ihre Lebensweise grundsätzlich betreffen, ohne daß sie reglementiert werden müßten. Jedes soziale Engagement für Seenomaden sollte weder von romantischen Klischees, noch von missionarischem Eifer überdeckt werden. Etwaige Projekte sollten an den Bedürfnissen ausgerichtet sein, die die Betroffenen selbst formulieren. Sie sollten einen gestaltenden Anteil dabei haben, z.B. in Form von »councils«, in denen respektierte Seenomaden-Führer den Vorsitz haben, ihre Kultur und Lebensweise selbstbewußt vertreten und die Diskussion über geplante Veränderungen leiten. Integration heißt nicht zuletzt auch, gegen die Vorurteile der Majoritäten zu arbeiten, die auch viele Projektplaner teilen. Diese Vorurteile beeinträchtigen den interethnischen Umgang.

Unter diesen Bedingungen und unter der Voraussetzung eines fundamentalen Umdenkens in bezug auf den Umgang mit dem Ökosystem Meer würde den Seenomaden ein Platz in jenen Gesellschaften der südostasiatischen Staaten zugestanden werden, die sich für die nationale Einheit in der kulturellen Vielfalt aussprechen. Einen solchen Platz könnten die Seenomaden dann durchaus auch auf dem Meer einnehmen. Indonesien und Malaysia haben dieses Prinzip sogar zu ihrem Staatsmotto gemacht haben.

78

3

Wasser in den Kulturen Asiens

Der Anblick tausender mit bunten Saris oder baumwollenen Hüfttüchern bekleideter Pilger, die mit dem Sonnenaufgang in die Fluten des Ganges entlang der über einhundert Ghats von Varanasi tauchen, ist eines der Bilder, die stellvertretend für Indien und für den Hinduismus stehen. Die Gläubigen erlangen, so die hinduistische Vorstellung, durch dieses Bad eine Reinigung ihrer Seele. Sie spülen ihre Sünden ab und werden gar zur Unsterblichkeit, dem Ziel eines jeden Hindus, geläutert.

Wasser besitzt im Hinduismus daher einen überaus hohen Stellenwert, es steht metaphorisch für Wiedergeburt, Regeneration und Fruchtbarkeit. Es gilt als Urquelle des Lebens und ist das einzige Element, das für unsterblich gehalten wird. Diese zentrale Bedeutung des Wassers ist nicht auf den Hinduismus beschränkt. Auch im Islam und im Buddhismus, den beiden anderen Hauptreligionen Asiens, sowie im Taoismus kommt dem Wasser eine besondere Bedeutung zu.

Die Philosophien des Hinduismus, Buddhismus und Taoismus personifizieren Wasser gar als Gottheit, der sie Fruchtbarkeit, Leben, Glück und andere positive Eigenschaften zuschreiben. Der Islam vollzieht diesen Schritt der Personifizierung des Wassers zwar nicht, doch assoziiert diese in der Trockenheit der arabischen Halbinsel entstandene Religion Wasser stets mit ewiger Jugend, Schönheit, Ästhetik, üppiger Vegetation und Unsterblichkeit.

Die Bedeutung des Wassers in den Kulturen Asiens ist zweifelsohne auf den religiösen Bereich konzentriert. Sie kommt aber nicht nur in den an bestimmte Zeremonien gebundenen kultischen Handlungen, Ritualen und in heiligen Texten zum Ausdruck, sondern vor allem während der Feste, seien diese religiöser oder profaner Natur: die Hindus in Indien feiern in einem zwölfjährigen Rhythmus das *Kumbh Mela*-Fest an den Ufern des Ganges in Allahabad, die Thais begehen das ausgelassene *Songkran*-Fest, die Tibeter messen in ihrem Alltag wie auch in ihren Festen dem Wasser eine große Bedeutung zu, und die Javanesen verehren Nyai Loro Kidul, die Königin des Südmeeres.

Ein Wasserfest ganz besonderer Art wird in Kambodscha gefeiert: das Stromwechselfest. Anlaß ist ein Naturphänomen, nämlich die Umkehrung der Fließrichtung des Tonlé Sap, eines der großen Zuflüsse des Mekong. Alljährlich wechselt dieser Zustrom für einige Wochen seine Fließrichtung. Er ist dann nicht mehr Zufluß des Mekong, sondern wird aus diesem gespeist und fließt in Richtung seiner eigenen Quelle. Auf diese Weise sorgt er für das im Jahresrhythmus wiederkehrende Anwachsen des gleichnamigen Sees im Zentrum Kambodschas, erhält damit dessen Fischbestand und garantiert somit die Lebensgrundlage und Ernährung der lokalen Bevölkerung.

Neben diesen religiösen und kultischen Aspekten des Wassers in den Kulturen Asiens richtet sich der Blick schließlich auf einen Berufsstand, der insbesondere in den ariden Regionen Südasiens Bedeutung erlangte und noch immer zum Straßenbild pakistanischer und indischer Städte gehört: der Wasserträger.

Die Bedeutung des Wassers in den Religionen Asiens

Ira Stubbe-Diarra

Welche Sünde in mir ist,
welche schlechte Tat ich begangen habe,
falls ich gelogen oder falsch geschworen habe,
Wasser, entferne es von mir.
Rigveda 10.9.7-8

Die Lebensquelle Wasser ist für die Religionen Asiens in verschiedenen religiösen Zusammenhängen bedeutsam. Wasser wird als Geschenk Gottes oder der Götter empfunden, dem mit Dankbarkeit und Achtung begegnet wird. Um viele heilige Quellen, Flüsse und Seen ranken sich Mythen ihrer Entstehung. Wasser wird in den hier angesprochenen Religionen mit Ausnahme des Islam personifiziert und als Gott oder Göttin, Flußgeist oder Wassergenie verehrt. Diese Wassergottheiten haben positive Eigenschaften, sie spenden Fruchtbarkeit, Leben und Glück, entsühnen und reinigen, wenn sie entsprechend geehrt werden. Ihnen zum Gefallen werden Opfer dargebracht und Wasserfeste veranstaltet, bei denen nicht nur die jeweiligen Mythen wiederbelebt werden, sondern auch um den Segen der Gottheiten gebeten und für ihre Wohltaten gedankt wird. Durch seine reinigende, läuternde und von Sünden befreiende Eigenschaft gehört Wasser unerläßlich zum religiösen Ritus und zur Initiation.

Die Kraft des Wassers ist nicht nur essentiell zur Erhaltung des materiellen Körpers, sondern hat eine stark heilsrelevante Funktion. Die Jenseitsvorstellungen in den hier angesprochenen Religionen sind zwar sehr verschieden, doch Wasser spielt eine große Rolle in allen Auffassungen vom Leben nach dem Tod: ob in den Paradiesvorstellungen des Islam, in denen Wasser und Flüsse den Seligen das jenseitige Leben verschönern, oder im Hinduismus, wo Wasser starke Symbolkraft für das ewige Leben der vom Kreislauf der Wiedergeburten befreiten Seelen hat.

Die positive spirituelle Kraft, die Wasser beigemessen wird, macht es ferner zum Sinnbild moralischer Eigenschaften, wie etwa im Taoismus, wo Wasser als Inbegriff der Tugend gilt, oder im Islam, wenn Wasser z.B. mit Großzügigkeit in Verbindung gebracht wird.

Die Inhalte, mit denen Wasser in den einzelnen Religionen verbunden wird, sind vielfältig. Religiöse Wassersymbolik und Mythologie beziehen sich auf Fragen nach Wert und Sinn sowie den jeweiligen Einstellungen zur Wirklichkeit, der Wahrnehmung von der Welt und der Stellung des Menschen darin. Welche Ausdrucksformen brachte diese religionsspezifische Perspektive und Bedeutung des Wassers in den Religionen Asiens im einzelnen hervor?

Durch das Bad
im Ganges reinigt
der gläubige Hindu
Körper, Geist und
Seele – Szene an
den Ghats
von Varanasi.

83

Wasser im Hinduismus

» Wasser ist das Leben aller Wesen,
durch das alle Kreaturen gedeihen,
aber auch untergehen,
wenn sie von ihm verlassen sind (...)«
Mahabharata 12.183.6806

Wasser hat in der religiösen Philosophie sowie für den konkreten Glaubensvollzug im Hinduismus einen außerordentlich hohen Stellenwert. Es steht metaphorisch für Wiedergeburt, Regeneration und Fruchtbarkeit, aber auch für mystisches Erleben. Wasser gilt als Urquelle des Lebens, es wird als einziges der Elemente selbst als »unsterblich« bezeichnet und ist Grundlage der Schöpfung. Das hinduistische Weltbild ist zyklisch, d.h. die Welt wird erschaffen, nach einer gewissen Zeit aufgelöst, um wieder neu zu entstehen. Wasser ist die Ursubstanz, die auch nach der Weltauflösung übrigbleibt. Nach der Zerstörung der Welt erfolgt vor der Neuschöpfung eine regenerierende Ruhepause, in der der Gott Vishnu auf dem kosmischen Urwasser schläft. Vishnu ist der ewige Keim im Wasser, der die Potentialität der Lebewesen in sich hält. Er sagt von sich: »Ich bin der uranfängliche Erzeuger, er, der Wasser ist, das erste Wesen, die Quelle des Lebens.« Auch der Schöpfergott Brahma, der aus Vishnu entsteht, um die konkrete Schöpfung zu vollziehen, hat Wasser getrunken, was ihn erst zu seinem Werk befähigt.

Wasser ist von besonderer Bedeutung für Erlösungsvorstellungen und steht somit in engem Zusammenhang mit den Seelen der Toten. Die Seele hat nach dem physischen Tod die Möglichkeit, entweder den Weg zu gehen, der zu den Ahnen führt, oder den Weg, der zu den Göttern führt. Beide Wege sind an der hinduistischen Auffassung vom Lauf des Wassers festgemacht, denn der Ursprungsort des Wassers ist im Himmel, von wo aus es auf die Erde geflossen ist. Dort nimmt es die Sonne mit ihren Strahlen auf und füllt mit ihnen den Mond mit Wasser, das als »Nektar der Unsterblichkeit« bezeichnet wird. Aus dem Mond trinken dann die Götter und Ahnen das Wasser, das ihre Nahrung ist und die Götter erst unsterblich macht. Ein Teil von dem Mondwasser fließt mit Hilfe des Windes wieder zur Erde zurück, wo es die irdischen Lebewesen ernährt. Diesem Weg des Wassers folgen die Seelen der Verstorbenen. Falls sie den Weg der Ahnen gehen, verbleiben die Seelen zunächst im Mond und trinken dort dessen nektarhaftes Wasser, bis sie durch den Regen wieder auf die Erde zurückkehren. Dort werden sie wie Samen in die Nahrungskette aufgenommen und schließlich wiedergeboren. Der Weg der Götter verläuft ebenfalls über den Mond, führt jedoch nicht wieder auf die Erde zurück, sondern geht weiter zum Absoluten, zu der Brahman-Welt, von wo aus es keine Wiederkehr zur Erde gibt.

Wasser transportiert also die Seelen zum Ort des ewigen Lebens, entweder der Erlösung zu, dem »eigentlichen ewigen Leben« ohne Wiedergeburt, oder zu der Existenz als Ahne, der nach einer gewissen Zeit eine weitere irdische Geburt vor sich hat. Welchen Weg die Seele letztlich beschreitet, hängt nicht von ihrem freien Willen ab, sondern von der guten und schlechten Tatenfolge im letzten Leben. Der Mensch kann aber in seinem irdischen Leben direkt dieses Schicksal beeinflussen. Durch Baden an heiligen Stätten an den Ufern der Flüsse, durch rituelles Waschen mit heiligem Wasser werden Sünden abgespült, die Seele gereinigt und letztlich sogar zur Unsterblichkeit geläutert.

Der alten indischen Kosmographie entsprechend, reichen die irdischen und kosmischen Gewässer bis in die tiefsten Regionen der Welt hinunter, *Patala* oder *Rasatala* genannt. Dort, in der tiefsten unterirdischen Schicht, ist der Ort der Wassergeister. Diese Wassergeister, sogenannte Nagas, haben Schlangengestalt. Ihre Welt ist ein Ort des Überflusses und des Reichtums, eine Art Paradies. Wasser, Kühle und Wohlstand werden miteinander assoziiert. In den Epen ist häufig die Rede von dem unvorstellbaren Reichtum der Schlangenwelt, von den großen Schätzen, die in den Tiefen des Wassers verborgen sind, und über welche die Schlangen-Wassergeister verfügen. Schlangen sind Symbole des Wassers und der Fruchtbarkeit, sie sind die Wächter und Bewohner der Quellen, Flüsse und Seen.

Besonders in Kaschmir haben Schlangen als Bewohner der kaschmirischen Seen, Teiche und Flüsse große Bedeutung. Ihnen sind zahlreiche Tempel an Flüssen und Quellen geweiht. Aus der Chronik der Könige von Kaschmir geht hervor, daß die Wassergeister sogar die populärsten Gottheiten in Kaschmir während der Hindu-Periode waren. Sie galten als verantwortlich für den Regen und sind somit auch Wettergötter. Wassergeister, der Inbegriff von Fruchtbarkeit, Leben und Reichtum, sind verantwortlich für den Wohlstand der jeweiligen Region, in der sie leben. Ein Mythos erzählt von einer Schlange, die in einem Teich im südlichen Teil Kaschmirs lebt. Durch ihre Anwesenheit erhielt das Land regelmäßig Fruchtbarkeit bringenden Regen, so daß das ganze Land blühte und gedieh. Die Nachbarregion dagegen, die keinen Teich mit einem Wassergeist besaß, verdorrte und verfiel, so daß die Bevölkerung dieser Region versuchte, mittels Bannzauber die Schlange dorthin zu locken, was aber nicht gelang. So blieb den Bewohnern lediglich, in das fruchtbare Nachbarland umzusiedeln.

Wasser erlöst nicht nur die Seelen vom Kreislauf der Wiedergeburt, sondern erfüllt auch den Wunsch nach ewiger Schönheit, Jugend, und verlängert das irdische Leben. Schließlich gilt Wasser als Urgrund des Lebens und als Allheilmittel gegen Krankheiten. Ein populärer Mythos beispielsweise berichtet von dem Weisen Cyavana, der durch die Ashvins, die Zwillingshalbgötter, verjüngt wird: Das schöne Mädchen Sukanya wurde von ihrem Vater mit dem alten Asketen Cyavana verheiratet. Die beiden Ashvins verspotteten sie daraufhin, da sie Sukanya selbst am liebsten zur Gattin hätten. Sie schlugen ihr vor, den Asketen zu verschmähen und statt dessen einen von ihnen zum Ehemann zu wählen. Sie erwies sich aber ihrem Gatten gegenüber treu und beteuerte, niemals einen anderen haben zu wollen. So schlugen ihr die Ashvins vor, ihren Gatten wieder jung und schön zu machen und fragten, ob Sukanya dann einen von ihnen dreien zum Ehemann wählen würde, worauf sich Sukanya auch einließ. So veranlaßten die Ashvins den Asketen Cyavana, mit ihnen in dem Fluß Narmada zu baden. Nach dem Bad stiegen alle drei gleich an Schönheit und Jugend aus dem Wasser. Sukanya erkannte aber Cyavana trotzdem und nahm ihn erneut zum Ehemann.

Heilige Badeplätze

»Wo Brahma und die Götter sich versammeln...«
Mahabharata 3.83.191

Zahlreiche Badeplätze, heilige Seen und Teiche stehen in dem Ruf, ein Bad in ihnen führe direkt zur Erlösung. Diese Badeplätze sollen mit Nektar-Wasser gefüllt sein, das den Gläubigen langes Leben, Gesundheit und die Erlösung der Seele bringen soll. Mit jedem dieser Badeplätze ist ein Mythos verbunden, der die Heiligkeit und die Nektarhaftigkeit des Wassers erklärt. Diese Pilgerorte werden *Tirtha* und *Kshetra* genannt. *Tirtha* ist der Name für einen heiligen Ort am Ufer eines Flusses, am Meeresstrand oder am Rande eines Sees und gilt als eine Stätte der Kraft. Die Bedeutung des Wortes *Tirtha* ist »Furt, Passage«, was die religiöse Symbolik des Wassers als Träger der Seele von einem in den anderen Zustand andeutet. Das Fließen des Wassers gilt als Fluß des Lebens, der in innerer Bewältigung durchschritten werden kann.

Das *Matsya Purana* nennt 500.000 *Tirthas*, in denen die Gläubigen das rituelle Bad nehmen, und die sich im Himmel, auf der Erde und in der Atmosphäre befinden sollen. Rituell gesehen ist jeder Tempel ein *Tirtha*, wo auch immer er tatsächlich liegt. Um die Lage eines Tempels, sollte er fern des Meeres, eines Flusses oder Teiches gebaut sein, dennoch in die Nähe des Wassers zu rücken, wird häufig inmitten des Tempelkomplexes ein großer Teich angelegt. Die Gegenwart von Wasser für den Tempel ist essentiell. In einigen religiösen Schriften konstatiert der Verfasser sogar, daß an Orten, wo kein Wasser ist, keine Götter präsent sind. Die Götter lieben das Wasser, wie es ein episches Traktat poetisch ausdrückt: »Die Götter spielen und wandeln immer dort, wo Flüsse sind, sie reden mit der Stimme der Schwäne, tragen das Murmeln der Wellen als Schmuck und Wasser als Kleid, blühende Bäume an ihren Ufern als Ohrringe, der Zusammenfluß der Flüsse ist ihre Hüfte, Sandbänke ihre Brüste und das Gefieder der Schwäne ihr Mantel.« So ist es besonders gut, wenn ein Tempel auf einer kleinen Insel errichtet ist, wo er von Wasser umgeben ist. Ist dies alles nicht möglich, so ist zumindest Wasser in der Konsekration von Tempel und Götterbild gegenwärtig.

Das Wasser der heiligen Badeplätze wird endlich allegorisch auf den Geist übertragen. Laut dem Epos *Mahabharata* gibt es ein *Tirtha*, in dem man immer baden soll, und das ist das *Tirtha* des Geistes. Es ist tief, klar und blau, sein Wasser ist die Wahrheit und metaphysisches Wissen. Diejenigen, die dieses Bad nehmen, sehen die wahren Prinzipien des Seins und die wahre Natur der Dinge.

Heilige Flüsse

»Derjenige, der das Wasser der Ganga trinkt,
erlangt Erlösung«
Gitamahatmya 5

Der Ganges

Der Ganges wird in dem Glauben an seine Kraft verehrt, die Erlösung zu gewährleisten. Er ist der heiligste Fluß Indiens. An seinen Ufern finden sich über die ganze 2.500 Kilometer lange Strecke heilige Plätze, und sein Wasser, in kleine Gefäße abgefüllt, wird überallhin verschickt, um in religiösen Zeremonien verwendet zu werden. Es ist unentbehrlich für Hochzeitszeremonien, zur Konsekration von Tempeln und Götterbildern, bei Hauseinweihungen, Reinigungsritualen und besonders bei Totenriten. Sogar der muslimische Mogulkaiser Akbar trank kein anderes Wasser als das des Ganges, was er sich in speziellen versiegelten Behältern an seine verschiedenen Aufenthaltsorte schicken ließ.

Der Ganges nimmt als personifizierte Göttin Ganga unter den Flüssen den größten religiösen Stellenwert ein. Sie steht für Wachstum, Fülle und Fruchtbarkeit. Das Wasser des Ganges soll für die Menschen auf der Erde das sein, was der Nektar des Mondes und der Sonne für die Götter und Ahnen ist: ein Lebenselixier. Die Flußgöttin Ganga versinnbildlicht auch den Weg der verstorbenen Seelen mit der Hoffnung auf deren Erlösung. Zwei große Mythen beziehen sich auf den Ursprung der Ganga, einer stellt den Gott Vishnu in den Mittelpunkt, der andere Shiva. Der vishnuitische Mythos berichtet von der Inkarnation des Gottes als Zwerg, der sich von dem Dämonenkönig Bali, der einst die Welt beherrschte, die Bitte gewähren ließ, soviel Land der Welt zu bekommen, wie er mit drei Schritten durchmessen könne. Kaum begann er sein Vorhaben, nahm er seine eigentliche, riesige kosmische Form wieder an und durchmaß das gesamte Universum, das, von kosmischen Urgewässern umgeben, die Form eines Eies hat, in nur drei Schritten. Für den dritten Schritt machte er mit dem Zehnagel ein Loch in die Eierschale, so daß das kosmische

Wasser in das Ei, d.h. in die eigentliche Schöpfung, fließen konnte. Das Wasser strömte als
Ganga bis zu dem Weltberg Meru, dem Zentrum
der Welt, wo es sich teilte und dann in sieben
Strömen über die Erde floß. Diese heiligen Flüsse
bringen dann den Nektar der Unsterblichkeit auf
die Erde. Bildliche Darstellungen Vishnus haben
deshalb häufig eine kleine Höhlung im linken
Fuß, in der sich Wasser sammelt. Durch spezifische *Mantras* (rituelle Formeln) verwandelt sich
das Wasser in das des Ganges, was dann wiederum bei religiösen Zeremonien benötigt wird.

87

Besonders der shivaitische Mythos von der
Herabkunft der Ganga vom Himmel auf Erde
und Unterwelt bezieht sich auf die Erlösung der
Seelen, die durch das Wasser der Ganga ermöglicht wird: Die 60.000 Söhne des Königs Sagara

*Wasser ist im Hinduismus
von zentraler Bedeutung.*

waren durch den zornigen Blick des Asketen Ka-
pila, den sie verspottet hatten, zu Asche ver-
brannt worden. Ihre Seelen konnten aber nur in den Himmel auffahren, wenn sie
zuvor von ihrer Schuld entsühnt und geläutert würden. Durch Askese des Prinzen
Bhagiratha wurde die Göttin Ganga im Himmel dazu veranlaßt, auf die Erde und in
die Unterwelt hinabzufließen, um dort die Seelen der Söhne des Sagara mit ihrem
Wasser zu entsühnen. Auf ihrem Weg fing Shiva sie in seinen Haarlocken auf, um
die große Wucht abzumildern, mit der die Wassermassen vom Himmel hinabstürz-
ten. Nachdem die Ganga sich mühsam ihren Weg durch die Haarlocken der Aske-
tenfrisur Shivas gebahnt und sich dreimal um den Berg Meru gewunden hat, fließt
sie, in sieben Ströme geteilt, gemäßigt auf die Erde. Bei ihrem Lauf durch die drei
Welten durchspült sie auch die Sphäre des Mondes und reinigt die Sonnenstrahlen.

Die Ganga gilt somit auch als Mondstrom, der gleichzeitig die Verbindung
zwischen den drei Welten herstellt. Daher erklärt sich auch die große Relevanz
des Gangeswassers für die Totenriten: Die Asche des Toten, die in den Ganges
gestreut wird, wird im Ganges zum Mond geführt, was die Seele der Erlösung näher
bringt. Berichte über Selbsttötungen derjenigen, die noch zu jung waren, um an
den Ufern des Ganges zu sterben, gehen bis ins 6. Jahrhundert zurück. Die Selbst-
tötung am oder im heiligen Wasser ist die einzige Möglichkeit für alle Kasten, die
sofortige Erlösung zu finden. Sogar von Königen, die sich zum Teil mitsamt ihren
Frauen am Ganges töteten, um ihre Seele der Erlösung zuzuführen, zeugen zahlreiche Berichte.

Das heilige Wasser des Ganges bringt aber nicht nur den Toten Erlösung, sondern auch den Lebenden, die sich mit dem Wasser des Flusses läutern und ihre
Sünden abwaschen können. Durch das rituelle Bad reinigt sich der Gläubige von
geistiger und körperlicher Verschmutzung. Theologische Schriften postulieren, daß
der bloße Anblick der Ganga genügt, um von der Last der begangenen Sünden
befreit zu werden. Das Wasser des Ganges gilt als Zerstörer des Giftes der welt-
lichen Existenz.

Die himmlische Ganga heißt Mandakini, die irdische Bhagirathi und die unterweltliche Bhogavati. Über ganz Indien verteilt befinden sich Brunnen und Teiche, die unterweltlich von der Bhogavati oder Ganga mit Wasser versorgt werden sollen. Sie gelten deswegen als besonders heilig und reinigend.

Die Yamuna

88   Während die Ganga ein Mondstrom ist, ist die Yamuna mit der Sonne verbunden und soll ähnliche Eigenschaften wie die Ganga besitzen. Sie ist die Zwillingsschwester des Totengottes Yama. An einem Tag im Jahr sucht Yama seine Schwester auf, um in ihrem Wasser zu baden. Dann werden die Geister der Toten freigesetzt, und diejenigen Gläubigen, die an diesem Tag in der Yamuna baden, werden nach ihrem Tod frei von Strafe sein. Yamuna ist als Tragetier eine Schildkröte zugeordnet, die unter anderem die alles zerstörende Zeit und die über den Himmel wandernde Sonne symbolisiert.

Die Narmada

Den religiösen Schriften entsprechend entspringt der Fluß Narmada in den Riksha-Bergen in Gondwana. Tatsächlich entspringt er jedoch in Amarkantah (Madhya Pradesh), wo er nach einem westlichen Verlauf von 1.287 Kilometern in das Arabische Meer mündet. Da die meisten indischen Flüsse ostwärts fließen, ist dieser Verlauf der Narmada für Hindus ungewöhnlich und unterstreicht deshalb die Heiligkeit des Flusses. Verursacht durch ihren schnellen Lauf und durch konstante Erosion, haben die Kieselsteine in dem Flußbett eine besondere Form: sie sehen aus wie kleine *Lingas*, Phallussymbole des Gottes Shiva, was ebenfalls die Göttlichkeit des Flusses verstärkt. So ist auch die Narmada speziell mit dem Kult des Shiva assoziiert. Man geht davon aus, daß Shiva in jedem einzelnen Kieselstein auf dem Grund des Flusses wohnt.

Es heißt, ein Bad in der Narmada wasche alle Sünden ab. Die personifizierte Flußgöttin ist die Tochter des Weisen Mekhala (deswegen auch ihr Beiname »Mekhala Kanya«, Tochter des Mekhala), oder sie gilt als geistgeborene Tochter der Somapas, der nektartrinkenden Ahnengeister, als Schwester der schlangengestaltigen Wassergeister, der Nagas, oder als Tochter des Soma, des Mondes. Weil ihr Wasser reines Nektar ist, wird sie auch »Somadbhava«, Somahaftige, genannt.

Heilige Flüsse bringen himmlische Reinheit auf die Erde. Sie gelten darum als ewig rein. Sie sind der Inbegriff von äußerer und innerer Klarheit und können somit nicht von Menschenhand verschmutzt werden. Wenn diese Flüsse über ihr Ufer treten, wird dies im religiösen Verständnis auf den Zorn der jeweiligen Flußgottheit zurückgeführt.

Die rituelle Bedeutung von Wasser

» Wenn mir jemand mit Liebe und Hingabe
(...) etwas Wasser opfert, werde ich es annehmen«
Bhagavadgita 9.26

Wasser ist für die Konsekration von Götterbildern und für das Ritual unverzichtbar. Der Phallus des Shiva, das *Linga* beispielsweise, wird mit ständig auf das Phallussymbol tröpfelndem Wasser verehrt. Wasser und Phallus werden beide mit Fruchtbarkeit assoziiert, wodurch die Wirksamkeit des göttlichen Symbols verstärkt wird. Götterbilder werden nach Prozessionen in Brunnen oder Teiche gelegt, z.B. ein Ganga-Bildnis während des *Gangaur*-Festes in Rajasthan, oder eine Sarasvati Statue anläßlich *Vasanta Panchami*. Heilige Teiche und Brunnen werden auch direkt verschiedenen Gottheiten zugesprochen, denn Wasser, das an sich unsterbliche Element, ist das ideale Mittel, die ebenfalls unsterblichen Götter zu verehren.

Zu allen wichtigen Initiationen – sei es die sogenannte zweite Geburt der Kastenhindus oder die Beendigung der Lehrzeit bei einem Meister – wird der Initiant erst durch das Bad ein sogenannter *Snatako*, also jemand, der gewaschen ist und somit einen hohen Grad an Reinheit besitzt. Mit dem Wasser wird in der Initiation die Unreinheit abgewaschen, die jedem Menschen durch den Geburtsvorgang anhaften soll. Verschiedene Sequenzen des indonesischen Schattenspiels, die Reinigungsrituale *Dapu Leger* und *Sudamala* gipfeln in der Herstellung heiligen Wassers zum Zweck ritueller Reinigung, für den Schutz vor Dämonen und als Garant des Lebens gegenüber dem Tod. Diese Zeremonien dürfen nur von einem geweihten *Dalang Mangku* (verantwortlicher Meister einer *Wayang*-Schattenspiel-Vorführung) durchgeführt werden. Dieses heilige Wasser ist so essentiell für die Weihehandlungen und Exorzismen im balinesischen Hinduismus (Agama Bali Hindu), daß er sogar *Agama Tirtha* genannt wird.

*In Rameshwaram, an der Südspitze des indischen Subkontinentes,
wird das Vieh zum rituellen Bad ins Meer geführt.*

Die Reinigungszeremonie *Wayang Sapu Leger* beispielsweise erfordert besonders viele Opfer und Mantras. Durch diese Zeremonie sollen diejenigen Menschen,
die in der Geburtswoche der Schattenspielfiguren (*Uku Wayang*) geboren wurden,
vor dem Tod gerettet werden. Warum gerade diese Menschen vom Tode bedroht
sind, erzählt ein Mythos von den beiden Söhnen des Gottes Siwa namens Kala und
Kumara, die beide in eben dieser Woche geboren wurden:
   In der Erzählung versucht der gefräßige Kala eifersüchtig seinen Bruder Kumara
zu verschlingen. Siwa gelingt es, Kala sieben Jahre davon abzuhalten, seinen Bruder
zu fressen. Angeblich sei er noch zu klein und damit keine richtige Mahlzeit für Ka-
la. Siwa hat jedoch Kumara in einen ewigen Säugling (Rare Kumara) verwandelt.
Auch dieses hindert Kala letztlich aber nicht, ihn weiter zu verfolgen. Kumara
flüchtet sich zu einem *Dalang Mangku*, und Kala verschlingt in seiner ungezügelten
Gefräßigkeit alle Opfer, die der *Dalang* für die Dämonen und Götter ausgelegt hat.
Aufgrund der Schuld, die Kala damit auf sich geladen hat, wird sich der *Dalang
Mangku* seiner spirituellen Macht bewußt. Er verhandelt mit Kala und erhält das
Recht, alles Leben von Schlechtem zu befreien und den Tod zu besiegen, was letzt-
lich auch Kumara zugute kommt.
   Die Zeremonie, die sich auf der Grundlage dieses Mythos vollzieht, beschwört
dann die Wiedergeburt des Rare Kumara in einer neuen Gestalt. Nach Abschluß
des Spiels bringt der *Dalang* ein größeres Opfer dar und stellt mit Hilfe einer Hand-
griffspritze, die er in die Flamme der Schattenspielleuchte hält, heiliges Wasser her.
Mit diesem heiligen Wasser wird ein in *Uku Wayang* geborenes Kind besprengt,
wodurch es vor Kalas Verfolgung geschützt wird. Die Schattenspielfiguren erhalten
nach der Herstellung eine Abschlußweihe, die nach einem Opfer und dem Sprechen
von Mantras in der Benetzung mit heiligem Wasser gipfelt.

Wasser im Buddhismus

» Wer immer tugendhaft ist,
gesammelten Geistes, energisch,
mit entschlossener Seele:
der überschreitet den schwer zu überquerenden Fluß«
Samyutta Nikaya 15

Wasser als eines der vier großen Elemente wird im Buddhismus der » Gruppe des Er-
greifens der Gestalten« zugeordnet. Das Element Wasser kann innerlich und äußer-
lich sein. Wasser gehört zur buddhistischen Körperlehre und ist deshalb als eigentlich nicht wirklich anzusehen. Auch das sogenannte äußerliche Wasserelement, die
Flüsse, Seen und Meere, gelten als vergänglich und nicht als etwas eigentliches, weshalb ihm, anders als im Hinduismus, keine spirituelle Bedeutung zukommt. Im
Majjhimanikaya, in der » Schrift über die [falsche] Vorstellung, die man sich von
den Elementen macht«, wird gesagt: » Und was es an innerlichem Wasser-Element
und was es an äußerlichem Wasser-Element gibt, das eben ist das Wasser-Element.
Dieses [Wasser-Element] aber ist mit vollkommener Weisheit der Wahrheit gemäß
[so] anzusehen: ›Dies ist nicht mein, das bin ich nicht, das ist nicht mein Selbst‹.
Wenn man aber auf diese Weise das Wasser-Element mit vollkommener Weisheit
der Wahrheit gemäß betrachtet hat, dann wird man des Wasser-Elementes über-
drüssig. Und man löst das Denken vom Wasser-Element ab.«

Im Urbuddhismus wird dem Wasser, als Teil der empirischen Welt, das nichts zu
tun hat mit der » Buddhanatur«, sondern überhaupt nur durch Unzulänglichkeiten
empirisch real ist, keine hohe spirituelle Bedeutung wie im Hinduismus beigemessen. Trotzdem gibt es nicht erst in den Gebieten positive religiöse Assoziationen mit
Wasser, in denen der Buddhismus später eingeführt wurde, sondern auch in der
frühen buddhistischen Lehre. So gelten besonders Schlangen als maritime Wesen
und Wassergeister, als Freunde und früheste Verehrer des Buddha. Sie zeichnen sich
durch treue Ergebenheit ihm gegenüber aus und verkörpern die höchsten Ideale
buddhistischer Tugenden. Schon bei der Geburt des jungen Prinzen Siddharta waren zwei Wassergenien zugegen: Als die Mutter Maya den zukünftigen Buddha
gebar, näherten sich aus der Luft zwei Schlangenkönige namens Nanda und Upa-
nanda. Sie produzierten zwei Wasserströme, einen heißen und einen kalten, womit
sie das gerade geborene Kind wuschen. Aus diesem Wasser entstanden der Legende
nach zwei Teiche, von denen der eine heute noch kalt und der andere warm sein
soll. Wassergenien sind außerdem besondere Schutzgeister des Buddha und Hüter
seiner Lehre. Nagarjuna, der später die buddhistische Lehre nach Tibet gebracht
hat, hat diese in den Tiefen des Wassers von den dort lebenden Schlangen empfan-
gen. Der Überlieferung nach nahm ihn ein Schlangenkönig mit in sein Reich in den
tiefen Wasserregionen der Welt und zeigte ihm sieben Kisten mit Schriften, in denen
die höchste Erkenntnis und Weisheit niedergelegt ist. Nach dreimonatigem Studium in der Unterwasserwelt kehrte er mit den Schriften, die er nun verstanden hatte,
auf die Erde zurück, um diese Wahrheit den Menschen zu unterbreiten.

Andere Ereignisse in der Buddhavita stehen in Verbindung zu Wasser. Seine Erleuchtung hat der Buddha unter einem Bodhi Baum meditierend am Ufer eines Flus-

ses erlangt. Ein Fluß, oder überhaupt Wasser, ist auch in den künstlerischen Darstellungen der Erleuchtungsszene fast immer gegenwärtig.

In thailändischen Abbildungen der Szene, in der Mara, der Teufel, versucht,
Buddha in seiner Meditation zu stören und von seinem Erleuchtungsziel abzulen-
ken, ist häufig die Erdgöttin Nang Phra dargestellt, die ihr Haar auswringt, und so
eine Sintflut erzeugt, in der die Heerscharen des Mara, der Buddha verführen will,
ertränkt werden.

Wasser wird auch als Sinnbild für den Strom der Lehre gebraucht. Die buddhistische Lehre wird dabei als Fluß begriffen, der Mittel zum Zweck ist, d.h., der
überquert werden muß. Buddha benutzt dieses Gleichnis, z.B. eine große Menschenmenge steht am Rande eines über die Ufer getretenen Flusses, kennt dessen
Tiefe nicht und scheut sich, ihn zu überqueren. Die Menschen stehen dort so lange,
bis einer von ihnen mutig in den Strom geht und schließlich ans andere Ufer gelangt.
Als die Menschenschar sieht, daß er am anderen Ufer steht, überquert auch sie den
Fluß. Die buddhistische Lehre soll sein wie ein Fluß, der durch sein Fließen die Seelen der Erlösung zuführt.

In Japan und China, aber auch in Tibet sind Vorstellungen von dem Land des
Westens, *Sukhavati*, das sogenannte »Reine Land« des Dhyani Buddha Amitabha,
geläufig. Dieses Land ist eine vollkommene, von allem gereinigte Wirklichkeit, in
dem Flüsse mit süßesten Düften fließen, auf denen mit Edelsteinen geschmückte
Blumensträuße treiben. In diesem Paradies, in dem auch die göttlichen Wohn-
stätten liegen, befindet sich ein Teich, in dem die Seelen der Glückseligen für das
Leben dort wiedergeboren werden. Besonders auf tibetischen *Thangkas* (Rollbilder
mit religiöser Malerei des tibetischen Buddhismus), in denen das »Reine Land«
dargestellt ist, findet sich vor der zentralen Figur ein solcher Teich als Ausdruck der
Vollkommenheit des Paradieses. Wasser gehört zu der Vorstellung einer besseren
Welt. Dieses Paradies ist im buddhistischen Verständnis aber nicht die allerletzte
Stufe der geistigen Entwicklung, denn die hier weilenden Seelen müssen erst später
noch einmal auf der Erde wiedergeboren werden, um endgültig erlöst zu werden.
Im Buddhismus hat Wasser also besonders transformative Eigenschaften.

Wasser im Taoismus

»Höchste Güte ist wie das Wasser –
des Wassers Güte ist es,
allen Wesen zu nützen ohne Streit ...«
Tao te king 1.8

Wasser werden im Taoismus drei besondere Merkmale zugedacht: erstens kann es
alle Lebewesen ernähren, zweitens ist es weich und kämpft nicht gegen Widerstän-
de, sondern beläßt allem seinen natürlichen Lauf und drittens fließt es auch an nie-
dere Stellen, die die Menschen verachten. Wasser mit seinen Eigenschaften ist Vorbild richtigen Verhaltens und Sinnbild für die höchste Tugend: Ein tugendhafter
Mensch nimmt wie das Wasser Bescheidenheit an, er ist von Natur aus schwach, er
bleibt still und alleine, ohne positive Erwartung auch für eine gute Tat. Wie das

Spiegelbild im Wasser seien die Taten des tugendhaften Menschen und seine Worte ehrlich und wahr. Das Wasser ist im *Tao te king* der Inbegriff des Weichen, dem aber nichts gleichkommt in seiner Eigenschaft, Hartem zusetzen zu können. Es ist das Schwache, das das Starke besiegt und durch seine Beschaffenheit so, daß es durch nichts verändert werden kann. Wasser ist das weicheste Ding, und doch kann es Berge und die Erde durchdringen, denn das Weiche besiegt letztlich das Harte. Starre gilt als Eigenart des Todes und Weichheit als Eigenart des Lebendigen. Der Weichheit wird der Vorzug gegeben: »Wärme und Weichheit sind von jeher besser als Stärke und Härte«, lautet die chinesische Spruchweisheit.

Wasser wird als Bild des Sinns in Laotses *Tao te king* sehr oft verwendet, z.B.: »Höchste Güte ist wie das Wasser. Des Wassers Güte ist es, allen Wesen zu nützen ohne Streit. Es weilt an Orten, die alle Menschen verachten. Darum steht es nahe dem Sinn (...)« (*Tao te king* 1.8). Die Macht des Sinns besteht darin, daß er unten weilt, d.h. auch an den Orten, die von allen Menschen verachtet werden. Das Verhältnis des Sinns zur Welt vergleicht Laotse mit den Bergbächen und Talgewässern, die sich in Ströme und Meere ergießen.

Wasser ist eines der fünf Elemente, oder »Wandelzustände«, die sich in einem dynamischen Prozeß zyklisch entwickeln. Die Farbe Schwarz und die Richtung Norden ist ihm zugeordnet. Wasser gehört zum Mond, der nachts Tau hervorbringt, es ist Sinnbild der Nacht. Es ist Symbol der weiblichen Kraft, des *yin*, und wirkt zusammen mit dem männlichen *yang*, dem Element Feuer und des Südens, Symbol des Tages.

Auch das Bild des Ertrinkens oder des Suizids durch Ertränken steht mit der Wassersymbolik in Zusammenhang. Es ist das Bild derer, die sich bemühen, die schlechte Welt zu überwinden, an dieser Aufgabe aber zerbrechen, und, von Himmel und Erde enttäuscht, ins Wasser gehen. Damit verbunden ist die Vorstellung von einer besseren, paradiesischen Welt, der Inseln der Seligen, die man durch den Tod im Wasser zu erreichen hofft. Zu dem »ins Wasser gehen« gehört unbedingt der Glaube an eine Neugeburt in einer besseren Welt. Eine Legende erzählt vom Ende der Rebellen des Sun En (etwa 5. Jahrhundert n. Chr.): Sun En und seine Gefolgsleute sollen nach einem gemeinsamen Sprung in den Jangtse, vor dessen Mündung die Paradiesinseln liegen sollen, zu Wassergeistern geworden sein. Diese Wassergeister sind jedoch gefährlich für Schwimmer: sollten die Geister das Bedürfnis haben, die paradiesische Welt zu verlassen, so ist dies nur möglich, wenn sie einen Stellvertreter haben, so daß sie gelegentlich Schwimmer in die Tiefe ziehen.

Die drei wichtigsten Flüsse Nordchinas stehen symbolisch für die drei ersten Dynastien: der Lo für die Hsia-Dynastie, der Huang He für die Shang-Dynastie und der Wei für die Chou-Dynastie. Verändert sich die Farbe des Wassers, ist das ein Indikator für Glück oder Niedergang der jeweiligen Dynastie. Wird beispielsweise der Huang He, der »Gelbe Fluß«, klar, was der Überlieferung nach nur alle tausend Jahre für einen Tag lang passiert, bedeutet dies ein außerordentliches Glückszeichen. Färbt sich das Wasser hingegen rot, heißt das, daß ein schreckliches Unglück über die Dynastie hereinbrechen wird. Die Verbindung der Dynastien mit den Flüssen ist mythologisch begründet. Yü, der legendäre Begründer der Hsia-Dynastie beispielsweise, zähmte die einst wilden Flüsse und Gewässer, weshalb ein Drachenpferd aus dem Gelben Fluß auftauchte und ihm das Zeichen des Flusses, ein

93

magisches Quadrat, *Ho-t'u*, übergab. Aus dem Lo tauchte eine Schildkröte auf, die ihm das magische Quadrat *Lo-shu* übergab, als Zeichen des Lo. Yü galt dann auch als herrschende Wassergottheit.

Alle Flüsse sind von Flußgöttern bewohnt. Sie sind launisch und müssen besänftigt werden, bezeugen die Quellen. Früher brauchten sie Menschenopfer, später genügten gewöhnliche Tempelopfer. Eine Legende erzählt von einem Flußaufseher, der, einem Traumbild folgend, nach einem Dammbruch einen Jungen als Opfer in den Gelben Fluß warf. Tausende von Arbeitern mußten Erde darüber schütten. Dann aber tauchte eine riesige Hand aus der Flußmitte auf, woraufhin sich alle Arbeiter in Verehrung niederwarfen und den Jungen zum Gott dieses Flusses erklärten.

Andere Mythen berichten von einem Drachenkönig, der in den Flüssen lebt und Opfer erwartet, und von Helden, die in die Flüsse hinabtauchten, um mit eben diesem Drachen oder mit grausamen Flußgöttern zu kämpfen. Drachen gehören symbolisch zum Wasser. Auch sie haben Verbindung zum Fruchtbarkeitskultus und werden als Wassergottheiten verehrt. Der Drache steht in enger Assoziation zu Regenfällen. Es sind die Geisterdrachen, die *shen long*, die den Regen bringen, und die Erddrachen, die *di long*, die die Quellen, Teiche und Flüsse beherrschen. Vier Drachenkönige, die *long wang*, beherrschen die vier Meere, die die Erde umgeben. Die Schriftzeichen zahlreicher Seen und Flüsse werden mit Drachen verbunden, wie z.B. »Drachensee«, »Blauer Drachenstrom«.

Wasser im Islam

»Allah wird jene, die glauben und gute Werke tun,
in Gärten führen, die Ströme durchfließen...«
Quran 47.13

Auch im Islam hat Wasser die Bedeutung der Leben ermöglichenden Fruchtbarkeit. Besonders vor dem Hintergrund der Entstehung des Islams in einer trockenen Region wird Wasser als besonders segensreich empfunden. Allah schenkt den Menschen das Wasser, das Leben und Vegetation wachsen läßt (Q 6.100), während die Wüste ein Ort der Geister ist. Wasser, Leben und Vegetation stehen Trockenheit, Tod und Wüste gegenüber. In islamischen Paradiesvorstellungen nimmt das kühlende, erfrischende Wasser eine zentrale Rolle ein. Es wird unmittelbar assoziiert mit ewiger Jugend, Schönheit und Ästhetik, immergrünen Pflanzen und Unsterblichkeit.

Die Oase, das Bild des Lebens in einer eigentlich lebensfeindlichen Umgebung, ist auch das Urbild des fruchtbaren, von Wasser durchzogenen Gartens, der im Quran immer wieder als Paradies geschildert wird. Der Garten, in dem das kühle, reine Wasser ewig fließt, wird im Quran zur Metapher für alles Glückliche, Wonnevolle, er dient als Belohnung und adäquater Aufenthaltsort für das ewige Leben des Rechtgläubigen. Der Prophet, der die Gläubigen im Paradies empfängt, steht in der Nähe eines paradiesischen Flusses, der Kawthar heißt. Wasser ist ein Privileg, es steht dem Gerechten, Rechtgläubigen zur Verfügung. Dem Ungerechten, dem Verbrecher, entzieht Allah Wasser, seine Gärten trocknen aus, seine Brunnen versiegen.

Vor Betreten der Moschee   95
und dem Beginn der
Gebete nehmen Muslime
genau vorgeschriebene
Waschungen vor – Szene
aus der Jama-Masjid,
Delhi.

Es wird deutlich unterschieden zwischen dem himmlischen Wasser und dem irdischen. Aber auch das irdische Wasser, der Regen, die Flüsse, Quellen und Brunnen sind Zeichen Allahs und seiner Schöpfung. Der Brunnen korreliert mit dem »ehernen Meer« des Salomo. Das »Meer des Salomo« ist ein Becken im Tempel von Jerusalem, das von zwölf ehernen Stieren gehalten wird.

Wasser ist das Urbild der Reinheit, besonders in Unterscheidung zu berauschenden Getränken (Q 37.43-48). Es ist für den Mystiker Sinnbild der höchsten Ekstase und Metapher höchster Spiritualität. Der äußeren wie inneren Reinigung dienen die Waschungen vor dem Gebet und die vorgeschriebene Waschung vor dem Besuch der Moschee. Diese Waschungen sind in festgelegter Weise durchzuführen: zuerst die Waschung der Hände, dann des Gesichts, der Unterarme und der Füße. Diese Waschung dient nicht nur der physischen Gesundheit, sondern auch der geistigen Vorbereitung auf das Gebet.

Das Trinken aus einer heiligen Quelle gehört zur Pilgerreise nach Mekka. Ein Teil der Verehrung, die ein Muslim während seiner Pilgerreise nach Mekka begeht, besteht in dem Besuch eines Ortes zwischen den zwei Hügeln Safa und Marwah, nahe der Kaaba. Dieser Besuch ist ein Memorandum an Hazrat Hajra, die Mutter des Propheten Ismael, die zwischen diesen beiden Hügeln Wasser für ihren Sohn und sich selbst suchte, nachdem der Prophet Abraham sie dort in Erfüllung des göttlichen Gebots verlassen hatte. Gott offenbarte Hazrat Hajra eine Quelle ganz in der Nähe wo ihr Sohn, dem Verdursten nahe, lag. Die Quelle ist als Zam Zam bekannt, und es ist für den Pilger obligatorisch, aus ihr zu trinken.

Die Quelle des Lebens am Zusammenfluß zweier Ozeane ist ein wiederholt im Quran beschriebenes Sinnbild. Laut Quran 18.60 sucht Moses den Punkt, wo die großen Gewässer sich treffen. An anderer Stelle fordert der Prophet den Gläubigen auf, die Quelle des Lebens zu finden, und sie befindet sich am Zusammentreffen der beiden großen Gewässer. Dara Shukoh, ein Mogulprinz (1024/1615 – 1069/1659), der Urenkel von Akbar, greift in seiner Schrift *Mama'-Al-Bahraya* dieses Thema auf. Der Text thematisiert die Metapher zweier Ozeane als Sinnbild zweier Gruppen, die »die Wahrheit und Weisheit erkannt haben« (*Chaqq-Shinas*). Das Zusammenwirken zweier religiöser Doktrinen, nämlich des Sufismus und Hinduismus, wird mit dem Zusammenfließen dieser beiden Ozeane verglichen. Die beiden Gewässer treffen sich auf dem Weg zum ewigen Leben. Dieser Zusammenfluß, der Synkretismus, gilt als die höchste Wahrheit und Weisheit. Muslim-Schüler und Orientalisten haben ausführlich über eine geographische Lokalisierung dieser beiden großen Gewässer diskutiert, und sie werden am häufigsten mit dem Euphrat und dem Indischen Ozean identifiziert.

96

Wasserfeste

Spezielle Wasserfeste sind, verglichen mit dem zum Teil umfangreichen Festkalender der hier angesprochenen Religionen, vergleichsweise selten. Wasser spielt vielmehr eine dominante Rolle in den meisten Kulthandlungen. Wasserfeste verlaufen relativ stereotyp. Sie sind in erster Linie Badefeste, bei denen die Flußgötter verehrt und um Fruchtbarkeit, Segen, langes Leben, Gesundheit oder um die Erlösung der Seele gebeten werden. Kleine Blätterboote mit Blumen und Lampen, die auf den Fluß gesetzt werden, sind dabei Symbole inständiger Gebete und Fürbitten.

Das Fest *Ganga Sagara* beispielsweise, wird besonders in Bengalen und Bangladesch im Monat Magha (Januar/Februar) zur Sommersonnenwende an dem Ort gefeiert, wo die Ganga in den Ozean fließt. Die Gläubigen baden an dieser Stelle und verehren die Göttin Ganga. An diesem Punkt soll die Ganga die Gebeine der 60.000 Söhne des Königs Sagara von ihren Sünden reingewaschen haben.

Narmada Mata Jayanti ist ein Fest zu Ehren der Geburt der »Mutter Narmada« und findet im Monat Magha (Januar/Februar) am 7. Tag der hellen Mondhälfte statt. Bilder der Göttin werden nach der Verehrung in den Fluß geworfen. Auf einem kleinen Boot, aus Blättern gemacht, werden Blumen und eine kleine Tonlampe auf den Fluß gesetzt.

Ganga Dussehra findet am 10. Tag des Monats Jyestha (Mai/Juni) in allen Gegenden statt, durch die der Ganges fließt. Hierbei wird die Ganga als Göttin und Mutter verehrt. Ist ein Gläubiger an diesem Tag nicht in der Lage, im Ganges zu baden, wird Gangeswasser in einem kleinen Topf zur rituellen Reinigung in sein Haus gebracht. Es dient zur Reinigung von den Sünden. Einigen religiösen Schriften entsprechend kam die Ganga an eben diesem *Ganga Dussehra*-Tag vom Himmel. Asche an diesem Tag in den Fluß zu streuen, befreit von Wiedergeburt. Es gibt dabei sieben Arten die Ganga zu verehren: Ihren Namen, O' *Ganga*, zu rufen, sie zu sehen, ihr Wasser zu berühren, sie bildlich zu verehren, in ihr zu baden, Schlamm aus ihrem Flußbett zu nehmen oder in ihrem Wasser zu stehen.

Das *Cauvery River Festival* feiert man in Tamil Nadu. Im Cauvery baden die Menschen sich, und sie baden Götterbilder, die sie aus ihren Dörfern mitbringen. Fruchtbarkeitssymbole wie Milch, Reis und rote Glasarmreifen werden in den Fluß geworfen.

Der heilige Teich Mahanagham liegt in Kumbhakonam am Fluß Cauvery in Tamil Nadu. Dem Glauben entsprechend erscheinen die Götter, angeführt von Brahma, alle zwölf Jahre hier, um in dem heiligen Wasser des Teiches zu baden. Deshalb wird in jedem zwölften Jahr das *Mahanagham Fest* gefeiert. Flüsse wie Ganga, Yamuna, Cauvery, Gomati, Sarasvati, Narmada gehen zu dem Berg Kailasa (Kailash), also zu dem Wohnort des Shiva. Shiva sagte, daß nur ein Bad alle zwölf Jahre in dem heiligen Teich von Mahanagham die angesammelten Sünden tilgt. Durch das Bad an diesem Tag sammelt der Gläubige viel religiösen Verdienst.

Wassersymbolik in der Kunst

97

Die Krönung eines nordindischen Tempels ist ein Wassertopf (*kalasha*) auf dem Kapitell. Das Wasser symbolisiert dabei die höchste Erlösung. Der Hindu-Tempel ist Abbild des Kosmos und gleichzeitig Abbild des menschlichen Körpers, was den Besuch des Tempels zu einem mystischen Erlebnis macht. Der Besuch des Tempels ist eine Reise in das spirituelle Zentrum, und der Punkt, an dem der Wassertopf angebracht ist, liegt ganz oben über dem Sanktum, es ist der höchste Punkt des Zentrums der Welt. Der Wassertopf steht für die Erlösung der Seele, das Ziel des Gläubigen. Der *Kalasha* ist aus verschiedenen Teilen eines jeden Gottes gemacht, so daß er die Qualitäten jedes Gottes besitzt. Ihm gegenüber, unter dem Sanktum am Fundament zahlreicher Tempel, befindet sich ebenfalls ein Topf, der *Nidhi Kalasha*, der die Reichtümer der Erde beinhaltet. Durch den Weg des Gläubigen nach oben verwandeln sich die irdischen Schätze in höchste mystische Spiritualität, in Unsterblichkeit.

Ab dem 7. Jahrhundert n. Chr. werden regelmäßig die Göttinnen Ganga und Yamuna links und rechts an den hinduistischen Tempeltoren dargestellt. Sie sind sogenannte *Nadidevatas*, d.h. Flußgöttinnen, und sie stehen auf ihren Tragetieren: Yamuna steht auf einer Schildkröte und Ganga auf einem krokodilähnlichen Phantasiewesen, Makara genannt. Das Makara ist die verkörperte Kraft des Wassers selbst und die Schildkröte symbolisiert die Stabilität des Bodens unter dem Wasser des Flusses.

Der Tempel entspricht in Aufbau und Struktur einem kosmischen Menschen, und der Lehre des Yoga entsprechend bilden Ganga und Yamuna die Nasenlöcher dieses Menschen. Der Lebenshauch, *Prana* genannt, strömt in diese beiden Kanäle. Ganga und Yamuna sind die Venen, durch die alles Leben fließt, sie sind Mond und Sonne. Die Flußgöttinnen sind gleichzeitig Symbole des Übergangs, des Eintritts von der profanen in die allerheiligste Zone. Der Gläubige selbst unterzieht sich einer Transformation und Absolution, die durch die Gottheiten an den Türrahmen unterstützt wird.

Die Flüsse haben ihren Ursprung im Himmel, von wo aus sie zur Erde fließen. Durch ihre Anwesenheit an dieser wichtigen Stelle im Tempel wird dieser Ort zu dem heiligen Platz gemacht, an dem sich diese Herabkunft vollzieht. Diese Göttinnen anzusehen, ist für den Gläubigen genauso verdienstvoll wie ein Bad in dem

Fluß. Die Funktion der Flußgöttinnen an den Türrahmen ist die eines *Tirthas*, mit dem sie gleichgesetzt sind. Die göttliche Macht, die sich am Eingang des Sanktums potenziert, wird dadurch noch verstärkt.

Im Zen-Buddhismus hat Wasser als ein Teil der Natur Bedeutung. Es gibt im Zen keinen Wesensunterschied zwischen dem Menschen und der ihn umgebenden Welt. Pflanzen, Bäume, das Land werden Buddhaschaft erlangen, Flüsse, Berge und Erde sind Ausdruck und Verkörperung des göttlichen Gesetzes. Naturerkenntnis ist religiöse Übung.

Auch die chinesische Landschaftsmalerei ist von dieser Anschauung geprägt, und die Landschaftsgärten aus chinesischer Tradition haben vor diesem Hintergrund religiöse Bedeutung. Eine chinesische Sage berichtet von fünf heiligen Inseln, auf denen paradiesische Zustände herrschen, es gibt dort Schönheit, Reichtum und ewige Jugend. Diese Inseln können aber bis heute nicht gefunden werden, weshalb man idealisierte Landschaften errichtet, um die Unsterblichen dorthin zu locken. So entstehen *Jodo* genannte Gärten, die eine Nachbildung von dem westlichen Paradies des Amida-Buddha sind.

Im Islam werden die symbolischen Bedeutungen des Wassers sowohl in der Malerei als auch in Architektur und Gartenanlagen sinnfällig umgesetzt.

Das Paradies, das im Quran an vielen Stellen ausführlich beschrieben wird, ist Vorbild des islamischen Gartens, und der Ausdruck seiner Vollkommenheit ist Symmetrie. Wasser ist dabei der Inbegriff der Schönheit und wird deshalb auch mit Marmor identifiziert. Im Quran wird immer wieder die Qualität des von Wasserläufen durchzogenen paradiesischen Gartens hervorgehoben (z.B. Q 47.13). Die Beschreibungen des Qurans haben besonders bei den Wasserinstallationen der Mogularchitektur als Vorbild gedient. Die Symmetrie der Anlage des Gartens ist besonders symbolhaft und als religiöse Ausdrucksform relevant, da es im Islam verboten ist, Lebewesen darzustellen, die Atem haben.

Wasserspiele, die sich ebenfalls großer Beliebtheit als Teil prächtiger, besonders mogulischer Palastanlagen erfreuten, sind in der islamischen Tradition Symbole der Großherzigkeit. Wasser sei die Großzügigkeit des Herrschers, der seine Krieger und Untertanen bedenkt. Die Hände des Herrschers sollten großzügig sein wie das Meer in unendlicher Weite.

Auch in der islamischen Miniaturmalerei sind Darstellungen von Wasserläufen, Wasserspielen, Springbrunnen und Quellen in Gärten ein beliebtes Motiv. Besonders in der Mogulmalerei sind Wasseranlagen und Wasserinstallationen im Garten vordergründig. Kaum eine Palastdarstellung findet sich ohne Wasseranlage. Darstellungen der Kaiser, die durch mit Wasser durchzogene Gärten wandeln, sind ebenso signifikant wie höfische Szenen, Frauen während der Unterhaltung oder Liebespaare, die durch symmetrisch angelegte Gärten mit Wasserläufen und Brunnen schreiten. Sowohl historische Szenen als auch ideale Motive werden in Wasserlandschaften eingebettet.

Wasser in der religiösen Auffassung bezieht sich auf ein breites Spektrum von Sinnfragen, wie das Leben nach dem Tod, Sühne, Schuld und Läuterung. Es ist besonders im Hinduismus eine Manifestation des Heiligen in der Welt und wirkt weit über den materiellen Bereich hinaus. Im Buddhismus wird Wasser zwar ganz eindeutig der materiellen Welt zugeordnet, denn das letzte Ziel hier, das Nirvana,

98

ist eigenschafts- und gegenstandslos. Dennoch spielt Wasser als Symbol eine positive Rolle auf dem Heilsweg in der buddhistischen Lehre, wenn es auch wie diese selbst nur ein Übergang ist, der letztlich zu überwinden ist. Als monotheistische Religion nimmt auch der Islam eine Sonderstellung ein. Wasser wird hier nicht personifiziert, nicht als solches selbst verehrt und angebetet, sondern seine wohltuende Eigenschaft als großes Geschenk Allahs wird in den Vordergrund gestellt.

Gemeinsam ist aber allen diesen verschiedenen Religionen, daß Wasser unendlich gut und Inbegriff der Reinheit ist. Das bedeutet auch, daß es im religiösen Sinn niemals wirklich verschmutzt werden kann. Großes Vertrauen spricht aus den verschiedenen religiösen Einstellungen zur Wirklichkeit in die unendlich fortwirkende Kraft des Wassers.

99

Die *Kumbh Mela* in Allahabad

Ingrid Decker

In der nordindischen Stadt Allahabad oder Prayag, wie sie früher hieß, wird das berühmteste und größte religiöse Badefest des Landes gefeiert. Auf den Sandbänken vor der Stadt, wo die Yamuna in die Ganga mündet, trifft sich alle zwölf Jahre im Monat Magha (Januar/Februar) das gesamte Spektrum gläubiger Hindus auf dem Subkontinent: Asketen und pompöse Heilige, Bauern und Geschäftsleute, Bürokraten und Scharlatane.

100

Der Legende zufolge bot der göttliche Heiler Dhanvantari dem Hüter des Paradieses, Jayanta, einen Topf (*Kumbh*) mit dem Unsterblichkeitstrank *Amrita* an. Dabei fielen vier Tropfen des köstlichen Naß' auf die Erde. Die *Kumbh Mela* wird daher außer in Prayag noch in einem verschobenen Zwölfjahresrhythmus in den nordindischen Pilgerorten Hardwar, Nasik und Ujjain gefeiert. Prayag gilt jedoch als besonders heilbringend. Jayanta brauchte zwölf Tage, um ins Paradies zurückzukehren: Zwölf göttliche Tage, das sind zwölf Jahre eines Menschenlebens.

Berühmte *Sadhus*, heilige Männer aller Sekten, geben Massenaudienzen in Zelten, und ganze Dorfgemeinschaften haben sich auf den Weg gemacht, um sie zu sehen und ihren Predigten zuzuhören. Die kalte Winterluft ist erfüllt von religiösen Gesängen, die aus den Lautsprechern dröhnen. Gruppen von in Tüchern eingemummten Menschen hocken um ein wärmendes Feuer, auf dem Reis brodelt. Andere sind im Gebet versunken. Die Jungen bekommen die Geheimnisse der religiösen Schriften erklärt, es werden Gelübde abgelegt oder rituelle Pflichten gegenüber toten Anverwandten erfüllt.

Zu einer astrologisch festgelegten Stunde bewegen sich zuerst die *Sadhus* in Richtung *Sangam*, der Stelle, an der die beiden heiligen Flüsse sich treffen. An der Spitze marschieren die aschebeschmierten *Nagas*, die durch ihr Gelübde der Besitzlosigkeit höchste Autorität genießen und als erste ihren Körper in die heiligen Fluten tauchen dürfen. Ihnen folgen geschmückte Pferde, Kamele, Elefanten und von Menschen gezogene Karren, die die religiösen Oberhäupter der Hinduwelt zum Flußufer transportieren. Diese Prozession verläuft nicht immer ohne Streit um die Reihenfolge, die die wechselnde Hierarchie unter den Sekten widerspiegelt.

1954 erhielt die *Kumbh Mela* den Rang einer *Purna Kumbh*. Sie wird von den Pandits als besonders glücksbringend eingestuft und kehrt nur alle 108 Jahre wieder. Damals säumten sechs Millionen Menschen die Prozession der Sadhus, um danach selbst in den Genuß des Bades zu kommen. Während einer Massenpanik ertranken Tausende von Gläubigen, andere wurden zu Tode getrampelt.

Bereits der chinesische Pilger Hiuen Tsang, der im 7. Jahrhundert durch Indien reiste, besuchte eine *Kumbh Mela* in Prayag. Seinem Bericht zufolge versammelten

Hindu-Pilger baden
in den heißen Quellen
von Badrinath.
Im Hintergrund
fließt der Alaknanda-
Ganges vor den
Ausläufern des
Himalaya.

101

sich damals eine halbe Million Menschen. Hiuen Tsang schreibt, viele hofften darauf, im heiligen Gewässer zu ertrinken, um im Himmel wiedergeboren zu werden.

»Was Amrita für die Götter ist, das ist das Gangeswasser für die Menschen«, so steht es im Epos *Mahabharata*. Der indische Dichter Kalidasa (vermutlich 1. Jahrhundert v. Chr.) schreibt in seinem »Wolkenboten«, daß der Genuß des kristallklaren Wassers der Sangam von Yamuna und Ganga Träumen Wirklichkeit verleiht.

Im Jahr 2002 werden sich die Gläubigen in Prayag zur nächsten *Kumbh Mela* treffen. Bis dahin wird, wie in jedem Jahr, eine weitaus geringere Zahl von Hindus zur etwas weniger heilversprechenden *Magh Mela* kommen und in die winterkalten Fluten von Ganga-Yamuna steigen.

Das *Songkran*-Fest in Chiang Mai

Bernd Basting

Equinox – Tag- und Nachtgleiche in Chiang Mai, im Norden Thailands. Man schreibt den 13. im April, dem heißesten Monat. Es ist ein ruhiger, früher Morgen in der zweitgrößten Stadt des Königreichs, die noch immer ihren fast dörflichen, beschaulichen Charakter bewahrt hat. Mönche wandeln an den Häusern vorbei und bekommen von demütig-respektvollen Bürgern mit freigebiger Geste vielfältige Speisen angeboten. Offene Haustüren machen den Blick frei auf Kinder, die aus Silberschalen ihren Eltern Wasser über die Hände gießen. In den Tempeln werden weihevoll Buddhafiguren und altehrwürdige Mönche mit Wasser besprengt.

Die Muße der Szene, die wie eine Ruhe vor dem Sturm anmutet, steht in eigenwilligem Kontrast zu dem hektischen Treiben der vorherigen Tage. Überall wurde akribisch Hausputz veranstaltet, die Tempel wurden gewienert, Statuen und Götterbildnisse auf Hochglanz gebracht, gesäubert und geschmückt. Beflissen sammelte man Becher, Eimer, Plastikschüsseln und Gartenschläuche. Dies alles sind Vorbereitungen für *Songkran*, das buddhistische Neujahrsfest. Offiziell richtet sich Thailand nach dem westlichen Kalender, doch die Thais begehen zweimal im Jahr ein Neujahrsfest.

Es ist Mittag, und das Fest beginnt: Tanz- und Trachtengruppen ziehen lärmend-musizierend durch die Straßen, die sich schnell mit Menschenmassen füllen. Bunt gekleidet und fröhlich heizen sie die immer euphorischer werdende Stimmung mit eindringlichen Trommelrhythmen und Glöckchenklang an, ehe die Wasserschlacht beginnt: Pick ups brausen heran und ergießen riesige Wannen voller Wasser über die Passanten. Doch die an den Straßenrändern Stehenden schütten aus allen erdenklichen Gefäßen ebenfalls Wasser über ausgesuchte »Opfer« aus oder zapfen gar mit Hilfe von Wasserschläuchen direkt das Wassernetz an und zielen auf das Getümmel. Die Sünden des alten Jahres sollen hinweggespült werden. Was für ein Spritzen, Platschen, Klatschen, Gießen, was für ein ungehemmtes, freudiges Treiben, ein Lachen, Schreien, Necken und Nässen. Niemand bleibt verschont, niemand beschwert sich, denn es ist Tradition, es ist heiß, und das Wasser, das Naßwerden ist kühlend und angenehm.

Songkran wird überall in Thailand gefeiert, ganze drei Tage lang, doch nirgendwo so frenetisch und ausgelassen wie hier in Chiang Mai, im hohen Norden des Tropenlandes.

Das Fest wird mit Schönheitswettbewerben, Theateraufführungen und, wo es Flüsse und Seen gibt, mit Bootsrennen zu Ende gehen und vielleicht sogar mit neu geschlossenen Ehen; denn die unverkrampfte und freizügige Atmosphäre von *Songkran* ist auch immer eine gute Gelegenheit, einen künftigen Partner in unverfänglichen Situationen kennenzulernen. Ehen, die während der Songkran-Feierlichkeiten geschlossen werden, sagt man lebenslange Dauer und eine besonders glückliche Zukunft voraus, wovon die Leute in Chiang Mai viele Geschichten zu erzählen wissen.

Das Stromwechselfest am Mekong

Heike Löschmann

In Phnom Penh, der Hauptstadt des Königreiches Kambodscha, fließen der Mekong und der Tonlé Sap sowie zwei weitere kleinere Flüsse zusammen. Am Ort des Zusammenflusses, am Chaktomuk »vier Richtungen« wird alljährlich im November der »Wechsel der Stömungen« als großes Volksfest gefeiert. Der Wechsel der Fließrichtung des Flusses ist ein ungewöhnliches Naturereignis mit großer Bedeutung für die Landwirtschaft. Durch die stark anschwellenden Wassermassen des Mekong während der Regenzeit wird der kleinere der beiden großen Flüsse, der Tonlé Sap, am Weiterfließen gehindert und staut sich zurück. Sein Wasser speist er dabei in den Tonlé Sap-See ein, der zwischen Juli und November seine Ausmaße bis auf das Fünffache seines normalen Umfangs ausdehnt.

Das Fest, allgemein als Wasserfest bezeichnet, besteht aus dem Bootsrennen (*Bun Om Touk*), dem Fest der schwimmenden Lichter (*Bun Loy Pratip*) und aus der Festlichkeit des Essens von Reis (*Bun Ork Ambok*). Das Wasserfest wird an drei aufeinanderfolgenden Tagen zum Zeitpunkt des Vollmondes des Monats Kattik, in der Regel im November, zelebriert, was auf die vermutete Verwandtschaft mit dem indischen Lichterfest Diwali verweist.

Bun Om Touk – Das Bootsrennen

Während des gesamten Jahres werden die Pirogen ähnlichen Boote in den Pagoden des Landes aufbewahrt. Vier Wochen vor dem großen Fest werden die Boote zu Wasser gelassen und zuvor in einer Zeremonie der Namensgebung und der Schutzgeistzuordnung geweiht. Ausscheidungswettkämpfe für das große Rennen in Phnom Penh gehen voraus, um die besten Mannschaften der Provinzen für das

103

Rennen zu qualifizieren. Am Ende starten circa einhundert Boote mit Mannschaften von je 40 bis 70 Paddlern, wobei reine Frauen- und Männermannschaften, aber auch gemischte Mannschaften an den Start gehen. Manchmal gibt es auch Gastboote mit Touristen oder ausländischen Bewohnern von Phnom Penh, die sich den Wettkämpfen stellen wollen. An der Spitze des Bootes sitzt eine festlich gekleidete Steuerfrau oder ein traditionell gekleideter Steuermann. Sie geben den Takt an und feuern ihre Mannschaft zum schnelleren Schlag an. Aber an Bord jedes Bootes befindet sich auch ein Clown, manchmal sogar zwei, der die Menge durch sein Possenspiel in Stimmung bringt.

Nach zwei Tagen Ausscheidungswettkämpfen wird am Abend des letzten Festtages das Finalrennen gefahren. Kurz vor dem Start fährt ein königlicher Zeremonienmeister, der *Achar*, in einem besonders geschmückten Boot mit einem Schwert in der Hand zur Startlinie. Sein Boot nähert sich der Startmarkierung, zögert die Durchfahrt durch nochmaliges Zurückfahren ein wenig hinaus und durchschneidet erst beim dritten Anlauf das Startmarkierungsband. Der *Achar* befiehlt seinem Bootsführer dann umgehend, sich in der Fließrichtung zum Zielpunkt treiben zu lassen. Diese Zeremonie symbolisiert den Befehl des Gottkönigs an den Fluß, seine Fließrichtung umzukehren. Im gleichen Augenblick wird das Zeichen zum Start der Finalkämpfe gegeben, woraufhin die Boote ihrem Sieg vor den Augen des Königs entgegen streben, der mit weiteren Gästen aus dem Königshaus oder der Regierung zu diesen Endkämpfen auf der Tribüne vor dem Zielpunkt Platz genommen hat. Aus seinen Händen nehmen die Gewinner die Siegerpreise entgegen.

104

Bun Loy Pratip – Das Lichterfest

Das Lichterfest symbolisiert die Umkehr der Fließrichtung von Norden nach Süden und wird am zweiten, hauptsächlich aber am dritten Festtag begangen, wenn Vollmond über den Anlegeplätzen vor dem Königspalast der Hauptstadt herrscht. In

der Vergangenheit haben die Könige des Landes diese Zeremonie eröffnet. Heute übernehmen auch andere hohe Regierungsvertreter diese symbolische Rolle. Auf der königlichen Tribüne ist ein Altar mit unzähligen großen und kleinen Kerzen aufgebaut. Der König oder einer seiner Vertreter entzündet sie nacheinander. Dann werden die Kerzen von Hand zu Hand unter den Gebeten der Mönche bis zum Wasser gereicht, wo sie in kleinen Miniaturbooten auf die Reise geschickt werden. Die Vertreter der verschiedenen Ministerien und Nichtregierungsorganisationen, aber auch private Haushalte schicken ihre eigenen kleinen Lichterboote auf die Reise. In der Vergangenheit war diese Zeremonie überall im Land durch entsandte Kerzenboote begleitet. Man schickte die Lichter auf eine Reise in das »Zurück« – das Zurück zum Herkunftsort, das Zurück der Zeit oder Zurück zu den Ahnen.

Interpretationen des Ursprungs dieser Zeremonie gibt es viele, aber keine ist historisch oder quellenkundlich wirklich nachweisbar. Eine allgemein verbreitete und dem Volksgeist am ehesten bekannte Auslegung der Festidee ist, daß die Menschen ihren Dank an Erde und Wasser ausdrücken wollen und sich dafür entschuldigen möchten, daß beider Ressourcen wie selbstverständlich genutzt werden. Im Zusammenhang damit steht natürlich auch der Wunsch nach einer guten Ernte, die in der Reiskultur Kambodschas wesentlich vom Wasser abhängt. Der Lebensrhythmus der Bauern folgt dem Fließrhythmus der Flüsse, und vom Regen hängt es nach wie vor weitgehend ab, ob die Menschen genug zu essen haben oder nicht. Erinnert sei an dieser Stelle an die auf den Pirogen mitfahrenden Clowns, die zur Menge singen: »Es hat reichlich geregnet, dieses Jahr. Die Wasser sind über die Ufer getreten. Wir werden eine Menge Reis ernten und sehr glücklich sein. Alle unsere Frauen werden bald von ihren Männern oder Liebhabern schwanger gehen. Wer macht sich schon irgendwelche Sorgen?«

Bun Ork Ambok – Das Ambokfest

Das Ambokfest wird hauptsächlich an den Abenden des zweiten und dritten Tages gefeiert. Eine große Zeremonie wird im Königspalast durchgeführt. Festlichkeiten finden aber nach dem gleichen Vorbild auch in zahlreichen privaten Haushalten statt. Die Menschen bauen einen Altar mit Kerzen, Blumen, Klebreiskuchen und Fruchtsäften vor ihren Häusern auf und opfern ihre Gaben in Richtung des vollen Mondes. Sobald er voll am Himmel leuchtet, werden Gebete gesprochen und Kerzen und Räucherkerzen angezündet. Von Hand zu Hand gehen Kerzen dreimal im Kreis herum, und die Anwesenden verharren so lange gemeinsam, bis die Flammen erloschen sind. Dabei wird genau beobachtet, in welcher Weise das Wachs heruntertropft, denn in alter Zeit war mit dieser Zeremonie der Glauben verbunden, daß schnell fließende, große Wachstropfen viel Regen versprechen, während kleine Tröpfchen Trockenheit für einige Zeit voraussagen.

Kinder verbinden mit dem Ambokfest in der Regel den Gedanken an süße Leckereien, die aus Klebreis bereitet und an diesem Festtag reichlich angeboten werden.

Der Ursprung des Festes geht auf die Zeit vor Buddhas Erleuchtung zurück. Zu dieser Zeit, so heißt es, entschied sich ein weißer Hase, dem Dhamma, der buddhistischen Lehre, zu dienen. Eines Tages zu Vollmond im Mondmonat Kattik opferte er seinen Körper einem hungrigen Mann. Wegen dieser Opfertat wurde er bald darauf auf dem Mond wiedergeboren, und bis heute kann man daher bei Vollmond die Umrisse seiner Gestalt auf dem Mond beobachten. Deshalb beten die Menschen alljährlich wiederkehrend an jenem Vollmondabend des Monats Kattik zum Mond und gedenken in der Hoffnung auf eine gute Ernte der Opfertat des weißen Hasen, der jenen Mann seinerzeit vor dem Hungertod bewahrt hat, so wie auch eine gute Reisernte die Menschen in Kambodscha vor dem Hunger bewahrt.

Das Wasserfest in Kambodscha ist so einzigartig für dieses Land, wie das fruchtbringende und vor Hochwasser schützende Phänomen des Fließrichtungswechsels des Tonlé Sap.

Die rituelle und religiöse Bedeutung von Wasser in Tibet

Klemens Ludwig

Wasser gehört in Tibet, wie im gesamten zentral- und ostasiatischen Kulturkreis, zu den fünf Elementen, die allem Leben zugrundeliegen. Die anderen Elemente sind Holz, Feuer, Erde und Eisen. Im Gegensatz zum abendländischen Kulturkreis fehlt das Element Luft, während Holz und Eisen hinzukommen. Wasser nimmt jedoch unter den Elementen keine herausragende Rolle ein, da das Leben der Menschen in Tibet nicht so stark vom Wechsel zwischen Regen- und Trockenzeit geprägt ist. Rituale und Feste haben sich daher auch weniger um das Wasser gebildet, sondern vielmehr um bestimmte Seen und Flüsse, die als heilig verehrt werden.

Die heute noch praktizierten Wasser-Rituale stammen aus vorbuddhistischer Zeit. Die meisten gehen sogar vor die Bön-Religion zurück, die dem Buddhismus in Tibet voranging. Damals herrschte eine nicht näher bezeichnete und erforschte Naturreligion. Zu ihren Grundlagen gehörte die Vorstellung, daß die Umwelt wie Seen, Flüsse, aber auch Berge und Wälder beseelt, also von guten und bösen Geistern bewohnt ist. Diese Anschauung prägte auch die Bön-Religion, die viele der alten Traditionen fortführte. Um in Tibet Fuß zu fassen, übernahm der Buddhismus im 8. Jahrhundert schließlich viele Elemente der Bön-Religion, so daß bis heute zahlreiche alte Rituale und Vorstellungen lebendig sind.

Respekt vor den Wassergeistern

Weit verbreitet ist der Glaube an Wassergeister (tib. *Lu*). Ihre Heimat sind Quellen, Flüsse und Seen. Die Wassergeister spielen im Alltag der Menschen eine große Rolle. Es heißt, ihre Aufenthaltsorte bergen geheime Schätze, die von ihnen geschützt werden. Vermutlich ist darin noch etwas von der alten Symbolik des Wasser als lebensspendendes Element erhalten, denn auch in Tibet ist das Leben der größte Schatz. Werden diese Orte nicht respektiert und zum Beispiel verschmutzt, gilt das als Beleidigung der *Lu*, die daraufhin mit Krankheiten strafen. Dieser Glauben war eine wichtige Ursache für den Umweltschutz, der in Tibet vor der chinesischen Besetzung praktiziert wurde. In manchen Gebieten war Fischen ein Tabu. Fische oder andere Wassertiere zu fangen galt als Provokation der Wassergeister, die sich dafür ebenso rächen würden wie für die Verschmutzung. Ganz anders verhielt es sich dagegen mit Fischen, die von starken Wellen ans Ufer geschleudert wurden, wie zum Beispiel am Manasarovar-See. Sie wurden aufgesammelt, getrocknet und häufig verbrannt. Ihre Asche diente dann dazu, böse Geister fernzuhalten.

Verbreitet war die Praxis, die *Lu* in Dürreperioden anzurufen oder ihnen Opfer zu bringen, damit sie Regen schickten. Als Opfergaben dienten kleine Amulette oder auch Nahrungsmittel, die mit bestimmten Gebeten dem Wasser überlassen wurden. Laien konnten das genauso ausführen wie Priester. *107*

Wie in vielen anderen Kulturen hat das Wasser jedoch nicht nur eine lebensspendende, sondern auch eine reinigende Bedeutung. Das ist in Tibet nicht unbedingt selbstverständlich, denn auf 4.000 Meter Höhe ist häufiges Waschen ausgesprochen schädigend für die Haut. Die Menschen waschen sich deshalb sehr sparsam, was fremde Besucher, die mit den Bedingungen auf dem Dach der Welt wenig vertraut sind, häufig zu Klagen über mangelnde Hygiene verleitet hat. Traditionell finden jedoch in vielen Klöstern rituelle Waschungen statt. Im Eingangsbereich gießt ein Mönch den Gläubigen Wasser in die offenen Hände. Die Gläubigen trinken zunächst von dem Wasser und streichen sich den Rest über Haare und Gesicht.

Unter den heiligen Seen und Flüssen nimmt der Manasarovar-See im Westen des Landes eine ganz besondere Stellung ein. Nördlich des Manasarovar liegt der Kailash, der heiligste Berg für Hinduisten und Buddhisten. Die Verehrung des Manasarovar wie des Kailash reicht ebenfalls weit in vorhinduistische und vorbuddhistische Zeit zurück. Die herausragende Bedeutung dieses Sees wird dadurch unterstrichen, daß ein Teil der Asche von Mahatma Gandhi in ihn gestreut wurde. Ein solches Privileg wird nur wenigen gläubigen Hindus oder Buddhisten zuteil. Manasarovar gilt auch in den alten Mythen als besonderer Ort der Reinigung: In seine Fluten tauchte die Erdgöttin Maya, bevor sie sich mit Buddha vereinte, der in Gestalt eines weißen Elefanten vom Kailash kam.

Das wichtigste Ritual, den Manasarovar zu ehren, ist, ihn zu umrunden. Diese Sitte, heilige Orte auf einem Pilgerweg zu umrunden, ist sehr alt. Unter der Bön-Religion verlief der Pilgerweg gegen den Uhrzeigersinn. Die Buddhisten haben nur die Richtung geändert: Umrundungen finden heute immer im Uhrzeigersinn statt. Der Pilgerweg um den Manasarovar ist 80 Kilometer lang. Vor der Besetzung kamen die Gläubigen an acht Klöstern vorbei. Eine Route führt vom Manasarovar zum Kailash. Die wichtigste Pilgerzeit sind Herbst und Winter, wenn die Nebenflüsse zugefroren sind oder kein Wasser führen. Wenn die Pilger unterwegs Heilkräuter oder bestimmte rote Kiesel finden, gilt dies als besonderes Glück.

Auch wenn andere Kulturen mehr Wasserrituale und -feste entwickelt haben als die tibetische, so entstammt doch eines der bedeutendsten tibetisch-buddhistischen Symbole dem Wasser, die Lotusblüte. Die symbolische Bedeutung dieser Pflanze in

Verbindung mit dem Wasser hat der aus Sachsen stammende Lama Anagarika Govinda (Ernst Lothar Hoffmann) treffend zusammengefaßt. Anagarika Govinda trat 1931 zum tibetischen Buddhismus über, hat danach viele Jahre in Indien oder Sikkim gelebt und mehrere Expeditionen nach West- und Zentraltibet unternommen. Er schrieb: »So wie die Lotusblüte aus der Dunkelheit des Schlammes zur Oberfläche des Wassers emporwächst und sich erst öffnet, nachdem sie sich über die Wasserfläche erhoben hat, und, obwohl aus Erde und Wasser geboren, von beiden unberührt bleibt, so entfaltet der in der Welt, im menschlichen Körper geborene Geist seine Blütenblätter [Qualitäten], nachdem er sich über die trüben Fluten der Leidenschaften und des Nichtwissens erhoben hat und verwandelt die dunklen Kräfte der Tiefe in die lichte Reinheit des Blütennektars, des Erleuchtungsbewußtseins, des unvergleichlichen Juwels in der Lotusblüte. So ragt der Heilige, dieser Welt entwachsen, über sie hinaus.«

108

Nyai Loro Kidul – Königin des Südmeers

Almut Rößner

>*»... Dann war die Rede von den Geistern des Wassers.*
>*Das Wesen Javas ist wechselhaft, mal teilt es und mal vereinigt es.*
>*Und eine Meerjungfrau ist die Königin...«*
>Serat Babad Nikit, *Chronik über die*
>*Herrschaft des Sultans Agung,* 1613 – 1645 n. Chr.

Das heutige indonesische Staatsgebiet umfaßt mehr als 13.500 Inseln und stellt damit den größten Archipel der Erde dar. So verwundert es nicht sonderlich, daß das Thema »Wasser« im Alltag der Inselbewohner sowie in den zahlreichen indigenen Religionen eine zentrale Rolle spielt. Vor allem das synkretistische Überzeugungssystem des javanischen Kerngebietes *kejawen* kennt eine Vielzahl mystischer Geisterwesen und Gottheiten, die mit Wasser assoziiert werden.

Eine der sagenumwobensten Gestalten des javanischen Pantheons ist zweifelsohne Nyai Loro Kidul, die »Königin des Südmeers«, also des Teils des Indischen Ozeans, der an die südliche Küste der Hauptinsel Java angrenzt. Dieser unvorhersehbare, gefährliche Ozean besitzt seit jeher eine große religiöse, politische und wirtschaftliche Bedeutung in der javanischen Kultur. Als Herrscherin aller *wong alus*, aller unstofflichen Menschen, also Geister, vereinigt Nyai Loro Kidul sowohl segensreiche als auch unheilbringende Fähigkeiten. Die Menschen verehren sie daher als Fruchtbarkeitsgöttin und Beschützerin der Fischer, fürchten sie zugleich aber auch als Verursacherin von Epidemien.

Der javanischen Mythologie nach ist sie die Tochter des sundanesischen Königs Munding Wagi und dessen erster Ehefrau. Als die neue Nebenfrau ihre Rivalin und deren Tochter von einer Zauberin mit einer entstellenden Hautkrankheit belegen läßt, verbannt der König die beiden von seinem Hof. Die Mutter stirbt tragisch, die

Tochter jedoch findet in einem Bad im Meer Heilung
und beschließt, fortan dort
zu bleiben. Seitdem lebt sie
in einem prächtigen, mit
Gold und Edelsteinen aus-
geschmückten Unterwasser-
palast, umgeben von Die-
nern, die dem Geisterglau-
ben zufolge *lampor* sind,
Geister der an Pocken und
anderen Epidemien Verstorbenen oder der im Meer Er-
trunkenen.

In der Chronik *Babad Ta-
nah Jawi* aus dem 16. Jahrhundert wird Nyai Loro
Kidul erstmals schriftlich
erwähnt, als es zur Vermäh-
lung zwischen ihr und dem
Gründer des zweiten Ma-
taram-Reiches, Senapati,
kommt. Symbolisch werden
damit Gegensätze der Men-
schen- und der Götterwelt

109

*Zeugen indigener Religion
auf Kalimantan, Indonesien.*

überwunden, so daß den Nachkommen Senapatis in der Allianz mit der Meeresgöttin nicht nur die Legitimation ihrer Herrschaft, sondern auch spirituelle Unterstützung und politischer Rat in Krisenzeiten sicher sind.

Als Mataram die Hegemonie über den Seehandelsweg, der wegen des Gewürz-
handels bedeutsam war, an die holländischen Kolonialherren verlor, kompensier-
ten javanische Hofdichter diese Niederlage, indem sie die mystische Verbindung
zur »Königin des Südens« hochstilisierten. Auch heute noch ist das Tragen von grüner Kleidung an javanischen Stränden verpönt, um jede mögliche Assoziation mit
den grünen Uniformen der niederländischen Ost-Indien-Gesellschaft, Kompeni,
auszuschließen, da dies einem Angriff auf das Königreich von Nyai Loro Kidul
gleichkäme.

Entlang der javanischen Küste finden zahlreiche Feste und Zeremonien zu Ehren
der Göttin statt, das bekannteste ist *Fatu Suro*, das Neujahrsfest nach dem javanischen Kalender. Anläßlich des Geburtstages des gegenwärtigen Sultans von Yogjakarta, Hamengku Buwana IX, findet alljährlich das *labuhan* (vom indonesischen
Wort *labuh*: zu Wasser lassen) statt, das trotz islamischer Einflüsse und holländi-
scher Kolonialisierung seinen ursprünglichen Charakter bewahrt hat.

Ein wesentlicher Bestandteil des mehrtägigen Festes stellt das *slametan* dar, das
rituelle Mahl, das den Schutz und Segen der Göttin bewirken soll. Am darauffolgenden Tag werden Opfergaben wie Speisen, Blumengestecke und Weihrauch in
einer feierlichen Prozession vom Kraton, dem Sultanspalast in Yogjakarta, in das

28 Kilometer südlich entfernte Parangtritis gebracht. Dort soll zwischen zwei der Küste vorgelagerten Felsen das Eingangstor zum sagenhaften Unterwasserpalast Nyai Loro Kiduls liegen. Nachts werden dort die Opfergaben an Nyai Loro Kidul übergeben. Besonders wertvolle Gaben wie Haare und Fingernägel des Sultans werden jedoch genau an der Stelle vergraben, wo sich der Legende nach Senapati und die Meeresgöttin das erste Mal trafen. Den Opfergaben, die durch die Brandung vom Meer zurückgespült werden und die Ratnu Kidul also offensichtlich nicht wollte, werden magische und heilvolle Kräfte nachgesagt. Jeder von der versammelten Menschenmenge versucht daher, in den Besitz des glückbringenden Strandgutes zu gelangen.

Begleitet wird dieses Fest von traditionellen *wayang kulit*-Aufführungen (Schattenspielen), wobei beim *labuhan* besonders Episoden aus dem *Ramayana*-Epos beliebt sind, die explizit die Gefahren des Meeres thematisieren.

Auch Politiker des 20. Jahrhunderts ziehen sich zur Meditation an diesen mystischen Strand zurück oder bedienen sich der Wirkung Nyai Loro Kiduls für propagandistische Zwecke. So erbat etwa 1963 der damalige Präsident Sukarno Verstärkung durch ihre »Geister-Armee« bei seiner Kampagne, West-Neuguinea dem expandierenden indonesischen Staat einzuverleiben. Da er allerdings vergaß, Tribut an sie zu zahlen, wurde Yogjakarta von einer fürchterlichen Mäuseplage heimgesucht, die erst zurückging, nachdem ein spezielles Ritual zelebriert worden war.

Auch in einem modernen südostasiatischen Staat wie Indonesien ist trotz der vielzitierten Verwestlichung der Glaube an übernatürliche Kräfte und Gottheiten wie Nyai Loro Kidul in Brauchtum und traditionellen Festen lebendig. Nyai Loro Kidul, »Königsmacherin«, mit der die machtvolle Gewalt des Ozeans assoziiert wird, verdeutlicht zudem exemplarisch, welchen Stellenwert das Meer in der javanischen Kultur und Religion einnimmt.

Der Wasserträger. Notizen zu einer marginalen Berufsgruppe in Südasien

Jürgen Frembgen

Früher stellte die Versorgung mit Wasser vor allem in dichtbesiedelten Städten, aber auch auf den Dörfern eine traditionelle Dienstleistung dar, die von Mitgliedern einer spezialisierten Berufsgruppe ausgeführt wurde. Der *Mashki*, *Bhishti* oder *Saqqa* füllte an einem Brunnen Wasser in seinen Ledersack (*mashk*) und trug ihn regelmäßig zu den Häusern wohlhabender Bürger, die ihn monatlich dafür entlohnten. Es galt als Zeichen von besonderem Reichtum und Prestige, wenn sich eine Familie im Hof einen eigenen Brunnen bohren ließ. Der *Mashki* wurde außerdem bei Bedarf in die Häuser gerufen. Zu seinem Dienst gehörte es, das Wasser in die

einzelnen Stockwerke des Gebäudes zu tragen und dort große Aufbewahrungs-
behälter aus verzinntem Kupfer oder, besonders im Sommer, aus Ton zu füllen. Ferner spritzte er Wasser auf die staubige Straße vor die Haustür.

Wie im Vorderen Orient und im Mittleren Osten, wo die Wasserträger *Saqqa*
genannt werden, gab es auch in Südasien für jedes Stadtviertel eine bestimmte Anzahl von Familien, in denen der Beruf weitervererbt wurde. Die Mitglieder dieser
Berufsgruppe hatten auch die Pflicht, bei den früher häufig ausbrechenden Feuers-
brünsten Löscharbeiten zu verrichten sowie bei Hochzeiten als Sänftenträger be-
reitzustehen. In Lahore benutzte der *Mashki* je nach Entfernung vom nächsten
Brunnen einen größeren oder kleineren Ledersack. In den heißen Sommermonaten
Juni und Juli trug er von einem nahe erreichbaren Brunnen oft einen großen *mashk*
ins Haus.

Die Wassersäcke des *Mashki* kommen auch in volkstümlichen Spruchweisheiten
immer wieder vor. In Punjabi lauten zwei Rätsel: »Was ist das? Ein Schultertuch, 111
manchmal leicht, manchmal schwer?« oder »Es ist von außen ein Büffel, manchmal
dünn, manchmal fett?«

In Mekka kennt man das arabische Sprichwort »Wer den Wasserträger liebt, soll
auch dessen Wasserschlauch lieben«[1]. Es bedeutet, daß man mit den Eigentümlich-
keiten einer Person Nachsicht üben soll, auch wenn diese nicht alle angenehm erscheinen.

Der Dienst des *Mashki* an sich wird sehr geschätzt, aber da Leder als »unrein«
gilt, verschaffen ihm die Handhabung eines ledernen Sacks und besonders die
Tätigkeit des Lastentragens ein niedriges Berufsprestige. Überall im islamischen
Orient und in Südasien ist der Transport von Wasser in metallenen oder irdenen Gefäßen eine typische Mädchen- und Frauentätigkeit, die für Männer als entehrend
gilt. In Urdu und Hindi hat der Ausdruck *pani bharna*, »Wasser schöpfen«, auch
die Bedeutung »gedemütigt werden, beschämt werden«. Immerhin galt im Punjab
die Kaste der Wasserträger im Vergleich zu Paria-Gruppen als relativ »rein«, denn
außer Brahmanen durften die Mitglieder anderer Kasten bei rituellen Anlässen von
ihnen Nahrung annehmen[2].

In Nordindien kommen die wenigen hinduistischen Wasserträger aus den
Kasten der Jhinwar, Kahar und Machhi[3]. Als Kastenbezeichnung für die Mehrheit
der muslimischen Wasserträger dient im Punjab auch der Begriff *Mashki*[4]. In Afghanistan rekrutieren sie sich aus den ethnischen Gruppen der Hazara und Tajiken.

Die Wasserträger bilden im islamischen Orient und in Südasien eine eigene
städtische Berufsgilde. Ihr Schutzpatron ist der aus dem irakischen Kufa stammende Sulaiman Kufali, der nach der Legende dem dürstenden Propheten Muhammad
Wasser zu trinken gab[5]. Überhaupt wird der Dienst des Wasserträgers als *sawab*,
»religiös verdienstvoll«, geachtet. Dieser volksreligiöse Zusammenhang spiegelt
sich in Indien auch in dem traditionellen Ausruf des Wasserträgers »*barai mata ke
nam ki mashak chor dun*«, was so viel bedeutet wie »den Wassersack im Namen
der Pockengöttin ausgießen lassen«, d.h. ihren Zorn beschwichtigen[6].

Bemerkenswert ist das Grab des Wasserträgers Nizam im Schreinbezirk des
großen islamischen Heiligen Muin al-Din Chishti in Ajmer (Rajasthan), von dem es
heißt, daß er dem Moghulkaiser Humayun (1508–1556) das Leben rettete[7]. Heute füllen dort *Mashkis* Wasser in Trinkschalen und teilen es einer frommen Stiftung

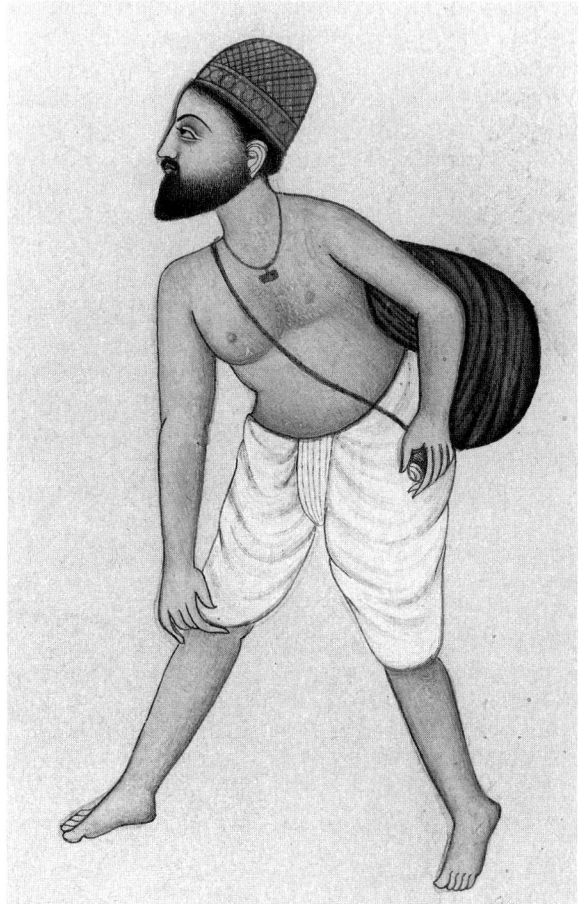

112 *Muslimischer*
Wasserträger
in Indien.
(Aquarell Mitte
20. Jahrhundert).

gemäß an die Pilger aus. Ferner spenden sie den Gläubigen Wasser für die rituellen Waschungen vor dem Gebet.

Bekannt ist auch die Geschichte des indischen Ekstatikers Bahram Saqqa, der eigentlich Shah Birdi Bayat hieß und unter Prinz Kamran, Bruder des Moghulkaisers Humayun (reg. 1530–1556), ein hohes militärisches Amt bekleidete[8]. Er gab schließlich seinen Posten auf und lebte fortan in Kabul und Delhi als Wasserträger.

Für die Schiiten des Subkontinents symbolisiert der lederne Wasserschlauch die Durstqualen der Märtyrer bei der Schlacht von Kerbela im Irak (680 n.Chr.).

Etwa seit Mitte des 20. Jahrhunderts besteht durch die Installation von Handpumpen und Wasserleitungen immer weniger Bedarf für die traditionelle Dienstleistung des Wasserträgers. Mitglieder dieser marginalen Sozialgruppe sind daher heute als Diener tätig oder suchen zunehmend nach anderen Berufsmöglichkeiten.

Bis heute finden   *113*
vereinzelt Wasser-
verkäufer trotz
zunehmender
moderner Wasser-
leitungen in Süd-
asien ein Auskom-
men, wie etwa im
Umfeld der Jama-
Masjid, Delhi.

1 HURGRONJE, C.S. (1886): *Mekkanische Sprichwörter und Redensarten.*
   Haag. S. 100–101 (Nr. 65).
2 HERSHMAN, P. (1981): *Punjabi Kinship and Marriage.* Delhi, S. 22.
3 IBBETSON, D. (1916): *Punjab Castes.* Delhi (Reprint 1981), S. 268, 306–307.
4 PFEFFER, G. (1970): *Pariagruppen des Pandschab.* Freiburg, S. 79.
5 WHITE, CH. (1851): *Drei Jahre in Constantinopel oder Sitten und Einrichtungen
   der Türken.* Stuttgart, 2. Abt., S. 19.
6 FALLON, S. (1989): *A New Hindustani-English Dictionary.* Banares/London, S. 1100.
7 CURRIE, P.M. (1989): *The Shrine and Cult of Muin al-Din Chishti of Ajmer.*
   Delhi, S. 103 und S. 105.
8 FREMBGEN, J.W. (1993): *Derwische. Gelebter Sufismus.* Köln, S. 113.

4

Lebensgrundlage Wasser

»Wasser ist Leben« ist ein vielbemühtes Wort. Seine Bedeutung für den Menschen zeigt sich besonders augenfällig in zwei Bereichen: bei der Versorgung mit Trinkwasser und beim Bewässerungswasser, das in der Landwirtschaft benötigt wird, um die agrarischen Erträge und damit die Versorgung des Menschen mit pflanzlicher und tierischer Nahrung zu sichern. Mit der erforderlichen Grundversorgung mit Wasser gehen quantitative und qualitative Anforderungen einher, deren Erfüllung unabdingbare Voraussetzung für ein gesundes Leben auf der Erde ist.

Da die globale, wie auch die asiatische Realität diese Anforderungen vielerorts nicht erfüllte, machte es sich die Gesundheitsorganisation der Vereinten Nationen (WHO) 1981 zur Aufgabe, binnen einer Dekade weltweit jeden Erdbewohner mit sauberem Trinkwasser zu versorgen und die erforderlichen sanitären Einrichtungen zur Entsorgung zu schaffen.

Heute, Jahre nach Ablauf der so euphorisch eingeläuteten Wasserdekade, muß die WHO das Scheitern ihres ehrgeizigen Projektes eingestehen, denn wie bereits 1981 hat noch immer ein Drittel der Weltbevölkerung keinen Zugang zu sauberem Trinkwasser.

Der Zugang zu sauberem Wasser hängt von der Qualität und Quantität des natürlichen Vorkommens ab, und auch die ökonomische Handhabung dieser Ressource kann dazu führen, daß einzelne Bevölkerungsgruppen vom Zugang zu Wasser abgeschnitten sind.

In den ersten beiden Beiträgen dieses Kapitels werden beide Aspekte – Wasserqualität und Ökonomisierung von Wasser – aufgegriffen. Danach liegt der Schwerpunkt auf der Landwirtschaft: im Vordergrund stehen die technischen Einrichtungen, die im Lauf der Geschichte in Asien entwickelt und bemüht wurden, um Wasser zu erschließen und zur landwirtschaftlichen Nutzung verfügbar zu machen. Von den vielfältigen Technologien werden Tanks, Qanate, Shadouf-Brunnen, Wasser- und Treträder, Wasserschaufeln und Kanäle vorgestellt. Der abschließende Beitrag führt die verschiedenen Aspekte von Wasserqualität und -quantität, Ökonomisierung und Landwirtschaft zusammen. Er beleuchtet die zentrale Rolle des Wassers bei der »Grünen Revolution«, die in Asien in besonderem Maße erfolgte.

Trinkwasserqualität – internationaler Anspruch und asiatische Realität

Arne Panesar und Thomas Hoffmann

Vor über einem Jahrzehnt trat die Weltgesundheitsorganisation der Vereinten Nationen (WHO) mit dem Ausrufen der Wasser-Dekade vor die Welt. Zum damaligen Zeitpunkt, zu Beginn der 80er Jahre, waren 1,3 Milliarden Menschen, also annähernd 30 Prozent der gesamten Menschheit, vom Zugang zu sauberem Trinkwasser abgeschnitten. Gleichzeitig stellte sich heraus, daß etwa 80 Prozent der in vielen Fällen tödlich verlaufenden Infektionskrankheiten gerade durch unsauberes Wasser übertragen werden. Aufgrund dieser Kenntnisse formulierten die Verantwortlichen der weltweit gestarteten UNO-Initiative als Ziel, alle Menschen sollten bis zum Ende der Wasserdekade Zugang zu sauberem Trinkwasser haben, das die Gesundheit nicht mehr belastet. Was, so wird heute vielfach gefragt, ist aus dem Anliegen der Weltgesundheitsorganisation geworden? Konnte das anspruchsvolle Ziel erreicht werden? Mit welchen Sanitärkonzepten bei gleichzeitiger Berücksichtigung des ökologischen Blickwinkels ist es überhaupt möglich, dieses Ziel zu erreichen?

Als die Welt 1992 nach Rio blickte und den dort stattfindenden ersten weltumfassenden Umweltgipfel verfolgte, sah sie sich mit der Feststellung konfrontiert, daß nach wie vor ein Drittel der Menschheit keinen Zugang zu sauberem Trinkwasser hat und die WHO ihr selbstgestecktes Ziel also nicht erreicht hatte.

Wie sieht es diesbezüglich in Asien aus? Natürlich kann es keine asienübergreifende Bewertung der Trinkwasserqualität geben, da die Unterschiede nicht nur im kontinentalen, sondern auch im nationalen und regionalen Kontext zu extrem sind. Doch anhand einiger Beispiele wird zumindest deutlich, daß sich die gesundheitsbedrohende Belastung des Trinkwassers keineswegs nur auf die Staaten Asiens konzentriert, die als Entwicklungsländer eingestuft werden, sondern auch in den als fortschrittlich geltenden Nationen des asiatischen Wirtschaftswunders zu finden ist.

Schlaglicht 1:
Wasserwirtschaft im Wirtschafts-
wunderland Südkorea

Südkorea ist, zusammen mit Singapur, Hongkong und Taiwan, einer der vier »Tigerstaaten« der ersten Generation. Die rasante wirtschaftliche Entwicklung des Landes fordert nicht nur einen sozialen, sondern auch einen ökologischen Preis, der sich unter anderem durch abnehmende Trinkwasserqualität äußert. Eine Verschlechterung der Wassergüte geht in der Regel schleichend voran, so daß Koreaner, die fest an die Wirtschaft als einzige Orientierungsgröße glauben, die warnenden Stimmen einiger Umweltgruppen für unzeitgemäß hielten.

Doch der Januar 1994 konfrontierte die 44 Millionen Südkoreaner schlagartig mit der Realität – durch unsachgemäße industrielle Schadstoffentsorgung ergoß sich Phenolbrühe anstelle von Trinkwasser in die Becken. Dieser Schock rückte das Problem der Umweltverschmutzung im allgemeinen und das der Wasserverschmutzung im besonderen in das Rampenlicht der politischen Diskussion, der allerdings nicht die zur Rettung der koreanischen Umwelt erforderlichen Schritte folgten. Trotz der starken und ungebremsten Einleitung industrieller Abwässer in Südkoreas längsten Fluß, den Naktong, beziehen die Städte Kumi, Taegu und Pusan auch weiterhin ihr Trinkwasser aus diesem, der vorübergehend als klinisch tote Kloake deklariert worden war. Landesweit fließen nahezu drei Viertel der anfallenden industriellen Abwässer ungeklärt in die Flüsse oder ins Meer. Angesichts dieser Umstände verwundert es nicht, an Wochenenden die Menschen des Wirtschaftswunderlandes in die Bergregionen pilgern zu sehen, um sich von dort einige Liter sauberes Quellwasser für ihr Leben während der Woche mitzunehmen. *119*

Schlaglicht 2:
Grundwasserbelastung in Usbekistan

Weit mehr als die Situation in Südkorea gelangten zwischenzeitlich die massiven Belastungen des Grund- und damit Trinkwassers in den mittelasiatischen Baumwollanbaugebieten zu trauriger Berühmtheit: dies betrifft insbesondere das zu Usbekistan gehörende Karakalpakistan am Südufer des Aralsees, aber auch die Anbaugebiete von Kasachstan und Turkmenistan. Der Anbau des »weißen Goldes« war über Jahrzehnte hinweg immer höheren Produktionsforderungen unterworfen. Dies hatte für die gesamte Region einen Wasserverbrauch zur Folge, der weit über das ökologisch verträgliche Maß hinausging. Desweiteren führte der Anbau zu einem Eintrag von Pestiziden und Düngemitteln, der um ein Vielfaches höher war als in den übrigen Agrargebieten der ehemaligen Sowjetunion. In den amerikanischen Baumwollanbaugebieten werden üblicherweise 1,6 Kilogramm Pestizide pro Hektar und Jahr eingesetzt. Diesem Wert steht der für die GUS geltende Durchschnitt von 3,5 Kilogramm pro Hektar und Jahr gegenüber. Die Baumwollanbaugebiete Usbekistans stehen dabei mit durchschnittlich 15 Kilogramm und Extremen von bis zu 54 Kilogramm pro Hektar und Jahr deutlich an der Spitze.

Durch eine ähnlich fragwürdige Düngungs- und Bewässerungspraxis übersteigen die Nitratwerte bzw. der Salzgehalt des Grundwassers bei weitem jeden internationalen Richtwert, der im Interesse der Gesundheitserhaltung definiert wurde. Und dennoch stellt eben dieses Grundwasser für die lokale Bevölkerung die Hauptquelle zur Deckung ihres Trinkwasserbedarfs dar. So enthält etwa ein Liter Bewässerungswasser am mittleren Amu-Darja, einem der beiden Zuflüsse des Aralsees, neben anderen Schadstoffen durchschnittlich zwischen 34 und 43 Milligramm Blei und zwischen 14 und 15 Milligramm Mangan. Dies führt insbesondere bei Säuglingen und Kleinkindern zu Gesundheitsschädigungen. Hinzu kommen Belastungen durch das international geächtete, in der Region aber im Baumwollanbau verwendete Entlaubungsmittel »Agent orange«, das von US-Kampfflugzeugen im

Vietnamkrieg versprüht worden war, um den Verlauf des Ho-Chi-Minh-Pfades unter dem dichten Dschungeldach Indochinas sichtbar zu machen.

Die Folge der auf diese Weise verursachten Wasserverseuchung äußert sich in erster Linie in einer rapiden Verschlechterung des allgemeinen Gesundheitszustandes der lokalen Bevölkerung, wobei Atemwegserkrankungen und eine erhöhte Krebsrate im Vordergrund stehen. Angesichts dieser Realitäten und dem bestehenden Vorrang der wirtschaftlichen Interessen und Zwänge vor den gesundheitlichen Belangen werden internationale Richtwerte für die Qualität von Trinkwasser zur reinen Makulatur.

Am Beispiel Indiens soll dieser Ambivalenz von internationalem Anspruch und (teil-)asiatischer Realität ausführlich nachgegangen werden.

120   Schlaglicht 3:
          Heiliges Wasser, Trinkwasser, Abwasser –
          Anspruch und Wirklichkeit in Indien

Um ein Klischee zu charakterisieren sei es erlaubt, die romantisierte und überzeichnete Darstellung der »Bedeutung des Wassers« in einer indischen Dorfidylle nachzuzeichnen:

Wasser ist immer auch heiliges Wasser – so kann man es sehen. Vor allem bei Hitze ist jedem Gast zuerst ein Glas Wasser anzubieten – das ist verpflichtende Tradition. Ein Sinnbild ist die Lotusblume im Teich: Das sich aus dem Dunkel der Tiefe hervorwindende Leben, das die Blätter auf der Ruhe der Wasseroberfläche ausbreitet und in einer Blüte voll Reinheit sein Ziel erreicht. Abbild des heiligsten aller Flüsse, der Mutter Ganga, ist jeder Fluß und jeder Dorfbach. Sitte ist der Verlauf des Morgens: Noch vor Gottesdienst und Frühstück ist die Reinigung des Körpers durchzuführen und dazu gehört auch, sich von innerlicher Verwesung zu befreien, also den Darm zu entleeren. Mit einem Wasserkrug versehen, verteilt sich allmorgendlich das indische Dorf in die Umgebung und düngt die Felder. Der Wasserkrug ist wichtig, um das Gesäß mit der dafür reservierten linken Hand rein waschen zu können. Befremdlich wäre der Vorschlag, hier nicht zu waschen, sondern trocken mit Papier zu wischen. Ähnlich befremdet würde wohl die deutsche Durchschnittsfamilie auf das Ansinnen reagieren, ihr Geschirr solle sie nun nur noch trocken mit Papier abwischen – und nicht mehr spülen. Das Bad im Fluß oder Tempelteich ist immer auch spirituelle Reinigung – bei uns schwingt wohl nur noch während der Taufe ein ähnliches Denken mit. Das Reinheitsempfinden im indischen Dorf ist extrem und die Flüsse sind vor Verunreinigung sicher. Für die Notdurft sind die Gewässer ebenso tabu wie der Teil des Gemeindegrundes, der den Göttern gewidmet ist und auf dem die Natur sich ungestört entfaltet. Denn schließlich kennt jedes Kind die Geschichte:

Als die Söhne Sagaras tief in der Erde in Asche lagen, konnte nur die Göttin Ganga als lebenspendendes und heiliges Wasser sie erlösen. Endlich gelang es dem König Bhagiratha, durch kraftvolle Askese den höchsten Gott Brahma dazu zu bewegen, Ganga zur Erde zu senden. Doch die Göttin wollte die Himmel nicht verlassen und plante, erregt und verärgert, als Wasser mit größtmöglicher Wucht auf der Erde aufzuprallen. Der Gott Shiva rettete die Welt vor der allzu großen Kraft dieses niederstürzenden Wassers: In einer seiner vielen Erscheinungsformen fing er mit den langen Locken seines Haarschopfes die gewaltigen Massen auf und bändigte sie zu lebenspendendem Naß. Seine Locken bilden – noch heute jedem sichtbar – die Gebirgszüge des Himalaya, und durch sie hindurch und aus ihnen hervor fließt die heilige Mutter Ganga friedlich in die Ebene.

Das hier entworfene romantische Bild eines in 4.000 Jahren indischer Umweltwahrnehmung gewachsenen Klischees von der Bedeutung des Wassers im dörflichen Alltag bekommt tiefe Risse, sobald es um die heutige Situation in den Stadtrandslums und den immer schneller wachsenden Kleinstädten und Metropolen Indiens geht. Die Städte bilden einen krassen Gegensatz zu dem »Land der Dörfer«, wie Mahatma Gandhi Indien charakterisierte. Wenn heute die mit der Landflucht in die Städte strömenden Menschenmassen an ihrer Gewohnheit festhalten, allmorgendlich ihre Toilette »irgendwo« im Freien zu erledigen, entstehen für uns groteske Bilder und Zustände, die, anders als auf dem Land, hygienisch äußerst bedenklich sind. Zu den Dingen, die uns die modernen Zeiten gebracht haben, gehört die Idee des hygienisch sauberen »Trinkwassers« – Wasser, das nicht heilig ist, sondern eine knappe, gefährdete Ressource, deren Vorkommen, deren Verbrauch, deren Kosten und Wert berechnet werden können.

Trinkwasser in Indien

Nicht nur an den Ufern der Ganga und nicht nur in der Pilgerstadt Varanasi kollidieren die »modernen« mit den tradierten Weltbildern. Was durch Jahrtausende gute Gewohnheit und richtiges Benehmen war – im Fluß zu baden oder Flußwasser zu trinken – ist heute gefährlich, und zwar überall dort, wo Industrie sich ansiedelte und das Konzept »Kanalisation« in die Stadtentwässerung Einzug hielt. Heute, so stellt eine Sondersitzung der »Indischen Behörde für Bewässerung und Energie« fest, gibt es in Indien eine rasch wachsende Industrie, die toxische Abwässer in fast alle Gewässerabschnitte der achtzehn großen indischen Flußsysteme leitet. Die überforderten Umweltämter bremsen sie dabei kaum. Heute gibt es in Varanasi, wie vielerorts in Indien, eine Stadtentwässerung, die mittels überwiegend offen liegender Kanäle nicht nur das Regenwasser, sondern auch die Fäkalien der Haushalte aus der Stadt heraus in den heiligen Fluß leitet. Der menschliche Dünger gelangt nicht mehr auf die Felder, und auf diese Weise ist ein kulturelles Tabu gebrochen worden.

Fast alle Pilger, die Varanasi erreichen, haben eine genaue Vorstellung von Reinheit und Unreinheit im traditionellen Sinne. Nur wenigen ist bekannt, wie Mikrobiologen und Hygiene-Institute denken. Und wer mag glauben, daß Toxine und Krankheitserreger aus den Abwasserkanälen auch dann noch gefährlich sind, wenn sie im heiligen Gangeswasser verdünnt und verteilt sind? All jene, in deren Alltag das »ausländische« Denken über Gifte und Krankheitskeime keine große Rolle spielt, werden auch angesichts trübster Fluten nicht daran zweifeln, daß das heilige Wasser der Ganga das Reinste und Segnendste ist, zum Baden ebenso geeignet wie zum Trinken. Verwestlichte Inder äußern sich über diese Realität fassungslos.

So schreibt Kushwant Singh: »... es ist verrückt, daß ein Volk in einem so armen Land so eine ungeheuere Summe an Arbeitsstunden für Rituale, Pilgerreisen, Feste und Waschungen in verseuchtem Wasser verschwendet.«

In ihren »Empfehlungen zur Aufstellung von Richtlinien für die Überwachung der Trinkwasserqualität« diskutiert die Weltgesundheitsorganisation optische oder genußmindernde Beimischungen, die das Vertrauen der Bevölkerung in das angebotene Trinkwasser irritieren sollen. Kern dieser Überlegung ist natürlich, die Menschen von möglichen toxischen Stoffen und Krankheitserregern fernzuhalten, die, mit Wassermolekülen vermischt, den Menschen gefährden können. »Trinkwasser« ist in diesem Sinne ein Grundnahrungsmittel, dessen toxische und hygienische Unbedenklichkeit vor allem interessiert.

Und damit kommen wir nun zur ökonomisch-marktwirtschaftlichen Betrachtung der Ressource »Trinkwasser«. Wieviel Wasser gibt es? Wieviel davon in Indien? Wieviel davon ist geeignet, zu Trinkwasser aufbereitet zu werden? Wer verbraucht wieviel? Was sind die Qualitätsziele der Stadtwerke? Werden diese Ziele erreicht? Welche Menschen erreicht das Trinkwasser? Wie teuer ist die Herstellung von Trinkwasser? Wer kann sich Trinkwasser zu welchem Preis leisten?

Nicht alles Wasser, das Trinkwasser werden könnte, wird auch zu solchem veredelt. Von dem oft mit erheblichem technischen und finanziellen Aufwand gereinigten Trinkwasser wird nur der geringste Teil tatsächlich getrunken – 93 Prozent des erneuerbaren Wassers verbraucht in Indien die Landwirtschaft, so lautet der Schätzwert in den Weltbanknachrichten vom August 1995. Besonders in Jahren mit geringen Monsunniederschlägen ist die verfügbare Wassermenge der begrenzende Faktor für die landwirtschaftliche Produktion, und nicht die verfügbare Ackerfläche. Auch die rasch wachsende Industrie Indiens verbraucht mit stark steigender Tendenz erhebliche Mengen Trinkwasser.

Der Liter Trinkwasser ist in den Städten Indiens an jeder Straßenecke erhältlich – abgepackt in Plastikflaschen und zum Preis von circa 10 Rupien. Auch in entlegensten Gebieten gibt es diese Wasserflaschen an Buden und Ständen, wenn dort mit reichen Touristen zu rechnen ist. Zum Wechselkurs von 1996 kostet der Kubikmeter Trinkwasser etwa 500 DM. Zum Vergleich: Die Stadtwerke Freiburg verkaufen den Kubikmeter Trinkwasser für weniger als 3 DM. Indische Tagelöhner auf Baustellen oder im Straßenbau verdienen täglich zwischen 25 und 50 Rupien, das entspricht etwa 1 bis 2 DM. Für 5 Liter vom abgepackten Trinkwasser müßten sie also den ganzen Tag lang arbeiten. Natürlich trinken sie daher preiswerteres Wasser – ohne abgekocht zu sein fließt es aus den Leitungen der Stadtwerke und steht in Tonnen oder Tonkrügen bereit, aus denen viele Hände schöpfen. Das Risiko hygienischer oder toxischer Verunreinigungen ist bei diesem Wasser erwartungsgemäß viel höher, und zwar schon allein deswegen, weil fast überall die Wasserzuleitungs- und Abwasserableitungssysteme veraltet und unentwirrbar sind, so daß eine Vermischung von Wasser und Abwasser nie ganz auszuschließen ist. Ob Wasser von öffentlichen Wasserstellen und privaten Wasserhähnen als ungefährlich eingestuft werden kann, ist meist nur aus Erfahrung zu sagen. Sicher sein kann nur, wer sein Wasser vor dem Trinken abkocht und durch spezielle Tonfilter tropfen läßt.

Der mit Abstand größte Teil der indischen Bevölkerung besitzt keinen Hausanschluß an ein Trinkwasserleitungssystem und trägt sein Wasser in Krügen und Flaschen von Brunnen oder Wasserstellen nach Hause. Vor allem außerhalb der Städte ist dies das gewohnte Bild. 5 Liter Wasser pro Person hält die Weltgesundheitsorganisation für das tägliche Überlebensminimum. 20 Liter pro Tag und Person betrachtet sie als jene Mindestmenge, zu der noch heute ein Drittel der Menschheit keinen verläßlichen Zugang hat. Da aber die Weltbankexperten auch feststellten, daß mangelnde Hygiene für ebensoviele Krankheiten verantwortlich ist wie verschmutztes Trinkwasser, liegt die vorgeschlagene Sollmenge in Wasserversorgungsprojekten bei 40 bis 50 Litern pro Tag und Person. Außerdem soll die Distanz zwischen Verbraucher und Wasserstelle maximal 200 Meter betragen. Schon aus physischen Gründen liegt der im wörtlichen Sinn »tragbare« Verbrauch von Wasser meist unter 50 Liter pro Tag und pro Person. In ländlichen Gebieten der »Dritten Welt«, so bilanzierte das Kinderhilfswerk der Vereinten Nationen (UNICEF) 1992, müssen Frauen und Kinder für die Beschaffung von Wasser bis zu einem Drittel der täglichen Kalorienaufnahme aufbringen.

Wasserholen ist in Indien Aufgabe der Mädchen und Frauen.

Anders verhält es sich bei den wenigen Prozent der Erdbevölkerung, die ihr Wasser allein durch Aufdrehen des Wasserhahnes erhalten. Der Wasserverbrauch steigt rapide mit der Installation von Wasserhähnen, während der Respekt vor dem heiligen Naß sinkt – in Indien ebenso wie anderswo. Der Durchschnittswert für den Wasserverbrauch pro Person und Tag in einer Stadt wie Delhi liegt mit 284 Litern mehr als doppelt so hoch wie die circa 130 Liter, die nach jüngsten Angaben für Deutschland errechnet wurden. Der hohe Wert für die indische Großstadt erklärt sich nicht nur durch den extrem hohen Verbrauch der wohlhabenden Bevölkerungsschichten, deren Autos auch in der staubigen Trockenzeit trotz Wasserknappheit täglich und reichlich mit Trinkwasser abgespült werden, sondern auch durch die wenig effizienten Leitungssysteme. Zwischen Wasserwerk und Verbraucher, so schätzt die Stadtverwaltung Delhis, gehen 20 Prozent des sauberen Wassers durch sogenannte Leitungsverluste verloren. Wie unterschiedlich der Wasserverbrauch in

Delhi ist, illustrieren auch die Luxushotels: an manchen Tagen, insbesondere wenn Wasser knapp ist, reißt die Kolonne von Tankwagen mit Trinkwasser für ihre Duschen, Toiletten, Health-clubs und ihre Pools nicht ab.

Um Wasser zu sparen, drehen Wasserwerke in ganz Indien während der Trockenzeit in sämtlichen Stadtvierteln ohne einflußreiche Bevölkerungsschichten das Wasser ab. Wasser fließt dann entweder nur alle paar Tage oder nur wenige Stunden am Tag, oft jedoch irgendwann in der Nacht. Die Auswirkungen auf das Sparverhalten der Bevölkerung sind alles andere als positiv: Unter die Wasserhähne werden alle verfügbaren Eimer und Schüsseln gestellt, und um die Zeit fließenden Wassers insbesondere nachts nicht zu verpassen, bleibt der Wasserhahn geöffnet. Kommt nun Wasser durch die Leitungen, so fließt das Trinkwasser überall dort direkt ins Abwasser, wo niemand zugegen ist, um den Wasserhahn zu schließen oder die vollen und überlaufenden Auffanggefäße zu wechseln. Wassersparen wird damit völlig zur Sache der Stadtwerke. Wer Geld hat, sichert sich ab, indem er sich einen Plastiktank auf das Dach baut, um auch dann fließendes Wasser zu haben, wenn die Stadtwerke gerade keines anbieten. Bei fehlendem oder defektem Überlaufschutz fließt auch hier viel Wasser durch die Überlaufrohre in die Straßen und Gullis. Und mehr noch: Die Wassertanks können nicht steril gehalten werden, und das Wasser in ihnen erhitzt sich täglich durch die Sonne. Dieses Wasser muß daher mit erneutem Energieaufwand abgekocht und gefiltert werden, wenn es nicht zum Duschen oder Autowaschen, sondern als Trinkwasser genutzt werden soll.

Eine Erfolgsmeldung in den *Weltbanknachrichten* vom August 1995 lautete: »seit 1950 wurde 1,6 Milliarden Menschen zusätzlich Zugang zu sauberem Wasser verschafft, und es wurden 450 Millionen neue Haushalte mit ausreichenden sanitären Einrichtungen versehen«. In diese positive Nachricht mischt sich der Zweifel, wie oft nun letztlich nur noch mehr Wasserhähne offenstehen und noch mehr des knappen Trinkwassers als Autowaschwasser mißbraucht wird. Auch die Weltbank ist sich dieser Problematik bewußt und veröffentlichte entsprechend einen Bericht mit dem Titel *Towards Sustainable Management of Water Resources*, der sich speziell »mit dem Scheitern der aktuellen Maßnahmen und der Notwendigkeit eines neuen Konzepts bei der Bewirtschaftung der Wasserressourcen« beschäftigt.

Als eigentliches Problem bei der Suche nach Trinkwasser entpuppt sich zunehmend das Abwasser. So schreiben Alexander Amsel und Klaus Lanz (1992) im

Greenpeace Magazin: »Aufgeklärte Entwicklungshelfer nehmen Abschied von der ›Klorifizierung‹ der Dritten Welt.« Folgerichtig lassen sie die Figur in ihrer Karikatur auf der Toilette mit zehn Litern Trinkwasser im Rücken erkennen: Trinkwasser ist heute oft nur noch Transportmedium für Fäkalien. Und dieses als Spülwasser gebrauchte Trinkwasser wird seit dem Siegeszug der Kanalisation als Abwasser in die Flüsse geleitet. Außerdem ist mit der industriellen Produktion eine neue Qualität von Abwasser entstanden, nämlich Abwasser, das Giftstoffe enthält. Zum zweiten Mal begegnet man der Erfolgsmeldung der Weltbank mit Zweifel – mehr Leitungswasser kann schließlich sofort auch bedeuten: mehr Haushaltsabwasser, mehr Kanalisation, mehr Flußverunreinigung und damit auch weniger sauberes Trinkwasser. »Wasserknappheit nimmt weltweit zu« lautet der Titel des genannten Weltbank-Artikels – und das erscheint nun doppelt zwingend und logisch.

125

Abwasser in Indien

In Deutschland betragen im ländlichen Raum die Kosten für den Bau von Kanalisationsnetzen 80 Prozent der Gesamtkosten der Abwasserentsorgung. Zu den Baukosten für neue Kanalisationsabschnitte kommen jene für die Sanierung und Modernisierung der vorhandenen Einrichtungen. Allein die Sanierung und Modernisierung von Kläranlagen und Kanalnetzen kostet im ländlichen Raum jährlich über 200 DM pro Einwohner. Diesen Beträgen für die Abwasseraufbereitung steht in Deutschland ein Bruttosozialprodukt von 35.000 DM pro Kopf (1992) gegenüber. Indiens Bruttosozialprodukt lag 1992 unter 500 DM pro Person. Das Land hat viele drängende Probleme und könnte sich nicht einmal die Instandhaltung eines Kanalnetzes leisten, selbst wenn es eine flächendeckende Kanalisation geschenkt bekäme. Die Folge ist, daß das Abwasser in offenen Gräben abgeleitet wird und ungeklärt Flüsse und Seen erreicht. In den Industrieländern werden 80 bis 98 Prozent der Abwässer geklärt. In Indien hingegen sind es nur zwei Prozent der städtischen Abwässer, im ländlichen Raum fehlen Klärwerkeinrichtungen völlig.

»Trinkwasser als Transportmedium für Abfall – ein 100 Jahre alter Irrtum?« lautete der Titel eines Symposiums am Goethe-Institut in Madras (1993) in Südindien. Die Veranstalter stellten vor allem die Frage, ob in Ländern wie Indien für die Siedlungsentwässerung die Schwemmkanalisation überhaupt angestrebt werden soll, die Fäkalien und Industriegifte mit Trinkwasser und Regenwasser vermischt in Kläranlagen oder Flüsse schwemmt. 30 Prozent der 900 Millionen Inder leben in großen Städten, die übrigen in Kleinstädten und ländlicher Umgebung. In den extrem dicht besiedelten Großstädten scheint es so schnell keine Alternative zum weiteren Ausbau der Schwemmkanalisationen zu geben, da für die nun existierenden Hausanschlüsse der entsprechende Platz für dezentrale Lösungen wie vertikal durchströmte Bodenfilter oder Pflanzenkläranlagen fehlt.

Die Folgen der Stadtentwässerung hinein in die Flüsse sind schon jetzt dramatisch. Ländern wie Indien geht das Wasser aus, und gleichzeitig sind die technischen und ökologischen Kosten bei der Erschließung neuer Wasserquellen meist viel höher als bei den bereits angezapften. Daher scheint es unausweichlich, daß die explodierenden Städte immer mehr mit dem Wasser vorlieb nehmen müssen, das aus den Flüssen stammt, an denen sie gegründet wurden. Die heute rasch wachsende Metropole Delhi entstand am größten Seitenfluß der Ganga, an der ebenfalls heiligen Yamuna. Über zehn Millionen Menschen müssen dort heute mit Wasser versorgt werden. Die Landwirtschaft rings um Delhi braucht ebenfalls immer mehr Wasser, um die Stadt mit Nahrung zu versorgen. Delhi erhält daher bereits Wasser, das über meterdicke Überlandleitungen aus den Oberläufen anderer Flüsse im Gangeseinzugsgebiet, über Kanäle aus Stauseen am Himalayarand und über umgeleitete Flüsse herangeführt wird. Einen Großteil des Wassers für die Trinkwasserversorgung entnimmt Delhi aus der heiligen Yamuna, die oberhalb der Stadt in Vazirabad zu einem Trinkwassersee aufgestaut ist.

Einige Zahlen: Im Trinkwasser dürfen keine Coli-Bakterien nachweisbar sein, das verlangt die Richtlinie der WHO ebenso wie die deutsche Trinkwasserverordnung vom 1.8.1984 mit letzten Änderungen vom 4.6.1986. In Badewasser toleriert die EU-Richtlinie über die »Qualität der Badegewässer« (67/160 EWG) immerhin bis zu 10.000 Keime pro 100 Milliliter Wasser – schon oberhalb Delhis liegt die Anzahl coliformer Keime bei 7.500 Erregern pro 100 Milliliter und steigt auf der 50 Kilometer langen Fließstrecke der Yamuna durch Delhi auf 240.000 Erreger pro 100 Milliliter. Dennoch wird das Flußwasser überall intensiv genutzt, unter anderem zur Bewässerung der Gemüsefelder. Damit gelangen die potentiell durchfallerregenden Bakterien auf das Gemüse und mit diesem in viele Haushalte. Durchfallkrankheiten sind bei mangelnder ärztlicher Versorgung und schlechter Ernährungslage jedoch lebensgefährlich: 1992 starben weltweit 3,2 Millionen Menschen an Diarrhöe. Die heilige Yamuna empfängt über die Coli-Bakterien hinaus täglich 550.000 Liter DDT und 20 Millionen Liter Industrieabfälle (*Times of India*, 2.2.1995). Die darin enthaltenen Schwermetalle sammeln sich im Sediment am Boden des Flusses. Über sie hinweg fließt sauerstoffreies schwarzes Wasser. Sollte eines Tages die organische Verschmutzung des Flusses zurückgegangen sein, dann werden sich diese Sedimente als Zeitbombe erweisen, denn viele Stoffe gehen erst in sauerstoffhaltigem Wasser in Lösung.

Eine Expertengruppe des »Ganga-Aktions-Planes« zählte zwischen Kalkutta und dem Himalaya entlang der Ganga 68 Großindustrien, die ihre toxischen Abwässer ungeklärt in den Fluß leiten. Insgesamt kam die Gruppe auf 563 Industriebetriebe, die ihre Abwässer unmittelbar einleiten. Ähnlich wie Mutter Ganga ergeht es den anderen 18 großen Flußsystemen Indiens.

Die indische Regierung ist verstärkt damit beschäftigt, die Unternehmen aufgrund des indischen Wassergesetzes von 1974 und des Umweltgesetzes von 1986 zur Einhaltung der Auflagen bezüglich der Abwasserqualität zu zwingen. Die weit verbreitete Korruption ist dabei eine der größten Hürden. Doch davon abgesehen ist der Kläranlagenbau, insbesondere für Industriebetriebe, prinzipiell nur die zweitbeste Lösung: selbst wenn herkömmliche Kläranlagen vorhanden sind und ihre Leistung nicht durch Stromausfälle oder Handhabungsfehler herabgesetzt wird, so leisten sie ja keine Entgiftung, sondern nur die Entfernung eines Teils der organischen Stoffe. Bestimmte Krankheitskeime und viele naturfremde Stoffe sind deswegen auch noch im Auslauf der Kläranlagen zu finden. Der Klärschlamm, in dem sich möglichst viele organische Stoffe sammeln sollen, kann nicht mehr als Dünger genutzt werden, wenn Schwermetalle oder andere toxische Substanzen aus

*In Ermangelung von Wasseranschlüssen in zahlreichen Wohnungen Kalkuttas
findet die Körperpflege vieler Menschen an den Hydranten entlang der Straßen statt.*

Straßen- oder Industrieabwässern an die organischen Partikel gebunden sind. Industrielles, mit Toxinen angereichertes Wasser gehört ebensowenig in die Gewässer wie die wertvollen Nährstoffe aus dem menschlichen Darm in die Flüsse oder in den Indischen Ozean. Letztere sollten am besten kompostiert den oft zu kargen indischen Äckern zugeführt werden. Forschung und Entwicklung sind nötig, um technisch durchführbare Konzepte für eine Kreislaufführung des industriellen Brauchwassers zu entwickeln. Die Verteuerung von Trinkwasser und Abwasser kann für die Industrie bestenfalls ein weiterer Anreiz sein, Wasser zu sparen und es im Kreislauf zu führen – und damit automatisch weniger toxische Abwässer in die Flüsse zu leiten. Doch Wasserverteuerung ist problematisch, wenn 30 Prozent der städtischen Bevölkerung unter der Armutsgrenze leben, wie dies in Indien der Fall ist.

LOMWATS, Lösungen und die Sulabh-Zwei-Kammer-Toiletten

Unter dem Titel »Low Maintenance Wastewater Treatment Systems« (LOMWATS) versucht die »Bremer Arbeitsgemeinschaft für Überseeforschung« Alternativen im Umgang mit dem Abwasser aufzuzeigen. Im Auftrag der Europäischen Gemeinschaft und mit Unterstützung durch die Stadt Bremen wurden in diesem Projekt für Indien und China Daten und Informationen zu den Wasserproblemen des jeweiligen Landes zusammengestellt. Existierende Lösungen wurden auf ihre Einsatzmöglichkeiten hin untersucht.

Dr. Pathak, Erfinder der Sulabh-Zwei-Kammer-Toiletten, hatte sich Gedanken darüber gemacht, wie die Städte von den zu großen Mengen Fäkalien entlastet werden könnten, wie die in den Fäkalien und Bioabfällen enthaltenen wertvollen Nährstoffe wieder auf die Felder gelangen und wie alles zuvor kompostiert werden könnte, damit nicht Latrinenreiniger aus den untersten Gesellschaftsschichten entwürdigende Arbeiten durchführen müßten. Die Sulabh-Organisation stellte in allen Landesteilen Indiens bisher 600.000 dieser Zwei-Kammer-Toiletten auf: die Fäkalien werden in der einen, der gefüllten Kammer, kompostiert, solange die zweite Kammer sich füllt. Das kompostierte Gut wird dann an die Bauern verkauft. Die immer zugänglichen Toiletten der Sulabh-Organisation werden in der Stadt, in Slums und auch im ländlichen Raum angenommen und auch von Frauen akzeptiert. Tagsüber kommt ohne Toiletten nur aus, wer wenig trinkt. Wenig trinken ist aber zuwenig, besonders in der heißen Zeit. Ist dann die Niere nicht genug gespült, häufen sich Nierensteine. Dies betrifft besonders die Frauen der ärmeren Schichten. Die blitzsauberen Einrichtungen, die auch Duschen anbieten, werden von den ehemaligen Latrinenreinigern betrieben und dadurch finanziert, daß derjenige, der nach Augenschein zahlen kann, für die Benutzung auch zahlen muß. Wenngleich die Sulabh-Toiletten nur einen Bruchteil der Bioabfallentsorgung ausmachen, so leisten sie doch einen wichtigen Beitrag zum Trinkwasserschutz in Indien.

128

Wasserversorgung
und sanitäre Einrichtungen Asiens im Vergleich

Wasserversorgung ist nicht gleich Wasserversorgung. Werden einem Teil der Bevölkerung Wasserhähne im Haus installiert, so kann der Wasserverbrauch leicht von 50 auf 250 Liter pro Person und Tag steigen. Dieses Privileg eines kleinen Teiles der Bevölkerung führt unweigerlich dazu, daß sich die damit einhergehende Wasserknappheit zu Ungunsten der sozial Schwachen auswirken und deren ohnehin bestehenden Versorgungsengpaß verschärfen wird. Diese Entwicklung könnte man auf die Vermutung zurückführen, Wasserhähne, d.h. jederzeit verfügbares Wasser, veränderten möglicherweise seine Wertschätzung. Im Vergleich zu ochsengetriebenen Fördereinrichtungen scheinen maschinell betriebene Pumpen dazu zu verleiten, zu große Wassermengen zu fördern, so daß schließlich der Grundwasserspiegel absinkt.

Auch hinter dem Terminus »sanitäre Einrichtungen« verbergen sich sehr unterschiedliche Realitäten. So bedeuten fehlende sanitäre Einrichtungen in einem Dorf mit sauberem Dorfteich und -bach unter Umständen nur, daß die Bewohner allmorgendlich die Felder mit ihren Fäkalien düngen. Fehlende sanitäre Einrichtungen im Kontext städtischer Siedlungen oder Slums bedeuten hingegen eine Katastrophe.

Jahr für Jahr können acht Prozent der Bevölkerung in den Entwicklungsländern oder 195 Millionen Menschen zusätzlich mit sauberem Wasser versorgt werden. Wie die Tabelle zeigt, haben die Bemühungen der vergangenen Jahre insbesondere in Asien eine positive Entwicklung bewirkt: zwischen 1990 und 1994 stieg die Versorgung der Bevölkerung mit Wasser von 61 Prozent auf 80 Prozent an, was die zusätzliche Wasserversorgung von 698 Millionen Menschen bedeutete. Beachtet man aber, daß die Steigerungsrate im urbanen Bereich in dieser Zeit bei nur einem Prozentpunkt lag, so werden die Problembereiche deutlich: 190 Millionen Menschen lebten 1994 in den Städten der Region Asien/Pazifik ohne Wasserversorgung. Der Versorgungsgrad mit sanitären Einrichtungen ist im gleichen Zeitraum gar rückläufig und lag 1994 bei nur noch 29 Prozent. Da die städtische Bevölkerung in

Wasserversorgung und sanitäre Einrichtungen
im Vergleich 1990/1994

Angaben in Prozent

	Anteil der Bevölkerung mit Zugang zu sauberem Trinkwasser		Anteil der Bevölkerung mit Zugang zu sanitären Anlagen	
	1990	1994	1990	1994
Welt	61	75	36	34
Stadt	82	82	67	63
Land	50	70	20	18
Afrika	45	46	36	34
Stadt	67	64	65	55
Land	35	37	23	24
Lateinamerika/Karibik	79	79	69	63
Stadt	90	88	83	73
Land	51	56	33	34
Asien/Pazifik	61	80	30	29
Stadt	83	84	62	61
Land	53	78	18	15
West-Asien	78	88	65	68
Stadt	87	98	68	69
Land	63	69	60	66

129

Quelle: United Nations, World Health Organisation and Water Supply and Sanitation Collaborative Council 1996: Water Supply and Sanitation Sector Monitoring Report 1996, S. 15.

Asien, wie auch weltweit, in diesem Zeitraum rasant zunahm, sank der prozentuale Anteil, wenngleich absolut gesehen 172 Millionen Menschen mehr als noch 1990 mit sanitären Einrichtungen versorgt waren.

»United Nations«, »World Health Organisation« und »Water Supply and Sanitation Collaborative Council« stellen in ihrem gemeinsamen Bericht über *Wasserversorgung und sanitäre Einrichtungen* fest, daß 1994 die Wasserversorgung der Bevölkerung des Raumes Asien/Pazifik einen Anteil von 80 Prozent erreichte. Dieser Wert übertrifft zwar den globalen Durchschnitt von 75 Prozent, doch die Zahlen machen auch folgendes deutlich: erheblich niedriger lag nur Afrika mit einem Versorgungsgrad von 46 Prozent, während Lateinamerika und die Karibik mit 79 Prozent gleichauf lagen und West-Asien mit 88 Prozent sogar eine deutlich bessere Wasserversorgung seiner Bevölkerung verzeichnen konnte als der Asien/Pazifik-Raum. Eine detailliertere Analyse dieser Angaben zeigt ferner, daß die beiden poli-

Öffentliche Wasserversorgung und Badeplatz in Kathmandu.

tischen Riesen des Kontinentes, Indien und die Volksrepublik China, das Problem der Wasserversorgung zumindest ansatzweise im Griff haben und mehr als drei Viertel ihrer Bevölkerungen versorgt sind. Demgegenüber weisen das Hochgebirgsland Nepal, das weitgehend aride Pakistan und vor allem der gesamte südostasiatische Raum Werte von unter 50 Prozent auf, d.h. dort ist weniger als die Hälfte der Bevölkerung mit sauberem Wasser versorgt.

Mit Blick auf die Verbreitung sanitärer Einrichtungen ergibt sich für den Asien/Pazifik-Raum im Jahr 1994 ein ähnliches Bild: lediglich 29 Prozent der Bevölkerung sind mit sanitären Einrichtungen versorgt. Der asiatische Kontinent sinkt damit sogar deutlich unter den globalen Durchschnittswert von 34 Prozent, während für Afrika 34 Prozent, für Lateinamerika und die Karibik 63 Prozent und für West-Asien 68 Prozent errechnet wurden. Betrachtet man auch diesen Aspekt auf der staatlichen Ebene, so zeigt sich, daß lediglich die Philippinen weitreichend sanitär versorgt sind, während alle anderen Staaten des asiatischen Kontinentes zu weniger als der Hälfte versorgt sind, ihre Werte liegen unter 50 Prozent. Welches Fazit ermöglichen diese drei Schlaglichter auf Südkorea, Usbekistan, Indien und der Blick auf die Trinkwasserqualität in Asien im weltweiten Vergleich? Die bisherigen Überlegungen zeigen vor allem, daß trotz aller zwischenzeitlich erreichten Erfolge nach langfristig wirksamen und ökologisch sinnvollen Lösungsansätzen gesucht werden muß. Unbedingte Priorität sollte dabei ein strenger Grundwasserschutz haben, der eine entsprechende Flußreinhaltepolitik, dezentrale und ökologische Sanitärkonzepte, Abwasserbehandlung und Industriebrauchwasserkreislaufführung nach sich zieht. Folgende Zielsetzungen lassen sich aus diesem Ansatz ableiten:

— Keine Kanalisation in Asien als Standardlösung der Siedlungsentwässerung.   *131*
— Eine konsequente Flußreinhaltepolitik ist stattdessen erforderlich,
  das heißt besonders die Förderung von vertikalen Bodenfiltern,
  Pflanzenfiltern und Komposttoiletten (etwa nach dem Konzept Sulabhs)
  nicht nur in ländlichen Regionen, sondern auch in den Städten, sowie
  der Einsatz von Trockentoiletten sobald ausreichend Solarwärme
  eingesetzt werden kann.
— Auch im städtischen Bereich Förderung von Biogasanlagen zur Bioabfall-
  verwertung inklusive Fäkalien, wie sie im ländlichen Raum Indiens
  etabliert sind.
— Zum Schutz des Trinkwassers Förderung der weiteren Entwicklung
  und Etablierung von Industriebrauchwasserkreislaufführung, da sie
  wassersparend und damit auch kostensparend ist .

Für die Wasserpolitik in Asien bedeutete die konsequente Umsetzung dieser Schritte eine Revolution. Die Beispiele und Überlegungen machen deutlich, daß die Versorgung der Bevölkerung mit sauberem Trinkwasser nicht nur in den klassischen Entwicklungsländern ein ernstzunehmendes Problem darstellt – auch für die neuindustrialisierten Tigerstaaten Ost- und Südostasiens trifft dies nach wie vor zu. Die Lösung dieses Problems zählt zu den drängendsten, da existentiellen Aufgaben unserer Zeit.

Wasser als Ware:
Das Problem der Ökonomisierung einer existentiellen Ressource am Beispiel Indiens

Eberhard Weber und Thomas Hoffmann

Nur ein Bruchteil der weltweiten Wasservorkommen wird vom Menschen direkt genutzt. Von den insgesamt etwa 1,4 Milliarden Kubikkilometern Wasser sind gerade einmal 0,003 Prozent überhaupt verwendbar. Der Rest findet sich in den Ozeanen oder ist als Eis in den Polargebieten gebunden. Vergegenwärtigt man sich diese Dimensionen, dann kann sehr leicht der Eindruck entstehen, Wasser sei eine Ressource, die im Überfluß vorhanden ist. Dem ist aber in vielen Regionen der Welt nicht so. Das wenige Wasser, das der Mensch verwenden kann, ist auf der Erde extrem ungleich verteilt. So teilen sich etwa in Malaysia 100 Menschen eine Million Kubikmeter Wasser, während in Indien mit der gleichen Wassermenge mehr als 350 Personen und in Israel sogar mehr als 4.000 Menschen auskommen müssen. Hinzu kommt, daß das Wasser nicht selten verschmutzt und damit ungenießbar ist. Vom Bild des Wassers als einer im Überfluß vorhandenen Ressource bleibt also nichts übrig. Wasser ist vielmehr ein knappes, ein kostbares Gut, und so mutet es seltsam an, daß es in vielen Regionen der Erde vergeudet und vergiftet wird, weil es kostenlos oder unverhältnismäßig billig zu haben ist.

Immer lauter werden deshalb die Rufe, Wasser müsse einen Preis haben, der die Verbraucher dazu anhält, schonend und sparsam damit umzugehen. Ökonomen sprechen in diesem Zusammenhang von der »Internalisierung externer Kosten« und meinen damit, daß die Kosten für die Nutzung von Ressourcen diejenigen tragen sollen, die sie auch tatsächlich in Anspruch nehmen, nicht aber die Allgemeinheit. Denn eines ist klar: schon heute verursacht die Vergeudung und Verschmutzung von Wasser immense Kosten, die in den wenigsten Fällen von den Verursachern selbst getragen werden müssen. Ist Wasser z.B. durch Einleitungen eines Industriebetriebs ungenießbar geworden, muß es mit hohen Kosten wieder aufbereitet werden. Wenn dies nicht möglich ist und es auch keine alternative Versorgung gibt, bleibt den Menschen nichts anderes übrig, als das verschmutzte Wasser zu trinken. Die Folgen sind Kosten für Arztbesuche und Medikamente sowie sinkende Lebensqualität.

Daher erscheint die vermehrte Forderung einsichtig, Wasser nicht mehr gratis oder zu Wegwerfpreisen abzugeben. In diesem Zusammenhang wird oftmals die Privatisierung der Wasserversorgung gefordert, denn die Erfahrung zeigt, daß die staatlichen Institutionen das kostbare Wasser häufig weit unter Preis abgeben. So betragen z.b. bei den von der Weltbank finanzierten Wasserversorgungsprojekten die durchschnittlichen Kosten für Wasser einen Bruchteil dessen, was die staatlichen Wasserwerke ihren Kunden in Rechnung stellen. Hinzu kommt, daß die staatlichen Stellen bei der Wasserverteilung in den Städten zumeist die Mittelschichten und in den ländlichen Regionen die wohlhabenden Landwirte bevorzugen. Meist sind es wohlsituierte Landwirte, die von Bewässerungsprojekten profitieren, während die Klein- und Marginalbauern leer ausgehen. Mitunter verlieren diese sogar ihr Land, weil es durch riesige Staudämme überflutet wird. Auch in den Städten ist der Zugang zu Wasser sozial aufgegliedert. Die Appartmenthäuser der Mittelschicht sind zumeist an die städtische Wasserversorgung angeschlossen. Die Wassergebühren reichen selten aus, um die Kosten für das Wassernetz zu decken.

Um der Mittelschicht dennoch niedrige Wasserpreise bieten zu können, ist die Wasserversorgung in den Metropolen der Dritten Welt längst zu einem nimmersatten Moloch geworden. Den ärmeren Bevölkerungsgruppen kommen die staatlichen Subventionen nicht zugute, sondern sie müssen ihr Wasser häufig beim privaten Händler kaufen oder aber auf sauberes Trinkwasser verzichten. Gewaltig sind häufig die Mehrkosten, die sich dabei gegenüber den Haushalten ergeben, die an das kommunale Wassernetz angeschlossen sind: in Dhaka verlangt ein privater Wasserhändler bis zu 25mal mehr als die städtischen Wasserwerke, in Karachi sogar über 80mal mehr.

Diejenigen, die sich für die Einführung des Marktprinzips bei der Wasserversorgung einsetzen, argumentieren, die Privatisierung der Wasserverteilung werde diese ungleiche Behandlung der unterschiedlichen Bevölkerungsgruppen beenden, und höhere Preise führten zu einem sparsameren und schonenderen Umgang mit Wasser.

Die Politische Ökonomie der Wassernutzung

Wasser ist ein knappes Gut, das sowohl räumlich als auch sozial ausgesprochen ungleich verteilt ist. Die Interessen der unterschiedlichen gesellschaftlichen Gruppen an der Wassernutzung sind verschieden: Die Landwirte benötigen immer mehr Wasser für den Anbau von Hochertragssorten im Rahmen der »Grünen Revolution«. Der Wasserbedarf der Industrie steigt durch die Expansion des industriellen Wirtschaftssektors. Das Bevölkerungswachstum und veränderte Konsumgewohnheiten führen schließlich dazu, daß auch die Nachfrage der privaten Haushalte nach Wasser größer wird. Solange das Wasserangebot groß genug ist, um alle gesellschaftlichen Ansprüche nach Wasser zu erfüllen, sind Konflikte kaum zu erwarten. Wo Wasser knapp ist, müssen jedoch Regelungen gefunden werden, wie das vorhandene Wasser auf die unterschiedlichen Nutzergruppen verteilt werden soll. Zwei wichtige Prinzipien der Wasserverteilung spielen hierbei eine herausragende Rolle: Entweder übernimmt der Staat die Kontrolle über die Ressource Wasser und entscheidet über deren Verteilung oder aber die Verteilung des Wassers wird durch Angebot und Nachfrage geregelt, d.h. über den Marktmechanismus wird ein Wasserpreis gebildet, und Nutzungsrecht erhalten alle, die bereit und fähig sind, diesen Preis zu bezahlen.

Lebensgrundlage Wasser

133

Der Staat als Wächter über die Wasserverteilung bei der Bewässerung

Von je her spielt der Staat eine wichtige Rolle bei der Verteilung von Wasser zur Bewässerung. Dies hängt nicht zuletzt damit zusammen, daß die notwendige Infrastruktur nur durch einen immensen Finanz-, Sach- und Arbeitsaufwand geschaffen und unterhalten werden kann. Bei der Entstehung agrarer Kulturlandschaften sind die organisatorischen Fähigkeiten und Mittel des Staates deshalb von überragender Bedeutung. Der Soziologe Karl A. Wittfogel bezeichnet das Wasser als einen wichtigen Gestaltungsfaktor bei der Ausdifferenzierung von frühen Hochkulturen. Als der Mensch begann, große Wassermassen zur landwirtschaftlichen Nutzung zu zähmen, war dies unter den Bedingungen einer vorindustriellen Technologie nur durch den massenhaften Einsatz von Arbeitskräften möglich, der von zentraler Stelle aus koordiniert werden mußte. Eine »hydraulische Agrikultur«, so Wittfogel, erfordere daher die Koordination, Disziplinierung, Versorgung und Führung der beteiligten Personen. Es bestehe der Zwang, daß viele Personen zusammenarbeiten und sich einer führenden Autorität unterwerfen. Wer aber auf oberster Ebene die Fäden des organisatorischen Geflechts in der Hand halte, der habe die einzigartige Möglichkeit, sich auch der höchsten politischen Gewalt zu bemächtigen und zum »orientalischen Despoten« zu werden.

In vorkolonialer Zeit mußte beispielsweise in Südindien ein Dorf, das Kanäle zu einem nahen Fluß errichten wollte, erst die Zustimmung des Herrschers einholen, ihm eine Steuer bezahlen und sich genau an die Bestimmungen halten, die er zur Wasserentnahme erließ. Die in Stein geschlagenen Verträge an den Mauern der örtlichen Tempel geben noch heute Zeugnis von dieser Macht des Königs. Die Wasserverteilung innerhalb der Dörfer lag jedoch in Händen der kommunalen Körperschaften. Sie entschieden, wer Kanäle bauen durfte, die den Hauptkanal eines Dorfes anzapften. Leicht konnten sie so bestimmten Gruppen, z.B. unteren Kastengruppen oder Unberührbaren, den Zugang zur Ressource Wasser verwehren, denn in den Dorfräten bestimmten in der Regel die mittleren und höheren Kastengruppen.

Auch heute bedeutet die Kontrolle über Wasser eine große Macht. Verständlich ist, daß der Staat nur ungern die Kontrolle über die Bewässerungseinrichtungen abgibt, denn durch die Kontrolle über die Bewässerung hat er direkten Einfluß auf die Landwirtschaft und damit auf Nahrungsmittelproduktion und Nahrungsmittelpreise.

Die »Grüne Revolution« und die Privatisierung der Wasserverfügbarkeit

Jahrelang war Indien, das »Land mit der Bettelschale«, von ausländischer Nahrungsmittelhilfe abhängig. Mit der »Grünen Revolution« Anfang der 60er Jahre sollte das Land jedoch in die Lage versetzt werden, seine Bevölkerung aus eigener Kraft ernähren zu können. Die dazu eingeführten »Hochertragssaaten« benötigen allerdings optimale Anbaubedingungen und die gesicherte Versorgung mit Düngemitteln, Schädlingsbekämpfungsmitteln und Wasser. Fehlt eine dieser Komponenten, kann es zu katastrophalen Mißernten kommen. Für den Anbau mit Hochertragssaatgut ist Brunnenbewässerung besser geeignet als die Tank- und Kanalbewässerung, die in vielen Regionen Indiens vorherrschend war: die riesigen Bewässerungsanlagen, die in Indien im Laufe vieler Jahrhunderte entstanden, sind nach wie vor vom unberechenbaren Monsun abhängig. Fallen die Niederschläge aus, dann führen die Flüsse zu wenig Wasser, um in die weitverästelten Kanäle abgezweigt zu werden. Ähnliches gilt für die Bewässerung mit Hilfe von Stauteichen, sogenannten Tanks, denn auch sie werden durch Niederschläge gespeist.

Der Anbau von Hochertragssaatgut erfordert jedoch, daß die Wassermenge genau reguliert werden kann und daß immer genügend Wasser vorhanden ist. Dort, wo sich die »Grüne Revolution« durchsetzen konnte, wurden deshalb sehr bald tausende von Tiefbrunnen gebohrt, aus denen das Wasser teilweise aus über hundert Meter Tiefe an die Oberfläche gepumpt wird.

Die alten Bewässerungsanlagen, vor allem die Stauteiche in Südindien, verfallen daher immer mehr. Eindrücklich ist dieser Vorgang beispielsweise im südindischen North Arcot Distrikt zu beobachten: Noch um die Jahrhundertwende war er einer der wichtigsten Distrikte, in denen Tank-Bewässerung durchgeführt wurde. Zu dieser Zeit gab es mehr als 3.500 Stauteiche. Fast 60 Prozent der bewässerten Fläche wurde mit Hilfe dieser Tanks versorgt, etwa 20 Prozent mit Tiefbrunnen und weitere 20 Prozent mittels Flußwasser, das in Kanälen auf die Felder geleitet wurde. Schon zu Beginn der 80er Jahre dieses Jahrhunderts hatte sich dieses Bild vollkommen gewandelt – die Stauteiche bewässerten nur noch 23 Prozent der Bewässerungsflächen, der Anteil der Kanalbewässerung war auf 7 Prozent zurückgegangen und durch Tiefbrunnen wurden nun etwa 70 Prozent der Anbaufläche mit Wasser versorgt. Entsprechend dieser Entwicklung ist die Anzahl der Pumpen in die Höhe geschnellt. Zu Beginn der 50er Jahre gab es 2.700 Wasserpumpen im Distrikt. Genau 30 Jahre später wurden von der Regierung Tamil Nadus über 145.000 Pumpen gezählt, etwa 95 Prozent davon waren Elektropumpen. Ähnliche Veränderungen werden aus Uttar Pradesh berichtet: während dort vor 25 Jahren Tiefbrunnen mit Wasserpumpen so gut wie unbekannt waren, werden auf diese Art mittlerweile mehr als 55 Prozent der Bewässerungsfläche mit Wasser versorgt. Noch stärker sind die Veränderungen im Punjab, der Kornkammer Indiens. Zu Beginn der 70er Jahre, als der Einzug der »Grünen Revolution« schon einige Jahre zurücklag, gab es dort 192.000 Pumpen – fast genau zehn Jahre später waren es 623.000.

Auch in anderen Regionen Indiens werden immer mehr Tiefbrunnen angelegt, die mit immer stärkeren Pumpen ausgerüstet sind. Sie müssen das Wasser aus immer größeren Tiefen an die Erdoberfläche befördern, denn vielerorts sinkt der Grundwasserspiegel immer weiter ab. Trotzdem wird der Bau von Tiefbrunnen und die Herstellung leistungsfähiger Pumpen von den verschiedenen Landesregierungen noch immer gefördert. Das ist Bestandteil einer Agrarpolitik, deren Ziel die Modernisierung der indischen Landwirtschaft ist. Mit einem großen Angebot an billigen Nahrungsmitteln sollen die Löhne der Industriearbeiterschaft niedrig gehalten werden. Die durch die Modernisierung der Landwirtschaft stark angestiegenen Produktionskosten können jedoch nicht den Landwirten aufgebürdet werden, sondern werden vom Staat in Form von Subventionen für Düngemittel und Energie zum Betreiben der Bewässerungspumpen übernommen.

Erst durch die starke Verbreitung von Tiefbrunnen und Elektropumpen konnte Wasser zu einer handelbaren Ressource werden. Nur so konnte ein privater Wassermarkt entstehen, denn einen Tiefbrunnen mit dazugehöriger Pumpe kann sich auch ein einzelner Landwirt installieren lassen. Anders als bei der Kanal- und Stauteichbewässerung ist keine gemeinschaftliche Kooperation mehr nötig, die regionale Dimensionen annimmt.

Bei der Betrachtung der Pachtverhältnisse in einem südindischen Dorf wird deutlich, daß dieser Veränderungsprozeß sozial polarisierend wirkt. Früher, als das Land noch über Kanäle aus einem nahen Fluß bewässert wurde, erhielt der Landeigentümer 50 Prozent der Ernte, während die andere Hälfte dem Pächter zustand.

Für Wasser mußte nichts bezahlt werden, denn das kostbare Naß war eine gemeinschaftlich genutzte Ressource, und jeder Landwirt im Dorf konnte einen Anteil für sich beanspruchen. Dies änderte sich, als in den Dörfern die ersten Pumpen eingeführt wurden. Ihre Eigentümer gaben einen Teil des Wassers an Landwirte oder Pächter ab, die sich keine eigene Pumpe leisten konnten. Die Wassergebühr wurde als ein Anteil an der Ernte festgelegt. Plötzlich gab es drei Gruppen, die Ernteanteile für sich beanspruchten: die Landeigentümer, die Pächter und nun auch die Eigentümer des Wassers. Die Ernte wurde konsequenterweise fortan in drei gleiche Teile aufgeteilt, so daß die verschiedenen Ansprüche befriedigt waren. Der Pächter erhielt nun einen geringeren Anteil als zuvor. Dies traf zwar auch auf den Landeigentümer zu, doch da dieser in den meisten Fällen auch der Wasserverkäufer war, erhöhte sich sein Anteil.

Wie stark die Abhängigkeit der Wasserkäufer von den *Waterlords* geworden ist, wird am Schicksal des südindischen Kleinbauern Arumugan deutlich: Er besitzt gerade einmal etwas mehr als einen halben Hektar Bewässerungsland, hat aber keinen eigenen Brunnen. In den meisten Jahren konnte er sein Feld aus einem nahen Stauteich bewässern und so unter günstigen Bedingungen eine Ernte im Jahr einholen. Anfang der 80er Jahre fiel dieser Stauteich trocken. Arumugan hatte bereits das Umsetzen der Reissetzlinge erledigt und auch das Unkraut schon ein erstes Mal gejätet – noch 45 Tage, und der Reis könnte geerntet werden. Um die reifende Frucht vor dem Verdorren zu retten, bat Arumugan den Bauern Ramakrishna, ihm Wasser zu verkaufen. Ramakrishna war ein reicher Landwirt, dessen Familie mehr als dreieinhalb Hektar Bewässerungsland, viereinhalb Hektar Trockenland und drei Wasserpumpen besaß. Arumugan bot ihm an, für das Wasser fünf Rupien die Stunde zu bezahlen. Er ging davon aus, nicht mehr als zwölf Tage bewässern zu müssen, wobei vier Stunden täglich ausreichen sollten. Ramakrishna war mit diesem Angebot jedoch nicht einverstanden. Er bestand darauf, für seine Wassergabe ein Drittel der Ernte zu erhalten, so wie es im Dorf allgemein üblich war. Arumugan hatte keine andere Wahl, als auf diese Forderung einzugehen. Zusätzlich mußte er Ramakrishna bei Arbeiten auf dessen Hof zur Hand gehen. Er half bei der Bewässerung von Ramakrishnas Feldern, und einige Stunden verbrachte er damit, Ramakrishnas Vieh zu waschen und die Bewässerungskanäle zu reinigen. Für diese und andere Arbeiten, die er für Ramakrishna erledigte, erhielt Arumugan keine einzige Rupie. Als die Ernte ins Haus stand, stellte Arumugan fest, daß er nur an zehn Tagen Wasser benötigt hatte. Trotzdem bestand Ramakrishna auf einem Drittel der Ernte und das, obwohl er weniger Wasser als vereinbart geliefert hatte und Arumugan viele unbezahlte Arbeiten für ihn verrichtet hatte.

Diese Schilderung ist kein Ausnahmefall, sondern sie beschreibt die Abhängigkeit der Wasserkäufer von den *Waterlords*, deren lokale Macht außerordentlich groß ist. Wenn sie mitten in der Anbauperiode die Wasserlieferung einstellen, dann ist unweigerlich der Anbau und damit das Einkommen einer ganzen Saison verloren. Die *Waterlords* sind sich dieser Macht bewußt. Selten geben sie sich mit dem vereinbarten Drittel der Ernte als Bezahlung zufrieden. Wie gerade dargestellt, ist es zum ungeschriebenen Gesetz geworden, daß sie von ihren Kunden zusätzliche, unbezahlte Dienste erwarten. In der Regel werden ihre eigenen Felder von Kleinbauern oder Pächtern bewässert, die von ihnen Wasser erhalten. Diese sind es auch, die oftmals stundenlang nahe der Elektropumpe Wache halten, um sie einschalten zu können, wenn endlich für wenige Stunden am Tag Strom da ist. Erst einmal werden dann die Felder des *Waterlords* bewässert, bevor sie ihr eigenes Pachtland mit Wasser versorgen dürfen. 137

Die *Waterlords* sind nicht notgedrungen reiche Großbauern. Auch Kleinbauern waren anfänglich in der Lage, sich einen Tiefbrunnen und die dazugehörige Pumpe anzuschaffen. Eine solche Investition rentiert sich für sie nur durch die Möglichkeit, Wasser zu verkaufen. Je mehr Stunden die Wasserpumpe in Betrieb ist, desto weniger kostet eine einzige Betriebsstunde. Die Erfahrung zeigt, daß es heute zumeist mittlere und größere Landwirte sind, die überschüssiges Wasser verkaufen. Durch die Bewässerung mit Tiefbrunnen werden polarisierende Tendenzen gefördert: wenn durch die rapide ansteigende Grundwasserentnahme der Grundwasserspiegel beständigt absinkt, können nur jene Pumpenbetreiber überleben, die es sich leisten können, ihre Brunnen regelmäßig vertiefen zu lassen. Die Kleinbauern, für die der Wasserverkauf anfänglich ein lukrativer Nebenverdienst war, sind dazu finanziell nicht in der Lage. Viele ihrer Brunnen fielen über kurz oder lang trocken, und die *Waterlords* erhalten so immer mehr das Monopol beim Wasserverkauf.

Städtewachstum und Wassermärkte

Verarmungsprozesse auf dem Land haben dazu geführt, daß immer mehr Menschen in die Städte drängen. Sie verschärfen die dort bestehenden Probleme, zu denen auch die gesicherte Trinkwasserversorgung der Stadtbevölkerung gehört. Gegenwärtig lebt etwa 26 Prozent der indischen Bevölkerung in Städten; absolut sind dies circa 217 Millionen Menschen. Bis zum Jahr 2000 wird sich ihre Zahl auf 290 bis 350 Millionen Menschen erhöht haben. Es wird immer schwieriger, die wachsenden Städte mit Nahrung, vor allem aber mit genügend Trinkwasser zu versorgen. Bis zum Jahr 2025 werden die in indischen Städten lebenden Menschen jährlich etwa 52 Milliarden Kubikmeter Trinkwasser benötigen – mehr als doppelt so viel wie 1990. Noch schneller wird in derselben Zeitspanne voraussichtlich der Wasserbedarf der Industrie steigen, nämlich von 34 Milliarden Kubikmeter auf 191 Milliarden Kubikmeter Wasser.

Wie bei der Bewässerungslandwirtschaft hatte der Staat auch bei der städtischen Wasserversorgung zunächst ein Versorgungsmonopol, das inzwischen jedoch immer stärker von privaten Wasserverkäufern abgelöst wird. Dabei war und ist es keineswegs so, daß der Staat seine Bürger kostenlos mit Trinkwasser versorgt. Je nach Stadt gibt es jedoch unterschiedliche Systeme, den Preis für das Trinkwasser festzulegen. Es ist beispielsweise sehr häufig der Fall, daß jeder Haushalt, der an das städtische Trinkwassersystem angeschlossen ist, unabhängig vom tatsächlichen Verbrauch monatlich oder vierteljährlich einen Pauschalbetrag zu entrichten hat. Die Wassergebühr kann dabei für alle Haushalte einheitlich, oder nach bestimmten Faktoren wie der Haushaltsgröße differenziert sein. In West-Bengalen beispielsweise richtet sich die Wassergebühr nach dem Durchmesser der Anschlußleitung. Ist dieser kleiner als 20 Millimeter, fallen gar keine Wassergebühren an, zwischen 20 und 24 Millimeter Durchmesser beträgt der vierteljährliche Wasserzins 120 Rupien, und Anschlußleitungen mit 25 Millimeter und mehr werden mit 195 Rupien veranschlagt. In Kalkutta führte dieses System dazu, daß Mitte der 80er Jahre von 250.000 Haushalten, die an das städtische Wassernetz angeschlossen waren, lediglich 35.000 Haushalte Wassergebühren entrichten mußten. Systeme wie diese sind auch deshalb weit verbreitet, weil in vielen Städten die Haushalte keine Wasseruhren besitzen, die den tatsächlichen Verbrauch messen könnten. Einige andere Städte verfügen über einfache, verbrauchsorientierte Abrechnungsmethoden. Hier wird ein Wasserpreis festgesetzt und mit dem tatsächlichen Verbrauch multipliziert.

In einigen wenigen Städten, so etwa in Bangalore, steigen die Wassergebühren mit dem Verbrauch. Dabei sind die ersten 10.000 Liter, die ein Haushalt monatlich verbraucht, relativ billig. Für einen höheren Verbrauch werden jedoch höhere Wassergebühren pro Liter berechnet. Auch in Delhi gibt es eine solch progressive Erhebung der Wassergebühren. In vielen Städten sind die Wassergebühren für den privaten Verbrauch in den Haushalten und für die Industrie verschieden: in Bombay mußten beispielsweise Mitte der 80er Jahre private Verbraucher 1 Rupie für 1.000 Liter Wasser bezahlen. Dem Handel wurden für die gleiche Wassermenge 10 Rupien berechnet, und die Industrie mußte für 1.000 Liter Wasser gar 18 Rupien bezahlen. In Delhi bezahlten alle nicht-privaten Haushalte für die ersten 50.000 Liter einen Preis von 2,40 Rupien je 1.000 Liter

Öffentliche Wasserstelle in Delhi.

und für den darüberliegenden Verbrauch 3,6 Rupien je 1.000 Liter. Private Verbraucher hingegen mußten bei einem Verbrauch bis zu 10.000 Liter Wasser nur 0,35 Rupien je 1.000 Liter bezahlen, zwischen 10.000 und 20.000 Litern 0,7 Rupien und für jeden weiteren Liter 0,84 Rupien.

Viele Haushalte in indischen Städten sind jedoch überhaupt nicht an das städtische Wasserversorgungssystem angeschlossen. Dies trifft insbesondere für ärmere Bevölkerungsgruppen zu, vor allem für solche, die in Slums leben. Manche Städte versuchen, für solche Gruppen Versorgungsstrukturen aufzubauen, die wenigstens eine Grundversorgung mit sauberem Wasser gewährleisten.

139

Tanklastwagen versorgen die Haushalte der ladakhischen Hauptstadt Leh mit Wasser.

Je nach den örtlichen Verhältnissen kann dies durch die Installation von Handpumpen an öffentlichen Plätzen oder durch die Einrichtung von Entnahmestellen geschehen. In Madras, Delhi und einigen Städten in Karnataka liefern Tanklastwagen Wasser in Slumgebiete. Erfahrungen aus Madras zeigen jedoch, daß bei Wasserknappheit als erstes die Versorgung der Haushalte in ärmeren Wohngebieten reduziert wird und ihre Bewohner der Selbsthilfe überlassen werden. Da die staatliche Infrastruktur in vielen Städten längst nicht mehr in der Lage ist, eine ausreichende Versorgung zu sichern, konnten sich privatwirtschaftliche Versorgungsstrukturen bilden, die dafür sorgen, daß diejenigen Bevölkerungsgruppen Wasser erhalten, die die geforderten Preise bezahlen können. Zum Teil werden dabei Wasserpreise verlangt, die erheblich über denen der städtischen Wasserwerke liegen.

Staat versus Markt

Bei der Diskussion um die Privatisierung des Wassers vertreten manche den Standpunkt, es sei die Verantwortung des Staates, seinen Bürgern Wasser zu erschwinglichen Preisen anzubieten, und somit müsse er dafür auch Subventionen aufbringen. Genau dies wird aber von den Befürwortern der Privatisierung der Wasserversorgung angeprangert: sie wenden ein, durch seine Preispolitik verleite der indische Staat seine Bewohner förmlich zur Wasservergeudung. Es sei schlichtweg nicht zu verantworten, daß eine solch kostbare Ressource so billig zu haben ist. Die Konsequenzen einer solchen Wasserpolitik seien nicht nur ökologisch äußerst bedenklich, sondern schadeten auch ökonomisch. Längst sind die Regierungen Indiens hoch verschuldet, weil in vielen Bereichen hohe Subventionen gewährt werden. Insbesondere für Nahrungsmittel werden große staatliche Zuschüsse gewährt. Die Bauern erhalten für Düngemittel und Energie staatliche Beihilfen. Das Gesundheitswesen und die Versorgung von Bevölkerung, Industrie und Landwirtschaft mit Wasser verschlingen immense Geldsummen.

Eines wird von den Kritikern starker staatlicher Präsenz in den genannten Bereichen häufig übersehen: obwohl das Gesundheitswesen, der Bildungsbereich, die Nahrungsmittel- und Trinkwasserversorgung stark subventioniert sind, gibt es in Indien auch heute noch hunderte Millionen von Menschen, die keine ausreichende Gesundheitsversorgung, nicht genügend zu essen und eben keinen Zugang zu sauberem Trinkwasser haben. Das starke staatliche Engagement in diesen Bereichen ist nicht zum Nulltarif zu haben, denn schließlich hat der Staat eine Verantwortung für diejenigen, die nicht aus eigener Kraft die notwendigen Mittel für ein einigermaßen lebenswertes Leben aufbringen können. Der indische Staat kommt dieser Verantwortung oft nicht nach, doch ist es fraglich, ob das vielgelobte Marktprinzip hier wirklich Abhilfe schaffen könnte, oder ob durch die Privatisierung der Wasserversorgung bestimmte gesellschaftliche Gruppen nicht vollkommen vom Zugang zu sauberem Wasser ausgeschlossen würden.

Bei knappen Ressourcen gibt es immer Nutzungskonflikte, so auch beim Wasser. Wird die Verteilung unter staatlicher Kontrolle durchgeführt, dann profitieren davon häufig die Gruppen, die politische Macht haben oder den politischen Eliten nahestehen. Kaum anders sieht es aus, wenn die Verteilung dem Marktprinzip überlassen wird. Die Erfahrung zeigt, daß Ressourcenströme zur größten Kaufkraft umgeleitet werden. Nur so ist zu erklären, daß die mit Wasser gefüllten Tanklastwagen dorthin fahren, wo die höchsten Preise für das Wasser bezahlt werden und nicht dorthin, wo das Angebot an sauberem Trinkwasser am geringsten und folglich der Bedarf am höchsten ist. In einer Stadt wie Madras, wo zu Zeiten der größten Wasserknappheit selbst die wohlsituierten Haushalte der Mittelschichten nur noch jeden dritten oder vierten Tag für wenige Stunden Wasser erhalten können, bedarf es der staatlichen Einflußnahme bei der Wasserverteilung, um auch den ärmeren Bevölkerungsgruppen zumindest eine Grundversorgung mit Wasser zu garantieren. Müßten sie nämlich warten, bis der Wasserbedarf der Mittelschichthaushalte gestillt ist, wären sie längst verdurstet ehe ein privater Wasserhändler bereit wäre, ihnen Wasser zu einem Preis zu verkaufen, der für sie bezahlbar ist.

Dies alles bedeutet jedoch nicht, daß der Staat nicht durchaus Möglichkeiten hätte, seine Bewohner zu einem sparsameren Wasserverbrauch anzuhalten. Bevölkerungsgruppen, die das Privileg haben, an die städtische Wasserversorgung angeschlossen zu sein, müßten mehr als bisher bezahlen. Eine weitere Möglichkeit wäre sicherlich eine ausgeprägte, progressive Gestaltung der Tarifstruktur, die eine billige Grundversorgung der Haushalte mit Wasser gewährleisten und gleichzeitig die Wasservergeudung eindämmen würde. Vergegenwärtigt man sich, daß in Madras private Haushalte durchaus in der Lage sind, mehr als 30 Rupien je 1.000 Liter Wasser an einen privaten Wasserhändler zu bezahlen, dann bestehen für Preissteigerungen der städtischen Wassertarife durchaus noch große Freiräume.

Mit Schaufel, Kanal und Tunnel – Einblicke in traditionelle Bewässerungstechnologien und -landwirtschaft Asiens

Thomas Hoffmann

Der wolkenlose Himmel ermöglicht einen weiten Blick über das Industal und die bis in eine Höhe von rund fünftausend Meter wüstenhaft trockenen, darüber eis- und schneebedeckten Himalayariesen südöstlich von Leh, der Hauptstadt des historischen Königreiches Ladakh. Die frühen Morgenstunden lassen ahnen, daß es wieder ein heißer, trockener Tag werden wird, wie er für den Juni in Ladakh typisch ist. Tashi Rabgyas aus Shey durchbricht den Damm eines kleinen Seitenkanals mit einigen wenigen Spatenstichen und überflutet sein Weizenfeld mit dem grünlich-milchigen Induswasser, das der Schwerkraft folgend das feingliedrige Kanalsystem durchströmt. Sobald alle Teile des etwa einen Viertel Hektar großen Feldes bewässert sind, wird er die Lücke im Kanal wieder schließen. Kurz darauf wird sein Nachbar dem Kanal Wasser für seine Feldbewässerung entnehmen. Wie allen anderen Familien im Dorf steht Tashis Haushalt zur Bewässerung seiner Felder jede Woche eine bestimmte Zeitspanne zu, die der *churpon*, der von der Dorfgemeinschaft gewählte Wassermeister, überwacht und damit die Funktionsfähigkeit des jahrhunderte alten Systems garantiert.

141

_____

Zu Füßen der unwirklich schön anmutenden Kegelkarstberge nahe dem Städtchen Yangshuo im südchinesischen autonomen Gebiet Guangxi liegen die Reisfelder des Bauern Wang, dessen Familie hier seit Generationen ansässig ist. Trotz der reichhaltigen Niederschläge, die in diesem Teil des randtropischen China fallen, muß Herr Wang für die kontinuierliche Bewässerung seiner Reisfelder Sorge tragen. Das dafür erforderliche Wasser wird in einem Netz kleiner Kanäle von dem nahen Li-Fluß abgeleitet. Wie alle anderen Reisbauern der Region muß Wang oder einer seiner Söhne das Wasser nun noch auf die Felder heben, die etwa einen Meter höher als der Kanal liegen. Die Investition einer dieselbetriebenen Pumpe kann sich hier kaum einer der Bauern leisten, so daß sie zum Heben des Wassers in der Regel auf ein sehr einfaches, altbewährtes Hilfsmittel zurückgreifen: auf die Wasserschaufel. Sie ist aus Holz gefertigt, mit einem gut einen Meter langen Stiel versehen und wird mit einer Schnur unter dem Kreuz eines langbeinigen, aus Bambus gefertigten Dreifußes aufgehängt. Diese Konstruktion ermöglicht die ansonten kraftraubende Arbeit des Wasserhebens mit relativ geringem Kraftaufwand.

_____

Inmitten des asiatischen Kontinentes erreicht die Turfan-Depression, die in der westchinesischen autonomen Region Sinkiang liegt, mit 154 Metern unter dem Meeresspiegel die zweittiefste Stelle der Erdoberfläche. Die hier lebende, überwiegend uigurische Bevölkerung betreibt intensive Oasenlandwirtschaft, bei der

Feldbewässerung in Ladakh.

Im Süden Chinas, wie hier nahe Guilin, sowie in Vietnam
ist die Wasserschaufel weit verbreitet.

Lebensgrundlage Wasser

hauptsächlich Melonen, Baumwolle, Weizen und Gemüse angebaut werden. Diese Produkte gedeihen auch auf den Feldern von Jakub Weli. Das für die Landwirtschaft und für das Leben seiner Familie notwendige Wasser entnimmt er einem Kanalsystem. Anders als etwa in Ladakh wird dieses System aber nicht von einem natürlichen Fließgewässer gespeist, sondern sein quellwärtiges Ende liegt unterirdisch, viele Kilometer von der Oase Turfan entfernt. Dort, am Fuße der Ausläufer des Tian Shan, wird das Grundwasser unterirdisch gesammelt und mit Hilfe eines Tunnelsystems zur Oase geleitet, wo es entweder mit Eimern gehoben oder aber in das Kanalsystem zur Feld- und Beetbewässerung weitergeleitet wird.

––––––

Solche Momentaufnahmen von verschiedenen Techniken zur Bewässerung landwirtschaftlicher Nutzflächen ließen sich in ganz Asien beliebig fortsetzen – im pakistanischen oder indischen Punjab, in Thailands trockenem Khorat-Plateau, in den Trockenregionen des nordöstlichen Sri Lanka, den mittelasiatischen Wüstengebieten Usbekistans oder Turkmenistans, im Hunza-Tal im pakistanischen Karakorum, auf der Philippinen-Insel Luzon oder in den Reisterrassen Balis.

In Asien spielt die Bewässerung in der Landwirtschaft eine große Rolle. Hier existieren auch die weltweit größten zusammenhängenden Bewässerungsflächen, nämlich der zwischen Indien und Pakistan geteilte Punjab sowie die weiten Bereiche des reisbestandenen ostchinesischen Tieflandes. Die Ursache für die erforderliche Bewässerung landwirtschaftlicher Nutzflächen liegt dabei grundsätzlich zwischen Klima bzw. Intensität und Verteilung der Niederschläge einerseits und den Arten von Kulturpflanzen andererseits. In manchen Räumen reichen die natürlichen Niederschläge für die Kultivierung von Nahrungs- oder Nutzpflanzen nicht aus, z.B. in den ariden Räumen Zentral- und Südasiens. In anderen Räumen werden bevorzugt solche Kulturpflanzen angebaut, deren Wasserbedarf noch über der natürlichen Niederschlagsmenge dieser Region liegt, z.B. Reis. Schließlich wird Bewässerung landwirtschaftlicher Nutzpflanzen dann erforderlich, wenn die Jahresniederschläge einer Region nicht gleichmäßig verteilt sind, sondern während weniger Monate konzentriert niedergehen und somit ausgeprägte Regenzeiten ebenso ausgeprägten Trockenzeiten gegenüberstehen.

Neben der Bewässerung der Felder gilt es, auch die Trinkwasserversorgung der Menschen zu gewährleisten. Dazu hat die Menschheit seit Entstehung der Wasserbaukulturen in Mesopotamien, Ägypten, Indien und China im Verlauf der letzten sechs bis sieben Jahrtausende eine beeindruckende Fülle verschiedener Techniken entwickelt. Eine Vielzahl traditioneller, zum Teil archaisch anmutender Techniken ist in Asien bis heute in Gebrauch. Bei der Gewinnung von Wasser bzw. der Wasserfassung lassen sich einige Grundformen unterscheiden, die zugleich regionalspezifische Bewässerungskulturen charakterisieren.

Für Ägypten ist die am Nil entwickelte *Beckenbewässerung* charakteristisch. Das schlammhaltige Nilwasser wurde mit Einsetzen der Flut in vorbereitete Becken eingeleitet. Dort bewässerte es den ackerbaulich zu nutzenden Boden nicht nur, sondern entwässerte ihn auch. Zudem wurde der Boden durch den im Becken abgelagerten Nilschlamm auch noch gedüngt.

145

Reisterrassen prägen in weiten Teilen die Agrarlandschaften Südostasiens.

In Mesopotamien entstand das heute weltweit verbreitete System der *Bewässerung durch ein Netz größerer und kleinerer Kanäle*, deren Strömungsregulierung durch eine Vielzahl entsprechend dimensionierter Staudämme garantiert wird. Vermutlich machten sich die Bewohner dieser Region die Beobachtung zunutze, daß mit den jährlich einsetzenden Hochwässern des Euphrat natürliche Seitenarmbildungen des Flusses einhergingen, die einen Teil des Euphratwassers zum Tigris überleiteten. Mit der gezielten Anlage solcher Seitenkanäle wurde eine ganzjährige Bewässerung der Felder und eine zweite Jahresernte möglich.

Im Gegensatz zu diesen beiden Bewässerungstechniken ist die *Terrassenbewässerung* nicht an einem einzigen Ort, sondern in verschiedenen Weltregionen unabhängig voneinander entwickelt worden. Sehr frühe Formen sind aus Syrien und Palästina, spätere aus Indien, China und dem vorkolumbianischen Amerika bekannt. Während die verschiedenen Bewässerungsinstallationen zumeist von Fließgewässern gespeist werden, übernimmt diese Funktion bei der Terrassenbewässerung eine Quelle, ein Brunnen oder das Niederschlagswasser und versorgt die unter enormem Arbeitsaufwand angelegten Terrassenfelder – man denke nur an die gewaltigen, bis zu eintausend Höhenmeter aufragenden Terrassenanlagen um Banaue im Norden der philippinischen Hauptinsel Luzon.

Die vorrangig im Jemen und in der Negev entwickelte *Wadibewässerung* stellt eine weitere Grundform der Wassergewinnung dar. Bei dieser Technik wird ein Wadi, ein mit Ausnahme weniger Niederschlagsereignisse trockenes Flußbett, von einer Staumauer durchzogen, die das Wasser der wenigen Niederschlagsereignisse auffangen und der Feldbewässerung verfügbar machen soll.

Lebensgrundlage Wasser

*Über viele Kilometer hinweg ziehen sich die Maulwurfshügeln ähnlichen
Aushube der unterirdisch verlaufenden Sickerkanäle der Qanate oder Kareze.*

Eine der raffiniertesten und aufwendigsten Techniken zur Gewinnung und Nutzung von Wasser entstand dort, wo weder Flußläufe noch Quellaustritte Wasser an der Erdoberfläche verfügbar machen. In diesen, zumeist höher gelegenen, ariden Regionen konnte das erforderliche Wasser nur aus dem Grundwasser gewonnen werden, das mit Hilfe ausgeklügelter Tunnelsysteme erschlossen wurde. Diese Anlagen werden im Arabischen als *Kanat* oder *Qanat* bezeichnet, im Persischen sind sie als *Karez* und in Nordafrika als *Foggara* bekannt.

Erste schriftliche Hinweise stammen aus dem späten achten Jahrhundert vor unserer Zeit. Diese Anlagen nahmen ihren Ausgang vor mindestens dreitausend Jahren entweder vom nordwestlichen Persien oder von Armenien und verbreiteten sich in Richtung Westen bis in die Maghreb-Region und nach Spanien. Von dort aus gelangten sie im Zuge der kolonialen Eroberung Südamerikas im Verlaufe des 16. Jahrhunderts auch in die neue Welt. In Richtung Osten wurden sie insbesondere in Afghanistan, im heute zu Pakistan gehörenden Belutschistan sowie in der Autonomen Region Xinjiang im äußersten Westen Chinas zur Wassergewinnung erbaut. Aber auch aus dem nördlichen Indien berichtete der griechische Geograph Megasthenes um 300 v. Chr. von der weiten Verbreitung dieser Wassergewinnungstechnik. In beiden erstgenannten Regionen sind die Anlagen bis heute in vielen Fällen intakt und stellen die Wasserversorgung einer Vielzahl kleinerer und größerer Ansiedlungen sicher.

Ein *Kanat* oder *Karez* ist im wesentlichen ein von der Ansiedlung bzw. von der Oase ausgehender Tunnel, der in ganz leichter Steigung in Richtung auf eine grundwasserführende Gesteinsschicht vorangetrieben wird. Zuweilen wird der Tunnel auch als »waagerechter Brunnen« bezeichnet. Ist die Gesteinsschicht erreicht, wird

Blick aus einem Qanat in der
zentralasiatischen Oase Turfan.

Die Qanate führen das Wasser unterirdisch
bis in die Oasen hinein – Szene aus Turfan.

das Tunnelsystem manchmal in mehrere Arme aufgeteilt, um ein möglichst großes Grundwassereinzugsgebiet zu erschließen. Die Länge dieser Tunnelanlagen variiert je nach der Lage der Siedlung zwischen einem und fünfzig Kilometern, die größten bekannten Anlagen erreichen gar achtzig Kilometer Länge. Die Tiefe der unterirdischen Wassergalerien liegt zumeist zwischen zwanzig und fünfzig Meter und erreicht in der iranischen Khorasan-Provinz mit vierhundert Meter die größte bekannte Tiefe. Der Tunnel wird alle zwanzig bis fünfzig Meter zur Oberfläche hin durchbrochen. Auf diese Weise können die Kanate besser gewartet werden, der beim Bau anfallende Aushub muß nicht kilometerweit transportiert werden, und die Arbeiter können bei allen anfallenden Arbeiten zumindest minimal mit Licht und auch ausreichend mit Frischluft versorgt werden. Diese bauliche Maßnahme läßt den Verlauf der Kanate aus der Luft gesehen als pockennarbige Linie auf den vegetationsfreien Gebirgsfußflächen erscheinen. Der große Vorteil der Kanate liegt insbesondere in den geringen Verdunstungsverlusten beim kilometerweiten Transport des Wassers bis hin zur Oase, wo es mit angenehm kühler Temperatur austritt. Dort wird es entweder direkt in die Felder zur Bewässerung geleitet oder als Trinkwasser geschöpft.

Die Installation der Kanate ist außerordentlich arbeits- und zeitintensiv: der Bau eines zwanzig Kilometer langen Kanats dauert unter Anwendung der traditionellen Arbeitstechniken ohne Maschineneinsatz etwa dreißig Jahre. Installation und Unterhaltung der Kanate sind daher finanziell sehr aufwendig. Dies führte in den vergangenen Jahrzehnten auch in Asien zu einem zunehmenden Verfall der bestehenden Kanate. Neue Anlagen wurden nur noch sehr vereinzelt, zumeist im Iran, errichtet.

Die Klimaverhältnisse, insbesondere aber die Niederschlagsverhältnisse im Süden Indiens und auf Ceylon weisen einen jahreszeitlichen Wechsel von ein bis zwei Monsunzeiten und entsprechend ein oder zwei intermonsunalen Trockenperioden auf. Für die Landwirtschaft bedeutet dies eine entsprechend unregelmäßige Wasserversorgung. Diese problematischen naturräumlichen Gegebenheiten mußten die Bewohner in Kerala, Karnataka, Tamil Nadu und die Reis anbauenden Bewohner der Insel Ceylon von je her bewältigen. Die Lösung konnte nur darin bestehen, während der niederschlagsreichen Monsunwochen und -monate des Jahres so viel Regenwasser aufzufangen und zu speichern, daß während der anschließenden Trockenperioden die Wasserversorgung der Felder garantiert war. Zu diesem Zweck wurden bereits vor über zweitausend Jahren im Königreich Annuradapura auf Ceylon wie auch im Süden Indiens kleindimensionierte, meist nur ein bis zwei Hektar große Stauwasserteiche, die sogenannten *Tanks*, angelegt.

148 Ihr Wasserreservoir reichte für die kontinuierliche Bewässerung von zehn bis zwanzig Hektar Ackerland und damit für die Versorgung von etwa dreißig Familien aus. Dieses System der Wasserspeicherung fand weite Verbreitung, so daß zeitweise bis zu 30.000 solcher Tanks auf Ceylon existierten. Die Tanks garantierten eine Landwirtschaft, die die Existenz und den Reisexport sicherte.

Der sukzessive Verfall dieses über Jahrhunderte funktionierenden Systems setzte mit dem Einfall der Inder im 15. Jahrhundert und der nachfolgenden Epoche europäischer Kolonialherrschaft ein, während der sich Portugiesen, Holländer und schließlich Engländer in etwa 150jährigem Rhythmus auf Ceylon abwechselten. Heute sind noch, oder besser: wieder, rund 7.000 Tanks in Betrieb. Dank der Initiative von Percyval Upagiva Ratnatunga existiert nämlich nicht nur ein Verzeichnis von 18.000 ehemaligen Tanks, sondern auch das Wissen und die damit verbundene Beratung zur Wiedererrichtung des traditionellen Bewässerungssystems, das kleindimensionierte, überschaubare Anlagen bevorzugt. Aber die srilankische Regierung machte mit dem Bau des Mahaweli-Staudamms deutlich, daß sie in der konsequenten Reaktivierung der Tank-Bewässerungstradition keine zeitgemäße und effektive Lösung der Bewässerungsproblematik sieht. Diese Entwicklung ist auch in Südindien zu beobachten, insbesondere beim Niedergang der dominanten Tankbewässerung im North Arcot Distrikt im Bundesstaat Tamil Nadu zugunsten von Pump- und Kanalbewässerung im Verlauf dieses Jahrhunderts.

Die Bereitstellung von Bewässerungswasser allein reicht jedoch nicht aus, um es auch landwirtschaftlich nutzen zu können. Zwar hat man stets versucht, natürliches Gefälle so auszunutzen, daß das Wasser alleine zum Bestimmungsort fließt, doch in vielen Fällen, insbesondere in Ebenen, ist es erforderlich, das Wasser auf das Niveau zu heben, auf dem es als Trink- oder Bewässerungswasser benötigt wird. Die Grundformen der Wassergewinnungstechniken sind demzufolge durch vertikal wirksame Hebe- und Fördertechniken zu ergänzen.

Eines der einfachsten Geräte zur Hebung von Wasser ist die *Wasserschaufel*, eine Art großdimensionierter Schöpfkelle, die, wie eingangs bereits angesprochen, in China noch immer in Gebrauch ist, aber auch in Vietnam weite Verbreitung fand, wo zur Bewässerung größerer Feldeinheiten häufig mehrere Wasserschaufeln nebeneinander installiert wurden. Um Kraft zu sparen, werden sie häufig unter einem Dreifuß aufgehängt und schwingend bewegt. Trotz dieser Erleichterung ist

*Das mit Hilfe eines Kamels geförderte Brunnenwasser fließt
in einer Vielzahl kleiner Rinnsale zur Bewässerung auf die Felder Rajasthans.*

der Einsatz von Wasserschaufeln nicht nur immer noch äußerst kraftraubend, sondern auch wenig effektiv und daher nur für kleine Bewässerungsflächen geeignet. Erste halbmechanische Installationen tauchten um 2.500 v. Chr. in Mesopotamien auf. Von dort aus verbreiteten sie sich unter der arabischen Bezeichnung *Shadouf* in den Nahen Osten und nach Indien, wo sie insbesondere in Rajasthan nach wie vor stark verbreitet sind. Sie gelangten außerdem nach China, wo sie unter der Bezeichnung *chieh kao* seit dem vierten vorchristlichen Jahrhundert literarisch und seit dem zweiten nachchristlichen Jahrhundert zeichnerisch dokumentiert sind. Ein *Shadouf* ist eine Art Ziehbrunnen, bei dem ein Ende der langen, waagerecht gelagerten Hebelstange mit einem Eimer und das andere Ende mit einem Gegengewicht versehen ist. Aufgrund dieser Konstruktion läßt sich unter vertretbarem Kraftaufwand Wasser aus einem Brunnenschacht oder einem Kanal um zwei, maximal drei Meter heben. Da an tief eingeschnittenen Flußläufen häufig jedoch weit größere Höhenunterschiede zu überwinden sind, schaltete man gegebenenfalls mehrere Shadoufs in einer Kette hintereinander oder übereinander wie eine Stufenabfolge. Die einfache Konstruktion und Handhabung des Shadouf trugen wesentlich zu seiner weiten Verbreitung bei.

Ein anderes, ebenfalls einfaches technisches Gerät zur Hebung von Bewässerungswasser über geringe Höhenunterschiede ist das in Java traditionell genutzte *Wassertretrad*. Diese Technologie war seit dem 14. Jahrhundert bereits in China bekannt und kam dort vornehmlich in den Salinen im Osten des Landes zum Einsatz. Eine bis drei Personen betreiben diese Vorrichtung, die am Ufer des wasserführenden Flusses oder Kanals installiert ist. Sie stehen dazu auf einem vertikal montierten, hölzernen Rad und setzen es durch Schrittbewegungen ähnlich wie in einem Laufrad in Gang. Mit Hilfe der gewonnenen Bewegungsenergie kann das für die Bewässerung der Reisfelder erforderliche Wasser mittels kleiner, in einer Rinne laufender, quadratischer Bretter ein bis zwei Meter gehoben werden. Diese mecha-

150   *Die aus Kamel-*
leder gefertigten
Wassersäcke
finden bei den
Ziehbrunnen
Rajasthans
weite
Verbreitung.

nische Einrichtung kann sowohl mit Hilfe von zwei Hebeln per Hand, als auch mit den Füßen betrieben werden. Unter der Bezeichnung *tha che* gilt sie als typischste chinesische Wasserhebemaschine. Weiterentwicklungen und Abwandlungen dieser Technik nutzten tierische Muskel- oder Wasserkraft anstelle der menschlichen Arbeitskraft, um die Maschine in Gang zu setzen.

Wasserschaufel und Shadouf sind sicher die asienweit am meisten verbreiteten Techniken zur Wasserhebung, die mit menschlicher Muskelkraft betrieben werden. Wann genau der Mensch sich erstmals die tierische Arbeitskraft zunutze machte, um Wasser zu heben, ist nicht bekannt. Zugtiere, hauptsächlich Rinder und Kamele, werden im wesentlichen bei zwei Techniken eingesetzt, die wiederum im Nahen Osten ihren Ursprung haben und sich von dort nach Osten und auch nach Westen ausbreiteten und durchsetzten. In den ariden Regionen Asiens sind sie nach wie vor in Gebrauch.

Bei der ersten Technik wird das Wasser eines Brunnens, der bis in zweihundert Meter Tiefe reicht, mit Hilfe eines Zugtieres in einem ledernen Sack über eine Seilwinde gehoben. Gemäß ihrer Herkunft werden diese Anlagen gelegentlich als *Arabische Brunnen*, lokalspezifisch als *Nasha* im Irak oder *Mote* in Indien bezeichnet. Außerhalb ihres Entstehungsgebiets sind sie heute insbesondere im indischen Rajasthan und Gujarat verbreitet, während eine Verbreitung dieser Technik sich in China nicht durchsetzte.

Die zweite Technik, das *Persische Rad*, zählt zu den am weitesten verbreiteten Wasserfördertechniken. Auch diese Förderanlage wird von Arbeitstieren betrieben. Die Entstehung bzw. Herkunft dieser Anlage, die der *Sakia* eng verwandt ist, ist

Das »Persische Rad« wird
von Kamelen oder Rindern,
wie hier in Rajasthan, angetrieben.

Gefäße fördern Wasser zutage
und entleeren es in Zuleitungskanäle zu den Feldern.

bereits dem Namen zu entnehmen: Das *Persische Rad* setzt die Bewegung eines Arbeitstieres, das unter einem Göpel im Kreis läuft, mittels Zahnrädern in die vertikal laufende Drehbewegung einer Endloskette um. Diese Kette ist mit tönernen oder metallenen Kleinbehältern bestückt, die am Grunde des Brunnenschachtes Wasser aufnehmen und es beim Umkehren der Drehbewegung am oberen Scheitelpunkt der Kette in ein Sammelbecken entleeren. Von dort aus wird das Wasser seiner weiteren Verwendung zugeführt.

Wasserräder sind die ältesten bekannten Wasserkraftmaschinen. Ohne tierische oder menschliche Anstrengung, sondern mit Wasserkraft, fördern die unterschiedlich großen, in Fließgewässern installierten Wasserräder seit etwa 1700 v. Chr. im Nahen Osten Wasser aus Flüssen und befördern es zugleich auf eine Ebene, die viele Meter höher liegt. Die Wasserräder werden *Noria* genannt. An ihrem Außenrand sind metallene, tönerne oder aus Bambus gefertigte Gefäße angebracht. Am Scheitelpunkt der bis zu zwanzig Meter hohen Wasserräder werden diese wasserführenden Gefäße in ein Zuleitungssystem entleert, das die Bewässerungskanäle und -furchen in den flußnahen Feldern speist. Aber nicht nur für die Feldbewässerung, sondern auch für die Wasserversorgung von Städten wurden Norias eingesetzt, etwa in Shantan in der Provinz Gansu. Der Ursprung dieser Technologie liegt wahrscheinlich in Mesopotamien, andere Indizien sprechen für Indien. Sie ist bis heute eindrucksvoll in Betrieb, etwa in Mesopotamien, im syrischen Hama, aber auch vielfach am Oberlauf des Huang He im chinesischen Lößbergland um die Millionenstadt Lanzhou.

Unter den chinesischen Techniken zur Wasserhebung ist über die historische Entwicklung und Verbreitung der Noria am wenigsten bekannt. Sie ist vermutlich im zweiten nachchristlichen Jahrhundert aus der hellenistisch-arabischen Welt nach China gekommen. Eine erste poetische Erwähnung der Wasserräder ist aus dem frühen 12. Jahrhundert überliefert, doch die früheste bekannte Illustration der chinesischen Wasserräder unter der Bezeichnung *thung chhê* stammt erst aus dem beginnenden 14. Jahrhundert. Anwendung fand der Bau von Wasserrädern in Sichuan, vor allem aber in der Provinz Gansu am Gelben Fluß, dem

Huang He, wo die stattlichsten, bis heute überdauernden Exemplare annähernd zwanzig Meter hoch sind. Typisch für den chinesischen wie auch den indo-chinesischen Kulturraum ist, daß zumeist mehrere, im Extremfall bis zu zehn Norias nebeneinander in einer Reihe gebaut wurden. Diese Anlagen zählen zusammen mit den Kanaten sicherlich zu den technisch spektakulärsten Einrichtungen in Asien zur Gewinnung bzw. zur Hebung von Wasser, da sie ohne jegliche Anwendung menschlicher Arbeitskraft gewaltige Mengen Trink- oder Bewässerungswasser verfügbar machen.

Die, in historischer Dimension gemessen, jüngeren Entwicklungen in der Anlage von Bewässerungssystemen, die durch natürliche Fließgewässer gespeist werden, konzentrieren sich zumeist auf den Bau einer Kombination von *Kanalsystemen und Staudammbauten.* Das asienweit wohl eindrucksvollste Beispiel ist der Punjab, das Gebiet der fünf großen östlichen Induszuflüsse Jehlum, Chenab, Ravi, Beas und Sutlej. Diese Region des Indischen Subkontinentes blickt auf eine bereits zweitausendjährige Bewässerungsgeschichte unter Verwendung von Staudämmen, Kanälen und Speicherseen zurück. Im Verlauf des 19. Jahrhunderts planten die britischen Kolonialherren den großflächigen Ausbau des Bewässerungswesens in diesem Raum. Worauf sie für ihre Pläne zurückgreifen konnten, waren einige Kanäle, die während der Mogulherrschaft aufgegeben worden waren. Doch was die Briten errichten wollten, stand der bisherigen Praxis genau entgegengesetzt gegenüber: Überschwemmungsgräben hatten bisher den Bewässerungslandbau nur in den Flußauen der Provinz Sind und den Zwischenstrombereichen des Punjab, den sogenannten *doabs,* möglich gemacht. Doch nach den Plänen der Briten sollten auch die höher gelegenen Areale und damit eine insgesamt weit größere Fläche unter Bewässerungskultur genommen werden. Dazu bedurfte es entsprechend großdimensionierter, aufeinander abgestimmter Staudamm- und Kanalbauten, deren Grundstruktur während der britischen Herrschaft über den Subkontinent insbesondere in der Zeit zwischen 1912 und dem Ende der zwanziger Jahre gelegt wurde. Ihren weiteren Ausbau betrieben die beiden Nachfolgestaaten des britischen Empire auf dem Subkontinent, Indien und Pakistan, nach ihrer Unabhängigkeit 1947. Bis zur Jahrhundertwende errichteten die Briten im Punjab die Versorgungskanäle Central Bari Doab, Sidhnaj, Lower Chenab sowie Lower Jehlum. Sie vergrößerten die Bewässerungsanbaufläche dadurch bereits auf knapp drei Millionen Hektar. Bis zum Ende der Fremdherrschaft auf dem Subkontinent wurde die bewässerte Anbaufläche im Punjab durch weitere bauliche Maßnahmen auf insgesamt über achteinhalb Millionen Hektar ausgebaut, von denen fünf Millionen Hektar ganzjährig bewässert werden konnten. Damals wie auch heute noch dienten sie in erster Linie dem Anbau von Weizen, Baumwolle und Zuckerrohr.

Die seit der Unabhängigkeit 1947 unveränderte politische Feindseligkeit zwischen Indien und Pakistan erlangt gerade in der Wasserfrage eine besonders weitreichende, ja existentielle Bedeutung, auf die an anderer Stelle ausführlicher eingegangen wird. Die neue politische Situation nach 1947 hatte das weitläufige Bewässerungssystem des Punjab durchschnitten. Sowohl Pakistan als auch Indien reagierten auf diese neue Situation, indem sie nicht nur im Bereich der Verkehrsinfrastruktur, sondern vor allem auch im Bereich der Wasserbauten ein Konzept

152

umsetzten, das jeden der beiden Staaten bei der Wasserversorgung vom anderen weitgehend unabhängig werden ließ. In diesem Bemühen aber hatte Pakistan als Anrainerstaat am Unterlauf des Indus und seiner großen Zuflüsse deutlich schlechtere Voraussetzungen.

Eine bis heute weitgehend tragfähige vertragliche Basis konnte 1960 jedoch durch den Abschluß des Indus-Wasservertrages erreicht werden. Er spricht das Wasser des Indus und seiner Zuflüsse Jehlum und Chenab ausschließlich Pakistan zu, während der Indischen Union die Nutzung von Ravi, Beas und Sutlej zukommt. Diese politische Einigung aber schuf zugleich die Erfordernis, neue Zu- und Überleitungskanäle, neue Staudämme und Entwässerungssysteme zu errichten, um den zweigeteilten Punjab auf beiden Seiten in seiner Funktion als Gebiet zur Bewässerungslandwirtschaft zu erhalten. In diesem Zusammenhang sind die nach 1947 durchgeführten wasserbaulichen Maßnahmen zu sehen, die auf pakistanischer Seite beispielsweise zur Errichtung der Versorgungskanäle Muzaffagarh und D.G. Khan sowie der Staudämme Rawal und Mangla führten. Ein sichtbares Zeichen dieser Politik stellt auf indischer Seite die als Rajasthan-Hauptkanal oder Indira-Gandhi-Kanal bezeichnete Wasserfernleitung dar. Sie wird vom Wasser des Sutlej gespeist und führt bis weit in die Wüstenregion Rajasthans.

Am Bewässerungssystem Punjab zeigt sich aber auch die Problematik bzw. die Gefahr des Bewässerungslandbaus generell: ohne sorgfältige und regelmäßige Entwässerung droht jeder bewässerten Anbaufläche die Versalzung und damit der Verlust dieses Areals als landwirtschaftliche Nutzfläche. In Wasser sind grundsätzlich Salze enthalten, die mitgeführt werden. Insbesondere in ariden Gebieten, verlangsamt aber auch in humiden Räumen, kommt es durch die hohen Verdunstungsraten zum kapillaren Aufstieg des salzhaltigen Bewässerungswassers aus dem Untergrund an die Bodenoberfläche. Dort verdunstet das Wasser durch die hohen Temperaturen sehr rasch und läßt die vormals gelösten Mineralstoffe als weiße Kruste auf dem Boden zurück – die Anbaufläche versalzt. Dieser Prozeß kann einzig durch eine ausreichende Entwässerung verhindert werden, deren primäre Aufgabe die Auswaschung und Fortführung der Salze aus dem Boden ist. Da diese Maßnahme in der Vergangenheit im Punjab nicht ausreichend ergriffen worden war, gingen über Jahrzehnte hinweg Millionen Hektar Anbaufläche verloren. Auch wenn festgestellt werden konnte, daß die Bodenverluste infolge von Versalzungserscheinungen nicht die Tragweite erreicht hatten, die bis Mitte der achtziger Jahre angenommen worden war, so beträgt der Verlust doch rund ein Fünftel der Anbaufläche des pakistanischen Punjab. Dieses Problem ist auch auf der indischen Seite des Punjab gegenwärtig, wenngleich es sich hier nicht in gleicher Weise dramatisch darstellt.

Mit der Einführung *dieselbetriebener Pumpen* im Zuge der »Grünen Revolution« in der Bewässerungslandwirtschaft Asiens rückt neben der ökologischen Problematik auch der soziale Faktor als eine weitere Konfliktdimension in den Vordergrund. Einerseits wird durch die unterschiedliche Kaufkraft ländlicher Schichten der Zugang zu Bewässerungswasser durch die Verfügbarkeit moderner Motorpumpen möglich. Andererseits geht mit dem massenhaften Einsatz dieser Technologie das flächenhafte Absinken des Grundwasserspiegels einher, weil zu große Wassermengen gefördert werden. Diese beiden Konsequenzen fördern die Degradation landwirtschaftlicher Nutzflächen und führen zur weiteren Verschärfung bestehender sozialer Disparitäten. Am Beispiel dieser Motorpumpen, dem letzten Glied in der Kette asiatischer Bewässerungstechnologien und -traditionen, wird nochmals deutlich, wie eng technische Errungenschaften und Adaptationen mit sozialen und ökologischen Veränderungen einhergehen.

Hydraulische Widder:
Wasserkraft als angepaßte Technologie

Jürgen Maier

Die Nutzung der Wasserkraft muß nicht immer nur in Form gigantischer Staudämme geschehen. Viel sinnvoller ist meist ihre dezentrale Nutzung, unter anderem auch zur Bewässerung. Ein Beispiel dafür ist der sogenannte *Hydraulische Widder*, der bereits 1795 von den Gebrüdern Montgolfier in Paris erfunden wurde. Es handelt sich dabei um eine mechanische Wasserhebemaschine, die sich die physikalische Tatsache zunutze macht, daß in einem Wasserrohr ein heftiger Druckstoß auftritt, wenn man das Ausströmen des Wassers abrupt unterbricht. Mit diesem Druckstoß kann Wasser bis zur 20fachen Höhe des Treibgefälles – darunter versteht man die Höhendifferenz zwischen Wasserquelle und *Hydraulischem Widder* – hochgepumpt werden und damit weit über einem Fluß gelegene Flächen bewässern.

Ein Beispiel für Süd-Süd-Technologietransfer unter Beteiligung deutscher Entwicklungszusammenarbeit ist ein Kooperationsprojekt zwischen der »Zhejiang Provincial Science and Technology Commission« in Hangzhou (China) und INTECO, einem Handwerksbetrieb in Delhi (Indien), der *Hydraulische Widder* herstellt. Dieses Projekt wird vom Bremer Landesamt für Entwicklungszusammenarbeit gefördert.

INTECO bekam durch deutsche Entwicklungszusammenarbeit die Gelegenheit, *Hydraulische Widder* in Mali (Westafrika) näher kennenzulernen. Die von INTECO hergestellten Widder sind inzwischen erfolgreich im Einsatz: in Ladakh, in Westbengalen und seit Herbst 1992 auch in der chinesischen Provinz Zhejiang. Mit 30 *Widdern* konnten dort ungefähr 60 Hektar landwirtschaftlich genutzte Fläche im Gebirgsland bewässert werden, und 14.000 Menschen erhielten einen individuellen Brauchwasseranschluß. Ein kleiner Betrieb in China produziert nun mit indischem Know-how *Hydraulische Widder*.

Wasser – ein Schlüsselfaktor der »Grünen Revolution«

Silke Dauster und Christoph Brenk

Mit dem Begriff »Grüne Revolution« wird die Einführung moderner landwirtschaftlicher Produktionsverfahren in die Agrarproduktion bezeichnet. Entwickelt wurden die Techniken überwiegend in den USA, zum Teil schon in den ersten Jahrzehnten dieses Jahrhunderts. Eine zentrale Rolle nimmt die Züchtung moderner Hochertragssorten ein, vor allem für die wichtigen Brotgetreide und hier wiederum zunächst für Weizen. Die Hochertragssorten waren aufgrund ihres höheren genetischen Potentials ertragreicher als die traditionell angebauten Sorten. Das Augenmerk der Züchtung war zunächst auf die Ertragsfähigkeit gerichtet. Das Ertragspotential der Hochertragssorten konnte nur unter optimalen Wachstumsbedingungen wirklich ausgenutzt werden. Das bedeutete die Notwendigkeit eines ganzen Bündels zusätzlicher Maßnahmen wie den Einsatz synthetischer Dünge- und Pflanzenschutzmittel und moderner Landtechnik. In diesem Zusammenhang nimmt die Ausdehnung und Intensivierung von Bewässerungsmaßnahmen eine Schlüsselstellung ein.

Die wachsenden Welternährungsprobleme in den 50er und 60er Jahren veranlaßten Agrarwissenschaftler und Politiker zu enormen Anstrengungen, um die in den Industrienationen erzielten Produktivitätssteigerungen auch auf die sich entwickelnden Länder Asiens, Afrikas und Lateinamerikas zu übertragen. Grundgedanke dieser Entwicklung war, daß das Hungerproblem der Welt nur zu lösen sei, indem die Nahrungsmittelproduktion gezielt dort gefördert würde, wo der Mangel am drängendsten war und ist: in den ländlichen Regionen der Entwicklungs- und Schwellenländer.

Dies geschah zunächst auch mit scheinbar überwältigendem Erfolg. Eine besondere Anerkennung wurde in diesem Zusammenhang dem Amerikaner Norman E. Borlaug zuteil, dem 1970 für seine Bemühungen um das Vorantreiben der »Grünen Revolution« der Friedensnobelpreis verliehen wurde. Die Resultate der Anstrengungen sind in der Tat beeindruckend: Seit 1950 wurde die Weltnahrungsmittelproduktion im Mittel jährlich um 2,7 Prozent gesteigert, so daß die Ernte von 1990 rein rechnerisch ausgereicht hätte, um 6,2 Milliarden Menschen mit der ausreichenden Nahrungsmittelration von 2.350 Kalorien pro Tag zu versorgen.

In Asien, wo die »Grüne Revolution« besonders erfolgreich war, stieg zwischen 1961/63 und 1987/89 die Kalorienversorgung pro Kopf und Tag von 1.700/2.000 auf 2.200/2.400 an. Damit ist es dieser bis dahin unterversorgten Weltregion trotz des starken Bevölkerungszuwachses gelungen, sich zu vornehmlicher Selbstversorgung hin zu entwickeln. Innerhalb weniger Jahre wurden Pakistan und Indien unabhängig von Getreideimporten. Die Philippinen und Sri Lanka meldeten Rekordernten. In China sind die Erträge seit Beginn der 70er Jahre deutlich gestiegen und nähern sich beinahe schon dem Niveau der USA an.

Eine Steigerung der Nahrungsmittelproduktion kann prinzipiell durch zwei Strategien erreicht werden: durch Ausdehnung der Kulturfläche oder durch Steigerung der Flächenerträge. In Asien, wo in der Regel bereits sämtliche, auch nur annähernd kulturfähige Flächen landwirtschaftlich genutzt werden, bleibt daher nur die Möglichkeit, den Flächenertrag zu steigern. Die Anbaugebiete müßten ansonsten immer weiter in nicht-ackerfähige Standorte wie Waldgebiete mit armen Böden, erosionsgefährdete Hänge und in Klimaregionen mit unsicherer Nahrungsproduktion ausgedehnt werden – dies ist weder ökonomisch sinnvoll noch ökologisch wünschenswert.

In vielen Regionen Asiens begrenzt das Wasserangebot in der Vegetationsperiode entscheidend den Ertrag. Daher wurden im Zuge der »Grünen Revolution« häufig Maßnahmen zur Intensivierung und Ausdehnung der Bewässerung ergriffen. In solchen Regionen wird die Verfügbarkeit von Wasser zu einem ganz entscheidenden Faktor für die Umsetzung der »Grünen Revolution«.

Hinzu kommt, daß die Weltbevölkerung zumindest bis in die Mitte des nächsten Jahrhunderts hinein weiter wachsen wird. Im Jahr 2025 werden circa 10 Milliarden Menschen die Erde bevölkern. Das bedeutet, daß die Nahrungsmittelproduktion um weitere 57 Prozent erhöht werden muß, allein um das jetzige Ernährungsniveau halten zu können.

Trotz aller bisherigen Erfolge und der zukünftigen Herausforderungen steht die »Grüne Revolution« seit ihrer Einführung in der Kritik. Die Kritikebenen sind vielfältig: genannt werden rein agrarwissenschaftliche, aber auch ökologische und soziale Mißstände, die durch die »Grüne Revolution« verschärft oder erzeugt wurden. Dieser Beitrag befaßt sich im folgenden daher mit den ökologischen und sozialen Auswirkungen der »Grünen Revolution«, um schließlich alternative Wege zur notwendigen Erhöhung der Nahrungsmittelproduktion in Asien anzusprechen. Die Maßnahmen der »Grünen Revolution« können nicht einzeln betrachtet werden, da sie als Komplex von Maßnahmen zu verstehen sind, die sich zum Teil gegenseitig bedingen, abschwächen oder verstärken.

Einer der wesentlichen Kritikpunkte an der »Grünen Revolution« ist, daß neue Anbausysteme und Fruchtarten eingeführt wurden, anstatt die traditionellen Formen der Agrarproduktion weiterzuentwickeln. Im Regenfeldbau wurden traditionell langsam wachsende Fruchtvarianten wie Hirse und Linsen unter Wasserstreß und Nährstoffmangel selektiert. Bei gesicherter Wasserversorgung durch Bewässerung können dagegen Sorten angebaut werden, die schnell reifen und ertragreich sind, die aber neben der Bewässerung auch noch auf die Zugabe von Düngemitteln angewiesen sind (z.B. Weizen, Reis). Gerade diese neu eingeführten Anbausysteme und Fruchtarten tragen daher in besonderem Maße zu der Verknappung und Verschmutzung der Wasservorräte bei.

Die Züchtung von ertragreichen Sorten beschränkte sich zunächst vor allem auf Weizen und Naßreis, also auf Früchte, die hohe Bewässerungsgaben verlangen und daher ursprünglich als Getreide der Flußdeltas und Überschwemmungsgebiete angebaut wurden. Durch die Produktionserfolge dieser neuen Anbausysteme und Sorten wurde der Bewässerungsfeldbau auch in die traditionellen Regenfeldbaugebiete ausgedehnt. Hier blieb der Ertragszuwachs allerdings hinter den Erwartungen zurück, obwohl auch hier der Einsatz der neuen »Wundersorten« deutlich

IR25587-133-3-2-2-2
BROADCAST
70+30 Kg N/ha

Versuchsfeld des   157
Internationalen
Reisforschungs-
instituts IRRI,
Los Baños,
Philippinen.

anstieg. Verdrängt wurden die traditionell angebauten Kulturen, die geringere Erträge bei höherer Erntestabilität aufweisen. Grund für den geringeren Ertragszuwachs ist die mangelhafte Anpassung der neuen Weizen- und Reissorten an lokale Boden- und Wasserverhältnisse. Die Vorteile der Hochertragssorten im Vergleich zu den traditionellen Sorten sind nur unter optimalen Produktionsbedingungen auszuschöpfen, das heißt mit erhöhtem Düngemittelaufwand, Pflanzenschutzmitteleinsatz und Bewässerung. Das gesamte, in sich instabile Produktionssystem funktioniert nur mit erheblichen Eingriffen und unterliegt einem stärkeren Krankheitsdruck.

Hier besteht deutlicher Forschungsbedarf bei der Züchtung ertragreicher Sorten für suboptimale Standorte. Gefordert sind dort Toleranz gegen Vernässung und Dürre, hohe Kampfkraft gegen Unkraut z.b. durch allelopathische Effekte und Schnellwüchsigkeit, höhere Wassereffizienz und bessere Photosyntheseleistung. Notwendig sind zusätzlich Produktionssteigerungen und verbesserte Produktionssysteme für wichtige Kulturpflanzen des Regenfeldbaus wie Sorghum, Hirse, Erbsen, Linsen, Cassava und Erdnuß. Diese Früchte werden traditionell in Mischkultur auf benachteiligten Böden eingesetzt und weisen eine größere Erntestabilität auf. Dies wirkt einerseits dem fortschreitenden Artenverlust und der Verringerung des genetischen Potentials entgegen, andererseits kommen die zu erwartenden Ertrags- und Kostenvorteile dann auch den ärmsten Bevölkerungsschichten zugute, die sich relativ teure Nahrungsmittel wie Weizen und Reis ohnehin nicht leisten können.

In einigen Gebieten führte der Anbau in Monokulturen, der zum Teil mit der Rodung von Waldflächen gekoppelt war, innerhalb weniger Jahre und Jahrzehnte zu dramatischen ökologischen Konsequenzen. Durch die geringere Bodenbedeckung erhöht sich die Erosionsgefahr und kann zur Degradation sowohl des ehemals fruchtbaren Ackerlandes als auch der Wasservorräte führen. Demgegenüber kann nur wenig fruchtbares Ackerland dauerhaft neu erschlossen werden, häufig nur auf ungünstigeren Standorten mit zunehmenden Investitionen.

Für den erfolgreichen Einsatz der neuen Hochertragssorten spielt die Ausdehnung des Bewässerungsfeldbaus eine entscheidende Rolle. Die Intensivierung der Bewässerung ist besonders unter den Aspekten Wasserqualität und Wasserhaushalt kritisch zu beurteilen. In Asien, wo Wasser lange Zeit als Ressource betrachtet wurde, die im Überfluß vorhanden ist, sank der Pro-Kopf-Wasservorrat zwischen 1955 und 1990 um 40 bis 60 Prozent. Mit einem Anteil von 80 Prozent des Gesamtverbrauchs ist die Agrarwirtschaft in Asien der bei weitem größte Wasserverbraucher. Ein wichtiger Grund für den immens angestiegenen und weiter ansteigenden Wasserverbrauch ist die Ausdehnung des Bewässerungsfeldbaus. Für das Jahr 2025 werden für weite Bereiche Asiens ernsthafte Wasserversorgungsprobleme vorhergesagt.

Ziel der Bewässerung ist es, optimale Bedingungen für die Kulturpflanze zu schaffen und damit einen hohen Nahrungsmittelertrag zu gewährleisten. Dies geschieht durch Verbesserung der Wasserversorgung, der Nährstofferschließung, des Bestandsklimas und des Pflanzenschutzes. Bei der Bewässerung verdunstet das Wasser zum größten Teil und geht damit dem Abfluß und der Grundwasserneubildung verloren. Bei Entnahme aus einem Fluß verringert sich dessen Wasserführung. Dies führt zu Ablagerungen, welche die Hochwassergefahren verstärken. Bei Entnahme aus dem Grundwasser kommt es vor allem in ariden Gebieten zur Absenkung des Grundwasserspiegels, da hier die Entnahmemenge häufig über der Grundwasserneubildungsrate liegt.

Ein großer Teil der Nähr- und Schadstoffe, die im Ackerbau eingesetzt werden, gelangt mit dem Abwasser in Flüsse und Seen. So steigt mit verstärktem Einsatz chemischer Unkrautbekämpfungsmittel im Bereich der Bewässerungsanlagen auch der Herbizidgehalt im Trink- und Bewässerungswasser. Neben der Verschmutzung des Wassers spielt vor allem in trocken-heißen Klimaten auch die Gefahr der Versalzung des Bodens eine Rolle, da hier häufig stärker salzhaltiges Wasser aus Entwässerungskanälen und versalztes Oberflächen- und Grundwasser zur Bewässerung verwendet wird. Dadurch erhöht sich das Risiko, kulturfähige Böden durch Versalzung zu verlieren. Dauerhaft funktionierende Bewässerungsanlagen benötigen den Abfluß überschüssiger Salze durch Entwässerung.

Neben der Gefahr zunehmender Verschmutzung und Versalzung des Wassers können in dem feucht-warmen Mikroklima des Pflanzenbestandes Massenentwicklungen von Schädlingen und Krankheitsüberträgern auftreten, die neben Pflanzenkrankheiten und Ernteverlusten auch Krankheiten beim Menschen hervorrufen können.

Um eine möglichst hohe Wassereffizienz zu erreichen, durch die bei reduziertem Wasserverbrauch mehr Fläche mit dem gleichen Wasserdargebot versorgt werden kann, müssen verbesserte Bewässerungssysteme und ein verbessertes Bewässerungsmanagement entwickelt werden. Mehr als die Hälfte des gesamten Wasser-verbrauchs im Bewässerungsfeldbau wird für die Landvorbereitung benötigt, wobei ein Großteil dieser Wassermenge durch Versickerung verloren geht. Durch-greifende Änderungen im Management könnten große Produktionsreserven durch bessere Wasserverteilung, Entwässerung, Instandhaltung und Schulung mobili-sieren. Da beispielsweise bei Gravitationsbewässerungssystemen häufig nicht alle Flächen innerhalb des Systems bewässert werden können, spielt der Zugang zu Wasser eine außerordentlich wichtige Rolle. Der allgemeinen Praxis nach wird für die am Hauptkanal liegenden Flächen die maximal mögliche Wassermenge entnommen. Bei Wasserknappheit leiden in der Regel als erstes die Flächen unter Wasserstreß, die von der Bewässerungsquelle am weitesten entfernt liegen. Diese ungleiche Verteilung innerhalb des Systems führt häufig für einen Teil der Flächen zu Wasserknappheit, obwohl die insgesamt verfügbare Wassermenge für alle Flächen ausreichen würde. Eine angemessene Kontrolle und strikte Zutei-lungspläne könnten einer solchen Übernutzung des Wassers entgegenwirken und insgesamt zu höheren Erträgen führen. Bei Wasserknappheit müßten bevor-zugt die Flächen bewässert werden, deren Pflanzenbestände sich in einem beson-ders wasserstreßempfindlichen Entwicklungsstadium, der reproduktiven Phase, befinden.

Üblicherweise wird in Asien der Boden in relativ feuchtem Zustand zur Aussaat vorbereitet, da der durchfeuchtete Boden leichter zu bearbeiten ist. Dadurch geht allerdings ein Großteil des potentiell pflanzenverfügbaren Wassers ungenutzt ver-loren, da die Pflanzen erst nach der Regenzeit in den Boden eingesetzt werden.

In Südostasien, wo die Reispflanzen traditionell vereinzelt werden, wird nun zunehmend Direktsaat als Naß- oder Trockensaat durchgeführt. Die Naßsaat ermöglicht erhebliche Wassereinsparungen (knapp 30 Prozent) bei der Landbestel-lung, da die Saat während eines kürzeren Zeitraumes durchgeführt werden kann. Innerhalb des Bewässerungszeitraumes kann zusätzlich durch einen relativ niedri-gen Wasserstand auf dem Feld der Wasserverbrauch weiter eingeschränkt werden. Die Ernteerträge beim Naßsaatverfahren sind mit denen der traditionellen Anbau-systeme zu vergleichen, bzw. liegen bei Wasserknappheit über ihnen.

In Regenfeldbaugebieten ermöglicht der Einsatz leistungsstarker Traktoren eine Bodenbearbeitung auch während der Trockenzeit. Bei der Trockensaat erfolgt die Saat vor oder zu Beginn der Regenzeit und keimt, wenn der Regen genug Feuchtig-keit bietet, so daß der Niederschlag optimal für das Pflanzenwachstum genutzt werden kann. Im Mekong-Delta Vietnams kann der Reis mit 700 bis 900 Millime-ter Gesamtniederschlag auskommen – diese Niederschlagsmenge wird im traditio-nellen Regenfeldbau allein zur Feldvorbereitung vor dem Vereinzeln der Pflanzen benötigt. Zudem kann eine weitere Getreideart in der Vegetationszeit angebaut werden. Die Trockensaat ist auch in Gebieten geeignet, die nicht genug nutzbaren Niederschlag für Landbestellung und Pflanzenwachstum erhalten, da der Regen für die Getreideentwicklung genutzt werden kann. Falls genügend Wasser vorhanden ist, wird die Getreideentwicklung später durch Bewässerung ergänzt.

Mit Rotationsbewässerung kann bei gleichem Ernteertrag 20 bis 30 Prozent Wasser eingespart werden. Obwohl diese Bewässerungsmethode sowohl für das Pflanzenwachstum als auch für einen effizienten Düngereinsatz vorteilig ist, bringt sie doch zusätzliche Kosten z.B. in Form von Landverlust durch zusätzlich benötigte Bewässerungsgräben.

Die sozialen Effekte der »Grünen Revolution« sind von vielen Autoren in sehr unterschiedlicher Weise dokumentiert worden. Einige von ihnen sind der Ansicht, alle Schichten der ländlichen Bevölkerung hätten von der »Grünen Revolution« profitiert. Andere meinen, nur die zuvor bereits Privilegierten seien noch weiter bevorzugt worden. Diese abweichenden Meinungen sind auf die Betrachtung spezieller Regionen oder Länder zurückzuführen, in denen es aufgrund kultureller, politischer, naturräumlicher und klimatischer Gegebenheiten zu unterschiedlichen Auswirkungen der »Grünen Revolution« kommt. Außerdem lassen sich soziale Konsequenzen nur bedingt objektiv erfassen. Natürlich können auch wirtschaftliche Gründe die Beurteilung der sozialen Effekte der »Grünen Revolution« unterschiedlich beeinflussen.

Sicher scheint jedoch eines: auch wenn ein Teil der einkommensschwachen Bevölkerungsschichten von den Erfolgen der »Grünen Revolution« profitieren konnte, so ist der Profit der vorher bereits bessergestellten Bevölkerung in jedem Falle höher. Die Kluft zwischen Arm und Reich hat sich durch die »Grüne Revolution« weiter vergrößert.

Der Vorteil der reichen Bevölkerung besteht darin, daß sie die neue Agrartechnik eher, häufiger und intensiver nutzen können. Aus Effizienzgründen wurden die kostenintensiven produktionssteigernden Maßnahmen zunächst bevorzugt in den erfolgversprechendsten Regionen eingeleitet: In naturräumlich begünstigten Lagen und bei wohlhabenden und deshalb risikobereiten, in der Regel überdurchschnittlich ausgebildeten Farmern. Dies mag zur möglichst raschen Erhöhung der landwirtschaftlichen Produktion gerechtfertigt erscheinen. Der entscheidende soziale Nebeneffekt ist jedoch, daß ohnehin wirtschaftlich wie sozial benachteiligte Bevölkerungsteile wie Kleinbauern, Landlose und die einkommensschwache Stadtbevölkerung von diesen produktionssteigernden Maßnahmen kategorisch ausgeschlossen werden – also genau die Gruppen, die eine Produktionssteigerung zur Bekämpfung des Hungers am dringendsten benötigen.

So wurde beispielsweise in Indien zu Beginn der »Grünen Revolution« den wohlhabenden Farmern das neue Saatgut der Hochertragssorten kostenlos und Pflanzenschutzmittel und Kunstdünger stark verbilligt abgegeben. Zusätzlich wurden großzügige Kredite zur Umstellung auf die kapitalintensive neue Agrartechnologie gewährt. Dies erleichterte zwar die Umstellung der Betriebe, die Vorbild für die weniger risikobereiten Farmer sein sollten, doch die in der Mehrzahl ärmeren Farmer kamen nicht in den Genuß dieser staatlichen Vergünstigungen.

Obwohl sich die modernen Hochertragssorten auch bei den meisten Kleinbauern durchgesetzt haben, können sie die neue kostenintensive Agrartechnik nur mit Einschränkungen nutzen. Dies liegt zum einen an den höheren Kosten für das notwendige Bewässerungswasser, das sie häufig von größeren Farmen beziehen. Zum anderen sind Dünge- und Pflanzenschutzmittel für finanzschwache Bauern so kostspielig, daß sie sie entweder nur in geringen Mengen einsetzen können, oder Kredite aufnehmen müssen. Da gerade die Kleinbauern in der Regel nicht über genügend Sicherheiten verfügen, um als kreditwürdig zu gelten, wenden sie sich an private Geldverleiher und Wucherer. Ungünstige klimatische Bedingungen, Krankheitsbefall, Dünger- oder Wasserknappheit führen bei der relativ kostenintensiven Agrarwirtschaft immer mehr Pächter und Kleinbauern in den sozialen und wirtschaftlichen Abstieg, da sie ihr Land an Geldverleiher, größere Bauern oder Händler verlieren.

Der Einsatz kraftstoffgetriebener Landmaschinen führte zunächst zu einem Anstieg der Beschäftigungszahlen in der Landwirtschaft. Dies lag zum einen an der arbeitsaufwendigeren Bestellung der Felder (Ausbringung von Dünger und Pflanzenschutzmitteln, Bewässerung), zum anderen an den höheren und eventuell häufigeren Ernten. Die höheren Erträge brachten für die Landarbeiter auch zunächst höhere Reallöhne. Langfristig jedoch sanken sowohl die Beschäftigungszahlen als auch die Reallöhne der Landarbeiter, da Arbeitskräfte zunehmend durch Maschinen ersetzt wurden. Außerdem veränderten sich Zeitraum und Ort der Beschäftigung mit Einführung der neuen Agrartechnik. Wurden früher Arbeitskräfte für lange Zeiträume gesucht, so beschränken sich heute die Arbeitschancen auf die Arbeitsspitzen wie Aussaat und Ernte. Durch den verstärkten Maschineneinsatz und die kürzeren Erntezeiträume werden immer mehr Menschen im landwirtschaftlichen Sektor arbeitslos. Mit dieser Konkurrenz um Arbeitsplätze sinken gleichzeitig die Reallöhne. Vor allem Männer nehmen verstärkt Beschäftigungen in Form von Wanderarbeit an, so daß Familien häufig vorübergehend getrennt leben müssen. Gleichzeitig verschlechtern sich die Beschäftigungsperspektiven für Frauen, die aufgrund ihrer familiären Verpflichtungen in ihrer Mobilität eingeschränkt sind. Selbst die armen Bevölkerungsschichten in naturräumlich bevorzugten Gebieten profitieren kaum von der Möglichkeit der Saisonarbeit, da häufig Wanderarbeiter aus anderen Gebieten eingesetzt werden.

Die Preisentwicklung für Nahrungsmittel ist neben den Ertragszuwächsen durch die Erfolge der »Grünen Revolution« in hohem Maße von der Agrarpolitik abhängig. Die besseren Produktionsbedingungen der modernen Hochertragssorten können zur Senkung der Preisniveaus der entsprechenden Nahrungsmittel führen. Für die armen Bevölkerungsschichten in den Städten bedeutet dies eine Erhöhung der Kaufkraft. Dadurch kann der Preis des entsprechenden Getreides der »naturräumlich benachteiligten Gebiete« unterboten werden, was zu ausgeprägteren regionalen Unterschieden und auch zur Erhöhung der Kluft zwischen Arm und Reich innerhalb eines Gebietes führt. Unter Umständen wirken sich die unterschiedlichen Produktionsbedingungen für die benachteiligten Gebiete so ungünstig aus, daß die dortigen Bauern gerade aufgrund der »Grünen Revolution« unter stärkeren Konkurrenzbedingungen wirtschaften müssen und im Extremfall ihr Land verlieren. Für die Ärmsten der Bevölkerung ist es allerdings ohne Belang, daß Nahrungsmittel, die aus modernen Hochertragssorten wie Reis, Weizen und Mais gewonnen werden, weniger kosten – diese Nahrungsmittel, die teurer sind als Linsen, Cassava oder Hirse, können sie sich trotzdem nicht leisten.

Politisch bedingt können die Preise für Nahrungsmittel jedoch auch gerade durch die »Grüne Revolution« steigen. Als Anreiz zur Produktionssteigerung garantierte zum Beispiel die Regierung in Indien hohe Preise für Nahrungsgetreide. Obwohl solche Maßnahmen gesamtwirtschaftlich zu Erfolgen führen können, sind sie doch für Selbstversorger, die kein Verkaufsgetreide anbieten, ohne Auswirkungen. Für Landlose sind hohe Getreidepreise indessen dramatisch, da sie Nahrungsmittel zu dem hohen Preis kaufen müssen, so daß die Kaufkraft der armen Bevölkerungsschicht weiter geschwächt wird.

Abschließend bleibt festzuhalten, daß durch die »Grüne Revolution« erhebliche Zuwachsraten der landwirtschaftlichen Produktion erzielt werden konnten, so daß zumindest statistisch gesehen genügend Nahrungsmittel für die ansteigenden Bevölkerungszahlen produziert wurden. Von den Erfolgen der »Grünen Revolution« konnten allerdings die einkommensschwächsten Bevölkerungsschichten nicht profitieren, da neben den Produktionssteigerungen zusätzlich die gerechte Verteilung der Nahrungsmittel und Einkommen notwendig wäre. Damit ist das eigentliche Ziel der »Grünen Revolution« verfehlt worden: die Verringerung von Unterbeschäftigung, Armut und Hunger gerade für die armen und sozial schwachen Bevölkerungsschichten. Die Resultate der »Grünen Revolution« – ihrem Namen nach als Gegenpol zur politischen Roten Revolution gedacht – zeigen, daß die Einführung neuer Agrartechnik allein das Hungerproblem der Entwicklungs- und Schwellenländer nicht löst.

162

Die kostengünstige Phase der Produktionssteigerungen ist beendet, da die erwähnten Maßnahmen zur Ertragssteigerung in den wesentlichen Regionen bereits umgesetzt wurden. Ein zusätzlicher Produktionszuwachs kann in Zukunft nur mit erheblichen finanziellen Aufwendungen stattfinden. Dies bringt zum einen prinzipiell für die zu entwickelnden Länder eine weitere Abhängigkeit von den Industrieländern, zum anderen bleibt für investitionsschwache Kleinbauern nur ein geringer Spielraum, in eine erfolgreiche Agrarproduktion eingebunden zu werden.

Aus den bisherigen Erfahrungen der »Grünen Revolution« wird deutlich, daß zukünftige Bemühungen um eine Produktionssteigerung bei der Weiterentwicklung traditioneller Formen der Agrarwirtschaft ansetzen müssen. Außerdem sind ressourcenschonende Techniken und Verfahren soweit wie möglich auszuschöpfen und zu entwickeln, um langfristig sowohl die Ertragsfähigkeit der Böden als auch die Nutzbarkeit der Wasservorräte zu sichern. Hierbei müssen die lokalen Boden- und Wasserverhältnisse in die Entwicklungsstrategien eingebunden werden. Da Wasser eine Schlüsselfunktion für die Ertragssteigerung und Ertragssicherheit in der Landwirtschaft einnimmt, ist besonders einer Übernutzung der Wasservorräte entgegenzuwirken, um langfristig den Zugang zu Wasser für alle Bevölkerungsschichten zu gewährleisten.

Auch die Verwendung neuer Sorten kann durchaus sinnvoll sein, da sie zum Beispiel durch Resistenzzüchtungen die Ertragssicherheit erhöhen. Flankierend dazu sollte ein Bündel sozialer Maßnahmen ergriffen werden, um dem Verteilungsproblem innerhalb der Länder zu begegnen. Auch wenn statistische Zahlen eine ausreichende Kalorienversorgung dokumentieren, sind diese durchschnittlichen Zahlenwerte keinerlei Beweis für eine tatsächliche Anhebung des Lebensstandards der armen Bevölkerungsschichten.

5

Der Durst der großen Städte

Thomas Hoffmann

Dem Problem der menschlichen Siedlungen wurde erstmals 1976 im kanadischen Vancouver eine Weltkonferenz
gewidmet. Zwanzig Jahre später, im Juni 1996, trafen sich
in Istanbul die Vertreter der Staatengemeinschaft ein zweites
Mal zu einem »Gipfel der Städte«, zur »Habitat II«-Konfe-
renz. Auf der Tagesordnung dieser Konferenz stand insbesondere die Trinkwasserversorgung der Weltmetropolen.
Weitere Themen waren Bevölkerungsexplosion und Städte-
wachstum, Menschenrechte, soziale Entwicklung und ein
Menschenrecht auf Wohnen, das von Seiten der Nichtregierungsorganisationen gefordert wurde.

Den Anlaß für den thematischen Schwerpunkt »Wasserversorgung der Städte« boten die aktuellen weltweiten Ver-
sorgungsprobleme der urbanen Zentren. Im Verlauf der
kommenden Generation wird erwartet, daß der Prozentsatz
der in Städten lebenden Weltbevölkerung von derzeit etwa
45 Prozent bis zum Jahr 2025 auf 61 Prozent ansteigt. Gerade vor diesem Hintergrund kommt der gesundheitserhalten-
den Versorgung der Bevölkerung mit sauberem Trinkwasser
und der sachgerechten Entsorgung der Städte eine zentrale
Bedeutung zu.

Als Brennpunkte gelten bei der sich abzeichnenden Entwicklung die Megastädte – jene urbanen Räume, deren Ein-
wohnerschaft nach Definition der UNO mindestens acht Millionen Menschen, nach Definition der Habitat mindestens
zehn Millionen Menschen beträgt. Ihre Zahl wird sich in den
kommenden zwanzig Jahren von derzeit 14 Städten auf 27
Städte nahezu verdoppeln. Insbesondere die Städte in den

sogenannten Entwicklungsländern werden überproportio-
nal stark anwachsen. Sie werden einen deutlich rascheren
Bevölkerungszuwachs verzeichnen als die jeweilige nationale Gesellschaft. Die Mehrzahl der Megastädte, nämlich
14 von 27, wird in Süd-, Südost- und Ostasien liegen. Mit
den folgenden errechneten Bevölkerungszahlen für das Jahr
2015 zählen dazu:

Tokio	28,9 Mio.	Manila	16,1 Mio.
Bombay	24,4 Mio.	Tianjin	15,7 Mio.
Shanghai	21,7 Mio.	Kalkutta	15,7 Mio.
Beijing	18,0 Mio.	Delhi	15,6 Mio.
Dhaka	17,6 Mio.	Seoul	13,8 Mio.
Jakarta	17,2 Mio.	Bangkok	12,7 Mio.
Karachi	17,0 Mio.	Osaka	10,6 Mio.

Jeweils nur zwei bis vier Megastädte werden in Afrika
(Kairo, Lagos), Südamerika (Buenos Aires, Sao Paulo, Rio
de Janeiro, Lima) und Nordamerika (Mexico City, New
York, Los Angeles) entstehen. In Europa wird nur Moskau
ein solches Wachstum verzeichnen.

Die Wasserversorgung von Asiens Megastädten wird eines der brisantesten Probleme der nahen Zukunft sein. Am
Beispiel der Städte Madras, Bangkok, Beijing, Karachi,
Seoul und Tokio geben die folgenden Beiträge Einblick in die
bereits heute bestehenden Versorgungsengpässe und Probleme der asiatischen Metropolen. Darüber hinaus thematisieren sie einige der derzeit angewandten Lösungsstrategien.

Madras – der jährliche Kampf um das Wasser

Eberhard Weber

Jedes Jahr Ende Juli, Anfang August, beginnt für die mehr als 5 Millionen Bewohner der südindischen Metropole Madras das Wasser knapp zu werden. Die »Dürre« kündigt sich dadurch an, daß zunächst in den meisten Stadtteilen der Millionenstadt nur noch wenige Stunden täglich das kostbare Naß aus den Wasserhähnen fließt und zudem von Woche zu Woche eine immer dunklere Farbe annimmt, bis dann eines Tages die Wasserhähne ganz trockenfallen. Je nachdem, wie weit ein Haushalt von einer der Pumpstationen, die über die ganze Stadt verteilt sind, entfernt liegt, bricht die trockene Zeit früher oder später über ihn herein. Die städtische Wasserversorgungsanstalt Metrowater kann während dieser Zeit nicht mehr alle Haushalte gleichzeitig ununterbrochen mit Wasser versorgen. In den meisten Stadtteilen gibt es auf dem Höhepunkt der Wasserknappheit – etwa Anfang Oktober – nur noch jeden vierten oder fünften Tag für wenige Stunden Wasser. Am schlechtesten ist es jedoch um jene Menschen bestellt, die erst gar nicht an das städtische Wasserleitungsnetz angeschlossen sind. Zumeist handelt es sich hierbei um Slumbewohner, die nicht nur in der Trockenzeit Probleme haben, ihren Bedarf an genießbarem Trinkwasser zu decken: das ganze Jahr über müssen sie sich um ihre Wasserversorgung selbst kümmern. Nun, in der problematischen Zeit, müssen sie täglich noch längere Fußmärsche unternehmen, um ihren Wasserbedarf wenigstens notdürftig befriedigen zu können. Dort, wo Tanklaster von Metrowater hin und wieder Wasser anliefern, reihen sich Frauen bereits mitten in der Nacht in lange Schlangen ein, um dann – wenn sie Glück haben – am späten Vormittag mit spärlichen zehn Litern Wasser den Heimweg anzutreten. Oftmals erscheinen die Wasser-LKWs der Wasserwerke aber überhaupt nicht, denn Wasserschmuggel ist zu einem immer größeren Problem in Madras geworden. Anstatt die Slumgebiete anzusteuern, die von Metrowater eigentlich kostenlos versorgt werden sollen, nimmt das Wasser seinen Weg in die Wohngebiete der Reichen, wo es in riesige Wassertanks gepumpt wird, die sich auf den Dächern der Appartmenthäuser befinden.

Chronologie einer Wasserkrise

1993 war die Situation besonders prekär: Die Regenfälle in den Monaten von Oktober 1992 bis Januar 1993 waren erheblich hinter den langjährigen Mittelwerten zurückgeblieben. Die drei Trinkwasserspeicher vor den Toren der Stadt enthielten zu Jahresbeginn knapp 26 Milliarden Kubikmeter Wasser. Im Vorjahr waren es zur gleichen Zeit 131 Milliarden Kubikmeter gewesen. Damals hatte das Wasser gerade gereicht, um eine ausreichende Versorgung bis zum nächsten Monsun zu gewährleisten, der gewöhnlich im Oktober einsetzt. 1993 war jedoch abzusehen, daß das Wasser in den drei Staubecken bereits Ende März aufgebraucht sein würde. Die Regierung von Tamil Nadu und die Wasserwerke von Madras mußten

sich auf sieben lange Monate einrichten. Schon fast verzweifelt wurde versucht, alle
möglichen und unmöglichen Wasserquellen anzuzapfen. In wissenschaftlichen
Kreisen wurde heftig darum gestritten, ob man mit Anlagen zur Entsalzung von
Meerwasser dem Problem Herr werden könnte. Schon Anfang Januar erhielten die
Bürger von Madras, die an das Leitungssystem von Metrowater angeschlossen waren, nur noch jeden zweiten Tag Wasser. Die städtischen Wasserwerke erhöhten
gleichzeitig die Anzahl der Tanklastwagen, die Wasser von außerhalb des Stadtgebietes heranbringen mußten, von 150 auf 400. Zusätzlich wurde die Anzahl der
Traktoren, die Wasser im Stadtgebiet verteilten, um 1.000 auf 3.200 angehoben.
Da blieb nur die Frage, wo denn all das Wasser herkommen sollte, das die LKWs in
die Stadt schaffen und das von den Traktoren verteilt werden sollte. Auch war
abzusehen, daß selbst 400 Tanklastwagen bei weitem nicht ausreichen würden, den
Engpaß zu beheben, denn Tag für Tag verbrauchten die Bewohner von Madras und
die dort ansässige Industrie etwa 250 Millionen Liter Wasser. Jeder der 400 Tanklastwagen von Metrowater mit einer Kapazität von 12.000 Litern hätte über
50 Fuhren Wasser in die Stadt schaffen müssen, um das bestehende Defizit auszugleichen. Den Verantwortlichen wurde angesichts dieser Datenlage die Unmöglich-
keit ihres Vorhabens sehr schnell bewußt. Daher wurde die Suche nach anderen
Lösungen intensiviert.

Zunächst schränkte man die Versorgung der Bevölkerung weiter drastisch ein.
Aus den Wasserleitungen kam folglich ab dem 1. April nur noch jeden dritten
Tag für wenige Stunden Wasser. Der tägliche Wasserbedarf der Stadt sollte so auf
136 Millionen Liter gedrückt werden. Ergänzend zu den Tanklastern sollten fortan
auch Eisenbahnwaggons zum Transport von Wasser eingesetzt werden. Am
14. April war es soweit: der erste Eisenbahnzug brachte in 30 Waggons 900.000 Liter Trinkwasser aus dem fast 300 Kilometer entfernten Neyveli nach Madras. In
den nächsten Monaten trafen täglich 3,2 Millionen Liter Wasser aus unterschiedlichsten Regionen Tamil Nadus mit dem Zug in Madras ein. Eine gewaltige logisti-
sche Leistung, aber dennoch bei weitem nicht genug, um das Problem auch nur zu
entschärfen. Zudem wurden täglich weitere 7 Millionen Liter Wasser aus dem süd-

lich von Madras fließenden Fluß Palar entnommen. Eine einstweilige Verfügung gegen die Wasserentnahme aus dem Palar, die von Bewohnern des Städtchens Alandur erwirkt wurde, hob das oberste Verwaltungsgericht in Madras wieder auf. Wegen der akuten Wasserknappheit in Madras mußten auch die Bewohner Alandurs, die ihr Trinkwasser aus dem Palar beziehen, bereit sein, ihren Wasserverbrauch drastisch einzuschränken. Als weitere Maßnahme wurden allein im Mai mehr als 1.000 Handpumpen im Stadtgebiet von Madras neu installiert. Die Industrie wurde angewiesen, wo nur möglich bei ihrem Wasserbedarf auf Brackwasser zurückzugreifen.

Trotz all dieser und weiterer Maßnahmen spitzte sich die Situation in Madras immer weiter zu. Die Einsparungen und die Erschließung immer neuer Wasserquellen konnten das Defizit nicht beheben. Zwei der drei Wasserreservoire vor den Toren der Stadt waren inzwischen trockengefallen. In den Leserbriefen der lokalen Zeitungen häuften sich die Beschwerden betroffener Bürger, deren Wohngebiete schon seit bis zu drei Monaten keinen Tropfen Leitungswasser mehr erhalten hatten. Bereits Ende März kam es zu den ersten Protestaktionen. Aufgebrachte Menschen blockierten Straßen und versuchten, die Tanklaster aufzuhalten und zu »plündern«. Anfang Mai bezogen dann die ersten Polizeistreifen an den Pumpstationen der Stadt Position. Die Zeitungen berichteten, daß erste Tanklastwagen von aufgebrachten Bürgern angegriffen und »ausgeraubt« wurden. Fahrten in die sensibelsten Stadtteile wurden fortan von bewaffneten Polizisten begleitet. Mitte Mai zeichneten sich dann einige kleine Hoffnungsschimmer am Horizont ab. Etwa 60 Kilometer südlich von Madras wurden die Arbeiten an einem neuen Tiefbrunnen abgeschlossen. Etwa 5 Millionen Liter Wasser konnten von dort Tag für Tag mit Tanklastwagen nach Madras geschafft werden. Gleichzeitig konnte die Wasserentnahme aus dem Palar auf knapp 23 Millionen Liter täglich gesteigert werden, und die Erschließung eines weiteren Tiefbrunnens brachte noch einmal 5 Millionen Liter Wasser zusätzlich.

In der Stadt waren die Wasserprobleme unübersehbar. In den Restaurants standen große wassergefüllte Eimer an den Waschbecken, die selbst trockengefallen waren. Am Marina-Beach, dem kilometerlangen Strand am Golf von Bengalen, waren viele Menschen damit beschäftigt, tiefe Löcher in den Sand zu graben, um an das Grundwasser heranzukommen. Die braune, brackig schmeckende Brühe wurde dann für 10 Paisa pro Glas verkauft. Allerdings waren nicht alle Menschen im gleichen Maße betroffen. Im Mai 1993 verteilte Metrowater 70 Liter Wasser pro Kopf an die Bevölkerung – an jedem dritten Tag. Rechnerisch erhielt jeder täglich also etwa 23 Liter am Tag, das ist wenig, wenn man bedenkt, daß die von der indischen Regierung für Großstädte vorgeschlagene Norm bei 200 Litern pro Tag und Person liegt. Auch wenig, wenn man weiterhin bedenkt, daß das Wasser von den staatlichen Stellen extrem ungleich verteilt wird, denn an das Wasserleitungssytem sind zumeist nur die Häuser der reicheren Haushalte angeschlossen. Für alle anderen lieferte Metrowater das kostbare Naß in LKWs an. Im April 1993 unternahmen diese LKWs täglich mehr als 1300 Wasserfuhren. Etwa 350 davon steuerten die Wohnhäuser von Ministern, hohen Regierungsbeamten, eben von Leuten mit Beziehungen und hohem Wasserverbrauch an. Gleiches gilt für die internationalen Hotels. Auch der dichte, dunkelgrüne Rasen vor dem deutschen Generalkonsulat machte nicht den Eindruck, als müsse er an Wassermangel leiden. Das Hotel und wohl auch das Konsulat beziehen ihr Wasser von den hunderten privat betriebener Tanklastwagen, die unentwegt zwischen den Vororten Madras' und ihren Kunden in der Stadt pendeln. Die Wassergroßhändler leben davon, daß die städtischen Wasserwerke die Nachfrage nach Wasser bei weitem nicht befriedigen können – und sie leben gut davon. Hotels, Restaurants, Appartmenthäuser der Mittelschicht sind ihre Kunden. Sie können es sich leisten, für das kostbare Naß sehr viel Geld zu bezahlen.

In den Außenbezirken von Madras waren die Folgen dieser Art der Wasserversorgung unübersehbar. Allein aus dem etwa 20 Kilometer südlich von Madras gelegenen Gebiet um Palavakkam brachten bis 1989 etwa 250 Tanklaster täglich circa 15 Millionen Liter Trinkwasser in die Stadt. Der größte Teil dieses Wassers war für private Haushalte bestimmt, die für 12.000 Liter zwischen 200 und 400 Rupien bezahlen mußten. Viel Geld, wenn man bedenkt, daß viele Haushalte mit weniger als 1.000 Rupien im Monat auskommen müssen. Außer den einkommensschwachen Menschen in Madras, die es sich nicht leisten können, die horrenden Preise für einigermaßen sauberes Trinkwasser zu bezahlen, sind es stets die Bewohner der Randbezirke, die von der Wasserknappheit in Madras stark betroffen sind. Ihnen wird sprichwörtlich das Wasser abgegraben.

1985 lag der Grundwasserspiegel im Gebiet um Palavakkam noch bei etwa drei Metern Tiefe. Als dann ab 1986 in diesem Gebiet leistungsfähige Pumpen zur Versorgung von Madras installiert wurden, sank der Grundwasserspiegel in wenigen Jahren um über 15 Meter. Die meisten Handpumpen der lokalen Bevölkerung sind demzufolge längst trockengefallen, und Geld für eine leistungsfähigere Diesel- oder Elektropumpe können selbst unter den Mittelschichthaushalten nur wenige aufbringen. So bleibt vielen gar nichts anderes übrig, als das Wasser zu kaufen, das nur wenige Meter von ihrem Haus entfernt aus der Tiefe hochgepumpt wird. Da Palavakkam direkt an der Küste liegt, würde eine weitere hemmungslose Ausbeutung des Grundwassers über kurz oder lang dazu führen, daß Meerwasser sich mit dem Grundwasser vermischt. Nachdem im August 1989 erste Anzeichen dafür erkennbar waren, beschloß der Gemeinderat, keine Lizenzen für Wasserentnahmestellen mehr auszustellen. Von einem Tag auf den anderen wurden sämtliche kommerziellen Wasserpumpen in Palavakkam abgebaut und ins Nachbardorf geschafft. Heute fahren die Tanklaster etwa 30 Kilometer weiter nach Süden, nach Muttukadu, wo sich genau das wiederholt, was sich 1989 in Palavakkam abzuzeichnen begann. Dadurch, daß in den küstennahen Gebieten das Grundwasser weggepumpt wird, wird eine natürliche Sperre beseitigt, die Meerwasser bislang davon abhielt, unterirdisch landeinwärts vorzudringen. Inzwischen gibt das »Central Groundwater Board« (CGWB) als Warnung bekannt, daß bereits 80 Prozent des Grundwassers dieser küstennahen Region ausgebeutet und Meerwassereinbrüche bereits an mehreren Stellen zu beklagen seien.

Die Ursachen für die regelmäßig wiederkehrende Wasserknappheit von Madras sind nur vordergründig naturräumlicher Art. Die Niederschläge in der Hauptstadt des südindischen Bundesstaates Tamil Nadu konzentrieren sich auf die Monate Oktober bis Dezember. Um das gesamte Jahr über die Bevölkerung mit Wasser versorgen zu können, müssen in diesen drei Monaten nicht nur die Niederschläge

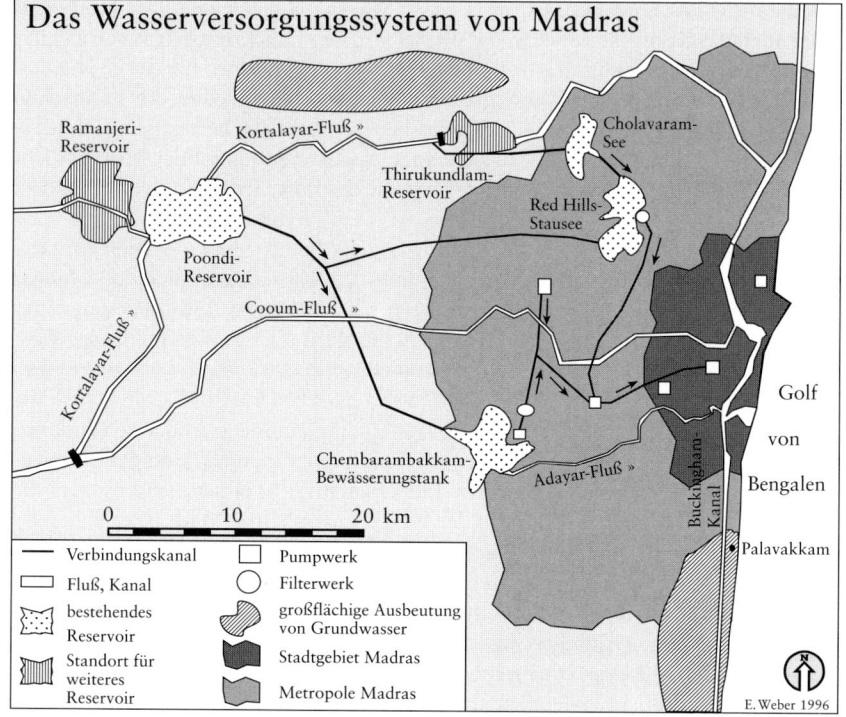

Das Wasserversorgungssystem von Madras

Ramanjeri-Reservoir

Kortalayar-Fluß »

Cholavaram-See

Thirukundlam-Reservoir

Red Hills-Stausee

Poondi-Reservoir

Cooum-Fluß »

Kortalayar-Fluß »

170

Golf

von

Chembarambakkam-Bewässerungstank

Adayar-Fluß »

Buckingham-Kanal

Bengalen

0   10   20 km

Palavakkam

— Verbindungskanal
⬜ Fluß, Kanal
▨ bestehendes Reservoir
▥ Standort für weiteres Reservoir

☐ Pumpwerk
◯ Filterwerk
▦ großflächige Ausbeutung von Grundwasser
▨ Stadtgebiet Madras
▨ Metropole Madras

E. Weber 1996

reichlich sein. Es muß auch eine funktionierende Infrastruktur bestehen, um die Niederschläge zu speichern und das Wasser an die Haushalte der Stadt zu verteilen. Das erste Trinkwasserversorgungssystem in Madras wurde 1782 errichtet. Damals kaufte die Regierung zehn Brunnen, die innerhalb der Festungsmauern des Forts St. George lagen. 1872 wurde dann mit der Errichtung eines Verteilungssystems begonnen, auf dem auch heute noch die Wasserversorgung der Stadt beruht. Kernstücke dieses Systems sind der Kortalayar-Fluß, der Cholavaram Stauteich und der Red Hills Stausee. Von dort wird das Wasser in einem gemauerten Kanal der Schwerkraft folgend nach Madras geführt und innerhalb der Stadt mittels gußeiserner Hauptleitungen verteilt. Mit der Errichtung eines Reservoirs bei Poondi kam 1944 ein dritter und bislang letzter Wasserspeicher vor den Toren der Stadt hinzu. Die drei lebenswichtigsten Wasserspeicher von Madras sind das Poondi-Reservoir mit einer Speicherkapazität von 77 Milliarden Kubikmetern Wasser, der Cholavaram-See mit einer Kapazität von 24,8 Milliarden Kubikmetern und der Red Hills-See mit einer Kapazität von 80 Milliarden Kubikmetern. Als zu Beginn der 40er Jahre das Poondi-Reservoir errichtet wurde, hatte die Stadt eine Einwohnerzahl von gerade einmal 975.000 Menschen. Inzwischen leben mehr als 5 Millionen Menschen in Madras, und der Ausbau des Trinkwasserversorgungssystems hat mit dieser Entwicklung nicht Schritt halten können. Ganz im Gegenteil: Stauteiche und Seen, die vor wenigen Jahrzehnten noch zu Wasserreservoiren hätten ausgebaut werden können, sind längst von der in die Randgebiete vorrückenden Stadt verschluckt worden. Die fortschreitende Versiegelung der Landschaft trägt auch dazu bei, daß sich die Grundwasserreserven während der Regenzeit kaum noch regenerieren können. Ein Großteil des Regenwassers läuft oberflächlich in den Golf von Bengalen ab.

An Lösungsvorschlägen hat es freilich nie gemangelt. In der Vergangenheit wurden immer wieder ehrgeizige Großprojekte in Angriff genommen, doch keines von ihnen wurde bislang auch zu Ende geführt. So wurde schon in den 70er Jahren mit dem Bau einer Pipeline begonnen, die in riesigen Betonröhren täglich über 180 Millionen Liter Wasser aus dem mehr als 200 Kilometer südlich von Madras gelegenen Veeranam-See direkt nach Madras bringen sollte. Der Spatenstich zum »Veeranam Water Supply Scheme« war im November 1972 von dem damaligen Ministerpräsidenten Tamil Nadus, M. Karunanidhi, vorgenommen worden. Das Projekt sollte bis zur Fertigstellung etwa 213 Millionen Rupien kosten. Der Veeranam-See ist einer der größten Bewässerungs-Stauteiche in ganz Tamil Nadu. Er wird vom Coleroon gespeist, einem der Mündungsarme des Cauvery-Flusses. Der See erstreckt sich über eine Fläche von 26 Quadratkilometern, und in einem Jahr mit normalen Niederschlägen könnten aus ihm täglich 180 Millionen Liter Wasser für die Versorgung von Madras entnommen werden. Korruption und die schlechte Qualität der Leitungsröhren verzögerten die Fertigstellung des Projektes immer wieder. Als dann 1975 die Regierung Karunanidhi abtreten mußte, wurde auch das Projekt eingestellt. Mehr als 200 Millionen Rupien waren zu diesem Zeitpunkt bereits ausgegeben worden. Die riesigen Betonröhren des Projektes liegen noch heute an den nach Süden führenden Ausfallstraßen der Stadt. Längst haben sich Bürgersteigbewohner in ihnen häuslich eingerichtet. Während der Dürre von 1993 spielte die Regierung Tamil Nadus mit dem Gedanken, die Pläne für dieses Projekt wieder aus der Schublade zu holen, aber die Idee wurde dann schließlich doch verworfen. Der Streit zwischen Tamil Nadu und Karnataka um die Nutzung des Cauvery-Wassers ließe eine solche Lösung zu einer äußerst konfliktträchtigen Angelegenheit werden. Vom Wohlwollen der Regierung Karnatakas hinge dann nicht nur das Schicksal der Bauern im Cauvery-Delta, dem produktivsten Reisanbaugebiet ganz Südindiens, ab, sondern auch die Trinkwasserversorgung von Madras.

Eine andere Überlegung ist, ob nicht der Pulicat-See an der Grenze zu Andhra Pradesh zur Trinkwassergewinnung genutzt werden könnte. Dazu müßte allerdings der 460 Quadratkilometer große Brackwassersee, einer der größten in ganz Indien, in einen Süßwassersee umgewandelt werden. Die etwa 200 Meter breite Verbindung zum Golf von Bengalen müßte dazu geschlossen werden, was bislang unübersehbare ökologische Probleme mit sich bringen würde. Widerstand ist ferner von den Fischern der Region zu erwarten, die durch den Garnelenfang im See recht gut verdienen können und dem indischen Staat Jahr für Jahr wertvolle Devisen einbringen.

Große Hoffnungen setzt die Regierung Tamil Nadus deshalb auf ein anderes Vorhaben: das Telugu Ganga Projekt. Telugu Ganga ist die südindische Bezeichnung für den Krishna-Fluß, der südlich von Poona entspringt und auf seinem Weg quer durch die südindische Halbinsel die Bundesstaaten Maharashtra, Karnataka und Andhra Pradesh durchfließt, bevor er nahe der Stadt Vijayawada in einem

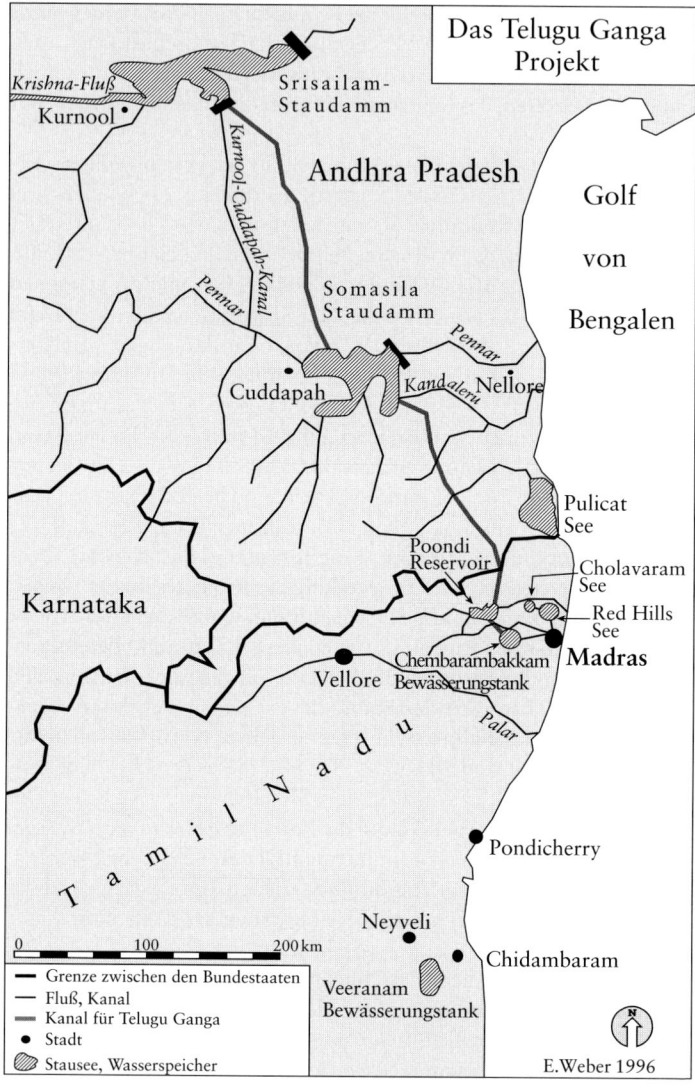

Das Telugu Ganga
Projekt

Krishna-Fluß
Kurnool

Srisailam-
Staudamm

Andhra Pradesh

Kurnool-Cuddapah-Kanal

Pennar

Somasila
Staudamm

Golf

von

Bengalen

Pennar

172

Cuddapah

Kandaleru

Nellore

Karnataka

Pulicat
See

Poondi
Reservoir

Cholavaram
See

Red Hills
See

Chembarambakkam
Bewässerungstank

Madras

Vellore

Tamil Nadu

Palar

Pondicherry

Neyveli

0   100   200 km

Grenze zwischen den Bundestaaten
Fluß, Kanal
Kanal für Telugu Ganga
Stadt
Stausee, Wasserspeicher

Veeranam
Bewässerungstank

Chidambaram

E.Weber 1996

großen Delta in den Golf von Bengalen mündet. Bereits im Oktober 1977 erklärten sich unter Vermittlung der damaligen Premierministerin Indira Gandhi die Regierungen von Maharashtra, Karnataka und Andhra Pradesh bereit, jeweils 140 Millionen Kubikmeter Wasser für die Versorgung von Madras an Tamil Nadu abzutreten. Schon sehr bald allerdings zogen sich die Regierungen Maharashtras und Karnatakas aus dem Projekt zurück. Sie wandten ein, in ihren Augen benutze Andhra Pradesh das Projekt als Vorwand, um Verträge zwischen den drei Bundesländern über die Nutzung des Krishna-Wassers zu umgehen. Andhra Pradesh plane, einen Teil des Wassers gar nicht Tamil Nadu zur Verfügung zu stellen, sondern damit die eigene Bewässerungslandwirtschaft auszubauen.

Wegen der ungewissen Zukunft des Projektes stellte die Zentralregierung in New Delhi erst einmal alle Projektmittel ein. So kam es 1983 lediglich zu einem Abkommen zwischen Andhra Pradesh und Tamil Nadu. Der damalige Ministerpräsident von Andhra Pradesh, N.T. Rama Rao, erklärte sogar, seine Regierung werde zwei Drittel der Baukosten für die notwendigen Kanäle übernehmen. Er verknüpfte dies allerdings mit der Auflage, zur Bewässerung der dürregefährdeten Rayalaseema-Region Wasser aus den Kanälen entnehmen zu dürfen. Ursprünglich sollte das Projekt Anfang 1990 fertiggestellt sein, doch jedes Jahr werden die Menschen um ein weiteres Jahr vertröstet. Im Februar 1996 sollte es dann endlich so weit sein. Am Geburtstag der Ministerpräsidentin Tamil Nadus, Frau J. Jayalalitha, sollte das erste Wasser des Krishna-Flusses Madras erreichen. Doch auch diesmal wurde nichts daraus. Bereits im August 1995 war Ministerpräsident Rama Rao von seinem Schwiegersohn Chandrababu Naidu entmachtet worden. Der neue starke Mann in Andhra Pradesh wollte von dem Projekt aber nicht mehr viel wissen. Zunächst schob er die Eröffnung des Kanals zwischen dem Kandaleru-Reservoir im Süden von Andhra Pradesh und dem Poondi-Reservoir immer wieder hinaus. Plötzlich trat er dann mit der Forderung an die Öffentlichkeit, Madras könne nur Wasser aus Andhra Pradesh erhalten, wenn die Regierung Tamil Nadus als Gegenleistung zu günstigen Konditionen Elektrizität an Andhra Pradesh liefere.

Aufgrund dieser Entwicklung ist es bislang immer noch ungewiß, ob und wann die Bewohner von Madras Wasser aus dem Krishna-Fluß erhalten können. Eines steht jedoch bereits heute fest: selbst wenn in naher Zukunft Madras mit Wasser aus Andhra Pradesh versorgt werden könnte, so stünde pro Kopf der Bevölkerung weniger Wasser zur Verfügung als vor mehr als zwanzig Jahren. Und noch eines wurde im Frühjahr 1996 deutlich: geringe Niederschläge im Einzugsgebiet des Krishna-Flusses hatten dazu geführt, daß im Kandaleru-Reservoir gar nicht genug Wasser war, um Madras damit bis zu den nächsten ausgiebigen Regenfällen im Oktober versorgen zu können.

173

Ressourcenmanagement in der Megastadt: Wasser als Engpaßfaktor in Bangkok

Frauke Kraas

Megastädte als Risikogebiete

Mit über neun Millionen Einwohnern im Jahr 1995 gehört die thailändische Hauptstadt Bangkok zu den 20 größten Megastädten der Welt. Megastädte, also Städte mit mehr als acht Millionen Menschen, teilen die gravierenden Probleme - urbaner Großräume, die im Zentrum der UNO-Konferenz »Habitat II« in Istanbul 1996 standen: rasantes Bevölkerungswachstum, unkontrolliert-chaotisches Flächenwachstum, starke soziale Verdrängungsprobleme am Boden-, Wohnungs- und Kapitalmarkt, unzureichende Infrastrukturausstattung, gravierende Ver- und Entsorgungsmängel, eine Zunahme gesellschaftlicher Disparitäten, extreme Umweltbelastungen und soziale Entankerung. Ein großer Teil der Megastädte entzieht sich bei hoher Entwicklungsdynamik zunehmend einer auf Effektivität und Gerechtigkeit ausgerichteten Regierbarkeit. Megastädte sind nahezu ausschließlich vom Menschen geprägte Räume, für die besonders drei Aspekte zu betonen sind:

1 Megastädte müssen durch große Bevölkerungszahl und -dichte, hohe Entwicklungsdynamik und die genannten Probleme zu den Risikogebieten der Welt gerechnet werden.

2 Megastädte weisen hohe Verwundbarkeit in Krisensituationen auf: Plötzlich eintretende Versorgungsmängel, Umweltbelastungen oder Katastrophensituationen können innerhalb kurzer Zeit gravierende Engpaß- und Notsituationen für eine hohe Zahl von Menschen entstehen lassen bzw. bei den sozial schwächsten Bevölkerungsgruppen noch weiter verschärfen.

3 In Megastädten entstehen vielschichtige Konfliktdimensionen im Spannungsfeld zwischen oft wenig koordinierter Administration und Planung, steigendem Einfluß seitens einer zunehmend globalisierten Wirtschaft, wachsenden sozioökonomischen Disparitäten und sich verschärfenden Umweltbelastungen.

Zu den zentralen Problembereichen der Megastädte bei der Sicherung der Grundbedürfnisse gehören die ausreichende Versorgung der Bevölkerung mit Wasser und die Entsorgung von Abwässern. Beides ist mit zunehmender Bevölkerungskonzentration und steigender Industrialisierung inzwischen zu einem Schlüsselproblem von Megastädten nahezu aller Regionen der Welt geworden, also nicht nur in klimatischen Trockengebieten, sondern auch innerhalb der feuchten Tropen.

Bangkok erhält mit durchschnittlich 1.400 Millimeter jährlichem Niederschlag selbst während der Trockenzeit von Februar bis April beträchtliche Wassermengen.

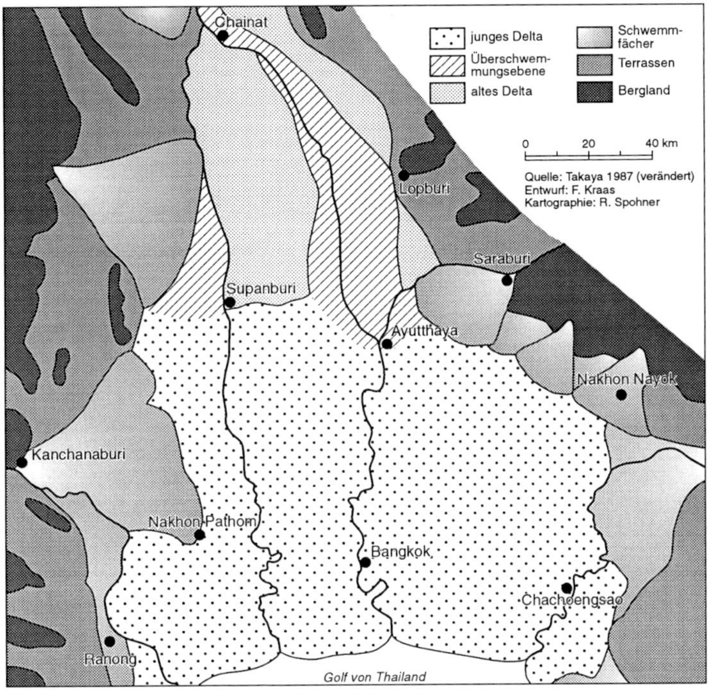
Chainat
junges Delta
Überschwem-mungsebene
altes Delta
Schwemm-fächer
Terrassen
Bergland
0
20
40 km
Quelle: Takaya 1987 (verändert)
Entwurf: F. Kraas
Kartographie: R. Spohner
Lopburi
Saraburi
Supanburi
Ayutthaya
Nakhon Nayok
Kanchanaburi
Nakhon Pathom
Bangkok
Chachoengsao
Ranong
Golf von Thailand

Abb. 1: Aufbau der Zentralebene Thailands

Abgesehen von Trockenjahren sollten daher kaum Defizite zu erwarten sein. Dennoch ist Wasser als Ressource in mehrfacher Hinsicht ein ausgesprochener Engpaßfaktor. Bangkok steht hier stellvertretend für eine Vielzahl weiterer Megastädte, in denen unzureichende Wasserverfügbarkeit eines der Schlüsselprobleme des kommenden Jahrhunderts sein wird.

Wasser und traditioneller Lebensraum in Bangkok

Die Lage Bangkoks im nur wenige Meter über dem Meeresspiegel liegenden Mündungsbereich des Maenam Chao Phraya bringt es mit sich, daß bei dem geringen Gefälle der Zentralebene des jungen Deltas während der Regenzeiten die Wassermassen aus den nördlichen Regionen Thailands nicht abfließen können und zurückgestaut werden (Abb. 1). Regelmäßige Überflutungen und ein Überangebot an Wasser prägen die traditionellen Siedlungs- und Wirtschaftsweisen in der Zentralebene. Bangkok ist das Zentrum einer derjenigen Kulturen Südostasiens, die als »wasserbürtig« charakterisiert werden. Der Grundriß der alten Stadtanlage weist die hierfür typischen Elemente auf: Der geschlossene, ringförmige Wassergraben, schwimmende, zum Wasser hin offene Häuser und das vielverzweigte natür-

liche sowie künstlich erweiterte Kanalsystem gehören dazu. Die Kanäle, die sogenannten *Khlongs*, bildeten die Hauptarterien des Transports und waren zugleich
zentrale Orte der gesellschaftlichen Kommunikation. Der überwiegende Teil des
täglichen Lebens spielte sich auf dem Wasser oder direkt am Wasser ab. Mythen
und Bräuche wie nahezu alle tragenden sozioökonomischen Strukturen waren auf
das Element Wasser hin orientiert. In Bangkok war der Zugang zu Wasser frei und
unbeschränkt jedem möglich. Es gab wenige institutionalisierte Formen oder
Personen, die Wasser als Ressource reglementierten. Damit unterschied Bangkok
sich von anderen Kulturen, darunter die sogenannten »hydraulischen« Kulturen,
bei denen das gesamtgesellschaftliche Gefüge weitgehend durch hierarchisch
gestaffelte Zugangsrechte zu Wasser sowie durch gemeinschaftliche Errichtung,
Instandhaltung und Organisation von Bewässerungskulturen geprägt wurde.

Im östlich des Flusses gelegenen Zentrum von Bangkok wurde ein großer Teil

176   der früheren *Khlongs* seit Beginn des 20. Jahrhunderts zugeschüttet und nach
europäischen Vorbildern von Wasserwegen zu Straßen umgestaltet. Im Westen und
im peripher gelegenen Ostteil der Stadt hingegen blieben die Kanalsysteme bis
heute weitgehend erhalten.

Wasser stellt heute einen ausgesprochenen Engpaßfaktor in Bangkok dar. Fünf
Problemkreise sind dabei gerade im Hinblick auf die unteren Bevölkerungsschichten wichtig:

1. Trink- und Brauchwasser –
Gewinnung, Bereitstellung und Versorgung

1980 verfügten 66 Prozent aller Haushalte innerhalb des Gebiets der »Bangkok
Metropolitan Administration« über einen Anschluß mit eigener Trinkwasser-
leitung in der Wohnung. Etwa 8 Prozent hatten außerhalb der Wohnung Zugang zu
Brunnen und Pumpen. Zehn Jahre später, 1990, verfügten knapp 80 Prozent über
einen solchen Wohnungsanschluß, und etwa 6 Prozent versorgten sich aus Brunnen
und Pumpen außerhalb des Hauses. 1980 bezogen über 100.000 Personen in Marginalsiedlungen ihr Haushaltswasser noch direkt aus den durch private und industrielle Abwässer schwer belasteten Kanälen. Heute dürfte die Zahl der Personen
vermutlich höher liegen, doch dazu fehlen genaue Angaben.

Das Leitungsnetz der »Metropolitan Water Works Authority« (MWWA), die für
die Versorgung Bangkoks mit Trinkwasser verantwortlich ist, erstreckt sich bisher
über 43 Prozent der Fläche. Das Wasser für die Metropole wird überwiegend aus
Oberflächenwasser gewonnen, das im Oberlauf des Maenam Chao Phraya entnommen und über den 30 Kilometer langen Trinkwasserkanal Khlong Prapa nach
Bangkok geleitet oder über Fernleitungen aus Speicherbecken bezogen wird. In den
ländlichen Gebieten jedoch überwiegt die Grundwasserentnahme.

Der Wasserverbrauch in Bangkok stieg von 286 Millionen Kubikmetern (1980)
auf 628 Millionen Kubikmeter (1990) jährlich um etwa 8 Prozent an. Der errech-
nete durchschnittliche Tagesverbrauch liegt bei 280 Liter Wasser pro Kopf; andere
Berechnungen gehen von 150 Litern aus. Hinzu kommen schätzungsweise weitere
120 Liter pro Kopf, die von der MWWA zwar bereitgestellt werden, jedoch durch

defekte und undichte Leitungen im Netz verloren gehen (circa 43 Prozent). Bei Niedrigständen des Grundwassers und geringem Abfluß des Maenam Chao Phraya dringt vom Golf von Thailand her Salz- und Brackwasser in die Leitungssysteme ein, was zur ihrer Zerstörung beiträgt und überdies die Qualität des Wassers gefährdet.

Kritisch ist die Versorgung mit Trinkwasser während der Trockenperioden, unter denen besonders die Bevölkerung zu leiden hat, deren Haushalte nicht an Leitungsnetze angeschlossen sind: Die vorhandenen Einrichtungen zur Speicherung, zur Vorhaltung und zum Ferntransport von Wasser können Versorgungsengpässe nicht auffangen. Notprogramme mit LKW-Belieferung, dem Aufstellen von Wassertanks und zusätzlicher Wasserausgabe sind erforderlich.

Von besonderer Brisanz ist ferner die Tatsache, daß Industrieunternehmen das benötigte Wasser nur zu einem äußerst geringen Teil von der MWWA beziehen. Untersuchungen aus der Bangkok südöstlich benachbarten Provinz Samut Prakan zeigen, daß nur 0,5 Prozent des benötigten Wassers aus dem Leitungsnetz bezogen werden. 95 Prozent werden über betriebseigene Wasserpumpen dem Grundwasser entnommen, 4,5 Prozent werden durch eigene Entnahme aus Flüssen oder Kanälen bezogen. Die Ergebnisse dieser Untersuchung sind vermutlich auch auf Bangkok übertragbar. Berechnungen zufolge werden dadurch im Großraum Bangkok circa 1,6 Millionen Kubikmeter Wasser täglich über nicht gemeldete Grundwasserpumpen den Industrieunternehmen zugeführt. Ursache hierfür sind offensichtlich weniger Engpässe oder Qualitätsmängel bei der Bereitstellung von Wasser durch die MWWA als vielmehr deutlich niedrigere Kosten durch die eigene Entnahme mittels Grundwasserpumpen.

2. Wasserverschmutzung und Abwasserentsorgung

Die Wasserverschmutzung des Maenam Chao Phraya hat in den letzten Jahren drastisch zugenommen: Die Schwermetallbelastung liegt z.B. mit 0,67 Milligramm Blei pro Liter circa 13mal, mit 0,006 mg Quecksilber dreimal und mit 0,3 Milligramm Kadmium sechsmal über den zulässigen Grenzwerten. In Fischen wurden Schwermetallgehalte nachgewiesen, die das 10 bis 20fache der Grenzwerte überschritten.

Die Probleme der Wasserverschmutzung sind eng verbunden mit der höchst mangelhaften Abwasserentsorgung. Die Abwässer der Haushalte, der Hotels und auch vieler, vor allem kleiner Industrieunternehmen werden nach wie vor zumeist ungereinigt in die Khlongs und den Boden eingelassen. Schätzungen zufolge entstehen täglich insgesamt 1,2 Millionen Kubikmeter Abwasser, von denen etwa 25 Prozent von Industrieunternehmen verursacht werden.

Die jährliche Erteilung der Betriebserlaubnis, um die alle privaten Unternehmen beim »Department of Industrial Works« (DIW) ersuchen müssen, ist offiziell an den Nachweis adäquater Abwasseraufbereitungsanlagen gebunden. Doch gerade die kleinen unter den insgesamt circa 27.000 Industrieunternehmen im Großraum Bangkok können aus Platz- und/oder Finanzgründen keine eigenen Anlagen errichten. Sie »entsorgen« das Abwasser illegal. Die Überreste des zunehmend funktionslos werdenden alten Khlongsystems dienen damit großenteils als Abwasser- und Abfallsammler. Schätzungsweise eine Million Menschen entnehmen den *Khlongs* jedoch bis heute das tägliche Brauchwasser zum Baden und Waschen, teilweise auch das Koch- und Trinkwasser. Untersuchungen zufolge wurden in den meisten *Khlongs* Viren nachgewiesen, die für Hepatitis A, Durchfall- und Hauterkrankungen verantwortlich sind.

178

Ein Khlong, ein Kanal, nahe der Pleonchid Road in Bangkok,
dient heute wie viele andere auch nur noch als Abwasser- und Abfallsammler.

Seit Beginn der 1980er Jahre stehen Kläranlagen zur Verfügung, die größten darunter in Onnuj, Rama 9 Road, Makkasam und Huai Kwang. Sie können jedoch nur einen kleinen Teil des Abwassers aufbereiten. Seit Anfang der 90er Jahre bemüht sich die Stadtverwaltung darum, die *Khlongs* von vermodernden Standgewässern in weniger verschmutzte Fließgewässer umzugestalten, z.B. in den Projekten Makkasam, Saensaep und Krung Kasem.

3. Wasser als Transportweg

Prozentual erfolgt in Bangkok der weitaus größte Teil des Personen- und Gütertransports über die Straße. Der traditionellen Beförderung auf dem Wasserweg in den peripheren Bereichen der Stadt kommt jedoch gerade für die sozial schwächere Bevölkerung große Bedeutung zu: Im Westen der Metropole und über den Maenam Chao Phraya hinweg existiert eine Vielzahl öffentlicher Fähr- und Bootsverbindungen; private Bootsunternehmer kommen hinzu. In dem Maße, wie Kanäle zugunsten des Baus von Straßen zugeschüttet werden, verringern sich jedoch gerade für die untersten Bevölkerungsschichten die Möglichkeiten dieses traditionellen, individuell nutzbaren Transportmittels. Bei zunehmenden Verkehrs-

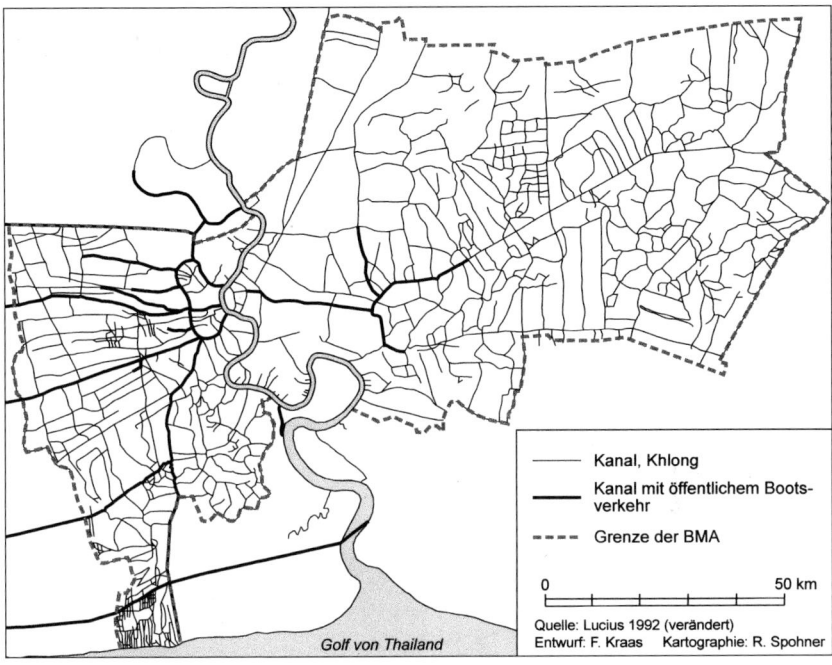

Kanal, Khlong

Kanal mit öffentlichem Boots-
verkehr

---- Grenze der BMA

0   50 km

Quelle: Lucius 1992 (verändert)
Entwurf: F. Kraas   Kartographie: R. Spohner

Golf von Thailand

Abb. 2: Kanalnetz und Bootsrouten in Bangkok 1992

staus und dem für ein Massenverkehrssystem unzureichend ausgebauten Busnetz
bieten sich auf den Wasserstraßen – noch – zeitsparende und kostengünstige Beför-
derungsmöglichkeiten, die besonders in den teils noch ländlichen westlichen und
den östlichen Peripherien Bangkoks genutzt werden (Abb. 2).

Einem (Wieder-)Ausbau des Khlongsystems zu einem Wasserstraßennetz steht
heute jedoch das Problem entgegen, daß viele Kanalstrecken durch Straßen unterbrochen und somit nicht mehr miteinander verbunden sind. Ein Ausbau und eine
stärkere Frequentierung der Wasserwege, insbesondere durch Motorboote, würde
nicht nur zu weiterer Verschmutzung der Gewässer führen, sondern auch erfordern, daß in den westlichen Stadtteilen mit traditionellen Kanalufersiedlungen viele Häuser abgerissen werden müßten, die vorwiegend von der Bevölkerung der
Unter- und der unteren Mittelschichten bewohnt werden.

4. Überschwemmungen, unregelmäßiger Abfluß
und Bodenabsenkungen

Bodenabsenkungen mit Beträgen zwischen 1 und 10 Zentimeter pro Jahr haben dazu geführt, daß während der Regenzeit große Flächen der Stadt überschwemmt
sind. Im östlichen Bangkok ist eine Bodenabsenkung von teilweise über 1,60 Meter

Der Durst der großen Städte

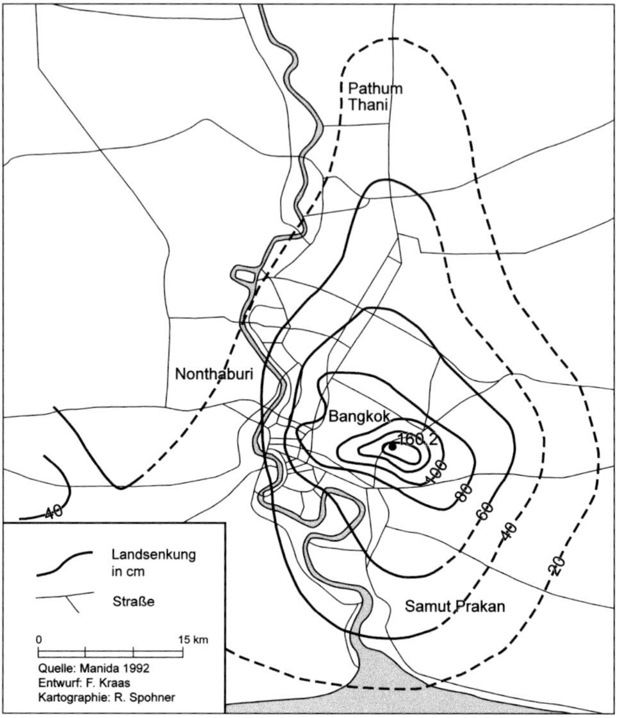

Abb. 3:
Landsenkung
in Bangkok
zwischen 1933
und 1987

während der letzten 50 Jahre zu verzeichnen (Abb. 3). Die Gründe für das Absinken des Bodens liegen in hoher Grundwasserentnahme durch private und öffentliche Brunnen sowie darin, daß der überwiegend lehmige Untergrund durch dichte Bebauung, insbesondere durch die steigende Zahl der Hochhäuser, stark zusammengepreßt wird. Mehrere großflächige und teils mehrmonatige Überschwemmungen während der letzten beiden Jahrzehnte behinderten den Verkehr stark. Die Schäden des Hochwassers von 1995 wurden auf circa 80 Millionen US$ geschätzt. Hinzu kommen die angesprochenen Probleme unregelmäßiger Wasserführung gerade während der trockenen Jahreszeit und während Trockenperioden, in denen Meeres- und Brackwasser bis zu 50 Kilometer ins Landesinnere vordringen können.

5. Wassermanagement und Wasserpolitik

Konflikte erwachsen besonders daraus, daß in Bangkok eine Vielzahl von Abteilungen verschiedener Verwaltungseinrichtungen unkoordiniert oft gleiche Aufgaben der Stadtplanung wahrnimmt. Da Planungsfragen der Hauptstadt vorrangig als nationale Aufgabe verstanden werden, sind Abteilungen fast aller Ministerien auch mit Aufgaben des Ressourcenmanagements in Bangkok betraut, ohne daß

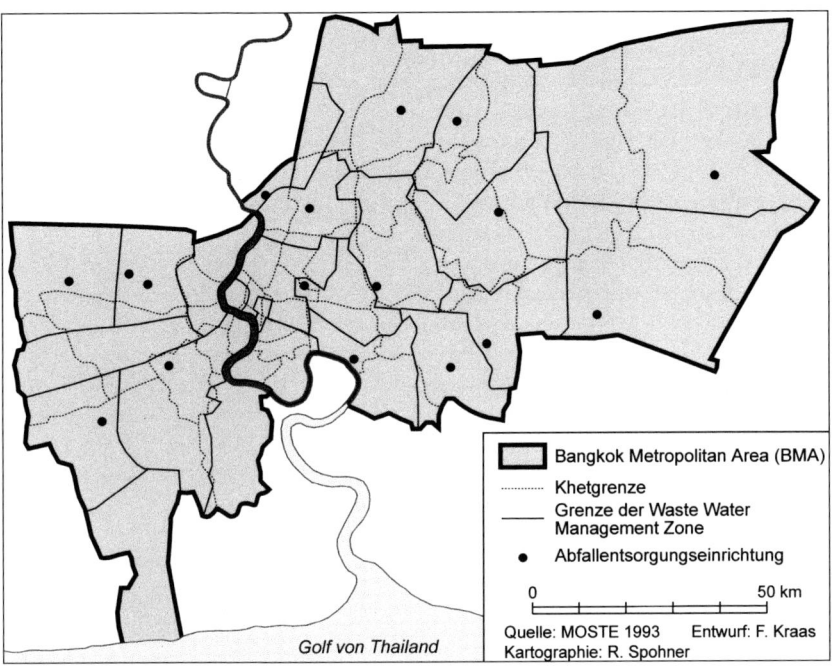

Bangkok Metropolitan Area (BMA)
Khetgrenze
Grenze der Waste Water
Management Zone
Abfallentsorgungseinrichtung

0   50 km

Golf von Thailand

Quelle: MOSTE 1993   Entwurf: F. Kraas
Kartographie: R. Spohner

Abb. 4: Waste Water Management-Zonen in Bangkok 1993

koordinierte Arbeitsteilung nach Zuständigkeitsbereichen vorgenommen wird. Auf diese Weise werden auch die einzelnen Problembereiche mit ihren Maßnahmenkatalogen kaum aufeinander abgestimmt und Raumeinteilungen nicht einheitlich definiert. Bei der räumlichen Abgrenzung der »Waste Water Management«-Zonen innerhalb Bangkoks fällt beispielsweise auf, daß die einzelnen Raumeinheiten in keiner Weise mit den Distriktgrenzen (Khetgrenzen) übereinstimmen (Abb. 4). Daten auf Khet-Ebene können daher nicht zur Lösung von Problemen des Wassermanagements verwendet werden.

Erschwerend kommt hinzu, daß für Bedarfsermittlungen, beispielsweise für die Trinkwasserversorgung in einzelnen Teilregionen der Metropole, keine verläßlichen Bevölkerungszahlen vorliegen. Außerdem fehlen das Personal, die Infrastruktur, zuweilen auch der politische Wille und die administrative Durchsetzungskraft, um die Wasserversorgung und -entsorgung der Industrieunternehmen effektiv zu erfassen und zu kontrollieren.

Anders sieht es bei der Hochwasservorsorge aus: Nach den schweren Überschwemmungen im Jahr 1983 wurden hohe Aufwendungen für den Aus- und Neubau von Vorsorge-Einrichtungen gegen Hochwasserereignisse erbracht, die weitgehend aufeinander abgestimmt sind. Die Errichtung von Binnendeichen, Pumpwerken, Poldersystemen und Flutbarrieren wurde begleitet vom Ausbau natürlicher und künstlich angelegter Speicher als Stau- und Ausgleichsbecken.

Der Durst der großen Städte

Ressourcenmanagement in Bangkok:
Bewertung und Lösungswege

In eine Bewertung des gegenwärtigen Wassermanagements in Bangkok müssen folgende Punkte eingehen: Versorgungsgrad, Versorgungsmenge und Zuverlässigkeit der Versorgung der Bevölkerung mit Trinkwasser und die Effektivität und Planungskompetenz der Behörden, die zuständig sind für regelmäßige Ver- und Entsorgung, Netzplanung und Katastrophenschutz.

Trotz des relativ hohen Versorgungsgrads der urbanen Bevölkerung ist Wasser mit dem rasanten Ausbau der Metropole seit 1987 zunehmend zum Engpaßfaktor geworden. Die in Marginalsiedlungen lebende Bevölkerung wird zugunsten der Ver- und Entsorgung von Büro- und Wohnhochhäusern, Hotels, Industrie- und Dienstleistungsgebäuden vernachlässigt (detaillierte Untersuchungen hierzu fehlen). Auch die Hochwasservorsorge konzentriert sich vorwiegend auf Stadtteile, in denen die Verwaltungs- und Wirtschaftszentren Bangkoks liegen, während die peripheren Gebiete weitgehend unberücksichtigt bleiben. Ein Grund hierfür sind knappe öffentliche Finanzen, so daß dem Boom Bangkoks im Bereich des Infrastrukturausbaus nicht angemessen begegnet werden kann.

Die zunehmenden Überlastungserscheinungen in Bangkok erzwingen – wenn Handlungsfähigkeit erhalten bleiben soll – neue Strukturen der Organisation, der institutionellen Umsetzung, der Planung und Kontrolle des Faktors Wasser. Ein besonderes Problem stellt die Tatsache dar, daß oft Problemlösungen gefunden werden, die mehr auf personengebundenen Entscheidungen innerhalb von Hierarchiestrukturen als auf sachbezogenen Lösungsstrategien beruhen. Ressourcenmanagement wurde durch zahlreiche Projekte der Entwicklungszusammenarbeit und der Technischen Hilfe unterstützt. Wichtiger sind jedoch zunächst interne verwaltungsbezogene Verbesserungen, der Ausbau inneradministrativer Netzwerke sowie die Formulierung und Durchsetzung verbindlicher rechtlicher Grundlagen und Richtlinienwerke. Unzureichendes Wassermanagement ist in Bangkok weniger ein technisches Problem als vielmehr eine Frage der Handlungsfähigkeit von Verwaltung und Organisation, die der rasanten Entwicklungsdynamik Bangkoks kaum gewachsen sind.

Wasser erhält damit eine weitere Dimension: Es wird zu einem Faktor der Instabilität für die Funktionstüchtigkeit einer Schaltzentrale. Dies betrifft nicht allein den Raum der Hauptstadt, sondern im Fall zentralistischer Staaten zugleich das politische und wirtschaftliche Zentrum des gesamten Staates. In Megastädten, überdies in solchen zentralistischer Staaten, besteht damit das Problem erhöhter Verwundbarkeit. Als hochverdichtete räumliche Systeme sind Megastädte überaus abhängig vom stabilen Funktionieren der Einrichtungen und Mechanismen zur Ver- und Entsorgung. Ein effektives und gerechtes Ressourcenmanagement wird damit zum Schlüsselfaktor der gesamtstaatlichen Entwicklung.

Die Beijinger Wasserkrise

Eva Sternfeld

»Die schwerste Wasserkrise seit der Staatsgründung« meldete die Beijinger Tageszeitung im August 1981. Infolge einer anhaltenden Dürreperiode waren die Wasservorräte der chinesischen Hauptstadt drastisch zurückgegangen. Allein in der ersten Hälfte des Jahres war der Grundwasserspiegel im Stadtgebiet um drei Meter gesunken, mehrere Brunnen der städtischen Wasserbetriebe mußten die Förderung einstellen. Die großen Stauseen im Norden Beijings lieferten kein Wasser mehr für die Landwirtschaft im Umland. Die Elektrizitätswerke, denen es an Kühlwasser fehlte, mußten die Stromproduktion einschränken.

Nicht nur die chinesische Hauptstadt litt unter der anhaltenden Trockenheit. Zur gleichen Zeit protestierte die Nachbarstadt Tianjin beim chinesischen Ministerpräsidenten dagegen, daß Beijing sie von der Versorgung durch das Miyun-Reservoir abgeschnitten hatte. Wegen des sich zuspitzenden Wasserkonflikts zwischen den beiden Stadtprovinzen trat der chinesische Staatsrat im August 1981 zu zwei Sondersitzungen zusammen. Der Hauptstadt wurde die alleinige Nutzung des Miyun-Reservoirs gestattet.

Beijings Wassernot hat dieser Beschluß offenbar kaum lindern können. Jahr für Jahr veröffentlichen in Beijing erscheinende Medien Meldungen in nahezu identischem Wortlaut:

— »Beijing now facing a water crisis«, *China Daily* 17.7.1987
 (»Beijing vor der Wasserkrise«)
— »Water shortage gets worse in Beijing«, *China Daily* 19.7.1988
 (»Wasserknappheit in Beijing verschärft«)
— »Beijing hit by severe drought«, *China Daily* 3.4.1989
 (»Beijing von ernsthafter Dürre bedroht«)
— »Drought grips the capital«, *China Environment News*, Mai 1994
 (»Die Dürre erreicht die Hauptstadt«)
— »Beijing faces severe water shortage«, *Xinhua News Agency* 27.4.1996
 (»Beijing vor ernsthafter Wasserknappheit«)

Die Wasserkrise, die in diesen Berichten wie eine Naturkatastrophe daherkommt, ist die Quittung für eine Entwicklung, die sich bislang wenig an den begrenzten Wasserressourcen der am Rande der nordchinesischen Tiefebene gelegenen Stadtregion orientiert hat. »Die Konsumentenstadt in eine Produzentenstadt verwandeln« lautete in den 50er Jahren die Vorgabe maoistischer Stadtentwicklungspolitik. Gemessen an den wirtschaftlichen Statistiken der Stadt wurde diese Forderung rundum erfüllt. Beijing ist heute nicht nur politisches und kulturelles Zentrum Chinas, sondern mit über 4.000 Industriebetrieben auch eine der wichtigen Industriebasen des Landes. Im Umland befinden sich äußerst produktive Agrarlandschaften, die einen Großteil der Versorgung der Stadt gewährleisten können. Seit 1949 hat sich die städtische Bevölkerung vervierfacht. Im Stadtgebiet und in den unter der Verwaltung der Stadt stehenden ländlichen Gebieten leben mittlerweile rund zwölf Millionen Menschen.

Mit dem Bevölkerungswachstum wächst der Druck auf die geringen Wasservorräte. Anfang der 90er Jahre betrug das nutzbare Wasserdargebot in Beijing mit 433 Kubikmeter pro Kopf und Jahr nur etwa ein Sechstel des chinesischen Durchschnitts, und es lag deutlich unter den 1.000 Kubikmetern, die nach internationaler Definition als Grenzwert für Wasserarmut gelten (s.a. Graphik S. 188).

Hinzu kommt, daß monsunbedingt die Niederschlagsintensität erheblichen Schwankungen unterworfen ist. Erinnert das langjährige Jahresmittel von 600 Millimeter Niederschlag auf den ersten Blick an mitteleuropäische Niederschlagsverhältnisse, so ist dabei doch zu vergegenwärtigen, daß der Durchschnittswert in Beijing in zwei Dritteln aller Jahre erheblich unter- bzw. überschritten wird. Ungünstig ist auch die jahreszeitliche Verteilung der Niederschläge: zu 75 Prozent gehen sie während der Sommermonate Juli und August nieder.

184

Beijing:
Fischefangen
im Stadtkanal.

Entsprechend der erheblichen Variabilität der Jahresniederschläge schwankt das nutzbare Wasserdargebot des Verwaltungsgebiets zwischen 3,3 Milliarden Kubikmeter in extremen Dürrejahren und bis zu 4,8 Milliarden Kubikmeter in regenreichen Jahren. Angesichts des begrenzten Dargebots leistet sich die Stadtregion einen geradezu verschwenderischen Umgang mit Wasser. Dabei werden die Grenzen der Nachhaltigkeit bereits deutlich überschritten. 1990 wurden 3,65 Milliarden Kubikmeter Wasser genutzt. Damit betrug der Wasserverbrauch deutlich mehr, als in extrem niederschlagsarmen Jahren als erneuerbares Dargebot zur Verfügung steht. Bis zur Jahrtausendwende könnten nach Schätzungen von Experten in solchen Jahren bis zu einer Milliarde Kubikmeter fehlen. Darüber hinaus hat die intensive Nutzung zu einer besorgniserregenden Schadstoffbelastung der Oberflächengewässer und Kontamination des Grundwassers geführt, die zu einer Bedrohung für das gesamte Ökosystem der Region werden können.

Aufgrund der Niederschlagsschwankungen bieten die Oberflächengewässer des Verwaltungsgebiets keine zuverlässige Wasserversorgung. Beijing bezieht daher drei Viertel seines Wasserbedarfs aus Grundwasser. Insbesondere in regenarmen Jahren wird dabei deutlich mehr gefördert, als sich erneuern kann. Dies hat zu einer starken Absenkung des Grundwasserspiegels geführt. Seit den 50er Jahren ist der Grundwasserstand im Stadtgebiet um durchschnittlich 18 Meter, stellenweise sogar über 30 Meter abgesunken. Es werden Bodenabsenkungen beobachtet, die

Schäden an Gebäuden und Straßen verursachen. Die Förderleistung der Trinkwasserbrunnen im Stadtgebiet ist erheblich zurückgegangen. Die Stadt ist daher darauf angewiesen, immer mehr Wasser aus immer größerer Entfernung zu beziehen. Seit Beginn der 80er Jahre wird Grundwasser aus dem Umland über eine 20 Kilometer lange Druckleitung nach Beijing geleitet Seit Ende der 80er Jahre wird die Trinkwasserversorgung auch verstärkt auf die Aufbereitung von zugeleitetem Oberflächenwasser umgestellt.

Bereits in den 50er Jahren wurden in Beijing große Summen investiert und ein hoher Aufwand an menschlicher Arbeitskraft mobilisiert, um den unzuverlässigen Abfluß der Oberflächengewässer zu regulieren und nutzbar zu machen. Erst mit dem Bau des Guanting-Reservoirs im Nordwesten des Verwaltungsgebiets Anfang der 50er Jahre wurde der ehedem unberechenbare Yongding-Fluß im Westen gezähmt. Die Hochphase des Beijinger Wasserbaus fällt in die Zeit des »Großen Sprungs« (1958–1960), als mehrere hunderttausend Einwohner beim Staudammbau eingesetzt wurden. In einer Rekordbauzeit von nur einem Jahr konnte 1960 der größte Stausee Nordchinas in Betrieb genommen werden: das 4,3 Milliarden Kubikmeter fassende Miyun-Reservoir, das im Nordosten Beijings den Chaobai-Fluß reguliert. Nach ursprünglichen Planungen war dieses Reservoir allerdings nicht vorrangig für die Wasserversorgung Beijings, sondern auch für die Versorgung der benachbarten Provinz Hebei und der Industriestadt Tianjin vorgesehen.

Landkreis Miyun (Beijing):
Wäschewaschen im
Bewässerungskanal.

Das Sorgenkind der Beijinger Wasserwirtschaft ist das ehemals 2,3 Milliarden Kubikmeter fassende Guanting-Reservoir. Daß es nach kaum 30 Betriebsjahren aus verschiedenen Gründen für die städtische Wasserversorgung faktisch bedeutungslos geworden ist, ist eine maßgebliche Ursache der Wasserkrise. Große Schlammfrachten, die der im Lößbergland entspringende Yongding-Fluß mitführt, lagern sich im Guanting-Reservoir ab und schränken seine Funktion zunehmend ein. Die Wasserentnahmen in den Gebieten oberhalb des Reservoirs sind gestiegen, so daß in dem Stausee heute nur noch ein Bruchteil der Wassermengen gespeichert werden kann, mit denen in den ursprünglichen Planungen kalkuliert worden war. Der drastische Abflußrückgang, die Verunreinigung des Guanting-Reservoirs und die schwindenden Grundwasservorräte zwangen während der Dürreperiode 1981 zu der eingangs erwähnten, per Staatsratsbeschluß durchgesetzten Umwidmung des Miyun-Reservoirs zum Trinkwasserspeicher. Damit kann dieses Reservoir seine ursprüngliche Funktion als Versorger der ländlichen Gebiete Beijings, der Landkreise der Nachbarprovinz Hebei und der Stadtregion Tianjin nicht mehr erfüllen. Das Krisenmanagement für die städtische Wasserversorgung der privilegierten Hauptstadt ist auf Kosten der Landkreise und Nachbarprovinzen im Südosten der Stadt Beijing gegangen, die Krise wurde vorerst weitergegeben.

Langfristig sind die Beijinger Wasserprobleme nach konventioneller Ansicht nur durch Zuleitung zusätzlicher Ressourcen lösbar. Der Juma-Fluß im Süden des Verwaltungsgebiets ist das einzige Gewässer, das in der Region noch für die städtische Wassernutzung erschlossen werden könnte. Der Bau des seit den 50er Jahren dort geplanten Zhangfang-Reservoirs ist bislang jedoch am Widerstand der angrenzenden Provinz Hebei gescheitert, die ebenfalls Ansprüche auf die Nutzung des Flusses erhebt.

Beijing: Ausgetrockneter Zufluß des Miyun-Stausees.

Dieser interprovinzielle Konflikt läßt erahnen, welch komplizierte wasserrechtliche Absprachen die Realisation eines großen provinzüberschreitenden Projekts voraussetzen würde, das ebenfalls seit den 50er Jahren immer wieder als Patentlösung für die Beijinger Wassernot lanciert wird. Die Aussicht, Wasser aus Chinas wasserreichem Süden in den wasserarmen Norden umzuleiten, verleitete von jeher dazu, die Entwicklung im Norden ohne Rücksicht auf den natürlichen Wassermangel voranzutreiben. Auch in den neuesten Entwicklungsplänen wird unter der Voraussetzung geplant, daß Beijing künftig einen erheblichen Teil seines Wassers über einen Kanal aus der mehr als 1.000 Kilometer entfernten Jangtse-Region beziehen wird. Das Projekt ist in China jedoch heftig umstritten: es würde hohe Kosten verursachen und technische Schwierigkeiten bereiten, die erforderliche Umsiedlung von mehreren hunderttausend Menschen würde eine hohe soziale Belastung mit sich bringen und die ökologischen Auswirkungen sind kaum kalkulierbar. Eine Genehmigung durch den Staatsrat steht noch aus. Zudem würde es mindestens ein Jahrzehnt dauern, bis das erste Jangtse-Wasser Beijing erreicht.

Verfechter nachhaltiger Strategien vertreten die Ansicht, daß sich das Wasserproblem auch anders lösen ließe. Wassermangel ist in Beijing nicht nur ein Problem physischer Knappheit, es ist vor allem auch ein Problem ineffizienter Nutzung. Der gegenwärtige ineffiziente und verschwenderische Umgang mit Wasser birgt möglicherweise so große Sparpotentiale, daß durch ihre konsequente Umsetzung die aufwendige und ökologisch riskante Fernversorgung verzichtbar würde. Die langjährige Ignorierung und Unterbewertung des Wassers als vermeintlich »freies Gut« trug dazu bei, daß in Beijing heute einerseits über Wassermangel geklagt wird, andererseits aber auch die knappe Ressource verschwendet oder unter ihrem Wert eingesetzt wird. Jahrzehntelang wurden den Verbrauchern nur geringe Pauschalen für die Wassernutzung abverlangt. Und auch heute liegen die Wasserpreise noch weit unter den Bereitstellungskosten.

Geringe Investionen der öffentlichen Hand verhinderten in der Vergangenheit, daß die zentrale Wasserversorgung dem Anspruch der umfassenden Versorgung gerecht werden konnte. Dies führte dazu, daß zahlreiche Betriebe und Institutionen

187

Beijing: Kanal hinter dem Sommerpalast.

ihre eigenen Brunnen anlegten. Über 2.000 solcher Eigenwasserversorgungsanlagen im Stadtgebiet förderten zu Beginn der 90er Jahre 40 Prozent des städtischen Wasserverbrauchs. Die schwer zu kontrollierende Förderung durch betriebseigene Brunnen ist eine maßgebliche Ursache für die rapide Absenkung des Grundwasserspiegels im Stadtgebiet.

Das Abwasserrecycling ist jahrzehntelang vernachlässigt worden. Anfang der 90er Jahre standen in Beijing zwei mechanische Klärwerke und ein kleineres biologisches Klärwerk zur Verfügung, die insgesamt lediglich 6,6 Prozent der anfallenden Abwässer behandeln konnten.

Große Wassermengen könnten bei der Landwirtschaft im Umland der Stadt eingespart werden, die mehr als die Hälfte des in Beijing genutzten Wassers zur Bewässerung einsetzt – das sind rund zwei Milliarden Kubikmeter. Bewässerungslandwirtschaft hat sich erst in den letzten 30 Jahren in der Region durchgesetzt. Traditionell wurden vorrangig trockenheitsresistente Getreide, wie Gaoliang (Sorghum) und Hirse angebaut. Die Erträge reichten freilich kaum aus, um die wachsende Stadt zu versorgen. Als sich die maoistische Entwicklungspolitik unter dem Eindruck der schweren Hungersnot – sie forderte zu Beginn der 60er Jahre in China landesweit 30 Millionen Todesopfer – ausdrücklich auf die Agrarentwicklung und Ernährungssicherung konzentrierte, fand auch im Umland Beijings eine »Grüne

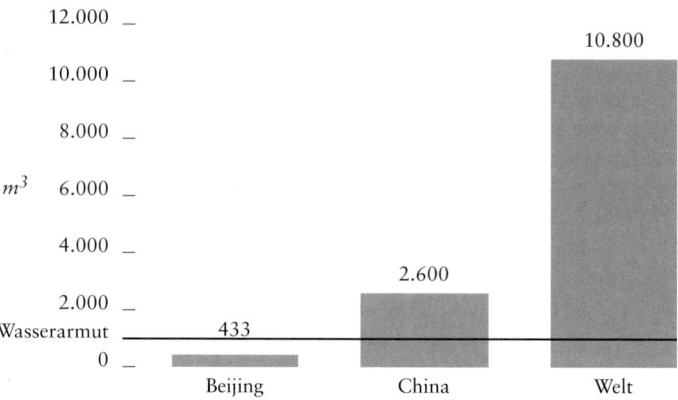

12.000 _

10.000 _

8.000 _

m^3 6.000 _

4.000 _

2.000 _

Wasserarmut _____ 433

0 _

| Beijing | China | Welt |

2.600

10.800

188

*Verwaltungsgebiet Beijing: Wasserdargebot pro Kopf und Jahr
im Vergleich zu China und der Welt 1990 (Graphik: Sternfeld)*

Revolution« statt. Inzwischen hat sich die Beijinger Landwirtschaft fast durchgängig auf Bewässerung und den wasserintensiven Anbau von Weizen, Reis und Gemüse umgestellt. Im Vergleich zu den 50er Jahren können heute bis zu fünfmal höhere Erträge erwirtschaftet werden. Es stellt sich allerdings die Frage, wie lange sich Beijing noch eine hoch subventionierte Bewässerungslandwirtschaft leisten kann. Eine Anhebung des Wasserpreises für ländliche Nutzung wäre Anreiz, die Bewässerungsverfahren zu optimieren, z.B. durch Ersatz der üblichen Furchenbewässerung, durch Beregnung und Tröpfchenbewässerung, die nach internationalen Erfahrungen den Wasserbedarf erheblich verringern. Die Umstellung auf den Anbau wassergenügsamerer Kulturen könnte ebenfalls Einsparungen bringen, z.B. der Anbau von Reissorten, die mit unterbrochener Bewässerung statt mit Dauerbewässerung gedeihen.

Mit Rücksicht auf die Nahrungsmittelpreise waren die Beijinger Behörden bislang sehr zögerlich, auf den immensen Wasserkonsum der Landwirtschaft regulierend einzuwirken. Dagegen ist es in den letzten Jahren vergleichsweise erfolgreich gelungen, den industriellen Wasserverbrauch durch Rationierung der Wasserzuteilung, Erhöhung der Wasserpreise und strengere Auflagen für den Bau von betriebseigenen Brunnen zu senken. Zu Beginn der 90er Jahre nutzte die Beijinger Industrie allerdings noch immer rund 900 Millionen Kubikmeter Frischwasser. Im Zuge technischer Modernisierung und Strukturwandel sind in diesem Bereich noch große Einsparungen möglich. Viele der Beijinger Betriebe, darunter ein sehr hoher Anteil Schwerindustrie, wurden in den 50er Jahren gebaut und haben einen im Verhältnis zur Produktivität sehr hohen Wasserverbrauch. Die Effizienz der Kühlkreisläufe in Beijinger Betrieben ist, wo es sie überhaupt gibt, ausgesprochen niedrig.

Der Wasserverbrauch im Haushaltsbereich macht aufgrund der eher einfachen Wohnverhältnisse und sanitären Einrichtungen bislang dem geringsten Anteil in der Beijinger Wasserbilanz aus. Immerhin wird jedoch der durchschnittliche Wasserverbrauch privater Haushalte, die inzwischen mit Wasserzählern ausgestattet

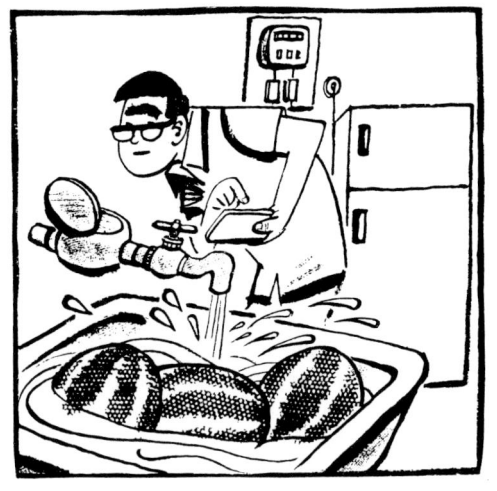

» Wenn man die beiden
Zähler vergleicht,
ist es immer noch billiger,
mit Wasser zu kühlen. «
Xu Jin, aus:
Jingji Ribao 12. Juni 1988

sind, auf etwa 100 bis 120 Liter pro Kopf und Tag geschätzt. In Wohnheimen und Institutionen, wo der Wasserverbrauch nicht von den individuellen Nutzern gezahlt werden muß, wurde sogar ein Pro-Kopf-Verbrauch von bis zu 1.000 Litern am Tag gemessen. Sehr viel Wasser geht durch defekte und schlecht instandgehaltene Leitungssysteme, WCs und Duschen verloren. Wassersparende Technologien im Haushaltsbereich, wie sparsame WC-Spülungen, sind in Beijing bislang kaum verbreitet.

Voraussetzung für eine effizientere Wassernutzung wäre der Aufbau einer handlungsfähigen Wasserverwaltung, die in der Lage ist, die notwendige Öffentlichkeitsarbeit und die Implementierung beschlossener Maßnahmen und Gesetze zu gewährleisten. Gegenwärtig ist die Verwaltung der Wasserressourcen auf zahlreiche Behörden und Kommissionen verteilt, die sehr unterschiedliche Schwerpunkte und Interessen vertreten und sich offensichtlich nur schwer koordinieren können. Die Zuständigkeiten der einzelnen Stellen sind verwirrend und selbst für die dort Beschäftigten oft schwer zu durchschauen.

» Bitte ... es ist alles für Sie aufgedreht! «
Ye Chunyang, aus: Beijing Wanbao 21. Mai 1988

Der Durst der großen Städte

Angesichts der sich zuspitzenden Wasserprobleme ist die Beijinger Stadtregierung im Zugzwang. Der Erhalt der ökologischen Systeme wie auch die Fortsetzung des wirtschaftlichen Aufschwungs – und zwar nicht nur der Stadt und ihres ländlichen Umlands, sondern auch ihrer Nachbarn, der Provinz Hebei und der Stadtregion Tianjin – wird maßgeblich davon abhängen, ob es in Beijing gelingt, zu einer Entwicklungspolitik zu gelangen, die an der nachhaltigen Wassernutzung orientiert ist. Die Reform der bisherigen Wasserpreispolitik und offenere Märkte könnten den Wert des Wassers als Wirtschaftsgut heben und Anreiz sein, Verschwendung und ineffiziente Nutzung einzudämmen. Die Schaffung marktwirtschaftlicher Anreize allein reicht jedoch nicht aus, um zu einer nachhaltigen Wasserwirtschaft zu gelangen. Sie fordert auch eine ökologische Sensibilisierung der Gesellschaft und eine Veränderung der Verhaltensnormen im Umgang mit Wasser. In Beijing kann von entscheidender Bedeutung sein, ob der Zugang zu Informationen und die Einfluß- und Kontrollmöglichkeiten durch die Öffentlichkeit verbessert werden.

190

Karachi – Wasserkrise am Arabischen Meer

Imtiaz Gul

Nach einer jüngsten Studie des Bevölkerungsfonds der Vereinten Nationen von 1996 wird Karachi zu Beginn des 21. Jahrhunderts mit voraussichtlich bis zu 20 Millionen Menschen die siebtgrößte Stadt der Welt sein. Damit wird Pakistans wirtschaftsstärkste Metropole am Arabischen Meer um das Jahr 2015 mehr Einwohner haben als Beijing oder New York. Die derzeitige jährliche Bevölkerungszuwachsrate beträgt 5 Prozent und liegt damit über dem landesweiten Durchschnitt für das städtische Bevölkerungswachstum von 4,5 Prozent.

Verschiedene Regierungs- und Nichtregierungsorganisationen schätzen Karachis derzeitige Bevölkerung auf etwa 12 Millionen Menschen. Die Hauptursache für den raschen Bevölkerungszuwachs ist die Abwanderung der ländlichen Bevölkerung in die Industriezentren auf der Suche nach besseren Arbeits- und Verdienstmöglichkeiten. Der Hafen, der jährlich mehr als 25 Millionen Tonnen Import- und Exportgüter abfertigt und die großen Industrieanlagen (Textilien, Eisen und Stahl, Konsumgüter, Elektrogeräte, Pharmaka) ziehen Tausende Arbeitsuchende aus allen Teilen des Landes an.

Die multi-ethnische Bevölkerung setzt sich zusammen aus Urdu-sprechenden Mohajirs aus Indien, Punjabis, Pathanen, Sindhis, Belutschen und vielen anderen. Sie leben in einer Vielzahl großer und kleinerer Wohnviertel, die über ganz Karachi verteilt sind, darunter auch zahlreiche Slums. In diesen Vierteln leben vor allem arme Immigranten, die sowohl aus Pakistan als auch aus Bangladesch, Nepal und Sri Lanka stammen.

Die rasche und teilweise planlos verlaufende Ausdehnung der Stadt und die Bevölkerungszunahme führen nicht nur zu wirtschaftlichen Problemen, sondern auch zu Wasser- und Stromknappheit. Häufig gehen die Einwohner auf die Straße, um gegen Wassermangel und fehlenden Strom zu protestieren, denn die Kluft zwischen Nachfrage und tatsächlicher Versorgung mit beiden Gütern ist eklatant. Der Wasserbedarf Karachis beträgt etwa 2,25 Milliarden Liter pro Tag. Das für die Wasserversorgung der Stadt zuständige »Karachi Water and Sewerage Board« (KWSB) kann der Bevölkerung aber nur etwas mehr als 1,6 Milliarden Liter Wasser täglich zur Verfügung stellen.

Die Ursachen für die Wasserknappheit Karachis liegen nach Aussage von KWSB-Beamten zum Teil an dem lückenhaften Verteilungssystem, an defekten Wasserleitungen und Wasserreservoiren sowie an Wasserkläranlagen, die nicht einwandfrei arbeiten. Insbesondere in den Sommermonaten Juni und Juli, in denen Karachis Wasserbedarf am höchsten ist, bricht das nicht auf die erforderlichen Kapazitäten ausgelegte und mangelhaft gebaute Wasserverteilungsnetz häufig zusammen. Zu diesen logistischen Schwierigkeiten kommt das Problem, daß ein Teil der Bevölkerung die städtischen Wasserleitungen zerstört, um mit Hilfe von Eimern oder angeschlossenen elektrischen Wasserpumpen den eigenen Wasserbedarf zu decken. Durch diese illegale Praxis kann die Wasserversorgung der Haushalte, die an das kommunale Wasserverteilungsnetz angeschlossen sind, nicht aufrechterhalten werden. Auch der häufige Zusammenbruch der Stromversorgung in Karachi und der damit einhergehende Ausfall der elektrisch betriebenen Wasserpumpanlagen trägt zur unzureichenden Versorgung der Haushalte mit Wasser bei. Schließlich führen die schlechten Materialien der Wasserleitungen beim Transport des Wassers zu umfangreichen Sickerverlusten.

Experten rechnen damit, daß sich die Kluft zwischen Wasserangebot und -nachfrage auch künftig vergrößern wird. Bis zum Jahr 2000 wird das Wasserangebot zwar auf 2,7 Milliarden Liter pro Tag angestiegen sein, die Nachfrage aber wird zum gleichen Zeitpunkt 3,7 Milliarden Liter betragen, so daß Karachi täglich etwa eine Milliarde Liter Wasser zur Versorgung der Bevölkerung fehlen wird.

Die Asiatische Entwicklungsbank und die Weltbank beteiligen sich neben anderen Organisationen derzeit an Programmen zur Bekämpfung des Wasserproblems in Karachi. Sie setzen dabei vor allem auf die Ausbildung des technischen Personals, das für den effektiven Auf- und Ausbau von Wasserleitungen und für die sachgerechte Wartung der bestehenden Leitungen geschult wird.

Das Wasserversorgungsnetz Karachis wird derzeit ausgebaut. Doch es ist abzusehen, daß auch diese Anstrengungen nicht ausreichen werden. Um der enormen Nachfrage zu genügen, bräuchte die öffentliche Hand immense Geldmittel, die in Pakistan jedoch im Militärhaushalt gebunden sind. Derzeit liegt ein Plan vor, über eine Entfernung von 160 Kilometern rund eine halbe Milliarde Liter Wasser pro Tag aus dem Indus zu gewinnen und Karachi zuzuführen. Ein weiterer Lösungsvorschlag besteht darin, die vielfach leckgeschlagenen Wasserleitungen instandzusetzen, wodurch sich der tägliche Wasserverlust um mehr als 200 Millionen Liter Wasser reduzieren würde. Außerdem bemüht sich das »Karachi Water and Sewerage Board« um direkten Kontakt zu den Verbrauchern: sie sollen für die Probleme der Wasserversorgung sensibilisiert werden, und durch einen sparsameren Umgang mit

Trinkwasser ihren individuellen Wasserverbrauch einschränken. Eine flankierende Maßnahme ist die langsame Erhöhung der jedoch bereits jetzt recht hohen Wasserpreise, um Wasserverschwendung entgegenzuwirken. »Neben der Umsetzung dieser Maßnahmen muß die Regierung die Realisierung bereits längerfristig laufender Projekte sicherstellen«, warnt Haleem Siddiqi, Parlamentarier aus Karachi, »denn sonst könnte das Wasserproblem in nur wenigen Jahren für die Behörden, vor allem aber für die Bevölkerung äußerst kritisch werden.«

Wasser in Seoul – Stadtentwicklung und Lebensqualität

192

Valéry Gelézeau

Selten steht Wasser im Mittelpunkt stadtgeographischer Untersuchungen. Stattdessen nähern sich die meisten Studien dem Phänomen Wasser aus einer historischen Perspektive. Sie betonen die große Bedeutung der Flüsse für Siedlung, Stadtstruktur und Stadtmorphologie. In Seoul beispielsweise stellen der Han und seine Nebenflüsse einen bedeutenden Entwicklungsfaktor dar. Doch der Thematik Wasser sollte man sich mit einem umfassenderen Ansatz nähern: der gesamte Wasserkreislauf von der Quelle bis zum wiederaufbereiteten städtischen Abwasser sollte berücksichtigt werden. Die Beziehungen zwischen diesem Kreislauf und der Stadtplanung bzw. -entwicklung sind zu analysieren – Versorgungsengpässe beim Trinkwasser können beispielsweise den Ausbau von Wohnvierteln beeinträchtigen.

In diesem Beitrag wird der Aufbau der städtischen Wasserversorgung und das Abwassernetzwerk der Stadt Seoul dargestellt. Grundlage hierfür sind empirische Beobachtungen und die Analyse von Gesprächen mit Vertretern der Stadtverwaltung und mit Bürgern Seouls. Im Mittelpunkt stehen danach das Management dieses Netzwerkes, die städtischen Planungsbehörden sowie die Beziehungen und die Koordination zwischen den verschiedenen Instanzen, die mit der Wasserversorgung beauftragt sind. Schließlich werden aktuelle Veränderungen in der staatlichen Verwaltung beleuchtet und in Beziehung zum Wandel in der Einstellung der koreanischen Bevölkerung gegenüber Umweltproblemen gesetzt.

Wasserkreislauf in Seoul:
Aus dem Han ... zurück in den Han

In Korea wird Wasser ausschließlich von staatlichen Behörden verwaltet, namentlich von der »Korean Water Resources Corporation« (KOWACO). Sie macht das Wasser den lokalen Behörden verfügbar. Diese Behörden übernehmen auf ihrem jeweiligen Verwaltungsgebiet die Abwasserentsorgung. Auf diese Weise ist auch die

Wasserversorgung von Seoul geregelt. Die Stadt ist in der Lage, den Verbrauchern Wasser zu sehr niedrigen Kosten anbieten zu können.

Am Beginn des Wasserkreislaufs steht der Han. Der größte Teil des Wassers für die Versorgung von Seoul wird hauptsächlich an zwei Stellen des Flusses entnommen: eine ist der P'aldang-Damm, der flußaufwärts außerhalb des Stadtgebietes liegt. Der Damm ist im Besitz und im Betrieb der KOWACO und deckt 28 Prozent des städtischen Wasserbedarfs. Die verbleibenden 72 Prozent werden dem Han nahe der Chamsil-Brücke entnommen und vom Amsa-Komplex zur Ttukto Pongwang Tong Pumpstation geleitet.

Die Seouler Wasserwerke versorgen die Stadt mit lokalem Wasser aus neun Aufbereitungs- und Kläranlagen, die über das Stadtgebiet verstreut liegen. Die Verwaltung dieser Anlagen ist dezentralisiert und erfolgt durch kleinere Wasserbehörden, die auf lokaler Ebene Anlagen von zwei oder drei *ku*, den kleinsten Verwaltungseinheiten, betreiben.

Gemäß der offiziellen Statistik beträgt die Wasserversorgungsrate der Bevölkerung 99,9 Prozent. Die Identifikation der 0,1 Prozent der Bevölkerung, die nicht an die öffentliche Wasserversorgung angeschlossen sind, erwies sich als überaus zeitraubend. Bei diesen Personen handelt es sich hauptsächlich um Bewohner von Slum-Siedlungen, wie etwa Kaep'o Tong im Distrikt Nr. 571 in Kangnam. Die Versorgung dieser Menschen erfolgt ausschließlich durch Grundwasser.

Die Aufbereitung des Abwassers bzw. des Schmutzwassers erfolgt durch die »Sewage Treatment Division« der Stadtverwaltung von Seoul. Diese Abteilung betreibt die vier Klär- und Wasseraufbereitungsanlagen in Chungnang und T'anch'on im Osten der Stadt, sowie in Nanjido und Kayang im Westen von Seoul. Das behandelte Wasser wird nach Durchlaufen der Anlagen in den Han zurückgeleitet, und der Kreislauf ist geschlossen.

Zwei Aufgaben hat die städtische Behörde privaten Unternehmen übertragen: die Trockenlegung der septischen Wasserbecken und das Sammeln der nächtlichen Rückstände aus den traditionellen koreanischen Toiletten.

Dieser grobe Überblick über das Wassermanagement in Seoul scheint den Schluß zuzulassen, daß unter einem rein quantitativen Gesichtspunkt die Wasserversorgung und Abwasserentsorgung für die Bevölkerung in befriedigender Weise gelöst ist. Außerdem sind die Kosten für die Nutzer äußerst günstig. Doch eine genauere Prüfung zeigt, daß es beim Management des Wasserkreislaufs in seiner Beziehung zur Stadtplanung und -entwicklung ein Schlüsselproblem gibt.

193

Management des Wasserkreislaufs und städtische Entwicklung in Seoul

Das Management des Wasserkreislaufs ist in zeitlicher und räumlicher Hinsicht hochgradig fragmentiert, obwohl es den staatlichen Behörden untersteht. Verschiedene Institutionen sind mit verschiedenen Abschnitten des Wasserkreislaufs betraut: Die KOWACO betreibt den P'aldang-Damm. Das Wasserwerk Seoul übernimmt die Verteilung des lokalen Wassers. Der Behörde zur Abwasseraufbereitungs obliegt die Behandlung des Schmutzwassers. Jede dieser drei Institutionen hat einen anderen Status und ist in unterschiedlichem Maß von der Stadtverwaltung Seouls abhängig:

Die KOWACO (*Han'guk Sujawon Kongsa*) ist eine Körperschaft des öffentlichen Rechts, die unter Aufsicht des Bau- und Transportministeriums (MOCT) arbeitet. Ihr Aufgabenbereich reicht vom Bauen, Betreiben und Unterhalten aller Multifunktions-Staudämme des Landes bis hin zur Entwicklung neuer Städte und Industriekomplexe.

Die Wasserwerke von Seoul (*Sangsudo Saòp Ponbu*) sind der Stadtverwaltung angegliedert, wenngleich sie ein eigenes Budget haben und sie zur Finanzierung ihrer eigenen Entwicklung Obligationen zeichnen dürfen, um so ihr Grundkapital zu erhöhen.

Die Abwasseraufbereitungsbehörde (*Sòulsi Hasu Ch'òri*) ist eine Abteilung der Stadtverwaltung und besitzt keine finanzielle Autonomie. Sie ist daher in hohem Maße von der übergeordneten städtischen Regierung abhängig.

Diese Unterschiede in Status und Budgetregularien scheinen zunächst nebensächlich zu sein, doch sie haben problematische Konsequenzen: Die Seouler Stadtverwaltung hat keine Autorität über die KOWACO, die jedoch ihrerseits durch ihr Aufsichtsmandat über den P'aldang-Damm den Wasserstand des Han kontrolliert und damit Quantität und Qualität des Frischwassers bestimmt, das die städtischen Wasserwerke der Bevölkerung zuleiten.

Die unzureichenden Kontrollmöglichkeiten der Stadtverwaltung führen auch an anderer Stelle zu Problemen: Die Nutzung und die Entsorgung der lokalen Wasservorräte wird nahezu ausschließlich von der Stadtverwaltung Seouls betrieben und kontrolliert. Ihrer Kontrolle entzieht sich jedoch industriell oder landwirtschaftlich genutztes Wasser. Obwohl die Yòngdùnp'o-Aufbereitungsanlage in ihrem Gebiet große Mengen Industriebrauchwasser bereitstellt, nutzen viele Fabriken (insbesondere im Stadtteil Sanggye Tong) Grundwasser, dessen Qualität und Quantität von den städtischen Behörden nicht kontrolliert werden können. Darüberhinaus wird Abwasser, das in der Industrie und Landwirtschaft entsteht, nicht den Standards entsprechend behandelt. Obwohl der Stadtverwaltung bekannt ist, daß viele Fabriken ungeklärte Abwässer zu Beginn der Regenzeit in den Han einleiten, stehen ihnen keine wirksamen Kontrollmechanismen zur Bekämpfung dieser Praxis zur Verfügung.

Die Seouler Wasserwerke erstellen ihre Entwicklungspläne entsprechend den Rahmenvorgaben des übergeordneten »City Master Plan«. Die Tatsache aber, daß die Planung der Wasserwerke sich nahezu ausschließlich daran orientiert, der quantitativen demographischen und Gebietszunahme zu entsprechen, rückt dieses Verhältnis in den Vordergrund der Betrachtung. Auch eine Überprüfung der Karte des Wasserentsorgungsnetzwerkes, das einen wichtigen Bezirk nicht einschließt, zeigt, daß die Koordinierung verbesserungsbedürftig ist. Das rapide Wachstum Seouls erschwert eine langfristig konzipierte Planung und Umweltpolitik außerordentlich. Wie verändert sich dieser Sachverhalt derzeit in Korea?

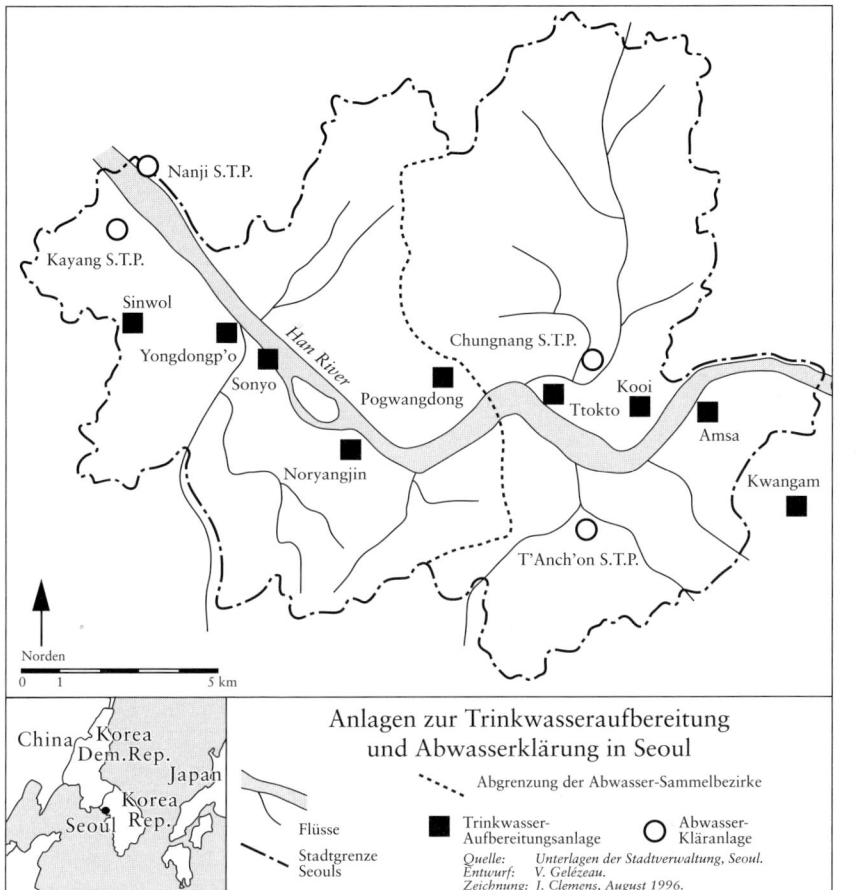

Nanji S.T.P.

Kayang S.T.P.

Sinwol

Yongdongp'o

Han River

Sonyo

Pogwangdong

Chungnang S.T.P.

Kooi

Ttokto

Amsa

Noryangjin

Kwangam

T'Anch'on S.T.P.

Norden

0   1   5 km

China Korea
        Dem.Rep.
                Japan
        Korea
Seoul Rep.

Flüsse

Stadtgrenze
Seouls

Anlagen zur Trinkwasseraufbereitung und Abwasserklärung in Seoul

Abgrenzung der Abwasser-Sammelbezirke

Trinkwasser-
Aufbereitungsanlage

Abwasser-
Kläranlage

Quelle: Unterlagen der Stadtverwaltung, Seoul.
Entwurf: V. Gelézeau.
Zeichnung: J. Clemens, August 1996.

In Zukunft mehr Beachtung der Lebensqualität?

Die Bewohner von Seoul empfinden ihre Stadt als übermäßig verschmutzt und meinen, lediglich die Bewohner von Bangkok und Taipei hätten unter einer noch größeren Umweltverschmutzung zu leiden. Die Verschmutzung der Luft beklagen die Bewohner Seouls an erster Stelle. Dies mag mit der Nutzung des sogenannten *ondol*-Heizsystems zusammenhängen: dieses koreanische Heizsystem, das in etwa einer Fußbodenheizung entspricht, ist zwar im Verschwinden begriffen, doch 1988 existierte es noch in 33 Prozent aller Haushalte, 1990 noch in 20 Prozent.

Mit Blick auf das Trinkwasser zeigt eine kürzlich veröffentlichte Studie des »Nationalinstituts für Gesundheit und Sozialwesen« das geringe Vertrauen, das die Bewohner in ganz Korea Leitungswasser entgegenbringen: weniger als vier Prozent aller Koreaner trinken Wasser direkt aus der Leitung.

Der Durst der großen Städte

Die öffentliche Verwaltung hat die Notwendigkeit erkannt, die Qualität der Wasserversorgung zu verbessern. Zentrale Aufgabe ist es, die in vielen Stadtteilen veralteten Leitungen zur Wasserversorgung und Wasserentsorgung zu ersetzen. So stellten die Wasserwerke von Seoul beispielsweise fest, daß bis zu 20 Prozent des bereitgestellten Trinkwassers durch Leitungsschäden verloren gingen. Der altersmäßig bedingt schlechte Zustand der Hauptversorgungsleitungen steht ferner im Zusammenhang mit dem zu geringen Wasserdruck im gesamten Netzwerk. Die Nutzer sind gezwungen, Wasserbehälter und Tanks zu benutzen, die charakteristisch für das Stadtbild Seouls geworden sind.

Mit Blick auf das Abwasser läßt sich aufgrund der zu alten Leitungen sowie der unzureichenden Entwicklung des Abwassernetzwerkes der künftige Bau von Auffangbehältern vorhersagen. Die Modernisierung des Netzwerks zur Wasserversorgung und Wasserentsorgung muß von einer darauf abgestimmten Umweltpolitik begleitet sein.

Verschiedenen Studien zufolge existiert ein Zusammenhang zwischen dem durchschnittlichen Einkommensniveau und dem Umweltbewußtsein einer Bevölkerung: ab einem Bruttosozialprodukt von mehr als 10.000 US $ pro Einwohner gewinnen Umweltpolitik und -bewußtsein an Bedeutung. Diese These scheint sich in Südkorea zu bestätigen: das koreanische Bruttosozialprodukt hat zwischenzeitlich 10.000 US $ pro Einwohner erreicht, und gleichzeitig gibt es Anzeichen, daß sich die Haltung der Koreaner gegenüber der Umwelt positiv verändert hat. In den vergangenen Jahren wurden in Korea einige politische Maßnahmen zur Müllpolitik und zum Recycling von Müll und Schmutzwasser durchgeführt. Außerdem entstanden Forschungsprogramme, die sich mit dem Gebrauch und der Qualität von Grundwasser befaßten.

Auch auf staatlicher Ebene gab es Veränderungen. So wurde beispielsweise ein Umweltministerium eingerichtet, wenngleich es sich dabei bis 1992 nur um ein Regierungsbüro handelte. Ferner wurde diesem neuen Umweltministerium eine Reihe von Aufgaben übertragen, die vormals dem mächtigen Bauministerium, seit 1994 dem MOCT, unterstanden. Die Bedeutung der lokalen Autoritäten wächst ebenfalls. Mit der im Juni 1995 verwirklichten lokalen Autonomie sind die gewählten Bürgermeister verpflichtet, ihre Politik nicht nur gegenüber der an effizienten Ergebnissen interessierten Zentralregierung zu rechtfertigen, sondern auch gegenüber den Bürgern, denen an höherer Lebensqualität gelegen ist.

Die Analyse des Wasserkreislaufmanagements und seiner Beziehung zur Stadtplanung und -entwicklung zeigt einige der Hauptprobleme Seouls: Quantitative Zielvorgaben dominieren qualitative Zielvorgaben, die Koordination zwischen verschiedenen Organisationen ist unzureichend, und das Vertrauen der Bevölkerung gegenüber der öffentlichen Wasserversorgung ist gering.

Diese Probleme mögen darauf zurückzuführen sein, daß die Beschäftigung mit der Umwelt bisher zugunsten eines sehr starken Interesses an wirtschaftlicher Entwicklung und Effizienz eher vernachlässigt wurde. Doch die aktuellen Veränderungen in den staatlichen Verwaltungen (Aufwertung der lokalen Autonomie) und in der Regierung (Einrichtung eines Umweltministeriums als Gegengewicht zu dem übermächtigen Bau- und Transportministerium) stehen im Zusammenhang mit einem wachsenden Interesse der koreanischen Bevölkerung an Umweltfragen. Alle derzeitigen Veränderungen deuten auf einen Prioritätenwechsel in der sozioökonomischen Entwicklung Koreas hin.

Nicht nur für Seoul, sondern für das gesamte Land, folgt auf die Phase einer rapiden und traumatischen gesellschaftlichen Transformation jetzt eine neue Herausforderung: Lebensqualität darf sich nicht länger nur über wirtschaftliches Wachstum definieren, sondern der verantwortliche und bewußte Umgang mit der Umwelt muß verstärkt miteinbezogen und als Maßstab für eine menschliche Stadtplanung und -entwicklung anerkannt werden.

_____ »*Tokyo no mizu*« – »Das Wasser von Tokio«

Richard Pestemer

Shintô und die Reinheit des Wassers

Die japanische Urreligion, der Shintô – der »Weg der Götter« – weist im Unterschied zu den meisten anderen Religionslehren kein Lehrgebäude auf und lehrt auch keine Dogmen. Aber jeder Kultstätte des Shintô nähert man sich nur im Zustand körperlicher und geistiger Reinheit durch Waschungen.

Dieser Grundzug des Shintoismus ist, mehr oder weniger bewußt wahrgenommen, in vielen Alltagshandlungen der modernen Japaner erhalten geblieben. Das heiße Sitzbad im japanischen *o-furo* genießen heute die modernen japanischen Familien – Kleinstfamilien von durchschnittlich weniger als vier Personen – ebenso wie früher die vielköpfige Großfamilie. Das besondere beim *o-furo*-Baden ist, daß man sich gründlich reinigt, bevor man in die Sitzbadewanne steigt, und daß nicht nur eine Person das Bad benutzt, sondern nacheinander die gesamte Familie. Dadurch wird kostbares Wasser gespart, aber dennoch den shintoistisch geprägten Vorstellungen im Alltagsverhalten entsprochen. Die ausgeprägten Reinigungsvorstellungen haben sich gehalten, aber die Badbenutzung hat sich – bestimmt durch den modernen Lebensrhythmus – individualisiert. Die Anzahl der *o-furo*-Badeeinrichtungen in den kleinen, oftmals engen Appartementbauten hat daher erheblich zugenommen.

Die Minamata-Katastrophe

In diese vom Shintoismus beeinflußte Welt der Reinheit brach mit ungeheurer Gewalt der Industrialismus westlicher Prägung ein. Die Minamata-Quecksilbervergiftungen stehen synonym für die katastrophalen Folgen einer Modernisierung, die auf unangemessene westliche Maßstäbe ausgerichtet ist. Infolge der Minamata-Katastrophe sind bis heute 1.443 Todesopfer zu beklagen, wie den neuesten vorliegenden Angaben des populären Nachschlagewerkes *Gendai yôgo no kisochishiki 1996* (»Grundwissen der gegenwärtigen Fachtermini 1996«) zu entnehmen ist.

Japan bezahlte und bezahlt noch immer einen hohen Preis für seine industrielle »Aufholjagd« gegenüber den westlichen Konkurrenten.

Durch die harten gerichtlichen und politischen Auseinandersetzungen um die Minamata-Katastrophe sahen sich schließlich die Regierung und die sie tragenden Industriekreise gezwungen, zumindest technische Reinhaltungsmethoden einzuführen. »Seit 1986 wird daher zum Beispiel in der Soda-Produktion nicht mehr Quecksilber eingesetzt«, berichtet Foljanty-Jost, Autorin des kürzlich erschienenen Buches *Ökonomie und Ökologie in Japan* und Professorin für Politik und Gesellschaft, Schwerpunkt Umweltschutz, am Seminar für Japanologie an der Martin-Luther-Universität von Halle.

Die Wirkung der technischen Maßnahmen zur Wasserreinigung schränkt Foljanty-Jost jedoch ein: »Das Problem hat sich auf die organische Wasserbelastung der Gewässer durch ungeklärte Abwassereinleitungen verlagert. Heute sind bereits in den wichtigsten industriellen Ballungsgebieten Japans um die Bucht von Tokio, von Nagoya und der Inlandsee [Setonaikai] die Haushaltsabwässer stärker an der Wasserverschmutzung beteiligt als die Industrieabwässer«. 1991 waren erst 49 Prozent aller privaten japanischen Haushalte an die öffentliche Kanalisation angeschlossen, in den westlichen Ländern waren es hingegen bereits 80 Prozent. Der übermäßige Grundwassergebrauch hat in den küstennahen Industrie- und Wohngebieten der Metropole Tokio bereits zu Bodenabsenkungen geführt.

Noch mehr Staudämme für die Metropole

Bis Mitte der 60er Jahre vergnügten sich die Kinder im heißen japanischen Sommer mit Spitzenwerten bis zu 40 Grad in den Flüssen Tamagawa, Tonegawa und auch Arakawa, welche die Metropole Tokio durchfließen. In den kühleren Abendstunden gingen die Familienväter an den Wochenenden ihrem liebsten Hobby nach, dem Angeln. Die gefangenen Fische, zahlreich in ihrer damaligen Vielfalt, konnten unbedenklich verzehrt werden. Heute dümpeln die innerstädtischen Flußläufe vor allem in den Sommermonaten langsam dahin, und die Felsen in den Flußrinnen ragen blank aus dem Wasser heraus. Ursache dafür ist die Aufstauung der Flüsse in ihren Oberläufen. Die mittlerweile chronische Wasserknappheit in der heißen Jahreszeit konnte trotz der wasserbaulichen Maßnahmen nicht verhindert werden. Das »japanische Wirtschaftswunder« und sein rasantes, Jahrzehnte anhaltendes Hochwachstum überrollten das gesamte Land. Sechs Großstaudämme wurden allein in den Jahren 1957 bis 1988 zur Aufrechterhaltung der Wasserversorgung von Tokio gebaut. Weitere vier sollen in näherer Zukunft ihrer Bestimmung übergeben werden.

Konkurito janguru Tokio: Der Beton-Dschungel Tokio

Heute leben im Großraum der Metropole Tokio, der Kantoregion, circa 29.433.000 Einwohner, davon 7.879.000 in der Hauptstadt Japans. In dieser Megalopolis konzentrieren sich 23,7 Prozent der gesamten japanischen Bevölkerung.

Ihr Wasserverbrauch pro Tag und Kopf beläuft sich auf 350 Liter, während in den anderen Regionen Japans 335 Liter genügen. Im Tokioter Einzelhaushalt wurden 1989 pro Person und Tag 230 Liter Wasser verbraucht. Zum Vergleich: 1992 betrug der Tageswasserverbrauch pro Person in der Bundesrepublik Deutschland 138 Liter. Im landesweiten Vergleich steht Tokio sowohl beim Pro-Kopf-Wasserverbrauch als auch beim Gesamtwasserverbrauch an erster Stelle (s. Abb. 1).

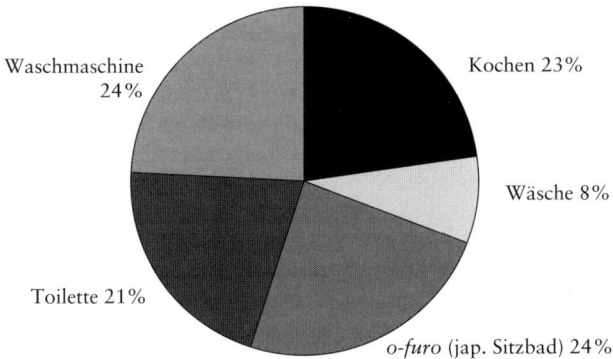

Abb. 1:
Anteiliger Wasserverbrauch im Einzelhaushalt

Für den Ballungsraum Tokio ist der steigende Anteil des Wasserverbrauchs im Einzelhaushalt das größte Problem, während beim Wasserverbrauch der Industrie sogar ein leichtes Absinken zu verzeichnen ist (s. Abb. 2, S. 200).

Wie aber wird der tägliche Wasserbedarf von Tokio gedeckt? Die Stadt erhält pro Jahr durchschnittlich 7 Millionen Kubikmeter durch natürlichen Niederschlag. Gut zwei Drittel dieses kostbaren Niederschlags verdunstet jedoch oder fließt ab, ohne genutzt werden zu können. Dazu trägt unter anderem die Versiegelung von 54 Prozent der Gesamtfläche durch den atemberaubenden Bauboom der Nachkriegszeit in Tokio bei. Der oberflächliche Abfluß des Niederschlagswassers wurde dadurch verstärkt und die Regenerierung des Grundwasservolumens wurde vermindert.

Die derzeit täglich notwendige Wassermenge zur Versorgung der Stadt beträgt 5,3 Millionen Kubikmeter Wasser. Davon stammen allein vier Millionen Kubikmeter aus Niederschlagswasser der Nachbarpräfekturen, das heißt konkret: aus den aufgestauten Oberläufen der Flüsse, die Tokio durchfließen.

Beton, Glas und knallige Werbung beherrschen das Erscheinungsbild der Zentren von Tokio. Grüne Bäume, Hecken oder Parkanlagen, die natürliche Wasserreserven bilden könnten, sind kaum vorhanden. Das verwundert nicht: 1995 mußten für einen Quadratmeter Bodenfläche in der Spitzenlage des fünften Blocks im Ginza-Viertel 15.500.000 Yen bezahlt werden – das sind über 200.000 DM. Dies bedeutete aber immerhin bereits einen Preisnachlaß gegenüber dem Vorjahr um 23,6 Prozent. Der Tokioter Beton-Dschungel mit seiner extrem dichten Bebauung

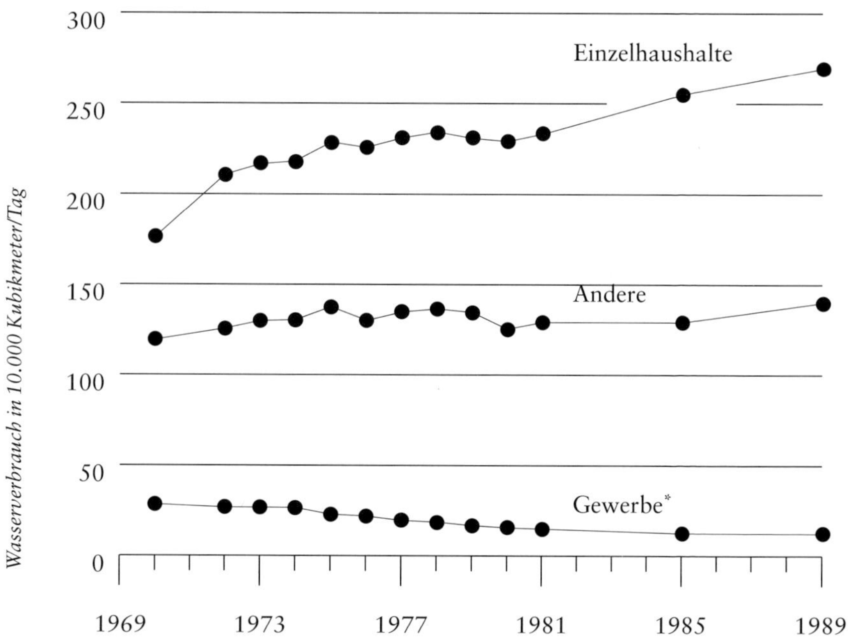

300

Einzelhaushalte

250

Wasserverbrauch in 10.000 Kubikmeter/Tag

200

200

150

Andere

100

50

Gewerbe*

0

1969   1973   1977   1981   1985   1989

* *aus betriebseigenen Brunnen entnommene*
Wassermengen sind nicht berücksichtigt

Abb. 2: Wasserverbrauch der Tokioter Wasserleitungen, entsprechend
des jeweiligen Bedarfs (alle Bezirke und Einzugsgebiete des Tama-Flusses)

heizt sich insbesondere während der Sommermonate beständig auf. Die ungeheuren Menschenmassen, die sich tagsüber durch diesen Dschungel ihren Weg bahnen,
tragen zu dieser Wärmeentwicklung mit bei.

Auch in Tokio mahlen
die Mühlen der Bürokratie langsam

In der Tokioter Vorstadt Fuchû wurden 1982 bei Kontrollmessungen in Grundwasserbrunnen, die mit der Kanalisation verbunden sind, Konzentrationen des
hoch toxischen Trichlorethylen von 0,12 bis 0,93 Milligramm pro Liter Wasser
nachgewiesen. Die damaligen Richtlinien der Weltgesundheitsbehörde (WHO) gingen von einem Maximalwert für Trichlorethylen von 0,03 Milligramm pro Liter
Wasser aus. Aufgeschreckt durch diese beunruhigend hohen Werte versuchten die
zuständigen Tokioter Wasserwerke die Veröffentlichung der Meßergebnisse zu
unterbinden. Einem Reporter des Wirtschaftsblattes *Nikkei* gelang es jedoch, interne Informationskanäle anzuzapfen und diesen Vorfall aufzudecken.

Die Behörden gerieten dadurch so stark unter den Druck der verunsicherten Öffentlichkeit, daß sie weitere zwanzig Grundwasserbrunnen untersuchen ließen. Bei sieben wurden Trichlorethylenwerte nachgewiesen, die über dem Grenzwert der WHO lagen. Als Verursacher dieser gravierenden Grundwasserverseuchung wurde ein Gasventil-Hersteller ausgemacht, der organische Lösungsmittel zur Reinigung der Gasventile nutzte. Die Behörden weigerten sich aber trotz aller Proteste der lokalen Umweltgruppen und der Bevölkerung, konsequente Gegenmaßnahmen durchzuführen, wie beispielsweise weitere Wasseruntersuchungen, den Austausch des verseuchten Bodens oder das Abpumpen und Reinigen des schwerbelasteten Wassers. Sie wiegelten mit der Behauptung ab, in absehbarer Zeit sollten die untersuchten Brunnenanlagen ohnehin aufgegeben werden. Doch der öffentliche Druck hielt an. Im darauffolgenden Jahr wurden endlich großflächige Untersuchungen durchgeführt, und bei einem weiteren Brunnen wurde ein Trichlorethylenwert von 3,4 Milligramm pro Liter Wasser nachgewiesen. Auch in diesem Fall war der Einsatz von organischen Lösungsmitteln im verarbeitenden Gewerbe für die Wasserverseuchung verantwortlich. In Fuchû und in weiteren Tokioter Vorstädten wurden daraufhin insgesamt 320 Brunnen untersucht, von denen acht bedenkliche Trichlorethylenwerte von mehr als 0,03 Milligramm pro Liter Wasser aufwiesen.

High-Tech und Grundwasserverseuchung

Japan gilt auf dem Sektor »Hochtechnologie« als Musterland. Shimazu Teruyuki ist Aktivist der Wasserschutzgruppe *Tokyô no mizu o kangaeru kai* (»Verband Nachdenken über das Wasser von Tokio«). Mit seinen Recherchen, etwa zur Grundwasserverseuchung in Chiba, verdunkelt er die allzu hell ausgeleuchtete Erfolgsbilanz der japanischen High-Tech-Industrie: In der an Tokio angrenzenden Nachbarpräfektur Chiba, das heißt im weitläufigen Wasserversorgungsbereich von Tokio, entdeckten 1988 Beamte der Stadtverwaltung von Kimitsu in der Nähe der Werkskantine und des Medikamentenlagers der Firma »Toshiba Components« gravierende Grundwasserverseuchungen durch Trichlorethylen. Die nachgewiesenen Werte lagen mit 7,1 Milligramm pro Liter Wasser circa 240fach über dem damals in Japan zulässigen Grenzwert für Trinkwasser von 0,03 Milligramm pro Liter Wasser für Trichlorethylen.

Die Firma »Toshiba Components« stellt sogenannte Halbleitergleichrichterelemente her, die mit organischen Lösungsmitteln steril gereinigt wurden. Jährlich wurden zu diesem Zweck zwischen ein- und zweihundert Tonnen Trichlorethylen eingesetzt. Ein Teil dieser Menge gelangte ins Grundwasser. Anders als die Behörden von Fuchû vertuschte die Lokalverwaltung diesen Vorfall nicht, sondern veranlaßte rigoros den Austausch der verseuchten Bodenschichten und das Abpumpen des Grundwassers. »Toshiba Components« stieg auf alternative Reinigungsmittel für seine Produkte um. Anläßlich dieses gravierenden Vorfalls wurden zudem gesetzliche Maßnahmen zum Schutz der Wasserqualität verfügt und entsprechende Verordnungen erlassen, die den Einsatz von organischen Lösungsmitteln unter Strafe stellen. Darüber hinaus wurden landesweit umfangreiche Kontrolluntersuchungen der Grundwasserzisternen veranlaßt (s. Tabelle 1, S. 203).

Mineralwasser statt Trinkwasser?
Oder: Wie zurück zur ursprünglichen Reinheit des Wassers?

In Japan, insbesondere in Tokio, wird dem Trinkwasser aus verständlichen Gründen in großen Mengen Chlor zugegeben. Seit längerem ist bekannt, daß diese Chlorzugabe höchst problematisch sein kann: chemische Prozesse können ausgelöst werden, die die Entstehung von krebserregenden Schadstoffen begünstigen. Diverse Schadstoffe werden in das Grundwasser eingetragen, das für die Trinkwassergewinnung genutzt wird. Gründe dafür sind die intensive landwirtschaftliche Nutzung in Tokios Nachbarpräfekturen, die Bodenversiegelung, der Schadstoffeintrag durch den sauren Regen und der Müll – die Gesamtproblematik Tokios tritt hier zutage. Die mit Höchstgeschwindigkeit betriebene Superindustrialisierung hat in Japan zur Bildung von Metropolen-Verflechtungen (Tokio, Osaka, Nagoya) geführt, die wie ein riesiges Krebsgeschwür die Natur zerfressen. Die konkreten Einzelbeispiele aus Fuchû und Chiba stellen dabei nur einen winzigen Ausschnitt aus der höchst komplexen Tokioter Wasserproblematik dar.

Gibt es Auswege aus dieser verfahrenen Situation? Foljanty-Jost weist in ihrem Buch *Ökonomie und Ökologie in Japan* auf die nur hilflos reagierende offizielle Umweltpolitik hin: »Die Initiativen der Industrie und Politik richten sich im wesentlichen auf eine Verbesserung der Abwasserqualität. Dies entspricht dem regulativen Vorgehen der Regierung, die ihr Steuerungsverhalten weitgehend auf die Formulierung von Abwassergrenzwerten beschränkt. Eine Reduzierung des Verbrauchs als politisches Ziel tritt demgegenüber in den Hintergrund. Politische Interventionen in Form von ökologisch begründeten Be- und Entwässerungsgebühren fehlen.«

Die Verbraucher weichen unterdessen zunehmend auf private Einzellösungen aus. In den Supermärkten von Tokio bieten Hersteller aus siebzehn überseeischen Ländern große Mengen »sauberes Flaschenwasser« an (s. gegenüberliegende Tabelle 2). Frankreich ist mit 90 Prozent des Umsatzes der größte Importeur. Sehr hoch sind ebenfalls die Verkaufszahlen von Wasserreinigungsgeräten für den Privathaushalt, mit denen das ungenießbare Leitungswasser aufbereitet wird.

Die japanische Bevölkerung ist offenbar bereit, auf diese Scheinlösungen auszuweichen, die für sie finanziell sehr kostspielig sind. Das deutet darauf hin, daß die Mehrheit das vorherrschende »Industrie-Modell Japan« im Kern noch bejaht. Zweifel daran werden mit dem Hinweis auf die hochentwickelten technischen Lösungsmöglichkeiten ausgeräumt. Zweifel mag für die japanische Bevölkerung aber auch ein sensibler Punkt sein: ihn zuzulassen bedeutete schließlich auch, die persönlichen Anstrengungen und Entbehrungen in Frage zu stellen, die von ihnen bei der kollektiven industriellen«Aufholjagd« gegenüber den traditionellen westlichen Industrieländern erbracht wurden.

In den neunziger Jahren ergriffen jedoch einige Frauen aus den Tokioter »Wassergruppen« die Initiative: die Gruppen *Tokyo seikatusha nettowaku* (»Tokioter Lebensnetzwerk«) und *Tokyo no mizu o kangaeru kai* (»Nachdenken über das Wasser von Tokio«) erstellten ein alternatives Weißbuch mit dem Titel *Tokyo no mizu* (»Das Wasser von Tokio«). Darin wurde eine Grundsatzkritik an der Wasserpolitik der japanischen Hauptstadt gebündelt zusammengefaßt. Bis zum Jahr 1994

Grundwasserbelastung durch Chemikalien

	Substanz	Untersuchte Brunnen	
		Anzahl	Überschreitungen (%)
1985	Trichlorethylen	3.461	123 (3,6)
	Tetrachlorethylen	3.459	140 (4,0)
	1,1,1,-Trichlorethan	3.455	8 (0,2)
1990	Trichlorethylen	5.817	44 (0,8)
	Tetrachlorethylen	5.817	79 (1,4)
	1,1,1,-Trichlorethan	4.514	1 (0,02)
1992	Trichlorethylen	4.762	18 (0,4)
	Tetrachlorethylen	4.762	35 (0,7)
	1,1,1,-Trichlorethan	3.952	3 (0,1)

203

Quelle:
Gesine Foljanty-Jost 1995: Ökonomie und Ökologie in Japan, S. 122,
nach: Kankyo-cho (Umweltamt), laufende Jahrgänge.

Tabelle 2:   **Mineralwasserimporte**

Jahr	Mengenangabe in Liter
1966	1.086
1976	1.548
1979	13.772
1980	30.478
1981	2.261.294
1982	163.002
1983	1.036.654
1984	1.396.939
1985	1.072.365
1986	1.179.869
1987	3.547.480
1988	8.121.191

erschienen immerhin vier Auflagen dieses Buches. Neben einer gründlichen Bestandsaufnahme der kritischen Wassersituation der Hauptstadt formulieren diese Öko-Gruppen weitreichende Forderungen, um eine Umkehr der Verwaltung bei der Wasserpolitik zu erwirken. Ihre Forderungen beschränken sich nicht auf die Verschärfung verschiedener Schadstoffgrenzwerte oder rein technische Umweltschutzmaßnahmen, sondern sie verlangen den sofortigen Stop jeder weiteren Bodenversiegelung und den unbedingten Erhalt sowie die Ausweitung der noch verbliebenen Grün- und Agrarflächen von Tokio. Noch einen entscheidenden Schritt gehen die Gruppen weiter: Sie propagieren die Kommunalisierung und Dezentralisierung der Wasserrechte, damit die betroffene Bevölkerung der Metropole und der Nachbarpräfekturen auf die ökologisch verfehlte Wasserpolitik der Zentrale Tokio Einfluß nehmen und sie möglicherweise korrigieren kann. Neben diesen »wasserpolitischen« Forderungen setzen sich die Gruppen auch für eine

schrittweise Veränderung des alltäglichen Lebensstils ein. Jeder einzelne soll in seinem Lebensbereich verschiedene Sparmaßnahmen umsetzen.

Ziel all ihrer Bemühungen ist die Wiederherstellung der ökologischen Wasserkreisläufe in und um Tokio. In diesem Sinne stellen die Öko-Gruppen den technisch fixierten Fortschrittsglauben, der in Japan vorherrscht, fundamental in Frage.

*Kathmandu-Tal:
Durch das Reinigen
neuer Teppiche
gelangt überschüssige
Farbe ungeklärt in
Grund- und Ober-
flächenwasser und
trägt damit massiv
zur Verschmutzung
des Bagmati bei.*

*Abwasserkanal
in der Altstadt
von Lahore, Pakistan.*

206

Beim Wasserholen in Südindien.

Beim Wasserholen,
bei Pagan, Birma.

*Reisbau-
landschaft
West-Javas.*

*Während der Trockenzeit werden in den ausgetrockneten Flußbetten
Bangladeschs vielfach metertiefe Brunnen angelegt.*

209

Herbststimmung im nordpakistanischen Ishkoman-Tal.
Nur wo Bewässerungswasser hingeführt werden kann,
ist dem wüstenhaften Karakorum eine Lebensgrundlage abzuringen.

Die Gebirgsoase Pasu im ariden Hochgebirge Karakorum.

Blick über die Gebirgsoase Gurikot im zentralen Astor-Tal
am Fuße des Nanga Parbat-Massivs.

Blick über die Flußoase des Indus
vom Kloster Tikse, Ladakh.

*Die ausgedehnten Flußsysteme von Meghna, Yamuna und Padma machen
die Binnenschiffahrt in Bangladesch zum wichtigen Transportmittel.*

*China: Dem im Bau befindlichen Drei-Schluchten-Damm
am Jangtsekiang wird neben dem Lebensraum von
über einer Million Menschen auch die landschaftliche Schönheit
der drei Schluchten Qutang, Wu und Xiling zum Opfer fallen.*

Hindus beim rituellen Bad im Ganges
an den Ghats von Varanasi.

Entlang des Huang He finden sich noch immer Zeugen
eines jahrhundertelangen Gebrauchs von Wasserrädern.

Wasser ist einer der Schlüsselfaktoren
der »Grünen Revolution«.

*Ein ausgeklügeltes Bewässerungssystem bildet
die Grundlage bäuerlicher Existenz in Ladakh.*

*Lebensfeindliche Trockenheit am
Übergang der Wüste Takla Makan
zum Himmelsgebirge, dem Tian Shan.*

*Die westchinesische Provinz Gansu ist von ausgedehnten fruchtbaren
Lößlandschaften und von Trockenheit geprägt, so daß Landwirtschaft
nur auf der Basis künstlicher Bewässerung möglich ist.*

*Die chinesische Oasenstadt Dunhuang
wird von ausgedehnten
Dünenlandschaften begrenzt.*

Reisterrassen im zentralen
Bergland Sri Lankas.

218

*Kleine Schmelzwasserbäche ermöglichen
entlang der wüstenhaften Steilhänge des
nordpakistanischen Indus-Tales eine
karge Existenz.*

220 *Sri Lanka,*
bei Kandy:
Der Mahaweli
dient nicht nur
als Trinkwasser-
reservoir und zur
Bewässerung der
Felder, sondern
ist auch für die
tägliche Hygiene
der autochthonen
Bevölkerung
von Bedeutung.

221

Jahr für Jahr stehen zwischen 30 und 80 Prozent der Fläche Bangladeschs unter Wasser.
Ein Fortkommen ist hier oftmals nur mit Hilfe einfacher Brückenkonstruktionen möglich.

Einer von tausenden kleiner Bewässerungskanäle im größten Bewässerungsgebiet
der Welt, dem zwischen Indien und Pakistan geteilten Punjab.

*Die ungereinigten Abwässer der chemischen Industrie färben
im Industriegebiet Karachi-Korangi das Erdreich kobaltblau.*

*In der ausufernden Metropole Jakarta wird entlang der hafennahen Kanäle
deutlich, wie massiv die Wasserbelastung fortgeschritten ist.*

*Öffentliche Wasserversorgung
und Badeplatz in Kathmandu.*

223

*Blick über den Victoria-Damm,
einen zentralen Baustein
des srilankischen Mahaweli-Projektes.*

6

Wasser als Waffe – Politische Konflikte um Wasser

Die frühesten politischen Handlungen zur gesamtgesell-
schaftlich optimalen Nutzung knapper Wasserressourcen
sind in den alten Flußgesellschaften Chinas, Indiens und Me-
sopotamiens zu finden, so der Politikwissenschaftler Jürgen
Bellers. Es bestand die Notwendigkeit, die gemeinsamen Angelegenheiten der Wassernutzung auf diese Weise allgemein
gültig zu regeln. Mit dieser Beobachtung geht die Erkenntnis
einher, daß das existentielle Gut Wasser potentiell konflikt-
trächtig ist. Dieser Befund hat seit der Zeit der frühen Flußgesellschaften nichts an Aktualität, Brisanz und Gültigkeit
verloren: Boutros Boutros-Ghalis vielzitiertes Wort, ein
künftiger Krieg im Nahen Osten werde nicht um territoriale
Ansprüche oder um Ölquellen, sondern um Wasser geführt
werden, macht dies unmißverständlich deutlich.

Der Nahe und Mittlere Osten sind jedoch nicht die einzigen Regionen, in denen kriegerische Auseinandersetzungen
um Wasser entbrennen könnten. Diese Gefahr besteht auch
in anderen Regionen der Welt: Neben den Konflikten um das
Wasser des Jordan zwischen Israel und Jordanien und um das
Wasser des Euphrat zwischen der Türkei und Syrien gibt es
verschiedene Problemkreise im südamerikanischen Raum,
z.B. zwischen Chile und Bolivien, zwischen Paraguay, Argentinien und Brasilien oder zwischen den USA und Mexiko.

Eine Vielzahl von Konflikten um Wasser ist in Süd-, Süd-
ost- und Zentralasien zu beobachten. Gerade im asiatischen
Raum zeigt sich, daß diese Konflikte sowohl auf bi- bzw. mul-
tilateraler Ebene als auch im binnenstaatlichen Kontext
existieren: Der wohl schwerwiegendste potentielle zwischenstaatliche Konflikt um Wasser in Asien besteht zwischen

Indien und Pakistan, den beiden Anrainerstaaten des Indus,
wenngleich sich beide Staaten bereits 1960 vertraglich darauf geeinigt haben, das Wasser des Indus und seiner Nebenflüsse anteilig zu nutzen. Andere zwischenstaatliche Konfliktpotentiale, die in jüngster Zeit ebenfalls durch einen Vertragsabschluß entschärft wurden, bestehen zwischen Indien und seinen Nachbarstaaten Nepal und Bangladesch. In Südostasien fällt die Abhängigkeit des Stadtstaates Singapur von Wasserimporten aus dem südlichen Malaysia auf. Konfliktpotential birgt auch die aggressive Politik Thailands, mit der das Land die Nutzung des Mekongwassers zur Gewinnung hydroelektrischer Energie anstrebt. Demgegenüber wird der potentielle Konflikt um die Wasserversorgung Hongkongs mit der Rückkehr der Kronkolonie ins Reich der Mitte im Juli 1997 in absehbarer Zeit nicht mehr bestehen.

Innenpolitische Konflikte um Wasser, die unterschiedlich heftig ausgetragen werden, sind insbesondere im südasiatischen Raum zu beobachten: in Indien streitet der Bundesstaat Karnataka zum einen mit dem Bundesstaat Tamil Nadu um die Verfügungsgewalt über das Wasser des Cauvery und zum anderen mit dem Bundesstaat Andhra Pradesh über das Wasser des Krishna. In Pakistan entbrannte zwischen den Provinzen Punjab und Sindh ein Konflikt um die Nutzung des Induswassers.

Die potentiellen Konflikte um Wasser in Asien konnten in den vergangenen Jahren durch vertragliche Vereinbarungen zwar deutlich entschärft werden, doch aufgrund der existentiellen Bedeutung von Wasser bleiben sie latent in jedem Fall bestehen und können jederzeit erneut akut werden.

David und Goliath – Wasser als politischer Konfliktherd zwischen Nepal und Indien

Ingrid Decker

Die Ganges-Brahmaputra-Ebene beansprucht 2,5 Prozent der Erdoberfläche, aber sie wird von fast einem Zehntel der gesamten Erdbevölkerung bewohnt. Der indische Wissenschaftler M.S. Swaminathan sah nach der Unabhängigkeit seines Landes im Jahr 1947 hier den »Brotkorb« der Erde. Heute, nach 50 Jahren, gehören seine Bewohner zu den Ärmsten der Welt.

Allein das Wasser-Einzugsgebiet des Ganges erstreckt sich über 1,1 Millionen Quadratkilometer. 78 Prozent liegen auf indischem Boden und umfassen damit mehr als ein Viertel des Landes. Nepals Staatsgebiet gehört in seiner Gesamtheit zum Einzugsgebiet des Ganges. Seine großen Wasserwege Mahakali, Karnali, Gandaki und Kosi teilen das Himalayakönigreich in vier Regionen. Gemeinsam ist ihnen, daß ihre Quellgebiete teilweise jenseits der nördlichen Grenzen in Tibet liegen und daß sie nepalesisches Territorium verlassen, nachdem sie den Himalaya, die Mahabharat- und Siwalik-Kette durchbrochen haben. Alle vier münden erst auf indischem Hoheitsgebiet in den Ganges. Obwohl Nepal nur etwa 13 Prozent des gesamten Gangeseinzugsgebiets ausmacht, liefern seine Zuflüsse durchschnittlich 45 Prozent der Gesamtwassermenge.

Die bedeutendsten Handelswege in Nord-Süd-Richtung über den Himalaya orientierten sich an den großen Zuflüssen des Ganges. Für die Bevölkerung sind sie die Wasserspeicher für den täglichen Bedarf. Seltener dienen sie als Transportweg, und oft bilden sie ein unüberwindbares Hindernis in Ost-West-Richtung. Unberechenbar und unzuverlässig herrscht hier der Monsun mit einer Konzentration intensiver Regenfälle in den Monaten Juni bis September. Die unvermeidlichen Folgen sind Zerstörungen durch Fluten oder Dürrekatastrophen, wenn der Regen ganz ausbleibt.

Seit langem werden die Politiker Indiens und Nepals nicht müde zu behaupten, die Himalayaflüsse seien Quellen ungeahnten Reichtums. Bewässerungskanäle könnten der Optimierung der Landwirtschaft und somit der ausreichenden Ernährung der Bevölkerung dienen. Wasserkraftwerke von immensem Potential müßten als billige und saubere Energiequelle die Industrialisierung vorantreiben und eine weitere Abholzung der Wälder verhindern.

Die Wirklichkeit sieht jedoch anders aus: häufige und schwere Flutkatastrophen und Dürren, übermäßige Wasserentnahme während der Trockenzeit, Verschmutzung und Veränderungen der Flußsysteme beeinträchtigen die Wirtschaft beider Länder und führen zunehmend zu politischen Konflikten und Unruhe in der Bevölkerung. Wasserbedarf und Wasserangebot halten sich längst nicht mehr die Waage, und das Verhältnis verschlechtert sich bei wachsender Bevölkerung zusehends. In beiden Ländern herrscht außerdem akuter Strommangel.

Zur Lösung der Wasserprobleme, die immer dringender werden, ist der Wille zur Kooperation auf beiden Seiten unabdingbar. Doch die Ungleichheit der beiden

Nachbarn erweist sich dabei als Dilemma: für Nepal, den Anrainer am Oberlauf, gibt es Wasserressourcen im Überfluß, doch das Land ist außerstande, sie zu nutzen, da das notwendige Kapital und das technische Know-how fehlen. Indien hingegen besitzt beides und wäre ohnehin der einzige Käufer von überschüssigem Strom aus Nepal. Beide Staaten sind dringend auf neue Energiequellen, auf Bewässerungsanlagen und eine verbesserte Flutkontrolle angewiesen, doch zur optimalen Nutzung des Wassers, zum Bau von Dämmen und Wasserkraftwerken eignen sich in erster Linie Gebiete auf nepalesischem Boden.

Nach der Unabhängigkeit Indiens sollte 1950 ein Freundschaftsvertrag zwischen beiden, nun souveränen Staaten die Basis der bilateralen Kooperation bilden. Besonders die Bedingungen für Handel und Transit des Binnenlandes Nepal wurden darin geregelt. Außerdem heißt es in Paragraph 4 dieses Vertrages, die nepalesische Regierung soll bei der Entwicklung ihrer Ressourcen und der Industrialisierung Hilfe von Drittländern nur dann beanspruchen, wenn sie das Angebot der indischen Regierung oder indischer Staatsangehöriger, das zunächst Präferenz haben soll, als nicht vorteilhaft ansieht.

Seit den fünfziger Jahren kooperieren die beiden Staaten im Rahmen dieses Vertrages auf zwei Ebenen: Zum einen baute und finanzierte Indien Wasserkraftwerke in Nepal als Entwicklungshilfe zum ausschließlichen Nutzen des kleineren Nachbarn. 1971 wurde zum Beispiel das Trisuli-Projekt mit einer Leistung von 21 Megawatt nördlich von Kathmandu fertiggestellt, und ein kleineres Wasserkraftwerk mit 10,4 Megawatt Leistung wurde in Devighat gebaut. Zum anderen gab es Pläne zur beiderseitigen Nutzung des Wassers der Himalayaflüsse, von denen in den letzten 50 Jahren jedoch nur zwei Projekte realisiert wurden.

Oftmals blieb es bei Untersuchungen und Gesprächsrunden, weil beide Seiten die weitere Zusammenarbeit blockierten und sogar innen- und außenpolitische Konflikte heraufbeschworen. Dabei wechselten gegenseitige Beschuldigungen mit enthusiastischen Versicherungen der »besonderen Beziehungen« (*special relations*). Das am 29. Januar 1996 unterzeichnete »neue« Tanakpur-Abkommen ist dafür das jüngste Beispiel. »Zum ersten Mal gleich!« jubelte eine nepalesische Wochenzeitung – noch 1992 hatte die Tanakpur-Frage zu einer ernsthaften Regierungskrise in Nepal geführt.

Die Ursache des Konfliktes liegt mehr als 70 Jahre zurück. 1920 konnten die britischen Kolonialherren in Indien mit dem damals regierenden Premierminister von Nepal, Chandra Shumshere Rana, eine Übereinkunft erzielen über den Bau eines Dammes am Mahakali, dem Grenzfluß im äußersten Westen Nepals. Der Rana-Premier tauschte nepalesisches Territorium, das zum Bau des Dammes benötigt wurde, gegen 1.680 Hektar wertvollen Sal-Waldes auf indischem Boden und 50.000 Rupien. Der daraufhin von den Briten gebaute Sarda-Kanal leitete fortan oberhalb des Dammes etwa ein Drittel des Mahakali-Wassers nach Osten auf indisches Gebiet.

Erst in den siebziger Jahren konnte Nepal mit Hilfe der Weltbank eine eigene Mahakali-Bewässerungsanlage bauen, die das Flußwasser oberhalb des Dammes in Richtung Westen führt. 1988 hatte Indien weiter nördlich das Wasserkraftwerk Tanakpur mit einer Leistung von 125 Megawatt auf seinem Hoheitsgebiet fertiggestellt. Dieses Kraftwerk hat ein Wehr, das bis zur Flußmitte, also bis an die nepalesische Grenze, reicht. Indien hatte Nepal niemals offiziell über diesen Bau unterrichtet, und die Wassertechniker hatten eines nicht vorausgesehen: der Mahakali umfloß das Wehr weiträumig und überschwemmte dabei rund 14 Hektar Ackerland auf nepalesischem Boden.

Zur Rettung von Tanakpur ersuchte die indische Regierung um die Erlaubnis, ein Wehr auf nepalesischer Seite errichten zu dürfen. Dazu benötigten sie nicht nur nepalesisches Terrain, sondern darüber hinaus würde dem nepalesischen Bewässerungskanal nach Fertigstellung des Wehrs ein Großteil des Wassers entzogen werden.

Im Dezember 1991 hatte der damalige Premierminister Girija Prasad Koirala bei einen Staatsbesuch in Indien das für Nepal lebenswichtige Abkommen über Handel und Transit erneuert, das bereits im März 1989 abgelaufen war. Dazu unterschrieb er eine Reihe anderer Verträge über die gemeinsame Nutzung der Wasserressourcen, darunter auch eine Vereinbarung über den Damm bei Tanakpur.

230

Die Bekanntgabe des Abkommens löste auf Seiten der Opposition in Nepal einen Sturm der Entrüstung aus. So bemerkte beispielsweise P.C. Lohani, Parlamentsmitglied und Generalsekretär der »Nationaldemokratischen Partei« (RPP), in der nepalesischen Presse, wohl kein unabhängiger Staat der Welt würde Land zum Bau eines Wasserkraftwerkes zur Verfügung stellen, um nur ein Prozent der Stromerzeugung dafür zu bekommen. Koirala wurde als »antinational« beschimpft, da er im Alleingang durch eine simple »Verständigung«, wie er es selbst verharmlosend genannt hatte, nepalesisches Hoheitsgebiet preisgegeben habe.

In der Presse wurden die »Schatten von Kosi und Gandaki« heraufbeschworen, die einzigen kombinierten Hydro-Projekte in Nepal, die Indien zum beiderseitigen Nutzen bisher konzipiert, gebaut und finanziert hatte.

Die Kosi-Mehrzweck-Anlage war 1954 zwischen den beiden Regierungen vertraglich vereinbart worden. Der Kosi ist aufgrund der zerstörerischen Kraft seiner Wassermassen und den hohen Mengen an mitgeführten Sedimenten besonders im indischen Bundesstaat Bihar als »river of sorrow« bekannt. Die geplante Mehrzweck-Anlage umfaßte ein Kraftwerk, Bewässerungskanäle und Anlagen zur Flutkontrolle. Über den Kosi wurde in der Nähe von Bhimnagar ein Damm errichtet, um ein Kanalsystem in östlicher und westlicher Richtung zu speisen und um Bodenerosion und Sedimentationen, d.h. Ansammlungen von Treibsand, zu minimieren. Für den Transport von Maschinen und Baumaterial mußten eine 40 Kilometer lange Straße und eine 100 Kilometer lange Schmalspurbahn gebaut werden. Durch das Kanalsystem wurden 110.000 Hektar Land in drei Distrikten im indischen Bundesstaat Bihar und in Nepal bewässert.

Ende der fünfziger Jahre kam es zur Krise. Die Oppositionsparteien in Nepal bemängelten, durch das Kosi-Projekt sei Nepal fruchtbares Land verloren gegangen, und Indien bekomme stattdessen exterritoriale Rechte für unbestimmte Zeit ohne Gegenleistung. Die Forderung nach Kompensationszahlungen wurden laut. Der Regierung unter M.P. Koirala wurde Antinationalismus vorgeworfen. Sie verteidigte das Kosi-Projekt, ebenso König Mahendra, der hervorhob, Indien habe bei der Verwirklichung des Baus sein Möglichstes getan.

Ein Koordinations-Komitee mit Vertretern beider Länder wurde daraufhin ins Leben gerufen. Es sollte über den Erwerb von Land, Kompensationszahlungen, die

Rehabilitierung von Umsiedlern, die Aufrechterhaltung der öffentlichen Ordnung und die Bodenerosion wachen.

Der Putsch des Königshauses und der damit verbundene Regimewechsel in Nepal 1960/61 führten allgemein zur Verschlechterung der Beziehungen zwischen beiden Ländern. Die neue nepalesische Regierung forderte eine sofortige Revision des Kosi-Abkommens, das aber erst 1966 unterschrieben wurde. Im revisierten Abkommen wurde festgelegt, daß Indien jede Konstruktion oder Veränderung des Kosi-Projekts mit Nepal absprechen muß. Dafür sollte Nepal den indischen Beamten bei den Vermessungen und Untersuchungen zur Betriebnahme und Unterhaltung des Projektes keine Hindernisse in den Weg legen. Nepal bekam das Recht, Wasser vom Kosi und seinen Zuflüssen zu entnehmen, falls es nötig sein sollte. Indien durfte an der Dammseite das Gleichgewicht der Wasserzufuhr regeln und Wasserkraft aus dem östlichen Kanal gewinnen. Das dafür beanspruchte Land, das die nepalesische Regierung für 199 Jahre Indien überließ, blieb unter nepalesischer Jurisdiktion und Souveränität. Indien mußte Pachtgelder (*royalties*) für den dort produzierten Strom bezahlen. Diese Änderungen des Vertrages wurden allgemein begrüßt.

231

Doch während der Tanakpur-Krise von 1992 wurde in Nepal beklagt, man habe keinen angemessenen Nutzen an den Leistungen des Kosi-Projektes gehabt. Tatsächlich lagen auch nur zwei Prozent des bewässerten Terrains in Nepal. Nicht anders wurde nun das Gandaki-Projekt beurteilt:

Wie der Kosi ist auch der Gandaki auf beiden Seiten der Grenze gefürchtet für seine verheerenden Verwüstungen. In der Regenzeit zerstört er weite Landstriche und damit Ernten, Besitz und Menschenleben. 1959 einigten sich beide Regierungen auf ein Abkommen zur Regulierung des Gandaki, das während des Konfliktes um das Kosi-Projekt zunächst aufgeschoben wurde. Die Gesamtkosten des Gandaki-Projekts wurden von Indien getragen. Der Damm in der Nähe von Bhaisalotan liegt jeweils zur Hälfte auf indischem und nepalesischem Territorium, und durch ein Kanalsystem werden Gebiete in den indischen Bundesstaaten Uttar Pradesh, Bihar und in Nepal bewässert. Die Opposition in Nepal protestierte, das Abkommen unterminiere die Souveränität des Landes. Indien hielt entgegen, Nepal sei zwar der Besitzer der Wasserressourcen, habe aber weder die Mittel noch die Möglicheiten, sich diese nutzbar zu machen.

Gegenseitiges Mißtrauen und Anschuldigungen verhinderten dreißig Jahre lang weitere gemeinsame Projekte auf dem Gebiet der Wassernutzung. Das »Karnali Multipurpose Project« – mit 3.600 Megawatt das größte je in Nepal geplante Wasserkraftwerk – scheiterte bisher an den begründeten Befürchtungen Nepals, keinen angemessenen Gewinn davonzutragen. Daneben gab es finanzielle und technische Probleme, die Indien nicht allein lösen konnte. Als Nepal die Weltbank um Hilfe ersuchte, verlangte diese die Sicherheit, daß der produzierte Strom nach Indien verkauft werden könne. Indien wollte diese Zusage jedoch nicht geben, ohne die Kosten des Projekts zu kennen.

Da die Kooperation von so vielen Schwierigkeiten begleitet wird, hat Indien ein weitgespanntes Netz von Bewässerungsanlagen auf eigenem Territorium geschaffen. Wegen der geringen Wassermengen in der Trockenzeit bestand Indien darauf, daß auf nepalesischer Seite kein Wasser abgezweigt wird. Dies ist ein Grund für das

Scheitern einer Reihe von Bewässerungsanlagen, die Nepal mit internationaler Hilfe bauen wollte. Ganz anders hingegen argumentiert Indien beim Disput um den Farakka-Damm, wenn es den »ununterbrochenen Wasserfluß«, als ein internationales Gesetz, mit der Nutzung beider Anrainer des Ganges-Wassers gleichsetzt.

Beim Tanakpur-Wasserkraftwerk nutzte Indien seinen Vorteil, für eine Strecke von acht Kilometern am Oberlauf des Mahakali zu liegen: es handelte sich dabei um das Gebiet, das Indien 1920 im Zusammenhang mit dem Dammbau am Mahakali von Nepal erworben hatte. Zur Beilegung der Krise in Nepal von 1992 versprach Indien eine Verdoppelung der unentgeltlichen Stromlieferungen mit der Versicherung, Nepal behalte weiterhin die Souveränität über das umbaute Gebiet. Doch Tanakpur blieb eine Streitfrage zwischen beiden Ländern.

Nach wie vor besteht die Meinung, daß eine optimale Nutzung der Wasserressourcen nur in Zusammenarbeit erreicht werden kann. Doch unterschiedliche Interessen, geographische, technische und besonders politische Faktoren wirken erschwerend. Indien ist mit seiner dominanten Position in der Region bedrohlich für kleinere Nachbarn wie Nepal, Bangladesch, Pakistan und Bhutan, die unter sich keine gemeinsamen Grenzen haben. Solidarisierungen dieser kleineren Staaten untereinander werden von Indien möglichst verhindert, indem es darauf besteht, bilateral zu verhandeln. Im Falle des Gangeseinzugsgebiets kam es bisher zu einer einzigen trilateralen Begegnung 1986.

Die nepalesischen Regierungen der letzten 50 Jahre lebten in der Furcht, die umfassende ökonomische und somit politische Abhängigkeit vom großen Nachbarn könne zu offensichtlich werden. Jedes mehr oder weniger erzwungene Zugeständnis gegenüber Indien wird daher von der Opposition innenpolitisch wirkungsvoll instrumentalisiert.

Abkommen über die Nutzung des Wassers werden immer als Teil eines »Verhandlungspaketes« (»package-deals«) abgeschlossen: Während Nepal hofft, durch den Verkauf von Wasserkraft seine negative Handelsbilanz auszugleichen, sichert sich Indien den nepalesischen Markt für seine Produkte durch »Zugeständnisse« beispielsweise auf dem Gebiet der Wasserkraft.

Um diesen nachteiligen »package-deals« zu entkommen, hat sich Nepal seit den siebziger Jahren zunehmend an internationale Agenturen zur Entwicklung seiner Wasserressourcen gewandt. Der Wunsch nepalesischer Politiker, Strom an Indien zu verkaufen, hat sich jedoch nie erfüllt. Die Wasserkraftwerke in Nepal, die mit Entwicklungshilfe aus Drittländern gebaut wurden, lagen in ihren Kosten pro Kilowattstunde produzierten Stroms um das Doppelte bis Dreieinhalbfache über denen indischer Kraftwerke. Die Zentralregierung in Delhi würde den Bundesstaaten Uttar Pradesh und Bihar, die an Nepal angrenzen und damit die potentiellen Abnehmer des nepalesischen Stroms wären, so hohe Stromkosten kaum zumuten können. Seit dem Scheitern des Arun III-Projekts und dem Rückzug internationaler Geberländer aus spektakulären Großanlagen muß Nepal sich wieder altbekannten Realitäten zuwenden.

Was führte nun 1996 zum überraschend einhellig begrüßten »Integrierten Mahakali Entwicklungsvertrag« zwischen Indien und Nepal? Welche Zugeständnisse mußten beide Partner machen?

In der neuen Verfassung Nepals von 1990 wurde verankert, daß Verträge, die das Hoheitsgebiet betreffen, mit einer Zweidrittelmehrheit vom Parlament bestätigt werden müssen. Das neue Vertragswerk wurde von der »Nepal Communist Party« während ihre kurzen Regierungszeit vorbereitet (derzeit befindet sie sich in der Opposition). Die jetzige Koalitionsregierung der Congress-Partei und der Nationaldemokraten hob die Verdienste ihrer Vorgänger hervor und erreichte einen Konsens im eigenen Land, wie von den Indern gefordert, so daß einer Ratifizierung nichts mehr im Weg stand.

Um den Tanakpur-Streit zu beenden, wurden getrennte Bestimmungen vereinbart: Nepals Bewässerungskanal am Mahakali behält die vormals vereinbarte Wassermenge. Aus dem Kraftwerk werden zukünftig 70 Millionen Kilowattstunden Strom geliefert, in einem nicht genannten Zeitraum, wie in der nepalesischen Presse zu lesen war.

Der neue »Integrierte Mahakali Entwicklungsvertrag« beinhaltet einige Neuerungen: zum ersten Mal können nun auch private indische Geldgeber in Wasserkraftprojekte in Nepal investieren. Bau, Betrieb und Instandhaltung sollen einheitlich ausgeführt werden, und der Gewinnanteil steht proportional zur Investition. Die Verträge sollen 75 Jahre Gültigkeit haben, Änderungen eingeschlossen. Dahin gestellt bleibt, ob diese Neuerungen den Prinzipien der Gleichheit zwischen den beiden ungleichen Nachbarn entsprechen, wie in der Presse betont wurde. Den Traum, Strom nach Indien zu verkaufen, haben die Nepalis trotzdem noch nicht aufgegeben: Indien hat sich bereit erklärt, Nepal überschüssigen Strom abzukaufen.

Der jeweilige Verlauf dieser drei Projekte – das Wasserkraftwerk Tanakpur, die Kosi-Mehrzweck-Anlage und das Projekt zur Regulierung des Gandaki – zeigen eines sehr deutlich: Wasser beeinflußt entscheidend die politischen Beziehungen zwischen Indien und Nepal. Wasser ist daher auf beiden Seiten Anlaß für innenpolitische Auseinandersetzungen im eigenen Land und Konfliktursache auf bilateraler Ebene.

Bei diesen Konflikten um Wasser müssen nicht nur unmittelbare Schwierigkeiten ausgeräumt werden. Auch mögliche nachfolgende Probleme und Zuständigkeiten sind zu klären und zu bedenken. Dies gilt beispielsweise für die seismische Überwachung beim Bau von Großprojekten in hochgradig erdbebengefährdeten Gebieten genauso wie für den Bau von dringend benötigten Bewässerungsanlagen und Flutkontrollsystemen – Landverluste durch Flutkatastrophen und die daraus resultierenden Umverteilungen führen zu Bürgerkriegen, wie sie im indischen Bundesstaat Bihar seit Jahrzehnten erbittert ausgefochten werden. Ob sich »Wasser in Reichtum verwandeln« läßt, wie ein Buchtitel verspricht, bleibt äußerst fraglich.

Farakka – Ein indisches Stauwehr bedroht die Lebensgrundlage von Millionen Menschen in Bangladesch

Martin Peter Houscht

Dörfer – durch die Kraft des Wassers hinweggerissen, Getreidefelder – von Sturmfluten zerstört, Fischerboote – auf den Straßen Dhakas. Obwohl diese Erscheinungen verschiedene Ursachen haben, komponiert die mediale Berichterstattung ein vermeintlich ausgewogenes Bild der Zerstörung von menschlichen Hoffnungen und Infrastrukturen durch Wasser.

Viele Teile Bangladeschs liegen nur wenige Meter über dem Meeresspiegel. Zwischen Juni und September steht das Land daher tatsächlich zu 30 bis 80 Prozent unter Wasser. Rund 240 Flüsse, Nebenflüsse und Seitenarme zergliedern Bangladesch und durchziehen es in einer ungeheuren Länge von etwa 24.000 Kilometern. Bangladesch liegt im größten Flußdelta der Erde und genießt den Status einer äußerst fruchtbaren Schwemmlandebene. Wasser ist nicht nur Fluch, sondern auch Lebensquell.

Der Ganges – hierzulande Padma genannt – gehört neben dem Yamuna und dem Meghna zu den Hauptflüssen, den Lebensadern Bangladeschs. 40 Millionen Menschen im Nordwesten und Südwesten des Landes nutzen den Ganges und seine zahlreichen Seitenarme und Kanäle als Wasserquelle. Der Fluß ist als Trinkwasserreservoir unerläßlich. Sein Wasser speist außerdem die Felder in einem Gebiet, das halb so groß ist wie Bayern. Er fungiert als natürliche Schutzbarriere gegen das aus dem Golf von Bengalen nach Norden vordringende Salzwasser. Auch für die Industrie ist er unentbehrlich, zum Beispiel für die Papierindustrie in den südwestlich gelegenen Metropolen Jessore und Khulna. Schließlich ermöglicht der Ganges die wichtige Binnenschiffahrt und sorgt für Nahrung und Einkommen, beispielsweise in der Fischerei.

Farakka – Wegbereiter des Ökozids?

Die beschriebene Funktionsvielfalt kann der Ganges jedoch gegenwärtig nur noch bedingt erfüllen. Der Grund ist ein ingenieurtechnisches Meisterstück, dessen Erbauer sich weder um gutnachbarschaftliche Beziehungen noch um ökologische Bedenken kümmerten: Farakka, ein Stauwehr, das in den 1950er Jahren geplant wurde. Inklusive Zubringerkanal zum Bhagirati-Fluß weist es eine Länge von 38,3 Kilometer auf. Es wurde 1974 auf indischem Boden zwischen Rajmahal und Bhogoban-gola im westbengalischen Murshidabad-Distrikt fertiggestellt. Das Stauwehr liegt lediglich 18 Kilometer von der Grenze zu Bangladesch entfernt. Das erklärte Ziel dieses Projektes bestand darin, den 240 Kilometer flußabwärts von Farakka gelegenen Hafen von Kalkutta navigierbar zu halten. Dies ist auch heute noch die offizielle Begründung.

235

*Überschwemmungen alternieren in Bangladesch oft mit langen Dürrephasen,
die sich zum Teil darauf zurückführen lassen, daß Indien während der Trockenzeit am Farakka-Stauwehr kurz vor der Grenze zu Bangladesch die Wehre
schließt und dem Nachbarn nur noch wenig Ganges-Wasser läßt.*

Die Folge des Eingriffs: In der Trockenzeit zwischen November und März fließt
acht- bis elfmal weniger Wasser in Richtung Bangladesch als noch vor zwanzig Jahren. Der aus dem Ganges hervorgehende Baral-Fluß entlud vor Farakka
170 Kubikmeter Wasser pro Sekunde – heute sind es nur noch 40 Kubikmeter. Statt
vier Monate fließt das Wasser im Baral heute nur noch drei Monate im Jahr. Seit
der Errichtung Farakkas treten vor allem im Südwesten Bangladeschs regelmäßig
Dürren auf. In der Trockenzeit fallen nur fünf bis zehn Prozent des jährlichen Nie-
derschlages. Die Folge sind Ernteeinbußen von über einer Million Tonnen Reis. In
der Monsunzeit hingegen, wenn Indien das Ventil für die Wassermassen öffnet,
stürzen mehr als 6.000 Kubikmeter Wasser pro Sekunde auf die Landflächen Bangladeschs.

Bereits heute ist der Grundwasserspiegel im (Winter-)Dürregebiet um etwa zehn
Meter dramatisch abgesunken. Das größte Bewässerungsprojekt des Landes, das
Ganges-Kobadak-Projekt, mit 120.000 Hektar Land ist in Mitleidenschaft gezogen. Große Teile der Bewässerungsfläche liegen nun brach. Die durch Ernteausfälle
verursachten Kosten belaufen sich jährlich auf dreistellige US $-Millionenbeträge.
Zugleich verliert Bangladesch wertvollen Boden im Kampf um die Sicherstellung
der Ernährungsgrundlage seiner Bevölkerung. Bei den Einzelhaushalten stellt sich
die Situation besonders kraß dar: Vier von fünf Bangladeschis hängen unmittelbar

Wasser als Waffe – Politische Konflikte um Wasser

von der Landwirtschaft ab. Sie sind auf Einkommen aus landwirtschaftlicher Tätigkeit angewiesen, die Landwirtschaft bildet ihre Lebensgrundlage. Farakka dezimiert sie und zwingt viele Menschen in die Verschuldung, aus der es oft kein Entrinnen mehr gibt.

Neben dem Grundwassermangel hat die eintretende Versalzung des Bodens stark beschränkende Konsequenzen für die Landwirtschaft – von anderen ökologischen Folgen ganz abgesehen. Die Sundarbans, die prächtigen Mangrovenwälder im Süden des Landes, leiden unter der zunehmenden Versalzung. 45.000 Bäume, zumeist Sundari-Bäume, sind bereits abgestorben oder unwiderruflich verloren. Damit wird auch der Lebensraum für die bengalischen Königstiger, Affen, Vögel, Schlangen oder Schildkröten kleiner. Von den geschätzten 109 Fischspezies, die im Gangesbecken ihr Zuhause finden, sind bereits zwei ausgestorben und zwanzig weitere Spezies stehen auf der Liste der gefährdeten Arten. Die Fischbestände gehen nach Schätzungen um rund 50.000 Kilogramm pro Jahr zurück – für viele Bangladeschis bedeutet das den Verlust einer preiswerten und wichtigen Proteinquelle.

Auch viele Bootsmänner müssen nun einer anderen Beschäftigung nachgehen. Dort, wo früher ganzjährig der Ganges den Fährtransport notwendig machte, erstreckt sich heute ein riesiges, ausgetrocknetes Flußbett. Das rege Basartreiben, das sich einst entlang der Gangesufer abspielte, kennen viele Menschen heute nur aus den Erzählungen derjenigen, die noch die besseren Tage des Flusses in Erinnerung haben.

Der Wassermangel verschlechtert auch die hygienischen Verhältnisse, die zur Zunahme von Krankheiten wie Cholera, Hepatitis oder Durchfall führen. In der nordwestlich gelegenen Stadt Rajshahi treten nach Umfragen in jeder zehnten Familie Asthmafälle auf. Die Luftverschmutzung und die große Trockenheit sind verantwortlich für solche allergischen Reaktionen. Experten glauben bereits an eine Veränderung des Mikroklimas in der Region. Die Sommer werden heißer, die Winter kälter. Die Höchsttemperaturen stiegen binnen fünf Jahren von 37.5° C auf 43.5° C. Die Tiefsttemperaturen gingen von 12.5° C auf 8.5° C zurück. Durch die zurückgegangene Wasserfläche nimmt auch die Intensität der Monsunregenfälle ab. Die landeinwärts ziehende Luft erhält vom ausgetrockneten Boden nicht genügend Feuchtigkeit – der Niederschlag bleibt aus.

Leerformeln statt Substanz

Über Farakka wird bereits seit den 1960er Jahren verhandelt. Damals, vor der Unabhängigkeit Bangladeschs im Jahre 1971, stritten sich noch Indien und Pakistan über den Bau des Stauwehrs. 1972 wurde zwischen Indien und Bangladesch eine »Joint Rivers Commission« (JRC) auf Ministerebene eingerichtet, die sich umfassend und zum gegenseitigen Nutzen mit der Wasserfrage auseinandersetzen sollte – Indien und Bangladesch teilen sich 57 Flüsse. In der Praxis jedoch stellte Indien seinen kleinen Nachbarn, dem es im Befreiungskrieg zu Hilfe kam und mit dem es seit 1972 über einen Freundschaftsvertrag verbunden ist, immer wieder vor vollendete Tatsachen. Über die »Joint Rivers Commission« wurden vor allem indische Vollzugserklärungen und bangladeschische Protestnoten verkündet.

Zwischen 1972 und 1990 wurden mehrere Vereinbarungen getroffen. Mit Ausnahme des Zeitraums von 1978 bis 1983 enthielten die Abkommen jedoch keine Garantieklauseln für die Mindestmenge am Gangeswasser, die Bangladesch zugestanden werden sollte. Als Folge erhielt Bangladesch alljährlich zwischen Januar und Ende Mai wesentlich weniger Wasser als zugesagt. Dabei reichten bereits die indischen Konzessionen kaum aus, um den Bedarf des Landes zu decken. An diesem Zustand konnte bislang auch der 1990 eingerichtete Ausschuß auf Staatssekretärebene – Nachfolger der gescheiterten, im Juni 1995 jedoch reaktivierten JRC – nichts ändern. In den vielen Verhandlungsrunden kam kein Ergebnis zustande, das alle Seiten zufriedengestellt hätte. Nicht minder enttäuschend verliefen die bisherigen Treffen zwischen den Premierministern der beiden Staaten.

Im Juni 1995 fanden Gespräche zwischen hochrangigen Beamten der Außenministerien beider Länder statt. Der Inder Salman Haidar und der Bangladeschi Farooq Sobhan konnten sich bei einem Treffen in Dhaka darauf einigen, die nach Bangladesch fließende Wassermenge des Ganges an vier verschiedenen Stellen gemeinsam zu überprüfen. In der Vergangenheit war es immer wieder zu erheblich voneinander abweichenden Angaben der indischen und der bangladeschischen Experten über die stromabwärts fließende Wassermenge gekommen, obwohl ihre Meßstationen nur 15 Kilometer auseinander liegen. Das vom bangladeschischen Vertreter damals als Durchbruch gefeierte Einvernehmen blieb allerdings folgenlos.

Bewegung in die festgefahrenen Verhandlungen brachte der Regierungswechsel in Dhaka im Juni 1996. Die »Awami League«-Präsidentin Sheikh Hasina Wajed war an die Macht gekommen. Sie wußte um die elementare Bedeutung eines Abkommens mit Indien in der Wasserfrage, ungeachtet der grellen, anti-indischen Töne, zu denen sie sich hatte hinreißen lassen und die die Stimmung des Wahlkampfes wiedergaben. Intensiv wurde seitdem an einer Lösung gearbeitet, die für beide Seiten zufriedenstellend sein sollte – mit Erfolg: Am 12. Dezember 1996 unterzeichneten die bangladeschische Premierministerin und der indische Premierminister H.D. Deve Govda einen Vertrag, der das Problem »Farakka« lösen und die bilateralen Beziehungen auf eine neue Grundlage stellen könnte. Dieser Vertrag ist auf dreißig Jahre abgeschlossen. Für die Zeit vor Beginn des Monsuns, also vom 1. Januar bis zum 31. Mai eines jeweiligen Jahres, sieht er für beide Staaten eine Wasserversorgung von mindestens 35.000 Kubikmeter Wasser pro Sekunde vor. Als Berechnungsgrundlage dienten die Wassermengen, die im Zeitraum 1949 bis 1988 in diesem Jahresabschnitt, der in 10-Tage-Intervalle unterteilt ist, ermittelt wurden. Ein gemischter Ausschuß soll nun täglich an den geographischen Punkten »Farakka« und »Hardinge Bridge« die Wassermenge bestimmen und einen Jahresbericht auf der Grundlage seiner Beobachtungen und Messungen erstellen.

Vor dem Hintergrund der bitteren Erfahrungen, die insbesondere mit Absichtserklärungen zu Farakka gemacht wurden, ist eine euphorische Stimmung nicht angebracht, wohl aber vorsichtiger Optimismus: Immerhin ist Bangladesch eine Mindestmenge Wasser vertraglich zugesichert worden, und immerhin beobachten nun zur selben Zeit und am selben Ort Vertreter beider Staaten die Wassermenge. Den Inspektionen, die 1995 ausgehandelt worden waren, hatte im Vergleich zu den nun vereinbarten die vertragliche Absicherung gefehlt.

Inwieweit die beschriebenen ökologischen Folgen des Farakka-Stauwehrs rever-
sibel sind, wird sich unter der Annahme der beidseitigen Akzeptanz des Vertragswerkes wohl erst in einigen Jahren zeigen. Für Teile von Flora und Fauna ist es
allerdings bereits zu spät – sie sind ausgestorben.

Der Fall Farakka ist nicht nur ein Test für die Beziehungen zwischen Indien und
Bangladesch, sondern auch für die Integrations- und Kooperationsfähigkeit Indiens im südasiatischen Kontext. Es bleibt zu hoffen, daß keiner der Akteure dies
anders sieht.

Thailands Stromwerk
rüstet zum Wasser-Krieg

Regina von Reuben

Bauern aus dem Mündungsgebiet des Moon, eines Nebenflusses des Mekong, sind
bekannt dafür, sich in demonstrationsfähigen Mengen bemerkbar zu machen. Im
Mai 1994 belagerten sie wochenlang das Zentrum der staatlichen Macht in Bangkok, den Amtssitz des Premierministers. Da in ihrer Heimatregion, der Nordost-
Provinz Ubon, die Errichtung eines größeren Staudamms im Gange war, organisierten sie Petitionen und Demonstrationen dagegen. Darauf folgten bezahlte
Gegendemonstrationen, Straßenblockaden, Schlägereien mit der Polizei, Polemi-
ken in den Zeitungen, vor allem in den staatlich kontrollierten Radio- und Fernseh-
stationen, und natürlich Strafanzeigen.

Moon-Staudamm: Fanal des Widerstands

Inzwischen ist allen Beteiligten und Beobachtern klar: Die Fertigstellung dieses
Staudamms, den die Weltbank nach einigem Zögern bewilligt hatte, war schon damals nicht mehr aufzuhalten. Bei den Auseinandersetzungen mit dem Staatsbetrieb
EGAT (»Electricity Generating Authorities of Thailand«) ging es letztendlich nur
noch darum, wie hoch die von der Überflutung betroffenen Bauern entschädigt
würden und wer zu dieser Entschädigung berechtigt sei.

Der Widerstand gegen den Moon-Staudamm ist jedoch zum Fanal der populären thailändischen Bewegung gegen das Establishment geworden. Darin sam-
melten sich Proteste der kritischen Mittelschicht und der benachteiligten, ländlichen Bevölkerung gegen soziale Ungerechtigkeit und ökologische Zerstörung.
Neben den Kämpfen um Landrechte und die Kontrolle über den Wald werden
gerade die Kämpfe um Wasser die sozialen Auseinandersetzungen Thailands vermutlich mehr als irgendeine andere Frage in der nächsten Dekade bestimmen.

Die EGAT ist zur vorrangigen Zielscheibe in der Kritik der Energiepolitik Thailands geworden, weil sich dieser privatwirtschaftlich funktionierende Betrieb der

gleichen Tricks und dubiosen Praktiken bedient, wie Betriebe der einheimischen Wirtschaftsmafia, und dafür auch noch die Deckung des Staates und den Zugang zum staatlich kontrollierten Radio und Fernsehen hat. Hinzu kommt, daß sich EGAT moderner Methoden der Öffentlichkeitsarbeit bedient, denen die einheimischen Widerständler kaum gewachsen sind, wie etwa der geschickten Manipulation der Massenmedien, der frühzeitigen Plazierung von Beobachtern und Sozialwissenschaftlern in den Zielgebieten von Dammprojekten oder der Veranstaltung von Hearings und Pressekonferenzen.

Wasserkrise erreichte Bangkok

Den Kampf um das immer knapper werdende Wasser hat selbst die Bevölkerung Bangkoks, die vom Run ins NIC (»Newly Industrializing Country«) mehr als alle anderen profitierte, in jüngster Zeit nervös gemacht. Die reicheren Einwohner kaufen sich Pumpen, mit denen sie das Problem nur noch tröpfelnder Wasserhähne für sich lösen und so weiterhin ihre Rasenflächen grün halten können. Andere Einwohner verzichteten auf die Dusche im oberen Stock und ziehen sich in das Erdgeschoß zurück. Die ärmsten Bewohner haben das Nachsehen, weil sich der allgemeine Wasserdruck in den Leitungen zu ihren Ungunsten noch weiter senkt.

Um sich das Politikum einer Erhöhung des Wasserpreises zu ersparen, ließ die Regierung während der Wasserkrise von 1994 die Bangkoker Wasserwerke erst einmal alle leckenden Verbindungen und Anschlüsse stopfen. Sie verstärkte diese Maßnahme mit Appellen an die Bevölkerung und publizierte eilig die so lobens- und nachahmenswerten Sparmaßnahmen der Bangkoker Hotels, die angeblich zusammen mit den Industriebetrieben nur 30 Prozent des Bangkoker Wasserbedarfs verschlingen. Vergleichsweise aber hatten die Einwohner von Bangkok immer noch wenig Grund zu Klagen.

Zweite Reisernte gestrichen

Im selben Jahr war die Lage wenige Kilometer außerhalb der Hauptstadt wesentlich kritischer. Die sich seit Jahren verschärfende Wasserkrise wurde für die ländliche Bevölkerung der Zentralebene existenzbedrohend. Da das verbliebene Wasser in den Stauseen vor allem die Elektrizitätsversorgung der Städte und Industriezonen garantieren mußte, ließ das Landwirtschaftsministerium die Bauern wissen, daß die Bewässerung für eine zweite Reisaussaat nicht mehr gesichert sei.

Längst ist es also nicht mehr nur der Nordosten, der von Wassermangel bedroht ist. Ein ähnliches Schicksal steht auch Zentralthailand bevor, z.B. dem Gebiet von Nakhorn Nayok, Ayuthaya und Prathumthani, wo vor 100 Jahren die kapitalistische Reisproduktion für den Export ins westliche Ausland ihren Anfang nahm. Hier entstand damals ein System von künstlichen Kanälen, das Reisüberschuß garantieren sollte. Aber während der Trockenzeit von 1994 wurde ein großer Kanal wie der »Khlong 10«, rund 90 Kilometer vom Zentrum Bangkoks entfernt, zu einem erbärmlichen schlammigen Rinnsal. Auch traditionelle Gebräuche wie

Wasser als Waffe – Politische Konflikte um Wasser

das abendliche Bad fielen dieser »Entwicklung« zum Opfer. Die kleinen Elektropumpen, mit denen sich die Anlieger in Unkosten stürzten, um das schmutzige Wasser über blaue Plastikrohre bis ins Haus zu bringen, versagten, weil sich zu viel Schmutz und verrottete Pflanzen darin ansammelten.

Rein wirtschaftspolitisch gesprochen, lohnt es aus Sicht der Wirtschaftsstrategen in der Tat nicht, zuviel Geld in die landwirtschaftliche Produktion zu investieren. Ihr Anteil am Bruttosozialprodukt ist inzwischen auf weniger als ein Drittel gesunken, obwohl noch immer zwei Drittel der Bevölkerung von der Landwirtschaft leben. Industrie und Dienstleistungen, allen voran Tourismus, sind am lukrativsten.

Wasserversorgung als plausibles Argument

240   Die Wasserknappheit im Jahr 1996, die in der öffentlichen Plakatwerbung Prominenz gewonnen hatte, war ein willkommenes Argument der EGAT gegenüber den politisch kritischeren Bewohnern Bangkoks, ihre ambitiösen Pläne weiter voranzutreiben. Ihre Hauptaufgabe ist die Bereitstellung von ausreichender Energie, um die aufstrebende Industrialisierung Thailands zu betreiben, nicht aber die Versorgung der Bevölkerung mit Wasser. Wassermangel ist aber das propagandistische Argument, das plausibel klingt.

Da Atomenergie bislang politisch nicht durchsetzbar war und Alternativenergie von den EGAT-Planern offenbar nicht in Betracht gezogen wird, konzentriert sich der Kampf um Energiequellen vor allem auf die Flüsse des Nordens, wo sich die Berge zur Absperrung von Wasserläufen für Stauseen am besten eignen.

Die Staudämme, die in Thailand in den letzten drei Jahrzehnten gebaut wurden und nach Mitgliedern der königlichen Familie benannt sind, erwiesen sich allerdings als zweifelhafte, wenn nicht sogar gescheiterte Produzenten von Energie und Reservoirs für Nutzwasser. Der älteste und größte, der Bhumiphol-Damm in der Provinz Tak, war 1964 als Mehrzweckstauwerk fertiggestellt worden. Damals wurde der Damm als der größte Südostasiens und der siebthöchste der Welt gefeiert. Er sollte Elektrizität erzeugen, Felder bewässern, Fischzucht fördern, den Schiffsverkehr erleichtern und das Risiko von Flutkatastrophen des Ping-Flusses vermindern. Die Leistung zur Erzeugung von Elektrizität liegt bei 553.000 Kilowatt. Im April 1994, 30 Jahre später, war der Bhumiphol-Damm aber nur noch zur Hälfte mit Wasser gefüllt. Dafür waren seinerzeit 20.000 Menschen aus 35 Dörfern umgesiedelt und die Niederungen des Ping-Flusses über eine Länge von 207 Kilometern und eine Fläche von 318 Quadratkilometern überflutet worden.

Noch erbärmlicher erging es dem etwas kleineren Sirikit-Staudamm, dessen Turbinen eine Leistung von 375.000 Kilowatt bringen können. Während der Trockenperiode des Jahres 1994 war der Stausee nur noch zu einem Drittel gefüllt. An vielen Stellen erschien einst überflutetes Land an der Oberfläche. Dafür wurden vor mehr als zwanzig Jahren rund 17.500 Einwohner, acht buddhistische Klöster, 17 Schulen und eine ganze Distriktverwaltung aus einem Überflutungsgebiet von damals geschätzten 250 Quadratkilometern fruchtbaren Reislandes umgesiedelt. Zwischenzeitlich sind die zwangsumgesiedelten Bauern in einige ehemalige Siedlungen zurückgezogen, halblegal, da das Land inzwischen dem Staat gehört.

Seinerzeit herrschte das Militär. Die in autoritär-feudalen Normen gefangenen Bewohner hatten sich seinem Diktat gefügt. Aus verschiedenen Dörfern kommend, wurden sie per Los auf die neu parzellierten Grundstücke auf unfruchtbaren Anhöhen um den Stausee verteilt. Ihr soziales Gefüge, die Gebräuche und die Nachbarschaftsbeziehungen wurden zerstört. Schon die Namen der neuen Dörfer machen die Entwurzelung deutlich. Ein Dorf im Kreis Tha Pla heißt beispielsweise »300 Meter«, weil es genau 300 Meter von einem Kontrollpunkt entfernt ist. Im Kreis Toi Dao heißen die Umsiedlungsdörfer »Parzelle 1, 2« usw. oder *Santisuk*, »Frieden«. Mehrere dieser Umsiedlungen wurden – das sei nur nebenbei erwähnt – durch deutsche staatliche Entwicklungshilfe gefördert.

Die meisten der Umgesiedelten haben bis heute, also 20 bis 30 Jahre später, noch nicht die ihnen versprochenen Landtitel erhalten. Nutznießer waren dagegen Abholzkonzessionäre, die riesige Gewinne mit dem Holz machten, das sie im Überflutungsgebiet schlagen konnten und die heute im Parlament »ihre« Provinzen vertreten. Da die Bewohner auf den Anhöhen häufig »cash crops« (Handelsfrüchte) anbauen mußten, wurden weitere Waldareale unter den Pflug genommen. Sie wurden so notgedrungen auch schneller in das Marktsystem integriert. Der frühere Fischreichtum ging zurück, weil die Staudämme die Wanderungen der Fische zum Laichen unterbrechen. In den vergangenen drei Jahren, in denen aufgrund des geringen und unregelmäßigen Regenfalls die Einnahmen aus Sojabohnen, Knoblauch oder Mais zurückgingen, verstärkte sich der Exodus der Jugend in die Städte. Die Umsiedlungsgebiete beider Staudämme, Bhumiphol und Sirikit, in den Kreisen Toi Dao (Provinz Chiangmai) und Tha Pla (Provinz Uttaradit) sind als Herkunftsgebiete von minderjährigen Prostituierten bekannt.

Immer neue Staudamm-Pläne

Der Bhumiphol- und der Sirikit-Staudamm dienen daher Umweltschützern und all denen, welche die Interessen vertriebener Bauern vertreten, als Paradebeispiel dafür, daß die Energiepolitik der EGAT und die Umweltpolitik der Regierung einer grundlegenden Revision bedürfen. Einsicht scheint aber nicht vorhanden zu sein. Stattdessen plant die EGAT noch viel gigantischere Stauwerke als den Moon-Damm. Ihr kam bei der politischen Durchsetzung dieser Mega-Projekte die Wasserkrise von 1994 gerade recht.

Heute sind Bewohner entlang fast aller Flüsse Nordthailands von großen Staudamm-Plänen bedroht. Die EGAT, und zum kleineren Teil das »Royal Irrigation Department«, wollen sie nicht nur auf Kosten der betroffenen lokalen Bevölkerung und der Ökologie durchsetzen, sondern diese Staudämme werden auch den Nachbarländern das Wasser abgraben. Den Norden Thailands flankieren zwei der großen Flüsse Südostasiens, nämlich der Salween auf birmesisch-westlicher Seite und der Mekong auf laotisch-östlicher Seite. Um direkte Konflikte mit den Nachbarn zu vermeiden, konzentriert sich die thailändische Planung zur Zeit »nur« darauf, die in Thailand liegenden Nebenflüsse dieser internationalen Gewässer für die Energiegewinnung zu nutzen und sogenanntes »überschüssiges« oder »ungenutztes« Wasser in das thailändische Wassersystem umzuleiten.

Wasser als Waffe – Politische Konflikte um Wasser

Mit Tunnels zum Sirikit-Damm

In Nordthailand sind verschiedene integrierte, miteinander verknüpfte Netzwerke von Wasserwegen und Kraftwerken geplant. Einer der Bestandteile ist der Kok-Fluß. Er soll noch in Thailand versilbert werden, bevor sein Wasser – wie es so schön heißt – »ungenutzt« in den Mekong fließt. Dieser nahe der birmesischen Grenze liegende Fluß im höchsten Norden Thailands – Touristen lieben ihn wegen einer romantischen Bootsfahrt von Tha Ton nach Chiangrai – soll gestaut und zur Elektrizitätsgewinnung verwendet werden. Die aus dem teils wilden Wasser herausragenden gefährlichen Steinblöcke und die an den Ufern liegenden malerischen Bergdörfer, einschließlich des touristisch hergerichteten Dörfchens Ruam Mitr, wo die ersten Elefanten-Touren angeboten wurden, werden alle von der Bildfläche verschwinden. Schließlich soll der »Überschuß« an Wasser mit Hilfe verschiedener Techniken, einschließlich Kanäle und Tunnels, die Wasserscheide der Bergketten überwinden und damit über den Yom in den Nan-Fluß geleitet werden. Das gleiche Verfahren ist für den Ing-Fluß geplant, der ebenfalls zum Einzugsgebiet des Mekong gehört.

Zur Ableitung der beiden Flüsse in den Nan ist ein weiteres Stauwerk am Yom notwendig. Dadurch werden traditionelle bäuerliche Siedlungen, die hier seit 200 Jahren existieren, und Ackerland vieler Dörfer überschwemmt. Auch Teile eines Nationalparks werden vernichtet, in dem sich der größte noch bestehende wilde Teak-Wald Thailands befindet. Schließlich soll die umgeleitete Wassermenge des Kok und Ing, die eigentlich in den Mekong fließt, den Sirikit-Stausee auffüllen und, so lautet das Argument, die Krise in der Wasserversorgung der Zentralebene und Bangkoks beheben.

Der geplante Standort des Staudamms am Yom ist weithin bekannt – *Keng Sua Ten*, wörtlich: die »Stromschnelle, wo die Tiger tanzen«. Doch die Tiger, die hier tanzen könnten, sind schon vor vielen Jahren den Wilderern zum Opfer gefallen. Heute ist es eher die lokale Bevölkerung, die sich nicht bändigen läßt. An den Straßeneinfahrten zum Subdistrikt Sa-Iab hat sie große Protestschilder gegen den Damm aufgestellt.

Als sich so unerwartet schnell der Widerstand der Bevölkerung am Yom und am Kok-Fluß formierte und die ökologisch orientierten thailändischen Nichtregierungsorganisationen gegen diese Pläne zu Feld zogen, gab EGAT vorerst nach. Sie behauptete, dieses Projekt sei ad acta gelegt und begann, sich auf den westlichen Teil Nordthailands zu konzentrieren, also auf Flüsse, die in den nach Birma orientierten Salween oder Moei fließen. Die Zielsetzungen sind die Gleichen: Stauwerke zur Elektrizitätsgewinnung sowie Umleitung von Wasser, das schließlich – in diesem Landesteil – den ebenfalls nicht ausgelasteten Bhumiphol-Stausee auffüllen soll.

Die Hoffnungen der Planer und Politiker, im westlichen Nordthailand weniger Widerstand zu begegnen, sind nicht aus der Luft gegriffen. Deutliche Ausnahme ist höchstens der geplante Damm am Pai-Fluß bei der Kreisstadt Pai in der Provinz Maehongson, in die sich vor zwanzig Jahren thailändische Beamte noch strafversetzt fühlten. Pai selbst würde überschwemmt und die Provinz als ganzes müßte schwere ökologische Schäden hinnehmen. Dies widerspricht den Interessen der

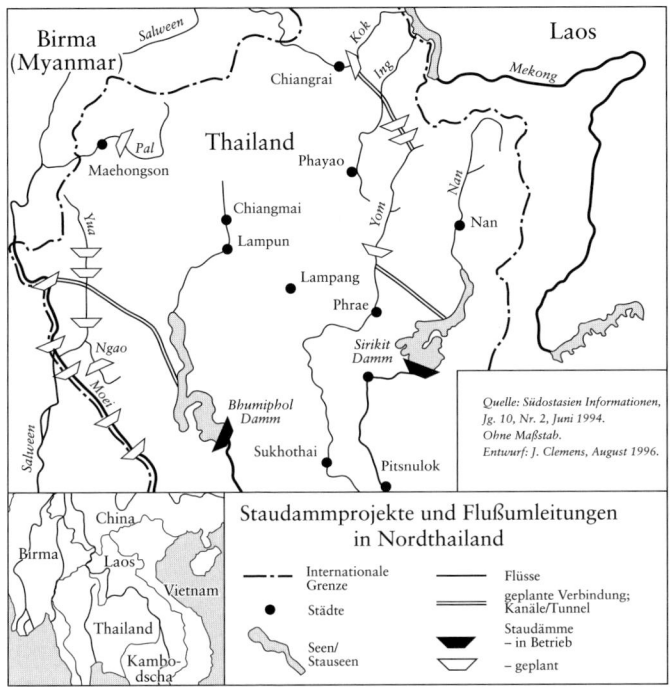

Birma
(Myanmar)

Salween

Kok

Laos

Ing

Mekong

Chiangrai

Thailand
Phayao

Pal

Maehongson

Yuam

Chiangmai

Lampun

Nan

Nan

Yom

Lampang

Phrae

Ngao

Sirikit
Damm

Moei

Bhumiphol
Damm

Salween

Sukhothai

Pitsnulok

Quelle: Südostasien Informationen,
Jg. 10, Nr. 2, Juni 1994.
Ohne Maßstab.
Entwurf: J. Clemens, August 1996.

China

Birma

Laos

Vietnam

Thailand

Kambo-
dscha

Staudammprojekte und Flußumleitungen
in Nordthailand

— · — Internationale
Grenze

● Städte

Seen/
Stauseen

——— Flüsse

═══ geplante Verbindung;
Kanäle/Tunnel

Staudämme

▼ – in Betrieb

▽ – geplant

243

lokalen Geschäftsleute, die vor allem vom Naturtourismus profitieren. Bürgerinitiativen sind bereits aktiv geworden. Andere Flüsse im dünn besiedelten Grenzgebiet zu Birma sind aber den durchschnittlichen Thais namentlich kaum bekannt,
wie etwa der Mae Yuam, der Ngao-Fluß oder der Mae Surin. Die Mehrzahl der anliegenden Bewohner können sich kaum wehren. Es sind ethnische Minderheiten,
vor allem Karen, die die sozialen und ökologischen Konsequenzen nicht immer
durchschauen und oftmals nicht einmal im Besitz eines thailändischen Personal-
ausweises sind. Wenn sie protestieren, droht ihnen die Abschiebung als illegale Einwanderer und Unruhestifter. So kam bislang Protest vom Mae Yuam nur aus einem
Dorf, das von ethnischen Thais besiedelt ist. Auch die thailändischen Nichtregierungsorganisationen sind in diesen entlegenen Gebieten mit Entwicklungsprojekten kaum vertreten und schlechter als die Gegenseite vorbereitet. Tauchen unbekannte Gesichter in den entlegenen Kreisstädtchen auf, so werden sie von Kontakt-
personen der EGAT sofort beschattet und nicht selten bedroht.

Birma das Wasser des Salween und des Moei abgraben

Thailands wirtschaftliche und politische Position in Festland-Südostasien läßt auch
Pläne aufkommen, die Hauptflüsse, d.h. den Mekong und den Salween, auf Kosten
der Nachbarn zu stauen, elektrische Energie zu produzieren und Wasser aus diesen

Strömen in das thailändische Flußsystem abzuleiten. Im Bereich des Mekong ist das bislang nicht möglich, denn dort gibt es ein UN-initiiertes, international finanziertes Gremium, das Mekong-Komitee, in dem neben Thailand auch Laos, Kambodscha und Vietnam gemeinsam darüber wachen, daß niemand gegen die Interessen der anderen Beteiligten dem Mekong das Wasser abgräbt. Würde der Mekong durch Wasserentnahme nur 20 Zentimeter abgesenkt, müßten vor allem Kambodscha und Vietnam große wirtschaftliche und ökologische Schäden hinnehmen. Die Mangroven-Wälder am Mekong-Delta, die Shrimps-Farmen und die Reisfelder würden zerstört oder trockengelegt.

Im Einzugsbereich des Salween und des Moei-Flusses an der westlichen Landesgrenze Thailands gibt es aber nur zwei Partner, die ihre Interessen koordinieren und sich dafür vor keinem internationalen Ausschuß rechtfertigen müssen: Die Militärjunta Birmas (SLORC, »State Law and Order Restoration Council«), die im gegenwärtigen Asien der schwersten Menschenrechtsverletzungen beschuldigt wird, und die thailändische Regierung, die weitgehend von mafiösen Wirtschaftscliquen kontrolliert wird.

Umweltflüchtlinge

Falls sich deren Pläne verwirklichen lassen, sind die Hauptleidtragenden vor allem die Menschen, die in den künftigen Überflutungsgebieten wohnen und dadurch Umweltflüchtlinge und politische Flüchtlinge werden, die politischen Organisationen des Widerstands, vor allem die der ethnischen Minderheiten sowie die künftige, hoffentlich demokratische Regierung Birmas, die sich mit der Frage der Rechtsverbindlichkeit der heute ausgeheckten Verträge wird herumschlagen müssen.

Der SLORC kann am Energiegewinn für Birma nicht sonderlich interessiert sein, weil die Industrialisierung dieses extrem armen asiatischen Landes längst noch nicht an die Grenzen der bisherigen Energieleistung gelangt ist. Er ist vor allem am politischen Gewinn interessiert, der aus folgendem besteht: Internationale Verträge, die das Embargo westlicher Länder unterlaufen, hohe Einnahmen zur Finanzierung des Krieges gegen birmesische bewaffnete Widerstandsbewegungen sowie politische Schwächung und Vertreibung der ethnischen Minderheiten, deren Manövrierfähigkeit von dem guten Willen der thailändischen Sicherheitskräfte abhängt und zunehmend in Frage gestellt ist.

Unter den ausländischen Hilfsorganisationen, die an der Thai-Grenze für birmesische Flüchtlinge tätig sind, herrscht große Sorge, daß der SLORC von der thailändischen Regierung als Konzession gefordert hat, die Politik der stillschweigenden Duldung der Widerstandsgruppen sowie der Aufnahme von Flüchtlingen auf thailändischem Boden einzustellen. Von der Öffentlichkeit weitgehend unbeobachtet halten sich in Thailand 80.000 Flüchtlinge aus Birma auf, die zum Teil von den politischen Organisationen des birmesischen Widerstands beeinflußt werden. Der Druck, den die thailändische Regierung zur Zeit verstärkt auf die Führungen verschiedener Widerstandsbewegungen ausübt, gilt als deutliches Indiz dafür, was sich hinter den Kulissen abgespielt hat. Sie werden dazu bewegt, mit dem SLORC – dem Beispiel der Kachin folgend – einen Waffenstillstand auszuhandeln. Wird ihnen über kurz oder lang die zwangsweise Rücksiedlung nach Birma drohen, wo ihnen politische Verfolgung und materielle Ausplünderung bevorsteht? Dieses gefürchtete Szenarium ist nicht aus der Luft gegriffen. 1994 wurde die Mehrheit der 8.000 Mon-Flüchtlinge von Thai-Behörden gezwungen, an einen Ort zu ziehen, der nur zwölf Kilometer von einem Militärlager des SLORC entfernt liegt. Die Behauptung der Thai-Behörden, der Ort befände sich in Thailand, wird von anderen Beobachtern und internationalen Karten bestritten. Die Mon, eine der ethnischen Widerstandsgruppen, denen in dieser abhängigen Lage kein deutliches Wort erlaubt ist, sind überzeugt davon, daß sie zum Faustpfand eines weiteren Energieprojektes der thailändischen Regierung geworden sind: Der Gaspipeline aus dem Martaban- oder Yetagun-Gasfeld in der birmesischen Andamanen-See nach Thailand. Dies ist allerdings das Projekt einer anderen Behörde, der PTT, der »Petroleum Authority of Thailand«.

Fünfmal größer als der Bhumiphol-Damm

EGAT plant rund acht Staudämme an der thailändisch-birmesischen Grenze, deren Kraftwerke zusammen eine elektrische Leistung von 6.400 Megawatt haben sollen. Der mit Abstand größte wird der Upper Salween-Damm mit 4.540 Megawatt sein – das ist das Doppelte der Stromproduktion aller heute bestehenden 21 thailändischen Wasserkraftwerke und das fünffache des Bhumiphol-Kraftwerks.

Eine beträchtliche Menge des Salween-Wassers – die angeblichen 30 Prozent Anrainerrechte sind vom SLORC noch nicht akzeptiert – soll durch Kanäle und Tunnels nach Thailand abgeleitet werden und den Bhumiphol-Stausee wieder auffüllen. Abgesehen von dem auf thailändischer Seite liegenden Salween-Wildschutzgebiet befindet sich das riesige Überschwemmungsgebiet vor allem auf birmesischer Seite. Besonders betroffen sind der Karen- und der Karenni-Staat. Drei weitere Staudämme sind am Moei-Fluß geplant. Keinen der Planer scheinen die immensen sozialen und ökologischen Kosten zu beunruhigen. Da sie sich aus naheliegenden politischen Gründen nicht deutlich äußern, sind die zugänglichen Informationen vor allem über die Projekte an der thai-birmesischen Grenze spärlich. Es gibt thai-birmesische Arbeitsgruppen, die schon Millionenbeträge investiert haben, es wird verhandelt und geplant, aber keiner dieser Dämme ist bislang in Angriff genommen.

»Hydraulische Gesellschaft«

Die Energiepolitik in Thailand steht in glattem Widerspruch zur Verfassungsdebatte, die durch den »schwarzen Mai« von 1992 – die brutale Niederschlagung der thailändischen Demokratiebewegung durch das Militär – beschleunigt wurde und auf eine Dezentralisierung der politischen Macht abzielt. Man fordert, daß die Gouverneure aller Provinzen aus allgemeinen Wahlen hervorgehen sollen. Man will die Gemeindeverbände zu Gebietskörperschaften machen und dadurch die lokale Selbstverwaltung und -verantwortung stärken. Bauernverbände und Nichtregierungsorganisationen kämpfen darum, daß die Kontrolle der Verfügung über

Wasser als Waffe – Politische Konflikte um Wasser

natürliche Ressourcen wie Land, Wasser und Wald in die Hände der Bevölkerung zurückgelegt wird.

Die EGAT, die zum Teil unabhängig vom Staat operiert, betreibt aber die Zentralisierung der Kontrolle über die Energiequelle Wasser. EGAT projiziert gleichsam eine Neuauflage der »hydraulischen Gesellschaft«. Diese aus dem mittelalterlichen Kambodscha abstrahierte Theorie ist ein Modell der absoluten Autokratie, in der der Staat alle Schleusen kontrolliert, um das Wasser, den Lebensnerv der Völker Südostasiens, fließen oder versiegen zu lassen. Ein Teil von EGATs Verbündeten sind jene Politiker im Parlament, welche die Abholzung in Nord-Thailand betrieben haben, die Geschäfte mit dem SLORC machen und die zum »schwarzen Mai« 1992 auf der Seite der Militärs standen. Ist die Gefahr zu bannen?

Da bislang die Entscheidungen zugunsten fast aller größeren Staudämme unter Militärdiktaturen gefallen sind, herrscht heute die Meinung vor, daß die gegenwärtige Regierung oder auch eine andere ähnlich parlamentarisch legitimierte oder populistische Regierung eine so schwerwiegende und widersprüchliche Entscheidung nicht durchsetzen wird und auch nicht durchsetzen kann. Die Zurückhaltung der EGAT bei der Veröffentlichung ihrer Pläne fordert allerdings von den Dammgegnern ständige Wachsamkeit und regelmäßiges Beobachten der Regierung und der Schritte, welche die Bürokratie einleitet. Es gibt bisher kein Recht auf Information. Wird der Widerstand schwach, holt die EGAT ihre Pläne unerwartet wieder hervor.

Die unmittelbaren Träger des Widerstands sind einmal die Betroffenen aus den Zielgebieten der Dämme und die sie unterstützenden entwicklungspolitischen und/oder ökologischen Nichtregierungsorganisationen. Sie werden unterstützt von einer in den Anfängen stehenden, organisierten Bauernbewegung, die sich bei Protestaktionen zunehmend politisiert. Mit ihren sozialen und ökologischen Argumenten sympathisiert die liberale Mittelschicht sowie ein beachtlicher Teil der thailändischen Printmedien. Mammut-Projekte in Zusammenarbeit mit dem SLORC werden von der Mehrzahl der westlichen Staaten und der dortigen Öffentlichkeit abgelehnt.

Die nukleare Gefahr

Wenn sie ihre »hydraulische Gesellschaft« nicht mit legal-demokratischen Mitteln durchsetzen kann, wird für die EGAT vielleicht die Sternstunde kommen. Mit den ökologischen Argumenten der Dammgegner ist das Terrain für die »saubere« Atomenergie politisch vorbereitet. Die Dammgegner sind auf dieses noch gefährlichere Szenario überhaupt nicht vorbereitet. Nur die wenigsten nehmen wahr, daß mit dem Ausland bereits über Atomreaktoren verhandelt wird.

Es gibt noch eine zweite Sorge: Wenn sich der politische Widerstand durch Protest, Demonstrationen, Petitionen und Gerichtsverfahren so verschärft, daß die bislang sympathisierende öffentliche Meinung umschlägt, werden die politischen und wirtschaftlichen Kräfte, die von den großen Plänen profitieren, versuchen, die EGAT-Politik mit undemokratischen Methoden durchzusetzen. Das kann auch heißen: Ein Rückschritt zur Autokratie oder gar zum Militärregime.

Bilaterale Konflikte um Wasser zwischen Indien und Pakistan

Jorge Scholz

Die 50jährige Geschichte der Beziehungen zwischen Pakistan und Indien ist geprägt von Krisen, Kriegen und Konflikten. Das enorme Eskalationspotential dieser bis heute anhaltenden spannungsgeladenen Rivalität zwischen den beiden Staaten dokumentieren nachhaltig die militärischen Auseinandersetzungen von 1947/48, 1965 und 1971. Durch die Atomwaffenarsenale, die beide Kontrahenten seitdem angelegt haben, bleibt die pakistanisch-indische Dauerkonfrontation auch zukünftig brisant und globalpolitisch aktuell.

Als Ursachen und Hintergründe dieser Konfliktkonstellation wird in der Regel folgendes genannt: zusammen mit der staatlichen Unabhängigkeit im August 1947 ist das Trauma der Teilung des britisch-indischen Kolonialreiches tief im Bewußtsein der Bevölkerung beider Länder verankert, eine Teilung, die von blutigen Massakern begleitet wurde. Hinzu kommen der ungelöste Territorialstreit um das frühere Himalaya-Fürstentum Kaschmir und der religiöse Antagonismus zwischen Hindus in Indien und Muslimen in Pakistan.

Weniger bekannt ist dagegen, daß in der Vergangenheit auch Streitigkeiten um Wassernutzungsrechte der grenzüberschreitenden Flüsse eine zentrale Rolle spielten und latent weiterhin spielen. Auch das verbissene Tauziehen um Kaschmir läßt sich zumindest teilweise mit dem Streben nach politischer Kontrolle über Wasserressourcen erklären, die für beide Seiten lebenswichtig sind.

Natur, Kultur und die Geschichte der Bewässerung in Nordwest-Indien

Im Nordwesten des indischen Subkontinents ist Landwirtschaft ohne Bewässerung praktisch unmöglich. Die dort gelegene Provinz Punjab war unter dem Regiment der Briten zur Kornkammer des gesamten südasiatischen Kolonialimperiums aufgestiegen. In dieser Provinz, die heute durch die pakistanisch-indische Grenze geteilt ist, reichen durchschnittlich 250 bis 500 Millimeter Niederschlag verteilt auf 20 bis 30 Regentage pro Jahr nicht aus, um die Felder für die zwei Ernten ausreichend zu bewässern, die durch günstige Klima- und Bodenfaktoren möglich sind. Nur mit Hilfe aufwendiger, technisch und organisatorisch äußerst anspruchsvoller Kanalsysteme ist es in jahrhundertelanger Arbeit gelungen, einen beachtlichen Teil der Halbwüsten im Indus-Tiefland in fruchtbare Oasen zu verwandeln. Die Voraussetzungen dafür schuf das Flußsystem des Indus und seiner Nebenflüsse: es transportiert die Wassermassen der Monsunniederschläge und abschmelzenden Gletscher, die aus den gewaltigen Gebirgsketten von Hindukusch, Karakorum und

Himalaya abfließen, in Richtung Süden durch die Trockengebiete der Ebene zum Arabischen Meer. Das Flußsystem hat eine Gesamtfläche von rund einer Million Quadratkilometer. Der Name der Provinz Punjab leitet sich ab von den fünf östlichen Indus-Nebenflüssen Jhelum, Chenab, Ravi, Beas und Sutlej: *punj* bedeutet »fünf«, *ab* bedeutet »Wasser«.

Schon vor mehr als 4.500 Jahren entwickelten die hier siedelnden Menschen Bewässerungstechniken, um zumindest die flußnahen Schwemmlandböden landwirtschaftlich nutzen zu können. Als Folge erblühte entlang der fruchtbaren Stromtäler des Indus und seiner östlichen Nebenflüsse eine Hochkultur, die mit den frühen ägyptischen und mesopotamischen Reichen vergleichbar ist. Ähnlich wie an Nil, Euphrat und Tigris gilt seitdem auch für den Lebensraum des Indusbeckens als historische Konstante, daß künstliche Bewässerung und kulturelle Entwicklung untrennbar miteinander verwoben sind. Über die Jahrtausende läßt sich verfolgen, daß Aufstieg und Fall bedeutender Reiche oftmals durch Ausbau oder Verfall der Bewässerungssysteme eingeleitet wurden.

248

Die Grundstruktur des heutigen Bewässerungssystems in Nordwest-Indien und in Pakistan geht im wesentlichen auf das Wirken der britischen Kolonialbehörden zurück. In vorbritischer Zeit existierten dort lediglich Überschwemmungsgräben. Mit ihrer Hilfe war nur die Bewässerung der flachen Flußauen am Unterlauf des Indus möglich, im Punjab konnten auch tiefer liegende Areale der Zwischenstromplatten noch bewässert werden. Diese Zwischenstromplatten werden »Doab« genannt, *do* bedeutet »zwei«, *ab* bedeutet »Wasser«. Die Briten ließen während ihrer Herrschaft (1859–1947) ein weitsichtig konzipiertes und zusammenhängendes System großzügig dimensionierter Damm- und Kanalbauten errichten. Auch die höhergelegenen und flußferneren Gebiete konnten dadurch schließlich systematisch besiedelt und landwirtschaftlich erschlossen werden.

Das Rückgrat dieser historischen Anlagen bildet ein Netz von bis zu 160 Kilometer langen Versorgungskanälen. Sie transportieren mit Hilfe von Dämmen und Wehren aufgestautes Flußwasser zu den Bewässerungsgebieten, die zwischen den Strömen liegen. Aus topographischen Gründen verlaufen die Kanäle quer zu der überwiegend südwestlichen Fließrichtung der punjabischen Flüsse von Nordwesten in Richtung Südosten, um so künstliche Verbindungen zwischen den Indus-Nebenflüssen zu knüpfen, die je nach Pegelstand und Bedarf die kontrollierte Umleitung ganzer Wasserläufe erlauben. Ein nachgeordnetes und vielfältig verzweigtes Netz von Neben- und Zuleitungsgräben, Wehren und Verteilungsschleusen garantiert die gezielte und punktgenaue Verteilung des Wassers über große Flächen.

Innerhalb der einzelnen Flüsse gestaffelt errichtete Stauwehre (*barrages*) erfüllen neben Verteilungsfunktionen vor allem die Aufgabe, den natürlichen Abfluß zu verlangsamen. Bei Hochwasser ist es so möglich, regulierend einzugreifen, solange die zu bewältigende Flut nicht das Fassungsvermögen der Anlagen übersteigt. Dennoch ereignen sich immer wieder verheerende Flutkatastrophen wie im Sommer 1992, als 1.200 Menschen starben, mehr als 300.000 Rinder, Schafe, Ziegen und Wasserbüffel ertranken, rund 800.000 Häuser ganz oder teilweise zerstört wurden und eine Million Hektar Ackerland wochenlang unter Wasser standen.

Im August 1947 wurde die Provinz Punjab zwischen dem neugegründeten Pakistan und Indien geteilt: Das für einen zusammenhängenden Wirtschaftsraum konzipierte Bewässerungssystem wurde gleichsam über Nacht durch die neue Grenze zerrissen und in seiner Funktionstüchtigkeit erheblich beeinträchtigt. Der über weite Strecken willkürlich festgelegte Verlauf der Grenze brachte es mit sich, daß die zentralen Stauwehre am Oberlauf von Ravi bei Madhopur und von Sutlej bei Ferozepur Indien zugesprochen wurden, während die dort abzweigenden Versorgungskanäle allesamt auf pakistanisches Gebiet führten.

Schon im Vorfeld der Unabhängigkeit tagten unter dem Vorsitz britischer Beamter diverse Spezialkomitees, die mit Vertretern beider Seiten besetzt waren. Sie sollten die Fragen und Folgen der politischen Teilung in den betroffenen Gebieten möglichst einvernehmlich regeln. Doch die Kompromißlösung, die mit Blick auf das punjabische Bewässerungssystem und die grenzübergreifende Verteilung des Wassers tatsächlich erzielt wurde, scheiterte an der Klausel, daß sie für die Vertragspartner nur bis zum 31. März 1948 bindend war: zwischen Pakistan und Indien brach unterdessen der erste Krieg um Kaschmir aus, und gleich am 1. April 1948 stoppte Indien die Wasserzufuhr sämtlicher Kanäle in Richtung Pakistan. Durch diese Kriegslist wurde die Landwirtschaft und die Trinkwasserversorgung der Bevölkerung im Nachbarland so empfindlich getroffen, daß Pakistan schon wenige Wochen später am Verhandlungstisch Platz nehmen mußte. Bereits am 4. Mai 1948 trat ein Übergangsabkommen in Kraft, wodurch sich zumindest der Teilkonflikt um das Wasser etwas entspannte. Ab 1952 nahmen beide Seiten unter Vermittlung und Schirmherrschaft der Weltbank Verhandlungen auf, um für das Problem eine dauerhafte Lösung zu finden, die für beide Seiten akzeptabel war. Erst im September 1960 waren diese Bemühungen mit der Unterzeichnung des »Indus-Water-Treaty« erfolgreich. Der Vertrag spricht Pakistan das alleinige Nutzungsrecht für die drei westlichen Flüsse Indus, Jhelum und Chenab zu, während Indien über die drei östlichen punjabischen Ströme Ravi, Beas und Sutlej verfügen darf.

Für eine Übergangsperiode bis zum Jahr 1973 verpflichtete sich Indien zudem, auf reduziertem Niveau weiterhin Wasser an Pakistan zu liefern. Ab diesem Zeitpunkt hatte Indien das vertraglich abgesicherte Recht, die Oberläufe von Ravi, Beas und Sutlej in vollem Umfang auf eigenes Territorium umzuleiten. Dies hätte unweigerlich zur Versteppung der östlichen Doabs im pakistanischen Teil Punjabs geführt. Als Gegenmaßnahme wurde daher in Pakistan mit intensiver technischer und finanzieller Unterstützung westlicher Geberländer und der Weltbank ein gigantisches Damm- und Kanalbauprogramm aus dem Boden gestampft, um einen Teil des Wassers der westlichen Flüsse in die trockenfallenden Unterläufe der östlichen Flüsse transportieren zu können. So entstanden als direkte Folge des Indus-Water-Treaty innerhalb weniger Jahre zehn Verbindungskanäle mit einer Gesamtlänge von 900 Kilometern. Die erschlossene, bewässerte Fläche beträgt über zehn Millionen Hektar. Der Punjab wurde damit endgültig zum mit Abstand größten zusammenhängenden Bewässerungssystem der Erde. Die nächstgrößeren Bewässerungsgebiete an Euphrat und Tigris bzw. am Nil umfassen knapp vier bzw. drei Millionen Hektar.

Wasser als Waffe – Politische Konflikte um Wasser

Unter die Bestimmungen des »Indus-Water-Treaty« fiel auch die Errichtung von sieben kleineren und größeren Talsperren. Sie dienten zur Steuerung der Abflußverhältnisse, um Überschwemmungen zu verhindern und um ein ganzjährig ausreichendes Wasserangebot für die Landwirtschaft und die Trinkwasserversorgung der Bevölkerung zu sichern. Die Talsperren wurden zwischen 1962 und 1977 fertiggestellt, darunter Tarbela am Indus. Tarbela ist einer der größten Staudämme und mit einer Stromerzeugung von rund 4.300 Megawatt auch eines der größten Wasserkraftwerke der Welt. Auch die übrigen Talsperren dienten der Energieerzeugung. So konnte die pakistanische Stromerzeugung allein durch diese Wasserkraftwerke mit einer Gesamtleistung von rund 8.000 Megawatt innerhalb weniger Jahre mehr als verdoppelt werden.

Dies brachte einerseits positive Impulse für die wirtschaftliche Wachstumsdynamik Pakistans, die angesichts des rasant steigenden Energiebedarfs dringend benötigt wurden. Andererseits ist jedoch seitdem neben dem landwirtschaftlichen Sektor auch die Industrie des Landes in wachsendem Maße von der Funktionstüchtigkeit des Bewässerungssystems abhängig – und damit von der Vertragstreue Indiens. Und dies, obwohl das ehrgeizige Weltbankprogramm eigentlich das Ziel verfolgte, mit technischen Lösungen die einseitige, durch topographische Nachteile bedingte Abhängigkeit Pakistans gegenüber dem indischen Nachbarn zu überwinden.

Wasserpoker um Kaschmir

Warum die milliardenschweren Investitionen – die übrigens den Grundstock für die inzwischen bedrohliche Ausmaße annehmende Auslandsverschuldung Pakistans legten – nicht an der überlegenen Machtposition Delhis in der Wasserfrage rütteln konnten, erschließt sich mit einem Blick auf die Landkarte: der Indus und seine beiden westlichsten punjabischen Nebenflüsse Jhelum und Chenab, auf die das heutige pakistanische Bewässerungssystem nach der politischen Teilung des Subkontinentes neu ausgerichtet wurde, durchfließen mit ihren Oberläufen den indischen Unionsstaat »Jammu and Kaschmir« (kurz: Kaschmir), bevor sie pakistanisches Territorium erreichen. Abgesehen von der Legalisierung von Wassernutzungsrechten, die Indien de facto längst in Anspruch genommen hatte, hat der »Indus-Water-Treaty« die grundsätzlich fortbestehende Problematik des pakistanisch-indischen Wasserkonflikts lediglich in Richtung Norden verlagert. Brisant ist dies insofern, als dadurch der bilaterale Dauerstreit um das auch von Pakistan beanspruchte Kaschmir um eine weitere Konfliktebene erweitert wurde. Das Thema Wasser spielt in der öffentlichen Kaschmir-Debatte, die sowohl Indien als auch Pakistan mit großer Leidenschaft führen, nur eine marginale Rolle. Einzelne Veröffentlichungen von Mitgliedern des außenpolitischen Establishments Islamabads beweisen jedoch, daß sich zumindest die Führungsebene Pakistans der strategischen Bedeutung Kaschmirs bewußt ist: es ist unverzichtbares Wasserreservoir für das eigene Überleben. Schon allein deshalb kommt für Pakistan ein Verzicht auf die territorialen Ansprüche in Kaschmir nicht in Frage. Nur vor dem Hintergrund solcher Existenzängste ist überhaupt nachvollziehbar, daß Pakistan mit seinem massiven Engagement im kaschmirischen Bürgerkrieg das Risiko eines offenen Krieges bis hin zu einem nuklearen Schlagabtausch mit Indien in Kauf nimmt.

Trotz aller Vorbehalte hat sich in diesem Zusammenhang der »Indus-Water-Treaty«, der gewissermaßen den Minimalkonsens beider Länder repräsentiert, als Instrument zur Konfliktprävention bewährt. Als Indien 1970 bei Salal am Oberlauf des Chenab den Bau eines Staudammes plante, wertete Pakistan das als Verletzung seiner exklusiven Nutzungsrechte. In dieser Situation dienten die Bestimmungen des Vertragswerkes als Grundlage langwieriger, zäher Verhandlungen, bis 1978 eine für beide Seiten akzeptable Lösung gefunden werden konnte.

Die Auslegung bestimmter Passagen des »Indus-Water-Treaty« spielt auch beim Streit um ein Talsperrenprojekt der indischen Regierung eine tragende Rolle. Dieses Projekt liegt rund 25 Kilometer nordwestlich der kaschmirischen Hauptstadt Srinagar am Wular-See, durch den der Jhelum fließt. Immerhin dauert das juristische Geplänkel darüber bereits seit 1985 an, ohne daß es Indien gewagt hätte, sich unilateral über die pakistanischen Einwände hinwegzusetzen. Der Grund: Islamabad betrachtet die Realisierung des Projekts als kriegsauslösendes Ereignis – ein Staudamm am Wular-See würde den Jhelum zumindest zeitweise trockenlegen und dort zweigt ein zentraler Verbindungskanal ab, von dem die gesamte Wasserversorgung des Nordpunjabs abhängt.

251

Highnoon oder Happyend

Es ist kaum damit zu rechnen, daß Indien den Unionsstaat Kaschmir freiwillig Pakistan überläßt. Die Wasserfrage wird in den pakistanisch-indischen Beziehungen also auch in Zukunft ein brisantes und konfliktträchtiges Thema bleiben. Es ist sogar damit zu rechnen, daß sich die Verteilungskonflikte häufen und verschärfen werden: aufgrund der naturräumlichen Gegebenheiten konnten selbst aufwendigste technische Hilfskonstruktionen das grundlegende Problem Pakistans nicht beseitigen – Pakistan ist vollständig vom Wohlverhalten seines übermächtigen Nachbarn Indien abhängig. Dieses Problem wird sich zuspitzen, denn durch das rasante Bevölkerungswachstum beider Länder steigt auch der Bedarf an Wasser, Nahrung und Energie entsprechend an. Zumindest für Pakistan steht dabei das nackte Überleben auf dem Spiel, so daß bei einem solchen Worst-Case-Szenario die Kriegsgefahr in der Region erheblich steigen dürfte.

Lichtblicke sind dagegen die Kompromißfähigkeit, die beide Seiten trotz des ungeheuren Konfliktpotentials in wirklich existentiellen Fragen bisher zeigten und der bilaterale Wasservertrag, der sich seit mehr als 35 Jahren als Verhandlungs- und Handlungsgrundlage bewährt und selbst von zwei Kriegen nicht erschüttert wurde. Zur Deeskalation könnte auch die südasiatische Staatengemeinschaft SAARC, »South Asian Association for Regional Cooperation«, beitragen. In dieser Gemeinschaft schlossen sich im Dezember 1985 die sieben südasiatischen Staaten Bangladesch, Bhutan, Indien, Malediven, Nepal, Pakistan und Sri Lanka zusammen. Ziel dieser Gemeinschaft ist die Verbesserung der regionalen Zusammenarbeit insbesondere auf dem Gebiet der wirtschaftlichen Entwicklung. Um zur Entspannung der Lage beitragen zu können, müßte SAARC allerdings viel stärker als bisher multinationale Eigendynamik entwickeln, die über die post-kolonialen Grenzen in Südasien hinweg eine effizientere Nutzung der insgesamt zur Verfügung stehenden Ressourcen erlauben würde. Das Thema Bewässerung gehört heute zumindest während der alljährlichen SAARC-Gipfeltreffen zum Standardwortschatz der politischen Rhetorik.

Innenpolitische Konflikte um Wasser: das Fallbeispiel Pakistan

Jorge Scholz

252

Das Fallbeispiel Pakistan lehrt, daß Verteilungskonflikte um knappe Wasserressourcen nicht nur auf internationaler Bühne zwischen Staaten, sondern auch auf innenpolitischer Ebene unter Provinzen beachtliches Krisenpotential entfalten können. Beim innerpakistanischen Disput um die begehrte Ressource stellt man dabei verblüfft fest, daß der Streit der Hauptakteure wie eine ironische Spiegelung dem Muster der pakistanisch-indischen Spannungen gleicht. Hier wie dort polarisiert die existentielle Dimension der rund um das Wasser zu lösenden Probleme die Parteien; hier wie dort ist aber einer der Beteiligten in so vorteilhafter Machtposition, daß er sich jederzeit zu Lasten der anderen Seite durchsetzen könnte. Außerdem ist die Wasserfrage in ein übergeordnetes, ebenso komplexes wie kompliziertes Konfliktgemenge gebettet, so daß isolierte Lösungsversuche bestenfalls zu Formelkompromissen führen.

Bauernschach: Punjab versus Sindh

Der Streit der Provinzen um Wassernutzungsrechte ist Pakistan bei seiner Gründung vor 50 Jahren in die Wiege gelegt worden. 1947 wurde der junge Vielvölkerstaat nach rein religiösen Kriterien aus der Erbmasse Britisch-Indiens herausgeschnitten. Die Teilung des Subkontinents machte eine Neuordnung der gesamten Bewässerungsinfrastruktur des Indus-Beckens notwendig. Schon damals, 1947, rangelten bei dieser Neuordnung vor allem die historisch gewachsenen Bundesländer Punjab und Sindh um möglichst große Wasserkontingente für die eigene Landwirtschaft. Der Konkurrenzdruck hat folgenden Grund: In beiden Regionen konzentrieren sich zusammengenommen 84 Prozent der gesamten landwirtschaftlich kultivierten Flächen des Landes, auf denen entsprechend der Hauptanteil der nationalen Agrarproduktion erwirtschaftet wird, vor allem Weizen, Baumwolle, Reis und Zuckerrohr. Da in dem überwiegend ariden bis semi-ariden Klima von insgesamt 20 Millionen Hektar Anbaufläche aber 17 Millionen Hektar bewässert werden müssen, gilt Wasser als der zentrale limitierende Produktionsfaktor der pakistanischen Landwirtschaft. Selbst die gewaltigen Reserven des Indus-Flußsystems reichen nicht aus, um die enorme Nachfrage zu befriedigen. Der Grund ist, daß Indien in der Folge der Abspaltung Pakistans durchsetzte, das Wasser der drei östlichsten Indus-Nebenflüsse Ravi, Beas und Sutlej vor dem Grenzübertritt nach Pakistan auf eigenes Territorium umleiten zu dürfen. Damit ging insbesondere der Nordprovinz Punjab, durch die alle östlichen Nebenflüsse dem Indus zuströmen, schlagartig ein Fünftel der gesamten potentiell zur Verfügung stehenden Wassermenge verloren. Zum Ausgleich mußte der Indus selbst verstärkt angezapft werden, um die drohende Versteppung ganzer Landstriche zu verhindern. Dies ging zwangsläufig zu Lasten der am Indus-Unterlauf gelegenen Südprovinz Sindh, die bis dahin den Hauptstrom fast exklusiv nutzen konnte.

Der Verhandlungsspielraum für Kompromisse oder gar Konsenslösungen ist auf beiden Seiten denkbar klein. Immerhin erwirtschaftet der Agrarsektor trotz rückläufiger Tendenz auch heute noch etwa 22 Prozent des Bruttoinlandprodukts (gegenüber 53 Prozent im Jahr 1949) und ist daher der mit Abstand wichtigste Wirtschaftszweig. Besser noch läßt sich die Bedeutung der Landwirtschaft daran ablesen, daß hier mehr als die Hälfte der statistisch erfaßten Erwerbstätigen des 140-Millionen-Landes ihren Lebensunterhalt erarbeiten – Frauen und Kinder nicht mitgezählt. Beim interprovinziellen Tauziehen um die Wasserverteilung steht somit für beide Seiten nicht nur das Überleben einer tragenden Säule der eigenen Ökonomie auf dem Spiel, sondern auch die Balance des gesamten Gesellschaftsgefüges: ohne Zukunftsperspektiven für die Landwirtschaft droht ein Kollaps des sozialen Systems. Zu beobachten ist dies etwa in den Provinzkapitalen Lahore (sechs Millionen Einwohner) und Karachi (13 Millionen Einwohner), die durch die anhaltende Landflucht unter größtem Platzmangel leiden. Schon heute gleichen die beiden von Kriminalität und Terror geplagten Megastädte nicht nur in den ausufernden Elendsvierteln unregierbaren Molochen.

Zur Verhärtung der Positionen trägt zudem bei, daß die Interessenvertretung der Provinzen überwiegend in den Händen von Politikern ruht, die gleichzeitig auch Großgrundbesitzer sind. Solche, für das Personal der politischen Klasse Pakistans typischen Feudaldemokraten sind im doppelten Sinne Betroffene der anstehenden Entscheidungen bei der Wasserverteilung: Einerseits müssen sie als Politiker auf die Erwartungen der Wähler in ihren ländlichen Wahlkreisen Rücksicht nehmen, andererseits sind sie als Gutsherren auch an ihrem eigenen Profit interessiert.

Punjabisches powerplay:
Das »Indus-Wasser-Abkommen«

Trotz dieser Schwierigkeiten unterzeichneten die vier pakistanischen Provinzen – Punjab, Sindh, Baluchistan und North-West Frontier Province (NWFP) – im März 1991 nach jahrzehntelangen Querelen das sogenannte »Abkommen zur gleichmäßigen Verteilung des Indus-Wassers« (»Indus-Water Apportionment Accord«), das der damalige Premierminister Nawaz Sharif entsprechend stolz als »historisch« feierte. Einmalig günstige politische Rahmenbedingungen schufen die notwendigen Voraussetzungen für den Durchbruch: Bei wenigen Monaten zuvor abgehaltenen Parlamentswahlen hatte die »Pakistan Muslim League« (PML) von Nawaz Sharif mit ihren Koalitionspartnern nicht nur in Islamabad mit einem Erdrutschsieg die Macht erobert, sondern auch in allen Provinzen. Im Punjab sicherte sich die PML mit ihrem Wahlbündnis sogar die absolute Mehrheit. Sharif, selbst ein Punjabi, hatte damit die wichtigste Oppositionspartei, die »Pakistan People's Party« (PPP), mit der sindhischen Feudalherrin Benazir Bhutto an der Spitze geschlagen. Die dadurch mögliche Besetzung sämtlicher Schlüsselposten mit treuen Gefolgsleuten machte den Weg für den »historischen Kompromiß« frei.

Im Kern sieht das Abkommen über die Verteilung des Indus-Wassers für die einzelnen Provinzen bestimmte Kontingente vor, wie die nachfolgende Tabelle in Gegenüberstellung zu einem ähnlichen Verteilungsschlüssel aus kolonialer Zeit dokumentiert:

254 *Tabelle:* **Die Wasserverteilung aus dem Indus-Flußsystem zwischen den Provinzen Pakistans**

	Sindh-Punjab Agreement 1945		Indus-Water Apportionment Accord 1991	
	MAF [1]	%	MAF [1]	%
Sindh	48,74	47,2 %	48,76	42,6 %
Punjab	48,37	46,9 %	55,94	48,9 %
NWFP	5,09	4,9 %	5,78 [2]	5,1 %
Baluchistan	1,02	1,0 %	3,87	3,4 %
Pakistan	103,22	100,0 %	114,35	100,0 %

[1] *MAF: Million Acre Feet; 1 MAF entspricht einer Wassermenge, die eine Fläche von 1 Million acre (400.000 Hektar) 1 feet (circa 30 Zentimeter) hoch bedeckt.*
[2] *Die North-West Frontier Province darf zusätzlich 3 MAF Wasser aus den westlichen Indus-Nebenflüssen Swat und Kabul entnehmen.*

Quellen: Newsline 4/91; Viewpoint 25.4.1991; Jörg Zimmermann: Südasien 6-7/91.

Über diese Kontingente hinaus verfügbares Flußwasser soll nach den Bestimmungen des Vertrags folgendermaßen verteilt werden: Punjab und Sindh erhalten je 37 Prozent, die North-West Frontier Province erhält 14 Prozent und Baluchistan 12 Prozent. Außerdem verständigten sich die Provinzen – äußerst vage formuliert – auf den Bau weiterer Staureservoire, um die Leistungsfähigkeit der Bewässerungssysteme weiter steigern zu können. Im Zuge des Abkommens wurde die »Indus River System Authority« eingerichtet, die seit 1993 von Lahore aus als oberste Aufsichtsbehörde für die Umsetzung des Vertragwerkes zuständig ist. Repräsentanten aller vier Provinzen sorgen in diesem Gremium für die Wahrung der jeweiligen Interessen.

Dispute um Daten und Dämme

Zahlreiche offene Fragen und Ungereimtheiten bieten immer wieder Gelegenheit für Streitigkeiten. Einige der kapitalsten Schwächen traten 1994 offen zutage, als nach einem außergewöhnlich trockenen Winter die Pegel der Flüsse und Talsperren so tief wie nie zuvor sanken und im Sindh die Ernte auf den Feldern verdorrte. Ohnmächtig mußten die Bauern im Süden hinnehmen, daß nach dem Abzug der Punjab-Quote am Indus-Oberlauf für den eigenen Bedarf nur noch symbolische Wassermengen übrigblieben. Es rächte sich damit erstmals, daß bei der Fixierung der Provinzkontigente versäumt wurde, die Quoten an die tatsächlich verfügbare Wassermenge zu koppeln. Stattdessen hatte man den »historischen Erfolg« des Wasserabkommens mit einem statistischen Trick erkauft, wie unabhängige Kritiker schon kurz nach der Paraphierung bemängelten: Die zu entnehmende Wassermenge wurde einfach gegenüber dem Abkommen von 1945 um rund zehn Prozent erhöht (vgl. Tabelle), ohne daß entsprechende Meßergebnisse eine solche Erhöhung gerechtfertigt hätten. Nur weil alle Provinzen zumindest in absoluten Zahlen eine Steigerung ihres Kontingents zugesprochen bekamen und es also keine Verlierer gab, konnten alle Beteiligten ihrer jeweiligen Klientel gegenüber die Unterzeichnung der Vereinbarung rechtfertigen. Bei genauerer Analyse fällt jedoch auf, daß nur der Punjab, der sich fast 70 Prozent des »statistischen Extra-Wassers« zuschanzte, gegenüber den bisherigen Margen echte Zugewinne realisierte. Sindh mußte dagegen, zumindest prozentual gesehen, sogar eine kräftige Beschneidung seines Anteils hinnehmen.

255

Hinzu kommt, daß völlige Unklarheit darüber herrscht, wieviel Wasser in jedem Fall das letzte Stauwehr am Indus (Kotri-Barrage) passieren und ins Meer fließen muß. Auf diese Weise ist es dem topographisch günstiger gelegenen Punjab mit dem Hinweis auf das ungenutzte Restwasser möglich, selbst bei kritischen Wasserständen unverändert Wasser zu entnehmen.

Das Restwasser ist ein weiterer Streitpunkt: aus sindhischer Perspektive ist es aus ökologischen Gründen unantastbar: sinkt der Wasserspiegel des Indus im Mündungsgebiet unter ein gewisses Minimum, geraten die Mangrovenwälder in Gefahr. Dieses Ökosystem aber verhindert als riesiger Naturfilter das Vordringen von Meerwasser ins Landesinnere und die damit einhergehende Versalzung des Grundwassers. Für die Bewässerungslandwirtschaft der küstennahen Distrikte Thatta und Badin, wo auf rund 1.500 Quadratkilometern mindestens zwei Millionen Menschen leben, wäre eine solche Entwicklung das sichere Ende.

Weitere Interessenkonflikte gibt es bei der Realisierung der prinzipiell von allen Provinzen gewünschten Staudammprojekte. Umstritten sind hierbei Standorte, Kapazitäten und vor allem Funktionen der geplanten Anlagen. Sindh besteht mit Blick auf die eigenen massiven Versalzungsprobleme durch Verdunstung von Oberflächenwasser auf den Bau von Entwässerungskanälen, um den hohen Grundwasserspiegel abzusenken. Punjab hingegen favorisiert vorzugsweise im Norden des Landes den Bau einer ganzen Kaskade von Staudämmen und Talsperren, die auch zur Stromerzeugung genutzt werden sollen. Ein Ausbau der Wasserkraftwerkskapazitäten wäre ganz im Sinne der im Punjab angesiedelten Industrie, die im harten Konkurrenzkampf mit Karachi, dem zweiten wichtigen Industriezentrum des Landes, um den Ausgleich von Standortnachteilen bemüht ist. Auch in diesem Kontext spielt der persönliche Hintergrund einflußreicher Akteure eine entscheidende Rolle: Der derzeit mächtigste punjabische Politiker, der bereits erwähnte Nawaz Sharif, entstammt einer Großindustriellenfamilie.

Besonders kontrovers prallen die Positionen bei dem Kalabagh-Damm-Projekt aufeinander, das schon seit vielen Jahren heftig umkämpft ist. Durch dieses Projekt soll der Indus im Nordwesten des Punjab im Geländeübergang zur Indus-Tiefebene aufgestaut werden, nachdem er eine dem Himalaya vorgelagerte Gebirgskette verlassen hat. Da das hier gesammelte Wasser überwiegend im Punjab die Kanäle füllen würde, torpediert nicht nur Sindh aus den bekannten Gründen die Baupläne, sondern auch der zweite Kalabagh-Anrainer, die North-West Frontier Province: der riesige Stausee würde in dieser überwiegend bergigen Provinz einen Großteil des ohne großen Aufwand bebaubaren Ackerlandes überfluten. Außerdem müßten zahlreiche Dörfer umgesiedelt werden, was eine Landesregierung in der Provinzhauptstadt Peshawar politisch stark gefährden würde. Einschlägige Erfahrungen konnten schon beim Bau des oberhalb von Kalabagh liegenden Tarbela-Staudamms gemacht werden, als in den siebziger Jahren die Umsiedlung von mehr als 10.000 Menschen heftige innenpolitische Turbulenzen auslöste. Selbst das wesentlich unproblematischere Ghazi Barotha-Projekt, bei dessen Realisierung kleinere Umsiedlungsaktionen und Landenteignungen anstehen, sorgt derzeit in der Region für erhebliche Unruhe.

Zwischen Macht und Moral: Land in Sicht im Wasserstreit?

Bei den innenpolitischen Verteilungskonflikten um die Ressource Wasser geht es in Pakistan über den Bereich der Landwirtschaft hinaus auch um die Verteilung von Entwicklungschancen. Konfliktlinien verlaufen nicht nur zwischen verschiedenen Agrarregionen, die um das knappe Wasser wetteifern, sondern auch zwischen Wirtschaftssektoren, beispielsweise Landwirtschaft versus Industrie. Die Interessen der Kontrahenten orientieren sich dabei jeweils an den gesellschaftlichen, ökonomischen und ökologischen Bedürfnissen der eigenen Provinz. Daraus ergeben sich unterschiedlichste Vorstellungen über den Verwendungszweck des zur Verfügung stehenden Wassers.

Übergeordnete Instanzen, die für eine gerechte, auf Ausgleich der bestehenden Entwicklungsunterschiede bedachte Verteilung der Lebensgrundlage Wasser sorgen könnten, sind entweder nur schwach ausgeprägt (»Indus River System Authority«) oder befangen durch materielle Interessen und ethnische Identität des Führungspersonals (Bundesregierung). Die Provinzen bleiben sich daher weitgehend selbst überlassen. Daß bei einer solchen Konstellation wirtschaftliche Stärke und topographische Lage darüber entscheiden, wer sich durchsetzen kann, zeigte sich schon am Beispiel des indisch-pakistanischen Konflikts. Die strukturellen Parallelen zwischen der außenpolitischen und der innenpolitischen Auseinandersetzung sind nicht zu übersehen. Punjab, die stärkste Provinz Pakistans, wiederholt das Verhalten Indiens im eigenen Land gegenüber der Provinz Sindh. Die besondere

Ironie ist, daß der Streit zwischen den Provinzen Pakistans eine direkte Folge der schwächeren Position Pakistans im Konflikt mit Indien ist. Solange bei der Verteilung der Ressource Wasser, die für alle gleichermaßen lebenswichtig ist, nicht die Rechte und Interessen der schwächeren Provinzen mitbedacht und entsprechend berücksichtigt werden, wird es im Streit der Regionen ebensowenig eine dauerhafte Lösung geben, wie im gemeinsamen Konflikt mit Indien.

Der Streit um das Wasser des Cauvery

Theo Ebbers

Juli 1993. Die Ministerpräsidentin des südindischen Bundesstaates Tamil Nadu, Jayalalitha, befindet sich in einem äußerst publikumswirksam in Szene gesetzten Hungerstreik. An der Strandpromenade in Madras liegt sie in einem auf einer hölzernen Plattform aufgestellten Bett und verweigert jegliche Nahrungsaufnahme. Ventilatoren und mobile Klimaanlagen sorgen dafür, daß ihr nicht zu heiß wird, und den ganzen Tag über drängen sich die Menschen am Eingang zu der Plattform, um einen kurzen Blick auf ihre Regierungschefin zu werfen. Aus ganz Tamil Nadu sind sie gekommen: Männer, Frauen und Kinder, Eltern und Großeltern, Arbeiter, Beamte, Bauern und Tagelöhner. Sie alle stehen stundenlang geduldig Schlange, um ihre Solidarität mit ihrer fastenden Landesmutter auszudrücken und wenigstens einen Blick auf sie zu erhaschen. Während Helfer der Regierungspartei AIADMK draußen vor der Plattform und auf der Strandpromenade täglich mehrere tausend Reispäckchen an die Besucher verteilen, Tankwagen die Menschenmassen mit Trinkwasser versorgen und fliegende Händler Imbisse, Früchte und bunte Windräder für die Kinder feilbieten, sind sich die Menschen Tamil Nadus einig in ihrer Unterstützung des Anliegens, das Jayalalitha mit ihrer Fastenaktion verbindet: die Versorgung Tamil Nadus mit dem Wasser des Cauvery.

Das Wasser des Cauvery, einer der größten und wichtigsten Flüsse Südindiens, ist ein Segen für die Bundesstaaten, die er durchfließt, aber auch Auslöser für zwischenstaatliche Auseinandersetzungen und Konflikte. Nur selten haben sie einen solchen volksfestartigen Charakter, wie die Hungerstreikinszenierung Jayalalithas – sie können sogar in blutige und gewalttätige Auseinandersetzungen münden, bei denen, wie im Winter 1991/92, zuweilen auch Todesopfer zu beklagen sind.

Der Cauvery entspringt in der als »West-Ghats« bekannten Gebirgskette, die sich parallel der indischen Westküste erstreckt. Auf seinem Weg an die indische Ostküste, wo er östlich von Thanjavur in einem ausgedehnten Flußdelta in den Golf von Bengalen mündet, vereinigt er sich insbesondere im Bundesstaat Karnataka mit einer Vielzahl weiterer Flüsse, etwa dem Hemavati, Lakshmanatirtha und Kabini. Er wächst dabei zu dem einzigen großen, ganzjährig wasserführenden Fluß Tamil Nadus an. Das Gebiet seines Mündungsdeltas, das östlich von Tiruchirapalli beginnt und sich an der Ostküste bis Chidambaram im Norden und Nagapattinam im Süden erstreckt, ist eine der wichtigsten Reisanbauregionen Indiens und als die

»Reisschüssel Tamil Nadus« bekannt. Für die hier ansässigen Reisbauern ist das Wasser des Cauvery unentbehrlich, erlaubt es ihnen doch zwei Reisernten pro Jahr. Doch auch zur Versorgung der Millionenstadt Bangalore und für die Landwirte Karnatakas ist das Wasser des Cauvery lebensnotwendig.

In der Region des Cauvery-Beckens in Tamil Nadu werden mit dessen Wasser etwa eine Million Hektar Land bewässert, wofür jedes Jahr etwa 14 Milliarden Kubikmeter Wasser benötigt werden, in Karnataka liegt der Bedarf bei neun Milliarden Kubikmeter. Es wird geschätzt, daß etwa 95 Prozent des gesamten Cauvery-Wassers genutzt wird, womit er wohl der am stärksten genutzte Fluß Indiens ist. So ist es kein Wunder, daß die Bundesstaaten, durch die er fließt, sich regelmäßig, insbesondere jedoch in den Jahren niedriger Wasserstände, darum streiten, wer wieviel Wasser nutzen darf. Zwar dauert dieser Streit schon weit über 100 Jahre, doch die Frage der Aufteilung des Cauvery-Wassers ist erst in der jüngsten Vergangenheit immer mehr zu einer Prestigefrage geworden, in der keine Seite nachgeben will. Während in Karnataka jeder Kubikmeter Wasser, der nach Tamil Nadu geht, als Zeichen der Schwäche angesehen wird, lassen sich die Regierungen in Tamil Nadu für jeden Kubikmeter feiern, den sie dem Nachbarbundesstaat abtrotzen. Angesichts der schon jetzt starken Nutzung des Cauvery-Wassers verfügen beide Seiten kaum noch über Verteilungsspielräume. Tamil Nadu bleibt auf das Wohlwollen Karnatakas angewiesen, das über den natürlichen Vorteil verfügt, am Oberlauf des Cauvery zu liegen und daher dessen Wasser zuerst nutzen zu können.

Die Nutzung des Cauvery-Wassers für Bewässerungszwecke durch den Bau von Kanälen und Reservoirs läßt sich bis in das zweite nachchristliche Jahrhundert zurückverfolgen. Zur Förderung des Reisanbaus im Cauvery-Delta ließen die damaligen Herrscherhäuser der Chola-Könige in der Region um Thanjavur Staudämme und große Bewässerungskanäle bauen, von denen der »Grand Anicut« noch heute als wichtige Bewässerungsquelle in den Reisanbaugebieten des Cauvery-Deltas gilt.

Auch die britischen Herrscher förderten während der Kolonialzeit den Bau von Bewässerungskanälen, um die Reisproduktion in der »Reisschüssel Tamil Nadus« weiter zu erhöhen. Zur Sicherung des Wasserzuflusses in den Reisanbaugebieten Tamil Nadus versuchten die britischen Kolonialherren, den Verbrauch und Gebrauch von Wasser in Karnataka strikt zu kontrollieren. Als das damalige, unabhängige Fürstentum von Mysore nach der Hungersnot von 1877 und 1878 begann, in Bewässerungsanlagen und Staudämme zu investieren, erzwang die britische Regierung in Madras nach langwierigen Verhandlungen einen Vertrag, der es dem Staat Mysore untersagte, ohne Einwilligung der Kolonialregierung in Madras neue Wasserspeicher oder Bewässerungskanäle zu konstruieren.

Zu Beginn des 20. Jahrhunderts begannen beide Regierungen Pläne auszuarbeiten, die eine Ausdehnung der bewässerten landwirtschaftlichen Nutzflächen zum Ziel hatten. 1924 schlossen sie ein Abkommen, in dem sie sich gegenseitig auf Höchstgrenzen der Wasserentnahme aus dem Cauvery für Bewässerungszwecke verpflichteten. Im Fürstentum Mysore sollte die bewässerte Anbaufläche auf 92.000 Hektar beschränkt werden, die im heutigen Tamil Nadu auf 729.000 Hektar. Während der 50jährigen Laufzeit dieser Vereinbarungen wurden trotz dieser Höchstgrenzen auf beiden Seiten Anstrengungen unternommen, die bewässerte landwirtschaftliche Nutzfläche durch den Bau weiterer Staudämme und Bewässerungskanäle auszudehnen. In den 1930er Jahren wurde in Tamil Nadu der Mettur-Damm gebaut, in Karnataka der Krishna-Raja-Sagar-Damm. Dadurch kam es zunächst in Tamil Nadu und seit Beginn der 1970er Jahre auch in Karnataka zu einem starken Anstieg der bewässerten Anbauflächen. Vor dem Bau des Krishna-Raja-Sagar-Damms betrug die bewässerte Anbaufläche in Karnataka 60.750 Hektar, nach seiner Fertigstellung war sie auf über 121.000 Hektar angestiegen. Nachdem die Vereinbarung über die Nutzung des Cauvery-Wassers von 1924 50 Jahre später vertragsgemäß ihre Gültigkeit verloren hatte, verstärkte Karnataka seine Bemühungen, den Bewässerungsfeldbau auszudehnen, und die bewässerte Fläche stieg auf über 450.000 Hektar an.

259

Der Cauvery – Zankapfel zwischen
den indischen Bundesstaaten Tamil Nadu und Karnataka.

Diese starke Ausdehnung der bewässerten Anbauflächen in Karnataka ist jedoch nur eine der Ursachen für die wachsende Knappheit des Cauvery-Wassers und die daraus resultierenden Konflikte zwischen Karnataka und Tamil Nadu. Ein zweiter und wohl noch wichtigerer Faktor ist ein grundlegender Wandel der Reisanbau- und Reiserntezyklen in der Reisanbauregion des Cauvery-Deltas nach dem Bau des Mettur-Damms in den 1930er Jahren. Bis zur Fertigstellung dieses Damms dauerte die landwirtschaftliche Hauptsaison in dieser Region von August bis Januar, mit den höchsten Niederschlagsmengen während des Nordostmonsuns zwischen Oktober und Dezember. Während dieser *Sambha* genannten Saison wurde im August der Reis ausgesetzt und im September auf die Reisfelder umgepflanzt, damit er zu Beginn der heftigen Monsunregenfälle schon kräftige Wurzeln entwickelt hatte. Die Monsunniederschläge wurden dann in den Reisfeldern gesammelt und stellten die Bewässerung sicher. Reisanbau in den Sommermonaten war außer auf den direkt am Fluß gelegenen Feldern unbekannt, da der Cauvery zu dieser Zeit zu wenig Wasser führte, um die Bewässerung größerer Flächen sicherzustellen.

Dies änderte sich mit dem Bau des Mettur-Damms, der eine ganzjährige Bewässerung gewährleistete. Schon wenige Jahre nach der Fertigstellung des Damms und der von ihm ausgehenden Bewässerungskanäle, hatte sich die Fläche unter Kuruvai – das ist im Sommer angebauter Reis – verdreifacht. Dieser Trend zu zwei Reisernten pro Jahr verstärkte sich Mitte der 1960er Jahre mit der Einführung einer neuen Reishochertragssorte, die unter der Bezeichnung »ADT 27« bekannt geworden ist: die Kuruvai-Fläche wurde innerhalb von zwei Jahren von knapp 110.000 Hektar auf über 210.000 Hektar ausgedehnt.

Es ist diese Ausweitung und Intensivierung des Sommerreisanbaus in der Deltaregion des Cauvery, durch die alljährlich die Konflikte um das Cauvery-Wasser verursacht werden: Die Hauptanbau- und Erntezeit für Reis liegt in Karnataka zwischen Juni und August, also vor der Saison im Cauvery-Delta. Mit der dortigen Einführung und Intensivierung des Kuruvai-Anbaus wird nun das Cauvery-Wasser in beiden Anbauregionen gleichzeitig benötigt. Je mehr Wasser von den Reisbauern in Karnataka verbraucht wird, desto weniger bleibt für diejenigen in Tamil Nadu übrig. Da zwischen Tamil Nadu und Karnataka keine zusätzlichen Wasserressourcen mehr zu verteilen sind, besteht nur die Möglichkeit, den landwirtschaftlichen Wasserbedarf zu senken und das verfügbare Wasser effizienter zu nutzen. Dies kann erreicht werden, indem wassersparende Bewässerungstechniken verwendet werden, die Anbaupalette auf weniger wasserabhängige Produkte umgestellt wird und neue Reissorten eingeführt werden, die weniger Wasser benötigen. Wissenschaftler in Tamil Nadu haben eine Reisart entwickelt, deren Wachstums- und Reifezeit um 30 Tage kürzer ist, als bei den traditionellen Kuruvai-Arten. Bei der Verwendung dieser neu entwickelten Reisart käme es nicht mehr zu der gleichzeitigen Beanspruchung des Cauvery-Wassers durch Reisbauern in beiden Bundesstaaten.

Seit Beginn der 1990er Jahre suchen die beiden am Konflikt beteiligten Bundesstaaten nach Formeln und Lösungen, die eine ihrer Ansicht nach gerechte Aufteilung des Wassers ermöglichen würden. Dabei wird immer wieder auch die Zentralregierung in Delhi um Vermittlung gebeten, deren Lösungsvorschläge jedoch in der Regel von zumindest einem Bundesstaat abgelehnt werden. Mangels politischer Lösungen des Konfliktes wurde der Streit um das Cauvery-Wasser seit den 1970er Jahren auch vor dem Obersten Gericht in Delhi verhandelt. Dieses forderte die beiden Kontrahenten auf, bis April 1990 einen Kompromiß über die Wassernutzung auszuarbeiten. Als dies mißlang, wies das Gericht die Zentralregierung an, ein Tribunal einzusetzen, das durch Verordnungen und Anweisungen an die beiden Bundesstaaten die Wassernutzung regulieren sollte. Im Juni 1990 wurde daraufhin das »Cauvery Water Disputes Tribunal« (CWDT) ins Leben gerufen. Ein Jahr später wies es Karnataka in einer vorläufigen Anordnung an, seine durch Cauvery-Wasser bewässerte Anbaufläche nicht über die bereits bestehende Fläche von 453.000 Hektar auszudehnen und so sicherzustellen, daß Tamil Nadu jährlich 5,7 Milliarden Kubikmeter Wasser aus dem Cauvery nutzen kann. In Karnataka stieß diese Entscheidung auf schärfste Ablehnung, und das Landesparlament machte per Verordnung alle Gewässer innerhalb der Staatsgrenzen Karnatakas zum Exklusiveigentum des Bundesstaates. Wie auch das Oberste Gericht in Delhi bestätigte, ist

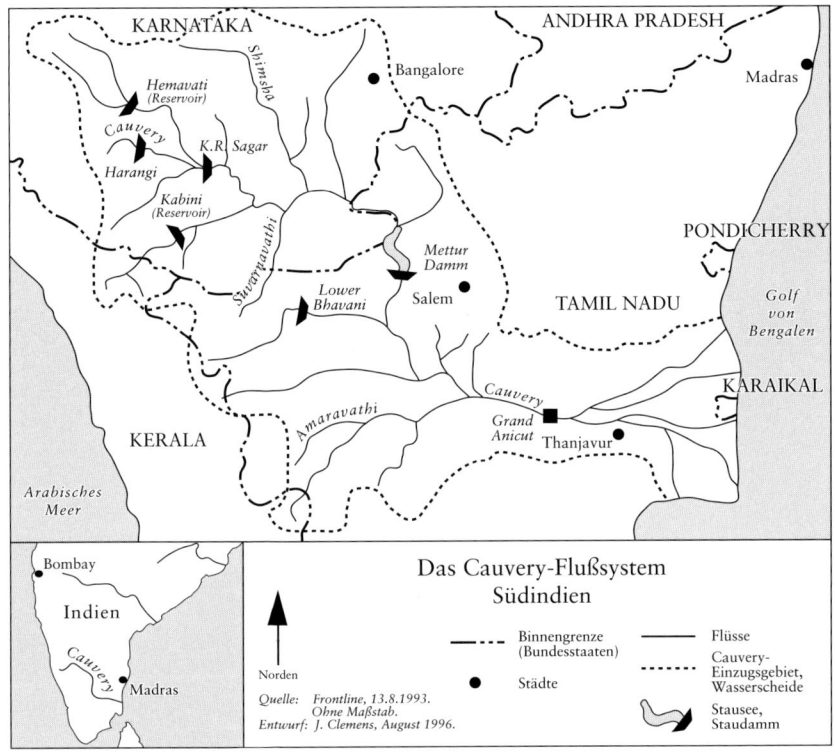

Das Cauvery-Flußsystem
Südindien

KARNATAKA

Hemavati
(Reservoir)

Shimsha

Bangalore

ANDHRA PRADESH

Madras

Cauvery

K.R. Sagar

Harangi

Kabini
(Reservoir)

Suvarnavathi

PONDICHERRY

Mettur
Damm

Lower
Bhavani

Salem

TAMIL NADU

Golf
von
Bengalen

Amaravathi

Cauvery

KARAIKAL

KERALA

Grand
Anicut

Thanjavur

Arabisches
Meer

Bombay

Indien

Cauvery

Madras

Norden

Quelle: Frontline, 13.8.1993.
Ohne Maßstab.
Entwurf: J. Clemens, August 1996.

- - - · · Binnengrenze
(Bundesstaaten)

● Städte

——— Flüsse

- - - - - - Cauvery-
Einzugsgebiet,
Wasserscheide

Stausee,
Staudamm

261

dieser Parlamentsbeschluß zwar verfassungswidrig, doch Karnataka weigert sich bis heute, die Entscheidungen des CWDT anzuerkennen und umzusetzen.

Gemäß der indischen Verfassung unterstehen die indischen Flüsse der Zentralregierung in Delhi. Am Beispiel des Cauvery wird deutlich, daß in der bisher 50jährigen Geschichte des unabhängigen Indiens versäumt worden ist, in einer nationalen Wasserpolitik Richtlinien zu entwickeln, die die Aufteilung der Wasserressourcen der indischen Flüsse regelt. Ein Entwurf einer solchen Rahmenverordnung über die Wassernutzung wurde Anfang 1996 von der Ministerpräsidentenversammlung der indischen Bundesstaaten als unnötig und überflüssig zurückgewiesen: Zum einen habe jedes Flußbecken seine Besonderheiten, die sich nicht verallgemeinern und in einer umfassenden Richtlinie reglementieren ließen. Zum anderen seien in den meisten Fällen zwischenstaatlicher Unstimmigkeiten über die Wasserteilung Tribunale eingerichtet worden, die per Anordnung die Aufteilung des Wassers zwischen den Bundesstaaten regelten. Offenbar fehlt es zumindest auf der Ebene der Bundesstaaten, und ganz besonders in Tamil Nadu und Karnataka, an politischem Willen, eine Lösung für solche Konflikte zu finden und effizientere Wassernutzungsformen durchzusetzen, zumal sich diese zwischenstaatlichen Auseinandersetzungen immer wieder politisch ausnutzen und gerade in Wahlkampfzeiten in wichtige Wählerstimmen ummünzen lassen.

Wasser als Waffe – Politische Konflikte um Wasser

7

263

Der Preis der Entwicklung:
Wasserverschmutzung –
Wasserverseuchung –
Wasserverknappung

Aus chinesischer Sicht wird das 21. Jahrhundert das asiatisch-pazifische Jahrhundert sein. Aus indischer Sicht wird der Beginn des dritten Jahrtausends mit einem asiatischen Jahrhundert beginnen. Gleich, welcher der beiden Protagonisten recht behalten wird – der asiatische Kontinent wird auch von einer Vielzahl von Asienkennern als der zukünftige wirtschaftliche und in der Folge auch politische Mittelpunkt der Welt angesehen.

Seit Jahren versetzt die asiatische Weltregion die altindustrialisierten Wirtschaftszentren mit anhaltend hohen Wachstumsraten und einem schwindelerregenden Wachstumstempo in Erstaunen, wenn nicht gar in Entsetzen. Fortschritt, Modernität, Wachstum und Entwicklung sind die zentralen Leitmotive asiatischen Wirtschaftens. Die Umsetzung der ehrgeizigen nationalen Ziele der sogenannten »Tigerstaaten« erfordert Kapital, Rohstoffe und Energie. Ihre Beschaffung geht in vielen Fällen und in vielen Bereichen nicht mit der erforderlichen Umweltverträglichkeit einher. Die negativen ökologischen Folgen sind nicht nur sehr langlebig, sondern beeinträchtigen die Lebensqualität der Bevölkerung in oftmals besorgniserregendem Maße. Das Fell der asiatischen Tiger verliert an Glanz und wird von hartnäckigen Flecken verunreinigt.

Auch wenn die ökologischen Folgen ungehemmten Wirtschaftens nicht immer solch katastrophale Ausmaße annehmen, wie im Zuge des zentralasiatischen Baumwollanbaus und der Verlandung des Aralsees, so sind auf dem asiatischen Kontinent doch eine Fülle ökologisch äußerst bedenklicher Entwicklungen festzustellen: Im japanischen Minamata wurde das Trinkwasser bereits vor Jahrzehnten durch Quecksilber verseucht, und in Bangladesch ist es heute mit Arsen vergiftet. Die Wasserressourcen in den ostasiatischen Tigerstaaten Südkorea und Taiwan werden zusehends knapper und verschmutzen immer mehr. In Kirgisistan, Irian Jaya und in den Philippinen ist Wasser regional durch den Goldabbau mit Schadstoffen stark belastet. Auch die Lederindustrie in Pakistan und Indien sowie die Industrialisierung entlang des zentralchinesischen Huai He haben starke Wasserbelastungen zur Folge.

Diese Fälle stehen beispielhaft für eine weit größere Zahl ähnlicher Entwicklungen. Die verheerenden ökologischen Folgen werden von sozialen Problemen, Krisen und Konflikten begleitet. Verantwortlich für diese Folgen ist eine Wirtschaftspolitik, die auf schnellen Gewinn statt auf eine langfristig angelegte, nachhaltige Nutzung der Wasserressourcen ausgerichtet ist.

Der Preis der vermeintlichen Entwicklung besteht aber nicht nur in der Verschmutzung und zuweilen sogar Verseuchung der Wasserressourcen, sondern auch in ihrer Verknappung aufgrund von Nutzungskonflikten wirtschaftlich unterschiedlich potenter Nutzergruppen. Dies wird etwa am Beispiel der Konflikte zwischen der internationalen Tourismusindustrie und autochthonen Bevölkerungsgruppen deutlich.

»*Mizu ni nagasu*« – »Was wegfließt, ist vergessen« Die Quecksilberverseuchung in Minamata, Japan

Anja Osiander

Tausend Kilometer südlich von Tokyo, an der Südostküste der Insel Kyushu, liegt das Städtchen Minamata. Um die Jahrhundertwende lebten hier nur wenige hundert Menschen. Es war ein bedeutungsloses Fischernest, weit entfernt von elektrischem Strom, Kanalisation, Bahnstrecken und allen anderen Errungenschaften der modernen Zivilisation.

266

Das änderte sich, als die Dorfältesten den jungen Ingenieur Noguchi Jun überredeten, seine neue Düngemittelfabrik nicht in der nahegelegenen Stadt Izumi zu errichten, sondern eben in Minamata. So entstand im Jahre 1912 auf einem Acker am Rande des Dorfes die erste Produktionsstätte der neuen »Nihon Hiryo Chisso Kabushiki Gaisha«, der »Japanischen Stickstoffdünger Aktiengesellschaft«, kurz: Chisso AG. Die Chisso AG wuchs binnen weniger Jahre zu einem der bedeutendsten Unternehmen der chemischen Industrie in Japan heran und behauptete diese Spitzenposition auch noch bis weit in die Nachkriegszeit hinein. Mit der Fabrik blühte auch das Gemeinwesen auf. Es entstanden Krankenhäuser und Schulen, der Hafen wurde ausgebaut und die Stadt an die Bahnstrecke angeschlossen. Auf dem Höhepunkt dieser Entwicklung, Ende der 50er Jahre, beschäftigte das Werk rund 4.000 Menschen, und die Einwohnerzahl übersprang die magische Grenze von 50.000 – Minamata war zur Kreisstadt aufgestiegen.

Berühmt geworden ist Minamata aber nicht für diesen raschen Aufschwung, sondern für den Preis, den das Gemeinwesen dafür zahlte. Dieselbe Fabrik, die der Region zu einem bescheidenen Wohlstand verhalf, zerstörte durch quecksilberhaltige Einleitungen in das Abwassersystem über mehr als dreißig Jahre hinweg die Gesundheit von schätzungsweise 20.000 Menschen. Der Begriff »Minamata-Krankheit« hat sogar Eingang in deutsche Konversationslexika gefunden. Das liegt nicht nur daran, daß die Verseuchung in Minamata weltweit unerreichte Ausmaße annahm. Vielmehr ist Minamata typisch. Was sich dort in den Jahrzehnten zwischen 1930 und 1970 ereignete, spielt sich zur Zeit ebenso in Thailand, Vietnam, China, Papua-Neuguinea und in anderen Regionen Asiens ab. Überall geht es um Wassernutzungsrechte, überall kämpfen die Einheimischen, die ihre Existenzgrundlage und ihre traditionelle Lebensweise zu verteidigen suchen, einen ungleichen Kampf gegen die Befürworter und Nutznießer industrieller Erschließung. Der Fall Minamata ist soviel berühmter geworden als all die anderen, weil er sich einige Jahrzehnte vor ihnen ereignete, weil er besonders dramatisch und tragisch verlief, und weil er im Nachhinein von einer starken Bürgerbewegung ausführlich dokumentiert und öffentlich angeprangert wurde.

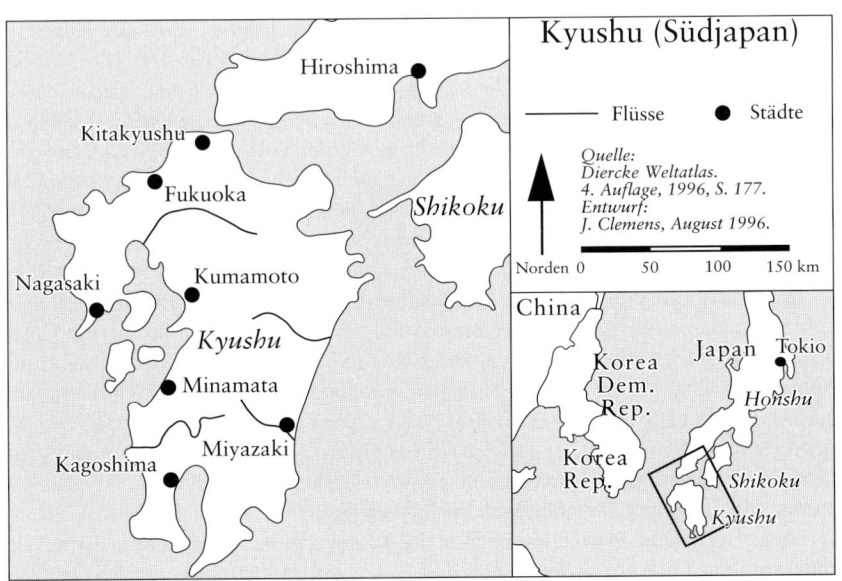

Die Bucht von Minamata, Süd-Japan

Kyushu (Südjapan)

——— Flüsse   ● Städte

Quelle:
Diercke Weltatlas.
4. Auflage, 1996, S. 177.
Entwurf:
J. Clemens, August 1996.

Norden 0   50   100   150 km

Hiroshima ●

Kitakyushu
● Fukuoka

Shikoku

Nagasaki ●   ● Kumamoto

Kyushu

● Minamata

Kagoshima ●   Miyazaki ●

China

Korea
Dem.
Rep.

Korea
Rep.

Japan   Tokio ●

Honshu

Shikoku

Kyushu

Der Preis der Entwicklung

Die Verseuchung

Das Quecksilber, das die Verseuchung auslöste, stammte aus der Produktion von Acetaldehyd, einem Grundstoff für die Plastikherstellung. Acetaldehyd wurde im Chisso-Werk in Minamata schon seit 1932 produziert, aber der Ausstoß und damit auch der Einsatz von Quecksilber erreichte vor allem in der zweiten Hälfte der 50er Jahre Rekordhöhen, als die japanische Wirtschaft im Zusammenhang mit dem Korea-Krieg erstmals seit der Kapitulation wieder boomte. Das Quecksilber wurde eingesetzt, um die Lebensdauer des Katalysators im Hydrationsprozeß zu verlängern. Als unbeabsichtigte und zunächst auch unbekannte Nebenwirkung schlossen sich dabei Teile des Quecksilbers mit Methyl zu organischen Verbindungen zusammen. Sie wurden mit der Drainage ins Meer gespült. Dort nahmen Kleinstlebewesen diese Verbindungen als Nahrung auf.

268   Das Quecksilber kann aber von den Organismen nicht weiter verwendet werden. Es lagert sich im Kreislauf ab und wird so in der Nahrungskette akkumuliert, wobei die Konzentration auf jeder Stufe um mehrere Zehnerpotenzen zunimmt. Aus Spurenelementen werden schließlich Milligramm. Das scheint nicht viel zu sein, aber es reicht aus, um die Versorgungsbahnen der Organismen von Fischen, Katzen, Vögeln und schließlich von Menschen erheblich zu verengen oder sogar zu verstopfen. Einzelne Zellen werden nicht mehr ausreichend versorgt und sterben ab. Nach und nach wird das Quecksilber auch wieder ausgespült. Deshalb ist die Vergiftung nach einigen Jahren nicht mehr nachweisbar. Aber die unterversorgten Zellen können meistens nicht regeneriert werden.

Das ist der nüchterne naturwissenschaftliche Zusammenhang. Die Folgen aber entstellen die Betroffenen bis zur Unmenschlichkeit. Blockiert werden auf diese Weise nämlich vor allem einzelne Bereiche des Gehirns. Die Betroffenen fangen an zu stammeln, ihnen fließt Speichel aus dem Mund. Sie können das Gleichgewicht nicht mehr halten, sie torkeln und stolpern. Ihr Blickfeld verengt sich. Ihre Hände tun nicht mehr, was ihnen »befohlen« wird. Eine Schale Reis zu essen, wird zu einer entwürdigenden und oft unlösbaren Aufgabe. Ihre Nägel wachsen wild, ihre Glieder erstarren und verkrampfen sich. Die Opfer werden von spastischen Anfällen geschüttelt. Sie können ihren Gesichtsausdruck nicht mehr kontrollieren, die Augen verdrehen sich wie bei Schwachsinnigen. So verlieren sie ihre Ausdrucks- und Verständigungsmöglichkeiten – und in den Augen der Anderen damit auch ihr menschliches Antlitz und ihre Würde.

Besonders grausam wirkt das Quecksilber bei schwangeren Frauen. Bei ihnen sind neben dem Gehirn auch Gebärmutter und Nabelschnur stark durchblutet, und auf diese Weise geben sie das Gift an die sich entwickelnden Föten ab. Während sie selbst dadurch größeren Schäden entgehen, kommen die Kinder schwerstbehindert zur Welt und überleben nur selten länger als ein paar Jahre. In dem mehrfach preisgekrönten Roman *Meer der Qualen* von Ishimure Michiko über das Leben der Opfer von Minamata bezeichnet eine Mutter ihr vergiftetes Kind als »Seegras« – stumm und unerreichbar, aber doch noch lebendig.

Nach 1960 nahmen die Menschen in der Küstenregion längst nicht mehr so viel Quecksilber zu sich wie in den 50er Jahren. Viele waren vorsichtiger geworden: der Zusammenhang zwischen den Einleitungen, den vergifteten Fischen und der

Minamata-Krankheit wurde zwar offiziell immer noch bestritten, aber viele Indizien sprachen dafür. In den durch die Abwässer verseuchten Küstenstreifen gab es auch nicht mehr viele Fische, die noch verzehrt werden konnten. Außerdem wurde nach 1960 weniger Quecksilber aus dem Werk ins Meer geleitet, weil die Herstellungsverfahren für Plastik sich weiterentwickelt hatten. Wie die gesamte Branche setzte auch die Chisso AG in einem neuen Werk bei Tokyo zunehmend petrochemische Verfahren ein. Gleichzeitig wurde die Produktion im Werk von Minamata allmählich gedrosselt und 1968 schließlich ganz eingestellt. Deshalb wiederholten sich die dramatischen Fälle der 50er Jahre nicht. Aber viele Menschen konnten und wollten nicht darauf verzichten, weiter Fische und andere Meeresfrüchte zu essen, weil es zu ihrem Lebensstil als Fischer gehörte oder weil sie kein Geld hatten, um andere Lebensmittel zu kaufen. Sie vertrauten den Beteuerungen des Unternehmens, daß die Abwässer ungefährlich seien, und bezahlten mit dem Verlust ihres Tastsinns, mit Gleichgewichtsstörungen und ständigen Kopfschmerzen.

269

Opfer und Verursacher: David gegen Goliath

Schon 1926, also noch vor dem Beginn der Acetaldehyd-Produktion, protestierten die Fischer von Minamata erstmals dagegen, daß die Abwässer der Fabrik ihre Fanggründe zerstörten. Die Proteste wiederholten sich 1943, mitten im Krieg. Beide Male zahlte das Unternehmen geringe Abfindungen und setzte die Einleitungen fort. In den 50er Jahren war die Bucht von Minamata berüchtigt für den schwarzen, klebrigen Schlamm, der sich vor der Mündung des Kanals für die Fabrikabwässer sammelte. Fischer aus anderen Dörfern machten ihre Boote während der Pflanz- und Erntemonate im Sommer dort fest. Nach einigen Wochen waren die Austern und Seepocken, die sonst mühsam vom Rumpf abgebeizt werden mußten, wie durch Zauberhand verschwunden. Die Boote der Fischer von Minamata dagegen verrotteten, weil in der Bucht keine Fische mehr zu fangen waren.

Im Mai 1956 wurden die ersten Fälle einer rätselhaften Nervenkrankheit bekannt. Es dauerte aber drei Jahre, bis Forscher der Universität in der Präfekturhauptstadt Kumamoto auf den Hinweis eines amerikanischen Kollegen hin erstmals Proben, die vor der Mündung des Abwasserkanals entnommen worden waren, auf Quecksilberverbindungen untersuchten und hohe Konzentrationen feststellten. Es dauerte weitere vier Jahre, bis diese Forschergruppe nachweisen konnte, wie sich aus dem anorganischen Quecksilber, das in der Fabrik eingesetzt wurde, die todbringenden organischen Verbindungen bildeten. Selbst da schritten die Behörden nicht ein. Es war nach wie vor nicht verboten, Fische aus der Bucht von Minamata zu fangen oder zu essen. Es wurde kein Versuch unternommen, das in der Bucht lagernde Gift zu entfernen, und die Chisso AG setzte ihre Einleitungen unbehelligt fort. Erst 1966, als ein zweiter Fall von Quecksilbervergiftungen entlang des Agano-Flusses in der Provinz Niigata landesweit für Schlagzeilen sorgte, installierte die Chisso AG im Werk von Minamata einen geschlossenen Wasserkreislauf.

Bei dieser Zusammenfassung der Ereignisse mag der Eindruck entstehen, als hätten alle Beteiligten der Tragödie tatenlos zugesehen. Tatsächlich aber kam es zwischen 1956 und 1959 zu dramatischen Auseinandersetzungen. Daß sie nichts an den Einleitungen änderten, hängt eng mit der wirtschaftlichen und gesellschaftlichen Stellung der Opfer und der Verursacher zusammen:

Die Opfer stammten überwiegend aus Fischerfamilien, die in Weilern verstreut an der Küste um Minamata lebten. Die wenigsten verfügten über mehr als eine elementare Schulbildung, und die Familien lebten von der Hand in den Mund. Bis in die 50er Jahre hinein hatten die Fischer rund um Minamata ein weitgehend autonomes und selbstgenügsames Leben geführt. Danach aber gab es kaum noch Fische in den Gewässern, die ihnen zugeteilt waren. Opfer der neuen rätselhaften Krankheit waren gerade die Kräftigsten, weil sie am meisten Fisch aßen, und die Kinder. Honorare für nutzlose Arztbesuche verschlangen ihre letzten Ersparnisse. Die meisten wußten nicht, woher sie das Essen für den nächsten Tag nehmen sollten. Von dreihundert Fischerfamilien, die im Stadtgebiet lebten, nahmen über hundert die kärgliche städtische Armenhilfe in Anspruch.

Die Chisso AG dagegen verfügte über nationales Prestige, über eine strategisch wichtige Position auf vielen inländischen Märkten für chemische Rohstoffe und dementsprechend über enge Kontakte zu nationalen Behörden. Sie zählte zu den erfolgreichsten Industrieunternehmen Japans in den zwanziger und dreißiger Jahren. Das Unternehmen hielt viele Patente und für eine Reihe von Produkten das Monopol auf dem japanischen Markt, und es zog die besten Absolventen der Ingenieursfakultät der Universität Tokyo an. Die Chisso AG beteiligte sich auch in großem Stil an der Industrialisierung der japanischen Kolonien in Korea und der Mandschurei. Das Fischerdorf Kosan (heute die nordkoreanische Stadt Hungnam) wurde zu einem Kombinat mit einer Mustersiedlung der industriellen Zivilisation entwickelt. Dank der Anlagen in Kosan wurde Japan in den dreißiger Jahren nach Deutschland zum zweitgrößten Düngemittelproduzenten der Welt. Auch nach dem Krieg lieferte die Chisso AG wichtige Grundstoffe der chemischen Industrie, deren Einfuhr die japanische Zahlungsbilanz sonst schwer belastet hätte, und trug damit wesentlich zum schnellen Wiederaufbau bei.

Auch in Minamata selbst lagen Welten zwischen den Opfern der Verseuchung und dem Verursacher. Die Fischerfamilien waren eine Randgruppe, sie galten als Ungebildete und Schmutzige, die hinter der Zivilisation zurückblieben und derer die neue Mittelschicht sich schämte. Die Chisso AG dagegen verkörperte Wohlstand und eine glorreiche Zukunft. Das Unternehmen zahlte über die Hälfte des städtischen Steueraufkommens, ganz zu schweigen von den Straßen, dem Bahnanschluß, dem Ausbau des Hafens und einigen sozialen Einrichtungen, die die Stadt dem Unternehmen verdankte. Die Chisso AG besaß fast alle Gewerbeflächen der Stadt und war der mit Abstand größte Arbeitgeber. Als die amerikanischen Besatzer nach dem Krieg Kommunalwahlen einführten, stellten ehemalige Fabrikdirektoren regelmäßig den Bürgermeister, viele Stadträte waren bei der Chisso AG angestellt.

Der beherrschenden Stellung der Chisso AG hatten die Fischer wenig entgegenzusetzen. Seit dem Herbst 1956 hatten sie das Unternehmen immer wieder zu Verhandlungen aufgefordert, aber solange keine Beweise vorlagen, konnten die Vertreter der Firmenleitung sich darauf beschränken, bedauernd mit den Schultern zu zucken. Zugleich betonten sie, Einschränkungen der Einleitungen würden die Produktion erheblich behindern, das Werk müsse dann vielleicht sogar schließen, und die ganze Stadt wäre dem Ruin ausgesetzt. Die Genossenschaft von Minamata hielt sich deshalb mit ihren Forderungen zurück. Stattdessen appellierte sie an die politischen Gremien, aber ohne Erfolg. Der Stadtrat ebenso wie der Gouverneur, das Präfekturparlament und das Wohlfahrtsministerium in Tokyo drückten zwar ihre Anteilnahme aus, versprachen aber nichts Konkretes.

Die Veröffentlichung der Quecksilbermessungen im Sommer 1959 verschärfte die Situation dramatisch. Genossenschaften aus der Umgebung forderten jetzt rundweg die Schließung des Werkes und wurden darin auch von ihren Bürgermeistern und Gemeinderäten unterstützt. Die Chisso AG dagegen gab mehrere Gegengutachten in Auftrag. Deren Autoren hoben Mängel in dem Untersuchungsbericht hervor, und betonten, daß die allgemeine Gewässerbelastung in Minamata mit anderen Industriegebieten Japans vergleichbar sei, ohne daß dort ähnliche Erkrankungen aufgetreten seien. Stattdessen vermuteten sie, daß die Verseuchungen durch Bomben aus dem Krieg verursacht worden seien, die angeblich in der Bucht lägen, oder daß es sich einfach um eine Nahrungsmittelvergiftung handele. Über den Gutachterstreit wurde in den Zeitungen ausführlich, aber neutral berichtet, so daß insgesamt der Eindruck entstand, die Ursache der Katastrophe sei tatsächlich noch nicht hinreichend geklärt.

Bis hierhin nutzte das Unternehmen einfach den Mangel an Beweisen aus. Aber im Herbst 1959 gelang es ausgerechnet dem Leiter des werkseigenen Hospitals, bei Katzen, die er mit Abwässern aus der Acetaldehyd-Produktion fütterte, Symptome der Minamata-Krankheit hervorzurufen. Daraufhin griff die Unternehmensleitung zu betrügerischen Mitteln. Der Arzt wurde zum Stillschweigen verpflichtet. In einem feierlichen Akt wurde ein »Cyclator« in Betrieb genommen, der Giftstoffe in den Abwässern zurückhalten sollte. Verheimlicht wurde dabei, daß viele Abwässer gar nicht durch den Cyclator geleitet wurden. Außerdem wußte die Betriebsleitung, daß wasserlösliche Stoffe, eben auch Quecksilberverbindungen, damit nicht zurückgehalten werden konnten. Zugleich ließ sich die Chisso AG auf Verhandlungen mit den verschiedenen Gruppen von Opfern ein und schloß Ende 1959 und 1960 drei Verträge ab, in denen sie geringe Abfindungen zusicherte, allerdings unter der Bedingung, daß die Unterzeichner auf weitere Ansprüche gegen das Unternehmen verzichten würden. Ausdrücklich legten die Verträge fest, daß auch neue Erkenntnisse über die Abwässer diesen Verzicht nicht berühren würden.

Die Fischer von Minamata stimmten diesen Verträgen zu, weil sie ohne die Abfindungen verhungert wären. Die Fischer aus der Umgebung stimmten zu, nachdem ihr Widerstandswille gewaltsam gebrochen worden war. Am 2. November 1959 entwickelte sich aus einer friedlichen Demonstration von zweitausend Fischern vor den Werkstoren ein spontaner Sturm auf die Fabrik, bei dem die Fischer Büroräume demolierten und es zu Straßenschlachten mit der Bereitschaftspolizei kam. Damit rückte der Fall Minamata erstmals in die nationalen Schlagzeilen – und die eigentlichen Opfer standen dabei in einem denkbar schlechten Licht da: als Vandalen. Ihre Verhandlungsposition war entscheidend geschwächt. Aber der magere Vertrag war noch nicht alles. Wenige Tage nach der Unterzeichung des Vertrages über eine Abgeltung wurden Dutzende von Fischern wegen öffentlichen Aufruhrs und Sachbeschädigung verhaftet, ihre Hütten wurden durchsucht und über 50 von ihnen wurden zu Geldbußen verurteilt. Die Fischer wurden kriminalisiert, die Chisso AG dagegen leitete weiter Quecksilber ins Meer.

Der Preis der Entwicklung

Die Chisso AG konnte die Proteste der Opfer abschmettern, weil sie über mehr Informationen und über mehr technologische und juristische Spitzfindigkeit verfügte. Die Opfer dagegen konnten weder unter den Politikern und Beamten noch in der Bevölkerung Unterstützung mobilisieren. Das Beste, was sie erreichen konnten, war, den Verursacher an den Verhandlungstisch zu holen. Aber ihnen fehlten die Sanktionsmöglichkeiten, um dabei wirkliche Zugeständnisse erzwingen zu können. So schwankten sie zwischen Radikalisierung und Resignation.

Die Behörden: Oligarchisches Gerangel

Der Chisso AG kam außerdem zugute, daß sie über enge informelle Kontakte zur Regierungsbürokratie verfügte. Entscheidend wurden diese Kontakte im Herbst 1959, als die Quecksilbermessungen die Chisso AG schwer belasteten. Tatsächlich erließ das Industrieministerium daraufhin eine streng formulierte Anordnung gegen das Unternehmen: Es sollte innerhalb weniger Monate eine Kläranlage installieren und sich bei den weiteren Nachforschungen kooperativ zeigen. Allerdings hatte die Chisso AG schon vorher mit dem Bau des »Cyclator« begonnen, und Beamte im Industrieministerium wußten von dessen Unwirksamkeit. Die Anweisung des Industrieministeriums bildete also lediglich ein Element in einer mit dem Unternehmen abgesprochenen Kampagne zur Täuschung der Öffentlichkeit. Ähnliche Absprachen sind auch bei der Installierung eines geschlossenen Wasserkreislaufes im Jahre 1966 zu vermuten. Sie fällt zeitlich mit dem Skandal um die Aufdeckung einer zweiten Quecksilberverseuchung in Niigata zusammen. Ebenso auffällig ist, daß die Chisso AG die Produktion von Acetaldehyd unter Verwendung von Quecksilber ausgerechnet im Mai 1968 einstellte, etwa zeitgleich mit allen anderen Produzenten im Lande. Sie kamen damit einer Stellungnahme des Wohlfahrtsministeriums um wenige Monate zuvor, in der eine Regierungsstelle erstmals offiziell den Zusammenhang zwischen Fabrikabwässern und Quecksilberverseuchungen in Minamata und Niigata bestätigte.

Aber nicht alle Behörden unterstützten das Vorgehen der Chisso AG. Schon 1957 hatte die Abteilung für öffentliche Gesundheit der Präfekturverwaltung in Kumamoto das Wohlfahrtsministerium aufgefordert, ein Fangverbot für die Bucht von Minamata zu erlassen. Anlaß waren Katzenexperimente des Leiters des Gesundheitsamtes in Minamata. Er hatte nachweisen können, daß der Verzehr von Fischen aus der Bucht von Minamata Symptome der Minamata-Krankheit auslöste. Das Wohlfahrtsministerium lehnte das Fangverbot ab, weil die Indizien nicht eindeutig genug seien. Die Situation wiederholte sich im Herbst 1958, als erstmals Erkrankungen außerhalb des Stadtgebietes von Minamata gemeldet wurden. Obwohl der Leiter der Wasserwirtschaftsabteilung in der Präfekturverwaltung erneut ein Fangverbot ankündigte, geschah ein weiteres Mal nichts.

Die Gründe dafür lagen im Dickicht des Regierungsviertels in Tokyo. Hier rangelten die verschiedenen Fachministerien um Zuständigkeiten. Dieses Gerangel wurde vom Parlament kaum kontrolliert, denn die Parteien waren intern stark zerstritten oder hatten kein Interesse an Maßnahmen gegen die Chisso AG. So konnten sich diejenigen, die blockieren wollten, leichter durchsetzen als diejenigen, die

ein aktives Vorgehen verlangten. Das zeigt sich an den Versuchen des Wohlfahrtsministeriums, die Ursache der Minamata-Krankheit eindeutig nachzuweisen: 1957
setzte das Wohlfahrtsministerium eine Untersuchungskommission dazu ein, doch
die Chisso AG gab keine Auskünfte über die in der Fabrik verwendeten Materialien
und ließ nach den erfolgreichen Katzenexperimenten des Leiters des örtlichen Gesundheitsamtes auch nicht mehr zu, daß Proben aus den Fabrikabwässern entnommen wurden. Diese Weigerung hätte nur durch eine Anweisung aus dem Industrieministerium überwunden werden können. Stattdessen bemängelte es den ersten Bericht der Untersuchungskommission des Wohlfahrtsministeriums und setzte einen
Kabinettsbeschluß durch, der keine Maßnahmen gegen die Chisso AG, sondern
weitere Forschungen sowie Zuschüsse für den Bau eines Spezialkrankenhauses für
die Opfer der Verseuchung vorsah. Im Herbst 1959 legte die Kommission des
Wohlfahrtsministeriums ihren zweiten Bericht vor. Sie schloß sich darin der Queck-
silberhypothese an, die die Forscher aus Kumamoto vorgelegt hatten. Daraufhin
wurde die Kommission aufgelöst, und dem Wohlfahrtsministerium wurde die Zu-
ständigkeit per Kabinettsbeschluß entzogen. Die stattdessen beauftragte Nationale
Wasserwirtschaftsbehörde verfolgte die Angelegenheit nicht weiter.

273

Das Nachspiel

Bis in die 60er Jahre hinein setzte die Chisso AG ihre Interessen mit legalen und illegalen Mitteln durch. Dann aber wendete sich das Blatt. Im ganzen Land nahmen
Proteste gegen Industrieprojekte und gegen die Verseuchung von Wasser und Luft
zu. Vor allem schalteten die Opfer die Gerichte ein und erstritten in mehreren spektakulären Fällen hohe Schadensersatzzahlungen. Auch die Chisso AG wurde verurteilt. Das Parlament verabschiedete eine Reihe von Umweltschutzgesetzen, und eine
nationale Umweltbehörde wurde eingerichtet, die allerdings nur schwache Kom-
petenzen hat. Von 1977 bis 1989 wurde in einem technisch aufwendigen Verfahren
der am stärksten verseuchte Schlamm aus der Bucht von Minamata abgesaugt und
in einem Landgewinnungsprojekt an Ort und Stelle deponiert. Die Kosten dafür
wurden größtenteils der Chisso AG angelastet. Außerdem stritten das Unternehmen, die Umweltbehörde und die Präfekturverwaltung in einem jahrzehntelangen
Tauziehen vor Gericht und in direkten Verhandlungen mit den Opfern um Entschä-
digungszahlungen. Das Unternehmen wurde praktisch zahlungsunfähig. Es über-
lebt seit 1978 nur mit Darlehen der Präfektur, die dabei selbst an den Rand ihrer
finanziellen Belastbarkeit geraten ist. Auch für Minamata hat sich der Traum von
der glorreichen Zukunft nicht erfüllt: die Stadt zählt heute nur noch rund 60 Prozent der Bevölkerung der 50er Jahre und ist stark überaltert. Reste des Quecksilbers
werden auf absehbare Zeit nicht aus dem Meer vor Minamata verschwinden.

All dies haben die Verantwortlichen der Chisso AG wohl kaum vorausgesehen,
als sie die Fortsetzung der Einleitungen durchsetzten. »*Mizu ni nagasu*« mögen sie
gedacht haben, was soviel heißt wie »Es wird schon alles weggespült«. Verwendet
wird diese Formulierung aber vor allem im übertragenen Sinne und entspricht im
Deutschen etwa: »Da wird schon Gras drüber wachsen.« Aber das Gift wurde nicht
weggespült, und es wurde auch nicht vergessen.

Der Preis der Entwicklung

Taiwan – Ursachen und Folgen eines exzessiven Wasserkonsums

Peter Heck

Wer zum ersten Mal nach Taiwan kommt oder sich theoretisch mit der Geographie vertraut macht, wird zunächst nichts von den immer drängenderen Wasserproblemen des Landes ahnen. Die »Wunderschöne Insel« gibt sich zu allen Jahreszeiten grün und vital, und die geographische Lage läßt im Durchschnitt üppige Niederschlagsmengen vermuten. Doch dieser erste Eindruck täuscht. Die Wasserproblematik ist zu einem umweltpolitischen Schwerpunkt auf Taiwan geworden. Verantwortlich dafür sind

- regionale Disparitäten in der Niederschlagsverteilung
- Degradation der als Wasserspeicher dienenden Wälder
- Übernutzung und Verschmutzung der Grund- und Oberflächengewässer
- Sedimentation und Eutrophierung der Talsperren
- rapide fortschreitende Versiegelung und Überdüngung der Wassereinzugsgebiete durch Industriezonen, Wohnungs- und Golfplatzbau
- Eintrag von Problemstoffen in die Küstengewässer

Der quantitative Aspekt

Durchschnittlich regnen rund 90 Milliarden Kubikmeter Niederschlag jährlich auf Taiwan herab. Davon fließen circa 73 Prozent relativ schnell über die 151 Bäche und Flüsse wieder ins Meer. 78 Prozent der Niederschläge fallen zwischen Mai und Oktober. Aufgrund dieser saisonal und regional sehr unterschiedlichen Regenmengen und der kurzen Strecken der Fließgewässer gestaltet sich eine Nutzung der Oberflächengewässer sehr schwierig. Dadurch ist auch die Wasserführung der Fließgewässer stark von Regen- und Trockenzeiten geprägt. Zur Deckung des Trink- und Brauchwasserbedarfs von Siedlungsgebieten, Landwirtschaft und Industrie sind daher hohe Entnahmeraten aus dem Grundwasserpegel notwendig.

Alle zehn Jahre steigt der Trinkwasserverbrauch der Privathaushalte um circa 29 Prozent. 1991 verbrauchten Taiwans Haushalte insgesamt 2,5 Milliarden Kubikmeter Trinkwasser. Pro Tag und Einzelperson sind dies circa 298 Liter (BRD 1992: circa 138 Liter). Die beiden anderen Großabnehmer von wertvollem Trinkwasser sind die Industrie mit 1,5 Milliarden Kubikmeter und die Landwirtschaft mit 13,6 Milliarden Kubikmeter Verbrauch. Ausgebliebene Taifunregen haben 1994 zu erheblichen Engpässen in der Versorgung mit Trink- und Brauchwasser geführt. Im Südwesten mußten 75.000 Hektar Ackerland unbebaut bleiben, weil kein Wasser für die Bewässerung zur Verfügung stand. Die geringen Wasserstände in Flüssen und Reservoiren führen zu einer relativ höheren Belastung durch Schadstoffeinträge aus Industrie, Haushalten und Landwirtschaft.

Die Entnahme von Grundwasser reicht bei weitem nicht aus, um den »Durst« der Städte, der Industrie und der Landwirtschaft zu stillen. Mit Hilfe von 84 Staubecken, deren Gesamtkapazität 1,9 Milliarden Kubikmeter beträgt, versuchen die taiwanesischen Behörden, den steigenden Bedarf an Frischwasser zu decken. Zwölf der 21 größten Reservoire sind nach Angaben der nationalen Umweltbehörde stark verschmutzt. Bis zum Jahr 2001 plant das Wirtschaftsministerium vier neue Talsperren.

Nach Ansicht von Naturschützern wäre es sinnvoller, durch geeignete Preise, Gesetze, technische Hilfsmittel und Aufklärung der Bevölkerung den Wasserverbrauch von Landwirtschaft, Industrie und Haushalten zu senken. Hier besteht ein großer Handlungsspielraum, wie folgende Beispiele zeigen: Selbst während des extremen Wassermangels im Frühjahr 1994 nahm der Wasserverbrauch der taiwanesischen Haushalte weiter zu. Der Wasserpreis ist seit 13 Jahren nicht mehr gestiegen und liegt zur Zeit bei etwa 0,2 US $ (etwa 0,34 DM) pro Kubikmeter. Zum Vergleich: in der Bundesrepublik Deutschland liegt der Wasserpreis bei etwa 1,30 DM bis 3,00 DM pro Kubikmeter. Während in Japan 75 Prozent und in Kalifornien 60 Prozent des industriellen Brauchwassers wiederaufbereitet werden, erreicht die Recyclingquote in der taiwanesischen Industrie gerade 20 Prozent.

Der qualitative Aspekt

Der heutige schlechte Zustand von Oberflächengewässern und Grundwasser zeigt, daß selbst ehrgeizige Gesetze wie die 1994 verabschiedeten Regelungen zur Eindämmung der Verschmutzung durch Industrie und Haushalte (»Industrial Wastewater Pollution Control Measures and the Management of Urban Effluent«) nicht zu einer schnellen Verbesserung der Lage beitragen können. Verantwortlich für die Probleme sind im wesentlichen vier Quellen: Haushaltsabwässer, Industrieabwässer, Sickerwasser aus Deponien und kontaminierten Flächen sowie Abwässer aus Tierhaltungen und Fischzuchten. Im Bereich der Küstengewässer kommen als Verschmutzungsquellen noch die internationale Schiffahrt und das Versenken von Industriemüll hinzu. Die Gesamtabwassermenge aus Industrie, Massentierhaltung und Haushalten wurde für 1993 auf rund 8.480.748 Kubikmeter pro Tag geschätzt.

Die Anschlußquote an eine öffentliche Kanalisation liegt nur bei durchschnittlich 3,3 Prozent. Im Vergleich dazu verzeichnen die USA mit einer Anschlußrate von 74 Prozent, Japan mit 36 Prozent und Deutschland mit 86,5 Prozent einen wesentlich höheren Standard. Hauskläranlagen sind nach offizieller Darstellung in Taiwan teilweise vorhanden, jedoch wird deren Reinigungsleistung als sehr gering eingeschätzt. Eine Folge dieser Situation ist Taiwans Spitzenstellung in der internationalen Hepatitisstatistik.

Das Ausmaß der Verschmutzung und die Vielzahl der Probleme bei der Lösung lassen sich sehr anschaulich am Beispiel des größten Flusses in Taiwan, dem Tanshui, aufzeigen. Der Unterlauf des 103 Kilometer langen Flusses, an dem die heutige Hauptstadt Taipei entstanden ist, präsentiert sich als eine von Unrat übersäte Kloake: Fäkalien von sechs Millionen Menschen, Fabrikabwässer, Abfälle aus Tiermastbetrieben und Sickerwässer von legalen und illegalen Deponien gelangen zu 97 Prozent ungereinigt in den Fluß. Das Resultat ist ein biologisch totes Gewässer, das für die Bevölkerung ein großes Gesundheitsrisiko darstellt.

Tabelle: **Organische Belastung des in Taiwan anfallenden Abwassers (1993)**

Herkunft	Gesamtmenge (m³/Tag)	Organische Belastung (BSB[2] (kg/Tag))	Anteil an der Gesamtbelastung (%)
Haushalte	4.100.000	492.000	41,8
Industrie	3.954.748	288.410	24,6
Tierhaltung	426.000	395.590	33,6
Sickerwässer	k.A.	k.A.	k.A.
Summe	8.480.748[1]	1.176.000	100

[1] 1987 waren es noch 7,6 Millionen m³ pro Tag
[2] BSB: Biochemischer Sauerstoffbedarf
Quelle: IDB, 1995, S.12/14.

1994 wurden seitens der taiwanesischen Umweltbehörde 12 der 50 größeren Fließgewässer als zumindest in den Unterläufen sehr schwer verschmutzt eingestuft. 22 wurden als unbelastet oder leicht belastet bewertet. In den Oberläufen der Flüsse führen selbst leichte Belastungen wie Trübungen durch anthropogen verursachte Erosion, Pestizideintrag oder Jagddruck zur Gefährdung seltener, nur auf Taiwan vorkommender Fisch- und Amphibienarten. Ein besonderes Problem der Fließgewässerverschmutzung stellen die hohen Schwermetallgehalte einiger Flüsse dar. Die Abbildung verdeutlicht die im Vergleich zu deutschen Flüssen hohen Schwermetallgehalte taiwanesischer Flüsse. Die Flüsse Tan Shui, Pei Kang und Po Tzu durchfließen Agglomerationen in der westlichen und nordwestlichen Küstenebene.

Verschmutzung von Grundwasser, Talsperren und Seen

Der weitaus größte Teil des Trinkwassers in Taiwan stammt aus Grundwasservorräten und Talsperren. Die Entnahme von Grundwasser und der Eintrag von Giftstoffen in den Boden führen zu einer wachsenden Belastung und zu einer unzulässigen Niveauabsenkung des Grundwassers. Das größte Problem stellen zur Zeit die inselweit sehr hohen Nitrit-Werte (NH_3-N) dar. Mehr als 15 Prozent aller Proben aus Trinkwasserbohrungen zeigten einen Nitrit-Wert über 1 Milligramm

Abbildung: **Schwermetallgehalte deutscher und taiwanesischer Flüsse im Vergleich**

Blei

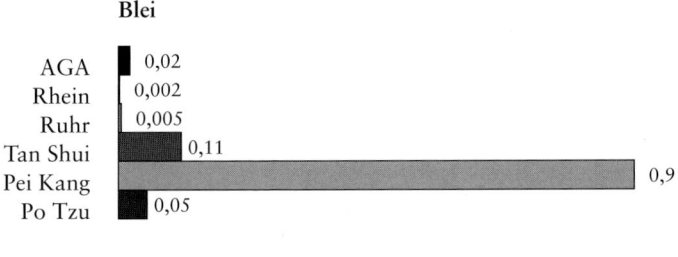

AGA	0,02
Rhein	0,002
Ruhr	0,005
Tan Shui	0,11
Pei Kang	0,9
Po Tzu	0,05

Cadmium

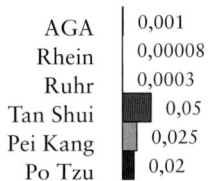

AGA	0,001
Rhein	0,00008
Ruhr	0,0003
Tan Shui	0,05
Pei Kang	0,025
Po Tzu	0,02

Chrom

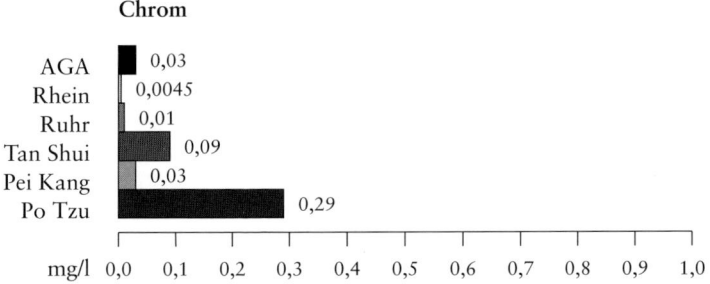

AGA	0,03
Rhein	0,0045
Ruhr	0,01
Tan Shui	0,09
Pei Kang	0,03
Po Tzu	0,29

mg/l 0,0 0,1 0,2 0,3 0,4 0,5 0,6 0,7 0,8 0,9 1,0

AGA = Allgemeine Güteanforderungen für den Zustand der Gewässer in Deutschland.
Quelle: Umweltbundesamt 1992; EPA, 1991.

pro Liter – laut Trinkwasserverordnung der BRD liegt der Maximalwert bei 0,1 Milligramm Nitrit pro Liter. Probleme bereiten auch zu hohe Mangan- und Eisengehalte sowie eine zu hohe Leitfähigkeit. Darüber hinaus werden hohe Gehalte an gelösten Schadstoffen vermutet; hierzu gibt es allerdings nicht genügend aussagekräftige Daten. Untersuchungen der TEPA (»Taiwanese Environmental Protection Administration«) melden eine Belastung der 21 größten Talsperren Taiwans mit organischen Stoffen. Der CSB-Wert (ein Indikator für organische Belastung) der Talsperren schwankt zwischen 2 Milligramm pro Liter im Sun Moon Lake und 40 Milligramm pro Liter im Cheng Ching Lake im Süden Taiwans.

Der Preis der Entwicklung

Durch unsachgemäße Forstwirtschaft, legale und illegale Landwirtschaft, Straßenbau und Tourismus werden die ohnehin starken Erosionsvorgänge in den Bergen erheblich beschleunigt. Mit den Stein- und Schlammassen gelangen anthropogen eingebrachte Dünger und Pestizide in die Staubecken. Dort sinkt die Staukapazität, die Energielieferung wird gefährdet, und das Wasser wird überdüngt. Fehlen die Staudämme, führt die Erosion in den Bergen zu einer schnelleren Sedimentation der Häfen an den Mündungen der Flüsse oder zu häufigeren Überschwemmungen infolge von Flußbetterhöhungen.

Verschmutzung der Meere und der Küstengewässer

Jahrzehntelang wurden die Küstengewässer Taiwans zur Abfall- und Abwasseraufnahme benutzt. Während vor allem die Westküste extrem beansprucht wurde, weist die Ostküste insgesamt trotz einiger lokal sehr hoher Schwermetallgehalte nur geringe Verschmutzungswerte auf.

Bereits 1982 konnten Lee et al. an der Westküste die exorbitante Vergiftung von Sedimenten, Wasser und Organismen mit Quecksilber nachweisen. Tang berichtet vom »plötzlichen Fischsterben« in den Aquakulturen der südwestlichen und nordöstlichen Küstengewässer. Als Ursache wird hier ebenfalls die starke Belastung mit Schwermetallen angegeben.

Die organischen Schmutzfrachten der Flüsse und die direkten Einleitungen von Abwässern aus vorhandenen Kanalisationen tragen ebenfalls zur Belastung der Küstengewässer bei. Die internationalen Häfen von Taichung, Keelung, Kaohsiung und 16 weitere Fischerhäfen sind allesamt stark verschmutzt, insbesondere durch große Mengen organischer Abfallstoffe und durch speziell hohe Konzentrationen von Schmiermitteln und Ölen. Taichung ist vor allem durch Industrieabwässer belastet (Phenole, Schmiermittel, Öl, Schwermetalle). Kaohsiung leidet zusätzlich zu dem Influx aus der Industrie unter starken organischen Abwässern (hoher Biochemischer Sauerstoffbedarf, geringer Gehalt an gelöstem Sauerstoff).

Neben dem direkten und indirekten Einleiten von industriellem und öffentlichem Schmutzwasser tragen der Schiffsverkehr, die Aquakulturen und das Versenken von Industriemüll zur Zerstörung der Ozeanflora bei.

Taiwan hat seine großen Probleme im Wasserbereich erkannt und bemüht sich um eine Verbesserung der Situation. Die ehrgeizigen Vorhaben der Umweltbehörden wirken allerdings wie vergebliche Mühen angesichts des weiterhin ungebremsten, nicht nachhaltigen Wachstums auf der einstigen Ilha Formosa. Klärtechnische Verbesserungen in Industrie und Landwirtschaft durch verringerte Schadstofffrachten pro Kubikmeter Abwasser werden durch die absolute Zunahme der Abwassermengen wieder kompensiert.

Der Traum von technischem Fortschritt und unbegrenztem Wachstum wiegt immer noch schwerer als das Wissen um die große Bedeutung des Wassers im ökologischen System und das Wissen über die beschränkte Verfügbarkeit der Ressource Wasser, die Nahrungs-, Produktions- und Transportmittel zugleich ist. Die quantitativen und qualitativen Restriktionen, die jetzt bereits auftreten, werden bald zur Konfrontation mit der Realität führen.

Heilige Kloake – der Bagmati
im Kathmandu-Tal

Ludmilla Tüting

Pashupatinath heißt die heilige Stätte Nepals. Sie liegt am Rand der Hauptstadt Kathmandu. Wie im indischen Varanasi (Benares) am Ganges werden hier die Toten eingeäschert. Ghats, breite Treppenstufen, führen hinunter zum Fluß Bagmati, der die Asche in den Kreislauf der Natur zurücknimmt. Beide Flüsse, der Ganges in Indien und der Bagmati in Kathmandu, sind gleichermaßen heilig – heute allerdings auch verschmutzt. Der Bagmati, der oberhalb von Kathmandu entspringt, kann schon bei Pashupatinath, nach nur zwanzig Kilometern, nur noch als kümmerliches, stinkendes Rinnsal bezeichnet werden. Vollends zur Kloake wird er wenige Kilometer flußabwärts, nach der Einmündung der Abwasserkanäle Tukuche und Dhobi Khola. Diese beiden Bäche waren bereits 1983 so verschmutzt, daß sich das staatliche Untersuchungslabor »Royal Drugs Research Laboratory of His Majesty's Government« weigerte, das Wasser des Dhobi-Baches zu untersuchen – man hatte Angst, die kostbare Ausrüstung könne durch das verseuchte Wasser Schaden nehmen. Heute ist alles um ein Vielfaches schlimmer.

Der andere große Fluß des Tales, der Vishnumati (Bishnumati) ist ebenso verseucht. Trotzdem wird in ihm noch immer das Gemüse für den Markt gewaschen, Gläubige nehmen dort rituelle Bäder und Kinder planschen unmittelbar vor Abwasserrohren, die in die Flüsse münden.

Der Bagmati, in den alle Wasserläufe des Tales münden, ist der einzige natürliche Ausfluß des Kathmandu-Beckens. Sämtliche Gifte, Schadstoffe, Industrie- und Haushaltsabfälle, Tierkadaver, Leichenteile und Abwässer von einer Million Menschen des Tales rauschen am Chobar-Tempel vorbei durch eine kleine Schlucht in Richtung Ganges. Aktionen von Bürgerinitiativen und Ankündigungen von Politikern blieben bislang folgenlos. Eine Verbesserung der Situation ist nicht in Sicht.

Goldabbau in Asien –
eine neue ökologische Bedrohung
für Irian Jaya, Luzon und Kirgisistan

Sabine Jecht

Von der Öffentlichkeit, die in der Vergangenheit die ökologischen Folgen der industriellen Produktionsweise kritisch begleitet hat, weitgehend unbemerkt, wurden in den letzten Jahren chemisch-technologische Verfahren des Erzabbaus flächendeckend zum Einsatz gebracht, die neue Gefahren für Mensch und Umwelt mit sich bringen. Eine besondere Bedrohung geht gegenwärtig vom Goldbergbau aus. Dies ist um so gravierender, als mit der technologischen Entwicklung eine steigende Goldproduktion und eine weltweite Ausbreitung der Goldabbaustätten einhergeht. So zählen neben den vielfach diskutierten Goldabbauregionen des Amazonasgebietes in zunehmender Zahl auch goldhöffige Regionen in Asien zu den betroffenen Gebieten. Die ökologische Gefährdung der Abbaugebiete betrifft die nachhaltige Kontaminierung der Böden und insbesondere die Verseuchung des Oberflächen- wie auch des Grundwassers – und somit ist auch die Bevölkerung gefährdet, die auf dieses Wasser angewiesen ist.

1980 wurden circa 1.200 Tonnen Gold weltweit gefördert, 1995 waren es bereits 2.286 Tonnen – das ist eine Steigerung um 80 Prozent. Im Gegensatz zu früheren Boomphasen war dieser beispiellose Anstieg in der Produktion nicht das Ergebnis der Entdeckung neuer ergiebiger Goldfelder, sondern Folge der Inwertsetzung von potentiellen Abbaustätten. Damit ist gemeint, daß auch Goldvorkommen mit geringerer Erzkonzentration abgebaut werden können. Dies wurde profitabel durch den dramatischen Anstieg des Weltmarktpreises für Gold und die sich entwickelnden großtechnologischen Möglichkeiten des Goldabbaus. Diese für die Goldproduktion günstige Entwicklung traf auf das Bestreben der Länder des Südens, ungeachtet der sozialen und ökologischen Folgen ihre Rohstofflager und Naturressourcen im Ergebnis der Schuldenkrise zu verwerten. Mit der Liberalisierung des Goldmarktes und der Entstehung neuer Mittelschichten in den asiatischen Ländern traf die Produktion auf eine kaufkräftige Nachfrage, die 1995 das Angebot beträchtlich überstieg. In den asiatischen Ländern hat Gold eine große Bedeutung als Schatz und heimliche Geldreserve. In diesen Ländern ist der jeweilige Goldgehalt von Schmuck oder verarbeitetem Gold daher höher als in den westlichen Industriestaaten. Während hierzulande Schmuck mit 8 bis 18 Karat als Goldschmuck gilt, setzt die Definition für Goldschmuck in Asien erst bei 21 bis 23 Karat an, also bei einem Goldgehalt von mindestens 88 Prozent. Wesentliche Kaufimpulse kamen in den vergangenen Jahren aus China, Indien, Indonesien, Malaysia und Südkorea.

Die steigende Goldproduktion und Goldsuche war begleitet von einer weltweiten Verlagerung und Ausbreitung von Goldabbaustätten. 1980 waren die ehemalige UdSSR und Südafrika noch für drei Viertel der Produktion verantwortlich, während die USA, Kanada und Australien zusammen nur 7 Prozent produzierten. Bis 1992 hat sich das Bild stark zugunsten Australiens, der USA und der sogenannten Drittweltstaaten verändert. Den projektierten Angaben der Goldförderungsländer bis 1996 zufolge stieg der Anteil der Länder des Südens an der Gesamtförderung auf circa 25 Prozent, und die Tendenz ist steigend.

Asiens Anteil an der weltweiten Goldproduktion beträgt circa 10 Prozent. Der größte Golderzeuger Asiens ist China mit einer Jahresproduktion von 127 Tonnen (1993). Es folgt mit 46,3 Tonnen Indonesien (eingeschlossen Irian Jaya, der westliche Teil von Papua Neuguinea, der seit 1969 zu Indonesien gehört), die Philippinen mit 27 Tonnen und Korea mit 20,7 Tonnen (1990). In Zentralasien bemühen sich vor allem die ehemaligen Sowjetrepubliken Usbekistan, Kasachstan und Kirgisistan um eine Ausweitung der Goldproduktion.

Während über den Goldabbau in China wenig bekannt ist, ist er vor allem in Indonesien, auf den Philippinen und in Kirgisistan in die Kritik geraten. Vor der Darstellung von Goldabbaugebieten in diesen Ländern müssen die Methoden des Goldabbaus erläutert werden, denn dabei wird deutlich, worin die besonderen ökologischen Gefährdungen, insbesondere für das Wasser, liegen.

Die Gewinnung von Gold

Der Abbau von Gold ist zunächst ein Größenproblem. Große Goldnuggets, die einfach aufgelesen werden können, sind sehr selten – insbesondere, weil Menschen in der Vergangenheit bereits fieberhaft nach Gold gesucht haben. Am anderen Ende der Größenskala steht das sogenannte »unsichtbare Gold«, dessen Körner so klein sind, daß es früher nur durch chemische Analysen nachgewiesen werden konnte und es heute aufwendiger Technik wie der Elektronenmikroskopie bedarf, um es sichtbar zu machen. Die meisten Goldvorkommen werden in Partikelgrößen von wenigen Hundertstel bis einem Millimeter abgebaut. Um dieses Gold zu gewinnen, werden die wenigen Gramm Goldpartikel pro Tonne Gestein mit einer »Sammlersubstanz« gesammelt und von nun goldlosem Gestein abgetrennt. In einem zweiten Schritt werden die Goldpartikel dann auch von der Sammlersubstanz getrennt. Für dieses Sammeln haben sich zwei Substanzen bewährt: zum einen das Quecksilber, das mit Gold sogenannte Amalgame bildet, und zum anderen Cyanidlösungen, mit denen Gold eine wasserlösliche Verbindung (Komplex) eingeht.

Die Cyanidlaugung

Die Cyanidlaugung ist technologisch gesehen ein einfaches Verfahren, erfordert aber im Gegensatz zur Amalgamierung großtechnische bzw. chemische Anlagen, so daß sie sich für den Kleinbergbau nicht eignet. Die Chemie des Cyanidverfahrens wurde im 19. Jahrhundert in Südafrika entwickelt und ständig verbessert, so daß sie heute von etwa 70 Prozent der weltweiten Abbaustätten angewendet wird.

Vorherrschend ist das Verfahren der offenen Haufenlaugung: Um das Erz für die Laugung vorzubereiten, muß das Fels- und Steinmaterial zunächst abgesprengt werden. Das lose Material wird zu vorbereiteten Mulden, sogenannten Schlammbecken, transportiert und etwa zwei Meter hoch aufgeschichtet. Diese viele Hektar großen Becken sind planierter Boden, der mit einem mehrere Meter hohen Ringwall aus Gesteinsbruchstücken umgeben worden ist. Zur Abdichtung werden diese Mulden mit hochdichten Kunststoffplanen ausgelegt, die durch Spezialgewebe, sogenannte Geotextilien, gegen mechanische Belastungen geschützt werden. Über ein Netz von löchrigen Plastikröhrchen wird die Cyanidlauge auf das goldhaltige Gestein in dem Becken aufgebracht. Nach Durchsickern an der Basis wird es in einer Drainageschicht gesammelt und in ein mehrere Quadratmeter großes Speicherbecken, auch »schwangerer Teich« genannt, geleitet.

Der Laugungsprozeß dauert etwa drei bis sechs Wochen, bevor eine neue Erzlage aufgetragen wird. Wenn die Arbeiten abgeschlossen sind oder der gelaugte Erzhügel eine maximal beherrschbare Höhe erreicht hat, wird er auch oben mit Kunststoffplanen und Bodenmaterial abgeschlossen. Aus der goldhaltigen Lösung des

»schwangeren Teiches« wird das Gold abgetrennt und zu »Doré-Barren« ge-
schmolzen, die zu 70 Prozent aus Gold und zu 30 Prozent aus Silber bestehen. Die
restliche Lösung wird zu einem Tank geleitet, mit Cyanid angereichert und zum
Erzhaufen zurückgeführt.

Das Verfahren der Cyanidlaugung greift vielfältig in die Natur und das Leben
der Menschen ein. Allein der Landschaftsverbrauch ist enorm: der Goldabbau verursacht mehr Abraum als beim Abbau von Eisen anfällt, obwohl 200.000mal mehr
Eisen gefördert wird als Gold. Durch die kilometerweiten Ausblasungen während
des Tagebaubetriebs werden nicht nur Cyanide, sondern auch sämtliche im Erzge-
stein vorkommenden Schwermetalle in der Umgebung verteilt.

Bei der Cyanidlaugung entsteht zusätzlich das Problem der Blausäureentwick-
lung. Cyanidsalze stehen in einem Gleichgewicht mit der hochgiftigen Blausäure
(Cyanwasserstoff). Der sogenannte Säuregrad eines Wassers muß durch Zugabe
von Lauge, z.B. Natronlauge, oder Kalk sehr gering gehalten werden, um das Cyanid zu stabilisieren. Steigt der Säuregrad, verschiebt sich das Gleichgewicht vom
Cyanid zum Cyanwasserstoff. Schon an feuchter Luft kann aus festen Cyanidsal-
zen Blausäure entwickelt werden. Die tödliche Wirkung der Cyanide beruht darauf, daß sich das Cyanid an das Eisen eines bestimmten Atmungsfermentes anlagert
und damit die Sauerstoffabgabe aus dem Blut verhindert. Ein sofortiger Atemstill-
stand tritt ein.

Gefahren für das Wasser

Besondere Gefahren entstehen, wenn Cyanid ins Wasser gelangt, da seine Zerset-
zung in ungiftige Stoffe sehr lange dauern kann – in fließenden Gewässern bis zu
acht Monaten. Die Gefährdung des Wassers als Lebensmittel oder als Produktionsmittel für die Menschen hat verschiedene Seiten: Unmittelbare Vergiftung droht,
wenn Cyanid in fließende oder stehende Oberflächengewässer gelangt. Eine schleichende Gefährdung ergibt sich, wenn die Cyanide bzw. die gleichfalls ausgewasche-
nen Schwermetalle in das Grundwasser gelangen. Der Minenbetrieb selber führt zu
einem erhöhten Wasserverbrauch in der jeweiligen Region, bewirkt ein Absinken
des Grundwasserspiegels oder führt zur Verknappung des Oberflächenwassers. Indirekt ergeben sich über den Minenbetrieb auch Verunreinigungen der gesamten
Umwelt dadurch, daß Schwermetalle und Salze großflächig ausgespült werden und
sich mit der erodierten Erde als giftiger Sedimentschlamm in Flüssen ablagern.

Die bisherigen Katastrophen – Dammbrüche in den USA und Guyana – hatten
als erstes Auswirkungen auf das Ökosystem Wasser. In Guyana ereignete sich im
Sommer 1995 ein Dammbruch in der größten Tagebaumine Südamerikas – vier Billionen Liter cyanidverseuchtes Wasser ergossen sich in zwei Hauptflüsse. Der Gift-
strom verseuchte in kürzester Zeit 50 Meilen Flußufer und hinterließ tausende toter Fische und anderer Tiere. Die 18.000 Anrainer hatten von einem Tag auf den
nächsten weder Trinkwasser noch Nahrung. Ähnliche Katastrophen sind auch für
die asiatischen Abbaugebiete nicht auszuschließen. Ökologisch stark beeinträchtigt sind einige der asiatischen Goldförderländer schon jetzt, wie die folgenden Beispiele aus drei Goldförderregionen zeigen.

Philippinen: Luzon

In den Philippinen ging in den achtziger Jahren eine der ältesten Minengesellschaften, die Benguet Corporation, immer mehr zur Cyanidlaugung über. Über die Auswirkungen der industriellen Verschmutzung von Wasser durch die Minenaktivitäten dieser Gesellschaft auf der philippinischen Insel Luzon wurde ein Gutachten erstellt. Aus diesem Gutachten geht hervor, daß die Wasserverschmutzung der angrenzenden Flüsse mit diesen Minenaktivitäten zusammenhängt. Wasserproben aus unterschiedlichen Flußsystemen zeigen, daß die Anreicherung mit Schwermetallen bis zum 22.000fachen der Werte von unbelasteten Flüssen geht. Jüngste Untersuchungen der staatlichen Wasserkontrollbehörde zeigen, daß 100 Millionen Tonnen Schlamm durch die Bergbauaktivitäten der Benguet Corporation in den Agno-Fluß gespült worden sind. Mit der Aufnahme weiterer Minenaktivitäten wird sich diese Schlammlawine auf drei- bis fünftausend Tonnen pro Tag erhöhen. 283 Studien des Unterwasserforschungsinstitutes der philippinischen Universität weisen nach, daß diese Schlämme sich über das gesamte Flußsystem des Agno und seiner Nebenflüsse verbreitet haben und hohe Konzentrationen an Zink und Cadmium aufweisen. Dies beeinträchtigt die Fischerei und das Ökosystem der Küste nahe des Lingayen-Golfes, der ein wichtiger Fischfanggrund der Philippinen ist. In diesem Gebiet leben circa 20.000 Familien, deren Existenzgrundlage der Fischfang ist.

Australische Bergbaukonzerne haben sich jüngst auf den Philippinen Schürfrechte auf fast einem Fünftel der gesamten Staatsfläche gesichert. Nach den Angaben einer im Internet angekündigten Werbetour durch die philippinische Bergbauindustrie, die für ausländische Investoren gedacht ist, sollen die Philippinen gegenwärtig die weltweit größten Goldvorkommen besitzen. Aktuell wurden im südlichen Mindanao auf über 100.000 Hektar Land 30 Probebohrungen zum Gold- und Kupferabbau durchgeführt. In dem betreffenden Gebiet leben 17.000 Angehörige der B'laans, die von Vertreibung bedroht sind. Von den Minenprojekten, die sich in Vorbereitung befinden, sind fünf große Flüsse betroffen, die über 25.000 Hektar Land mit Wasser versorgen.

Indonesien: Irian Jaya

Auf Irian Jaya baut der US-amerikanische Bergbaukonzern Freeport-McMoRan seit 1967 Erze ab. Um das goldhaltige Gestein auslaugen zu können, ließ das Unternehmen einen 3.500 Meter hohen Berg abtragen. Von dem einstigen Nebengipfel des höchsten Berges Papua-Neuguineas, dem 5.000 Meter hohen Mount Jaya, ist heute nur noch ein karges, wassergefülltes Loch im Boden zu sehen. Die Abbauaktivitäten des Freeport-Konzerns, der sich mit modernen Lasthubschraubern seinen Weg in ökologisch sensible und völlig unberührte Regionen bahnt, beeinträchtigen nicht nur die alpinen Ökosysteme, sondern auch Flüsse und Küstenstreifen, und selbst den Ozean. Sumpfgebiete, trockene Zonen und Tropenwaldregionen in den Tiefebenen werden gleichermaßen in Mitleidenschaft gezogen. Seit Aufnahme der Produktion wurden ungereinigte Schlämme in die örtlichen Flüsse geleitet und gelangten von dort aus in einige der Hauptflüsse, den Agawaghon und den Aikwa.

Infolge der Sedimentablagerungen trat der Aikwa über die Ufer, änderte seinen Lauf und trifft nun mit dem Minajerwi-Fluß zusammen. Dadurch wurden ehemals trockene Regionen überflutet, und die tropische Vegetation an der Mündung des Minajerwi wurde über 21 Quadratkilometer zerstört. Die Angehörigen der Koperapoka-Gemeinschaft, die traditionell an den Flußufern des Aikwa lebten, wurden vertrieben, weil der Fluß ihre Dörfer und ihre Sagu-Pflanzungen überschwemmte. Im Zuge der weiteren Freeport-Aktivitäten am Mount Grasberg werden 883 Hektar Land mit 4 Billionen Tonnen Erzabfällen bedeckt. Eine Wiederaufforstung ist entgegen den Darstellungen des Konzerns kaum möglich, weil der ausgelaugte Boden einen zu hohen Säuregrad besitzt. Vom Mount Grasberg wird wohl nur noch ein Krater von 2,5 Kilometern Durchmesser übrig bleiben. Bisher wurden auf Irian Jaya beim Goldabbau nur geringe Mengen Cyanid eingesetzt, um das Quecksilber für die Amalgamierung an der Oberfläche aufzuspalten. Es ist aber geplant, die bisher angefallenen Erzabfälle noch einmal mit Cyanid »nachzubehandeln«.

Aufgrund der gravierenden Umweltfolgen hatte die ansässige Bevölkerung gegen den Konzern Klage erhoben. Selbst die amerikanische Versicherungsgesellschaft hatte zwischenzeitlich die Police gekündigt, weil der Konzern mehr Erze als vereinbart abgebaut und damit die verabredete Menge von 111.550 Tonnen Abfall überschritten hatte, die täglich in den Aikwa geleitet werden darf. Um es anschaulicher zu machen: 111.550 Tonnen Abfall entsprechen der Ladung von 16.000 Lastwagen mit einer Kapazität von je 7 Tonnen. Der größte Steuerzahler des Landes will nun erreichen, daß die Abfallgrenze auf 200.000 Tonnen pro Tag erhöht wird. Wenn diese Entwicklung weitergeht, ist es nur noch eine Frage der Zeit, wann der Aikwa völlig vermodert und damit das Plankton zerstört wird, der Sauerstoffgehalt zurückgeht und die Fische absterben.

In einer Anzeigenserie in indonesischen Tageszeitungen reagierte der Konzern auf diese drängenden Probleme nur mit lapidaren Antworten: Die Schlämme seien ungiftig und harmlos. Der beste Weg, sie aus dem Weg zu schaffen, sei, sie in den Aikwa zu leiten, so daß sie sich in den unteren Flußabschnitten ablagern könnten. Dies sei unbedenklich, weil dessen Ufer weder bewohnt, noch landwirtschaftlich genutzt würden. Die wenigen Fischer und Jäger könnten sich auch an anderen Plätzen niederlassen.

Kirgisistan

Eine besondere Gefahr beim Goldabbau geht von Erdbeben aus: Selbst wenn es nicht zu großen Beben kommt, können doch ständige kleine Erschütterungen zu einer Beeinträchtigung der Abdichtungsvorrichtungen führen. Dies gilt im besonderen für die Dämme der Schlammteiche.

Diese Probleme könnten sich beim Goldabbau in Kirgisistan ergeben, der in Vorbereitung ist: Im Kumtor-Projekt sind die Schlammteiche und Reststoffbecken erdbebengefährdet. Ebenfalls werden große Mengen Wasser benötigt, die aus einem Gletschersee gewonnen werden. Da zusätzlich ein Teil der Lagerstätte unter dem Eis eines Gletschers liegt, müssen circa 9 Millionen Kubikmeter Eis gesprengt werden. Das »gereinigte« Wasser wird in den Kumtor-Fluß geleitet und soll so sauber sein, daß es von Viehherden bedenkenlos getrunken werden kann. Das Fischsterben auf einer Flußlänge von 7 Kilometern wird dagegen ausdrücklich nicht ausgeschlossen – dies sei unbedenklich, so das entsprechende Umweltgutachten, da die Fische keinen kommerziellen Wert besitzen. Ein besonderes ökologisches Problem ergibt sich aus den klimatischen Bedingungen dieses Gebietes: Bei den acht Monate im Jahr herrschenden Minustemperaturen, begleitet von heftigen Winden, würde das in Wasser gelöste Cyanid gefriergetrocknet und über eine weite Fläche verteilt werden.

Anhand dieser Beispiele aus Irian Jaya, Luzon und Kirgisistan wird deutlich, daß der Goldabbau durch die Anwendung der aktuell gängigen Techniken für die Ökologie eine Gefahr höchsten Grades darstellt. Die Auswirkungen sind verheerend: Die Gift- und Schadstoffe, die durch diese Techniken entstehen, werden insbesondere über das Medium Wasser verbreitet und gefährden damit die Gesundheit der autochthonen Bevölkerung und auch die Umwelt.

Wasserverschmutzung als Folge des südkoreanischen Wirtschaftwunders

Cha Myong-Jae

Umweltzerstörungen haben hauptsächlich zwei unterschiedliche Ursachen, die manchmal sehr eng miteinander verflochten sind: die wirtschaftliche Entwicklung und die Armut. Am Beispiel der beiden Staaten Nord- und Südkorea läßt sich diese Dichotomie gut zeigen. In Nordkorea herrscht derzeit zum wiederholten Mal eine dramatische Hungersnot. Um diesen Notstand zu überwinden, ist die nordkoreanische Regierung bestrebt, möglichst umfangreiche Entwicklungshilfe sowie Spenden aus aller Welt zu erhalten. Für die Erklärung der Hungersnot in Nordkorea kann man einerseits eine fehlgeschlagene Kommandowirtschaft und andererseits die jedes Jahr erneut auftretenden Überschwemmungen verantwortlich machen, durch die das Ackerland völlig verwüstet wird und daher landwirtschaftlich nicht mehr zu nutzen ist. Dies läßt den Schluß zu, daß die Hungerkatastrophe in Nordkorea durch menschliches Fehlverhalten in Verbindung mit teilweise ungünstigen natürlichen Bedingungen verursacht wurde.

Die Nordkorea jährlich heimsuchenden Überschwemmungen werden hauptsächlich durch die allmählich verschwindenden Wälder verursacht. In Nordkorea ist das zentralstaatlich regulierte Versorgungssystem nicht mehr funktionsfähig, was dazu führt, daß die Bevölkerung sich selbst nicht nur mit Lebensmitteln, sondern auch mit Heizmaterial versorgen muß. Die Folge dieser Entwicklung ist die weitgehende Zerstörung der nordkoreanischen Wälder durch Brennholzeinschlag und der ökologischen Funktion der Wälder als Wasserspeicher. Unterentwicklung und Armut gelten daher als Hauptverursacher der Umweltverschmutzung in Nordkorea.

Die Umweltverschmutzung in Südkorea ist durch den hohen Grad der Industrialisierung tiefgreifender als in Nordkorea. Die Mehrheit der südkoreanischen Umweltorganisationen vertritt übereinstimmend die Meinung, daß Südkorea bereits in eine unumkehrbare Umweltkrise geraten ist. Früher nannten die Koreaner ihr Land »das Land der goldenen Gebirge und Flüsse«. Heute ist die »goldene Natur« nur noch sehr selten in den abgelegenen Teilen des Landes zu finden. Die Luft ist verpestet und das Wasser ist verschmutzt, so daß das Leitungswasser nur gekocht trinkbar ist. Der Boden ist durch Schwermetalle und Chemikalien verseucht, so daß Pflanzen und Getreide mit den verschiedensten gesundheitsschädlichen Stoffen sehr stark belastet sind.

Vor allem der Grad der Wasserverschmutzung in Südkorea ist als äußerst ernst und problematisch einzustufen, da die Wiederherstellung des natürlichen Zustandes der Gewässer schwieriger ist und länger dauert als die der Luft oder des Bodens. Der Regen ist sehr stark belastet, die Seen und Flüsse werden durch die Abwasser der Industrie, Haushalte und Viehställe vergiftet. Das Grundwasser wird durch die in die Erde versickernden Rückstände der Pflanzenschutz- und Insektenbekämpfungsmittel verseucht.

Obwohl Korea ein wasserreiches Land ist, stehen die Koreaner vor dem Problem der Wasserknappheit. Viele Fabriken sind beeinträchtigt durch die schlechte Qualität des Wassers und die unzureichende Wasserversorung im Sommer. Gleiches gilt für die Landwirtschaft – insbesondere für den Reisbau – wenn es während der frühsommerlichen Trockenperiode zu Engpässen in der Wasserversorgung kommt. Die Bevölkerung als Direktverbraucher fürchtet die gesundheitsschädliche Wasserqualität. Deshalb bevorzugen viele von ihnen das weit teurere und zum Teil importierte Mineralwasser anstelle des vom Staat angebotenen Trinkwassers.

Korea war ursprünglich ein mit ausreichenden Wasserreserven ausgestattetes Land, in dem nur die Landwirte zeitweise aufgrund zu kurz oder zu lang andauernder Regen- oder Trockenzeiten den üblichen natürlichen Schwankungen ausgesetzt waren. Aber der größte Teil der in den vergangenen zwanzig Jahren und gegenwärtig registrierten Umweltkatastrophen wurde sehr wahrscheinlich durch menschliche Einwirkung verursacht. In Südkorea ist dies zweifellos die Folge der ungebremsten Industrialisierung und der mangelnden Rücksichtnahme auf die Natur.

Wirtschaftliche Entwicklung und Urbanisierung

Um die Problematik der Wasserversorgung in Korea zu verstehen, ist es nötig, einen Blick auf die umfassenden wirtschaftlichen Veränderungen zu werfen. Die rasche Industrialisierung und die Urbanisierung des Landes gelten als Hauptursachen der Wasser- und Umweltprobleme in Südkorea. Das südkoreanische Wirtschaftswachstum gilt seit einigen Jahren den unterentwickelten Ländern als Entwicklungsmodell. Die koreanische Wirtschaftspolitik wird als übertragbare Entwicklungsstrategie betrachtet, und in seinem Wachstum ist der wirtschaftliche Erfolg Südkoreas sicherlich bemerkenswert.

Mitte der 60er Jahre setzte eine exportorientierte Industrialisierung ein, die zu einer jährlichen Wachstumsrate des Bruttosozialprodukts von acht bis zehn Prozent führte. Da Südkorea mit Ausnahme seiner qualifizierten Arbeitskräfte ein an natürlichen Ressourcen armes Land ist, hat die Regierung sich bemüht, ausländisches Kapital und Fabriken anzuziehen. Letztere wurden in den Industrieländern zumeist als umweltschädlich eingestuft und ihre Betreiber waren daher bemüht, einen neuen Produktionsstandort im Ausland zu finden. Die umweltbelastenden und inzwischen auch veralteten ausländischen Fabriken konnten in Südkorea vergleichsweise günstig produzieren und dementsprechend erfolgreich auf dem Weltmarkt konkurrieren. Um darüber hinaus Devisen ins Land zu bekommen, hat die damalige südkoreanische Regierung dem Import hochgiftiger Industrieabfälle nach Südkorea zugestimmt.

Dieser von dem diktatorischen Regime geleitete Entwicklungsprozeß fand anfangs breite politische und gesellschaftliche Zustimmung. Die Mehrheit der Bevölkerung hatte die Notwendigkeit einer wirtschaftlichen Entwicklung Südkoreas akzeptiert und wollte sich auf diesem Wege selbst aus der wirtschaftlichen Rückständigkeit befreien. Dominiert waren die einzelnen Phasen der wirtschaftlichen Entwicklung Südkoreas zunächst von der arbeitsintensiven Textil-, Schuh- und Nahrungsmittelindustrie. Im Verlauf der 70er Jahre lag der Schwerpunkt bei der exportorientierten Schwerindustrie und schließlich bei der Investitionsgüterindustrie (z.B. Fahrzeugbau). Seit Mitte der 70er Jahre war die Regierung bemüht, die Förderung der kapital- und technikintensiven Schwerindustrie zum Kernstück ihrer Wirtschaftspolitik zu machen. Deswegen wurden folgende Industrien nachhaltig staatlich gefördert: Stahl, Fahrzeug- und Schiffsbau, Petrochemie, Maschinenbau, Halbleiter- und Elektronikindustrie. Diese Industriebranchen sind nicht nur kapital- und technikintensiv, sondern haben darüber hinaus auch einen immensen Energiebedarf.

1968 wurde in Südkorea das erste Atomkraftwerk gebaut. Der staatlichen Propaganda war es gelungen, Atomkraftwerke nicht nur als Zeichen der Moderne und der Industrialisierung darzustellen, sondern sie auch zu einem Symbol des Nationalstolzes zu machen. Aufgrund der unzureichenden Rohstoffbasis Südkoreas mußten alle notwendigen Industrierohstoffe und auch alle hochwertigen Technologien und Maschinen aus der ganzen Welt importiert werden – vom Erdöl bis zur Turbine. Im ganzen Land setzte eine intensive Bautätigkeit ein, um die fehlende Infrastruktur zu errichten. Ohne Rücksicht auf die ökologische Situation wurde das Land industrialisiert. Entlang der Küste entstanden Industriekombinate und Atomkraftwerke, für deren industriellen Bedarf ausreichend Wasservorräte zu erschließen waren. Dies führte zu einer rücksichtslosen Zerstörung der Natur. Ungeachtet dessen zeigte die Mehrheit der Bevölkerung Zustimmung für die staatliche Wirtschaftsförderungspolitik, die als Ausdruck von Modernität verstanden wurde. Bis zum Beginn der 80er Jahre existierten in Südkorea keine Umweltschutzgesetze. Von staatlicher Seite wurden keinerlei eingreifende Maßnahmen zum Schutz der Umwelt ergriffen. Solche Maßnahmen traten erst sehr spät in Kraft.

Die Industrialisierung Südkoreas wurde durch die Mobilisierung der Landbevölkerung erfolgreich verwirklicht. Die höheren Arbeitslöhne der Industrie lockten die Arbeitskräfte vom Land in die Stadt. Die arbeitsuchende Landbevölkerung fand in der städtischen Industrie bessere Arbeitsstellen und jüngere Leute verließen ihre Heimat zugunsten der Städte. Negative Folgen wie Landflucht und rasante Verstädterung kennzeichnen diesen Umbruch. In den 60er Jahren lebten noch 80 Prozent der Südkoreaner auf dem Land. Heute ist das Verhältnis umgekehrt: 81 Prozent aller Südkoreaner leben in Städten und nur noch 19 Prozent in ländlichen Gebieten. Alles deutet darauf hin, daß sich diese Tendenz fortsetzen wird, wie es Tabelle 1 prognostiziert.

Tabelle 1: **Bevölkerungskonzentration
in den sechs größten Städten Südkoreas**

Einheit: tausend Personen/Prozent

	1990	2000	2010
Bevölkerung *Südkorea gesamt*	42.896 *(100,0)*	46.789 *(100,0)*	49.683 *(100,0)*
Seoul	10.613 *(24,8)*	11.559 *(24,7)*	12.351 *(24,8)*
Pusan	3.798 *(8,9)*	4.353 *(9,3)*	4.391 *(8,8)*
Taegu	2.229 *(5,2)*	2.693 *(5,8)*	2.861 *(5,8)*
Inchoen	1.818 *(4,2)*	2.712 *(5,8)*	3.329 *(6,7)*
Kwangju	1.139 *(2,7)*	1.337 *(2,9)*	1.396 *(2,8)*
Taejeon	1.050 *(2,4)*	1.208 *(2,6)*	1.281 *(2,6)*
Anteil der 6 Städte	20.647 *(48,2)*	23.862 *(51,1)*	25.609 *(51,5)*

Quelle: »Environmental Vision 21« hrsg. vom Umweltministerium Seoul, 1996, S. 17.

Hauptverursacher der gegenwärtigen Umweltbelastung und -verschmutzung sind die entlang der Küste und der Flußläufe entstandenen Industrieanlagen und die durch massive Zuwanderungen explosionsartig gewachsenen Städte. Mit dieser Entwicklung geht eine starke Verzerrung der Wassernutzung einher.

Die Struktur des Wasserverbrauchs

Die größten Wasserressourcen Südkoreas sind die Flüsse und die zumeist künstlich gegen die Trockenheit angelegten Seen. Diese beiden Quellen müssen fast den gesamten Wasserbedarf des Landes decken.

Tabelle 2: **Wasserverbrauch in Südkorea nach Nutzergruppen**

Einheit: Millionen Kubikmeter

	1988	1996	2001	2006
Haushalt	4.216	5.919	7.068	7.685
Industrie	2.396	2.783	3.052	3.365
Landwirtschaft	14.700	15.797	16.430	17.119
Minimaler Bedarf [1]	3.547	5.742	6.436	6.752
Gesamt	24.859	30.241	32.986	34.921

[1] *die Mindestmenge an Wasser, die für den ökologischen Erhalt eines Fluß- oder Seesystems erforderlich ist*

Quelle: »Environmental Vision 21« hrsg. vom Umweltministerium, Seoul, 1996, S. 120.

Durch die Bevölkerungszunahme und die erweiterte Leitungswasserversorgung der Wohnungen wird sich der Wasserverbrauch pro Haushalt bis zum Jahr 2006 nahezu verdoppeln. Gegenwärtig sind circa 60 Prozent der Haushalte mit Leitungswasser versorgt. Bis zum Jahr 2006 will die Regierung diesen Wert auf 90 Prozent erhöhen. Den größten Wasserverbrauch verzeichnet die Landwirtschaft aufgrund des Reisanbaus. Der große Bedarf an Kühlwasser für die Atomkraftwerke wird überwiegend durch Meerwasser gedeckt, da sie entlang der Küsten installiert wurden. Der stark wachsende Wasserbedarf ist aber nicht die einzige Schwierigkeit bei der Wassernutzung. Ein großes Problem stellt die Verschmutzung der Flüsse und des Meeres dar.

Der Preis der Entwicklung

Die Verschmutzung der Flüsse

Der Wasserverschmutzung – insbesondere der Verseuchung der Flüsse – kommt eine besondere Rolle zu, weil circa 67,4 Prozent des Trinkwassers aus den fließenden Gewässern und 31,1 Prozent aus Stauseen entnommen werden. Die Verschmutzung der Oberflächengewässer ist deswegen besonders bedeutsam. Die vier großen Flüsse Han-gang, Kuem-gang, Nak-dong-gang, Yong-san-gang und ihre Nebenflüsse versorgen das Land mit Trinkwasser. Gleichzeitig wird auch der Wasserbedarf von Industrie und Landwirtschaft aus diesen Flüssen und Seen gedeckt. Aufgrund der lang anhaltenden Trockenperiode im Winter kommt es immer wieder zu Engpässen in der Versorgung. Darunter leidet nicht nur die gesamte Bevölkerung, sondern auch die Industrie ist beeinträchtigt.

Besonders kritisch ist der Umgang mit dem Abwasser. Alle anfallenden Abwässer werden nach der Nutzung durch den Menschen wieder in die Flüsse eingeleitet. Das normalerweise sehr stark belastete Abwasser ließe sich mit Hilfe von Abwasserkläranlagen filtern, reinigen und weniger belastet in die Natur zurückführen. Derzeit werden jedoch nur 43 Prozent der anfallenden Abwässer geklärt, während der Rest direkt in die Flüsse oder in das Meer zurückgeleitet wird. Hinzuzufügen ist allerdings, daß 43 Prozent der offiziell angegebene Wert ist – nach Ansicht vieler Umweltexperten dürfte er wohl noch viel niedriger sein.

Die Flüsse Südkoreas sind regelmäßig Schauplätze von Umweltskandalen. Seit Anfang der 80er Jahre gleichen sich Bilder von Flüssen, die mit Abwasserschaum und Tonnen toter Fische bedeckt sind. 1991 wurde der Nak-dong-gang mit Phenol vergiftet. Eine Chipfabrik am Oberlauf des Flusses hatte das mit Phenol vergiftete Abwasser aus ihrer Produktion direkt in den Fluß geleitet. Trotz der gesetzlichen Vorschrift, nach der ausnahmslos alle Fabriken eine Kläranlage errichten müssen, existieren viele dieser vorgeschriebenen Anlagen aufgrund der hohen Kosten nur auf dem Papier oder sie sind ebenfalls aus Kostengründen nicht in Betrieb. Die Abwasserentsorgung »lösen« viele Unternehmen mit Hilfe geheimer Abflußrohre, durch die in der Regenzeit das giftige Abwasser unkontrolliert in die Flüsse eingeleitet wird. Infolge des Phenolskandals konnten die Einwohner der Provinz Kyongsang das Leitungswasser auch abgekocht nicht mehr trinken, und einige zu dieser Zeit schwangere Frauen brachten mißgebildete Babys zur Welt. Die zivilen Umweltorganisationen riefen daraufhin landesweit zu Boykottaktionen auf.

Tatsächlich wurden die Vorfälle am Nak-dong-gang von 1991 in vielfacher Hinsicht zu einem Wendepunkt: Die Bevölkerung entwickelte nach diesem Skandal ein viel stärkeres Umweltbewußtsein. Die Regierung dachte über neue Richtlinien in der Umweltpolitik nicht nur nach, sondern führte damit zusammenhängende Maßnahmen auch durch. Die Industrie erkannte, daß sie ohne Umweltschutzmaßnahmen in den Fabriken keine Chance auf dem Zukunftsmarkt haben würde. Unter all diesen Gruppierungen fanden in der Industrie nach der Phenolkatastrophe sicherlich die einschneidensten Veränderungen statt. Hohe Summen wurden investiert, um umweltfreundliche Fabriken einzurichten. Der Bereich der Umwelttechnik wurde als gewinnträchtiger Zukunftsmarkt entdeckt. Mittlerweile sind viele Unternehmen bemüht, sich in ihrer Öffentlichkeitsarbeit ein umweltfreundliches Image zuzulegen. Trotz all dieser Bemühungen verbessert sich die Wasserqualität der

Flüsse nicht, und nach wie vor melden die Medien regelmäßig weitere Umweltskandale in Südkorea.

Neben den industriellen Abwässern werden die Flüsse zusätzlich durch die Abwässer aus der Landwirtschaft verschmutzt. Vergiftend wirken hier insbesondere der starke Einsatz von künstlichen Düngemitteln und die Abfälle aus der Viehhaltung. Beim Kunstdüngerverbrauch liegt Südkorea mit 474 Kilogramm pro Hektar Ackerland hinter Irland und den Niederlanden weltweit an dritter Stelle. Durch diesen starken Einsatz chemischer Substanzen in der Landwirtschaft werden die Fließgewässer des Landes schwerwiegend mit Pestiziden, aber auch mit dem international geächteten Insektenvernichtungsmittel DDT verseucht.

Die in der Viehzucht anfallende Gülle wird ebenfalls häufig ohne jeglichen Reinigungsprozeß direkt in die Flüsse eingeleitet. Obwohl die hier anfallende Abwassermenge mit nur circa 0,8 Prozent der gesamten Abwassermenge sehr gering ist, trägt der Anteil der Gülle zur organischen Wasserverschmutzung mit 8,5 Prozent einen überproportionalen Teil bei.

291

Tabelle 3: **Tägliche Abwassermenge und Verschmutzung nach Verursachergruppen (1993)**

Einheit: Tonnen pro Tag

	Privathaushalte	Industrie	Viehhaltung	gesamt
Menge	13.972.000	6.421.000	170.136	20.554.138
(%)	*(68,0%)*	*(31,2%)*	*(0,8%)*	*(100%)*
BOD[1]	2.818	2.269	470,4	5.558,4
(%)	*(50,7%)*	*(40,8%)*	*(8,5%)*	*(100 %)*

[1] BOD = *biochemical oxygene demand*

Quelle: Das südkoreanische Jahrbuch für die Umwelt 1994, S. 73.

Die Verschmutzung des Meeres

Früher nannte man das Meer in Korea »die Zukunft der Menschheit« oder auch »die goldene Schatzkammer der Rohstoffe«. Korea ist eine Halbinsel, die an drei Seiten an das Meer grenzt. In den drei Meeren (Ostmeer, Westmeer (= Gelbes Meer) und Südmeer) begegnen sich warme und kalte Meeresströmungen, so daß hier eine Fülle der verschiedensten Fischarten und andere Meereslebewesen lebt. Die Küstenlinie ist circa 12.000 Kilometer lang, und die annähernd dreitausend Inseln bieten den Menschen eine Vielzahl touristischer und ökonomischer Möglichkeiten. Doch die Meere sind extrem stark durch den Menschen verschmutzt. Einige Orte entlang der Küste wurden so verseucht, daß die Menschen dort nicht mehr leben konnten und in andere Orte zwangsumgesiedelt werden mußten. Wegen der Meeresverschmutzung sind die Fische und andere Meereslebewesen durch verschiedene chemische Stoffe nicht nur verseucht, sondern allmählich ausgerottet worden. Aufgrund dieser Verschmutzung ist der Fischfang in den nahegelegenen Meeren rückläufig und die Fischgründe befinden sich in immer größerer Entfernung vor der Küste. Das »red tide«-Phänomen stellt sich jeden Sommer ein.

Verantwortlich für die Verschmutzung des Meeres sind in erster Linie die Industrieanlagen, die entlang der Küste entstanden sind. Sie leiten die stark verschmutzten und belasteten Abwässer ungeklärt in das Meer. Gleiches gilt für die im Binnenland ansässigen Industrieunternehmen, die Abwässer ungereinigt in Flüsse einleiten, die ins Meer münden. In diesem Zusammenhang sind die in letzter Zeit häufiger auftretenden Tankerunfälle zu nennen. Große Mengen Rohöl verseuchen dadurch das Meer und die Küsten. Schließlich muß das Versenken verschiedenster Abfälle im Meer angeprangert werden, worunter sich auch hoch gefährlicher radioaktiver Müll befindet. Die Meeresverschmutzung muß auf internationaler Ebene behandelt werden. Politisch ist dabei die Zusammenarbeit mit China zu suchen, da davon auszugehen ist, daß mit der industriellen Entwicklung in China die Verschmutzung und Belastung des Westmeeres stark ansteigen wird.

Derzeit sind zudem neun Atomkraftwerke in Südkorea in Betrieb. Alle liegen an der Küste, und sie alle verwenden Meereswasser zur Kühlung der Reaktoranlage. Durch die Einleitung der erwärmten Nutzwässer ist die Wassertemperatur des Meeres in der Umgebung eines Atomkraftwerkes deutlich erhöht. Infolge dieser erhöhten Wassertemperatur wird das Meeresökosystem völlig verändert.

Nach der Umweltkonferenz in Rio de Janeiro 1992 wurde der Gedanke »Global denken und lokal handeln« weltweit zum Schlagwort. Auch in Südkorea zeigt sich, daß lokale Umweltprobleme einen zunehmend internationalen Charakter haben: Koreas Umweltprobleme hängen auch mit der rasanten Industrialisierung Chinas zusammen. Zwischen März und Mai weht ein ständiger Westwind aus China nach Korea herüber. Dieser Wind brachte früher Sandstaub aus der Wüste Gobi, jetzt enthält er in erster Linie chinesische Industrieabgase in einer Konzentration, die circa 30 Prozent der gesamten südkoreanischen Luftverschmutzung ausmacht.

Zusätzlich versucht die russische Regierung Atommüll auf offener See zu entsorgen, indem sie die radioaktiven Abfälle in der Nähe der koreanische Ostmeergrenze versenkt. Moskau hat an dieser Stelle bereits seit den 50er Jahren regelmäßig Atommüll im Meer versenkt. Protestiert die südkoreanische Regierung dagegen, verlangt die russische Regierung finanzielle Unterstützung von Japan und Südkorea, um in Rußland eine Anlage zur Entsorgung von Atommüll errichten zu können.

Die internationale Verflechtung bei Umweltproblemen läßt nichts anderes zu als zwischenstaatliche Zusammenarbeit. In Südkorea wird dabei die Notwendigkeit einer Kooperation mit den Nachbarstaaten Nordkorea, Japan, China, Rußland und der Mongolei immer dringender.

Eine Umweltbewegung ist in Südkorea erst seit 1990 aktiv. Die bisherige autoritäre und diktatorische Regierung duldete lediglich die wirtschaftliche Entwicklung mit dem Ziel, möglichst kostengünstig zu produzieren, um auf dem Weltmarkt erfolgreich zu sein. Anders als die vorherige Regierung will die jetzige zivile Regierung die Politik umweltfreundlicher gestalten. Doch Unerfahrenheit hindert sie daran: immer noch gibt es sehr wenige Umweltexperten, und das Umweltministerium ist nach wie vor politisch weit schwächer als andere Ministerien.

Nach wie vor besteht in der südkoreanischen Bevölkerung ein ausgeprägtes Bedürfnis nach mehr Wohlstand. Zwar hat die Vielzahl ökologischer Skandale dazu beigetragen, daß in Südkorea ein allmählicher Bewußtseinswandel zugunsten einer umweltfreundlichen Politik einsetzte, doch die Bereitschaft der Bevölkerung, die Konsequenzen einer solchen Politik auch im Alltag zu tragen, ist eher gering.

_____ Giftiger Huai He

Eva Sternfeld

Mit 1.000 Kilometer Länge und einem Einzugsgebiet von 270.000 Quadratkilometern bildet der in der zentralchinesischen Provinz Henan entspringende Huai He (_He_ bedeutet »Fluß«) eines der größten Flußsysteme Chinas. Seit jeher gilt die fruchtbare Flußregion als Katastrophengebiet. Mehrmals in der Geschichte hat der Gelbe Fluß seinen Lauf verlegt, dem Huai He das Bett streitig gemacht und ihm schließlich den Zugang zum Meer verschüttet. Das Land versumpfte und wurde immer wieder von verheerenden Überschwemmungen heimgesucht. »Der Huai He muß erfolgreich reguliert werden« hatte Mao Zedong einst verfügt und damit eines der ehrgeizigsten Wasserbauprojekte der Volksrepublik China ins Leben gerufen. Unzählige Kanäle und tausende von Wasserreservoirs hatten die Bauern in den 50er und 60er Jahren angelegt. Doch vom Huai He geht noch immer Gefahr aus. Es sind nicht nur die Überschwemmungen, die das Gebiet trotz Deichbauten während der Regenzeit im Juli und August bedrohen – die Selbstreinigungskapazität des Flusses, dessen Abflußmenge und -geschwindigkeit durch die Regulierung erheblich reduziert wurde, reicht heute in einigen Flußabschnitten nicht mehr aus, um das steigende Abwasseraufkommen zu bewältigen. In den letzten Jahren hat sich die Wasserqualität des Flusses dramatisch verschlechtert. Unter den sechs größten chinesischen Flußsystemen gilt er mittlerweile als am schwersten verschmutzt. Bereits die Hälfte der Flußabschnitte haben sich in stinkende Abwasserkanäle verwandelt.

Die schwarze Brühe bedroht die Gesundheit von 150 Millionen Menschen im Einzugsgebiet. So wurde hier in den vergangenen Jahren ein deutlicher Anstieg von Krebs sowie Magen- und Darmkrankheiten nachgewiesen. In einigen Orten, die wie Bengbu, eine am Mittellauf des Flusses gelegene Großstadt in der Provinz Anhui, ihr Trinkwasser aus Flußwasser aufbereiten, mußte der Wassernotstand ausgerufen werden. Wasserverschmutzung verursacht Ernteausfälle und Einbußen in der industriellen Produktion.

Der Preis der Entwicklung

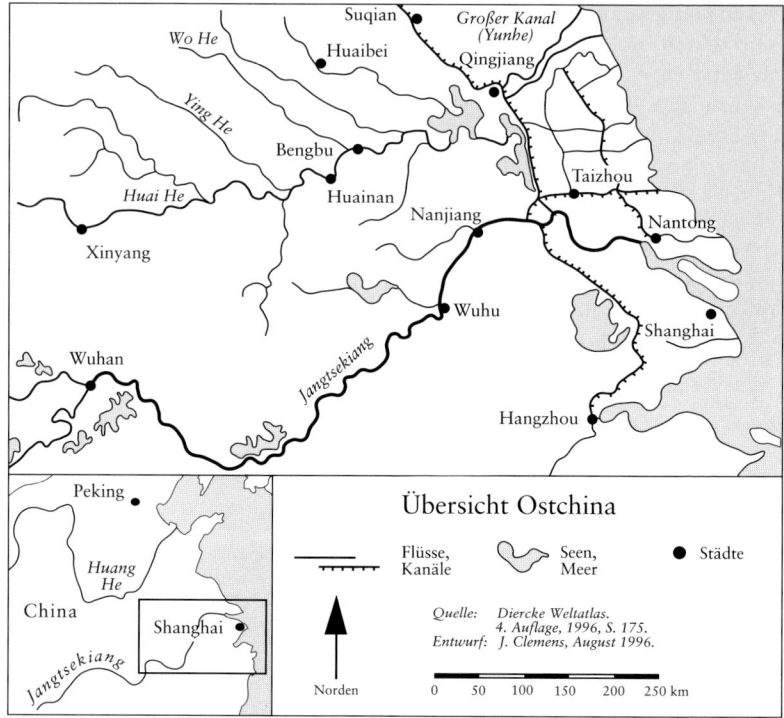

Übersicht Ostchina

| | Flüsse, Kanäle | | Seen, Meer | | Städte |

Quelle: Diercke Weltatlas.
4. Auflage, 1996, S. 175.
Entwurf: J. Clemens, August 1996.

Norden   0   50   100   150   200   250 km

Betroffen ist eine der wirtschaftlich produktivsten Regionen Chinas. Auf das Einzugsgebiet des Huai He entfällt nicht nur ein Achtel des chinesischen Ackerlands, es hat in den vergangenen Jahren auch einen enormen industriellen Aufschwung verzeichnet. Vor allem in den ländlichen Gemeinden sind im Klima der Wirtschaftsreformen seit Mitte der 80er Jahre kleinere Betriebe wie Pilze aus dem Boden geschossen. So ist das Huai-Becken heute nicht nur eine der Kornkammern Chinas, sondern auch ein Zentrum der chinesischen Papierindustrie. Im waldarmen China wird Papier hauptsächlich aus Weizenstroh hergestellt, das von den Feldern direkt in die dorfeigenen Papiermühlen gebracht wird. Tausende solcher Papierfabriken sind im vergangenen Jahrzehnt an den Ufern des Huai He und seiner zahlreichen Nebenflüsse entstanden. Allein in der am Oberlauf des Huai gelegenen Provinz Henan produzieren rund 1.700 Betriebe jährlich etwa 2,5 Millionen Tonnen Papier und Pappe. Es handelt sich durchweg um Kleinstbetriebe, deren Tagesproduktion selten mehr als vier Tonnen erreicht. Für solche Betriebe rechnen sich Anlagen, die Abwasser behandeln und Chemikalien zurückgewinnen, nicht. Schätzungsweise 125 Millionen Kubikmeter unbehandelte Abwässer schwemmen die ländlichen Papiermühlen jährlich direkt in den Huai He.

Angesichts der dramatischen Verschlechterung der Wasserqualität haben die chinesischen Behörden mit Unterstützung internationaler Geldgeber ein Programm zur Sanierung des Huai He initiiert. Neben dem geplanten Bau von städtischen

Kläranlagen konzentrieren sich die Maßnahmen auf eine angestrebte Umstrukturierung der Papierproduktion. Kleinstbetriebe sollen geschlossen und in größeren Werken zusammengefaßt werden, die mit modernen Anlagen zur Abwasserbehandlung ausgestattet sind. Die Behörden der drei am stärksten betroffenen Provinzen Henan, Anhui und Shandong haben angekündigt, bis einschließlich 1997 alle Papierfabriken zu schließen, deren Jahresproduktion unter 5.000 Tonnen liegt.

Ob diese Maßnahme tatsächlich erfolgreich sein kann, ist jedoch fraglich: Nachforschungen der *China Environmental News* ergaben, daß mehrere Papierfabriken am Huai He, die Anfang 1996 wegen Umweltverschmutzung geschlossen worden waren, die Produktion heimlich wieder aufgenommen hatten.

Die ökologische Katastrophe hat einen Namen: Aralsee

Thomas Hoffmann

Wer die Kaimauern der usbekischen Hafenstadt Muinak entlangläuft, der sieht zwar hier und da erwartungsgemäß einige Fischkutter, mit denen jahrzehntelang die reichen Bestände an Stören, Barschen und Brassen aus dem Aralsee gefischt wurden, doch Wasser läßt sich seit Jahren auch in der weiteren Umgebung der Hafenanlagen nicht mehr ausmachen. Der Blick wandert stattdessen über sandverfüllte Fahrrinnen und einen zur Wüste gewordenen ehemaligen Seeboden hin zu einer Vielzahl von Schiffsrümpfen, die von ihren Kapitänen hier liegengelassen wurden. Erst neunzig Kilometer weiter im Norden liegt die derzeitige Uferlinie des bis 1960 viertgrößten Sees der Erde. Ähnlich wie in Muinak sieht es in Aralsk im Westen Kasachstans und in anderen ehemaligen Hafenstädten am Aralsee aus.

Über Jahrzehnte hinweg fand eine unmäßige, bis zu 90 Prozent betragende Wasserentnahme aus den beiden Hauptzuflüssen des Aralsees, dem Amu-Darja und dem Syr-Darja, statt. Als Folge sind heute von der Seefläche, die einst der Größe Irlands entsprach, weniger als 50 Prozent geblieben: 1960 betrug die Seefläche 69.500 Quadratkilometer, 1992 waren es nur noch 33.600 Quadratkilometer. Vom ursprünglichen Volumen des Aralsees sind gar nur noch gut 20 Prozent übriggeblieben: es ging zurück von 1.040 Kubikkilometer im Jahr 1960 auf 231 Kubikkilometer im Jahr 1992. Bleiben die derzeitigen Bedingungen bestehen, wird das Seeufer weiter zurückweichen und die Seefläche wird sich endgültig in zwei voneinander getrennte Gewässer teilen. Das völlige Verschwinden des Sees ist für das Jahr 2010 errechnet. Die Aralseeregion wird zum Opfer ihrer eigenen Dimensionen.

Eine in verschiedenster Hinsicht unangepaßte Landwirtschaft ist Hauptverursacher dieser dramatischen Entwicklung. Die daraus resultierenden Folgen sind katastrophal: sie sind äußerst komplex, weitreichend und nachhaltig. Die Wüsten und Halbwüsten der Region Mittelasien, also die östlich des Aralsees liegende Kysilkum (»roter Sand«) und die südlich gelegene Karakum (»schwarzer Sand«), sowie

um 1960

um 1985

um 2000
(Schätzung)

Norden

Aralsee: Rückgang der Seefläche
1960 bis 2000

Wasserfläche

Land

Flüsse

Internationale
Grenze

ehemaliger Wasserstand,
ausgetrocknete und
versalzene Flächen

Quelle: vereinfacht nach:
Erdkundeunterricht 10/1994.
Ohne Maßstabsangabe.
Entwurf: J. Clemens, August 1996.

Kasachstan

Aralsee

Syr-Darja

Kirgi

Amu-Darja

Usbekistan

sistan

Turkmenistan

Tadschi-
kistan

das westlich des Sees gelegene Ust-Urt-Plateau lassen keinen Ackerbau zu, der auf natürlichem Niederschlag beruht. Der im Pamir entspringende Amu-Darja und der Syr-Darja, der im Tian Shan entspringt, durchqueren als Fremdlingsflüsse die Kysilkum und die Karakum. Einzig diese beiden Flüsse schaffen die Grundlage einer auf Bewässerung basierenden Oasenlandwirtschaft.

Die koloniale Erschließung des Raumes unter zaristischer Herrschaft im ausgehenden 19. Jahrhundert ging mit dem Bemühen einher, die nomadisierende autochthone Bevölkerung seßhaft zu machen. Zur wirtschaftlichen Inwertsetzung des eroberten Gebietes entschied man sich für den Anbau von Baumwolle, später ergänzt durch äußerst wasserintensiven Reisanbau und Obstkulturen. Die Region wurde schnell zu dem, was Lenin als »Baumwoll-Blinddarm Rußlands« bezeichnete. Ende der 20er Jahre wurde dann unter Stalin endgültig der Wandel von einer subsistenzorientierten Landwirtschaft zu einer Baumwolle-Monokultur mit gigantischen Dimensionen vollzogen. Die klimatischen Voraussetzungen für den Anbau des »weißen Goldes« galten als ideal, und die entnehmbaren Wassermengen aus den beiden Aralseezuflüssen galten als unbegrenzt. Folglich dehnten die staatlichen Planungsbüros der Sowjetunion die Anbauflächen für den begehrten exportträchtigen und Devisen erwirtschaftenden Rohstoff entlang der beiden Flußläufe über Jahrzehnte weiter und weiter aus. Die ursprünglichen 2,8 Millionen Hektar Baumwollkulturen waren schließlich auf 7,8 Millionen Hektar angewachsen. Seit den 40er Jahren, vor allem aber ab 1956, ließen die Planer im Rahmen der Neulanderschließungskampagne unter Chruschtschow mit dem Kara-Kum-Kanal den größten Bewässerungskanal der Welt anlegen. Er entnimmt dem Amu-Darja nahe der Stadt Mukry rund 400 Kubikmeter Wasser pro Sekunde, das sind 17,1 Kubikkilometer Wasser pro Jahr – dieses Quantum würde reichen, um den Bodensee in

Wasser in Asien – Elementare Konflikte

Das Verschwinden des Aralsees, hier die nördliche Uferlinie, ist unübersehbar.

weniger als vier Jahren zu entleeren. Der Kanal leitet das Wasser entlang der turkmenisch-iranischen Grenze über 1.600 Kilometer bis nahe an das Kaspische Meer heran. Dort endet der anfangs schiffbare Kanal als winziges Rinnsal. Mit Hilfe dieses Baus, der von der Sowjetpropaganda gefeiert wurde, werden bis heute weitere Millionen Hektar Baumwoll-Anbaufläche auf der gesamten Gebirgsfußfläche nördlich des Kopet-Dag gespeist.

Den ersten richtungsweisenden Planungsentscheidungen für die staatlich initiierte und realisierte Umgestaltung der Region lagen jedoch bereits drei elementare Fehleinschätzungen zugrunde: man hatte angenommen, es sei unbegrenzt jungfräulicher Boden verfügbar und war außerdem davon ausgegangen, dieser sei sehr fruchtbar. Schließlich hatte man geglaubt, es stünden unbegrenzte Wasservorräte zur Verfügung – ein folgenschwerer Irrtum. Das Festhalten an diesen Annahmen führte über einen Zeitraum von mehr als einem Jahrhundert in die ökologische Katastrophe, deren Zeugen wir heute sind.

Die ersten Degradationserscheinungen wurden bereits in den 60er Jahren bekannt: es kam zu Bodenversalzungen im Baumwollanbaugebiet. Sie wurden nicht zum Anlaß genommen, kritisch über die Gigantomanie der offensichtlich unangemessenen Projekte nachzudenken. Um den erkannten Wassermangel und das einsetzende Absinken des Aralsee-Wasserpegels zu beheben, wurde stattdessen eine noch einschneidendere Lösungsmöglichkeit erdacht: die als unnütz eingestuften sibirischen Flüsse Ob und Irtysch sollten von ihrer natürlichen Fließrichtung Norden nach Süden umgeleitet werden, hinein in das aride Baumwollanbaugebiet Mittelasiens, das dringend Wasser benötigte. Dieses Vorhaben war schon zur Zarenzeit von dem Ingenieur Demtschenko erdacht worden und wurde nach dem Zweiten Weltkrieg mit dem Dawydow-Plan konkretisiert. Von Ökologen aus westlichen

Ländern war es schon frühzeitig als unverantwortlich kritisiert worden. Im Kreml löste man sich erst 1986 unter Gorbatschow von diesen Vorhaben. Die Gründe dafür waren finanzielle Probleme und wohl auch ökologische Einsicht.

Obwohl der Schrumpfungsprozeß des Aralsees seit mehr als drei Jahrzehnten bekannt ist, verläuft er bis heute weitgehend ungebremst weiter. Selbst wenn die Wasserentnahme aus seinen Zuflüssen mit sofortiger Wirkung vollständig gestoppt würde, wäre der See nicht mehr in seiner ursprünglichen Größe wiederherzustellen – bestenfalls wäre der derzeitige Zustand zu erhalten. Zu diesem Ergebnis gelangen Monique Mainguet und René Létolle, die Autoren der 1996 erschienenen ersten umfassenden Studie über die ökologische Katastrophe Aralsee.

Der nahezu monokulturelle Anbau von Baumwolle in Mittelasien bedingt nicht nur einen sehr großen Wasserbedarf, sondern zugleich den Eintrag von entsprechenden Mengen an Dünger und Pflanzenschutzmitteln in den Anbaugebieten. Der durchschnittliche Düngemittel- und Pestizideintrag soll in Usbekistan 50 Kilogramm pro Hektar betragen. Zur Erleichterung der maschinellen Ernte soll sogar das aus dem Vietnamkrieg bekannte und als hochgiftig eingestufte Entlaubungsmittel »Agent orange« eingesetzt werden. Zusätzlich vermengt mit Abfallprodukten aus der Erdölproduktion gelangt dieses unkalkulierbare Gemisch aus Agrochemikalien durch die Be- und Entwässerungssysteme einerseits in das Grundwasser und damit in das Trinkwasser, andererseits gelangt es zurück in die natürlichen Fließgewässer und schließlich in den Aralsee. Durch die Abnahme des Seespiegels um 17 Meter seit 1960 auf eine durchschnittliche Tiefe von nurmehr 36,5 Meter und dem damit einhergehenden Flächenverlust fielen die auf dem Seeboden abgelagerten Düngemittel- und Pestizidrückstände zu Tausenden von Tonnen trocken. Sie werden nun von den häufig auftretenden Winden und Stürmen aufgewirbelt und über der gesamten Region verteilt – über den Weideflächen, den Getreidefeldern, den Gemüsegärten und den Siedlungen. Damit sind die Menschen Mittelasiens in vielfacher Weise den hochgiftigen Substanzen in Luft und Wasser ausgesetzt, ohne ihnen entgehen zu können. Am stärksten betroffen ist die usbekische Region Karakalpakistan am Südufer des Sees.

Die Folgen der hohen Pestizidbelastung von Luft und Grund- bzw. Trinkwasser zeigen sich deutlich: die Säuglingssterblichkeitsrate steigt – 11 Prozent der Neugeborenen sterben vor ihrem ersten Geburtstag, ein Drittel der Säuglinge weist genetische Schädigungen auf. Die Lebenserwartung sinkt und der Gesundheitszustand von mittlerweile 60 Prozent der lokalen Bevölkerung verschlechtert sich eklatant. Besonders häufig treten Speiseröhrenkrebs, Leberschädigungen, Augen- und Atemwegserkrankungen, Typhus, Cholera und Hepatitis auf.

Mit der ökologischen und gesundheitlichen Katastrophe ging die ökonomische Katastrophe einher: die Fischereiwirtschaft brach durch Austrocknung und Versalzung des Sees zusammen, die Ertragszahlen in der Landwirtschaft sanken. Der Salzgehalt des Aralsees ist mittlerweile auf 39 Gramm pro Liter Wasser angestiegen – das entspricht in etwa den Werten der Nordsee. Die zunehmende Bodenversalzung führte seit Anfang der 70er Jahre bereits zu einem Verlust von rund zwei Millionen Hektar Ackerland. Das Gebiet um den Aralsee, besonders die usbekische Region Karakalpakistan, steht infolge dieser Entwicklungen heute als Sinnbild für die von Menschen verursachte ökologische Katastrophe. Angesichts dieser Problemkonstellation und der bereits geschaffenen Realitäten kann das erreichbare Ziel heute nur noch die Verbesserung der Lebensbedingungen der 35 Millionen Menschen in Mittelasien sein, nicht aber die Wiederherstellung der ursprünglichen Ökologie des Raumes. Was kann getan werden, um zumindest dieses Ziel zu erreichen?

Als eines der drängendsten Probleme gilt die Verfügbarkeit sauberen Trinkwassers. Da das Grundwasser aus den genannten Gründen belastet ist, ist dieses Problem wohl nur langfristig lösbar. Selbst wenn es gelänge, die Pestizid- und Düngemitteleinträge in das Flußsystem des Amu-Darja drastisch zu reduzieren und die Trinkwasserversorgung auf diesen Fluß zu konzentrieren, sähe man sich mit dem Problem konfrontiert, daß selbst das Schmelzwasser der Pamirgletscher bereits kontaminiert ist. Der Grund für diese niederschmetternde Entwicklung liegt darin, daß die auf dem trockengefallenen Seeboden abgelagerten chemischen Rückstände, die von den Winden und Stürmen ausgeblasen werden, bis in den westlichen Himalaya hinein auch auf den Gletschern wieder abgelagert werden. Im Zuge des Abschmelzungsprozesses der Gletscher geraten die giftigen Substanzen dann in das Schmelzwasser und damit in den Amu-Darja. Er ist daher bereits belastet, ehe er die eigentliche Problemregion überhaupt erreicht.

Hauptursachen der Tragödie sind die übermäßige Wasserentnahme aus den Zuflüssen, die jahrzehntelange Mißwirtschaft und die fehlgeschlagene Kolonisierung der lokalen Bevölkerung. Ansätze zur Überwindung der Misere müssen folglich an diesen Punkten ansetzen, insbesondere in der Landwirtschaft. Ziel konkreter Maßnahmen muß es daher sein, die Landwirtschaft wieder mit den naturräumlichen Bedingungen der Region in Einklang zu bringen. Als unrealistisch sind Versuche einzuschätzen, das bestehende Wasserdefizit des Sees von circa 800 bis 900 Kubikkilometer Wasser durch einen verstärkten Zufluß oder durch die Überleitung von Wasser aus dem Kaspischen Meer auszugleichen. Dasselbe gilt für das Heraufpumpen von Grundwasser, das künstliche Abschmelzen von Pamirgletschern oder für das Umlenken von Luftströmungen, um den Niederschlag zu beeinflussen.

Realistischer erscheint eine Fülle wesentlich einfacherer, kleiner Lösungen: die Verbesserung des Zustandes der großen und kleinen Zuleitungskanäle würde helfen, die Versickerungsverluste zu minimieren – allein der in Sand angelegte Kara-Kum-Kanal verliert etwa 70 Prozent seines Wassers auf diese Weise. Ökologisch angemessene Kulturpflanzen, die also nur wenig Wasser benötigen, sollten angebaut werden, um den Wasserbedarf zu senken. Aus diesem Grund müßten auch Baumwollkulturen signifikant eingedämmt werden, die pro Hektar und Wachstumsperiode zwischen 6.000 und 10.000 Liter Wasser verschlingen. Zudem wäre der Chemikalieneinsatz zu reduzieren.

Statt diese kleinen, aber aussichtsreichen Schritte anzugehen, werden in Usbekistan wieder die alten sowjetischen Pläne einer Umleitung der sibirischen Flüsse nach Süden hervorgeholt. Doch dieser Versuch würde nur dazu führen, daß eine bestehende ökologische Katastrophe durch Inkaufnahme einer anderen, unter Umständen noch viel größeren, zumindest aber unkalkulierbaren ökologischen Katastrophe beseitigt wird. Internationale Finanzhilfen, wie etwa jüngst die 300 Millionen US $ von der Weltbank, sind daher an die Auflage gebunden, das Geld nicht für Flußumleitungsprojekte zu verwenden. Doch damit ist noch nicht gewährleistet, daß die Region um den Aralsee einer lebenswerten Zukunft entgegengeht.

Der Preis der Entwicklung

Bangladeschs Kampf gegen
die Arsenvergiftung des Grundwassers

Ahmed Fazl

Wasser bedeutet Leben. Aber für viele Bangladeschis, die in den aus Lehm und Stroh gebauten Hütten und Dörfern nahe der indischen Grenze leben, kann Wasser auch den schnellen Tod oder ein über Jahre zu erduldendes Leiden bedeuten. Brunnen sind die Hauptquelle für die Versorgung mit sauberem Trinkwasser in den Grenzregionen, doch viele dieser Brunnenschächte sind heute zu Reservoirs eines tödlichen Giftes geworden: die Rede ist von Arsen. Mindestens elf Menschen sind in den beiden grenznahen Distrikten Bagherhat und Pabna bereits gestorben, und Hunderte sind erkrankt, nachdem sie arsenverseuchtes Wasser aus ihren Brunnen getrunken haben. Und auch von jenseits der Grenze, aus dem indischen Bundesstaat West-Bengalen wird berichtet, daß die acht Millionen Einwohner West-Bengalens an arsenbelastetem Trinkwasser zu leiden haben.

Als unter der Bevölkerung der grenznahen Orte nach Bekanntwerden der jüngsten Vorfälle und Enthüllungen Panik ausbrach, versiegelte die örtliche Verwaltung eine Reihe von Brunnenschächten und ordnete die Überprüfung der Wasserqualität im gesamten Land an.

Über das Problem arsenbelasteten Trinkwassers in Bangladesch wurde bereits seit einigen Jahren in der lokalen Presse berichtet. Landesweite Aufmerksamkeit kam diesem Problem aber erst im September 1996 zu, als Bangladeschs nationale Gesundheitsbehörde eine steigende Zahl der durch die stahlgraue Substanz verursachten Todesfälle bestätigte. Einer offiziellen Schätzung zufolge sind in Bangladesch derzeit etwa zehn Millionen Menschen in hohem Maße dem Risiko einer Arsenvergiftung ausgesetzt. Kommt Arsen in seiner maximalen Konzentration im Trinkwasser vor, wirkt es unmittelbar und sofort tödlich.

Frauen und Kinder gelten als besonders gefährdet, da die weibliche Bevölkerung Bangladeschs mehr Umgang mit Wasser hat bzw. dieses stärker nutzt. Ein schwangere Frau läuft zudem Gefahr, die eigene Arsenbelastung an ihr noch ungeborenes Kind weiterzugeben.

Erste Untersuchungen haben ergeben, daß sich die Kontaminierung des Trinkwassers hauptsächlich auf Brunnenschächte in den Gebieten nahe oder entlang der indisch-bangladeschischen Grenze konzentriert. Demgegenüber enthüllten jedoch jüngste Untersuchungen, daß auch im Norden und im Zentrum Bangladeschs arsenbelastetes Trinkwasser nachgewiesen wurde. So erklärte etwa die Stadtverwaltung von Narayanganj, einer Stadt am Ufer des Dhaleswari etwa 25 Kilometer südöstlich von Dhaka, daß die im städtischen Trinkwasser gemessenen Werte deutlich über dem Grenzwert lagen, der für Arsen festgelegt ist.

Die Berichte über arsenvergiftetes Trinkwasser kommen damit räumlich sehr nahe an die geschäftige Zehn-Millionen-Metropole Dhaka heran und führen zu einer massiven Beunruhigung der Verantwortlichen in der staatlichen Wasserbehörde, der »Dhaka Water Supply Authority« (WASA), deren Versorgung in erster

Linie vom Grundwasser abhängt und die der Bevölkerung von Dhaka täglich 840 Millionen Liter Wasser zur Verfügung stellt – eine Menge, die jedoch nur etwa die Hälfte des städtischen Bedarfs befriedigt.

Wissenschaftler aus dem Gesundheitsbereich schreiben die hohe Arsenbelastung des Wassers dem derzeit raschen Absinken des Grundwasserspiegels zu. Dies ist wiederum eine Folge des zügellosen Verbrauchs der unterirdischen Ressource zu Bewässerungszwecken, und zwar sowohl in Indien als auch in Bangladesch. Dieser kontinuierliche Abfall des Grundwasserspiegels führt zur Freisetzung einer arsenhaltigen Eisen-Pyritverbindung, die im Untergrund enthalten ist. Diese Verbindung verursacht die Kontaminierung des Bodens und des Wassers. Andere machen den übermäßigen Gebrauch chemischer Dünge- und Pflanzenschutzmittel für die Wasserverseuchung verantwortlich.

Manche Experten vermuten, daß die Abfallentsorgung der Schwerindustrie, die entlang der Grenze ansässig ist, dieses Problem schuf, das für beide Länder besteht. Umweltschutzgruppen berichten, die illegale und unkontrollierte Entsorgung giftiger Substanzen aus der Schwerindustrie gehe ungehindert weiter, da es von staatlicher Seite keinerlei Anstrengungen gebe, dem illegalen Treiben nahe des Niemandslandes Einhalt zu gebieten.

Etwa eine Million Brunnenanlagen versorgen mehr als 80 Prozent von Bangladeschs rasch wachsender 120-Millionen-Bevölkerung, von der über die Hälfte unterhalb der Armutsgrenze lebt. Die Versorgung mit sauberem Trinkwasser galt als einer der wenigen Erfolge der staatlichen Gesundheitsversorgung, da der erfolgreiche Ausbau der hygienisch unbedenklichen Wasserversorgung die Krankheiten merklich eindämmte, die durch unsauberes Wasser übertragen werden, beispielsweise Diarrhöe.

Die Arsenbelastung des Grundwassers droht nun die Erfolge rückgängig zu machen, die in diesem lebenswichtigen Bereich erzielt wurden, so die Befürchtung der Vertreter von UNICEF, dem Kinderhilfswerk der Vereinten Nationen in Dhaka. Die UN-Organisation hat in der Vergangenheit viele Millionen Dollar in die Vertiefung von Brunnenanlagen als Teil ihres Projektes zur Versorgung der ländlichen Bevölkerung mit sauberem Trinkwasser in Bangladesch investiert. Nun erwägen viele ein gründliches Überdenken der gängigen Strategie zur Trinkwasserversorgung.

Diese Brunnenanlagen waren einfach zu handhaben sowie kostengünstig zu errichten und zu unterhalten. Ingenieuren des staatlichen Gesundheitsdienstes zufolge galt ihre Installation bislang als die Maßnahme zur hygienischen Trinkwasserversorgung der ländlichen Bevölkerung, die am besten auf die lokalen Verhältnisse abgestimmt war. Die Brunnenanlagen wurden üblicherweise auf etwa 80 Meter abgeteuft, doch in dieser Tiefe treffen sie heute häufig auf arsenhaltige Sedimentschichten. »Wir versuchen mit unseren Brunnen nun noch tiefere Schichten zu erreichen, um so das Arsen zu umgehen,« sagt Said Aminuddin Ahmad, Leiter der Ingenieursabteilung der staatlichen Gesundheitsbehörde in Dhaka.

Mindestens vier der Brunnen im Bagherhat-Distrikt wurden geschlossen, nachdem ihnen anstelle sauberen Trinkwassers nur noch arsenvergiftete Brühe zu entnehmen war. Im gleichen Distrikt wurden zehn weitere Brunnen vertieft, nachdem mehrere Personen Anzeichen einer beginnenden Arsenvergiftung wie Hautausschläge und Magenprobleme zeigten. Im gesamten Land wurden insgesamt

110 Brunnen von offizieller Stelle versiegelt. Said Aminuddin Ahmad und seine Kollegen von der staatlichen Gesundheitsbehörde bestritten jedoch, daß das Problem außer Kontrolle geraten sei. »Wir beobachten die Situation im Bagherhat-Distrikt sowie in insgesamt sieben weiteren verdächtigen Distrikten,« sagte Ahmad.

Doch trotz dieser offiziellen Versicherungen ist die Besorgnis nicht von der Bevölkerung gewichen. »Es ist sehr schwer, nicht in Panik zu verfallen, insbesondere nachdem bekannt wurde, daß Arsenvergiftungen lebensbedrohend sind,« sagte einer der Redakteure der bekannten Tageszeitung *Janakantha* am 13. September 1996. Er berichtete, in manchen Regionen Bangladeschs sei die Arsenbelastung bis zu zehnmal höher als die als Grenzwert anerkannte Konzentration von 0,05 ppm. In vielen Bereichen des Landes trinkt die Bevölkerung kein Brunnenwasser mehr und hat stattdessen damit begonnen, Wasser aus Teichen und Tümpeln abzukochen und zu trinken.

302

Die kritische Situation durch die Arsenbelastung des Grundwassers in den grenznahen Gebieten des Landes wurde erstmals 1994 bekannt. Besonders betroffen waren die Distrikte Chapainawabganj, Rajshahi, Kushtia, Meherpur, Chuadanga, Jessore, Satkhira und Noakhali. Umweltexperten des nationalen Instituts für medizinische und soziale Prävention (NIPSH) berichteten, daß die gesamte Dorfbevölkerung von Rajarampur im Distrikt Chapainawabganj im Norden des Landes betroffen gewesen sei, als das Grundwasser der Region Arsenbelastungen ausgesetzt gewesen war. Wenn langfristig angelegte Meßreihen und Tests nicht rechtzeitig überprüft werden und das Problem erst einmal Dimensionen annimmt, die nicht mehr zu bewältigen sind, dann besteht die Gefahr, daß das Gift sich sukzessive über das gesamte Land ausbreitet.

»Wir haben keine Hinweise auf Arsenbelastungen des Wassers in Dhaka. Die Gefahr einer solchen Entwicklung besteht aber,« sagt Syed Kabiruddin, Sprecher der in Dhaka ansässigen WASA. Die Wasserknappheit in Dhaka zwingt Tausende Slumbewohner, offenes Wasser zu nutzen. Bei diesem offenen Wasser ist die Wahrscheinlichkeit, daß es verschmutzt ist, weit größer als bei Wasser, das erschlossen ist und durch Leitungen transportiert wird.

Im benachbarten indischen Bundesstaat West-Bengalen wurde die Arsenbelastung des Grundwassers bereits zu Beginn der 90er Jahre entdeckt. Die Existenz geringer Spuren der Chemikalie wurde mit dem Durchsickern des Arsens durch geologische Schichten erklärt, die beiderseits der Grenze identisch sind.

Laut Dipankar Chakravarty, Direktor des Departments für Umweltwissenschaften an der Jadavpur Universität im indischen Kalkutta, sind erste Anzeichen einer Arsenvergiftung bereits bei 20 Millionen Bewohnern des Staates West-Bengalen zu sehen. Dipankar Chakravarty bot im Rahmen eines Treffens mit Umweltexperten aus Bangladesch im Jahr 1995 Lehrgänge für Ingenieure an, um die Krise in den Griff zu bekommen, doch die angebotene Hilfe wurde aufgrund des traditionell zwischen beiden Staaten bestehenden politischen Mißtrauens nicht in Anspruch genommen.

1994 wurde in Bangladesch ein hochkarätiges Team gebildet, dessen Aufgabe es ist, einen Aktionsplan gegen die zunehmende Vergiftung des heimischen Grundwassers zu erarbeiten. Doch einige notwendige Strategien zur Bekämpfung der

Krise wurden durch behördliche Schlampereien und Verzögerungen sowie durch unzureichende Koordination zwischen betroffenen Distrikten zunichte gemacht.

»Das giftige Arsen hat im Zuge der Bewässerung mit kontaminiertem Wasser zudem eine verheerende Wirkung auf den Reis- und Weizenanbau, und die Wahrscheinlichkeit besteht, daß über den Verzehr solcherart verseuchter Nahrungsmittel eine Erkrankung der Menschen hervorgerufen wird,« sagt Dr. Zafrullah Chowdhury vom »Gana Shasthya«, einer in Bangladesch auf dem Gesundheitssektor arbeitenden Nichtregierungsorganisation. Diese Nichtregierungsorganisation, die mit westlicher Unterstützung gegründet wurde und arbeitet, hat es sich zur Aufgabe gemacht, die Menschen für mögliche Gefahren durch kontaminiertes Wasser zu sensibilisieren.

Die logistischen und technischen Möglichkeiten der bangladeschischen Regierung für eine landesweite, effektive Bekämpfung der Krise sind begrenzt. Damit ist fraglich, ob andere Teile des Landes vor einer ähnlichen Entwicklung bewahrt werden können. Nach offiziellen Angaben wird die Regierung sowohl UNICEF als auch die in Genf ansässige Weltgesundheitsorganisation (WHO) um Hilfe bitten, doch bislang ist eine Umsetzung dieser Vorhaben nicht zu sehen: Noch herrscht selbstgefällige Zufriedenheit unter den hochrangigen Bürokraten und Politikern, die der Ansicht sind, daß sowohl die Umweltschutzgruppen als auch die Medien das Problem der Wasservergiftung über Gebühr hochgespielt hätten. Ein hoher Beamter des staatlichen geologischen Instituts vertrat gar die Ansicht, die Zeit sei noch nicht gekommen, um über die Arsenvergiftung des Grundwassers zu diskutieren.

Der »Chromsee« von Kasur: Die ökologischen Kosten der exportorientierten Lederindustrie in Pakistan

Jörg Zimmermann

Im Prozeß der wirtschaftlichen Diversifizierung der Entwicklungsländer tritt die Industrie – gemeinsam mit der schnell ansteigenden Energieerzeugung – als Wasserverbraucher zunehmend in Konkurrenz mit der Landwirtschaft, die auf Bewässerungswasser angewiesen ist, und mit dem Trinkwasserbedarf der städtischen und ländlichen Bevölkerung. Die absolute Menge des Brauchwassers der Industrie stellt nicht das Hauptproblem für die Wasserbilanz dar – die Abwässer des verarbeitenden Gewerbes und ihre unsachgerechte Entsorgung bereiten die meisten Probleme. Welche ökologischen und auch sozialen Probleme mit der Wassernutzung der Industrie zusammenhängen, ist von dem Entwicklungsstand und dem spezifischen Industrialisierungsmuster des jeweiligen Landes abhängig.

Pakistan hat mit 430 US $ pro Jahr (1993) ein niedriges Pro-Kopf-Einkommen – zum Vergleich: das Pro-Kopf-Einkommen der Bundesrepublik Deutschland im selben Jahr betrug 23.560 US $. Die Industrialisierung Pakistans ist relativ schwach ausgeprägt: nur 11 Prozent der Beschäftigten arbeiten im verarbeitenden Gewerbe und erwirtschaften 18 Prozent des Bruttosozialproduktes. Die Lederindustrie des Landes steht stellvertretend für einen Industrialisierungstyp, der zunehmend exportorientiert ist. Im folgenden werden nun die Probleme der Wasserverschmutzung dargestellt, die durch die industriellen Verfahren und Methoden dieses Industriezweiges entstehen.

Der »Chromsee« von Kasur

Kasur ist die Stadt mit der höchsten Dichte an Gerbereien in Pakistan. Allein 190 der etwa 500 marktorientierten Lederproduzenten Pakistans haben hier ihren Sitz. Dreißig Kilometer südöstlich von der 4,6 Millionen-Metropole und Provinzhauptstadt Lahore gelegen, wird hier ein Großteil der Felle und Häute aus ihren Schlachthöfen verarbeitet. Anders als in den Großbetrieben der Lederindustrie nördlich von Lahore oder in Karachi wird Kasur primär von Gerber-Kleinbetrieben und -Werkstätten dominiert. Nur etwa jeder sechste Betrieb hat mehr als zwanzig Beschäftigte, in über der Hälfte der Gerbereien arbeiten weniger als zehn Menschen. Trotzdem ist die Lederindustrie der wichtigste Industriezweig für die 277.000 Einwohner von Kasur. Über 2.200 Menschen finden hier Arbeit und verdienen den Unterhalt für mindestens fünfzehntausend Personen.

Die Lederindustrie in Kasur hat in den letzten Jahren einen enormen Boom erfahren. Von den heute 190 Gerbereien gab es vor fünfzehn Jahren weniger als 60, und 1970 waren es nur etwa zwanzig Lederbetriebe in der Stadt. Mit dieser Expansion wurde aus der allgemein üblichen Praxis, daß – mit Ausnahme einiger weniger größerer Gerbereien – alle Abwässer der Ledererzeugung unbehandelt, oberflächig und ungerichtet abgeleitet wurden, eine regionale Katastrophe. Bereits vor mehreren Jahren führte die offene Ableitung der Gerberei-Abwässer auf die benachbarten Freiflächen zu einem »Giftsee« von mehr als einem Kilometer Länge und mehreren hundert Metern Breite. Ein Bahndamm dient als »Staumauer«, die einen weiteren Abfluß der giftigen Brühe verhindert.

Bei der Herstellung von Leder werden die Häute zunächst mit Salzen konserviert und eingeweicht. Mit Hilfe von Natriumsulfat, Kalk und Beize werden die Haarreste und Talgdrüsen entfernt. Daran schließt sich eine Behandlung mit Schwefelsäure und Kochsalz an, das sogenannte »Pickeln«. Bei der heute überwiegenden Mineralgerbung kommt schließlich das Chromsalz, mit dem die Gerbung durchgeführt wird, in mehreren Arbeitsgängen zum Einsatz. Danach wird das Leder mechanisch behandelt (gefalzt), gegebenenfalls gefärbt, gefettet und getrocknet. Zwischen den verschiedenen chemischen Behandlungsschritten ist jeweils ein intensives Auswaschen der Häute nötig, damit die nicht verwerteten Wirkstoffe entfernt werden. Unzureichendes Auswaschen kann dazu führen, daß die Schadstoffbelastung des Leders zu hoch ist und beim Endverbraucher, dem Käufer der Lederjacke oder -tasche, Hautreizungen hervorruft.

Nach Angaben der Umweltgruppe KATALYSE gehören die »Abwässer aus Gerbereien wegen ihrer vielen giftigen Inhaltsstoffe zu den am schwierigsten zu behandelnden Industrieabwässern überhaupt«. Beim Gerben kommen bis zu 250 unterschiedliche Chemikalien zum Einsatz. In erster Linie handelt es sich dabei um verschiedene Salze, Schwermetalle wie Chrom, Cadmium, Arsen oder Zink und organische Verbindungen wie Nitrosamine und Formaldehyd. Viele davon sind Krebsgifte, stehen als krebserregend in Verdacht oder wirken in entsprechenden Mengen giftig oder allergen. Bei Arbeitern in Gerbereien treten Entzündungen der Atemwege und Augen besonders häufig auf. Die Kinder aus Wohngebieten in der Nachbarschaft der Lederindustrie leiden öfter an Brechdurchfällen, Gastritis und Fieber. In der Regel ist ein eindeutiger Zusammenhang mit den Arbeitsbedingungen und Entsorgungsmethoden der Lederindustrie jedoch nicht nachweisbar.

Die Schmutzfracht der Gerberei-Abwässer, die bei der Herstellung einer Tonne Leder entsteht, entspricht in der Bundesrepublik den häuslichen Rohabwässern von ein- bis viertausend Personen an einem Tag. Insgesamt fallen bei jeder Tonne produziertem Leder mindestens 100 Kubikmeter Abwasser an. Allein in Kasur werden nach A.A. Khan täglich schätzungsweise 9.000 Kubikmeter schwerbelasteter Abwässer in den »Chromsee« eingeleitet. Daneben stellen auch die festen Abfälle der Ledererzeugung eine ernste ökologische Belastung dar. Sehr häufig werden halbverarbeitete Lederreste »wild« entsorgt und offen auf die Straßen oder Freiflächen zwischen den einzelnen Fabriken und Werkstätten verbracht.

Kasur ist kein Einzelfall

Der »Chromsee« von Kasur stellt allerdings nur die Spitze der unsachgerechten Abwasserentsorgung der Lederindustrie in Pakistan dar. In anderen Schwerpunktregionen von Gerbereien und Lederverarbeitung sind die Anwohner und die Natur mit ähnlichen Wasserbelastungen durch die Branche konfrontiert.

Im Distrikt Sialkot, dem pakistanischen Zentrum der Sportartikelproduktion und der Herstellung chirurgischer Instrumente, wurden die Gerbereien weitgehend aus dem Stadtgebiet verbannt. Die Betriebsverlagerungen an die Ausfallstraßen von Sialkot nach Wazirabad, Daska und auch nach Pasrur haben die Gesundheitsgefährdung für die Stadtbevölkerung verringert. An der unbehandelten Entsorgung der Gerberabwässer in die Natur hat sich allerdings in den meisten Fällen nichts geändert. So stauen sich zu bestimmten Zeiten die giftigen Abwässer nun entlang der Straße. Die kleinen Bäche, die *Nullahs*, werden zu reinen Schmutzkanälen degradiert, die in den niederschlagsarmen Jahreszeiten ihre Fracht nicht einmal wirklich abtransportieren, sondern faktisch die Schadstoffbelastung nur auf weitere Regionen verteilen.

Auch die 12 Millionen-Metropole und Wirtschaftshauptstadt Karachi hat neben den Schwierigkeiten ihrer Wasserversorgung ein Problem mit der Lederindustrie. Nach der gezielten Umsiedlung ihrer Produktionsstätten während der 70er Jahre aus der Innenstadt in die geplant angelegten Industriegebiete von Landhi und Korangi ist es auch dort in über 20 Jahren bisher nicht gelungen, für eine Klärung der Abwässer und ihre geordnete Entsorgung Vorkehrungen zu treffen. So fließen jährlich nahezu 250 Tonnen Chromverbindungen in die Phittee-Bucht des Arabischen Meers und gefährden insbesondere die Mangrovenwälder des Indusdeltas.

Der Preis der Entwicklung

Obwohl in den 70er Jahren geplant, ist es nie zu einem getrennten Abwasserkanal-system für das »Korangi Industrial Area« (KIA) gekommen. So wird ein Teil der gif-tigen Abwässer direkt in den Malir Fluß eingeleitet, auf dessen flußabwärts gelege-ner Niederterrasse – mitten in der Stadt – in größerem Umfang Gemüse und Obst angebaut werden.

Aus diesem unverantwortlichen Umgang mit der Wassernutzung durch große Teile der Lederindustrie überall in Pakistan ergeben sich sehr komplexe Konse-quenzen für die Lebensbedingungen von Mensch und Natur.

Die unbedenkliche Verwendung und Entsorgung von hoch giftigen und zum Teil krebsverdächtigen Chemikalien führt zu einem beträchtlichen Gesundheitsrisiko für die Arbeiter in der Lederindustrie, da Chromverbindungen vom Körper auch über die Haut aufgenommen werden. Darüber hinaus bringt das unbehandelte Ab-leiten der giftigen Brauchwässer die Gefahr der Trinkwasserverunreinigung für die Bewohner in der Nachbarschaft mit sich. Die vielfältigen Belastungen des Trink-wassers, die nicht nur von der Lederindustrie verursacht sind, werden in Pakistan für 30 bis 40 Prozent der anfallenden Krankheiten verantwortlich gemacht.

Die unhygienischen Arbeitsbedingungen in den Gerbereien haben dazu geführt, daß hier viele Kinder arbeiten – »Kein Erwachsener will die Arbeiten tun, die diese Jungs tun«, sagt ein Gerbereibesitzer in Kasur. Die Kinderarbeiter legen die mit Spray gefärbten Lederstücke zum Trocknen in der Sonne aus, stapeln sie später und packen die Eselskarren für den Abtransport. Ihre *Shalwar Kameez*-Bekleidung ist voll mit Farbresten und Chemikalien. Ihre Hände und Haut sind ungeschützt dem Risiko von Infektionen und Allergien ausgesetzt, berichtet B. Sarwar aus Kasur. Noch gesundheitsschädlicher ist das Spray-Färben, bei dem Arbeiter, die nur wenig älter sind, ständig den gefährlichen Gasen ausgesetzt sind.

Durch das partielle Aufstauen sowie die ungeschützte und uneffektive Weiter-leitung der schwer belasteten Abwässer dringen die Chromverbindungen, die Salze und Säuren in das Grundwasser ein und reichern sich in Gemüse oder anderen land-wirtschaftlichen Produkten an. Auch für die in Pakistan übliche offene Tierhaltung gerade der kleineren Viehbesitzer ist dies eine Gefahr. Aus dem Distrikt Sialkot wurde berichtet, daß einzelne Büffel aus temporären »Chromseen« getrunken hatten und danach verendeten. Nach Untersuchungen der pakistanischen Nicht-regierungsorganisation »Shehri« in Karachi enthielt das am Ufer des Malir-Flusses angebaute Gemüse 7,5 ppm Chrom anstelle der zulässigen 0,05 ppm – das ist die 150fache Menge des von der Weltgesundheitsorganisation festgelegten Grenz-wertes. Sogar in Fischmehl aus Fischen der Korangi-Region, das als Hühnerfutter verwendet wird, wurde die ungeheure Menge von 33 ppm Chrom festgestellt. Das Vordringen der Schadstoffe in die Lebensmittelkette führt daher zu einer stärkeren Ausbreitung der ökologischen Schädigungen und Gesundheitsrisiken über die unmittelbar betroffenen Regionen hinaus.

Die Gefährdung des Ökosystems der Mangrovenwälder im Indusdelta stellt eine weitere Dimension der Wasserverschmutzung durch Industrie und Verstädterung in Pakistan dar. Dafür sind selbstverständlich nicht allein die Gerbereien in Karachi verantwortlich, sondern ebenso die Abwässer der übrigen Industriezweige und die ungeklärte Entsorgung des Hausmülls und der privaten Abwässer durch die Stadt-verwaltung.

Die Abwasserprobleme der Lederindustrie und
die Krise des exportorientierten Industrialisierungsmodells

Pakistans »Proto-Industrialisierung« – hier verstanden als Industrialisierungsstrategie mit Priorität für Wachstum vor sozialer und menschlicher Entwicklung – hat zu einer verheerenden Schädigung der Umwelt geführt. Die Industrialisierung vernachlässigte das ökologische Gleichgewicht nicht aus Versehen, sondern weil sie nach dem neoklassischen Wirtschaftsansatz konzipiert war, der aktive staatliche Umweltschutzmaßnahmen nicht befürwortet. Die Wasserverseuchung durch die Lederindustrie zeigt exemplarisch die Krise einer exportorientierten »nachholenden Entwicklung« auf, wie sie von Pakistan mit der schrittweisen Erweiterung der inländischen Wertschöpfung durch Industrialisierung in den 80er und 90er Jahren verfolgt wurde.

Die Lederindustrie ist ein gutes Beispiel für die schrittweise Vertiefung der inländischen Weiterverarbeitung lokaler Ressourcen in Pakistan. Die Viehwirtschaft stellt heute einen bedeutsamen Zweig der Landwirtschaft Pakistans dar. Es gibt 3,7 Millionen Büffel und 2,2 Millionen Rinder (insgesamt etwa 6 Millionen) sowie 23,2 Millionen Ziegen und 17,2 Millionen Schafe (insgesamt etwa 40 Millionen). Die Viehwirtschaft erwirtschaftet 40 Prozent des agrarischen Bruttoinlandsprodukts (BIP) bzw. 10 Prozent des gesamten BIP. Im Vergleich dazu kommt die gesamte Groß- und Mittelindustrie des Landes nur auf 12 Prozent. Zur Zeit werden jährlich etwa 15 bis 20 Prozent der Büffel und Rinder sowie 50 bis 60 Prozent der Ziegen und Schafe geschlachtet. Ihre Häute und Felle werden in den Gerbereien des Landes zu über 40 Millionen Kilogramm chromgegerbtem Leder und zu 22 Millionen Kilogramm organisch gegerbtem Leder verarbeitet. Für die weiterverarbeitende Lederwarenindustrie werden darüber hinaus noch Häute und Felle importiert.

Anhand der veränderten Zusammensetzung der Lederexporte (vgl. Tabelle 1, S. 308) läßt sich der Ausbau der Weiterverarbeitung von Ressourcen der lokalen Viehwirtschaft ablesen. Als periphere Region des britisch-indischen Kolonialreichs lieferte der Raum des heutigen Pakistan trotz seines auch damals bereits sehr hohen Viehbestandes weitgehend unverarbeitete agrarische Rohstoffe. Pakistan verfügte nach der Unabhängigkeit 1947 in seinen West-Provinzen, also ohne Ost-Pakistan, nur über sechs größere Gerbereien und mußte daher gegerbtes Leder für den inländischen Bedarf importieren. Daneben existierten allerdings über 2.500 kleinbetriebliche Gerbereien mit gut 6.600 Arbeitern im damaligen West-Pakistan, die ein wichtiges Entwicklungspotential für die heutige Lederindustrie darstellten. Erst im Laufe der 60er Jahre konnte die Lederverarbeitung so weit ausgebaut werden, daß nicht mehr primär Rohhäute exportiert wurden, sondern überwiegend gegerbtes Leder. Während der 70er Jahre begann die Expansion der lederverarbeitenden Industrie, die seit Anfang der 90er Jahre über die Hälfte der Lederexporte Pakistans herstellt.

In Pakistan hat sich eine Lederbranche entwickelt, in der circa 50.000 Menschen arbeiten und die heute zu etwa 90 Prozent exportorientiert ist. Mit den Exporteinnahmen von knapp 650 Millionen US $ stellt die Lederindustrie für das hoch verschuldete Land mit seiner anhaltend negativen Außenhandelsbilanz zugleich eine

Tabelle 1: **Die Zusammensetzung der Lederexporte Pakistans, 1955–1995**

	1954/55 [1]	1959/60 [1]	1970/71	1979/80	1989/90	1994/95
Häute und Felle	98,9 %	85,2 %	12,4 %	3,4 %	0,01 %	0,01 % [2]
gegerbtesLeder	1,1 %	14,8 %	79,8 %	81,4 %	57,60 %	42,00 %
Lederwaren	1,1 %	14,8 %	7,8 %	15,2 %	42,40 %	58,00 %
Anteil am pakistanischen Gesamtexport	2,4 %	5,6 %	3,8 %	6,6 %	9,80 %	8,00 %

[1] *einschließlich damaliges Ost-Pakistan*
[2] *geschätzt*

Quellen
S.M. Akhtar (1979): Economic Development of Pakistan. Vol. III. Lahore, S. 268–269.
J. Adams & S. Iqbal (1987): Exports, Politics & Economic Development in Pakistan.
    Lahore, S. 111, 208; Monthly Statistical Bulletin No. 6/1991.
H. Asad (1996): Leather Industry hit by new Budget. In: Pakistan and Gulf Economist
    (Karachi) 6. – 12.7.1996, S. 48.
J. Zimmermann: eigene Berechnungen.

sehr wichtige Devisenquelle dar. Maßnahmen zum Umweltschutz in der Lederbranche sind da von nachgeordneter Bedeutung.

Typisch für die pakistanische Lederindustrie und für das gesamte verarbeitende
Gewerbe Pakistans ist die sehr große Bedeutung der Kleinproduzenten. Wie die folgende Aufstellung zeigt (vgl. Tabelle 2), beschäftigen 93 Prozent der Lederbetriebe
nur bis zu 5 Arbeiter, und fast die Hälfte der Beschäftigten arbeitet in Werkstätten
mit weniger als 20 Mitarbeitern. Auf der anderen Seite vereinen weniger als 2 Prozent der Betriebe über 83 Prozent der Produktion auf sich. Dies sind die Export-
unternehmen, die fest in den Leder- und Lederwaren-Weltmarkt eingebunden sind.
Über ein weitverzweigtes Subcontracting-System vergeben die pakistanischen
lederverarbeitenden Betriebe oder Exporteure ihre Aufträge an die kleinen Gerbereien oder Ledernäher-Werkstätten, die dadurch nur indirekt an dem Exportge-
schäft beteiligt sind. Dies hat zur Folge, daß sich ihre Gewinnspanne in einem recht
beschränkten Rahmen bewegt. Unter beschäftigungspolitischen Gesichtspunkten
stellen diese kleinen Betriebe eine wichtige Stütze der pakistanischen Lederindustrie und der gesamten Industrie dar. Gemessen an ihrem Umgang mit der Ressource Wasser und den damit verbundenen, weitreichenden ökologischen Schäden

Die Betriebsgrößen in Pakistans Lederindustrie [1]

Beschäftigungs-klassen	Betriebe		Beschäftigte		Produktion [2] (in Mio. Rps.)	
über 100	15	0,7 %	4.311	42,2 %	2.194	56,1 %
20–99	23	1,1 %	1.045	10,3 %	1.069	27,3 %
6–19	108	5,2 %	960	9,4 %	377	9,6 %
unter 5	1.926	93,0 %	3.891	38,1 %	273	7,0 %
gesamt	2.072		10.207		3.913	

[1] *Lederproduktion und -verarbeitung ohne Schuhindustrie*
[2] *einschließlich Lohnveredelung*

Quellen
Government of Pakistan: Census of Manufacturing Industries 1985/85,
  Survey of Small and Household Industries 1983/84, urban and rural. Islamabad.
J. Zimmermann: eigene Berechnungen.

gehören sie jedoch eindeutig zu den Problemfällen der Branche, da ihnen Spielraum zur Finanzierung eigener Anlagen zur Abwasserklärung weitgehend fehlt.

Diese spezifische Form der Industrialisierung mit einem sehr hohen Anteil von Kleinproduzenten ist allerdings keineswegs als »traditionelles« Erbe anzusehen. Die Hauptursachen für das rasche Wachstum der pakistanischen Lederindustrie seit den 80er Jahren (vgl. Tabelle 3, S. 311) ist in der Verschiebung der weltweiten Produktionsstätten in dieser Branche zu sehen. Kostendruck und ökologische Auflagen in den Industrieländern führten in den 60er und 70er Jahren zu einem weitgehenden Abbau der Gerbereikapazitäten in Europa. In der alten Bundesrepublik beispielsweise wurden in der Lederindustrie zwischen 1960 und 1978 über 100.000 Arbeitsplätze abgebaut, also mehr als 50 Prozent. Die 80er und 90er Jahre haben zu einer weiteren Verlagerung der Lederwarenproduktion in Niedriglohnländer mit geringen Umweltstandards geführt. Obwohl der Konsum zunahm, wurden allein in der Schuhindustrie der alten Bundesrepublik 1992 nur noch halb so viele Schuhe hergestellt wie 1980, im Vergleich zu 1970 sogar nur noch ein Drittel. Mit der veränderten globalen Arbeitsteilung wurden auch die ökologischen Belastungen des Wasserhaushalts »ausgelagert«.

Der Preis der Entwicklung

Aufgrund des starken internationalen Kostendrucks sowohl für die Importeure der großen europäischen Kaufhäuser, Handelsketten und des Lederwaren-Spezialhandels als auch für die pakistanischen Lederwarenexporteure sind Preisvorteile – ohne beim Produkt erkennbare Qualitätsverluste – in der Regel nur über die Externalisierung von Sozial- und Umweltkosten möglich. Die Kleinbetriebe der Lederbranche arbeiten außerhalb der Reichweite der pakistanischen Arbeitsgesetze. Trotz gesetzlicher Verbote ist Kinderarbeit hier keine Seltenheit. Im Unterschied zu manchen größeren Gerbereien fallen bei den Kleinbetrieben aufgrund einer bisher fehlenden pakistanischen Umweltgesetzgebung keinerlei Kosten für die Entsorgung ihrer giftigen Abwässer und Abfälle an. Die Folgen dieser Produktionsweise haben einerseits die dort Beschäftigten zu tragen: sie haben ungesunde, schlecht bezahlte, oft ungesicherte und unsoziale Arbeitsplätze. Leidtragende sind zum anderen die Anwohner dieser Regionen, die den angesprochenen Gesundheitsrisiken ausgesetzt sind. Stark in Mitleidenschaft gezogen ist darüber hinaus die Umwelt, die im Umkreis der Gerbereizentren des Landes vergiftet ist.

310

Massarat sieht in dieser Externalisierung von Umwelt- und Sozialkosten ein charakteristisches Merkmal der international asymmetrischen Arbeitsteilung. Die ökonomisch schwache Stellung der Anbieter und der Regierungen der Länder des Südens und ihre Einbindung in eine internationale Konkurrenzsituation verhindern strukturell, die realen Umwelt- und Sozialkosten für ihre Produkte in Rechnung zu stellen. Sie sind faktisch zu einem Sozial- und Öko-Dumping gezwungen. Dies verfestigt und verstärkt die asymmetrische Wohlstandsverteilung im Weltmaßstab sowohl in Bezug auf die Einkommen, die Lebens- und Arbeitsbedingungen als auch auf den Erhalt einer intakten Umwelt.

Nutznießer dieses Prozesses sind nicht zuletzt auch wir Verbraucher und Verbraucherinnen in den Industrieländern, die aufgrund dieses Mechanismus' Lederwaren zu einem sehr günstigen Preis erhalten. Wie am Beispiel Pakistans verdeutlicht, sind die importierten Lederwaren mit großen ökologischen und entwicklungspolitischen Problemen und Konsequenzen verbunden. Zur Durchsetzung einer ökologisch nachhaltigen und gerechteren Entwicklung im globalen Maßstab bedarf es daher umfassender Mechanismen, um eine solche Externalisierung sozialer und ökologischer Kosten zu verhindern. Dies wird die Etablierung allgemein verbindlicher und international vereinbarter sozialer und ökologischer Mindeststandards erfordern und auch eine stärkere finanzielle Umverteilung zugunsten der Verbesserung der Lebens- und Umweltsituation in den Ländern des Südens. Dabei sind auch die Hauptprofiteure des Lederwarenbooms in die Pflicht zu nehmen, die hiesigen Lederwarenanbieter, Kaufhäuser und Warenketten. Sie tragen über ihre Importeure eine direkte Mitverantwortung für die Arbeits- und Umweltbedingungen bei ihren Zulieferbetrieben.

Unser Konsum und Lebensstil muß stärker mit seinen Auswirkungen im globalen Kontext wahrgenommen werden. Wir sollten Konsequenzen für unser Verhalten ziehen und zugunsten einer sozialen und ökologischen Entwicklung insbesondere in den ärmeren Ländern auch konkrete politische Maßnahmen einfordern und unterstützen.

Tabelle 3:   **Die Entwicklung der Lederindustrie** [1] **in Pakistan 1955 – 1991**

	1955		1970/71		1980/81		1990/91	
Anzahl der Betriebe	118	5,8% [2]	94	2,6% [2]	80	2,1% [2]	—	— [3]
Produktion [4]	68	3,6%	256	1,9%	1.753	2,1%	10.782	2,9% [2]
Investitionen [4]	18	2,3%	31	0,6%	214	0,9%	1.571	2,4%
Beschäftigung	5.000	2,4%	6.418	1,5%	9.655	2,1%	15.000	1,3%

311

	1955	1970/71	1980/81	1990/91
Produktionsindex zu konstanten Preisen [5]	35	76	100	194
Beschäftigungsindex [6]	52	66	100	155

[1] einschließlich Schuhindustrie, nur mittlere und Großbetriebe
[2] Anteile bzgl. Gesamtindustrie
[3] keine Angaben
[4] in Millionen Rps
[5] in konstanten Preisen von 1980/81,
    nach Großhandelspreisindex für Leder, 1980/81 = 100
[6] 1980/81 = 100

Quellen
Government of Pakistan: Census of Manufacturing Industries 1955, 1970/71, 1980/81.
Economic Survey 1989/90, 1990/91, 1994/95.
J. Zimmermann: eigene Berechnungen.

Golfanlagen verschärfen die Wasserkrise – das Beispiel Thailand

Anita Pleumarom

Golfurlauber werden von Tourismuspromotoren besonders geschätzt, denn sie bevorzugen Hotels und Freizeiteinrichtungen der Luxusklasse und gelten als besonders ausgabefreudig. Um den »Qualitätstourismus« zu fördern, wurden in den letzten Jahren überall in Südostasien ohne Rücksicht auf die einschneidenden Folgen für Natur und Gesellschaft überdimensionale, künstliche Freizeitenklaven, sogenannte »Golf-Resorts«, aus dem Boden gestampft. Sie umfassen neben Golfplätzen oft exklusive Clubhäuser, Hotels, Appartmenthäuser, Bungalows, Einkaufszentren und verschiedene andere Freizeit- und Unterhaltungseinrichtungen.

Die Umweltkonflikte um solche Großprojekte haben sich mittlerweile zugespitzt, denn Golfplätze zählen zu den größten Land- und Wasserverschwendern. Für den Bau dieser Anlagen, die nicht selten Flächen von mehreren hundert Hektar einnehmen, werden intakte Natur- und Kulturlandschaften geopfert: fruchtbares Ackerland wird vernichtet, Wälder werden abgeholzt und Hügel abgetragen, Küstenstriche werden planiert und Feuchtgebiete werden trockengelegt. Mit dem Golfplatzbetrieb ist ein übermäßig hoher Wasserverbrauch und Chemikalieneinsatz verbunden, der zur Beunruhigung breiter Bevölkerungskreise beigetragen hat.

Seit den 80er Jahren verbreitete sich in Asien ein Golf-Boom, der im wesentlichen vom golfsportbegeisterten Japan ausging. In Thailand ist in der Folge die Anzahl der Golfplätze von 42 im Jahr 1980 auf 200 Plätze im Jahr 1996 rapide angestiegen. Bei den neueren Projekten handelt es sich in der Regel um Plätze internationalen Standards. Sie verwenden Grassorten, die nicht standortgerecht sind und einer besonders hohen Pflegeintensität unterliegen, zum Beispiel Bermudagras.

Einer Studie der Mahidol Universität in Bangkok zufolge werden zur Bewässerung eines 18-Loch-Golfplatzes pro Tag 6.500 Kubikmeter Wasser verbraucht. Das entspricht dem täglichen Wasserverbrauch von 6.000 Bewohnern Bangkoks. Wenn Industrie und Landwirtschaft nicht einkalkuliert werden, reicht diese Wassermenge aus, um täglich 15.000 Stadt- oder 60.000 Landbewohner zu versorgen. Rechnet man die Zahl von 6.500 Kubikmeter Wasser pro Golfplatz und Tag auf ein ganzes Jahr um, verschlingen die vorhandenen 200 Golfplätze Thailands über 474 Millionen Kubikmeter Wasser.

Durch die immer häufiger auftretenden Dürren im Land ist es bereits wiederholt zu alarmierenden Engpässen in der Wasserversorgung gekommen. Das veranlaßte die Regierung dazu, Bauern von einer zweiten Reisaussaat im Jahr abzubringen. Während der Trockenzeit 1993/94 wurde erstmals in der Geschichte Thailands das Leitungswasser in der Hauptstadt Bangkok rationiert. Während in vielen Gemeinden das Trinkwasser knapp wurde, Stauseen und Bewässerungskanäle versiegten und riesige Landstriche verdorrten, spürten Urlauber in den touristischen Luxusenklaven wenig von der Katastrophe. Gewöhnlich blieben die Rasensprenger auf den Golfplätzen und in den Gartenanlagen für mehrere Stunden täglich in Betrieb, um sie grün und üppig zu erhalten. In den Clubhäusern, Hotel- und Wohneinrichtungen floß das Wasser wie stets in ausgiebigen Mengen aus den Hähnen, und die Swimmingpools waren weiterhin gefüllt mit Wasser bester Qualität.

Immerhin meldeten einige Golfplatzbetreiber, für ihre Anlagen stehe nicht genügend Wasser zur Verfügung, so daß sie auf die Bewässerung der Fairways (Spielbahnen) verzichten müßten. Der Platz-Manager des Khao Khiew Country Clubs in der Cholburi Provinz berichtete zum Beispiel, daß allein zur Instandhaltung der Greens (Grünflächen mit den Löchern), Tees (Abschlagflächen) und Clubhausanlagen noch immer die beträchtliche Wassermenge von 3.300 Kubikmeter am Tag

Thai Rath Daily, 2. Februar 1993 – Drei Bauern wird mitgeteilt, daß das Land vor einer schweren Dürre steht und es daher nicht genügend Wasser gibt. Einer der Bauern fragt, ob diese Ankündigung vom Landwirtschaftsministerium kommt. Die Antwort lautet: »Nein, vom Golfplatz.«

benötigt werde. Das bedeutet, daß sich der ansonsten übliche Wasserverbrauch von 6.500 Kubikmetern nur knapp um die Hälfte reduzieren ließ. Um die riesigen Golfrasenflächen nicht völlig eingehen zu lassen, blieb manchen Clubs keine andere Wahl, als für ungeheure Geldsummen Wasser bei Besitzern privater Reservoirs zu kaufen.

Am stärksten betroffen von der großen Wasserverschwendung in den Golf-Resorts sind umliegende Gemeinden und landwirtschaftliche Betriebe. Während einer längeren Trockenperiode im Jahr 1990 mußten örtliche Behörden von weither Tankwagen anfahren lassen, um die Bevölkerung im Küstenraum von Hua Hin – Cha-Am mit Wasser zu versorgen, da die zahlreichen Ferienanlagen und Golfplätze in dieser aufstrebenden Tourismusregion zu große Mengen der knappen Ressource beansprucht hatten. Um weitere Konflikte dieser Art zu vermeiden, erließ die Regierung im Oktober 1990 eine Verfügung, die Golfplatzbetreibern den Zugang zu öffentlich und landwirtschaftlich genutzten Gewässern nicht mehr erlaubte. Sie sollten stattdessen eigene Wasserquellen zur Erhaltung ihrer Anlagen erschließen.

Diese Verordnung hat sich allerdings als völlig unwirksam erwiesen. Nicht zufällig wurden die meisten Golfplätze an Gewässerrändern gebaut, etwa an Stauseen, Flüssen und Bewässerungskanälen: ein Grund ist sicherlich die landschaftliche Attraktivität, mindestens ebenso wichtig ist aber gerade die bequeme und sichere Wasserversorgungslage.

Golfplatzbesitzer behaupten zwar, daß sie sich durch die Errichtung von Sammelbecken und Brunnenanlagen auf ihren Grundstücken selbst versorgen und durch computergesteuerte Bewässerungssysteme sparsamer mit der Ressource Wasser umgehen könnten. Das Auffangen von Regenwasser reicht jedoch bei weitem nicht aus, um die künstlichen Seen der Golfplätze zu füllen, und sie müssen deshalb weiterhin aus umliegenden Gewässern gespeist werden. Auch der Brunnenbau birgt enorme Risiken, denn das Abpumpen großer Mengen Grundwasser hat besonders in und um Bangkok bereits zu nachhaltigen Störungen des Wasserhaushalts und zu Bodenabsenkungen geführt. Außerdem besteht bei überhöhten Wasserentnahmen in küstennahen Bereichen zunehmend die Gefahr, daß salzhaltiges Meerwasser in Oberflächengewässer und grundwasserführende Bodenschichten eindringt – ein Problem, das vor allem während der letzten schweren Dürren bedrohliche Ausmaße annahm.

Der Golfsport in Thailand ist mittlerweile in Verruf geraten, und zwar nicht zuletzt wegen der eklatanten Wasserdiebstähle der Golfplatzbetreiber. Besonders krasse Fälle von illegalen Wasserableitungen wurden im Industrie- und Tourismuszentrum zwischen Bangkok und Pattaya bekannt, wo eine große Anzahl von Golfanlagen konzentriert ist. Dort wurden Zuflüsse zu Stauseen abgegraben und auf die Golfplätze umgeleitet. Pumpstationen wurden errichtet, Kanäle wurden angelegt und unterirdische Leitungen wurden verlegt, um die Wasserreserven der Golfplätze aus öffentlichen Gewässern aufzustocken. Diese rechtswidrigen Aktivitäten haben entscheidend dazu beigetragen, daß der Wasserstand des Bangphra Reservoirs in nur zwei Jahren (von 1990 bis 1992) von 30 Millionen Kubikmeter auf 13,6 Millionen Kubikmeter sank. Das Bangphra Reservoir ist die wichtigste Wasserquelle an der Ostküste und versorgt zwei Städte, Sri Racha und Pattaya, mit insgesamt mehr als einer Million Einwohnern. Die anwohnenden Reis- und Tapiokabauern mußten wegen der unzureichenden Bewässerung ihrer Felder erhebliche Ernteausfälle hinnehmen.

In einem Interview äußerte der Wasserbauingenieur Suradej Vongsinlang, der früher selbst im Golfplatzbau tätig war, daß alle Golfplätze um Bangphra und Sri Racha geschlossen werden müßten, wenn die gesetzlichen Bestimmungen eingehalten würden. Bei dieser Gelegenheit berichtete er auch von weiteren zwielichtigen Methoden von Golfplatzbetreibern: Flüsse werden mit Steinen und Sand aufgefüllt, um den Wasserspiegel künstlich so weit zu erhöhen, daß das Wasser über die Ufer tritt und auf die anliegenden Golfplätze abfließt.

North Park ist ein gigantischer Geschäfts- und Wohnkomplex mit Golfplatzanlage nördlich des Stadtzentrums von Bangkok. Das Gebiet des North Parks grenzt direkt an das Grundstück der städtischen Wasserwerke »Metropolitan Waterworks Authority« (MWA). Im Mai 1994 beschwerten sich 500 Arbeiter der Wasserwerke, daß North Park heimlich die MWA-Hauptwasserleitung und den Bewässerungskanal anzapfe, um seinen Golfplatz zu bewässern. Während die Geschäfts-

314

leitung der Wasserwerke vorgab, nichts von diesen illegalen Vorgängen zu wissen, gab der zuständige North Park-Verantwortliche zu, daß für die Golfanlagen tatsächlich Wasser aus dem MWA-Kanal gepumpt wurde.

Trotz all dieser offensichtlichen Rechtsbrüche blieben die Täter bislang straffrei. 1993 gab die Bewässerungsbehörde »Royal Irrigation Department« (RID) zwar bekannt, 13 Golfplätzen in allen Landesteilen seien illegale Wasserentnahmen nachgewiesen worden, aber gerichtliche Untersuchungen und Ahndungen blieben aus. Diese Laissez-faire-Haltung läßt sich nur damit erklären, daß die Entscheidungsträger des Landes selbst vom Golfgeschäft profitieren. Nicht nur alle militärischen Organisationen, sondern auch einflußreiche Regierungsstellen betreiben eigene Golfplätze: die Elektrizitätsbehörde »Electricity Generating Authority of

Auch in Dürrezeiten sind die Rasensprenger auf den Golfplätzen ständig in Betrieb, wie hier auf dem North Park-Golfplatz in Bangkok, der beschuldigt wurde, Wasser aus den Hauptversorgungseinrichtungen der städtischen Wasserwerke zu stehlen.

Thailand« (EGAT), die Tourismusbehörde »Tourism Authority of Thailand« (TAT), die Bewässerungsbehörde und die staatliche Eisenbahngesellschaft »State Railway of Thailand«. Außerdem sind zahlreiche hochrangige Politiker und Militäroffiziere begeisterte Golfspieler sowie Aktionäre und Vorstandsmitglieder in privaten Golf-Clubs.

Trotz aller Kontroversen um die Wasserverschwendung durch die Golfplätze rief der damalige Armeechef General Wimol Wongwanich auf dem Höhepunkt der thailändischen Wasserkrise den 24. April 1994 zum »Nationalen Golf-Tag« aus. Dieser Tag war ironischerweise mit einer Spendenkampagne für arme, von der Dürre betroffene Bauern verbunden. Durch das Sammeln von »Green Fees« von Golfspielern, durch Golf-Turniere und Geldbeiträge von privaten Golf-Sponsoren soll-

Der Preis der Entwicklung

ten 6 Millionen Baht (400.000 DM) zur Bekämpfung des Wassernotstands zusammengebracht werden.

Neben dem übermäßigen Wasserverbrauch wirkt sich der intensive Einsatz von chemischen Düngemitteln und Pestiziden auf Golfplätzen verheerend aus. Japanischen Untersuchungen zufolge verteilt sich die Pestizidmenge, die auf Golfplätzen versprüht wird, wie folgt: 33,5 Prozent werden an die Atmosphäre abgegeben und verursachen Luftverschmutzungen. 13,5 Prozent setzen sich in der Vegetation fest. 53 Prozent, also der größte Teil, dringen in den Boden ein. Die Bodenunterlage des Golfrasens muß aus Drainagegründen sehr wasserdurchlässig sein, so daß durch die exzessive Bewässerung und bei starken Regenfällen große Mengen von teilweise hochgiftigen Chemikalien ausgewaschen werden. Die Chemikalien gelangen dadurch in die Oberflächengewässer und auch ins Grundwasser. Ebenso bedenklich ist die Aufbringung von stickstoffhaltigem Dünger, denn bis zu 85 Prozent des Stickstoffs können im Gewässersystem enden. Die Beeinträchtigung der Gewässerqualität bedroht die Lebensräume von Pflanzen und Tieren um die Golfplätze. Zusätzlich besteht die Gefahr, daß die ohnehin begrenzten Trinkwasserquellen der lokalen Bevölkerung unbrauchbar werden.

Anfang der 90er Jahre hieß es, Thailand benötige mindestens 400 Golfplätze, um als bedeutendstes Ziel des Golftourismus' in Südostasien weltweit Anerkennung zu finden. Der Golf-Boom hat mittlerweile infolge der wirtschaftlichen Rezession in den Industrienationen sehr stark nachgelassen. Viele Projekte, die im Bau und in der Planung waren, mußten wegen finanzieller Schwierigkeiten aufgegeben werden. Glücklicherweise – denn allein die Wasserproblematik im Zusammenhang mit dem übertriebenen Golfplatzbau zeigt, daß Thailand aus ökologischen und sozialen Gründen nicht einmal die bereits bestehenden 200 Anlagen verkraftet.

8

Das gestaute Naß –
Fluch oder Segen?

Wasserkraft gilt als ökologisch saubere Methode zur Energiegewinnung und ist daher anderen Methoden vorzuziehen. Diese grundsätzlich positive Bewertung muß jedoch relativiert werden, denn die Probleme, die multifunktionale Staudämme mit sich bringen, wachsen mit den immer gigantischeren Ausmaßen der Staudammprojekte.

Kleindimensionierte Anlagen sind so konzipiert, daß die gewonnene elektrische Energie und das Bewässerungswasser den lokalen bis regionalen Verbrauch deckt. Von kleineren Anlagen haben daher auch autochthone Bevölkerungsgruppen einen unmittelbaren Nutzen. Dieser positive Effekt verliert sich jedoch mit zunehmender Größe der Projekte und einer national oder international geplanten Nutzung der gewonnenen Energien oder des Wasserreservoirs.

Großprojekte, so lehrt die Erfahrung der vergangenen drei Jahrzehnte internationalen Staudammbaus, ziehen fast immer eine Fülle zeitlich und räumlich weitreichender Folgeprobleme nach sich. Einige Stichworte mögen sie umreißen: Umsiedlung, Entwurzelung, Zerstörung von gewachsenen Kulturen und traditionellen Lebensräumen, sozialer Abstieg, Marginalisierung, Orientierungslosigkeit, ökologische Schäden, neue Gefahrenpotentiale durch Erdbeben, Abfluß der Gewinne.

Staudammprojekte wurden einst im Zuge modernisierungstheoretischer Fortschrittsgläubigkeit sehr stark favorisiert, so daß weltweit immer größere Staudammanlagen entstanden. Ihre negativen Folgen, die hauptsächlich den sozialen und ökologischen Bereich betreffen, wurden erst im

Verlauf der 70er Jahren erkannt und kritisiert. Die Konsequenzen, die aus diesen Erkenntnissen gezogen wurden,
setzten sich im Verlauf der 80er Jahre immer weiter durch.
Sie führten allmählich zu einem Prozeß des Umdenkens, dem
sich viele der Organisationen anschlossen, die in der Entwicklungszusammenarbeit tätig sind. Auch die Weltbank,
die bis dahin insbesondere sehr groß angelegte Vorhaben unterstützt hatte, gelangte zu einer kritischen Sicht auf Projekte solcher Größenordnung.

Inzwischen gibt es eine Vielzahl von Widerstands- und
Protestbewegungen, die argumentativ vorgehen. Staudammprojekte und ihre Folgen werden auf wissenschaftlicher und auch auf breiterer Basis diskutiert. Doch ungeachtet dessen und aller Erfahrung zum Trotz sind die Weltbank und eine Reihe von Politikern, die am eigenen,
vermeintlich positiven Prestige orientiert sind, noch immer
bereit, die Realisierung riesiger Staudammprojekte gegen
den Willen und zumeist auch gegen das Wohl großer Bevölkerungsteile durchzusetzen. Dies wird deutlich beim Blick
auf den Jangtsekiang in China, beim Bakun-Projekt in der
ost-malaysischen Provinz Sarawak, bei der noch immer anhaltenden Diskussion über den umstrittenen Bau von
Arun III im ost-nepalesischen Himalaya und auch beim
Ghazi Barotha-Staudamm, der am pakistanischen Indus
geplant ist. Eine solche Politik führte damals wie heute in
Asien zu einer Vielzahl von sozialen, politischen, ökonomischen und ökologischen Konflikten. Die wichtigsten werden
im folgenden Kapitel vorgestellt.

Salleri, Ostnepal: Ein Beispiel ländlicher Elektrifizierung durch Wasserkraft in Nepal

Max Ursin

Nacht über Nepal. Ein Pilot, der dieses Land zu nachtschlafender Zeit von seinem Flugzeug aus betrachtet, sieht fast alles in pechschwarze Dunkelheit getaucht. Gerade zehn Prozent der nepalesischen Bevölkerung hat Zugang zu elektrischem Licht, die meisten in der Hauptstadt Kathmandu, die man deutlich als helle Insel in

Solu-Tal

einem finsteren Meer erkennt. Die anderen Einwohner haben die Kerzen, Petroleumlampen und Kienspäne schon lange ausgeblasen. Eine weitere funkelnde Oase fällt dem nächtlichen Betrachter auf, etwa 150 Kilometer östlich von Kathmandu und ebensoweit von der indischen Grenze im Süden entfernt: Das Solu-Tal im Distrikt Solu-Khumbu, seit 1987 in seinem oberen Teil elektrifiziert.

Eine Handvoll Landepisten wurden in diesem Distrikt gebaut, alle in der Nähe von größeren Orten. Andere Verkehrsmittel sind rar. Wer vom Distrikthauptort Salleri nach Kathmandu will, benötigt entweder eine halbe Stunde per Flugzeug oder drei bis vier Tage zu Fuß bis zum Bus, der ihn in die Stadt bringt. Es gibt keine befahrbaren Straßen. In diesem Distrikt trägt man: den Reis zum Markt, das Brennholz vom Wald in die Dörfer, die Kranken ins Spital.

Zu Fuß und bei Tage entdeckt man im Solu-Tal einige für nepalesische Verhältnisse erstaunliche Dinge: Satellitenempfangsschüsseln für Fernseher, eine elektrische Sauna, eine öffentliche Dusche mit Warmwasser und Telefone, mit denen man in hervorragender Qualität weltweit telefonieren kann.

Das Tal rund um Salleri hat sich in den letzten zehn Jahren verändert und entwickelt. Einer der Motoren dieser Entwicklung ist die elektrische Energie, gewonnen aus der Wasserkraft des Solu Kholas, des Flusses, der das Solu-Tal in Millionen
Jahren in die Landschaft eingekerbt hat. Der großzügige Energiespender hat seinen
Ursprung in den Gletschern des Numburs, eines Eisriesen des Himalaya-Hauptkammes. Er ist für das Tal sowohl Lebensspender als auch Zerstörer. Während der
heftigen Regenfälle im Monsun erfährt der Mensch, der aus den Ländern der
gezähmten, begradigten und eingedeichten Flüsse kommt, die Gewalt ungebändig-
ter Wasserkraft. Von dieser stets fließenden Energie des Solu-Kholas zweigen die
Bewohner von Salleri und der Umgebung einen bescheidenen Teil der geballten
Kraft des Flusses ab, der es ihnen erlaubt, ein wenig komfortabler zu leben.

Der Solu-Khola zur Trockenzeit im März.

Auch im Solu-Tal ist die Elektrizität auf dem Wege, eine wichtige Energieform zu
werden. Natürlich ginge das Leben der Menschen auch ohne Elektrizität weiter: man würde eben wieder früher zu Bett gehen, denn Petroleum für Lampen ist
zu teuer. Die Kinder könnten ihre Hausaufgaben auch bei Kerzenschein machen.
Reis und Tee würde man wieder auf den alten Holzherden kochen, die Kinder am
frühen Morgen wieder in den Wald zum Holzsammeln anstatt zur Schule schicken
und Getreide wieder von Hand mahlen. Auch heizen könnte man im Winter wieder
mit einem Holzkohleofen anstatt dem Elektroheizgebläse, und das Videokino
würde man mit einem Benzingenerator aus Kathmandu betreiben. Das würde die
Eintrittspreise zwar in die Höhe treiben, aber die Hindifilme nicht unbeliebter
machen. Aber die Kunden des lokalen Elektrizitätsversorgungsunternehmens
»Salleri-Chialsa Electricity Company« wollen heute nicht mehr auf die billige,
saubere und nahezu ständig verfügbare elektrische Energie verzichten. Ihr Alltag
ist durch sie angenehmer geworden, und diese Errungenschaft möchten sie nicht
mehr missen.

Das gestaute Naß – Fluch oder Segen?

Einlaufbauwerk des Salleri-Chialsa-Kraftwerkes:
Nur ein Bruchteil des Wassers wird für die Stromerzeugung abgezweigt.

In Nepal wird heute der weitaus größte Anteil der elektrischen Energie aus Wasserkraft gewonnen. Ideale Voraussetzungen für die Wasserkraftnutzung sind hier gegeben: Auf einer Länge von nur circa 180 Kilometern (das entspricht in etwa der Breite der Schweiz) türmt sich der Himalaya mehr als 8.000 Meter auf. Kraftwerke mit einer Leistung von insgesamt 82.000 Megawatt könnte der kleine Himalayastaat theoretisch bauen – das ist mehr als der elektrische Leistungsbedarf ganz Deutschlands. Nur rund 250 Megawatt, also nicht einmal ein halbes Prozent dieses theoretischen Potentials, werden heute in Nepal genutzt. 250 Megawatt entsprechen etwa der Leistung von 3.000 Autos, die in unseren Breiten statistisch gesehen bereits pro 6.000 Einwohner registriert werden. 250 Megawatt in einem Land mit 18 Millionen Einwohnern! Damit hat die Elektrizität als Endenergie in Nepal lediglich einen Marktanteil von 0,5 Prozent.

Der große Rest des Energiebedarfs wird noch immer zu 95 Prozent von organischen Energieträgern gedeckt: zu 75 Prozent durch Brennholz, zu elf Prozent durch agrarische Abfälle und zu neun Prozent durch tierische Abfälle, beispielsweise Mist. Das ist auch im Solu-Tal nicht anders, denn die Ära der Wasserkraftnutzung hat erst begonnen.

Aber wieso wurde gerade dieses Tal elektrifiziert, 150 Kilometer von Kathmandu entfernt, abgelegen in den Hügeln Nepals und ohne jegliche Infrastruktur?

1959 besetzten die chinesischen Streitkräfte Tibet und lösten damit eine Flüchtlingswelle aus. Tausende tibetischer Flüchtlinge strömten über den Himalaya-Hauptkamm nach Nepal, so auch in den Distrikt Solu-Khumbu. Mit internationaler Hilfe wurden Auffanglager und Siedlungen an verschiedenen Orten in Nepal

Das elektrifizierte Gebiet des Solu-Tals im Winter.

erbaut. Eine dieser Siedlungen heißt Chialsa, ganz in der Nähe von Salleri gelegen. Zur Arbeits- und Einkommensbeschaffung für die Flüchtlinge wurde eine Manufaktur zur Herstellung von traditionellen handgeknüpften Teppichen gebaut. Die Wolle, nicht mehr aus Tibet, sondern aus Neuseeland importiert, mußte gefärbt werden, und das stundenlange Kochen der Färbeflüssigkeit verschlang große Mengen Brennholz. Dies hatte zur Folge, daß rund um Chialsa der Wald verschwand. In dieser Zwangslage entschied man sich, die Färberei zu elektrifizieren. Eine schweizerische Nichtregierungsorganisation übernahm die Verantwortung für das Projekt.

Aber sollten die Tibeter bei elektrischem Licht, wie man es von der fortschrittlichen Hauptstadt Kathmandu kennt, knüpfen können, während die Nepali im anliegenden Distrikthauptort weiter auf Kerzenlicht angewiesen waren? Das Projekt mußte also von der Färbereielektrifizierung, die rund 60 Kilowatt benötigt hätte, zu einer ganzen Talelektrifizierung erweitert werden. Zu diesem Zeitpunkt gab es einen vernichtenden Rückschlag: In einer Monsunnacht Anfang der achtziger Jahre beschädigten mehrere Erdrutsche die bestehende Anlage. In dieser Situation war eine schwere Entscheidung zu treffen: sollte man noch einmal von vorne anfangen oder das Projekt aufgeben?

Die DEZA, die »Direktion für Entwicklung und Zusammenarbeit« des Schweizer Staates, nahm die Herausforderung einer kompletten Neufassung des Projektes an. 1982 begann der Bau des »Salleri Chialsa«-Wasserkraftwerkes in seiner heutigen Form. Finanziert wurde das Projekt von der DEZA, geplant und gebaut wurde es von der ITECO AG, einem schweizerischen Ingenieurunternehmen.

Das gestaute Naß – Fluch oder Segen?

Im Mai 1986 floß der erste Strom durch die zu Testzwecken angeschlossenen Heizdrähte, und nach der Fertigstellung der ersten Tranche Hochspannungsleitungen, Niederspannungsverteilung und Hausanschlüsse wurde ab Januar 1988 der kommerzielle Betrieb des Kraftwerkes aufgenommen.

Für dieses Elektrifizierungs-Projekt die reichlich vorhandene Wasserkraft einzusetzen, erwies sich als gute Entscheidung: das kleine Kraftwerk mit 400 Kilowatt Leistung belastet die Umwelt des Solu-Tales in keiner Weise. Es ist langlebig, robust gebaut und produziert die elektrische Energie mit der nötigen Flexibilität für ein Inselnetz. Die Größe des Kraftwerkes ist so gewählt, daß es die Bedürfnisse der lokalen Bevölkerung an elektrischer Energie auf längere Zeit erfüllen kann.

Leider sind Elektrifizierungsprojekte ländlicher Gebiete mit geringer Bevölkerungsdichte wirtschaftlich unrentabel. Kein privater Investor hätte Interesse am Solu-Tal gehabt. Aber es gibt mehr als nur die Wirtschaftlichkeit des Projektes selbst. Eine preisgünstige und sicher verfügbare Energieform bedeutet eine wesentliche Steigerung der Attraktivität ländlicher Gebiete. Elektrizität fördert die Bildung von Kleingewerbe und Arbeitsplätzen, und sie trägt zur Entwicklung des Dienstleistungssektors, des Gesundheitswesens und des Bildungswesens bei. Insgesamt kann damit die Lebensqualität der lokalen Bevölkerung gesteigert und ihre Abwanderung in die Städte gebremst werden. Junge Menschen entwickeln eher wieder eine positive Haltung gegenüber der Zukunft ihrer Heimatregion.

Um dem Mythos der unbegrenzten Entwicklungsmöglichkeiten ländlicher Gebiete entgegenzutreten, muß darauf hingewiesen werden, daß eine Elektrifizierung ebensogut keine, oder sogar negative Auswirkungen haben kann: Einsparungen im Brennholzverbrauch der lokalen Bevölkerung durch Elektrifizierung können aufgehoben werden, wenn durch verstärkte Migration von Menschen in das elektrifizierte Gebiet der Bedarf an Brenn- und Bauholz wieder steigt. Ferner setzt die Rationalisierung verschiedener Prozesse mittels Elektrizität Arbeitskräfte frei, die dann eventuell gezwungen sind, in eine Stadt abzuwandern. Kleinsysteme, wie ein isoliertes, elektrifiziertes Tal, werden zudem stark von äußeren Umständen geprägt und dürfen nicht als eigenbestimmte Systeme betrachtet werden.

Die Wirtschaft Nepals benötigt gegenwärtig dringend elektrische Energie. Kathmandu ist eine Stadt, in der die Lichter infolge unzureichender Stromversorgung häufig ausgehen. Der Schaden des Strommangels an der nepalesischen Wirtschaft ist enorm. Projekte, die den hohen Energiebedarf der Städte und Industrien decken und Projekte, die die Bedürfnisse ländlicher Bevölkerung befriedigen sollen, stehen in ungleicher Konkurrenz um begrenzte Geldressourcen: hinter den großen Projekten stehen wesentlich mehr Dynamik und finanzielle Mittel als hinter den kleineren Vorhaben, die eben nur einigen abgelegenen Tälern zugute kommen.

Die Elektrifizierung des oberen Solu-Tals ist mehr als nur ein Kleinkraftwerksbau, denn man legte Wert auf alle wichtigen Aspekte für ein dauerhaftes Fortbestehen der Elektrifizierung: eine solide, störungsarme technische Infrastruktur, einen zuverlässigen Betrieb und Unterhalt, die Einbindung der lokalen Bevölkerung und ein gut funktionierendes Management des ganzen Systems. Hinzu kommt die gesicherte Finanzlage der Betreibergesellschaft, die als Voraussetzung für eine anhaltend erfolgreiche Bewirtschaftung des Projektes gilt. Zusammengefaßt liest sich das Projektprogramm folgendermaßen:

— Gründung und Festigung der »Salleri Chialsa Electricity Company Ltd.« (SCECO) in Form einer nepalesischen Aktiengesellschaft als Hauptziel
— Bau der Anlagen; Schaffung des nötigen Instrumentariums für den Betrieb, den Unterhalt und die technische Instandsetzung
— Schaffung der nötigen institutionellen Voraussetzungen; Organisation und Administration; Einsetzung und Schulung des Personalkörpers
— Schaffung und Förderung der sinnvollen Stromanwendung und des Absatzmarktes, Unterstützung von kleinen Industrien und Gewerben
— Etablierung und Fortführung einer operationellen, technischen und kommerziellen Berichterstattung und Dokumentation
— Feststellung der Auswirkungen und des Einflusses der Projektaktivität im allgemeinen und der Elektrizität auf das Umfeld im besonderen

All diese Ebenen des Projektes wurden mit Sorgfalt und der nötigen Beharrlichkeit gepflegt und verhalfen der Gesellschaft SCECO in Salleri und der Umgebung zu einem erfolgreichen Debüt.

In verschiedenen Fragen wurde damals Neuland betreten, und zwar auf nepalesischer Seite von der NEA, der staatlichen Elektrizitätsgesellschaft Nepals, zusammen mit den verschiedenen Ministerien und auf schweizerischer Seite von der DEZA zusammen mit der ITECO AG. Alle Organisationen gemeinsam haben Pionierarbeit geleistet. Die strittigsten Fragen, die zwischen beiden Seiten diskutiert wurden, waren die Tarifhoheit, die ausländischen Investitionen im Projekt und die Gründung einer privatrechtlich organisierten Elektrizitätsgesellschaft für das Solu-Tal, unabhängig von der staatlichen Elektrizitätsgesellschaft NEA.

Günstig für den Verlauf des Projektes in Salleri war das Ende der Monarchie (Ende der absoluten Monarchie 16. April 1990; seither konstitutionelle Monarchie, verkündet am 8. November 1990) und die nachfolgende Demokratisierung zu Beginn der neunziger Jahre, die mit der Gründung der SCECO zeitlich zusammenfiel. Sie brachte einen anderen Geist nach Nepal und eine Flut von Gesetzesnovellen, -änderungen und -aufhebungen. Auch die Wasserkraftnutzung wollte der Staat vermehrt begünstigen, und so befand sich das Salleri-Chialsa Projekt in einem wohlgesinnten Umfeld.

SCECO ist eine Aktiengesellschaft nach nepalesischem Recht. Die stimmberechtigten Aktionäre der Gesellschaft sind zunächst ihre lokalen, im Solu-Tal wohnenden Kunden, die »domiciled house-holders«. Mit ihrem Anschluß und der bezahlten Anschlußgebühr erhalten sie Aktien der Gesellschaft. So finanziert die lokale Bevölkerung einen Teil der Infrastrukur und wird in die Gesellschaft eingebunden. Die ansässigen Aktionäre, die rund ein Drittel aller Aktien besitzen, wählen drei Vertreter in den Verwaltungsrat. Die verbleibenden zwei Drittel teilen sich die NEA und die DEZA-Filiale in Nepal, die zugleich je drei Vertreter für den Verwaltungsrat bestimmen.

Rund 20 Millionen nepalesische Rupien (NRps.) wurden in das Kraftwerk investiert, das entspricht circa 1,8 Millionen DM. Diese Investition wurde zu 85 Prozent durch die Schweiz und zu 15 Prozent durch Nepal eingebracht und wurde in Vorzugsaktien ohne Stimmrecht gekleidet. An einer allfälligen Liquidation des Werkes sind die Vorzugsaktien prioritär beteiligt.

Heute ist die Elektrizitätsgesellschaft SCECO bereits ein etablierter Bestandteil des oberen Solu-Tals. Beinahe alle Mitarbeiter der SCECO sind aus der Region rund um Salleri. Die meisten von ihnen haben seit den Anfängen des Projektes mitgearbeitet, sind mit dem Projekt gewachsen und gesellschaftlich gut im Solu-Tal integriert. Die SCECO ist mit nur zehn Personen eine kleine Gesellschaft und erledigt die alltäglichen Aufgaben, die sich für eine Elektrizitätsgesellschaft stellen: die Mitarbeiter kümmern sich um die Bewirtschaftung und Instandhaltung eines Hochspannungsnetzes von rund 20 Kilometer Länge und eines Kraftwerks mit allen damit verbundenen Einrichtungen und anfallenden Arbeiten. Sie lesen monatlich rund 200 Stromzähler ab, stellen Rechnungen aus, schließen neue Abonnenten an und verlegen Kabel. Leuten, die nicht bezahlen, stellen sie den Anschluß ab, und sie beraten die Kunden in der Elektrizitätsanwendung. Bei nur zehn Mitarbeitern mußten viele Routineaufgaben vereinfacht werden, zum Beispiel die monatliche Stromabrechnung für 750 Haushalte. So hat auch im abgelegenen Solu-Tal der Computer Einzug gehalten.

Die SCECO bedient derzeit rund 750 Haushalte mit durchschnittlich je fünf Personen und etliche Kleinbetriebe. Die Arbeiten können zumeist termingerecht und in angemessener Qualität erledigt werden. Für die Glaubwürdigkeit der Gesellschaft bei der Kundschaft ist das sehr wichtig, denn auch die Kunden im Solu-Tal wollen Qualität für ihr hart erarbeitetes Geld. »Strom für alle« war ein ausgesprochenes Ziel des Projektes. Der Preis für die elektrische Energie ist im Verhältnis zum Einkommen der Bevölkerung relativ hoch. Es hat sich aber herausgestellt, daß die Wertschätzung der elektrischen Energie sehr groß ist, so daß auch ärmere Haushalte durchaus willens sind, in elektrisches Licht zu investieren. Das Preis-Leistungsverhältnis des elektrischen Lichtes ist zudem wesentlich besser als bei Petroleumlampen und anderen traditionellen Beleuchtungsarten.

Der Strom wird in fünf Leistungsstufen abgegeben. Zwei davon (100 Watt und 500 Watt) werden nicht mittels Zähler gemessen, sondern diese Kunden zahlen einen Pauschalbetrag und können soviel Energie verbrauchen, wie sie wollen, solange ihre Anschlußleistung 100 und 500 Watt nicht übersteigt. Diese Anschlüsse sind leicht an den Glühbirnen zu erkennen, die meist die ganze Nacht hindurch leuchten. Die Energie der anderen Leistungsstufen, zwei Kilowatt bzw. vier Kilowatt und mehr, wird gemessen und entsprechend dem individuellen Verbrauch abgerechnet. Die Leistungswerte bis zwei Kilowatt sind für Haushaltungen reserviert, vier bis acht Kilowatt für den Dienstleistungsbereich. Einige zehn bis zwanzig Kilowatt außerhalb der Spitzenzeiten sind reserviert für das Kleingewerbe.

Ein Fundament erfolgreicher Elektrifizierung ist die ständige Verfügbarkeit der elektrischen Energie. Ein paar Glühbirnen würde man vielleicht auch bei einer unzuverlässigen Stromversorgung installieren. Die Leute wagen aber erst dann, in weitere Stromanwendungen zu investieren, wenn es zur täglichen Erfahrung wird, daß der Strom immer und in angemessener Qualität vorhanden ist. Auf den Strom von »Salleri Chialsa« können die Kunden zählen, er steht ihnen über 98 Prozent der Zeit zur Verfügung, geplante Abschaltungen eingerechnet.

In einer Region, in der die Wälder übernutzt werden, ist auch das Kochen mit Strom eine sinnvolle Anwendung der Elektrizität. Brennholz kann hier durch Elektrizität ersetzt werden. Für den 500 Watt-Anschluß wurde in Nepal ein spezieller Reiskocher entwickelt, der mit wenig Leistung (450 Watt) über längere Zeit Reis kocht. Auf diese Weise kann auch ein bescheidener Haushalt Brennholz sparen. Elektrische Kochleistungen von mehreren Kilowatt sind selten, da die Kochgerätschaften sehr teuer sind. Gemüse oder Fleisch wird daher noch immer auf dem traditionellen Holzherd angebraten. Die Verringerung des Brennholzverbrauchs durch den Einsatz elektrischer Energie ist jedoch eher gering: er konnte maximal um fünf Prozent verringert werden.

In und um Salleri wird die Elektrizität vielfältig genutzt. Es gibt elektrisch betriebene Getreidemühlen, eine Bäckerei, mehrere Papierfabrikationsstätten, die das berühmte Seidelbastpapier herstellen, Ölpressen, Dörrapparate, ein vereinzelter Kühlschrank in Salleri, der im Sommer Speiseeis birgt, Kreissägen, sonstige Kleinapparate für Schreiner und Zimmerleute, der Röntgenapparat im Distriktspital, mehrere Videokinos, private Fernseher, Boiler, Heizlüfter, Radios, Bügeleisen, Stereoanlagen, Fotokopierer. Einige unternehmerisch denkende Leute im Tal nutzen den Strom und verbessern damit ihr Einkommen.

Rentiert sich die Firma? SCECO ist in einer privilegierten Situation: Sie muß keine Zinslasten für das investierte Kapital bezahlen. Die Abschreibungen der gesamten Infrastruktur muß die Firma hingegen aufbringen, denn dieses Geld will sie für den Ersatz und auch für frühzeitige Neuinvestitionen in die Anlage zur Verfügung haben. Der Umsatz der SCECO beläuft sich auf etwa 3,5 Millionen NRps. pro Jahr, das sind circa 85.000 DM. Die größte finanzielle Last sind die jährlichen Abschreibungen, die etwa 60 Prozent des Haushaltes schlucken. Der Rest verteilt sich wie folgt: circa 25 Prozent der Ausgaben sind Personalkosten, Kosten für Unterhalt und Reparaturen betragen weniger als zwei Prozent, administrative Kosten liegen unter zehn Prozent und Managementausgaben betragen weniger als fünf Prozent. Ohne die Abschreibungen erwirtschaftet die SCECO also problemlos genug, um den Betrieb zu erhalten. Die Abschreibungen verursachten in den ersten Jahren des Betriebs beträchtliche Defizite, die jetzt aber langsam abgebaut werden. SCECO hat noch rund eine halbe Million NRps. Schulden. Heute schafft sie es, über 90 Prozent der Abschreibungen zu finanzieren.

Viele Herausforderungen warten noch auf SCECO. Das Leistungslimit des Inselnetzes von 400 Kilowatt ist eine davon: es darf nicht überschritten oder auch nur annähernd erreicht werden, da sonst mit einer erheblichen Einbuße in der Versorgungsqualität zu rechnen ist, die zur Unzufriedenheit der Kunden führen würde. Eine andere Herausforderung ist die Reinvestition der Gelder aus den Abschreibungen, so daß dieses Geld nach der Abschreibungsdauer auch wirklich vorhanden ist und nicht von der Inflation während der Abschreibungsdauer getilgt wird.

Die Salleri Chialsa-Venture, das »gewagte« Unternehmen, ist noch lange nicht abgeschlossen. Wie jedes andere Unternehmen, das bestehen will, muß sich die SCECO jedes Jahr neu bewähren. In einer Hinsicht hat sich das Projekt bereits jetzt bewährt: es ist ein überzeugendes Beispiel für ein gut funktionierendes, äußerst umweltfreundliches und in verantwortlichen Dimensionen geplantes Kleinkraftwerk, das zum Wohl der lokalen Bevölkerung betrieben wird, weder externe Profiteure bedient, noch die Umsiedlung der Bevölkerung erforderte.

Das gestaute Naß – Fluch oder Segen?

Wasserkraftnutzung und nachhaltige Energieversorgung in den Northern Areas von Pakistan

Jürgen Clemens

Aktuelle Entwicklungsprogramme in den peripheren Northern Areas von Pakistan zielen verstärkt auf die Nachhaltigkeit ihrer Maßnahmen und auf die Schonung der natürlichen Ressourcen. Die Umwandlung der üppig vorhandenen Wasserkraft in elektrischen Strom wird dabei als entscheidendes Potential zur Erreichung dieses Zieles und zur Befriedigung der stetig wachsenden Bedürfnisse der Bevölkerung betrachtet. Ihr Ausbaustand ist bislang jedoch noch unzureichend, um sowohl die Energieversorgung dauerhaft sicherstellen zu können als auch gleichzeitig eine Schonung der Naturwälder zu gewährleisten.

Die rationelle Wassernutzung ist für die Bevölkerung der pakistanischen Hochgebirgsräume seit alters her ein grundlegender Bestandteil ihrer Landnutzungsstrategien. In den trocken-heißen Tallagen des Hindukusch, Karakorum und Nordwest-Himalaya ist die Landwirtschaft nur durch eine aufwendige Feldbewässerung möglich. Das Wasser wird nach gemeinschaftlich vereinbarten Regeln zwischen den Bauern eines Dorfes aufgeteilt und auf die jeweiligen Felder geleitet.

Der Karakorum besitzt nach den Polregionen aufgrund hoher Schneefälle im Winter und Frühjahr das weltweit zweitgrößte Gletscherareal. Er wurde von einem Forscher als Landschaft »zwischen Wüste und Gletschereis« charakterisiert. Die sommerliche Schnee- und Gletscherschmelze bildet nicht nur die Grundlage der Bewässerungsoasen im Gebirge – diese Wasserressourcen werden auch als »Wasserturm« des Tieflandes bezeichnet, da nur sie die ausgedehnten Kanalbewässerungskulturen im Indus-Tiefland ermöglichen. Im Gebirge läßt sich ihr Wasser nur selten nutzen, da der Indus und seine Zuflüsse steil in die Täler eingeschnitten sind und oft mehr als 50 Meter unterhalb der besiedelten Terrassen und Schwemmkegel fließen. Gleichzeitig führt der Schmelzwasserabfluß zu drastischen Wasserstandsschwankungen: Das Sommermaximum übertrifft das Minimum im Winter um das zwanzig- bis fünfzigfache und führt zu oft verheerenden Überschwemmungen. Für die Siedlungen und Bewässerungsflächen wird deshalb alles Wasser aus Seitentälern über oft kilometerlange Kanäle abgeleitet.

Das gesamte für die Elektrizitätsgewinnung nutzbare Wasserkraftpotential der pakistanischen Hochgebirge wird auf 20.000 bis 30.000 Megawatt geschätzt. Einige Angaben reichen sogar bis zu 40.000 Megawatt, und selbst in Regierungspublikationen werden abweichende Daten verwendet. Die Leistung aller bis März 1995 installierten Kraftwerke beträgt insgesamt 12.530 Megawatt, davon werden 4.825 Megawatt in Wasserkraftwerken erzeugt. Die Wasserkraft bietet demnach ein großes, noch fast unausgeschöpftes Potential.

Die bislang wichtigsten Wasserkraftwerke sind die sogenannten »Mehrzweckdämme« von Tarbela, Mangla und Warsak unmittelbar am Gebirgsfuß des Himalaya. Sie dienen neben der Stromerzeugung auch dem Hochwasserschutz und der

Bewässerungskanal im wüstenhaften Industal, Nordpakistan.

Wasserzuleitung in die Kanalsysteme des pakistanischen Tieflandes. Das Tarbela-Projekt läßt die Dimension dieser Großstaudämme erahnen: seine Turbinen (rund 3.480 Megawatt) haben einen Anteil von etwa 73 Prozent der Wasserkraftwerksleistung oder mehr als einem Viertel der gesamten öffentlichen Kraftwerkskapazitäten Pakistans. Doch auch Großstaudämme unterliegen den enormen Wasserstandsschwankungen und können im Winter nicht mit Vollast betrieben werden. Zudem wird ihre Nutzungsdauer durch die hohen Sedimentfrachten mehr und mehr eingeschränkt: Das im Gebirge abgetragene Gesteinsmaterial füllt die Staubecken rascher auf als erwartet.

Die pakistanische Energiepolitik hat nominell das Ziel, das Wasserkraftpotential in diesem ansonsten rohstoffarmen Land verstärkt auszunutzen. Die Erfahrung der bisherigen Großprojekte zeigt jedoch, daß sie eine extrem lange Planungs- und Bauzeit erfordern. Im Zuge der Liberalisierung auch der Energiewirtschaft werden mittlerweile verstärkt Öl- und Gaskraftwerke geplant und oft von ausländischen Direktinvestoren gebaut. Die Erstellungs- und Produktionskosten in Wärmekraftwerken betragen etwa 2,3 Rupien (circa 12 Pfennige) je Kilowattstunde Strom und sind damit höher als die Kosten von 0,2 Rupien beim geplanten Staudammprojekt von Kalabagh. Trotz dieser höheren Kosten versprechen sich die Investoren wegen der Energiedefizite in Pakistan rasche Renditen.

Großprojekte zur Wasserkraftnutzung bleiben jedoch trotz ihrer vielfältigen Problematik ein wichtiger Bestandteil der nationalen Energieplanung. Als problematische Größen gelten, zumindest für Kritiker dieser Politik, die hohen Gesamtkosten, die ohne internationale Finanzhilfen nicht aufgebracht werden können, die meist erforderliche Umsiedlung der Bevölkerung sowie mögliche ökologische Folgen im Bereich jedes Staudamms oder auch flußab. Indusabwärts soll das Ghazi Barotha-Projekt (1.425 Megawatt) bis etwa 2001 fertiggestellt werden. Daneben gilt das Kalabagh-Dammprojekt mit etwa 2.400 Megawatt Leistung schon seit 1986/87 als baureif, aber es wurde wegen anhaltender Konflikte um die zukünftige Wasseraufteilung zwischen den benachbarten Provinzen North-West-Frontier-Provinz und Punjab nicht begonnen. Für folgende, weitere Großprojekte, auch im nördlich angrenzenden Hochgebirge, liegen schon Machbarkeitsstudien vor oder werden vorbereitet: Basha (etwa 3.360 Megawatt), Dasu (etwa 2.700 Megawatt) und Thakot (etwa 2.400 Megawatt).

Mittlerweile werden auch die noch ungenutzten Potentiale kleinerer Wasserkraftwerke in die Energieplanung eingeschlossen. Neben Kraftwerken an Stauwehren der großen Kanalsysteme im Tiefland, deren mögliche Leistungen zwischen 14 und 270 Megawatt betragen, werden seit Beginn der 90er Jahre vor allem die Seitentäler der Gebirgsregionen auf ihre Eignung untersucht. Solche Anlagen können wegen des Verzichts auf aufwendige Staudämme und unter Nutzung der oftmals schon vorhandenen Infrastruktur vergleichsweise rasch realisiert werden und insbesondere die Elektrifizierung ländlicher Regionen beschleunigen.

Bis 1995 galten nur etwa 44 Prozent aller Dörfer Pakistans als elektrifiziert. Erfahrungsgemäß ist der Anteil der tatsächlich angeschlossenen Haushalte allerdings geringer. Die staatliche Energie- und Wasseragentur, WAPDA, betreibt ihr Konzept der »ländlichen Elektrifizierung« vor allem durch den Ausbau des nationalen Stromnetzes. Alle Regionen fernab der Überlandleitungen werden jedoch für absehbare Zeit aus Kostengründen von diesem Programm ausgeschlossen. Für solche peripheren Regionen gibt es jedoch Ansätze, die Stromversorgung mit Kleinkraftwerken aufzubauen, möglichst auf Basis regenerativer Energieträger wie etwa Wasser.

In den pakistanischen Nordgebieten, den Northern Areas, blickt man mittlerweile auf eine lange Erfahrung mit solchen Projekten zurück. Basierend auf tradtionellen Techniken zur Feldbewässerung und für wasserbetriebene Getreidemühlen wurden sogenannte Klein- und Kleinstwasserkraftwerke durch staatliche Institutionen und Nichtregierungsorganisationen installiert. In den meisten Fällen wird im Oberlauf ein Teil des Flußwassers in einen Kanal abgeleitet und mit leichtem Gefälle zum Kraftwerksstandort geführt. Die Turbinen und Generatoren befinden sich im Tal, unmittelbar am Fluß. Der Höhenunterschied beträgt bei älteren Anlagen etwa 40 bis 80 Meter, bei neueren Anlagen bis zu 450 Meter. Dieser Höhenunterschied wird zur Stromerzeugung genutzt, ehe das Wasser wieder in den Fluß geleitet wird.

Bevor zwischen 1965 und 1968 das erste Wasserkraftwerk der Northern Areas mit einer Leistung von 320 Kilowatt in der Nähe des Verwaltungszentrums Gilgit gebaut wurde, gab es in dieser Region nur einige Dieselgeneratoren. Der erforderliche Kraftstoff mußte über die damals noch unbefestigten Straßen, oftmals jedoch auch per Flugzeug, aus dem Tiefland herantransportiert werden. Bis 1991 wurden insgesamt 48 Wasserkraftwerke zwischen 0,1 und 4 Megawatt und einer Gesamtkapazität von etwa 17 Megawatt in Betrieb genommen. Die Northern Areas wurden aus Kostengründen nicht an das pakistanische Verbundnetz angeschlossen,

Kleinwasserkraftwerk   *331*
in Nordpakistan.

dessen nächste Station etwa 400 Kilometer südlich von Gilgit liegt. Doch auch die einzelnen Kraftwerke innerhalb dieses Gebiets sind nicht miteinander verbunden. Einzig in der unmittelbaren Umgebung von Gilgit und im südöstlich anschließenden Astor-Tal wurden mehrere Kraftwerke zu kleinen Versorgungsnetzen verbunden, um mögliche Leistungsengpässe ausgleichen zu können.

Bislang hat sich die Elektrifizierung der Northern Areas auf die dichter besiedelten Teilregionen rund um Gilgit, entlang des Indus-Tales sowie im Hunza-Tal konzentriert. Eine Ausnahme ist das Astor-Tal: seine vergleichsweise günstige Stromversorgung ist auf seine strategische Bedeutung in unmittelbarer Nähe zur Waffenstillstandslinie in Kaschmir zurückzuführen. Bis 1991 waren in den Nordgebieten erst 188 von insgesamt 642 Dörfern mit Strom versorgt, das sind weniger als 30 Prozent. Einzig für Gilgit und Umgebung wird mit 52 bis 62 Prozent der angeschlossenen Haushalte eine bessere Versorgung angenommen. Bis 1995 hatten Schätzungen zufolge etwa 50 Prozent der Bevölkerung unmittelbaren Zugang zu Elektrizität – aktuelle Daten liegen aber noch nicht vor. Diese Ziele entsprechen weitgehend der Situation in den Gebirgsregionen Pakistans, die an Gilgit angrenzen. Demgegenüber werden für Gebiete im indischen Westhimalaya, Jammu und Kaschmir und Himachal Pradesh, für 1994 deutlich höhere Werte angegeben, nämlich 95,5 bzw. 99,7 Prozent.

Für eine genauere Betrachtung bietet sich das Verwaltungs- und Handelszentrum Gilgit an. Der Bedarf für diese Region wird auf etwa 12 Megawatt Kraft-

Das gestaute Naß – Fluch oder Segen?

werksleistung geschätzt. Ihm stehen nominell 12,3 Megawatt installierter Leistung gegenüber. Von der maximalen »Engpaßleistung« der Wasserkraftwerke, etwa 8 Megawatt, können im Januar wegen der Wasserknappheit jedoch höchstens 4,7 Megawatt genutzt werden. Diese Versorgungsengpässe gleichen zusätzliche Dieselkraftwerke mit etwa 4,3 Megawatt Leistung aus, sofern sie nicht, wie auch viele Wasserturbinen, wegen mangelnder Wartung oder fehlender Ersatzteile ausfallen. Netzabschaltungen und -zusammenbrüche gehören somit zum Alltag in Gilgit, wie überall in Pakistan. Die meisten Wohnquartiere werden darüber hinaus nur zu bestimmten Tageszeiten mit Strom versorgt. Deshalb betreiben viele Regierungseinrichtungen und vor allem die Armee eigene Dieselgeneratoren, deren Leistung insgesamt etwa 0,5 Megawatt beträgt. Auch private Unternehmer, wohlhabendere Ladenbesitzer und international unterstützte Entwicklungshilfeprojekte haben oft eigene Dieselaggregate (insgesamt etwa 0,4 Megawatt), um Stromausfälle überbrücken zu können.

332

Der Gesamtstromverbrauch in Gilgit stieg zwischen 1984 und 1992 im Jahresmittel um jeweils nahezu 17 Prozent. Insbesondere der kommerzielle Stromverbrauch hat in diesem Zeitraum sehr stark zugenommen. Bis 1992 waren etwa 85 Prozent aller Unternehmen mit Strom versorgt, und weitere 350 gewerbliche Stromanschlüsse waren beantragt. Insgesamt überwiegt jedoch der Stromverbrauch der privaten Haushalte mit etwa 52 Prozent des Gesamtverbrauchs. Er beschränkt sich weitgehend auf die Raumbeleuchtung und den Gebrauch von Bügeleisen, Ventilatoren, teilweise auch von Radio- und TV-Geräten. Der Gebrauch von Elektroherden und -heizern wurde wegen der knappen Kapazitäten untersagt, aber er wird dennoch praktiziert. Holz ist deshalb auch in diesem »urbanen« Zentrum der Northern Areas der wichtigste Brennstoff zum Kochen und Heizen. In wohlhabenderen Haushalten sind überwiegend Gas- oder Petroleumherde und Gasoder Petroleumheizer verbreitet, um bei Stromausfällen unabhängig zu sein.

Erst nach Erfüllung eines sogenannten »Wasserkraftausbauplanes für Gilgt und Umgebung« wird frühestens für 1997 mit einem Ausgleich der Unterversorgung gerechnet. Dann soll mit norwegischer Unterstützung ein 10,5 Megawatt-Kraftwerk im Sai-Tal, südlich von Gilgit, fertiggestellt sein. Als »mittleres Szenario« wird für diese Region bis zum Jahr 2013 jedoch ein Bedarf von insgesamt 51,5 Megawatt Kraftwerksleistung geschätzt. Für die gesamten Northern Areas wird bislang ein gesichertes, durch Kleinkraftwerke nutzbares Wasserkraftpotential von mindestens 100 Megawatt angenommen. Detailuntersuchungen aller Wassereinzugsgebiete im Auftrag der deutschen »Gesellschaft für technische Zusammenarbeit« (GTZ) lassen aber ein größeres Potential erwarten. Allein für die Region Gilgit weisen die bisherigen Auswertungen 13 Standorte mit insgesamt etwa 40,6 Megawatt elektrischer Leistung aus. Dies würde dem mittelfristigen Bedarf in und um Gilgit genügen und durchaus die Versorgung von Nachbarregionen ermöglichen, sofern weitere Versorgungsleitungen gebaut werden.

In einigen Fällen wurde bei diesen Standortbewertungen das technisch nutzbare Potential deutlich reduziert, um Nutzungskonflikte mit der ortsansässigen Bevölkerung zu vermeiden oder zumindest zu minimieren. Bauern, die nach ihrer Meinung zu einem konkreten Projekt gefragt wurden, drückten ihre Furcht vor möglichen Einschränkungen der Bewässerungsmöglichkeiten aus und antworteten:

»Ja, wir möchten Strom, aber wir brauchen Nahrungsmittel!« So war im Sai-Tal ursprünglich geplant, große Teile des Flußwassers über den benachbarten Bergkamm zu leiten, um auf dessen Rückseite ein noch größeres Gefälle mit entsprechend höherem Verstromungspotential auszunutzen. Dieses Wasser wäre aber für die unteren Talabschnitte nicht mehr nutzbar gewesen. Als Kompromiß wird nun ein etwa 7,5 Kilometer langer Zulaufkanal zum Kraftwerk gebaut und das Wasser wieder in den Fluß geleitet.

Zur Erfüllung ihrer ehrgeizigen Ziele konzentriert die Entwicklungsplanung der Northern Areas hohe Anteile ihrer Mittel auf den Kraftwerksausbau. Von 1989/90 bis 1994/95 wurden jeweils zwischen 20 und 44 Prozent der Budgets der Jahresentwicklungspläne für die Elektrizitätsversorgung veranschlagt, zuletzt etwa 285 Millionen Rupien (etwa 14 Millionen DM). In Astor wurden zwischen 1984 und 1991 sogar 58 Prozent aller Mittel für die Stromversorgung und weitere 13 Prozent für den Straßenbau ausgegeben.

Ergänzend zur bisherigen Konzentration auf Gilgit als »Zentrum in der Peripherie« wird ein Konzept zur Elektrifizierung abgelegener Dörfer und Talschaften verfolgt. Insbesondere halbstaatliche Institutionen und Nichtregierungsorganisationen haben einzelnen Dörfern sogenannte Kleinstwasserkraftwerke, »microhydels«, zwischen zwei und maximal 100 Kilowatt zur Verfügung gestellt. Diese Programmansätze werden zumindest im Fall des »Aga Khan Rural Support Programme« (AKRSP) mit Mitteln internationaler Organisationen finanziert. Sie orientieren sich an nepalesischen Vorbildern und wurden konzeptionell durch europäische Institutionen zur Entwicklung »angepaßter Technologien« unterstützt.

Solche weitgehend standardisierten Anlagen, die meist aus pakistanischer Produktion stammen, werden möglichst siedlungsnah gebaut und oft an schon bestehende Bewässerungs- oder Mühlenkanäle angeschlossen. Dies kann durchaus zu Nutzungskonflikten führen, da die Feldbewässerung für alle Bauern Vorrang hat. Deshalb sollte die lokale Bevölkerung, die der alleinige Nutznießer ist, schon bei der Beratung solcher Projekte und insbesondere bei der Standortauswahl beteiligt werden. Als sinnvoll hat sich zudem erwiesen, in jedem Dorf mindestens einen »Dorfmechaniker« für den Betrieb und die Wartung der Kleinturbinen schulen zu lassen. AKRSP hat nach anfänglichen Rückschlägen in einzelnen Dörfern entsprechende Kurse angeboten und die Verbesserung der Ersatzteilversorgung in den Northern Areas angeregt, um die Ausfallzeiten der Wasserkraftwerke so gering wie möglich zu halten. Selbst diese überschaubare »angepaßte« Techologie bedarf demnach vor ihrer breit angelegten Expansion einer sorgfältigen Vorbereitung und einer frühzeitigen und umfassenden Partizipation der lokalen Bevölkerung.

Nichtregierungsorganisationen übernehmen primär eine Moderatorenrolle und bieten der Bevölkerung mit »Demonstrationsanlagen« eine Technik, die diese dringend wünscht, aber nicht selbst vorfinanzieren kann. Beim »Aga Khan Rural Support Programme« sind nach dem Bau der Anlagen alleine die Dorfgemeinschaften für deren Betrieb und regelmäßige Unterhaltung verantwortlich. Dies ist nur durch verbindliche Regeln für die Bezahlung des genutzten Stroms und für die Mechanikerhonorare möglich. Nur in wenigen Dörfern werden Stromzähler installiert. Meist werden Gebühren pauschal für alle im jeweiligen Haus angeschlossenen Glühbirnen erhoben. Diese Gebühr beträgt zwischen fünf und zehn Rupien je

Glühbirne und Monat, das sind etwa 25 bis 50 Pfennige. Die Kosten der Haushalte belaufen sich auf etwa 1 Rupie je Kilowattstunde. Verglichen mit den Kosten der staatlichen Stromversorgung von 0,55 Rupien je Kilowattstunde ist dies hoch und wird dem Programm kritisch vorgeworfen. Die staatliche Stromerzeugung wird jedoch aus politischen Erwägungen hoch subventioniert und soll, kritischen Einschätzungen zufolge, nicht einmal die Hälfte ihrer Kosten durch Stromgebühren ausgleichen.

Viele Dörfer haben allerdings in absehbarer Zukunft keine Aussicht auf eine staatliche Stromversorgung. Zwischenzeitlich haben die meisten Dorfgemeinschaften mit vermeintlich teuren Kleinstkraftwerken erkannt, daß auch sie, entgegen der verbreiteten Skepsis, durch den Stromeinsatz Geld sparen können. Anstelle von Elektrizität werden in Nordpakistan einzig Petroleumlampen für die Raumbeleuchtung eingesetzt. Eine vergleichbare Lichtleistung kostet bei Petroleumlampen etwa 9,50 Rupien je Kilowattstunde, mit Strom jedoch nur eine Rupie. Somit ergeben sich je nach Haushaltsgröße Ersparnisse von bis zu 100 Rupien pro Monat, das sind etwa 5 DM. Zum Vergleich: Ein Lehrer verdient monatlich etwa 2.000 bis 3.000 Rupien.

Auf dieser Basis erwarten externe Berater des AKRSP für Kleinstkraftwerke eine Refinanzierungsperiode von etwa 25 Jahren. Wird Strom zusätzlich für gewerbliche Anwendungen eingesetzt, können sich solche Anlagen schon nach etwa drei Jahren amortisieren. In späteren Projektphasen wird AKRSP Kleinkraftwerke deshalb primär mit mittelfristigen Krediten und nicht mehr als Geschenk, *grant*, anbieten. In vielen Dörfern wurden tatsächlich schon bald nach der Stromversorgung elektrische Geräte und Maschinen wie Getreidemühlen, Sägen oder Ölpressen angeschafft oder Dieselaggregate auf Elektroantrieb umgerüstet. Auch Dorfschneider können ihre mechanischen Nähmaschinen mit einem Elektromotor ergänzen.

Solche kleingewerblichen Nutzungen überschneiden sich in den meisten Fällen zeitlich nicht mit den Bedürfnissen der Haushalte. Viele der Kleinstkraftwerke werden bislang nur abends eingeschaltet und versorgen die Haushalte mit Licht. Ihre geringen Leistungen erlauben bei Anschlußwerten von etwa 0,2 bis 0,5 Kilowatt je Haushalt keinen Betrieb von Elektrokochern oder Elektroheizern. Tagsüber ist jedoch der Antrieb einer leistungsstärkeren Maschine ohne weiteres möglich, wenn in den Haushalten kein Strom nachgefragt wird. So sind es vielfach Handwerker und kleine Unternehmer, die sich in ihren Dörfern Strom wünschen. Ein pakistanischer Wissenschaftler bezeichnet daher ländliche Elektrifizierungsprojekte, entgegen vielfältiger Kritik, als »Katalysatoren der ländlichen Entwicklung«.

Vielfach werden Elektrifizierungsprogramme in Nordpakistan auch als Maßnahmen gegen den hohen Brennholzbedarf der Bevölkerung angepriesen. Die staatliche Forstverwaltung fürchtet, daß viele der noch vergleichsweise üppigen Naturwälder ohne Schutzmaßnahmen in 20 bis 30 Jahren kahlgeschlagen sein werden. In einigen waldarmen Teilgebieten mußte die Bevölkerung mittlerweile schon auf Torf, Ernterückstände oder getrockneten Tierdung zurückgreifen, um ihren Bedarf in den langen Wintern decken zu können.

Doch welchen Stellenwert hat der Stromeinsatz und somit die Nutzung der Wasserkraft für die Lösung dieses Problems? Einsparpotentiale ergeben sich primär bei

334

Petroleum für die Raumbeleuchtung und teilweise bei Gas zum Kochen. Die derzeitigen Versorgungsengpässe verbieten aber geradezu den Stromgebrauch zu Heiz- und Kochzwecken. Selbst diejenigen Haushalte, die illegal mit Strom heizen oder kochen, behalten ihre Holz- oder Gasherde für den nicht unwahrscheinlichen Fall, daß der Strom abgeschaltet wird.

Kontrovers wird insbesondere über die Effekte der elektrischen Beleuchtung in ländlichen Haushalten diskutiert. Bislang konnten sich brennholzsparende Öfen nur sporadisch durchsetzen, da sie kein zusätzliches Licht wie eine offene Kochstelle spenden. Mit Glühbirnen entfällt die Notwendigkeit, diese energetisch ineffektiven Feuerstellen weiterzunutzen. Solchen denkbaren Einsparpotentialen wird jedoch entgegengehalten, daß die Familien wegen des elektrischen Lichts in den Winternächten länger aufbleiben und entsprechend mehr Brennholz benötigen. Doch gerade der »soziale Nutzen«, zum Beispiel für Schüler, die dann besser lernen können, wird nahezu einstimmig als einer der entscheidenden Vorteile der Elektrifizierung herausgestellt.

Für die Northern Areas liegen bislang noch keine Studien zur Veränderung des gesamten häuslichen Energieverbrauchs durch den Stromeinsatz vor. Ein größerer Einspareffekt beim Brennholzverbrauch ist nur durch eine drastische Aufstockung der Wasserkraftkapazitäten zu erwarten. Dies ist zumindest mit den zuletzt vorgestellten Kleinstkraftwerken auf Dorfebene nicht zu leisten, und selbst in Gilgit zehrt der bisherige Verbrauchszuwachs den Kapazitätsausbau rasch auf.

Die Bevölkerung bevorzugt weiterhin »traditionelle« Brennstoffe zur Sicherung ihres Energiebedarfs. Eine Untersuchung zur Energieplanung im Swat-Tal südlich der Northern Areas zeigt, daß die Bevölkerung selbst in elektrifizierten Orten für die Anlage sogenannter »Energieplantagen« stimmte (etwa 43 Prozent aller Antworten). Für Stromlösungen sprachen sich deutlich weniger als 30 Prozent aus. Die Anlage von »Energieplantagen«, auch *tree farming* genannt, hat auch in den Northern Areas schon überall dort Verbreitung gefunden, wo die Naturwälder stark übernutzt oder gar abgeholzt sind, oder dort, wo nahe Marktorte, wie etwa Gilgit, die Möglichkeit zum Holzverkauf bieten. Brach- und Ödland wird, wo eben möglich, bewässert und mit schnell wachsenden Baumarten wie Pappeln oder Weiden bepflanzt. In einigen Fällen wird sogar Ackerland genutzt, da die Hektarerlöse der Baumanpflanzungen die des vorherrschenden Weizen- und Maisanbaus übertreffen.

Die ernstzunehmenden Energieversorgungsprobleme und die Übernutzung der Naturwälder in den Northern Areas können nicht allein durch die Elektrifizierung möglichst vieler Dörfer gelöst werden. Ländliche Regionalentwicklung und eine nachhaltige Energieplanung mit dem Ziel der größtmöglichen Schonung der natürlichen Ressourcen sind nur als integrierte Bestandteile eines umfassenden Konzeptes denkbar. Elektrifizierungsprogramme haben in einem solchen Konzept einen zentralen Stellenwert zur Erfüllung von Grundbedürfnissen der Bevölkerung und für die angestrebte gewerbliche Entwicklung. In der Bergregion Nordpakistans kann dies sinnvollerweise nur auf der Basis der großen Wasserkraftpotentiale erfolgen. Demgegenüber lassen sich die Fragen der Brennholzversorgung nur durch Maßnahmen der nachhaltigen Forstwirtschaft und Waldnutzung zusammen mit den betroffenen Bevölkerungsgruppen lösen.

Das gestaute Naß – Fluch oder Segen?

Weltbankpolitik in Pakistan – Ghazi Barotha, ein Milliardenprojekt für die internationalen Dammbauunternehmen

Dirk Hegmanns

Gegen heftige Proteste pakistanischer und internationaler Nichtregierungsorganisationen (NRO) haben die Weltbank, die Kreditanstalt für Wiederaufbau (KfW) und andere Geldgeber kürzlich die Finanzierung des Wasserkraftwerkes Ghazi Barotha am Indus in Pakistan beschlossen. Das 2,1 Milliarden US $ teure Projekt soll 1.450 Megawatt produzieren und in erster Linie die Städte Islamabad und Peshawar mit Energie versorgen.

Ghazi Barotha wird von der Weltbank in ihrem jüngsten *Annual Report of Portfolio Performance* (ARPP) als beispielhaft für eine adäquate Partizipation hinsichtlich der vorgesehenen Umsiedlungs- und Entschädigungsmaßnahmen sowie der unabhängigen Kontrolle genannt. Das bisherige Procedere zur Umsetzung dieser Maßnahmen kann diesen hohen Anspruch jedoch nicht einlösen. Vielmehr erinnert es in vieler Hinsicht an die Fehler, die in der Vergangenheit bei der Realisierung von derartigen Großprojekten begangen wurden.

Der 1994 erschienene *Bankwide Resettlement Review* konnte kein einziges Weltbank-Projekt dokumentieren, bei dessen Realisierung die Vertriebenen vollständig rehabilitiert wurden. Dieses Versagen in der Umsetzung der bankinternen Richtlinien wurde vom Operations Evaluation Department (OED) unter anderem darauf zurückgeführt, daß es in den meisten Empfängerländern keinen rechtlichen Rahmen gibt, der die Rechte der von Zwangsumsiedlung betroffenen Bevölkerung adäquat sichert.

In Pakistan ist ein rechtlicher Rahmen für Umsiedlungs- und Entschädigungsmaßnahmen zwar gegeben, doch wird von Nichtregierungsorganisationen darauf hingewiesen, daß dieser Großprojekten wie Ghazi Barotha nicht Rechnung trägt. Welche dramatischen Auswirkungen dies hat, zeigt das Beispiel des durch die Weltbank ebenfalls finanzierten Tarbela-Staudamms, der nur sieben Kilometer flußaufwärts von Ghazi Barotha liegt. Hier wurden Anfang der 70er Jahre etwa 100.000 Menschen vertrieben, die zum Teil bis heute noch nicht entschädigt wurden. Einige der Vertriebenen sind im Rahmen des Ghazi Barotha-Projektes zum zweiten Mal von Umsiedlungsmaßnahmen bedroht.

Doch nicht nur in Pakistan wird die Politik der Großprojekte, die im wesentlichen eine Politik der Großstaudämme ist, fortgeschrieben. Vielmehr sind die Länder des Südens zu einem bevorzugten Standort für Staudämme geworden, nachdem derartige Großprojekte im Norden nicht mehr durchzusetzen sind. Dan Beard, ehemaliger Präsident des amerikanischen »Bureau of Reclamation«, das im Bereich des Dammbaus als führend gilt, bringt es auf den Punkt: »Die Staudamm-Ära in den USA ist vorbei. Wir können uns nicht mehr auf die öffentliche und politische Unterstützung für den Bau von großen Staudämmen verlassen.«

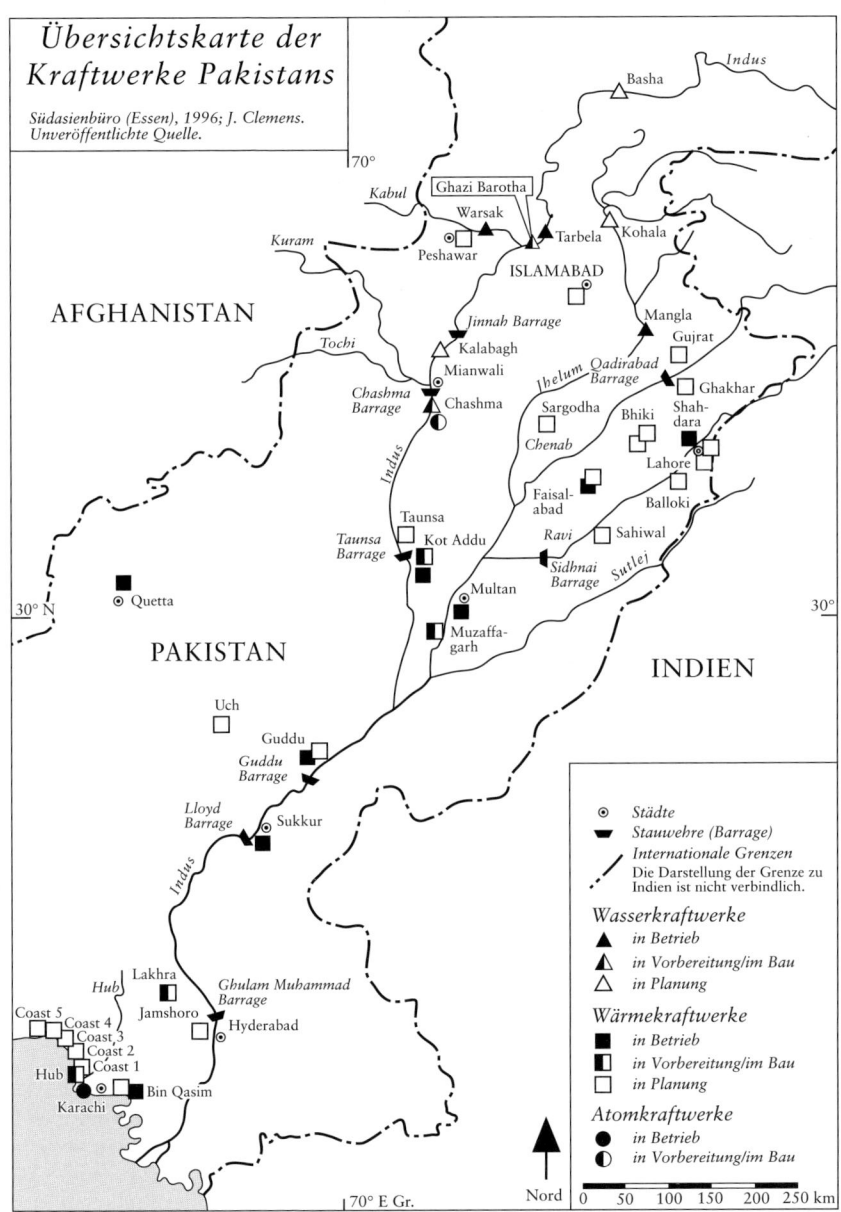

Übersichtskarte der Kraftwerke Pakistans

*Südasienbüro (Essen), 1996; J. Clemens.
Unveröffentliche Quelle.*

70°

Basha

Indus

Kabul

Ghazi Barotha

Warsak

Kuram

Tarbela Kohala

Peshawar

ISLAMABAD

Mangla

AFGHANISTAN

Tochi

Jinnah Barrage

Kalabagh

Mianwali

Gujrat

Qadirabad
Barrage

*Chashma
Barrage*

Chashma

Sargodha

Bhiki

Ghakhar

Shah-
dara

Chenab

Lahore

Faisal-
abad

Balloki

Taunsa

*Taunsa
Barrage*

Kot Addu

Ravi

Sahiwal

*Sidhnai
Barrage*

Sutlej

Multan

30° N

Quetta

Muzaffa-
garh

PAKISTAN

INDIEN

30°

Uch

Guddu

*Guddu
Barrage*

*Lloyd
Barrage*

Sukkur

Indus

Hub

Lakhra

*Ghulam Muhammad
Barrage*

Coast 5

Coast 4

Jamshoro

Coast 3

Coast 2

Hyderabad

Coast 1

Hub

Bin Qasim

Karachi

Zeichenerklärung

⊙ Städte
◣ Stauwehre (Barrage)
Internationale Grenzen
Die Darstellung der Grenze zu
Indien ist nicht verbindlich.

Wasserkraftwerke
▲ in Betrieb
◭ in Vorbereitung/im Bau
△ in Planung

Wärmekraftwerke
■ in Betrieb
◧ in Vorbereitung/im Bau
□ in Planung

Atomkraftwerke
● in Betrieb
◑ in Vorbereitung/im Bau

70° E Gr.

Nord

0   50   100 150 200 250 km

Das gestaute Naß – Fluch oder Segen?

Die Verlagerung des Staudammbaus in den Süden, wo er als Synonym für Fortschritt, Wohlstand und Entwicklung angepriesen wird, ist damit nur ein logischer Schritt. In den achtziger Jahren wurden bereits zwei Drittel aller Großstaudämme in den Entwicklungsländern gebaut. Mit vielversprechenden Machbarkeitsstudien und überoptimistischen Prognosen werden die betroffenen Länder »überzeugt«, zumal den beteiligten Unternehmen Millionenprofite winken. Die Folgen sind fatal. Im Falle des Chixoy-Damms in Guatemala riet das Firmenkonsortium »Lami«, dem auch das deutsche Unternehmen »Lahmeyer International« angehörte, trotz erheblicher Standortprobleme zum Bau des Damms. Allein der Bau der Staumauer wurde daher viereinhalbmal so teuer wie geplant. Die Gesamtkosten stiegen um ein Vielfaches und machten nach Fertigstellung des Projektes schließlich 40 Prozent der Auslandsschulden Guatemalas im Jahr 1988 aus.

Die Dammbauunternehmen in den skandinavischen Ländern gehören zu den vehementesten Verfechtern der Politik der Großstaudämme. Während es beispielsweise in Schweden inzwischen gesetzliche Regelungen gegen den Bau von Dämmen gibt, existieren in vielen Ländern des Südens nicht einmal angemessene Sicherheitsstandards bezüglich Inspektionen, Reparaturen oder Evakuierungen.

Selbst die Bedrohung durch Erdbeben oder heftige Unwetter können die Dammbauer daher nicht davon abhalten, ihre Projekte zu realisieren. Ein 1995 verfaßtes internes Memorandum der Weltbank stellt in diesem Zusammenhang fest, daß von 25 untersuchten Staudämmen in Indien keiner in der Lage wäre, die durch schwere Unwetter freigesetzten Wassermassen zurückzuhalten. Darunter befinden sich auch die größten indischen Dämme Hirakud und Gandhi Sagar. William Price, der Verfasser des Weltbank-Memorandums, stellt fest, daß »die Konsequenzen eines Versagens dieser Dämme bei einer größeren Flut nur mit Adjektiven beschrieben werden können, die jenseits des Begriffs ›katastrophal‹ liegen«. Sie würden die Tragödie des 1979 geborstenen Machhu-II-Damms, bei der mehr als 2.000 Menschen ums Leben kamen, wie einen kleinen Unfall erscheinen lassen.

Hinter Ghazi Barotha stehen ebenfalls die Interessen vieler internationaler Dammbauer. Zwar wird keine gigantische Staumauer entstehen, doch ist das finanzielle Volumen von höchster Attraktivität. Bei Ghazi Barotha handelt es sich um ein Laufwasserkraftwerk. Eine Staumauer soll das Wasser des Indus in einen 52 Kilometer langen Kanal mit gleichmäßigem Gefälle leiten, an dessen Ende fünf Turbinen insgesamt 1.450 Megawatt produzieren sollen. Danach wird das Wasser wieder in den Indus geleitet. Um die Umsiedlungsmaßnahmen so gering wie möglich zu halten, wurde die längste und damit um etwa 100 Millionen US $ teurere Version des Kanals gewählt. Damit sollte nicht nur das Konfliktpotential verringert, sondern auch die Einsicht propagiert werden, daß man in den Geberinstitutionen aus den alten Fehlern gelernt habe.

Das weitere Vorgehen bewies jedoch rasch das Gegenteil. Zur Unterstützung und Kontrolle der Umsiedlungs- und Entschädigungsmaßnahmen sollte laut Umsiedlungsplan eine unabhängige Projekt-NRO (PNRO) gegründet werden, die aus Vertretern der Betroffenen und unabhängigen Experten bestehen und mit ausreichenden finanziellen Mitteln ausgestattet werden sollte. Mit der Bildung dieser PNRO wurde das staatlich organisierte »National Rural Support Program« (NRSP) beauftragt. Das NRSP hat die Rolle der PNRO jedoch selbst übernommen. Damit war eine unabhängige Kontrolle nicht mehr gewährleistet.

Weiterhin hat die Realisierung von Ghazi Barotha weitreichende Folgen für die Region unterhalb der Staumauer. Auf etwa 50 Kilometern Länge wird die Wasserführung des Indus für sieben Monate pro Jahr drastisch vermindert. In der Trockenzeit wird der Fluß auf etwa zwölf Prozent seines gegenwärtigen Wasservolumens reduziert werden. Lediglich eine Durchflußmenge von 23 Kubikmetern pro Sekunde soll garantiert werden. Das Mäandern des Indus, das die natürliche Umwelt in der Region wesentlich prägt, wird damit fast vollständig unterbunden.

Heftige Proteste seitens der Nichtregierungsorganisationen, insbesondere der »Sungi Development Foundation«, führten zunächst zu einigen unwesentlichen Modifikationen des Projektes. Über die PNRO und die Festlegung einer Mindestdurchflußmenge von 400 Kubikmetern pro Sekunde wollte die pakistanische Energiebehörde WAPDA, die mit der Durchführung von Ghazi Barotha betraut ist, nicht diskutieren. Anwar Zeb Khan, der Direktor des Public Information Centers von WAPDA, konstatierte auf einem von Sungi organisierten Workshop kategorisch, daß »das ›National Rural Support Program‹ als Projekt-NRO akzeptiert werden muß«.

Mit Hilfe internationaler Nichtregierungsorganisationen, die bei der Weltbank und der Kreditanstalt für Wiederaufbau gegen das Vorgehen protestierten, erreichten die pakistanischen Nichtregierungsorganisationen jedoch, daß die Problembereiche noch einmal diskutiert wurden. WAPDA mußte einlenken. Als PNRO wurde nun die »Ghazi Barotha Development Organisation« eingesetzt, ebenfalls eine staatlich gelenkte Institution, die als unabhängige Kontrollinstanz nicht akzeptiert werden konnte. Vielmehr verdichtete sich der Eindruck, daß die »beispielhaften« Vorgaben des Projektes mit allen Mitteln umgangen werden und die betroffene Bevölkerung von den wichtigen Entscheidungen ausgeschlossen werden sollte.

Überraschende Unterstützung bekamen die Nichtregierungsorganisationen, nachdem die Proteste weiter anhielten. Weltbank-Präsident Wolfensohn erklärte Ghazi Barotha zur Chefsache und verbürgte sich persönlich dafür, daß alle Probleme des Projektes zur Zufriedenheit aller Beteiligten gelöst werden sollten. Im Direktorium der PNRO sollten nun Betroffene vertreten sein. Zudem stellte man fest, daß eine Durchflußmenge an der Staumauer von bis zu 400 Kubikmetern pro Sekunde die Wirtschaftlichkeit von Ghazi Barotha nicht beeinträchtigen würde. Auf ein Mindestmaß will man sich jedoch auch weiterhin nicht festlegen.

Der Energiebedarf Pakistans wird in der Zukunft weiter stark ansteigen und muß gedeckt werden. Der nationale Energieplan sieht eine Steigerung der Energieleistung von 8.775 Megawatt im Jahr 1994 auf 54.219 Megawatt für das Jahr 2018 vor. In den nächsten Jahren sollen dazu drei große Wasserkraftwerke – darunter Ghazi Barotha –, mehrere kleine und vier thermische Kraftwerke gebaut werden. Weitere thermische Kraftwerke sind unter anderem bei Karachi geplant. Zur Umsetzung sind die Grenzwerte der Emissionen eigens heraufgesetzt worden.

Man schätzt, daß das Potential an Wasserenergie in Pakistan etwa 30.000 Megawatt beträgt. Seiner Entwicklung soll gegenüber thermischen Kraftwerken Priorität eingeräumt werden. So begrüßenswert dies erscheint, so skeptisch ist dieses Vorhaben angesichts des Vorgehens im Falle Ghazi Barotha zu betrachten. Der geplante Kalabagh-Staudamm am Indus wird die Dimensionen von Ghazi Barotha um ein Vielfaches übertreffen. Hier sind nicht nur Konflikte um Umsiedlungen und Entschädigungen zu erwarten, sondern auch eine verschärfte Beeinträchtigung der gesamten Flußökologie. Jeder Staudamm hält immense Mengen von Wasser zurück, die dem Fluß unterhalb der Staumauer fehlen. Schon jetzt ist aufgrund der existierenden Dämme eine zunehmende Versalzung des unteren Indusabschnitts festzustellen. Jeder weitere Damm erhöht die Gefahr einer nachhaltigen Schädigung der gesamten Region. Wird Kalabagh nach ähnlichem Muster wie Tarbela oder Ghazi Barotha gebaut, so ist mit einem ökologischen Desaster zu rechnen.

Der nationale Energieplan Pakistans sieht auch Verbesserungen im Bereich des Demand Side Management vor. Bis zum Jahr 2000 sollen jährlich knapp 1.000 Megawatt eingespart werden. Im Jahr 2018 sollen es 7.700 Megawatt sein. Über alternative Energien dagegen denkt man nicht nach. Solar- und Windenergie sind im Energieplan nicht vorgesehen, obwohl Pakistan über ein beachtliches Potential verfügt. Ein Trost mag dabei sein, daß auch die Atomenergie nicht mehr in Frage kommt – die Kosten für einen Reaktor müßen um circa 40 Prozent niedriger sein, um Atomenergie in Pakistan wettbewerbsfähig zu machen.

340

Die Zerstörung des heiligen Sees. China baut Wasserkraftwerk am Yamdrok-See als Basis für die weitere Sinisierung Tibets

Klemens Ludwig

Die Straße von der nepalesischen Grenze zur tibetischen Hauptstadt Lhasa vermittelt einen ersten Eindruck von der Landschaft auf dem Dach der Welt. Während auf der Südseite des Himalaya die Vegetation dank der vielen Niederschläge üppig ist, dominiert im Norden eine karge, aber seltsam faszinierende Einöde, die nur selten unterbrochen wird. Das letzte Hindernis vor Lhasa ist der 4.794 Meter hohe Kampala-Paß. Von hier sind es noch 120 Kilometer bis zur Hauptstadt.

Der Kampala-Paß lohnt zum Verweilen, denn er eröffnet ein beeindruckendes Szenarium: Unterhalb des Passes auf 4.445 Metern Höhe, erstreckt sich wie ein gigantischer Skorpion der Yamdrok-See, das größte Frischwasser-Reservoir auf der Nordseite des Himalaya. Der See hat eine Gesamtfläche von 624 Quadratkilometern und ist 20 bis 40 Meter tief. Am Ufer des Sees weiden Nomaden seit Menschengedenken ihre Herden. Wasser ist ein kostbares Gut in Tibet, und so zählt der Yamdrok-See zu den wichtigsten Anlaufstellen der Nomaden. Zudem ist er ausgesprochen fischreich. Für die Menschen in seinem Einzugsgebiet zählt Fischfang von jeher zum Nahrungserwerb. In Tibet kommt dies sonst selten vor, da Fischen aus religiösen Gründen häufig ein Tabu ist.

Der See hat auch religiöse Bedeutung. Schon den Anhängern der vorbuddhistischen Bön-Religion galt er als heilig. Bis heute ist er eine Pilgerstätte für die Mönche aus den Klöstern der Umgebung. Zur Zeit der Unabhängigkeit unternahm die

Regierung sogar einmal im Jahr eine Prozession zum See, um dort Opferungen vorzunehmen. Auf einer Insel im See steht ein kleines Kloster, das dem bedeutendsten buddhistischen Missionar in Tibet, Padmasambhava oder Guru Rinpoche, gewidmet ist.

Kraftwerk statt Pilgerstätte

Geht es nach den Plänen der chinesischen Regierung, die Tibet seit 1951 besetzt hält, wird es dieses Szenarium nicht mehr lange geben. 1985 gelangten erstmals Pläne an die Öffentlichkeit, am Yamdrok-See ein Wasserkraftwerk zur Stromversorgung zu bauen. Erste Vorbereitungen begannen noch im selben Jahr, doch sie wurden bereits wenige Monate später wieder eingestellt. 1991 wurde das Projekt endgültig in Angriff genommen. Es droht die gesamte Umgebung grundlegend zu verändern. China verfolgt mit dem Projekt ehrgeizige Pläne: Das Wasser aus dem See wird durch einen sechs Kilometer langen und 2,50 Meter dicken Tunnel in ein 846 Meter tiefer gelegenes Kraftwerk am Jangtse-Fluß gepumpt. Dort sollen sechs Generatoren mit einer Gesamtkapazität von 90.000 Kilowatt Strom erzeugen. Das Jahresaufkommen an Energie wird nach Berechnungen des Schweizer Unternehmens »Sulzer-Escher-Wyss« bei 200 Millionen Kilowattstunden liegen. Wichtigste Abnehmer des Stroms sind der 60 Kilometer entfernte Flughafen Gonggar und die Hauptstadt Lhasa. Damit die Pläne verwirklicht werden, vertraut China auf internationale Erfahrung. Das österreichische Unternehmen »Elin Energietechnik« in Wien sowie die österreichische Tochterfirma des deutschen Unternehmens »JM Voith AG« in St. Pölten erhielten den Zuschlag für die Konstruktion des Kraftwerks. Zunächst waren auch »Sulzer-Escher-Wyss« und eine italienische Firma im Gespräch, doch deren Pläne waren der chinesischen Regierung zu teuer. Darüber hinaus wurden amerikanische Techniker verpflichtet. Der chinesische Partner ist das »Chengdu Wasserkraft-Forschungs-und-Konstruktions-Institut«.

341

Die Kosten für das Projekt sind in den vergangenen Jahren immer weiter gestiegen. Zunächst war von 140 Millionen US $ die Rede, doch inzwischen werden die Kosten mit mindestens 200 Millionen US $ beziffert. Ungeachtet der Aufwendungen ist das Projekt von Pannen begleitet. Als Vizepremierminister Wu Bangguo anläßlich der Feierlichkeiten zum 30. Jahrestag der sogenannten »Autonomen Region« im September 1995 eine erste Turbine feierlich in Gang setzen wollte, fiel der gesamte Strom aus. Ein nahegelegenes kleines Wärmekraftwerk mußte angezapft werden, um die Zeremonie zu retten.

Die Stromerzeugung in Tibet liegt weit unter dem Landesdurchschnitt, so daß vordergründig der Bau eines solch gigantischen Kraftwerks Sinn ergeben mag. Die sogenannte »Autonome Region Tibet« macht ein Achtel des chinesischen Machtbereichs aus. Sie produziert jedoch nur 0,096 Prozent des nationalen Stromaufkommens. Bis zum Jahre 2000 soll sich die Leistung vervierfachen, und dafür steht vor allem das Kraftwerk am Yamdrok-See. Während der Unabhängigkeit litten die Menschen in Tibet dennoch nie unter Energiemangel. Einfallsreichtum und Bescheidenheit stellten die Grundversorgung sicher. So ist bis heute der getrocknete Dung der Hochlandrinder das wichtigste Brennmaterial in dem waldarmen Gebiet.

Das neue Großprojekt ist vor allem für die chinesischen Siedler gedacht, die inzwischen die Mehrheit der Bevölkerung in der Hauptstadt Lhasa stellen. Von etwa 200.000 Bewohnern sind allenfalls noch ein Viertel Tibeter. Vor der Besetzung war Lhasa mit 30.000 Einwohnern die größte Stadt im Land. Die Bedürfnisse der neuen Siedler sind mit den traditionellen Energiearten nicht zu befriedigen. Farbfernseher, Elektroheizung und Karaoke-Discos gehören zu den Errungenschaften, mit denen die chinesische Führung der eigenen Bevölkerung die Kolonisierung Tibets attraktiv machen möchte. Die Bedeutung des heiligen Yamdrok-Sees für die Tibeter spielt daher keine große Rolle – tibetischer Buddhismus ist nach Ansicht der chinesischen Planer ohnehin nur Aberglaube.

Ökologische Folgen

Doch nicht nur Gläubige lehnen das Kraftwerk ab. Neben den kulturellen Auswirkungen sind auch die ökologischen Folgen fatal. Durch den Abzug des Wassers in das tiefer gelegene Kraftwerk sinkt der Wasserspiegel jährlich um 7,6 Zentimeter. Die Planer versprechen, Wasser aus dem Jangtse-Fluß zurück in den See zu pumpen – zum einen glaubt niemand in Tibet an das Versprechen, und zum anderen handelte es sich dabei um verschlammtes Brackwasser aus dem langsam fließenden Fluß und nicht um Frischwasser, aus dem der See gespeist wird. Sollte der Wasseraustausch dann tatsächlich stattfinden, sind die Folgen für das ökologische Gleichgewicht des Sees völlig ungeklärt. Dasselbe gilt für den Fischbestand, der die wirtschaftliche Grundlage vieler Menschen ist. Nicht eine Studie über die ökologischen Folgen wurde von der Regierung in Auftrag gegeben. Düstere Prognosen gehen davon aus, daß der See in etwa 50 Jahren ausgetrocknet sein wird. Derartige Vorhersagen werden sogar von chinesischen Vertragspartnern genährt. Zu dem Versprechen, das Wasser in den See zurückzupumpen, erklärte ein amerikanischer Techniker: »Das müssen die Chinesen behaupten, sonst wären sie gar nicht in der Lage, ihr Projekt zu verwirklichen.«

Die große Mehrheit der Tibeter lehnt das Projekt deshalb entschieden ab. Unter ihnen befinden sich sogar viele, die Positionen in der chinesischen Verwaltung oder Kommunistischen Partei innehaben. Der prominenteste Gegner war der in Peking lebende Panchen Lama, der zweithöchste tibetische Würdenträger. Obwohl er von China immer wieder benutzt wurde, um die Zusammengehörigkeit der beiden Völker zu betonen, hat er in der Frage des Yamdrok-Wasserkraftwerks eine klare Position bezogen. Chinesische Offizielle haben ihn häufig gedrängt, seinen Widerstand gegen das Projekt aufzugeben, doch dazu war er nicht zu bewegen. Vermutlich hat er sogar den Baustop in den achtziger Jahren bewirkt, und gewiß ist es kein Zufall, daß die Bauarbeiten nach seinem bis heute ungeklärten Tod vorangetrieben wurden. Auch andere tibetische Funktionäre haben immer wieder Petitionen eingegeben, die einen Baustop verlangen. Ein Funktionär ist aufgrund der Hartnäckigkeit in Peking sogar von seinem Posten zurückgetreten.

Konkreter Widerstand vor Ort, wie bei ähnlichen Projekten in Malaysia oder den Philippinen, ist in Tibet unter der chinesischen Besatzung nicht möglich. Nicht nur die friedliche buddhistische Tradition hindert die Menschen daran. Die Chinesen selbst haben entsprechende Sicherheitsvorkehrungen getroffen: Die Baustelle gleicht einem hermetisch abgeriegelten Heereslager. Unter den Bauarbeitern befinden sich etwa 5.000 Soldaten einer Arbeiterbrigade, die in China eine wichtige Rolle spielen. Für Zivilisten ist das Gelände nicht zugänglich. Nur Offizielle aus China statten bisweilen einen Besuch ab und unterstreichen damit die hohe Bedeutung, die Peking diesem Projekt beimißt. Selbst Parteichef Jiang Zemin ließ es sich bei einer fünftägigen Inspektionsreise durch Tibet nicht nehmen, die Baustelle aufzusuchen. Dort kommentierte er das Vorhaben mit den Worten: »Die Konstruktion ist nicht nur eine wichtige Aufgabe im Bezug auf die Wirtschaft; sie ist auch eine wichtige politische Aufgabe«. Chinas Begründung für das Projekt am Yamdrok-See ist einfach: Es bringe den Menschen in Tibet Fortschritt. Damit werden alle Bedenken abgetan. Übergangen wird, daß dieser Fortschritt sich nur an den Bedürfnissen der chinesischen Siedler orientiert. Das Kraftwerk am heiligen Yamdrok-See ist also in erster Linie eine Basis für die weitere Sinisierung des Landes. 343

Das Drei-Schluchten-Staudammprojekt am Jangtsekiang

Weiluo Wang

Die Entstehungsgeschichte

Das Drei-Schluchten-Staudammprojekt am Jangtsekiang ist das größte Staudammprojekt der Welt. Mit einer geplanten Stromerzeugungskapazität von 18.720 Megawatt – zunächst waren nur 17.680 Megawatt geplant – wäre er achtmal größer als der Assuan-Staudamm in Ägypten. Hochwasserkontrolle, Energiegewinnung, Verbesserung der Schiffbarkeit und landesweite Regulierung der Wasserläufe sind die vier Hauptziele des gigantischen Projektes. Dafür müßten nach offiziellen Angaben eine Fläche von 1.045 Quadratkilometern überflutet und 1,13 Millionen Menschen umgesiedelt werden.

Bereits in den Jahren 1919 und 1924 erwähnte Sun Yat-sen, der Gründer und damalige Präsident der Republik China, in seinen Schriften ein Staudammvorhaben, dessen Hauptziele die Verbesserung der Wasserstraßen und die Energiegewinnung waren. In den 30er Jahren wurde dazu eine erste Feldstudie durchgeführt. Zwischen 1944 und 1946 wurde das amerikanische »Reclamation Bureau« beauftragt, den Drei-Schluchten-Staudamm mit geschätzten Kosten von einer Milliarde US $ zu planen. Das Hauptziel war die Energiegewinnung zur Düngemittelproduktion, um das Ernährungsproblem Chinas zu lösen. Wegen des Bürgerkriegs mußte der Plan jedoch gestoppt werden.

Im Jahr 1953 schlug der damalige Vorsitzende der Kommunistischen Partei Chinas (KPCh), Mao Zedong, das Drei-Schluchten-Staudammprojekt als Hochwasserschutzmaßnahme erneut vor. Experten aus der UdSSR wurden zur Beratung hinzugezogen. Schon 1958 wurde das Drei-Schluchten-Staudammprojekt mit einem normalen Betriebswasserspiegel von 200 Metern über dem Meeresspiegel vom Zentralkomitee der KPCh gebilligt. Der Plan konnte infolge der wirtschaftlichen und politischen Krise jedoch abermals nicht durchgeführt werden. Der damalige Ministerpräsident Zhou Enlai äußerte, die Zentralregierung könne sich das Projekt nicht leisten, da die direkten und indirekten Kosten 10 Milliarden Yuan überschreiten würden, obwohl die bekanntgemachten Projektkosten nur 400 Millionen Yuan betrugen.

1969 wurde das Projekt vom Ministerium für Wasserwirtschaft und von der Provinzregierung Hubeis erneut vorgeschlagen. Ziel war diesmal, die Stromversorgung für das aus Deutschland eingeführte und in Wuhan installierte Stahlwalzwerk zu sichern. Aufgrund der militärstrategischen Sicherheitsprobleme des Staudamms vor dem Hintergrund der politischen Konfrontationen mit den USA, der UdSSR und Taipeh wurde der Vorschlag von Mao Zedong abgelehnt. Als Ersatz und zugleich als Geburtstagsgeschenk für Mao wurde stattdessen das Gezhouba-Staudammprojekt vom Zentralkomitee der Partei genehmigt. Geplant waren Baukosten von 1,3 Milliarden Yuan und drei Jahren Bauzeit – tatsächlich benötigt wurden 4,8 Milliarden Yuan und 18 Jahre, um das Gezhouba-Dammprojekt endlich fertigzustellen.

Am Ende der 70er Jahre kam das Drei-Schluchten-Staudammprojekt wieder in die Diskussion. Der Widerstand aus der flußaufwärts gelegenen Provinz Sichuan war sehr groß, da bei einem normalen Wasserspiegel des Stausees von 200 Metern etwa 2,5 bis 3 Millionen Menschen hauptsächlich in der Provinz Sichuan dem Stausee hätten weichen müssen. Um die Anzahl der umzusiedelnden Personen optisch zu reduzieren und den Widerstand zu mindern, schlug das Ministerium für Wasserwirtschaft eine Alternative mit einem normalen Wasserstand von 150 Metern vor. Diese Alternative sollte die gleiche Kapazität zur Hochwasserkontrolle wie das Vorhaben mit einem normalen Wasserspiegel von 200 Metern haben. Von dieser Alternative beeindruckt, gab Deng Xiaoping grünes Licht, und 1984 wurde der Plan ohne Vorlage eines erforderlichen Umweltverträglichkeitsgutachtens von der Zentralregierung gebilligt. Der Plan wurde in der Öffentlichkeit scharf kritisiert, besonders von den Mitgliedern des Nationalen Volkskongresses und der Politischen Konsultativkonferenz. 1986 ordneten das Zentralkomitee der KPCh und die Zentralregierung daher eine Vertiefungsstudie für das Projekt an.

Bis zum Massaker auf dem Tian'anmen-Platz 1989 hielten sich die Stimmen der Projektgegner und -befürworter etwa die Waage. Projektgegner veröffentlichten Artikel und Bücher. Dai Qing sammelte in dem von ihr herausgegebenen Buch *Yangtse, Yangtse* wichtige Argumente gegen den Bau des Staudamms. Sie bezogen sich auf dessen Wirtschaftlichkeit und Finanzierung sowie auf Umweltprobleme und soziale Probleme durch das Projekt. Nach dem Massaker wurde die Herausgeberin Dai Qing als Drahtzieherin der demokratischen Bewegung inhaftiert. Ihr Buch wurde öffentlich kritisiert und verbrannt. Sämtliche Kritik an dem Projekt in der Öffentlichkeit wurde verboten.

Am 3. April 1992 billigte der Nationale Volkskongreß auf Antrag der Zentralregierung das Staudammprojekt mit folgendem Abstimmungsergebnis: es gab 1.767 Ja-Stimmen, 177 Nein-Stimmen und 664 Enthaltungen. Es war das erste Mal in der 40jährigen Geschichte des Nationalen Volkskongresses, daß ein Drittel der Deputierten so mutig war, seine Stimme für eine Entscheidung von Partei und Regierung nicht zu geben. Viele Mitglieder des Nationalen Volkskongresses und der Politischen Konsultativkonferenz verloren aber im folgenden Jahr wegen ihrer öffentlichen Kritik an dem Projekt ihre Positionen, wie z.B. der Generalingenieur Lu Qinkuan, Qiao Peixin, ehemaliger stellvertretender Direktor der Chinesischen Volksbank, General Xi Guangyi, oder Dr. Huang Sunxing.

Projektziel 1: Schutz vor Hochwasser und Überschwemmungen

Das Hauptziel des gebilligten Projektes ist es, das Hochwasser und drohende Überschwemmungen durch den Damm zu regulieren. Der Jangtse war ursprünglich ein sehr ruhiger Fluß. Bis 100 v. Chr. gab es nicht einmal ein Register für Hochwasserkatastrophen. Die Ursachen für die späteren Überschwemmungskatastrophen sind hauptsächlich folgende: die Trockenlegung der Seen am Jangtse, die Umwandlung der Seeflächen in Ackerland, die fehlerhafte Flußregulierung und nicht zuletzt die starke Abholzung im Flußeinzugsgebiet.

Der Yunmengze-See mit einer Oberfläche von über 10.000 Quadratkilometern und der Dongting-See mit einer Oberfläche von über 6.000 Quadratkilometern am Mittellauf des Jangtse waren ursprünglich Speicherplätze für das Hochwasser aus dem Gebiet des Oberlaufs. Der Yunmengze-See wurde durch Deiche vom Jangtse getrennt, trockengelegt und als landwirtschaftliche Fläche genutzt. Die Oberfläche des Dongting-Sees wurde durch Urbarmachung auf circa 2.600 Quadratkilometer reduziert. Die Veränderung der Flächennutzung spiegelt die veränderte Vorstellung der Chinesen von der Beziehung zwischen Mensch und Natur wider: versuchte er früher im Einklang mit der Natur zu leben, so verhält er sich der Natur gegenüber heute oftmals rücksichtslos. Solche Eingriffe des Menschen in die Natur bleiben nicht folgenlos, wie beispielsweise Hochwasserkatastrophen deutlich machen. Um die Fehler der Vorfahren zu korrigieren und die verlorenen Speicherkapazitäten zurückzugewinnen, hofft man, den Verlust der natürlichen Seen durch den Stausee hinter dem Damm auszugleichen.

Die Kapazität der Hochwasserkontrolle eines Staudamms hängt von der freien Staukapazität bei Hochwasser ab. Zum Hochwasserschutz wurde das Drei-Schluchten-Staudammprojekt in den 50er Jahren mit einer Dammhöhe von 235 Metern geplant. Die Staukapazität zur Hochwasserkontrolle betrug damit allein über 70 Milliarden Kubikmeter. Mit dem gegenwärtig genehmigten Betriebswasserstand von 175 Metern beträgt die gesamte aktive Staukapazität jedoch nur 22 Milliarden Kubikmeter. Diese 22 Milliarden Kubikmeter Staukapazität sind sowohl zur Hochwasserkontrolle als auch zur Energiegewinnung vorgesehen. Im Jahr 1870 wurde das bisher maximale Hochwasser mit geschätzt über 165 Milliarden Kubikmeter registriert – das Drei-Schluchten-Staudammprojekt könnte eine solche Wassermenge nicht zurückhalten. Die Machbarkeitsstudie hält den Hochwasserschutz als Hauptziel des Projektes für erreichbar. Sie geht allerdings von der Annahme aus, daß Entstehen und Entwicklung eines Hochwassers im Oberlauf vorhersehbar sind.

Technische Daten
des Drei-Schluchten-Staudamm-Projektes [1]

Damm

Höhe	*185 Meter [2]*
Länge	*1.980 Meter*

Betriebswasserstand des Stausees

normaler Betriebswasserstand	*175 Meter [2]*
minimaler Betriebswasserstand (zur Stromerzeugung)	*145 Meter [2]*
maximaler Betriebswasserstand (zur Flutregulierung)	*unbekannt*
minimaler Betriebswasserstand (zur Flutregulierung)	*145 Meter [2]*

aktive Staukapazität des Stausees

Staukapazität für Hochwasser bis zum normalen Betriebswasserstand (zur Flutregulierung)	*22,1 Mrd. m^3*
Staukapazität über dem normalen Betriebswasserstand (zur Flutregulierung)	*unbekannt*
Staukapazität für Hochwasser insgesamt (zur Flutregulierung)	*unbekannt*
regulierter Abfluß in der trockenen Saison	*5.860 m^3/sek.*

Stromerzeugung

Kapazität	*18.720 Megawatt*
garantierte Kapazität	*4.990 Megawatt*
durchschnittliche Stromerzeugung pro Jahr	*84.000 Gigawatt/Stunde*

überflutetes Gebiet

beim normalen Betriebswasserstand	*bis zu Ba Xian Mudong Zhen*
überflutete Ackerfläche	*23.793 Hektar*
überflutete Städte	*13 Städte*
überflutete Fabriken	*657 Fabriken*
umzusiedelnde Personen	*1.130.000 Personen*

Bauvolumen

Abtragung von Erde und Felsen	*8,789 Mio. m^3*
Auffüllung von Erde und Felsen	*3,124 Mio. m^3*
Beton	*2,689 Mio. m^3*

[1] *Geplant und gebilligt am 3.4.1992*
[2] *Höhenlage über dem Meeresspiegel*

347

Die Stadt Zigui ist eine von vielen Siedlungen,
die in den Fluten des Drei-Schluchten-Dammes verschwinden wird.

Gleiches gilt für die landschaftliche Schönheit der drei Schluchten
Qutang, Wu und Xiling. Auch sie werden dem Staudamm zum Opfer fallen.

Das gestaute Naß – Fluch oder Segen?

Die angegebene aktive Staukapazität von 22 Milliarden Kubikmeter gilt nur direkt nach der Fertigstellung des Damms, denn sie reduziert sich allmählich durch die Ablagerung von Schlamm und Sand im Stausee. Wegen der starken Abholzung und der Urbarmachung der Berghänge führt der Jangtse jährlich durchschnittlich 523 Millionen Tonnen Schlamm und Sand mit sich. Jeder Kubikmeter Flußwasser am Standort des Damms enthält durchschnittlich 1,2 Kilogramm Schlamm und Sand, in der Hochwassersaison sogar über 10 Kilogramm. Das Versandungsproblem ist für Staudammprojekte weltweit noch nicht gelöst. Ein Beispiel dafür ist das Drei-Tore-Schlucht-Staudamm-Projekt am Gelben Fluß in China: es scheiterte nur vier Jahre nach der Fertigstellung wegen Verschlammung. Die Chinesen meinen aber, eine Maßnahme gegen die Ablagerung von Schlamm und Sand im Drei-Schluchten-Stausee gefunden zu haben: bei sauberem Wasser soll das Wasser im Stausee gespeichert werden, bei trübem Wasser soll der Schlamm weggespült werden. Diese Maßnahme ist jedoch mit dem Hauptziel des Projektes, der sogenannten »Hochwasserzähmung«, nicht zu vereinbaren. Hochwasser muß im Stausee gespeichert werden, um die Bevölkerung am Unterlauf zu schützen. Insbesondere Hochwasser bringt aber große Mengen Schlamm und Sand mit sich. Wird es zum Schutz der Bevölkerung gespeichert, bleiben also Schlamm und Sand im Stausee. Läßt man das Hochwasser mitsamt Schlamm und Sand durch den Damm passieren, ist der Schutz der Bevölkerung nicht mehr gewährleistet.

Projektziel 2: Energiegewinnung

Ein Konflikt besteht zwischen der Hochwasserkontrolle und der Energiegewinnung, dem zweiten Hauptziel des Projektes. Die theoretische Größe der erschließbaren Wasserenergie hängt von der Abflußmenge und dem Wassergefälle ab. Je höher das künstliche Wassergefälle ist, das durch den Damm und den Wasserstand im Stausee entsteht, desto größer ist die zu gewinnende Wasserenergie, wenn der Abfluß konstant bleibt. Um möglichst viel Strom zu produzieren, muß der Betriebswasserstand erhöht werden. Dadurch sinkt gleichzeitig die freie Staukapazität zur Hochwasserkontrolle. Wird der Betriebswasserstand abgesenkt, um die Staukapazität für das Hochwasser freizumachen, nimmt folglich gleichzeitig das Wassergefälle und damit auch die zu gewinnende Energiemenge ab.

Im Hinblick auf die Kapazität der installierten Turbinen und Generatoren ist das Drei-Schluchten-Staudammprojekt weltweit führend. Aber die installierten Maschinen können nur drei Monate im Jahr, von Juli bis September, vollständig eingesetzt werden. Sechs Monate lang, von November bis April, können hingegen nur 25 Prozent der installierten Kapazität in Betrieb genommen werden, also etwa 400 bis 500 Megawatt. Hier zeigt sich die geringe Wirtschaftlichkeit des Projektes. Oft ist die Rede davon, das Drei-Schluchten-Projekt könne sechzehn Kohlekraftwerke von je 1.200 Megawatt ersetzen. Dieser Vergleich kann sich aber nur auf die installierte Kapazität beziehen. Legt man nämlich die reale, jährliche durchschnittliche Stromproduktion des Drei-Schluchten-Projekts zugrunde, dann ist es nur mit neun Kohlekraftwerken von je 1.200 Megawatt vergleichbar, in bezug auf die garantierte Kapazität sogar nur mit drei bis vier Kohlekraftwerken.

Wasserkraft gilt als die sauberste Energiequelle. Für die Stauseen hinter den Staudämmen gilt diese Aussage nicht unbedingt – Forschungsergebnissen aus Brasilien und Kanada zufolge kann in Stauseen unter der Bedingung von Sauerstoffmangel durch die versunkene und allmählich verrottende Vegetation Methan entstehen und in die Luft freigesetzt werden. Methan hat eine größere Auswirkung auf den Treibhauseffekt als Kohlendioxid.

Zur Gewinnung von Wasserenergie standen und stehen mehrere Alternativen zur Verfügung. Allein durch die Realisierung mehrerer kleinerer Staudämme im Drei-Schluchten-Gebiet könnten 30 Prozent mehr Wasserenergie gewonnen werden als durch den geplanten Staudamm. Die Vorteile dieser Alternative sind eine geringere Beeinträchtigung der Natur, weniger überflutetes Land und weniger Umsiedler. Zum Hochwasserschutz sind diese drei kleineren Staudämme allerdings weniger geeignet, und auch technische Rekorde lassen sich mit ihnen nicht erzielen. Solche Alternativen sind bei der Entscheidung nicht berücksichtigt worden, weil sie für chinesische Politiker weniger Prestige besitzen. Für die Zentralregierung, die beim Massaker in Peking das Gesicht verloren hat, ist es wichtig, die Vorteile des Sozialismus zu zeigen und das Land zusammenzuhalten.

Weder die Entwicklung des Strombedarfs noch der Stromversorgungsmangel in Südostchina machen das Drei-Schluchten-Projekt notwendig. Erst nachdem der Drei-Schluchten-Staudamm geplant war, wurde der Bedarf bzw. die Nachfrage, beispielsweise durch die Ansiedlung von stromintensiver Industrie, untersucht. Die Ansiedlung mehrerer Chemiefabriken und metallverarbeitender Fabriken am Stauseeufer wurde ohne Rücksicht auf die mögliche Gefahr der Wasserverschmutzung des Stausees geplant.

Projektziel 3: Verbesserung der Schiffbarkeit des Jangtse

Das dritte Projektziel ist die Verbesserung der Schiffbarkeit des Jangtse. Das Dämmen der Drei-Schluchten soll die Transportkapazität zwischen Chongqing und Yichang von 10 Millionen Tonnen auf 50 Millionen Tonnen pro Jahr erhöhen. Dieses Ziel kann nicht realisiert werden, denn das künstliche Wassergefälle am Staudamm von circa 110 Meter kann nur mit Hilfe von fünfstufigen Schleusen und einem Schiffshebewerk überwunden werden. Sobald eine von zehn Kammern defekt ist, benötigt ein Schiff für die Fahrt durch die Schleusen mindestens drei bzw. sechs Stunden. Die Computersimulation ergibt eine Gesamtkapazität der Schleusen von 50 Million Tonnen pro Jahr – ein theoretisches Maximum, denn es ist nur unter optimalen Bedingungen zu erreichen: mit 100 Prozent Beladung und 100 Prozent Belegung und ohne jegliche technische oder betriebliche Panne. Erfahrungsgemäß liegt die tatsächliche Kapazität von Schleusen jedoch nur bei 25 bis 30 Prozent des theoretischen Maximums. Durch konventionelle Maßnahmen kann eine Transportkapazität von 40 Millionen Tonnen auch ohne den Dammbau erreicht werden. Außerdem sind die fünfstufigen Schleusen nur für die modernen Frachtschiffe mit einem Standard von 3.500 Tonnen vorgesehen. Damit ist für ortsübliche kleinere Schiffe hier Endstation. Bei den Schleusen sind viele technische Probleme bisher noch nicht gelöst worden.

Noch viel schwieriger wird die Realisierung des Schiffshebewerks. Das chinesische Vorhaben mit einem künstlichen Wassergefälle von über 110 Metern für Schiffe mit 3.500 Tonnen übertrifft existierende Anlagen bei weitem. Die bisher führende Anlage, das Schiffshebewerk in Lüneburg, weist ein Gefälle von 38 Metern für Schiffe mit 1.500 Tonnen auf. Ob das geplante Schiffshebewerk technisch machbar ist, ist auch vier Jahre nach der Genehmigung des Projektes noch offen.

Projektziel 4: Ableitung des Wassers aus dem Jangtse nach Nordchina bzw. nach Peking

Obwohl die Ableitung des Wassers aus dem Jangtse nach Nordchina bzw. nach Peking bei der gegenwärtig geplanten Dammhöhe nicht realisierbar ist, bleibt sie in der Machbarkeitsstudie trotzdem das vierte Projektziel. Das Problem der Trinkwasserversorgung in der Hauptstadt Peking ist so gravierend, daß die Zentralregierung Überlegungen angestellt hat, ob sie Peking als Hauptstadt aufgeben und eine neue Kapitale errichten muß. Die Hauptgründe für das Problem der Trinkwasserversorgung bilden die Ansiedlung von Industrien mit enormem Wasserbedarf in Peking, fehlerhafte Erschließungsmaßnahmen und die Erweiterung des Anbaus von Naßreis in trockenen Gebieten rund um Peking.

Nach dem vorliegenden Plan sollen jährlich 40 Milliarden Kubikmeter Wasser aus dem Jangtse und seinem Nebenfluß Han durch einen 1.200 Kilometer langen Kanal über 168 Flüsse einschließlich dem Gelben Fluß und dem Huai He abtransportiert werden – auch hier wieder Superlative. 40 Milliarden Kubikmeter Wasser pro Jahr entspricht dem durchschnittlichen Gesamtabfluß des Gelben Flusses. Wie auch der Drei-Schluchten-Staudamm wird die Realisierung dieses Vorhabens Beeinträchtigungen und Schäden des Ökosystems hervorrufen, die nicht zu beheben sein werden. Der technische Grundgedanke ist die Verbindung der vier größten Flüsse in China – Jangtse, Gelber Fluß, Huai und Hai – durch Ableitungskanäle, um ihr Wasser durch Staudämme planmäßig zu regulieren und zu verteilen. Hinter diesen technischen Bemühungen stecken ehrgeizige politische Ambitionen.

Das parallel laufende Wasserableitungsprojekt soll planmäßig vor dem Drei-Schluchten-Staudammprojekt fertiggestellt werden. Da der Nebenfluß Han nicht in der Lage ist, jährlich 40 Milliarden Kubikmeter Wasser zu liefern, ist eine weitere Erhöhung des Drei-Schluchten-Dammes, eine Erweiterung des Überflutungsgebietes und die Erhöhung der Anzahl der Umzusiedelnden unvermeidlich. Dieser Trick, einen Damm aus »technischen Überlegungen« nach der Genehmigung oder Fertigstellung zu erhöhen, wird häufig angewandt, da für solch eine nachträgliche Veränderung der Dimensionen keine weitere Genehmigung erforderlich ist.

Umsiedlung der betroffenen Bevölkerung

Mit einem Betriebswasserstand von 175 Metern müssen nach offiziellen Angaben 1,13 Millionen Einwohner dem Stausee weichen. Jede weitere Erhöhung des Wasserstandes um einen Meter wird eine unproportionale Zunahme der Anzahl der umzusiedelnden Menschen hervorrufen. Heute ist überall im Überflutungsgebiet des Drei-Schluchten-Projekts die rote Markierung von 175 Metern zu sehen. Diese Markierung bestimmt das sogenannte Umsiedlungsgebiet und die vom Projekt betroffenen Umsiedler. Nach dem Fachbericht »Umsiedlung« in der Machbarkeitsstudie beträgt die Länge des Umsiedlungsgebiets 568 Kilometer, und zwar vom Standort des Dammes bis nach Ba Xian Mudong Zhen, einer kleinen Gemeinde flußabwärts von Chongqing. Nach offiziellen Angaben ist das Überflutungsgebiet des Drei-Schluchten-Projekts aber 660 Kilometer lang, gemessen vom Standort des Dammes bis nach Chongqing. Unter Berücksichtigung der Wasserschwankung im Stausee erstreckt sich das Überflutungsgebiet über circa 800 Kilometer, vom Standort des Dammes bis nach Wangxemiao bei Hejiang. Das Umsiedlungsgebiet ist also circa 100 Kilometer kürzer als das Überflutungsgebiet – offensichtlich wurde das Umsiedlungsgebiet viel zu klein definiert und die Anzahl der betroffenen Umsiedler viel zu niedrig geschätzt. Es ist möglich, daß die Anzahl der betroffenen Umsiedler nach ein paar Jahren von 1,13 auf 2,5 Millionen steigen wird. Die Ursache für diese Fehleinschätzung liegt darin, daß in der Machbarkeitsstudie unterschiedliche Experten bzw. Fachgruppen mit unterschiedlichen Annahmen gearbeitet haben:

Die Fachgruppe »Umsiedlung« ging davon aus, daß der Betriebswasserstand sowohl direkt am Damm als auch am Ende des Stausees 175 Meter (NN) beträgt, das heißt, daß es im Stausee kein Wasseroberflächengefälle gibt. Daher ist der Stausee bzw. das Umsiedlungsgebiet nach den Berechnungen dieser Gruppe 568 Kilometer lang.

Die Fachgruppe »Sedimentation« ging davon aus, daß das durchschnittliche Gefälle der Wasseroberfläche im Stausee 0,007 Prozent beträgt. Diese Annahme ist wichtig, denn ohne dieses Gefälle würden Schlamm und Sand ausnahmslos im Stausee absinken. Ein durchschnittliches Gefälle von 0,007 Prozent bedeutet einen Höhenunterschied von sieben Meter je 100 Kilometer. Bei einer Stauseelänge von 660 Kilometer kann der Höhenunterschied 40 bis 50 Meter betragen. Mit diesem geschätzten Wasseroberflächengefälle ergibt sich eine Länge des Stausees von 660 Kilometern.

Nach Ansicht der Fachgruppe »Wasserverkehr« muß es Wasseroberflächengefälle im Stausee geben, da sich sonst die Wasserstraße auf einer Länge von circa 100 Kilometern nicht verbessern würde. Diese Fachgruppe hat kein durchschnittliches Wasseroberflächengefälle angegeben, aber sie hat darauf hingewiesen, daß das Gefälle für bestimmte Strecken 0,02 Prozent bzw. 0,03 Prozent beträgt.

Die Betroffenen des Drei-Schluchten-Projektes bei der Planung zu beteiligen, wurde von Anfang an nicht in Betracht gezogen. Einen gerichtlichen Streit um die Umsiedlung oder um Entschädigung kann und wird es nicht geben: gemäß der vom Staatsrat veröffentlichten »Umsiedlungsvorschriften für das Drei-Schluchten-Projekt« ist eine Klage ausgeschlossen, die sich bezüglich der Umsiedlung gegen das Projekt oder gegen die Baufirmen bzw. Behörden richtet. Aber soziale und wirtschaftliche Konflikte können nicht durch Verbot vermieden oder eingedämmt werden. Das Umsiedlungsgebiet war in der Geschichte ein Verbannungsgebiet bzw. ein Versteck für politisch verfolgte Menschen. Die soziale Struktur ist durch die Clanstruktur der Dörfer geprägt. Die Herkunft der Einwohner und die Clanstruktur werden die Umsiedlung erschweren.

351

Die Umsiedlungserfahrungen der Vergangenheit weisen ein ähnliches Muster auf: zuerst wird versucht, patriotische Gefühle in der Bevölkerung wachzurufen, dann wird sie mit leeren Versprechungen geködert, und schließlich wird oftmals gewaltsam eingeschritten. Zuletzt wird das Wasser selbst als Zwangsmittel eingesetzt – nach der Fertigstellung des Dammes wird der Stausee von Tag zu Tag aufgefüllt, der Wasserstand steigt, und die Betroffenen haben keine Wahl. Nach Angaben des stellvertretenden Direktors des Komitees für das Drei-Schluchten-Staudammprojekt im Staatsrat, Li Bonin, wurden seit 1949 insgesamt über drei Millionen Menschen vom steigenden Wasser vertrieben, das sind ein Drittel der von Staudammprojekten betroffenen Umsiedler. Diese Menschen, als unpatriotisch und ungehorsam kritisiert, verloren alles: ihr Land, ihre Häuser und sogar ihre Ansprüche auf Entschädigungen. Bis Ende der 80er Jahre lebten noch 3,3 Millionen von Staudammprojekten betroffene Umsiedler im Elend. Mit dem Anstieg des Wassers Menschen zu vertreiben, ist im Bauplan des Drei-Schluchten-Staudammprojektes schon enthalten, denn das Umsiedlungsprogramm soll erst zehn Jahre nach der Fertigstellung des Damms und vier Jahre nach der Vollendung des Projektes abgeschlossen sein. Mit der Fertigstellung des Damms ist die technische Möglichkeit gegeben, den Stausee zu füllen und den Wasserstand gezielt zu erhöhen. Die Auffüllung des Stausees dauert keine zehn Jahre. Aus wirtschaftlichen Überlegungen wird er so schnell wie möglich aufgefüllt werden, um mehr Strom zu produzieren und damit mehr Einkommen zu erzielen.

Risiken und ökologische Folgen

Die umzusiedelnde ländliche Bevölkerung muß sich in den höher und tiefer gelegenen Bergregionen niederlassen, dort steile Berghänge urbar machen und sich so eine neue Existenz schaffen. Die Erschließung der Berghänge durch diese Umsiedler wird starke Bodenerosionen verursachen. Die Bodenerosion liegt in mehreren Subregionen des Einzugsgebietes schon jetzt jährlich über 1.000 Tonnen pro Quadratkilometer, in manchen Subregionen sogar bei 3.000 Tonnen pro Quadratkilometer. Allein im Umsiedlungsgebiet Wanxian sind durch Kultivierung der Berghänge seit 1950 insgesamt circa 90.000 Hektar an dünnen Bodenschichten verloren gegangen. Diese Flächen sind vollständig erodiert. Obwohl es gemäß dem Umweltgesetz und den Vorschriften gegen Bodenerosion der Volksrepublik China streng verboten ist, Berghänge mit einer Neigung über 25 Grad als Ackerland zu erschließen, gibt es in China nach wie vor Anordnungen von Politikern, die dem Gesetz nicht unterstehen. Außerdem besteht an mehreren Orten die Gefahr von Erdrutschen. Die Erhöhung des Grundwasserstandes durch den Wasserstau, die Erschließung der Berghänge und die Bauaktivitäten (z.B. Gebäudebau, Straßen) werden die schon vorhandene Erdrutschgefahr noch erhöhen. Nach den vorliegenden Informationen sind die neuen Siedlungsgebiete für die Umsiedler und geplante Stadterweiterungsgebiete nicht frei von Erdrutschen.

Ferner ist das Gebiet von Erdbeben bedroht. Mehrere Erdbeben mit 6,5 Grad auf der Richter-Skala wurden rund um das Gebiet registriert. 1979 gab es ein Erdbeben mit Stärke 5,1, dessen Zentrum nur knapp 60 Kilometer vom Standort des

Dammes entfernt lag. Unter dem geplanten Stausee kreuzen sich geologische Verwerfungen. Im Zusammenhang mit der potentiellen Gefahr von Erdbeben, die durch den Stausee induziert werden, sind schwere Katastrophen im Drei-Schluchten-Gebiet nicht auszuschließen.

Nach dem chinesischen Umweltgesetz ist für das Drei-Schluchten-Staudammprojekt eine Umweltverträglichkeitsprüfung notwendig. Dieses Umweltgutachten wurde von der Chinesischen Akademie der Wissenschaft unter Leitung von Prof. Ma Shijun und der Beratung von Prof. Hou Xueyue erstellt. Diesem Gutachten zufolge überwiegen die möglichen Risiken des Projektes den möglichen Nutzen noch immer. Das Umweltgutachten stellt fest, daß 2.859 Pflanzenarten und über 300 Fischarten vom Staudammprojekt betroffen sind. Davon stehen 48 Pflanzenarten auf der Roten Liste der weltweit vom Aussterben bedrohten Pflanzen, und 30 Pflanzenarten sind ausschließlich in dem Drei-Schluchten-Gebiet zu finden. Die vom Dammbau verursachten Veränderungen werden den chinesischen Flußdelphin, den Jangtse-Alligator, den Chinesischen Stör und den Weißstör bedrohen. Nach Schätzungen gibt es weltweit nur noch knapp 200 chinesische Flußdelphine, die alle im Jangtse leben. Über 70 von ihnen müssen dem Dammbau weichen. Ob sie eine neue Heimat finden und dort weiterleben können, wissen die Wissenschaftler nicht. 22 weitere auf der Roten Liste stehende Tierarten werden bedroht, unter anderem der Stumpfnasenaffe, der Rhesusaffe, die große und die kleine indische Zibetkatze, der Moschusstier, der Salamander, der Habicht, der Sperber, der sibirische Kranich, der in diesem Gebiet überwintert, und die Mandarinente.

In dem Gutachten wird auf weitere Umweltprobleme hingewiesen, z.B. auf die Klimaveränderung, auf Versumpfung und Versalzung im Unterlauf, den Flächenverlust, das Eindringen von Salzwasser im Deltagebiet, auf die Verbreitung von Krankheiten wie Schistosomiasis und Malaria und auf die Trinkwasserqualität.

Das Umweltgutachten wurde wegen eines angeblichen Verfahrensfehlers, nämlich eines nicht genehmigten Thesenpapiers, am 30. August 1991 vom Prüfungskomitee des Staatsrates abgelehnt, da die Ergebnisse des Gutachtens der Beurteilung der ökologischen Auswirkung seitens der Politiker nicht entsprachen. Der Staatsrat beauftragte daraufhin die »Jangtse-Akademie für Aquaristik«, innerhalb von fünf Monaten eine neue Umweltverträglichkeitsprüfung für das Projekt durchzuführen. Erwartungsgemäß wurde das Gutachten Ende Januar 1992 mit dem Ergebnis abgeliefert, daß der Nutzen des Projektes viel größer als seine möglichen Risiken sei. In einem Eilverfahren hat das Umweltamt des Staatsrates diese Umweltverträglichkeitsprüfung Ende Februar 1992 genehmigt, noch rechtzeitig vor der Entscheidung durch den Nationalen Volkskongreß im März 1992. Ohne die wissenschaftliche Richtigkeit zu prüfen, schien das Verfahren der Umweltverträglichkeitsprüfung zunächst korrekt zu verlaufen. Leider beging der Staatsrat zwischenzeitlich einen gravierenden Verfahrensfehler: er genehmigte schon am 17. Januar 1992 das Drei-Schluchten-Staudammprojekt ohne Vorlage einer gültigen Umweltverträglichkeitsprüfung und verstieß damit gegen das Umweltgesetz.

Am 14. Dezember 1994 wurde auf dem Bauplatz der erste Beton für den Staudamm gegossen. Ministerpräsident Li Peng eröffnete persönlich den offiziellen Baubeginn des Drei-Schluchten-Projektes. Das erste »Denkmal« für Li Peng ist

353

schon errichtet worden. Betrachtet man das Projektmodell, so findet man einen detaillierten Entwurf des zweiten »Denkmals«, das geplante Schiffshebewerk, das aber völlig falsch dargestellt wird.

Das Projekt wird alle bisher in China errichteten Bauten übertreffen, sowohl bezüglich des Investitionsvolumens als auch bezüglich der Beeinträchtigung von Natur und Gesellschaft. Aber dies wird nicht das letzte Projekt der Superlative unter der Regie des Stalinismus sein. Die im April 1992 gebilligten Gesamtbaukosten (d.h. Kosten für den Staudamm, die Energiegewinnungsanlagen, das Stromnetz und die Umsiedlungskosten) wurde auf 57 Milliarden Yuan (Preisindex Dezember 1991) geschätzt. Nur dreizehn Monate später stiegen die geschätzten Gesamtbaukosten auf 95,4 Milliarden Yuan. Im August 1995 wurden sie mit 250 Milliarden Yuan angegeben. Innerhalb von nur 40 Monaten nach der Projektgenehmigung sind die Gesamtbaukosten schon um 338,6 Prozent gestiegen. Hauptleidtragender der Baukostenerhöhung ist die Bevölkerung, denn für das Drei-Schluchten-Projekt ist eine Sondersteuer für jedes verbrauchte Kilowatt zu entrichten. Der Strompreis für Normalverbraucher ist in der letzten Zeit bereits um 30 bis 100 Prozent gestiegen. Weitere Preiserhöhungen sind vorgesehen, um die finanzielle Lücke des Projektes zu decken. Die schweigende Bevölkerung von 1,2 Milliarden Menschen muß immer mehr bezahlen, um das »historische Denkmal« der Politiker zu finanzieren.

Bei der Realisierung des Drei-Schluchten-Staudammprojektes ist man auf die finanzielle und technische Hilfe des Auslands angewiesen. Das »U.S. Reclamation Bureau«, das in den 40er Jahren den ersten Drei-Schluchten-Staudamm-Plan ausgearbeitet hatte, nahm die Einladung der chinesischen Regierung zur Zusammenarbeit nicht an. Als eine der bekanntesten Einrichtungen für Dammbauprojekte weltweit, erklärte das Reclamation Bureau, den Bau von Staudämmen dieser Größenordnung halte man heutzutage für ein veraltetes Konzept.

Die Weltbank gab keine finanzielle Hilfe für das Projekt, nachdem sie weltweit bei großen Dammbauprojekten viele negative Erfahrungen gesammelt hatte. Im Mai 1996 lehnte auch die U.S. Export-Import Bank nach zweijähriger Forschung die finanzielle Unterstützung des Drei-Schluchten-Projekt definitiv ab, weil das Projekt nicht den Umweltrichtlinien der Bank entspreche. Sie appellierte zudem an alle Kreditgeber, das zerstörerische Projekt nicht zu unterstützen.

Manche ausländische Unternehmen beteiligen sich jedoch an dem Projekt, unter anderem Firmen aus den USA, Kanada, Japan, Deutschland, Italien, Finnland, Schweden, Rußland, Südkorea, Thailand, Hongkong und aus Taiwan.

Hochwasserkatastrophen in China

In China gibt es heute insgesamt über 82.900 Staudämme, darunter etwa 18.000 große Staudämme mit einer Dammhöhe von über 15 Metern. Obwohl das alte China für sein technisches Niveau beim Wasserbau weltweit bekannt war, gab es dort bis 1949 weniger als 10 Staudämme. Seit 47 Jahren steht der Bau von Staudämmen im Vordergrund, gemäß den chinesischen Weisheiten »Wer das Wasser beherrscht, beherrscht auch China« und »Der Heilige kommt, wenn das Flußwasser sauber und ruhig ist«. Das Hauptziel ist »die Zähmung der gefährlichen Fluten«.

Die Hochwasserkatastrophe im Jahr 1991 war ein wichtiges Argument für das Drei-Schluchten-Staudammprojekt, ähnlich wie die Hochwasserkatastrophe von 1954, die circa 30.000 Todesopfer forderte und die von 1935 mit circa 140.000 Todesopfern. Durch gezielte Propaganda wurde in der Bevölkerung eine große Angst vor Hochwasser erzeugt. Diese Ängste sind bei der Entscheidung für das Drei-Schluchten-Staudammprojekt ausgenutzt worden.

Niemand fragte nach den Ursachen der bisherigen Hochwasserkatastrophen und nach möglichen Alternativen. Die Hochwasserkatastrophe von 1991 ist durch menschliches Versagen bei der Abflußregulierung entstanden und verstärkt worden. Eine solche Katastrophe ist auch in Zukunft durch den Drei-Schluchten-Damm nicht zu verhindern.

Auch die Hochwasserkatastrophe des Jahres 1935 wäre durch einen solchen Damm nicht zu vermeiden gewesen. Damals starben 80.000 Menschen durch den Deichbruch am Han-Fluß und 60.000 Menschen durch den Deichbruch am Li-Fluß. Die Flüsse Han und Li liegen unterhalb des Staudammes, so daß das Hochwasser vom Drei-Schluchten-Damm nicht erfaßt werden kann. Durch die Statistik kann leider nicht bewiesen werden, daß durch zusätzliche Staudämme die Häufigkeit oder die Stärke von Hochwasserkatastrophen bzw. die Verluste durch Hochwasser reduziert wurden. Die Untersuchung von Dr. Dieter Albrecht zeigt sogar, daß die Häufigkeit der Hochwasser- und Dürrekatastrophen in China mit der Ausweitung von Wasserbauprojekten steigt.

Die Verluste in den Jahren 1935 und 1954 sind nicht mit dem Dammbruch in der Provinz He'nan 1975 zu vergleichen. Damals liefen insgesamt 62 Staudämme über und brachen. Als der flußaufwärts liegende Banqiao-Damm brach, fielen flußabwärts liegende Dämme wie Dominosteine nacheinander um. Um weitere Dammbrüche zu vermeiden und wichtige Industrieanlagen noch zu retten, wurden Flußdeiche an mehreren Orten ohne Vorwarnung auf den Befehl der Regierung gesprengt. Dadurch kamen insgesamt 230.000 Menschen ums Leben. Die Hauptursache für den Banqiao-Dammbruch war wiederum menschliches Versagen. Da die Tore der Abflußkanäle verrostet waren, konnten sie nicht geöffnet werden. Nach der Katastrophe wurde eine Untersuchung zur Dammsicherheit mit dem Ergebnis durchgeführt, daß ein Drittel der chinesischen Staudämme gefährdet und unsicher sind. Zu den Bauschäden und -mängeln, die an den 89 größten Staudämmen gefunden wurden, hieß es unter anderem:

»Der Stausee ist durch viel stärkere als in der Planung
  vorgesehene Sedimentation aufgefüllt.«
»Die Kapazität der Abflußkanäle ist zu klein.«
»Der Staudamm liegt in einem Gebiet mit großer Erdbebengefahr.«
»Der Staudamm liegt direkt auf einer geologischen Verwerfung.«
»Die hydrologischen Daten sind falsch.«
»Die Kalkulation des maximalen Hochwassers ist nicht richtig.«
»Es fehlt ein technischer Entwurf.«

Was würde bei einem Dammbruch des gigantischen Drei-Schluchten-Dammes passieren?

Das gestaute Naß – Fluch oder Segen?

Stauen des Mekong: Regionale Energiepolitik

Grainne Ryder

Der Mekong entspringt im tibetischen Himalaya 5.500 Meter über dem Meeresspiegel. Er fließt nahezu 5.000 Kilometer, bevor er das Südchinesische Meer in Vietnam erreicht, wo der Fluß *Cu Long*, neunschwänziger Drache, genannt wird. Der zehntgrößte Fluß der Welt bietet in seinem Verlauf spektakuläre Fischgründe und fruchtbare Überschwemmungen. Er durchfließt oder begrenzt sechs Länder: China, Birma, Laos, Thailand, Kambodscha und Vietnam.

Vor einem halben Jahrhundert haben Angehörige des US-Armee Ingenieur-Korps und das US-Büro für Urbarmachung eine Reihe großer Staudämme und Wasserspeicher anvisiert, um das Mekong-Flußbecken in einen der Brotkörbe der Welt zu verwandeln, der seinesgleichen nur in den großen Ebenen der USA haben sollte. Jahre des Krieges und des politischen Umbruchs machten die Umsetzung der Pläne jedoch zunichte.

Heute, da die Mekong-Anrainerstaaten ihre einst so hermetisch verriegelten Tore für Entwicklungshilfe, Handel und ausländische Investitionen weit öffnen, erweckt die immense Energie und der Reichtum des Mekong-Flusses erneut internationales Interesse.

Abkommen belebt das Mekong-Komitee erneut

1995 unterzeichneten die vier Länder am Unterlauf des Mekong ein Abkommen über die Zusammenarbeit für eine konstante Entwicklung des Mekong-Flußbeckens. Dies hat die bereits bestehenden, ambitionierten Pläne wiederbelebt, den Unterlauf des Mekong und seine Nebenflüsse insbesondere für die Gewinnung von Wasserkraft nutzbar zu machen. Das Ziel ist, Thailands boomende Wirtschaft ausreichend mit Energie zu versorgen und damit zu retten.

Das Abkommen wurde mit der Unterstützung der Vereinten Nationen entworfen und ersetzt die früheren Statuten des 1957 gegründeten ursprünglichen Mekong-Komitees. Es schreibt den Mekong-Anrainerstaaten weitreichende Prinzipien und Kriterien zur Nutzung des Mekongwassers vor. Das neue Komitee firmiert heute unter der Bezeichnung »Mekong-Fluß Kommission« (MRC). Es ist offen für die zukünftige Mitgliedschaft der beiden Länder am Oberlauf des Mekong, Birma und China, und besteht aus drei ständigen Körperschaften: einen Rat auf Ministerialebene, der die Richtlinien der Politik bestimmt und für die Konfliktlösung zuständig ist, ein beigeordnetes Komitee, um politische Entscheidungen umzusetzen, und ein Sekretariat, das technische und administrative Unterstützung leistet.

Der Leiter des MRC ist traditionell ein von den Vereinten Nationen ernannter westlicher Technokrat. Yasunobu Matoba aus Japan ist ein Wasserbauingenieur, der für die Weltbank und einige der japanischen Regierungs-Hilfsagenturen gearbeitet hat, einschließlich des »Overseas Economic Cooperation Fund« (OECF) und der »Japan International Cooperation Agency«.

Das neue Mandat des MRC, das ebenfalls mit Unterstützung der UN entworfen wurde, lautet, »zu kooperieren und in einer gegenseitigen nützlichen Art und Weise die konstante Entwicklung, Bewahrung und das Management des Mekong-Flußwassers und mit diesem in Zusammenhang stehender Ressourcen für Navigations- und Nicht-Navigationszwecke, für die soziale und wirtschaftliche Entwicklung und Wohlfahrt aller Anrainerstaaten in Übereinstimmung mit den Bedürfnissen der Menschen zu fördern, die Umwelt und aquatischen Lebensraumbedingungen zu schützen, zu bewahren, zu steigern und zu leiten und das außergewöhnliche ökologische Gleichgewicht in diesem Flußbecken zu erhalten«.

Regierungschefs preisen das Abkommen als Beginn einer neuen Ära der Kooperation zwischen ehemals verfeindeten Nationen, aber es sind die Pläne und Spieler hinter dem Abkommen, die einheimische und internationale Nichtregierungsorganisationen und Journalisten bewegen, kritische Diskussionen in Bangkok und Phnom Penh zu führen. 357

Thailands Umleitungspläne

Thailands Plan, Wasser vom Mekong nach Thailand umzuleiten, wurde zum ersten Streitpunkt zwischen den Vertragspartnern Thailand und Vietnam. Er führte dazu, daß die Verhandlungen über einen neuen Rahmenplan des Mekong-Komitees für einige Jahre aussetzten. Gemäß den Vereinbarungen von 1957 ist die thailändische Regierung verpflichtet, dem Komitee detaillierte Pläne zur Prüfung durch alle Mitgliedsstaaten zu unterbreiten, bevor sie damit fortfahren kann, den Mekong nach ihren Vorstellung zu nutzen. Jeder Mitgliedsstaat hat diesen Vereinbarungen nach zudem das Recht, sein Veto gegen jegliche Entwicklungsvorhaben geltend zu machen, die das Fließen des Hauptstromes negativ beeinflussen könnten.

So lautete die Theorie, bis die thailändische Regierung entschied, sie müsse dringend Wasser aus dem Mekong ableiten, der über 900 Kilometer die Grenze zwischen Laos und Thailand bildet, um die Wasserknappheit des Landes auszugleichen. Unter wachsendem Druck, die Wasserkrise im eigenen Land lösen zu müssen, argumentierte die thailändische Regierung, daß sie ein »souveränes« Recht habe, ihren Anteil am Mekong – circa 15 Prozent der Gesamtwassermenge des Mekong fließt ihm durch thailändische Nebenflüsse zu – ohne »Behinderung« durch andere Anrainerstaaten zu nutzen.

1991, als Kambodscha nach nahezu zwei Jahrzehnten endlich offiziell in das Mekong-Komitee aufgenommen werden sollte, drängten die thailändischen Machthaber auf die Überprüfung von Khong-Chi-Mun (KCM), einem mehrere Milliarden US$ teuren Mekong-Umleitungsplan, durch das Kabinett. Es wurde befürchtet, Kambodschas Wiedereintritt würde die alten Vereinbarungen wiederbeleben, was eventuell zu einem vietnamesischen Veto gegen KCM geführt hätte. Aus dieser Befürchtung heraus forderte das nationale thailändische Mekong-Komitee ein neues Gesetzespaket, das die »neuen politischen und wirtschaftlichen Realitäten« in der Region reflektiert und drohte damit, aus dem Mekong-Komitee vollständig auszutreten, wenn die alten Vereinbarungen nicht gestrichen würden. Bemerkenswert dabei ist, daß der Leiter des thailändischen Mekong-

Komitees, Dr. Prathes Sutabutr, der Hauptbefürworter des KCM-Projektes und zugleich Generaldirektor des »Department of Energy Promotion and Development« ist, das direkt verantwortlich für das KCM-Budget und dessen Durchführung zeichnet.

Ungeachtet der vietnamesischen Einwände spiegeln die neuen Vereinbarungen des Mekong-Komitees Thailands Position viel stärker wider, als sie die Anrainerrechte der Staaten am Unterlauf aufrechterhalten. Thailand kann nun mit der Umleitung des Mekong fortfahren, ohne eine Prüfung durch andere Anrainerstaaten befürchten zu müssen. Das thailändische nationale Mekong-Komitee ist lediglich dazu verpflichtet, »vorherige Beratung« einzuholen, was als rechtzeitige Bekanntgabe und Übersendung von zusätzlichen Daten und Information an das MRC definiert ist. Diese »Beratung« ermöglicht es den anderen Anrainerkomitees, ein geplantes Projekt zu diskutieren und den möglichen Einfluß auf die Region zu evaluieren.

Phase I von Khong-Chi-Mun schließt den Bau und die Wiederherstellung Dutzender Staudämme und Speicherseen im Nordosten Thailands ein. Sie wurde 1992 aufgenommen, obwohl das »National Environment Board« das Projekt im Hinblick auf die Umwelt als inadäquat einschätzt und ablehnt. Von diesem Projekt sind tausende einheimischer Bauern und Fischer betroffen, deren Leben bereits heute durch Staudämme und Bewässerungspläne im Nordosten Thailands beeinträchtigt wird. Ferner trifft das Projekt auch bei Experten auf Ablehnung, die nach dem wirtschaftlichen Sinn dieses 720 Millionen US $-Projektes fragen.

Mekong-Staudamm Pläne wiederbelebt

Monate bevor das Mekong-Abkommen unterzeichnet wurde, hat das in Bangkok ansässige Sekretariat des Mekong-Komitees eine Studie in Auftrag gegeben, um die alten Pläne zur Nutzung des Mekong rechtzeitig für die Bestätigung durch das MRC und die potentiellen Geber auf der Gründungssitzung des MRC zu aktualisieren.

Die Studie wurde von »Acres International« (Kanada) und »Campaigne Nationale du Rhône« (Frankreich) mit Unterstützung des UNDP und Frankreichs durchgeführt. Sie empfiehlt neun, zwischen 30 und 60 Meter hohe Dämme und Speicherseen, die eine Ausdehnung von mehr als 600 Kilometer haben sollen. Insgesamt würden die Staudämme eine hydroelektrische Leistungskapazität von 14.000 Megawatt haben. Ihr Bau würde die Überflutung von mehr als 2.000 Quadratkilometern Fläche und die Vertreibung von grob geschätzt 60.000 Menschen bedingen.

Von den neun vorgeschlagenen Dämmen versucht das MRC nun drei Projekte zu finanzieren: Khone Falls mit 238 Megawatt Leistung und Ban Koum mit 2.330 Megawatt in Südlaos sowie Sambor mit einer Kapazität von 3.300 Megawatt im Nordosten Kambodschas. Das beantragte Gesamtbudget beträgt 93 Millionen US $. Abgesehen von der Finanzierung der zentralen Studien über die geplanten Staudämme, hofft das MRC, aus diesem Gesamtbudget mindestens sechs Millionen US $ für verschiedene Machbarkeitsstudien, Umsiedlungs- und Umleitungspläne zu erhalten. Diese Studien und Pläne hängen zusammen mit dem Staudammbau an Mekong-Nebenflüssen einschließlich des Nam Nagum, des Nam Theum, des

Se Bang Fai, des Stung Battambamg, des Sekong-Sesan, des Nam Tha, des Prek Thnot, des Kamchay und des Pleikrong.

Hoang Trong Quang, ständiger Sekretär von Vietnams Ausschuß, möchte Staudämme am Oberlauf des Mekong, um den Abfluß des Stromes in das Reisanbaugebiet, das eine Bevölkerung von 15 Millionen Menschen ernährt, im Deltabereich Vietnams zu regulieren.

Der Leiter des thailändischen Komitees, Dr. Sutabutr, favorisiert Mekong-Staudämme, um einerseits den Abfluß zu regulieren und andererseits während der trockenen Jahreszeit ausreichend Wasser zur Verfügung zu haben. »Der Mekong ist ein jungfräulicher Fluß, der jedes Jahr ungenutzt ins Meer fließt,« sagt Sutabutr. »Das ist ein Verlust, und deshalb sollten wir uns diesen Fluß nutzbar machen.«

In Kambodscha leitet das Mekong-Komitee der stellvertretende Premierminister Ing Kiet. Er ist zugleich Industrieminister und ein starker Befürworter hydroelektrischer Entwicklung zum Wohl lokaler wie ausländischer Exportmärkte. »Wenn wir keinen Strom haben,« sagt Kiet, »wie können wir dann unser Land entwickeln? Wenn Sambor gebaut werden kann, werden wir die Möglichkeit haben, Strom nach Vietnam, Laos und Thailand zu verkaufen.« Vize von Kambodschas Komitee ist Khy Taing Lim, ein früherer Projektmanager des großen kanadischen Betriebs »Hydrio Quchee«. Er glaubt, daß der riesige Sambor-Staudamm ein »Vorzeigeprojekt« für Kambodscha sein kann. »Ich bin nur nach Kambodscha zurückgekehrt, um gute Projekte in Höhe angemessener Kosten zu bauen. Wir sollten verkaufen und exportieren, was wir exportieren können, und das ist Energie« sagt er.

Bedenken an den Mekong-Projekten

Die Gegner der Staudammpläne konzentrieren ihre bisherige Kritik auf zwei Punkte: Das Fließverhalten des Mekong wird sich verändern, was nicht nur die Schifffahrt beeinträchtigen wird, sondern auch die Verteilung der Nährstoffe im Wasser, die Regulierung des Grundwassernachflusses und die Wasserqualität insbesondere am Unterlauf des Mekong in Kambodscha und Vietnam. Die Fischgründe, die lebenswichtig für die Wirtschaft von Kambodscha und Vietnam sind, werden zerstört. Führende Beamte in Kambodscha, wie der Umweltminister Mok Mareth, und Angehörige des Fischereiministeriums, sind öffentlich dafür eingetreten, daß Mitglieder der Regierung Mekong-Staudammprojekte nicht unterstützen sollten, da der Verlust der Fischgründe für das Leben der meisten Kambodschaner katastrophal wäre.

Eine ökologische Studie, die 1994 vom MRC durchgeführt wurde, verstärkt diese Bedenken, indem sie feststellt, daß »...die Auswirkung der Dämme auf die Laichgewohnheiten bei Überflutungen substantiell sein wird. Der signifikante Verlust von Lebensräumen und die Isolierung von Fischstöcken von ihrer gewohnten Umgebung wird zu geringerer Produktivität und abnehmender biologischer Vielfalt führen«. Verbunden mit der Feststellung, daß »die schwerwiegendste Auswirkung von Wasserkraftprojekten die Blockade von Fischwanderungen ist«, empfehlen Berater eingehende Studien und experimentelle Fischdurchlässe am Hauptstrom.

Das gestaute Naß – Fluch oder Segen?

Die Position Laos'

Die Regierung in Laos konzentriert sich auf die hydroelektrische Entwicklung der Mekong-Nebenflüsse und läßt dem laotischen Anteil am Mekong über nahezu 1.900 Kilometer freien Lauf. »Alle großen Städte in Laos, von Huay Sai bis Luang Prabang, von Vientiane bis Savannakhet und Pak Se, liegen an den Ufern des Mekong«, sagt Saykham, Leiter des nationalen Mekong-Komitees von Laos. »Wir Laoten nutzen den Mekong extensiv, indem wir entlang des Flusses von Stadt zu Stadt reisen.«

Saykham lehnt die Stauung der Khone Wasserfälle ab, auch wenn das MRC offiziell versucht, weiteres Kapital für die Anfertigung von zusätzlichen Studien zu diesem Teilprojekt zu rekrutieren. Die Khone Wasserfälle sind gewaltige Stromschnellen nahe der laotisch-kambodschanischen Grenze, wo der Fluß über mehrere Kilometer breit ist, und für seine ergiebigen und artenreichen Fischvorkommen bekannt ist. »Die Khone Wasserfälle sind ein Symbol von Laos,« sagt Saykham. »Die Wasserfälle sollten in natürlichem Zustand erhalten bleiben. An seinen Ufern leben viele Dorfbewohner, deren Existenz überwiegend vom Fischfang abhängt.«

Entwicklung der Mekong-Nebenflüsse in Laos

Außerhalb des Mekong-Komitees treffen sich Vertreter Thailands und Laos' regelmäßig, um den Export hydroelektrischer Energie von Laos nach Thailand unter der Schutzherrschaft der Thailand-Laos-Gemeinschaftskommission zu besprechen. Das erste diesbezügliche Abkommen zwischen den beiden Staaten wurde 1993 mit der Zielvorgabe unterzeichnet, bis zum Jahr 2000 1.500 Megawatt Exportstrom zu erzeugen. Ein weiteres Abkommen ist in Verhandlung. Seit 1991 hat Laos 20 Abkommen mit Gesellschaften aus Australien, Brasilien, Kanada, Frankreich, Deutschland, Japan, Korea, Thailand und den USA zur Entwicklung hydroelektrischer Energiegewinnung unterzeichnet. In einer gemeinsamen Aktion soll die Wasserkraft der Mekong-Nebenflüsse gewonnen werden und an die thailändische, staatseigene Monopolgesellschaft »Electricity Generating Authority of Thailand« (EGAT) exportiert werden. Die ersten drei Wasserkraft-Projekte, die von EGAT und der laotischen Regierung geprüft wurden, sind das Houay Ho-Projekt mit 150 Megawatt, das Nam Theun Hinboun-Projekt mit 210 Megawatt und das Nam Theun 2-Projekt mit 681 Megawatt.

Der größte und älteste Staudamm, der in Laos gebaut wurde, ist der Nam Nyum-Staudamm mit einer Leistung von 150 Megawatt. Er wurde in den frühen 70er Jahren mit Unterstützung von Japan und der Weltbank errichtet. In Laos ist dieser Staudamm überwiegend als Umweltkatastrophe bekannt: er überflutete über 400 Quadratkilometer wertvolles Wald- und Ackerland. Trotzdem bleibt er eine wichtige Finanzquelle für die Zentralregierung, mit der jährlich zwischen 20 und 25 Millionen US $ verdient werden.

Einige Zeit später, im August 1995, hat ein deutsch-thailändisch-amerikanisches Konsortium, dem auch »Siemens« und andere deutsche Firmen angehören, der laotischen Regierung eine Machbarkeitsstudie für das Nam Ngum II-

Projekt vorgelegt. Der Staudamm soll eine Kapazität von 270 Megawatt haben und liegt weiter stromaufwärts des Nam Ngum I-Staudamms. Das Projekt soll, wenn es genehmigt wird, eine BOT-Genehmigung (»Build, Operate, Transfer«) von 20 bis 25 Jahren haben. Der Regierung von Laos wird ein Teil der Profite zukommen, und das Konsortium wird, dem *Khao Phatet Lao News Bulletin* (KPL) vom 12. August 1995 zufolge, für die Umsiedlung der Menschen dieser Region verantwortlich sein.

Die Vorbereitung des Gebietes für das 1,2 Milliarden US $ teure Nam Theun 2-Projekt ist bereits im Gange, obwohl die Baugesellschaften einschließlich der »Electricité de France«, des australischen Bauriesen »Transfield« und eines Konsortiums thailändischer Firmen nicht in der Lage gewesen sind, die Finanzierung, wie ursprünglich erhofft, sicherzustellen. Das Projekt wurde sowohl von der Asiatischen Entwicklungsbank als auch von der japanischen Regierung wegen seiner enormen finanziellen Risiken und der Umweltrisiken abgelehnt – das Projekt würde im Zuge seiner Realisierung mehr als 400 Quadratkilometer Wald und Grasflächen überschwemmen und Tausende von Menschen heimatlos machen. Daraufhin verschoben auch die Weltbank und ihr kommerzieller Arm, die »International Finance Corporation«, ein weiteres Mal ihre Entscheidung, das Projekt zu unterstützen, weil ihnen zusätzliche soziale Studien und Umweltstudien fehlten. In der Zwischenzeit haben kommerzielle Banken, wie die britische Barclay's Bank, die französische Société Générale und die Deutsche Bank Interesse gezeigt, zu investieren – aber nur für den Fall, daß die Weltbank ihre Investitionen garantiert.

Eine oppositionelle Bewegung auf der Grundlage ökologischer Bedenken gegen das Nam Theun 2-Projekt ist hauptsächlich in Thailand entstanden. Dort gibt es starke Bürgerbewegungen gegen große Staudämme, und zwar besonders gegen den von der Weltbank finanzierten Pak-Mun-Staudamm. Ihnen gelang es, EGAT zu zwingen, den Bau von Staudammprojekten im eigenen Land aufzugeben und dazu zu bringen, Energie von den Nachbarländern zu kaufen.

Ein kleineres Projekt am Unterlauf des Mekong, der Nam-Theun-Hinboun-Staudamm, wird als Gemeinschaftsunternehmen zwischen der Regierung von Laos und einem Konsortium skandinavischer und thailändischer Interessenten gebaut. Es wird teilweise von der Asiatischen Entwicklungsbank finanziert. Ähnlich wie bei Nam Theun 2, haben die Staudammbauer sowohl in Thailand als auch in den skandinavischen Ländern Kritik hervorgerufen, weil sie es abgelehnt haben, soziale und ökologische Folgen vor einer Evaluierung des Projektes zu bedenken, und weil sie auch ablehnten, einheimische Gemeinden um Rat zu fragen. Obwohl Nam Theun-Hinboun noch gar nicht fertiggestellt ist, dient das Projekt dennoch der Asian Development Bank (ADB) als Prototyp für private und öffentliche Partnerschaft bei der Entwicklung der Wasserkraft in der Mekong-Region.

Der obere Mekong

Der weithin größte hydroelektrische Staudamm, der für den Mekong beantragt wurde, ist in der Provinz Yunnan, im Südwesten Chinas, zu finden, wo der Mekong und seine Nebenflüsse durch steile Bergschluchten fast 5.000 Meter tief fallen.

Die regionalen staatlichen Autoritäten von Yunnan planen, dort insgesamt fünfzehn hydroelektrische Staudämme zu bauen, die zusammen eine Kapazität zwischen 1.000 und 5.000 Megawatt haben sollen. Das erste Projekt, der Manwan-
Staudamm mit einer Leistung von 1.500 Megawatt, wurde bereits 1994 fertiggestellt. Der zweite Staudamm, der Dachaoshan-Damm mit 1.500 Megawatt,
befindet sich derzeit im Bau. Beide Projekte werden in vollem Umfang von der
chinesischen Regierung finanziert. 1995 eröffnete Chen Yugi, der Leiter des
»Yunnan Provincial Electric Power«-Büros, die Gespräche mit der japanischen
Regierung über die Finanzierung des dritten geplanten chinesischen Mekong-
Staudammes, des Xiaowan-Dammes mit einer Kapazität von 4.000 Megawatt.
Obwohl die Gesamtkosten des Projektes bisher nicht bekannt sind, wird vom
japanischen »Overseas Economic Cooperation Fund« erwartet, daß er 800 Millio-
nen US $ in weichen Darlehen für das Projekt bereitstellt.

Einige Monate später kündigte die thailändische Firma MDX an, daß sie in den
Jinghong-Staudamm (1.500 Megawatt) investieren würde. Er liegt ungefähr fünf
Kilometer stromaufwärts von Asiens neuem Touristenziel, Xishuangbanna. MDX
plant, das Projekt in Partnerschaft mit dem »Yunnan Electric Power«-Büro zu entwickeln, obwohl auch die Finanzierung dieses Projektes bisher nicht sicher ist. Die
Asian Development Bank, die seit 1995 aktiv die Teilhaberschaft vom privaten Sektor in der Mekong-Wasserkraftentwicklung gefördert hat, teilte mit, daß sie weder
am Jinghong-Projekt noch an anderen Projekten dieser Größenordnung und mit
dieser potentiellen ökologischen Gefährdung beteiligt sein will.

Chinesische Experten versichern, daß die Mekong-Staudämme am Oberlauf des
Flusses keine negativen Auswirkungen auf die Regionen am Unterlauf haben wer-
den. Trotz dieser Zusicherungen befürchten laotische Experten wie Chanthavony
Saignasith, der Direktor des Komitees für Planung und Zusammenarbeit, nach wie
vor die Zerstörung des Flusses. Sie haben daher bei der ADB angefragt, ob sie eine
Zusammenstellung von Richtlinien für die Feststellung ökologischer und sozialer
Auswirkungen von Staudammprojekten am Oberlauf auf den Bereich des Mekong-
Unterlaufes unterstützen würde.

Asian Development Bank setzt sich an die Spitze

Seit 1992 hat die Asian Development Bank die Zusammenarbeit der sechs
Mekong-Anrainerstaaten unterstützt, um Investitionen, besonders mit Teilhaberschaft aus dem privaten Sektor, in den Bereichen Transport, Energie, Telekommu-
nikation, Handel und Investment sowie Tourismus zu fördern. 1994 engagierte die
ADB die nordische Energieberatungsgesellschaft »Norconsult International«. Sie
erstellte einen Plan, der 15 Milliarden US $ umfaßt und eine Gesamtheit von
76 prioritären Projekten empfiehlt. Bemerkenswerterweise empfiehlt die Studie
nicht den Bau von Staudämmen am Unterlauf des Mekong. Sie listet jedoch mehr
als fünfzig Wasserkraftprojekte am Mekong und seinen Nebenflüssen in Vietnam,
der chinesischen Provinz Yunnan und in Laos als »vielversprechend« auf.

Eine andere Empfehlung von »Norconsult« war die Einsetzung eines Sechs-
Länder-Elektrizitäts-Forums. Es wurde im April 1995 – also zeitgleich mit der Wie-

derbelebung der Mekong-Fluß Kommission – offiziell zu dem Zweck gegründet, Wasserkraftprojekte wieder in den Mittelpunkt des Interesses zu rücken, und die Teilhabe des privatwirtschaftlichen Sektors zu fördern.

Mit gleicher Zielsetzung hat eine japanisch-amerikanische Gruppe unter der Leitung von »Bechtel Corporation« und »Electric Power Development Company of Japan« ihr »Mekong-Power-Express« genanntes Projekt angekündigt. Dem *Kyodo News Service* zufolge würde das 811 Millionen US $ teure Projekt 1.500 Kilometer Hochspannungsleitungen bauen, um hydroelektrische Energie von Laos nach Vietnam und Thailand zu leiten. Mit Unterstützung von Japans machtvollem Ministerium für Internationalen Handel und Industrie (MITI) geht die Gruppe davon aus, finanzielle Unterstützung von der japanischen Regierung und der Asian Development Bank zu erhalten. Die Reaktionen der Privatwirtschaft auf die Mekong-Projekte waren weit verhaltener als die der Projektbefürworter. In einem Interview mit der *Financial Times* sagte Fan, der leitende Ökonom der Standard Chartered Bank, Hong Kong: »Ich bin betroffen von dem mangelnden Interesse der Privatwirtschaft an vielen der Mekong-Projekten. Wenn sie lebensfähig wären, gäbe es weit mehr Aktivität und Interesse der privaten Wirtschaft.«

Reform der Mekong-Fluß Kommission

1996 haben Wissenschaftler aus Thailand und Vietnam ein paralleles Forum gebildet, um einen stärker partizipatorischen Ansatz im Bereich des Wassermanagements zu verfolgen, als dies das MRC mit seinem technokratischen Ansatz aus der Vogelperspektive tat. Dieses Forum wird geleitet von Dr. Vo Tong Xuan, dem Vizerektor der im Mekong-Delta gelegenen Can Tho-Universität. Es heißt, es spiegele die wachsende Besorgnis unter Wissenschaftlern und Nichtregierungsorganisationen in der Region dahingehend, daß das MRC seinem neuen Mandat nicht gerecht wird. In einer Erklärung in der Bangkoker Presse erklärte Dr. Xuan, der »traditionelle Entwicklungsansatz«, wie er vom MRC vertreten wird, führe zum kontinuierlichen Verlust von Ressourcen und deren Nutzung, zum Verlust von Heimat, aber auch zur Verarmung der biologischen Vielfalt und zu schlechten Landnutzungspraktiken.

Gleichzeitig hat die katastrophale Erfahrung mit dem Pak-Mun-Staudamm sowie der Druck lokaler Gruppen in Thailand und in den Geberländern einige Spenderagenturen (darunter SIDA und die dänische DANIDA) dazu bewegt, die über Jahrzehnte anhaltende Euphorie des Staudammbaus und die damit verbundene Funktionen des MRC in Frage zu stellen. DANIDA hat erklärt, daß sie vom MRC verlangt, Machbarkeitsstudien durchzuführen und dabei die Bewohner der Mekong-Region einzubeziehen. »Unsere Zielgruppe ist die Mehrheit der Menschen, die im Mekong-Becken und nicht in Bangkok oder Hanoi leben und von elektrischer Energie abhängig sind,« sagt Erik Laursen von DANIDA. »Wir möchten die Menschen unterstützen, die in der Region vom Fluß leben und die abhängig sind vom Wasser des Mekong.«

Instrumentalisierung des Mekong: Wasserkraft und fremdbestimmter Wirtschaftsaufschwung in Laos

Frauke Kraas

Der Mekong ist mit 4.350 Kilometern der längste Strom Südostasiens. Etwa 60 Prozent seiner Abflußmenge stammt aus Laos, das er auf einer Länge von 1.965 Kilometern durchfließt. Damit wird der Fluß gewissermaßen zur Lebens- und Transportader eines Landes, das mit weniger als 250 US $ pro Kopf zu den »Least Developed Countries« (LLDC), den am wenigsten entwickelten Staaten der Welt zählt. Traditionell bildet die Landwirtschaft die zentrale Stütze der laotischen Wirtschaft und Gesellschaft: 58 Prozent des Bruttoinlandsprodukts (1986 waren es noch 63 Prozent) werden im Agrarsektor erwirtschaftet, in dem circa 90 Prozent aller Beschäftigten tätig sind. Die Versorgung der 4,6 Millionen Einwohner (1994) ist schlecht, die kriegsbedingten Zerstörungen der Infrastruktur und die Verwüstungen des Kulturlandes belasten die wirtschaftliche Entwicklung schwer. Während 1970 noch 9.500 Quadratkilometer der Gesamtfläche auf Ackerland und Dauerkulturen entfielen, waren es 1990 nur noch 9.110 Quadratkilometer; von ihnen wurden nur 650 Quadratkilometer bewässert. Der Waldbestand ging von 63 Prozent im Jahr 1963 auf – unterschiedlichen Schätzungen zufolge – gegenwärtig 47 Prozent bzw. 35 Prozent zurück.

Die derzeit einzige Möglichkeit zu einem schnellen wirtschaftlichen Aufschwung in Laos scheint in der Nutzbarmachung der Wasserkraftpotentiale des Mekong und seiner Tributäre zu liegen. Die damit verbundene Erschließung großen Ausmaßes kommt einer Nutzung des Mekong als Instrument zur Devisenbeschaffung durch den Export von Energie und zum Aufbau einer exportorientierten Industrialisierung gleich. Zum tieferen Verständnis dieser Instrumentalisierung ist es erforderlich, die Nutzung der Wasserkraftpotentiale im Zusammenhang mit der gesamten wirtschaftlichen Entwicklung von Laos zu betrachten.

Infrastrukturausbau und Wirtschaftsaufschwung nach 1989

Die Wirtschaft des Landes war lange von wesentlichen finanziellen Hilfen seitens der Sowjetunion abhängig. Sie glichen zeitweilig mehr als die Hälfte des laotischen Haushaltsdefizits aus. Seit 1988 befindet sich die laotische Wirtschaft in einem strukturellen Transformationsprozeß: Laos versucht, mit einem eigenen Reformkurs Prinzipien sowjetischer Perestrojka-Politik mit solchen westlicher Marktwirtschaft zu verbinden. Dabei werden vor allem den staatseigenen Betrieben Freiheiten im Managementbereich eingeräumt, und eine Förderung der Investitionstätigkeit durch ausländische Unternehmen wird angestrebt. Die erhofften positiven Auswirkungen blieben jedoch zunächst aus, da mit dem Zusammenbruch der

Sowjetunion der plötzliche Rückgang von Unterstützungsleistungen schwere Versorgungsengpässe auslöste. 1989 erholte sich die Wirtschaft nach Einführung der »New Economic Mechanisms« (NEM) mit der Folge, daß das Wirtschaftswachstum merklich anstieg: 1989 wurden 13,8 Prozent Wachstum erzielt, in den Folgejahren jeweils zwischen 4 und 6,6 Prozent. Inzwischen trägt die Industrie zu 16,6 Prozent zur Erwirtschaftung des Bruttoinlandsprodukts bei und verzeichnet aufgrund zunehmender Auslandsinvestitionen einen starken Zuwachs.

Grundlage des Wachstums bilden große wirtschaftliche Potentiale in den Bereichen der intensiven Land- und Forstwirtschaft, der Stromgewinnung aus Wasserkraft, des Bergbaus und generell arbeitsintensiver Beschäftigung. Die beiden wichtigsten rohstoffabhängigen Industriezweige, die Holzverarbeitung und die hydroelektrische Stromgewinnung, produzieren für den Export. Holz- und Holzerzeugnisse tragen mit 28,4 Millionen US $ (1991; 1988: 25,1 Millionen US $) und Exporte von Elektrizität zu 21 Millionen US $ (1991; 1988: 11,3 Millionen US $) zu den Exporteinkünften des Landes bei. Der Export von Elektrizität, vor allem nach Thailand, stieg von 374 Millionen Kilowattstunden im Jahr 1988 auf 662 Millionen Kilowattstunden im Jahr 1991.

Die weitere wirtschaftliche Entwicklung von Laos ist von einer wesentlichen Verbesserung von Infrastruktur und Versorgungseinrichtungen abhängig. Die bestehende Infrastruktur befindet sich in völlig unzureichendem und veraltetem Zustand. Der überwiegende Teil der Straßen ist unbefestigt und daher während der Regenzeit, also von Mai bis November, kaum oder nicht befahrbar. 1991 lag die Straßenlänge pro Quadratkilometer Landesfläche bei nur 0,06 Kilometern, von denen 24 Prozent geteert, 34 Prozent geschottert und 42 Prozent unbefestigt waren. Über 90 Prozent des Güterverkehrs und 95 Prozent des Personenverkehrs werden über die Straße abgewickelt. Das übrige Verkehrsaufkommen entfällt hauptsächlich auf die Flußschiffahrt, d.h. auf den Mekong, der auf einer Länge von 1.150 Kilometern fast ganzjährig schiffbar ist, und auf seine schiffbaren Nebenflüsse. Eine Eisenbahnstrecke gibt es in Laos nicht. Nur ein geringer Teil des Transports wird vom Flugverkehr übernommen. Die aus dem mangelhaften Verkehrsnetz resultierenden Probleme führen zu schwerwiegenden Engpässen in der Verteilung von Gütern, insbesondere Nahrungsmitteln. Dies gilt vor allem für die Versorgung peripherer Provinzen.

Energieversorgung, Wasserkraft und Staudammprojekte:
Einfluß des Auslandes und Instrumentalisierung des Mekong

Die laotische Regierung bemüht sich verstärkt um den Ausbau der Wasserkraftressourcen und um die Verbesserung der Infrastruktur. Im Rahmen des zweiten Fünfjahresplanes (1986–1990) floß ein Viertel der öffentlichen Investitionen von Laos in den Verkehrs- und Nachrichtensektor, und allein 80 Prozent gingen in den Straßenbau. Zwischen 1991 und 1995 waren 38 Prozent der öffentlichen Ausgaben für die Verbesserung der Verkehrsinfrastruktur vorgesehen, davon 92 Prozent (257 Millionen US $) für den Ausbau der Straßen. Der eklatante Finanzmangel des Staates zwingt Laos jedoch dazu, sich um ausländische Hilfe zu bemühen, womit beträchtliche Abhängigkeiten verbunden sind. Die Weltbank unterstützt beispielsweise den Bau einer 217 Kilometer langen Schotterstraße von Pakse nach Seno. Mit finanzieller Hilfe der »Swedish International Development Agency« (SIDA) werden zur Zeit Arbeiten an der *Nationalstraße 12* im Landesinneren durchgeführt. Insgesamt belaufen sich ausländische Unterstützungsleistungen auf über 200 Millionen US $.

Schätzungen zufolge werden 90 Prozent des Energiebedarfs von Laos durch Brennholz gedeckt. Jeweils einen Anteil von 5 Prozent nehmen Elektrizität aus Wasserkraft und Erdöl ein, das hauptsächlich aus Singapur importiert wird. Bei dieser Berechnung dürfte der Brennholzanteil etwas zu hoch angesetzt sein, da die Hauptstadtregion mit ihrem überdurchschnittlichen Verbrauch vom nationalen Elektrizitätsnetz versorgt wird. Die Bevölkerung außerhalb Vientianes ist wegen fehlender Versorgungsnetze jedoch zweifellos meist auf die Nutzung der Holzressourcen angewiesen. Nur etwa 20 Prozent der Bevölkerung haben Zugang zum Elektrizitätsnetz. Der jährliche Energieverbrauch gehört mit 320 Kilowattstunden pro Person zu den niedrigsten Asiens. Der Energieverbrauch verteilte sich 1992 zu 32,1 Prozent auf Privathaushalte, zu 1,9 Prozent auf die Landwirtschaft und zu 2,3 Prozent auf die Industrie.

Laos verfügt derzeit über vier große Stromnetze. Das Vientiane-Netz gilt als verläßlich und versorgt 58.000 Konsumenten mit Energie aus dem Nam-Ngum-Kraftwerk. Nach Fertigstellung einer 115 Kilovolt-Leitung soll es auch zur Versorgung von Luang Prabang beitragen. Das Luang Prabang-Netz wird durch das Nam-Dong-Wasserkraftwerk und eine Reihe kleiner Dieselkraftwerke gespeist. Es versorgt 4.000 Konsumenten. Das Savannakhet-Netz und das Thakhek-Netz versorgen 18.000 Konsumenten und sind auf Importe aus Thailand angewiesen. Das würde sich durch den Ausbau des Wasserkraftwerkes am Nam Theun-Staudamm ändern. Die Provinznetze von Champassak, Saravane und Sekong versorgen zusammen 80.000 Konsumenten. Sie werden durch die Selabam- und Xeset-Wasserkraftwerke gespeist. Die übrigen Wasser- und Dieselkraftwerke des Landes sind veraltet, und ihre geringe Produktion wird in der Regel in eigene kleine Stromnetze eingespeist.

Die hydroelektrische Stromgewinnung besitzt jedoch große gesamtwirtschaftliche Bedeutung. Der Anteil der Stromexporte lag 1990 bereits bei über 50 Prozent der Gesamtproduktion. 1991 exportierte Laos 562 Millionen Kilowattstunden Strom an den einzigen Abnehmer Thailand und erwirtschaftete dadurch mit 21 Millionen US $ etwa ein Drittel des gesamten Exportwertes. 1994 beliefen sich die Stromexporte auf knapp 800 Gigawattstunden, von denen rund 70 Prozent nach Thailand exportiert werden. Die Strompreise in Laos werden durch Exportgewinne subventioniert. Während Starkstrom für 24,85 Kip pro Kilowattstunde an die »Electricity Generating Authority of Thailand« (EGAT) verkauft wird, liegen die Preise in Vientiane für die Stromversorgung der Bevölkerung bei nur 14 Kip pro Kilowattstunde (790 Kip entsprechen 1 US $).

Das Hauptinteresse der Regierung gilt dem Ausbau des Energiesektors und dem Bau neuer Wasserkraftwerke. Aus diesem Grund sollen ausländische Investoren an der Gründung von Joint Ventures oder BOT-Verfahren beteiligt werden, wodurch die gesamtwirtschaftliche Entwicklung langfristig unterstützt und gleichzeitig die

Deviseneinnahmen erhöht werden sollen. Derzeit befinden sich mehrere konkrete Projekte mit ausländischer Unterstützung in Planung:

— Nam Mang-3 mit 30 Megawatt
— Nam Leuk mit 40 Megawatt (Kosten: circa 70 Millionen US $, Teilfinanzierung durch Kredite der Asian Development Bank)
— Nam Ngum 2 mit 420 Megawatt (projektierte Bauzeit: 1997 bis 2000)
— Nam Theum-2 mit 600 Megawatt (Finanzierung von circa 850 Millionen US $ durch ein Joint Venture zweier australischer Firmen)
— Nam Theun-12 mit 210 Megawatt (Joint Venture der laotischen Regierung (51 Prozent), dem norwegisch-schwedischen Konsortium der »Nordic Group« (25 Prozent) und der thailändischen »MDX Company Ltd« (24 Prozent))
— Houai Ho Project mit 150 Megawatt (Finanzierung von 200 bis 300 Millionen US $ unter Beteiligung des »Daewoo«-Konzerns)
— Nam Hai mit 800 Megawatt (projektierter Baubeginn: Ende 2000)
— Nam Nhiep 1 mit 440 Megawatt (geplanter Baubeginn: 1999)
— Nam Tha 1 mit 230 Megawatt (geplanter Baubeginn: 1997)

Weiterhin sind Überlandleitungen (230 Kilovolt) projektiert: zwei 170 Kilometer lange Verbindungen sollen von Nam Theun-12 nach Thakek und weiter nach Sakon Nakorn in Thailand, vier 325 Kilometer lange Leitungen sollen von Nam Theun-2 nach Thakek weiter über Savannakhet nach Roi Et in Thailand führen.

Das erschließbare Wasserkraftpotential von Laos wird auf insgesamt zwischen 18.000 und 24.000 Megawatt, maximal auf über 30.000 Megawatt geschätzt. Von diesem Potential werden derzeit erst etwa 2 Prozent genutzt. Ausbaupläne sehen vor, fast den gesamten Mekong zu einer gigantischen Kraftwerkskaskade umzugestalten und die Nebenflüsse des Mekong über eine Vielzahl von Stauseen für die Generierung von Strom nutzbar zu machen. Konkrete Pläne bestehen derzeit für etwa 60 Stauseen. Laos soll damit im Zuge internationaler Funktionenteilung innerhalb Südostasiens die Rolle eines »großräumigen Kraftwerks« für die Energieversorgung der Nachbarstaaten übernehmen. Laos erwachsen gewinnträchtige Zukunftsperspektiven aus den Potentialen der Wasserkraft und dem gleichzeitig hohen und steigenden Energiebedarf vor allem im boomenden Thailand. Dabei ist Laos weitgehend von ausländischen Investitionen, Krediten und Abnehmern abhängig. Auslandsinvestitionen tragen inzwischen bereits zu über 50 Prozent der gesamten Bruttoinlandsinvestitionen bei.

In höchstem Maße bedenklich sind jedoch die ökologischen Auswirkungen dieser großräumigen Umgestaltung für den gesamten Mekong und seine Tributäre – einschließlich der Wasserversorgung und des Abflusses in Kambodscha und dem südlichen Vietnam. Hinzu kommen Befürchtungen der Laoten, in kultureller und wirtschaftlicher Hinsicht vom Nachbarn Thailand dominiert zu werden. Diese Bedenken beruhen auf traditionellen Ressentiments und ambivalenten Einstellungen zueinander, die auf jahrhundertelange Grenzstreitigkeiten und thailändisches Streben nach politischer und kultureller Vorherrschaft in Laos zurückgehen. Trotzdem ist Thailand als Wirtschaftspartner sehr wichtig für Laos, was dazu beiträgt, daß auch die politischen Verbindungen beider Staaten zunehmend offener werden.

Das gestaute Naß – Fluch oder Segen?

Laos profitiert, wenn auch in bescheidenem Maße, von seiner Schlüsselposition in einer potentiellen Wachstumsregion. Das im April 1995 unterzeichnete Abkommen zwischen Thailand, Vietnam, Kambodscha und Laos über eine Zusammenarbeit in der Mekong River Commission erfolgte im Zusammenhang mit gemeinsamen Plänen, die Infrastruktur im gesamten Mekonggebiet auszubauen.

Die Wasserkraftpotentiale stellen derzeit die meistversprechenden Ressourcen dar. Doch auch andere Möglichkeiten bestehen: Die agrarwirtschaftlichen Ressourcen werden bisher nicht annähernd ausgeschöpft. Nur etwa fünf Prozent der Flächen für Tieflandreisanbau werden derzeit bewässert. Reismühlen sind die am weitesten verbreiteten lebensmittelverarbeitenden Industrieunternehmen. Die mit der Forstwirtschaft verbundenen Industriebetriebe könnten bei Reduzierung der Abholzung im Land deutliche Produktveredelung anstreben. Diese Schritte erforderten strenge Kooperations- und Planungsmaßnahmen auf Provinzebene – allerdings auch ausländische Unterstützung, die jedoch binnen-, und nicht exportorientiert ausgerichtet sein müßte.

Trotz steigender Auslandsinvestitionen wird Laos infolge der gestiegenen Importe weiterhin hohe Handelsdefizite aufweisen. Es ist daher zu erwarten, daß sich die Handelsbilanz des Landes weiter verschlechtern wird. Selbst durch beachtliche Verbesserungen im Dienstleistungssektor, ausgelöst durch höhere tourismusbedingte Einnahmen, kann diese Verschlechterung kaum aufgefangen werden. Der nationale Entwicklungsplan bis zum Jahr 2000 räumt der Förderung von exportorientierten industriellen Aktivitäten mit ausländischer Beteiligung Priorität ein. Zumindest mittelfristig scheint damit kaum eine realistische Alternative zur Instrumentalisierung der Wasserkraft in Laos zu bestehen.

Der Hoa Binh-Damm, Vietnam – Bilanzierung der Kosten

Georgina Houghton

Vietnams Wirtschaftsplaner sagen schwerwiegende Energieengpässe voraus und gehen daher derzeit hauptsächlich die Ausweitung der Wasserkraftkapazität des Landes an. Das größte dieser Projekte ist der 4.000 Megawatt-Staudamm Son La in den abgelegenen nordwestvietnamesischen Provinzen Son La und Lai Chau. Dieser Damm wird dazu führen, daß 130.000 vorwiegend ethnische Thai umgesiedelt werden müssen und eine Fläche von 440 Quadratkilometer überflutet wird. Obwohl dieses Projekt derzeit nur auf dem Reißbrett existiert, wird es aufgrund seiner Größe und seiner potentiellen Auswirkungen sowohl von Nichtregierungsorganisationen, Geldgebern, Angehörigen der in Übersee ansässigen Thai-Gemeinden, ja selbst von einigen Gruppen der vietnamesischen Regierung heftig diskutiert. Die

Regierung in Hanoi hat zugesichert, eine umfassende Studie über den Umwelteinfluß des Projektes anfertigen zu lassen und die betroffene Lokalbevölkerung zu konsultieren. Aber diese Versprechungen werden relativiert durch die Erfahrungen mit Vietnams letztem großen Wasserkraftwerk, dem Hoa Binh-Damm. Die Geschichte des Hoa Binh-Projektes ermöglicht wichtige Einblicke in großdimensionierte vietnamesische Entwicklungsprojekte. Ersichtlich sind insbesondere die ökologischen und sozialen Folgen, die durch die Umsiedlung großer Bevölkerungsteile entstehen und der daraus resultierende verstärkte Druck auf die natürlichen Ressourcen.

Die Umsiedlung von Gemeinschaften aufgrund großer Entwicklungsprojekte ist in allen Ländern der Welt eine Schikane. Für Vietnam, wo die Geschwindigkeit der aktuellen Veränderungen mitunter atemberaubend ist, gilt dies besonders. Der Hoa Binh ist der derzeit größte Staudamm in Südostasien. Das Ausmaß und die Komplexität der Auswirkungen dieses hydroelektrischen Entwicklungsprojektes waren in ihren Dimensionen nicht zu erahnen, als die Planung des Projektes in den frühen 70er Jahren begann. Weltweit haben erst seit dieser Zeit Studien das Ausmaß der sozialen und ökologischen Folgen solcher Entwicklungsprojekte gezeigt und deren bis dato gültige positive Einschätzung in Frage gestellt.

Vietnams politische, wirtschaftliche und technische Isolation der letzten Jahre hat eine effektive Entwicklung des staatlichen Ressourcenmanagements verhindert. Weder Forscher oder Entwicklungsplaner noch politische Entscheidungsträger hatten Zugang zu internationalen Informationsquellen über neueste, fortschrittlichste Methoden zur Folgeabschätzung. Damit hatten sie auch keinen Einblick in die zu erwartenden Folgen von Entwicklungsprojekten dieser Größenordnung.

Die Konsequenzen für die Lokalbevölkerung waren belastend und nützlich zugleich: Organisationsstrukturen wurden bis zum äußersten beansprucht, aber zugleich wurde vor Ort experimentell die Ressourcennutzung in Gang gesetzt. Die Umsiedlung und Neuansiedlung der Bevölkerung hatte soziale und ökologische Auswirkungen und damit ökonomische Folgekosten, die bei diesem Projekt gewaltig unterschätzt wurden. Dies sind wichtige Erkenntnisse für die Planung künftiger Projekte. Die Erfahrungen sowohl der Bauern als auch der staatlichen Autoritäten mögen dazu dienen, Vorschläge für eine Ressourcennutzung auf Gemeindeebene zu erarbeiten. Von diesen Vorschlägen ausgehend können lokale und nationale Entwicklungsfragen verhandelt werden.

Südostasiens größter Staudamm

Der Hoa Binh-Damm liegt am Da-Fluß, 75 Kilometer westlich von Hanoi und zwei Kilometer flußaufwärts der Hauptstadt der Hoa Binh-Provinz im Norden Vietnams. Der Stausee hingegen erstreckt sich über etwa 230 Kilometer flußaufwärts bis in die Provinz Son La. Mit der Flutung des Reservoirs wurde 1982 begonnen, als der Staudamm eine Höhe von 23 Metern hatte. Bis 1991 erreichte er nach und nach eine Höhe von 115 Meter. Es entstand eine Uferlinie von 770 Kilometern, ein Wasservolumen von etwa 9,5 Milliarden Kubikmetern Wasser und eine überflutete Fläche von etwa 200 Quadratkilometern.

Der Hoa Binh-Damm ist gegenwärtig mit Blick auf die Energieleistung, Damm-höhe und Zahl der umgesiedelten Menschen das größte hydroelektrische Projekt in Südostasien. Er wurde mit finanzieller und technischer Unterstützung der früheren UdSSR errichtet. Wenngleich die Baukosten aufgrund hoher Inflationsraten und be-stehender Diskrepanzen zwischen offiziellen und inoffiziellen Wechselkursen nur sehr schwer in genaue Dollarangaben umzurechnen sind, wurden sie vom Energie-ministerium auf etwa 1,5 Milliarden US $ geschätzt. Die Planung des Staudamms begann 1971, der Baubeginn war im Jahr 1979, und die Inbetriebnahme des Pro-jektes fand termingerecht 1994 statt. Die beträchtlichen potentiellen Vorteile des Dammes sind hauptsächlich folgende drei Punkte:

1 Die Elektrizitätsversorgung der nordvietnamesischen Städte und auch der
   große Energiebedarf des Südens, der durch die schnelle Industrialisierung
   entsteht, soll befriedigt werden. Dies soll mittels einer 500 Kilowattstunden-
   Fernleitung geschehen.
2 Der Abfluß der natürlichen Fließgewässer wäre ganzjährig geregelt
   und kontrolliert.
3 Der Damm würde die zusätzliche Bewässerung von 30.000 Hektar
   Ackerland am Unterlauf des Flusses ermöglichen.

Der überwiegende Nutzen des Projektes kommt der Bevölkerung am Unterlauf zu-gute, während die umgesiedelten Gemeinden am Oberlauf den Großteil der Kosten zu tragen haben. Die Zahl der Untersuchungen über die Auswirkungen des Dam-mes am Unterlauf ist gering. Sie weisen darauf hin, daß die Regulierung eines höhe-ren Wasserstandes am Unterlauf saisonal zur Überflutung landwirtschaftlicher Nutzflächen führen könnte und sogar die Fundamente des bestehenden Deich-systems unterspült werden könnten.

Am Oberlauf stellt der Stausee selbst ein neues Transportmedium dar. Es ist geeignet, ein neu entstehendes Netzwerk von Märkten zu bedienen und wird als Entwicklungschance für den Tourismus aber auch für die Fischereiindustrie erach-tet. Lokale Klimaveränderungen, die einen leichten Anstieg der Temperatur und der Luftfeuchtigkeit bedingen, können eventuell dazu führen, daß der Anbau von Marktfrüchten und die Vielfalt der Anbaupalette ausgedehnt wird. Aber ohne eine beträchtliche staatliche Unterstützung zur Ausbildung der dazu erforderlichen Fähigkeiten und Kenntnisse und die Finanzierung einer grundlegenden Infrastruk-tur wird die umgesiedelte Bevölkerung von diesen Vorteilen wahrscheinlich nicht profitieren können.

Die Planung der Umsiedlung

Bereits 1982 wurden die sozialen und ökologischen Auswirkungen des Stau-dammes spürbar, als bäuerliche Gemeinschaften im Da-Tal damit begannen, in die höheren Lagen des Flußeinzugsgebietes umzusiedeln. Etwa 58.000 Menschen aus 9.305 Haushalten und neun Distrikten der ehemaligen Provinzen Ha Son Binh und Son La – die zwischenzeitlich zur Hoa Binh-Provinz zusammengeschlossen wurden – mußten ihre Heimat verlassen und verloren durch die Überflutungen ihr Ackerland. Andere Bevölkerungsgruppen wurden indirekt beeinträchtigt, als umgesiedelte Gemeinschaften Anspruch auf ihre Wald-, Wasser- und Landressourcen erhoben. Mehr als 11.000 Hektar Ackerland wurden von dem Stausee überflutet, darunter 5.000 Hektar Naßreisfelder. Etwa 1.400 Hektar davon lagen allein im Phu Yen-Distrikt in Son La. Etwa 600 Hektar wurden in Da Bac überflutet, was der Hälfte der Reisanbauflächen der gesamten Provinz entsprach. Auch die Hauptstadt des Distrikts Cho Bo wurde überflutet, und 500 Haushalte siedelten in die neue Distriktstadt Tuy Ly um. Ferner gingen zwei weitere Marktstädte verloren, und in den neu erschlossenen Umsiedlungsgebieten stand nur sehr wenig Anbaufläche für Naßreis zur Verfügung. Die Hauptverantwortung für das Projekt wurde dem Energiesektor übertragen, einschließlich des Ministeriums für Energie, Elektrizität und Kohle- und Wasserressourcen, sowie des Ministeriums für Bauwesen. Dadurch wurde der Einfluß des Ministeriums für Landwirtschaft und Ernährung, Forsten und Fischerei – also der Regierungsabteilungen, die für die natürlichen Ressourcen verantwortlich sind – stark eingeschränkt. Konflikte entstanden bei der Zuweisung der knapp bemessenen Projektmittel für die Bau- und Managementaktivitäten auf Kosten von Forschung, Planung und Investitionen im sozialen Bereich.

Was rückblickend als hochintegratives Management-Rahmenwerk erscheint, entwickelte sich in Wirklichkeit über einen Zeitraum von zehn Jahren. Als Reaktion auf immer wieder neu auftretende Managementprobleme wurden Verantwortlichkeiten zwischen Abteilungen verschoben. Mit der Überwachung des Projektes war ursprünglich beispielsweise das Landwirtschaftsdepartment beauftragt. Es erkannte die Notwendigkeit, sozioökonomische und ökologische Planungsexpertisen zu erstellen. Als das Projekt jedoch voranschritt und die im Mittelpunkt stehenden Aufgaben sich änderten, gingen mehr und mehr Zuständigkeiten an das ehemalige Ministerium für Elektrizität und Kohle über, um den technischen Erfordernissen Rechnung zu tragen.

Eine Abteilung mit der Aufgabe, die Bedürfnisse der umgesiedelten Gemeinschaften zu betreuen, wurde erst spät und ohne großes Engagement in das Projekt eingebunden. Die Auswirkungen des Projektes auf die Lebensbedingungen der Bevölkerung und auf die natürlichen Ressourcen wurden zu einem Randproblem des Projektes herabgestuft. Wäre diese Abteilung von Anfang an in das Projekt eingebunden gewesen, hätten Probleme sehr viel früher gelöst werden können. So aber wurden sie zu spät angegangen.

Die Verantwortung für die Neuansiedlung vertriebener Familien fiel an Provinzbehörden. Sie waren vom Energieministerium in dem Bemühen eingerichtet worden, Entscheidungen vor Ort zu treffen und lokale Kenntnisse zu nutzen. Die Planungen begannen bereits 1976. Zwei markante Phasen des Projektes sind zu unterscheiden: die Phase des Entwurfs, der Planung und des Baus von 1970 bis 1990 und die Phase nach 1990, in der das Bemühen im Mittelpunkt stand, die negativen Auswirkungen des Projektes zu mildern: beispielsweise die Abholzung und Degradation der Böden, die Verschlammung des Dammes, die verringerte landwirtschaftliche Produktion und die negativen Auswirkungen auf die Gesundheit der Bevölkerung, auf die Bildung und auf die Verkehrsinfrastruktur. Fehlende Ressourcen und ein überzentralistisches, hochbürokratisches Management-Procedere verringerten drastisch die Effektivität der Umsiedlungen und die Kompensations-leistungen.

1974 wurde von der vietnamesischen Nationalversammlung das »Management Board for Construction of the Irrigation and Hydro-Electric Power Plant Project on the Da River« (CMBDR) eingerichtet, um die Kompensationen und Neuinvesti-tionen für die Bevölkerung in den beiden betroffenen Provinzen Son La und Ha Son Binh zu regeln. Die Aufgabe der CMBDR war es, die verschiedenen Gutachter- und Überblicksaktivitäten zu koordinieren, die die Identifikation des Projektgebietes, der Umsiedlungsgebiete und die Planungen für die land- und forstwirtschaftliche Entwicklung betrafen. Dazu war die Zusammenarbeit mit einer Reihe staatlicher Einrichtungen erforderlich, zu denen folgende zählten:

— das staatliche Planungskomitee, dessen Aufgabe es ist, die zwei Provinzkomitees hinsichtlich der Wirtschaftsplanung zu unterweisen
— das Zentralkomitee für Landwirtschaft in Zusammenarbeit mit der Haupt-abteilung Forstwirtschaft mußte bei der Umsetzung der Pläne herangezogen werden
— die Ministerien für Bauwesen, Wasserressourcen und Transport mußten Siedlungs- und Infrastrukturpläne erstellen
— die Ministerien für Gesundheit, Bildung und Kultur mußten den lokalen Autoritäten bei der Errichtung neuer Schulen, Gesundheitseinrichtungen und zur Unterstützung kultureller Angelegenheiten behilflich sein

Bis zum Jahr 1978 wurden auf diese Weise mindestens zwölf Ministerien ein-schließlich ihrer Unterabteilungen auf Provinz- und Distriktebene unter der Lei-tung der CMBDR in die Planungen einbezogen. Die CMBDR war ihrerseits direkt dem Ministerrat verantwortlich. Ihre vielzähligen Funktionen und individuellen Aufgaben variierten während der gesamten 80er Jahre, als das Projekt in die ab-schließende Bauphase eintrat, und die Umsiedlung der Bevölkerung in die neuen Gebiete begann.

Kompensationsleistungen für die Umsiedlung

Aufgrund der damaligen ökonomischen Situation Vietnams wurden nur sehr nie-dere Pro-Kopf-Ausgaben für die Umsiedlung erwartet. Es scheint jedoch, daß die tatsächlich geleisteten Zahlungen bei den Betroffenen die durch die Evakuierung erlittenen Härten nur wenig mildern konnten. Die verschiedenen Kompensations-leistungen wurden sukzessive an die umgesiedelte Bevölkerung verteilt, sobald unvorhergesehene Notfälle in den Umsiedlungsgebieten eintraten. Die erste Aus-zahlung, die auf einer Evaluierung von Haushaltsbudgets basierte, wurde den Haushalten nicht direkt ausgehändigt, sondern stattdessen wurde entschieden, bestehende Kompensationsansprüche auf der Bank zu deponieren, um Zinsen für künftige Investitionen anzusparen. 1985 wurde der Dong im Zuge der nationalen Währungsreform abgewertet, um die rasant fortschreitende Inflation zu stoppen. Das führte zu einer Wertminderung der angesparten Beträge um 90 Prozent. 1988 wurde zwar eine weitere Auszahlung an die betroffenen Haushalte geleistet, doch sie reichte noch nicht einmal aus, um die angefallenen Umzugskosten zu decken. Sie konnte höchstens einen Teil des verlorenen Haushaltsbudgets kompensieren oder Lebensmittellieferungen für den Aufbau einer neuen Lebensgrundlage bereitstellen. Eine dritte, für 1991 vorgesehene Kompensationszahlung wurde lediglich sporadisch unter den betroffenen Haushalten verteilt. Zudem begann man nun mit der Kompensation in Naturalien, um der rasanten Geldentwertung entgegenzuwirken.

Auf der Provinzebene wurde entschieden, Kompensationsleistungen durch Zuckerrohr- und Teepflanzen zu erbringen. Diese Entscheidung beruhte auf dem Anbauerfolg dieser Pflanzen in einzelnen Kommunen innerhalb des Distriktes. Ungeeignete Böden und die mindere Qualität der Pflanzen führten jedoch zu weiteren Fehlschlägen.

Bis 1991 sind lediglich neun Prozent des ursprünglich festgesetzten Kompensationsvolumens in Höhe von 4,8 Milliarden Dong an die betroffenen Haushalte ausgezahlt worden. Die verbleibenden 90 Prozent wurden an die Distriktbehörden überwiesen, die für die Entwicklung der Verkehrsinfrastruktur in den Umsiedlungsgebieten verantwortlich sind. Straßen sollten zu den neuen Siedlungsgebieten gebaut werden, die nahe dem Stausee auf höher gelegenem Areal errichtet werden sollten. Es war vorgesehen, Schulen, Krankenhäusern und andere soziale Infrastruktureinrichtungen zu errichten. Aus einer Reihe von Gründen wurden diese Entwicklungspläne nicht realisiert; ihre Kosten überstiegen bei weitem das zur Verfügung stehende Budget. Ein Großteil der verfügbaren Finanzen war in einer unangepaßten Bewässerungsinfrastruktur gebunden, bei deren Planung Bedingungen des Tieflandes zugrundegelegt worden waren.

Als kritischer Punkt, der deutlicher wurde, je weiter das Projekt voranschritt, erwies sich das Fehlen eines adäquaten gesetzlichen Regelwerkes, das den Rahmen absteckt, in dem Interessenskonflikte gelöst werden können. Das Projekt entwickelte sich im Kontext der Dekollektivierung der Landwirtschaft weiter, wobei Land aus Staatsbesitz in Privateigentum überführt wurde, und neue Anforderungen an die Verwaltung entstanden. Zugangsrechte zu natürlichen Ressourcen waren entweder unklar, oder sie waren an eine ganze Reihe staatlicher Autoritäten verliehen, deren Zuständigkeiten sich überschnitten. Keines der Systeme war dazu geeignet, eine effektive Zusammenarbeit zwischen den Bauern und der lokalen Verwaltung zu ermöglichen. In der Folge wurden Maßnahmen zur Reaktivierung des Lebensunterhaltes der Umgesiedelten (Auswahl des Siedlungsplatzes, infrastrukturelle Bedürfnisse und geeignete Kompensationsleistungen) nur unter geringer Beteiligung der lokalen Bevölkerung ergriffen. Wie zu erwarten, erwiesen sie diese Maßnahmen als unangepaßt. Vorhersehbare Folgen, wie der Bedarf neuer Landwirtschaftsflächen oder der Fortbestand existierender Rechte der Dorfgemeinschaften, wurden bei der Planung nicht berücksichtigt.

Als Ergebnis dieser völlig mißlungenen Umsiedlungspläne weigerten sich 60 Prozent der umgesiedelten Familien in den neuen Siedlungen zu bleiben und kehrten stattdessen in ihre alten Siedlungsbereiche zurück, um die Hanglagen am Rand des Stausees zu bewirtschaften. Andere verließen den Distrikt und siedelten in eine der »Neuen Wirtschaftszonen« (NEZ) in den südvietnamesischen Provinzen

Gia Lai-Kontum und Long An über – ein drastischer Schritt für Angehörige ethnischer Minderheiten, deren Bindung an die angestammten Siedlungsbereiche sehr stark ist. Er beweist, wie gravierend die Schwierigkeiten waren, denen sie durch die Umsiedlung ausgesetzt waren. 1994 versuchten einige dieser Familien zurückzukehren, nachdem sich die Lebensbedingungen in den »Neuen Wirtschaftszonen« als noch schwieriger erwiesen hatten. Angesichts knapper Land- und Wasserressourcen sahen sie sich aber massiven Konflikten ausgesetzt.

Folgen für die lokale Bevölkerung

Für Bauern aus dem Tiefland bedeutete die Umsiedlung in das Hochland eine Vielzahl von veränderten Methoden zur Ressourcennutzung: anstatt ebener Flächen waren nun Hanglagen zu bewirtschaften; anstelle des Naßreisanbaus trat der Regenfeldbau mit Mais und Cassava; anstatt aus der Landwirtschaft das Einkommen zu bestreiten, waren die Bauern zunehmend abhängig vom Sammeln und Ernten von Waldfrüchten; das bisherige agrarische Tieflandsystem war existenzsichernd und produktiv, das neue Hochlandsystem war eher dürftig und zudem noch durch die Konkurrenz mit verschiedenen anderen ethnischen Gruppierungen um eine limitierte Ressourcenbasis erschwert. Diese veränderten Methoden zogen ihrerseits signifikante Veränderungen im sozialen und ökologischen Bereich nach sich. Die Mehrzahl der direkt betroffenen Gemeinschaften gehört verschiedenen ethnischen Gruppierungen an, darunter Muong, Tay, weiße und schwarze Thai. H'mong- und Dao-Gemeinschaften, die in den umliegenden Wassereinzugsbereichen des Stausees leben, sind insofern indirekt betroffen, als heimatlos gewordene Bevölkerungsgruppen sich gezwungen sahen, auf die Ressourcenbasis der H'mong und Dao zurückzugreifen.

Der Prozeß der Umsiedlung verlief unkoordiniert und blieb Stückwerk. Es kam zu einer weitreichenden Zersplitterung vieler Gemeinschaften über einen Zeitraum von zehn Jahren hinweg. Am Beispiel des Dorfes Luong Phong in der Kommune Hien Luong kann eine Vielzahl der direkten und indirekten sozialen und ökologischen Beeinträchtigungen durch diesen Umsiedlungsprozeß illustriert werden.

Die heutige Kommune von Hien Luong hat eine Gesamtfläche von 3.497 Hektar und besteht aus sechs Dörfern. Die Kommune war direkt und indirekt betroffen: einerseits durch Überflutung und andererseits durch den staudammbedingten Zuzug von Menschen aus anderen Kommunen. Die Muong-Dörfer Doi, Mo und Ke sind durch den Stausee vollständig überflutet worden. Sie wurden in die Kommune Hien Luong auf ein Gelände oberhalb der Wasserstandslinie umgesiedelt, wo die bestehenden Dörfer Mai, eine Muong-Gemeinde mit etwa sechzig Haushalten, und Ngu, eine Zao-Gemeinde mit etwa vierzig Haushalten, seit Generationen Landwirtschaft betrieben. Um den Verlust von Reisanbau-, Weide- und Siedlungsflächen für die Neuankömmlinge zu kompensieren, mußten Wälder gerodet werden. Obwohl die beiden hoch über dem Damm gelegenen Dörfer Mai und Ngu nicht direkt vom Bau des Staudammes betroffen waren, ergaben sich für ihre Bewohner doch indirekte Beeinträchtigungen durch den Zugriff der aus Luong Phong hierher umgesiedelten Bauern. Das neue Dorf Luong Phong wuchs jedoch rasch auf 63 Haushalte an, da auch andere Muong-Familien vom Rande des Stausees hierher umzogen. Die Dorfbewohner von Mai und Ngu machten in der Folgezeit erste Erfahrungen mit sozialen Unruhen, die aufgrund des steigenden Drucks auf die Ressourcen Wald, Land und Wasser ausbrachen, nachdem die erwarteten Verbesserungen im Bewässerungssystem ausblieben, die von den lokalen Behörden versprochen worden waren. Aber es waren vor allem die Dorfbewohner von Luong Phong, deren Lebensverhältnisse doppelt schwer beeinträchtigt waren: sie hatten nicht nur mit einer äußerst begrenzten Ressourcenbasis zu wirtschaften, sondern sie mußten zudem auch in einer ungewohnten, von wachsenden Unruhen bestimmten Umgebung leben.

Die Bauern von Luong Phong kamen vom Tal und waren flache, fruchtbare Böden gewohnt. Diese Böden ließen den Anbau von Naßreis zu und brachten ihnen nicht nur zwei Ernten pro Jahr, sondern gewährten auch problemlosen Zugang zu den Ressourcen Wald und Wasser. Die meisten der Bauern berichteten, daß sie ihre eigene Versorgung mit Reis mindestens für das ganze Jahr gesichert hatten. In den Jahren nach der Umsiedlung hatten die meisten Bauern in bis zu acht Monaten pro Jahr keine Reiserträge. Im neuen Siedlungsbereich veränderten sie ihre landwirtschaftlichen Nutzungssysteme dahingehend, daß sie die Maßnahmen intensivierten, die sie ursprünglich als Ergänzung zu ihrem dominanten Naßreisanbau betrieben. Zu diesen Maßnahmen zählte etwa die Rodung von Hanglagen bis zu einer Neigung von 35 Grad, um auf diesen Flächen Mais und Cassava anzubauen. Die starke Exposition dieser Areale gegenüber den saisonalen Starkniederschlägen verursachte jedoch eine massive Bodenerosion. Die Bauern berichten außerdem von kürzeren Rotationsperioden und abnehmenden Hektarerträgen von 1,1 Tonnen auf 0,7 Tonnen nach einem Jahr und nur noch 0,2 bis 0,4 Tonnen im dritten Jahr. Zum Lebensunterhalt mußte daher Holz und Bambus geschlagen und verkauft werden, was wiederum die Degradation der natürlichen Umwelt zur Folge hatte.

Durch die verringerte Fruchtbarkeit des Bodens und die begrenzten Landressourcen konnte noch nicht einmal mehr der Anbau von Mais und Cassava, zwei der nach Reis wichtigsten Grundnahrungsmittel, garantiert werden. Um dennoch zu überleben, begannen die Menschen damit, sich von anderen Waldprodukten zu ernähren, etwa von Yams oder von Bambussprossen. Um diese sammeln zu können, mußten sie jedoch zunehmend längere Wege bewältigen, da die Waldressourcen infolge der konkurrierenden Nachfrage durch andere Gruppen umgesiedelter Menschen bald erschöpft waren. Fehl- und Mangelernährung war die unvermeidliche, allgegenwärtige Folge, insbesondere unter Erwachsenen, die in zunehmender Entfernung von der neuen Ansiedlung und über viele Stunden am Tag arbeiteten. Dies war wiederum insbesondere für Frauen mit kleinen Kindern gefährlich, die für das Sammeln von Waldfrüchten und das Wasserholen verantwortlich waren. Sie waren oftmals nicht mehr in der Lage, ihre Säuglinge zu stillen.

Die Folgen der Fehl- und Mangelernährung verschlimmerten sich noch durch fehlende medizinische Versorgung der Kommune. Unzureichende sanitäre Einrichtungen, Überbevölkerung und ein ironischerweise bestehendes Überangebot an Wasser boten Brutstätten für Moskitos, während die Trinkwasserversorgung während neun Monaten des Jahres nicht gewährleistet war. Erschöpft und anfällig gegenüber Infektionskrankheiten durch Parasitenbefall wurden die Menschen

allein gelassen.1992 mußte in der Region die Rückkehr von Ruhr und Kropf-
erkrankungen konstatiert werden.

Reaktionen der Regierung

Auf die Notlage der Bauern reagierte die Regierung nicht so schnell wie auf
Probleme mit dem Staudamm. Die beschleunigte Bodenerosion wird auf 70 bis
150 Tonnen Erdreich pro Hektar und Jahr geschätzt. Sie ist das Resultat extensiver
Waldzerstörung im gesamten Stromeinzugsgebiet und ist auch für die graduelle
Verschlammung des Stausees verantwortlich. Dieser Verschlammungsprozeß reduziert die effektive Lebensspanne des Staudamms von einer angenommenen Dauer
von 100 Jahren auf gerade noch fünfzig Jahre. Damit reduziert er selbstverständlich auch den flußabwärts erwarteten Nutzen des Damms zur hydroelektrischen
Energiegewinnung und Bewässerung. Der Zusammenhang dieser Gefahr durch
Verschlammung mit den Anbaupraktiken vieler Dorfgemeinschaften am Oberlauf
des Flusses ist deutlich. Eine Reihe regierungsamtlicher Projekte konzentriert sich
daher nun auf Maßnahmen zur Wiederaufforstung und auf die Entwicklung der
wirtschaftlichen Situation der Haushalte.

Gegenwärtige Entwicklungsplanungen in der Region zeichnen sich jedoch
durch eine Reihe im Widerstreit befindlicher Landnutzungsprogramme aus. Diese
Programme werden von nationalen, provinzialen und lokalen Autoritäten geleitet.
Mit Blick auf die schrumpfenden Landressourcen ist das wichtigste dieser Projekte
das interprovinzial geplante »Hoa Binh Reservoir Protection Programme«, das per
Dekret Nr. 129 im Juni 1990 gegründet wurde. Budgetangaben zu diesem Projekt
sind nicht verfügbar. Das Programm ist von der Zentralregierung finanziert. Es umfaßt eine Waldschutzzone (FPZ) – ein zwei Kilometer breiter Landstreifen rund um
den gesamten Stausee – und betrifft die Mehrzahl der im Wassereinzugsbereich gelegenen Dörfer. Ziel des Projektes war es, den Feldfruchtanbau schrittweise durch
Baumkulturen zu ersetzen, um so den Boden an den Abhängen des Stausees zu
schützen. Innerhalb dieser Waldschutzzone propagierten zwei weitere Programme
die Wiederaufforstung, oder zumindest das Anpflanzen von Bäumen. Das erste
Programm ist das auf nationaler Ebene angesiedelte »Programme d'Alimentation
Mondiale« der Landwirtschaftsorganisation der Vereinten Nationen (FAO). Bäume, häufig Obstbäume, wurden von Bauern gegen Bezahlung angepflanzt.
Ursprünglich wurde die Bezahlung durch Reis geleistet, später jedoch durch Geld.
Die Bauern wurden für einen Zeitraum von drei bis vier Jahren unter Vertrag
genommen und jährlich bezahlt. Ferner wurde vereinbart, daß jegliche Erträge aus
dem Programm Eigentum der Bauern sein sollte, also etwa Obst oder auch Bauholz. Die massive Unterbesetzung und unzureichende finanzielle Ausstattung der
Behörde zur Umsetzung des Programmes führte jedoch dazu, daß die Bauern weder
die Pflanzensetzlinge noch die zugesagten Geldbeträge erhielten. Da das Programm
1994 abgeschlossen wurde, ist es äußerst unwahrscheinlich, daß sie diese Leistungen jemals erhalten werden.

Der Staat kümmerte sich nur äußerst wenig um die umgesiedelten Dorfgemeinschaften, bis Ende 1995 das gewaltige Programm zum Schutz des Wassereinzugs-

gebietes (»Watershed Protection Programme«) durch das Premierministerdekret Nr. 120 im Januar 1995 eingerichtet wurde (es ist auch unter der Bezeichnung »Projekt 747« bekannt). Die finanzielle Basis des Projektes beträgt angeblich 150 Milliarden Dong, das sind etwa 140 Millionen US $. Es wird angenommen, daß diese Summe aus den Verkaufserlösen stammt, die die staatliche Elektrizitätsgesellschaft seit Inbetriebnahme des Dammes erzielt hat, d.h. seit 1994, als der Damm mit Hilfe einer 500 Kilowatt-Leitung ans Netz ging und den stärker industrialisierten Süden mit Elektrizität versorgt. Premierminister Vo Van Kiet gestand während eines Interviews, in dem er das Projekt bekannt gab, die Schuld der Regierung gegenüber den Bauern im Stromeinzugsgebiet des Projektes ein, die ihre Lebensgrundlage dem nationalen Interesse geopfert haben. Ferner bestätigte Vo Van Kiet den Zusammenhang zwischen der Notlage der Bauern und der Abholzung der Wälder. Die sozio-ökonomischen und auch die ökologischen Folgen des Staudammbaus wurden eindeutig anerkannt. Das Programm umfaßt daher Maßnahmen zum Schutz der Wälder, Projekte zur Baumanpflanzung, agro-forstwirtschaftliche Elemente sowie Kreditvergabe an Haushalte, um deren ökonomische Basis zu verändern.

Wenngleich es derzeit noch zu früh für eine abschließende Auswertung der positiven und negativen Auswirkungen des Projektes ist, so trägt die Methode der Implementierung des Projekts in der Region doch all die Zeichen der ursprünglichen Planung des Staudammes, wozu die unzureichende Berücksichtigung von Details bei der Auszahlung von Krediten für nicht nachhaltige Aktivitäten zählt.

Wieder scheint es, daß technische Lösungen angewandt werden, um sozioökonomische und ökologische Probleme zu lösen. Zinsfreie Darlehen in Höhe von bis zu 2,8 Millionen Dong in Naturalien, das sind etwa 250 US $, werden ohne vorherige Beratung mit den Bauern und ohne die Festlegung von Kriterien zur Kreditvergabe an Haushalte ausgezahlt. Die Bauern können einen ausgewachsenen Büffel erhalten und den Gegenwert von 250 US $ im Verlauf von zwei Jahre an das Projekt zurückzahlen. Auch kleinere Darlehen sind möglich, etwa für den Kauf eines Schweines oder von Fischernetzen. Das Projekt kauft die Tiere bzw. die Pflanzensetzlinge stellvertretend für den Bauern von einem Großhändler, der dann wiederum die Waren an das Dorf ausliefert.

Die ersten Bauern, die im Rahmen dieses Projektes Büffel erhielten, waren jedoch enttäuscht über die Qualität und die Größe der Tiere. Sie waren verärgert darüber, daß sie nun mit 250 US $ verschuldet waren für ein Tier, das ganz offensichtlich weniger wert war. Große Fischernetze, die sich als ungeeignet für die Gewässer in der Umgebung des Staudammes erwiesen, führten zu einer Verschuldung der Bauern in Höhe von 200 US $. Obstbaum- und Nutzholzsetzlinge kamen in äußerst schlechtem Zustand im Dorf an – manche waren bereits abgestorben, andere ohne Wurzelwerk. Sie wurden von den Bauern zurückgewiesen. Anderen Berichte zufolge kamen Projektmitarbeiter zu den Bauern und boten ihnen Bargelddarlehen anstelle von Naturalien-Darlehen an. Die Bauern sollten sich die Tiere direkt und damit günstiger kaufen, so daß die Projektmitarbeiter den so gesparten Differenzbetrag für sich behalten konnten.

Anfänglich nahmen die Bauern das Projekt positiv auf. Inzwischen werden sie im Hinblick auf die Effizienz des Projektes zunehmend zynisch. Sie sind bereit,

Darlehen zu akzeptieren, da sie glauben, daß das ganze Projekt so ineffizient verwaltet wird, daß sie niemals in die Lage kommen werden, diese Darlehen zurückzahlen zu müssen. Andere sind verbittert darüber, daß hauptsächlich diejenigen vom »Projekt 747« profitieren, die eigentlich Vermittler des Projektes sein sollen. Der größte Nachteil des Projektes ist für einige Bauern, daß eine erneute Verlegung kleiner Gemeinschaften beabsichtigt ist, und zwar weg vom Uferbereich des Stausees hin zu bestehenden größeren Dörfern. Auf diese Weise soll die Effektivität der Infrastruktureinrichtungen, die neu geschaffen werden, maximiert werden. Einige Dorfbewohner in Vay Nua weigern sich, erneut umgesiedelt zu werden. Als Grund geben sie Landknappheit und unzureichende Einrichtungen an.

Noch ein weiteres, auf Provinzebene verwaltetes Projekt wurde 1978 vom »Department for Fixed Cultivation and Sedentisation« (DFCS) eingerichtet. Ursprünglich unterstand das DFCS dem Forstministerium, heute ist es jedoch eine der vier Sonderbehörden innerhalb des »Komitees für ethnische Minderheiten und Gebirgsregionen« (CEMMA). Die damit in Verbindung stehenden Programme werden von Provinzbehörden gleichen Namens implementiert. Das Interesse dieser Behörden galt zunächst hauptsächlich Programmen zur Bekämpfung von Brandrodungsfeldbau. Im Mittelpunkt stehen jedoch seit 1988 Programme zur Sicherung der Eigenversorgung mit Nahrungsmitteln als Basis für Entwicklung und Naturschutz. Das Projekt vergab verschiedentlich Kredite für Kleintierzucht und Fischzuchten, für den Kauf von Setzlingen und Saatgut, aber auch für die Unterstützung der Infrastruktureinrichtungen. Das Budget des Projektes ist nicht bekannt, scheint aber groß zu sein, da es für die Regierung einen hohen Stellenwert besitzt. Die positiven Auswirkungen scheinen dennoch eher gering zu sein. Auch dieses Projekt ist durch die unzureichende Koordination mit anderen Projekten beeinträchtigt: sie wird dadurch erschwert, daß die Projekte sich zeitlich und im Hinblick auf Projektgebiete, Aktivitäten und Verantwortlichkeit überschneiden. Die Projekte erwiesen sich zudem als weitgehend ineffektiv, weil sie zwar von offizieller Stelle angeordnet wurden, eine offizielle Landzuteilung jedoch fehlte.

Lehren aus Hoa Binh

Die Geschichte der Umsiedlung im Zuge des Hoa Binh-Dammbaus zeigt Parallelen zu vielen anderen Dammbauprojekten in Südostasien im Verlauf der 70er und 80er Jahre. Immer treten ähnliche Probleme auf: es geht um geeignete Kompensationsleistungen, um Umwelteinflüsse, die Schaffung alternativer Lebensgrundlagen für die umgesiedelten Bauern, um den kulturellen und sozialen Zusammenbruch, um Konflikte zwischen lokalen und nationalen Entwicklungsinteressen und um die Frage, wie sie zu lösen sind.

In Vietnam kommen die gravierenden sozio-ökonomischen Umwälzungen der nationalen *doi-moi*-Periode noch hinzu. Die Regierung wollte die staatlich gelenkte Zentralwirtschaft in eine Marktwirtschaft umformen. Während dieser Periode hatten daher veränderte Landbesitzregelungen, der Zugang zu Land- und Wasserressourcen, die Abschaffung staatlicher Hilfsgelder und eine veränderte nationale Politik enorme Auswirkungen auf die Lebensbedingungen der Bauern und auf die ländliche Wirtschaft. Bauern, die in dieser Phase umsiedeln mußten, waren gezwungen, sich zweifach umzustellen: sie mußten in eine ressourcenärmere Region umziehen, und sie waren mit einem veränderten, nun privatwirtschaftlichen System konfrontiert, in dem staatliche Subventionen und Unterstützungen nicht länger existierten.

Umsiedlungspläne waren nicht in der Lage all diesen Unsicherheiten gerecht zu werden, und Kompensationsleistungen basierten auf staatlich subventionierten Lebensmittelpreisen sowie einem zentralisierten Management. Die betroffene Bevölkerung wurde zu keiner Zeit in die Planung von Umsiedlungsprojekten einbezogen. Den Planern fehlte daher jede Einschätzung, was es für die umgesiedelte Bevölkerung bedeuten würde, eine Lebensgrundlage in ungewohnter agro-ökologischer Umgebung wieder aufzubauen. Entscheidungen über Probleme der umgesiedelten Bevölkerung und die degradierten Wälder wurden daher meistens immer erst dann getroffen, wenn die Schwierigkeiten auftraten.

Die Erfahrung der Bauern von Hoa Binh zeigt die Spanne von Aspekten, die bei der Planung künftiger Großprojekte in Vietnam berücksichtigt werden müssen. Der geplante Son La-Damm, der unmittelbar hinter dem Hoa Binh-Stausee gebaut werden soll, würde mehr als doppelt so viel Elektrizität erzeugen wie der Hoa Binh-Damm und die Umsiedlung von 130.000 Menschen erfordern. Einer seiner geplanten Nutzen ist die Reduzierung der Verschlammung des Hoa Binh-Dammes. Dadurch würde das Energiepotential des Hoa Binh-Dammes um 40 Prozent gesteigert werden. Der 720 Megawatt-Yali-Falls-Damm, der derzeit im Bau ist, führt zur Umsiedlung von etwa 3.200 Menschen. Insgesamt werden durch diesen Damm aber die Lebensbedingungen von etwa 7.400 Menschen beeinträchtigt, und der Bau einer Stadt für 12.000 Arbeiter und ihre Familien wird erforderlich. Unzählige andere hydroelektrische Projekte befinden sich auf den Reißbrettern der vietnamesischen Regierung. Je entschiedener die vietnamesische Regierung in das Rennen um die schnellste Industrialisierung in der Region einsteigt, desto unwahrscheinlicher ist es, daß die Lehren aus dem Hoa Binh-Projekt bei der Planung genutzt und sozio-ökonomische und ökologische Gesichtspunkte berücksichtigt werden.

379

Das »Beschleunigte Mahaweli-Entwicklungsprogramm«, Sri Lanka

Ajith Seresundara

D.S. Senanayake, erster Premierminister Sri Lankas nach der Unabhängigkeit 1948, war zuständig für die Entwicklung des ersten Mehrzweckprojektes des Landes, den »Al Oya-Plan«. Ziel des Planes war es, Wasser zur Bewässerung bereitzustellen und das Land vor Überschwemmungen zu schützen. Der Plan führte gleichzeitig die Nutzung der Wasserkraft in Sri Lanka ein. Das Konzept und die Politik des Mehrzweck-Planes wurde aufgrund seines vielfältigen Nutzens fort-

geführt. 1955, während der Regierungszeit von Premierminister Sir John Kotela-
wala, unterzeichnete J.R. Jayawardane, einer der Mitautoren des Colombo-Plans,
ein Übereinkommen mit der kanadischen Regierung, um ein Bestandsverzeichnis
der natürlichen Ressourcen des Landes anzufertigen. Es wurde unter Anwendung
moderner Raumfahrttechnologie erhoben und verzeichnete in erster Linie große
Flußsysteme, die zur energie- wie wasserbautechnischen Inwertsetzung geeignet erschienen. Ohne diese Erhebungen der natürlichen Ressourcen hätte das Mahaweli-
Projekt nicht in seinem gegenwärtigen Umfang realisiert werden können. Unter
dem Kanada-Ceylon-Plan arbeiteten folgende Abteilungen und Ministerien zusammen: die kanadischen »Hunting Surveys«, das Survey Department, das Bewäs-
serungsministerium, das Landwirtschaftsministerium, das Ministerium für geologische Erhebungen, das Forstministerium und das Meteorologische Ministerium.

380
1970 wurde mit Unterstützung der Weltbank das erste Teilprojekt, die Umleitung des Polgolla-Flusses, von Premierminister Dudley Senananyake feierlich eröffnet. Der Polgolla-Komplex besteht aus einem Staudamm, der bei Polgolla durch
den Mahaweli gebaut ist, um das Wasser des Flusses durch einen unterirdischen
Tunnel in die trockene Zone zu leiten. Ungefähr 140 Hektar Land mußten für diesen Komplex erworben werden. Das Ukkuwela-Kraftwerk und die Umleitung des
Bowetenne wurden von Premierministerin Sirimava Bandaranaike und Maitripala
Seneneyake als verantwortlichem Minister begonnen und 1969 fertiggestellt. In allen diesen Projekten arbeiteten einheimische Fachkräfte eng mit den ausländischen
Vertragspartnern, Unternehmen und Beratern zusammen. Der Nutzen, der durch
diese Flußumleitung entstand, war die zusätzliche Bewässerung bereits bestehender
Bewässerungsanbauflächen von 24.000 Hektar. Weitere 32.000 Hektar unbewäs-
serter landwirtschaftlicher Nutzflächen profitierten ebenfalls von dieser Flußumleitung. Damit machten sich die Investitionen dieses Projektes in Höhe von 350 Millionen Rupien in den ersten Agrarjahren mehr als bezahlt.

Die ursprüngliche Planung sah vor, die zentralen Projekte des Mahaweli-Kom-
plexes im Verlauf von 30 Jahren nach und nach abzuschließen. Die UNP-Regierung,
die 1977 an die Macht kam, entschied aber, die schrittweise Umsetzung des Mahaweli Master Plans durch eine gleichzeitige Fortentwicklung der erfolgreichsten Teilprojekte zu ergänzen. Dieser Entschluß führte zu der Bezeichnung »Beschleunigtes
Mahaweli-Entwicklungsprogramm«. Es umfaßt vier der größten Mehrzweck-
speicher des Landes mit reservoirübergreifenden, umleitenden Bewässerungssystemen und die Gründung von angegliederten, stromabwärts gelegenen Siedlungen.
Die vier größten Staubecken sind Victoria, Madura Oya, Kotmale und Randenigala. Die Ziele des Beschleunigten Mahaweli-Entwicklungsprogrammes sind:

— durch Feldbewässerungsprojekte sollen sich die Bezirke Anuradhapura,
    Polonnaruwa und Vavuniya der nördlichen Zentralprovinz auf dem
    Nahrungsmittelsektor selbst versorgen können
— Erzeugung ausreichender Energie für den industriellen Bedarf
— Beschäftigung für nahezu 1,2 Millionen Jugendliche
    und Ausgleichung der Zahlungsbilanz
— Errichtung neuer Siedlungen
— Hochwasserschutz gewährleisten

Die Regierung entschied, zusätzlich zu der ursprünglich geplanten Entwicklung von 29.000 Hektar Neuland, das Mahaweli-Programm zu erweitern: die Kulturflächen im Mahaweli-Becken und in seinen unmittelbar angrenzenden Beckengebieten sollte um 135.000 Hektar Neuland und um 32.000 Hektar bestehende Landfläche ausgebaut werden, entsprechend der etablierten Systematik der Bodengüteklassen nach A-, B-, C- und D-Klassen. Das Beschleunigte Programm war notwendig zur Regulierung des Mahaweli-Wassers zu Bewässerungszwecken und zur Erzeugung von genügend Wasserkraft, um die unmittelbaren Bedürfnisse des Landes zu befriedigen. Der von der Regierung entworfene Plan hat daher zum Ziel, schnellstmöglich die nützlichsten Projekte umzusetzen, die zugleich den Hauptteil des gesamten Mahaweli-Entwicklungsplanes bilden, anstatt die Fertigstellung aller geplanten Teilprojekte und damit die Vollendung des Gesamtkomplexes in dreißig Jahren abzuwarten.

Um diesen Plan wirksam zu machen, hat die Regierung 1978 das Mahaweli-Ministerium gegründet. Im selben Jahr wurde die Mahaweli-Behörde ins Leben gerufen, um alle Aspekte der Entwicklung unter Federführung dieses Ministeriums auszuführen. Die Mahaweli-Wirtschaftsagentur wurde 1982 gebildet, um sich innerhalb der Mahaweli-Behörde mit Siedlungsfragen und mit ökonomischen Aspekten zu befassen. Die vier zentralen Bestandteile des Gesamtplanes sind die Mehrzweckprojekte Madura Oya, Randenigala, Victoria und Kotmale:

Maduru Oya

Dieses Projekt dient der Bewässerung und Ansiedlung in den östlichen Provinzen. Der 31 Kilometer lange Kanal ist der längste des Landes. Er bewässert 37.500 Hektar Neuland und 3.700 Hektar bereits kultivierte Landfläche. Das Maduru Oya-Projekt wurde mit Unterstützung der kanadischen Regierung aufgebaut.

Randenigala

Das Randenigala-Projekt ist das größte Staubecken des Mahaweli-Programmes. Es liegt etwa 26 Kilometer stromaufwärts von Minipe Anicut. Von dort aus zweigen die rechten und linken Hauptkanäle das Mahaweliwasser zur Bewässerung ab. Dieses Projekt allein soll 20 Prozent (525 Kilowattstunden) des gegenwärtigen Energiebedarfs des Landes decken und wird zugleich das wichtigste Basis-Reservoir für die Wasserversorgung der Systeme A, B, und C darstellen. Dieses Projekt wurde mit der finanziellen Unterstützung der Bundesrepublik Deutschland errichtet. Von dem Bau dieses Projektes waren 1.000 Familien betroffen. 700 Familien sind flußabwärts umgesiedelt worden, weitere 300 Familien wurden in der Umgebung angesiedelt.

Victoria

Das Victoria-Mehrzweckprojekt besteht aus einem hohen, gewölbten Betonstaudamm, einem sechs Kilometer langen Tunnel und einem Kraftwerk mit einer Kapazität von 210 Megawatt. Das Staubecken bewässert eine Region von circa 60.000 Hektar Land am rechten Ufer des Mahaweli-Flusses. Dieses Projekt wurde von der britischen Regierung finanziell unterstützt. Der Bau des Victoria-Projektes

Die Staumauer des Victoria-Dammes,
ein zentraler Baustein des Mahaweli-Projektes.

hatte die Überflutung von ungefähr 3.600 Hektar Land zur Folge, das zumeist landwirtschaftlich genutzt wurde und zudem die gesamte Stadtfläche von Teldeniya ein-
schloß. 5.500 Familien waren betroffen. 3.500 Familien wurden in die stromabwärts gelegenen Gebiete des Mahaweli-Projektes umgesiedelt, und den verbliebenen 1.500 Familien wurden Grundstücke in der näheren Umgebung des Projektes
zugewiesen. Mit Karaliyadda, Rajawella und Kundasale wurden drei neue Städte
errichtet, um Geschäfts- und Handelsinteressen, die vom Bau des Speichersees beeinträchtigt waren, neuen Raum und neue Ansatzpunkte zu bieten.

Kotmale
Das Kotmale-Projekt dient hauptsächlich der Energiegewinnung. Es speichert
ebenfalls Bewässerungswasser in einer kühlen Bergregion, wo die Verdunstungs-
verluste gering sind. Dieses Projekt wurde mit finanzieller Unterstützung der
schwedischen Regierung errichtet. Der Bau des Kotmale-Speichers hatte die Überflutung von ungefähr 1.520 Hektar fruchtbaren und kultivierten Landes zur Folge,
auf dem Reis, Tee und Mischgetreide angebaut wurden. Ackerland und Heim-
stätten von nahezu 3.000 Familien waren von Überschwemmung und Bauarbeiten
betroffen. 1.710 Familien wurden am Unterlauf des Mahaweli angesiedelt, die
übrigen auf Land am Stausee, das zu diesem Zweck erschlossen wurde. Da der
größte Teil der Altstadt von Sangilipalama überschwemmt wurde, ist in der Nähe
auf höher gelegenem Areal eine neue Stadt gebaut worden.

Umsiedlungen

Insgesamt mußten ungefähr 10.000 Familien evakuiert und umgesiedelt werden, damit der Bau der Wasserkontrollanlagen fortgesetzt werden konnte. 5.400 Familien entschieden sich, stromabwärts zu siedeln, während 4.600 Familien mit Land in der Nähe ihrer ursprünglichen Heimat entschädigt wurden. Seit 1978 haben sich etwa 42.240 Familien stromabwärts angesiedelt. Geplant ist, noch einmal 125.000 Bauernfamilien stromabwärts anzusiedeln, und es wird erwartet, daß schätzungsweise weitere 125.000 Familien in die Region ziehen, um ähnliche Entschädigungsleistungen zu erhalten. Unterstützung für die Entwicklungsarbeiten am Unterlauf des Mahaweli wurde von verschiedenen Ländern und Organisationen bereitgestellt.

Umweltschutz

Da die Entwicklung von Land und Wasserressourcen im Mahaweli-Programm auch einige Flußbecken in den angrenzenden Trockengebieten einschließt, sind Untersuchungen der Wasserstandsschwankungen für den gesamten Komplex erforderlich. Der Mahaweli ist der ständig wasserführende Lebensquell für das gesamte Gebiet, und daher ist es notwendig, sein gesamtes Flußbecken bei der ganzheitlichen Entwicklung seiner natürlichen Ressourcen zu berücksichtigen. Der Umweltplan besteht im wesentlichen aus acht Hauptbestandteilen:

— Naturerhaltung
— Stromgebietsverwaltung
— Forstplanung und -verwaltung
— Wasserressourcenforschung
— Entwicklung der Binnenfischerei
— Gesundheitsfürsorge und Hygiene
— Wasser- und Landwirtschaftsverwaltung
— Landnutzungsplanung

Neue Straßen

In den Regionen der Wasserkontrollanlagen und am Flußunterlauf sind Straßen mit einer Gesamtlänge von mehreren hundert Kilometern bereits gebaut worden oder sind derzeit im Bau. Sie schließen über 200 Straßenkilometer der Kategorie A ein. Ungefähr 200 Kilometer sonstiger Straßen sind ebenfalls im Rahmen des Beschleunigten Programms verbessert worden. Die staatliche Entwicklungsgesellschaft und das Entwicklungsamt für das Flußgebiet haben den Großteil dieser Arbeiten durchgeführt.

Förderung des wirtschaftlichen Wachstums und Ausweitung der Landwirtschaftsgebiete

Der Bau großer Wasserkontrollanlagen und Landentwicklungsarbeiten am Unterlauf des Mahaweli schufen bereits eine beträchtliche Zahl neuer Arbeitsplätze und Möglichkeiten zum Erwerb technischer Fähigkeiten und spezieller Kenntnisse. Im Rahmen des Siedlungsprogrammes wurde außerdem eine beträchtliche Zahl neuer Arbeitsplätze in der Landwirtschaft geschaffen.

Ferner wurde erkannt, daß bei der Planung von Siedlungsprojekten Bedingungen geschaffen werden müssen, die das wirtschaftliche Wachstum eines breiten Querschnitts der Gemeinschaft fördern. Eine zusätzliche Betätigung boten Getreideanbau und Haustierhaltung, wenn auch nur für eine begrenzte Anzahl von Haushalten. Um die wirtschaftliche Entwicklung auszuweiten, war es notwendig, die Möglichkeiten der Ansiedlung von Unternehmen des agroindustriellen Sektors und anderer Unternehmen zu untersuchen. In der Anfangsphase waren neue Siedlungen hauptsächlich auf Weizenanbau fixiert. Die Viehwirtschaft wurde erst später eingeführt. Um den Bedürfnissen der Siedler zu entsprechen, wurde ein Dürre-, Vieh- und Molkerei-Entwicklungsprogramm initiiert. Fünf Höfe mit Viehwirtschaft sind in der Mahaweli-Region gegenwärtig in Betrieb.

Intensive landwirtschaftliche Erweiterungsprogramme sind in Vorbereitung. Die Bauern werden nicht nur unterstützt, sondern auch im Getreidewechselanbau, in der Schädlingskontrolle und im Umgang mit Pflanzenkrankheiten geschult. Das Ergebnis dieser Maßnahmen zeigt sich in den anhaltend hohen Ernteerträgen in der Mahaweli-Region.

Dieser Vielzahl positiver Veränderungen und Verbesserungen der ökonomischen Situation der Bevölkerung im Projektgebiet stehen aber auch drei gravierende Nachteile bzw. Problembereiche gegenüber:

1. Zusammenbruch der tradierten Familiengemeinschaften

Eines der Ziele in der Siedlungspolitik ist es, ein Produktionssystem einzuführen, das nicht mehr auf einem Kollektiv, sondern auf der einzelnen Familie basiert. Es wird erwartet, daß diese Familien sich an neue landwirtschaftliche Produktionsmittel anpassen und diese gebrauchen werden, um die Produktivität ihrer Landwirtschaft zu steigern. Die einzelnen Familien haben jedoch nicht die erforderlichen Kenntnisse und Erfahrungen, um diese neu eingeführten Methoden anzuwenden bzw. um die dafür erforderlichen Werkzeuge auf dem Markt zu kaufen. Diese Familien sind es gewohnt, ihre landwirtschaftlichen Arbeiten im Kollektiv auszuführen, also in Gruppen aus mehreren Familien, und nicht in einzelnen Familieneinheiten. Sie hatten bisher einen Gruppenleiter, und die erforderliche Arbeitsaufteilung war vorgegeben.

In diesen neuen Siedlungssystemen aber erhielt jede Familie ein kleines Stück Land zur Bebauung, und die Wasserverteilung wurde rationiert. Jede Familie mußte daher um ihre Wasserration kämpfen und das Wasser auf ihrem eigenen Stück Land speichern, um es wiederum nur für ihre eigene landwirtschaftliche Arbeit zu nutzen. Der Zusammenbruch der tradierten Gemeinschaft der Familien war die Folge. Vielfach gab es Klagen, daß am Oberlauf ansässige Familien wiederholt das Bewässerungssystem behinderten, indem sie den Wasserzufluß zum Unterlauf reduzierten, um so mehr Wasser für ihre Familien zu erhalten. Häufig entstanden auf diese Weise Streitigkeiten zwischen den Familien.

2. Zusammenbruch der ländlichen Einrichtungen

Kleine ländliche Institute, die verschiedenen landwirtschaftlichen Zwecken bäuerlicher Familien gedient haben, sind mit der Einführung größerer Institute zusammengebrochen. Diese neuen Institute wurden hauptsächlich von wohlhabenden und einflußreichen Bauernfamilien eingeführt, denen es gelungen war, große Mengen Geld als Kompensation ihres verlorenen Landes zu erhalten. Landwirtschaftliche Werkzeuge und Produktionsmittel, die in diesen Instituten verkauft wurden, waren teuer. Als die Neuausstattung und Einrichtung der Familien begann, waren viele Familien nicht in der Lage, die zur Produktivitätssteigerung erforderlichen Mittel zu kaufen. Einige wenige reiche Bauern konnten die Kosten dafür aufbringen. Sie hatten eine gute Ernte und waren sogar in der Lage, die traditionelle Führung der Bauernfamilien zu ersetzen.

385

3. Zusammenbruch des traditionellen Marktsystems

Mit der Einführung des offenen Marktsystems entwickelte sich ein privates, monopolistisches Wirtschaftssystem in den ländlichen Gebieten. Staatlich unterstützte Institutionen konnten auf dem offenen Markt nicht länger bestehen, wie Genossenschaften, Verwaltungskommissionen oder Vermarktungsstellen, die den Bauern ein Höchstmaß an Unterstützung beim Kauf und Verkauf ihrer Waren bieten. Geschäftsleute, die in diese Region vordrangen, konnten die Bauern unterstützen, die in der Lage waren, ausreichend Waren zu liefern, um die Nachfrage der Geschäftsleute bzw. des Marktes zu decken. Diese Bauern erhielten dafür finanzielle und materielle Unterstützung von den Geschäftsleuten, damit sie weiterwirtschaften konnten. Anders sieht es jedoch für die Bauernfamilien aus, die die Preise für die landwirtschaftlichen Produktionsmittel, die auf dem offenen Markt verkauft wurden, nicht bezahlen konnten: sie hatten keine großen Ernteerträge anzubieten und das bewirkte wiederum, daß ihre Produktionskosten auf einem anhaltend hohen Niveau blieben. Potentielle Kunden zeigten keinerlei Interesse, ihre Produkte zu kaufen, die nur in kleinen Mengen und zu einem hohen Preis angeboten wurden.

Fazit

Aufgrund dieser Entwicklungen fand die erwartete Steigerung der landwirtschaftlichen Produktion in Sri Lanka allgemein und insbesondere in den Projektsiedlungsregionen nicht statt. Eines der Hauptziele des Beschleunigten Mahaweli-

Projektes ist es, das Land auf dem Sektor der Reisversorgung selbständig zu machen. Bislang wurde dieses Ziel jedoch nicht erreicht – der Reis wird noch immer importiert. Gründe sind – neben den bereits genannten – unerwartete Dürren, hohe Produktionskosten und geringfügiges Eingreifen des Staates in Krisengebiete. Das Mahaweli-Programm kann daher nicht als überragender Entwicklungserfolg gewertet werden, sondern es bedarf etlicher Nachbesserungen der laufenden Prozesse, will man die wünschenswerte Zielsetzung des Projektes erreichen.

Wasser, Strom und politische Macht – das »Bakun Hydroelektrische Projekt« in Malaysia

James Lochhead

Am 19. Juni 1996 erklärte der Hohe Gerichtshof in Kuala Lumpur die Regierungsauslegung des »Environmental Impact Assessment« (EIA), der das »Bakun Hydroelektrische Projekt« (im folgenden kurz »Bakun-Projekt«) betrifft, für ungültig. Der Entscheid wurde beiseite gelegt, bis Einspruch erhoben wird. Währenddessen haben sich schlagartig die vielen Bedenken bestätigt, die in Malaysia über die Art und Weise laut geworden sind, wie das Bakun-Projekt geplant und seine Durchführung evaluiert wurde.

Die Auswirkung hydroelektrischer Projekte auf die Bevölkerung und auf die Umwelt der Region sind die Hauptthemen der Diskussion um die zahlreichen Probleme, die im Zusammenhang mit Wasser in Südostasien stehen. Momentan ist das Bakun-Projekt ein solches Schlüsselprojekt: es wird mit großem Interesse nicht nur von denen verfolgt, die beruflich mit hydroelektrischen und verwandten Technologien zu tun haben, sondern auch von Investoren und multilateralen Finanziers, deren Vertrauen in solche Projekte in den letzten Jahrzehnten einen schweren Rückschlag erlitten hat. Es ist zu erwarten, daß der Nachdruck, mit dem die malaiische Regierung ihre Entscheidung zur Fortführung des Projektes verteidigt, seine Fertigstellung sichert, doch die tatsächlichen Kosten des Projektes werden in Jahrzehnten noch nicht bekannt sein. Währenddessen laufen Kampagnen, den Staudamm zu stoppen, weiter.

Das »Bakun-Projekt«

Das Bakun-Projekt selbst umfaßt den Bau eines hydroelektrischen Staudamms mit einer Kapazität von 2.400 Megawatt, die Weiterleitung der gewonnenen Energie und den Bau der damit zusammenhängenden Infrastruktur einschließlich Zugangsstraßen, einem neuen Stadtgebiet und einem Flughafen. Der Staudamm wird durch den Balui-Fluß gebaut, 37 Kilometer flußaufwärts von Belaga in Sarawak, Malay-

*Zufahrtstraße zur Baustelle des Bakun-Staudammes
durch den Regenwald Sarawaks.*

sia. Die meiste Energie – die Schätzungen variieren – soll über ungefähr 1.500 Kilometer Überlandleitungen und drei oder vier 650 Kilometer lange Unterwasserkabel zur Halbinsel Malaya transferiert werden. Die Gesamtkosten des Projektes werden offiziell auf 15 Milliarden malaysische Dollar (M $) geschätzt – viele meinen, eine Kalkulation zwischen 25 und 30 Milliarden M $ sei realistischer. Das Projekt wird von »Ekran« abgewickelt, einer malaiischen Gesellschaft. In ihren Verantwortungsbereich fällt auch das Aushandeln und Abschließen von Unterverträgen über alle notwendigen Arbeiten für das Projekt und die Aufstellung der Finanzierung.

Das Projekt ist sehr umstritten. Als Bakun in den frühen 80er Jahren beantragt wurde, kritisierte die starke Opposition in Malaysia die Unklarheit über die Durchführbarkeit und die Kosten des Projektes. Sie gab zu bedenken, wieviel ein malaiischer Verbraucher für Strom würde bezahlen müssen, nachdem der Staudamm gebaut worden ist. Weitere Argumente gegen das Projekt wurden ins Feld geführt: das Fehlen öffentlicher Verantwortlichkeit von Projektbefürwortern und die Folgen des Projektes für die Umwelt und für die über- und unterhalb des Staudamms woh-

Das gestaute Naß – Fluch oder Segen?

nenden Menschen. Wahrscheinlich wurde das Projekt im Vorfeld von UNCED hauptsächlich wegen der Kosten gestoppt, bis – mit den Worten des malaiischen Premierministers – »sicher ist, daß wir uns um die Umwelt kümmern«.
Im September 1993 wurde das Projekt jedoch wiederaufgenommen. Bis jetzt ist keines der ursprünglichen Anliegen der Kritiker in Malaysia zufriedenstellend beantwortet worden. Stattdessen ist die Regierung, wie der Gerichtshof lebhaft illustrierte, außergewöhnlich weit gegangen, um – eventuell gar illegal – sicherzustellen, daß es keine strukturierte öffentliche Untersuchung der Umweltauswirkungen gibt. Ihr Interesse richtet sich auf die eher globalen Diskussionen über Vorteile und die zunehmenden Nachteile großer hydroelektrischer Anlagen.

Warum wurde das »Bakun-Projekt« gebaut?

Auf den ersten Blick wurde das Bakun-Projekt wieder aufgenommen, weil, mit den Worten des Premierministers, »Malaysia sich entwickelt hat und zwar gut entwickelt hat, und wir sehen, daß wir wenig Strom haben. [...] Bakun wird nicht nur die billigste Energiequelle schaffen, sondern auch als Katalysator für das Industrialisierungsprogramm des Landes dienen.« Ergänzend hat die Regierung auf den Wunsch verwiesen, die Abhängigkeit des nationalen Energiebedarfs von Strom, der durch fossile Brennstoffe gewonnen wird, durch steigende Nutzung von Wasserressourcen einzuschränken. Energiegewinnung durch Wasserkraft wird, wie auch anderswo in der Welt, als »erneuerbar, sauber und umweltfreundlich« gesehen.

Skepsis

Jedoch selbst in Malaysia ist nicht jeder von dem Projekt überzeugt. Malaiische Oppositionsparteien, Nichtregierungsorganisationen, Organisationen der indigenen Bevölkerung und Einzelpersonen stellen weiterhin Fragen über das Projekt und äußern massive Bedenken über die Kosten für den Verbraucher sowie über die sozialen und ökologischen Auswirkungen. Ein Zusammenschluß von 40 malaiischen Nichtregierungsorganisationen ist derzeit in einer Kampagne engagiert, um den Bau des Staudammes zu stoppen.
Die Kritik bezieht sich auf eine Reihe von Behauptungen, die bezüglich des Dammes aufgestellt wurden. Kritiker fragen besonders nach der zukünftigen Nachfrage nach Strom aus Bakun und weiter, ob Bakun die richtige bzw. günstigste Wahl ist, selbst wenn dieser Strom gebraucht wird. Das Fehlen einer öffentlichen Diskussion über die Ziele und Bedürfnisse einer nationalen Energiepolitik wird ebenso bedauert, wie das mangelnde Interesse der Regierung an einer effizienten und schonenden Nutzung von Strom festgestellt wird. Würden die Energieeinsparung, die Installation energieeffizienter Einrichtungen, die Förderung alternativer Energiequellen (Sonnenenergie, Windkraft) und der Gebrauch pflanzlicher Abfallstoffe (etwa der von Ölpalmen) mit mehr Nachdruck betrieben, würde dies dem ganzen Land so großen Nutzen bringen, daß man fragen muß, warum die Regierung es unterlassen hat, diese Möglichkeiten zu fördern. Jede dieser Maßnahmen

könnte Einsparungen bringen, die den Bedarf an teuren und unsicheren Projekten wie Bakun überflüssig machen würde.

Die Kritik am malaysischen Bakun gründet sich auf der weltweiten Erfahrung mit großen Staudämmen. In Entwurf und Ausführung großer Dämme sind so viele Unsicherheiten inbegriffen, daß unzählige Voraussetzungen in Entwurf und Planung berücksichtigt werden müssen. Jede Veränderung einer Voraussetzung kann zum Scheitern des Staudammes führen, oder verursacht so teure Folgen, daß seine wirtschaftliche Lebensfähigkeit nicht länger haltbar ist. Viele dieser Unsicherheiten stehen in direktem Zusammenhang mit dem vermuteten Verhalten des Wassers, nachdem man versucht hat, es durch menschliches Eingreifen zu kontrollieren.

Einige der Probleme, die mit dem Entwurf und Bau solcher Projekte zusammenhängen, geben Grund, an der Effizienz des Bakun-Projekts zu zweifeln:

— die Gewässer konnten nicht genau analysiert werden 389
— Voraussetzung eines stabilen Klimas
— Unterschätzung des Erdbebenrisikos
— speicherbedingte Erdbewegungen wurden nicht berücksichtigt
— Unterschätzung des Risikos katastrophaler Erdrutsche
— fehlende Einschätzung der Risiken von Sabotage oder Krieg
— fehlende Einschätzung von Betriebsfehlern
— Unterschätzung der Geschwindigkeit von Staubeckenverschlammung
— Folgen von Flußbett- und Ufererosion stromabwärts wurden nicht berücksichtigt
— Folgen von Niederschlag an Unterlaufarmen und Küste wurden ignoriert
— Verschmutzungen im Staubecken sowie stromabwärts wurden nicht berücksichtigt
— Folgen von hydrologischen Veränderungen der Wasserqualität und des Trinkwassers stromabwärts wurden ignoriert
— das Altern der Dammkonstruktion konnte nicht eingeschätzt werden
— die Verschrottung des Staudammes konnte nicht geplant werden
— fehlerlose Arbeitsweise während des Staudammbetriebs wurde vorausgesetzt

In Anbetracht dieser Kritik haben die malaiische Regierung, die Staatsregierung von Sarawak und Ekran-Sprecher verschiedentlich folgende Behauptungen aufgestellt: Die Wahrscheinlichkeit von Erdbeben ist gering oder sogar nicht vorhanden. Der Staudamm wird nicht nur billigen Strom produzieren, sondern auch als Flutkontrollmechanismus dienen. Die Schiffahrt auf dem Fluß wird stromabwärts einfacher sein. »Wasser ist eine erneuerbare und umweltfreundliche Ressource.« Die Fischvorkommen in dem Staubecken werden innerhalb von sieben Jahren regeneriert sein. Verschlammung ist kein Problem. Die Umweltauswirkung wird minimal sein. – Kritiker haben jede dieser Behauptungen in Frage gestellt.

Die Bedeutsamkeit vieler dieser Argumente bezieht sich wohl eher auf allgemeine globale Diskussionen über Wasser. Die Behauptung der malaiischen Regierung beispielsweise, Wasser sei eine saubere und erneuerbare Ressource, wiederholt Behauptungen, die die meisten Staudammbefürworter in der ganzen Welt aufgestellt haben. Doch nun werden diese Annahmen zunehmend fragwürdig. Mit den Worten Philip Williams, des Präsidenten des Internationalen Fluß-Netzwerkes, behaupten »Staudammbefürworter oftmals, daß Wasserkraft billige, saubere erneuerbare Energie ist, während wir jetzt wissen, daß es gewöhnlich teurer ist, mehr Treibhausgase absondert und eine kürzere Lebenszeit hat als die Entwicklung fossiler Brennstoffe.« Neuere Forschungen von »Fearnside« in Brasilien kamen beispielsweise zu dem Ergebnis, daß im Jahr 1990 die Emissionen von Kohlendioxid und Methan aus Wasser und faulender Vegetation im Balbina-Stausee 26mal mehr Auswirkungen auf die globale Erwärmung hatten als Emissionen eines Kohlekraftwerks, das Energie in ähnlicher Menge erzeugt.

»Wasser« kann und darf nicht mit »Staudamm« gleichgesetzt werden. Das Bakun-Projekt kann nicht als »umweltfreundlich« bezeichnet werden: es wird eine Region von der Größe Singapurs überfluten und sowohl unbestimmte als auch katastrophale Auswirkungen auf den längsten Fluß Malaysias haben. Sowohl in Sarawak als auch auf der Halbinsel werden die Unterwasserkabel eine »nicht meßbare« Auswirkung auf das Wasserleben haben. Das Leitsystem wird ferner Schneisen durch Wälder und landwirtschaftlich genutztes Land schlagen. Auch das Argument »Wasser ist erneuerbar« kann im Zusammenhang mit Staudämmen nicht ohne weiteres geltend gemacht werden: Große Staudämme sind sicherlich nicht erneuerbar, ihre endliche Lebensdauer ist durchweg überschätzt worden und die Verschrottungskosten sind oft nicht bei den Kosten des Staudamms berücksichtigt worden. Soweit bekannt ist, wurden sie auch bei Bakun nicht berücksichtigt.

Als falsch hat sich die Annahme erwiesen, die Folgen sicher vorauszusagen zu können, die beim Stauen eines Flusses am Unterlauf entstehen. Ungeachtet der Versprechen von Stauseeingenieuren weltweit sind wiederholt verheerende Auswirkungen von Staudämmen auf die Wirtschaft und Ökologie am Unterlauf gestauter Flüsse eingetreten. Ein Teilnehmer des Seminars über den Bakun-Staudamm bemerkte im vergangenen Jahr: »Die Technologie großer Staudämme sollte korrekterweise als ›noch in der Experimentierphase‹ beschrieben werden«. Voraussagen über die Auswirkungen von Stauseen waren über Jahre hinweg so falsch, daß das Vertrauen in sie weltweit fundamental erschüttert wurde.

Fehlende öffentliche Verantwortlichkeit

Staudammprojekte haben ihre Glaubwürdigkeit darüber hinaus verloren, weil Planung und Bau viel Zeit in Anspruch nehmen und insbesondere, weil wiederholt die Absicht erkennbar war, die öffentliche Prüfung des Projektes und die Stellungnahmen zu umgehen. Beim Bakun-Projekt war es genauso, und bemerkenswerterweise wird dies in dem neuen Gerichtsentscheid betont. Der Wiederbelebung des Bakun-Projektes mußte daher eine Vielzahl regierungsamtlicher Rückversicherungen über öffentliche Verantwortlichkeit vorausgehen. Sie bezogen sich hauptsächlich darauf, daß nichts unternommen würde, bis der EIA-Gerichtsprozeß abgeschlossen sei. Dieser Prozeß schloß als verbindlichen Teil des Verfahrens die Offenlegung des EIA-Berichtes gegenüber der Öffentlichkeit ein, damit sie vor Billigung des Projektes Einspruch erheben könne. Rückwirkend wurden jedoch absichtlich und unkorrekt entscheidende Änderungen an der EIA-Gesetzgebung vorgenommen, die es der

Bundesregierung gestatten, im Fall EIA unschuldig dazustehen. Stattdessen ist der Provinzregierung von Sarawak die Befugnis erteilt worden, den Genehmigungsprozeß zu beaufsichtigen, was keinerlei öffentliche Beteiligung oder Stellungnahme einschließt.

Weiterhin scheint die Anwendung des »Official Secrets Act« unterschrieben worden zu sein, um die vielen, mit öffentlichen Geldern bezahlten Machbarkeitsstudien über das Bakun-Projekt für die Öffentlichkeit unzugänglich zu machen und um, mit den Worten eines Kritikers, »Spekulation, Angst und Unsicherheit zu schüren, die die Glaubwürdigkeit der Regierung unterminieren«. Auch im Fall Bakun wird wieder so verfahren, wie es aus der Erfahrung mit anderen großen Staudammprojekten bekannt ist: Wieder herrschten in einer öffentlichen Angelegenheit mangelnde Transparenz und Spekulationen, mit denen solche Projekte geplant und durchgeführt werden. Je mehr die sozialen, ökologischen und wirtschaftlichen Folgen großer Staudämme ermittelt werden und es offensichtlich wird, daß sie immense öffentliche Gelder kosten, desto stärker ist die Öffentlichkeit interessiert zu erfahren, was es mit diesen großen Staudammprojekten auf sich hat, wie sie geplant und evaluiert werden. Das Vertrauen der Öffentlichkeit in solche Projekte hat abgenommen. Die Gründe dafür sind vielfältig: unangemessene oder falsche Annahmen bei der Planung eines Staudammes stimmen bedenklich; Untersuchungen der ökologischen Auswirkungen sind häufig falsch; man vermutet politische Machenschaften mit der Absicht, die Öffentlichkeit unwissend zu halten; kommt es zum Bau eines großen Staudammprojektes, werden die vielen Risiken offenkundig.

Die malaiische Regierung hat das Vorgehen kolonialer Regierungen kritisiert, Pläne, darunter auch hydroelektrische Projekte, mit dem Hinweis auf das »öffentliche Interesse« zu rechtfertigen, dann aber selbst zu definieren, was die öffentliche Meinung ist und zusätzlich ein Gesetz zu erlassen, das jegliche öffentliche Stellungnahme zu den staatlichen Plänen verhindert. Ironischerweise ist es genau das, was die malaiische Regierung im Fall Bakun getan hat, etwa beim Umsiedlungsgebiet außerhalb des Bakun-Projekts: Ungefähr 10.000 Menschen indigener Völker werden gewaltsam von ihrem Land vertrieben. Die malaiischen und sarawakischen Autoritäten haben entschieden, jegliche (Weltbank)-Richtlinien für solche Projekte zu ignorieren, indem sie von sich behaupten: »Wir wissen, was das Beste für Euch ist.« Grundprinzipien wie frühe und umfassende Beratung, Flexibilität, Verständnis und alternative Vorhersagen fehlen hingegen völlig.

Jeder, der gegen das Projekt ist oder Zweifel über die Weise äußert, wie die Umsiedlung geplant ist, wird als Person abgestempelt, die »gegen Entwicklung« ist. Bawe Along, ein Kenyah von Long Geng, drückte es mit einfachen Worten aus: »Wir haben seit 1957 um Stromversorgung gebeten. Wie kann nun jemand sagen, wir seien gegen Entwicklung? Alles, was wir wollen, ist, gefragt zu werden. Wir wollen unser Einverständnis zu dem angebotenen neuen Land geben und das Recht darüber haben.« Der Gerichtsentscheid, daß die Änderung der EIA-Gesetzgebung den indigenen Gemeinschaften ihr fundamentales Recht nimmt, selbst am Entscheidungsprozeß mitzuwirken, war generell wichtig für die Rechte indigener Völker, die direkt von solchen Projekten betroffen sind. Wahrscheinlich wird dieses Recht jedoch durch das Berufungsverfahren revidiert werden. Stattdessen will die

Regierung an der Umsetzung ihrer Pläne festhalten und die Erfahrung mit einem früheren Umsiedlungsplan wiederholen, als 3.699 Ibans wegen des Batang Ai-Hydroelektrischen Projekts umgesiedelt wurden. Die große Mehrheit dieser Umgesiedelten hat »geringeres Einkommen, kein Naßreisland, geringere Lebenserwartung, begrenzte Verdienstmöglichkeiten, verminderte wirtschaftliche Möglichkeiten und betrachten sich selbst als Opfer der Entwicklung«. Khoo Kong Jim, Mitarbeiter des Umsiedlungsprogramms, kommentiert: »Projektbefürworter sehen sich selbst als Modernisierer und Vermittler des Wandels und treffen Entscheidungen für Menschen. So überrascht es wohl nicht, daß manches schief läuft.«

Öffentliche Verantwortlichkeit, lokale Gemeinden und begründete Argumente werden nicht ernstgenommen. Das hat massive Proteste auf Seiten der Gegner des Projektes hervorgerufen: die malaiische Regierung wie auch die Provinzregierung von Sarawak seien weniger an der Gewinnung von Strom aus Bakun interessiert als vielmehr am Profit für die gesellschaftliche und politische Elite, die in das Projekt involviert ist.

Die Forderungen, die Projektbefürworter im Zusammenhang mit Bakun erhoben, bergen viele Konflikte. Die gewonnene Energie ist in Wirklichkeit weit entfernt von dem »billigen Strom«, den der Premierminister versprochen hat – vielmehr wird er der teuerste Strom überhaupt sein. Es wird aber angenommen, daß die Regierung das Bakun-Projekt ungeachtet seiner Lebensfähigkeit, seiner Auswirkung auf die Strompreise und auf die malaiischen Verbraucher weiter verfolgt.

Das Bakun-Projekt wurde privatisiert. Wie so oft bei privatisierten Projekten weltweit, ist daraus jedoch politische Begünstigung geworden: das Bakun-Projekt wurde dem einflußreichen Ting Pek Khiing und seiner Gesellschaft »Ekran« ohne vorherige Ausschreibung angeboten. Der Zuschlag für diese Gesellschaft erfolgte nach intensivem, komplexem, und ambitioniertem Wechselspiel zwischen konkurrierenden Gesellschaften und politischen Parteien um die Vertragssicherung. In diesem Spiel hat »Ekran«, unterstützt von Schlüsselpersonen in der UMNO Baru-Führung – etwa dem angesehenen Daim Zainuddin und selbst Mahathir – seine Hauptkonkurrenten Lim Thian Keat's Dulop und SESCO ins Abseits gestellt. Es gab weder eine öffentliche Ausschreibung, noch Einsicht in die Vertragsvorlagen oder Details über Termine und über die Konditionen, durch die »Ekran« der Vertrag zugesprochen wurde.

Anschließend hat Ting ein Netz von Gesellschaften errichtet, teilweise um seine eigene Kontrolle über Bakun-Verträge und Schenkungen auszudehnen, und teilweise, um die gesellschaftlichen und politischen Konkurrenten auszuschalten. Da diese den Projektzuschlag nicht bekommen hatten, stellten sie eine potentielle Opposition dar, die das Projekt in seiner Existenz gefährden könnte. Die nepotistisch gehandhabte Vergabe von lukrativen Unterverträgen für das Bakun-Projekt wird für die Direktoren und Teilhaber der beteiligten Gesellschaften real bemerkenswerte Profite bringen – und zwar unabhängig davon, ob Bakun »funktioniert« oder nicht. Ein Beispiel ist der Verkauf von Teilen der Holzrechte an »Pacific Chemicals«, einer Gesellschaft, die von Ting kontrolliert wird, und an der zwei Söhne des hochrangigen malaysischen Politikers Taib nennenswertes Interesse haben.

Diese »Geldpolitik« der malaiischen Politik mag wohl momentan gebilligt sein, aber sie hat auch negative Auswirkungen: der Anreiz für ausländische Investoren ist gering. In diesem Zusammenhang hatte Ting ursprünglich verkündet, er habe 10 Milliarden M$ auf den Kapitalmärkten der Welt sichergestellt, um das Projekt zu finanzieren. Kurz darauf zeigte sich, daß seine Behauptung nicht zutraf, und stattdessen wird in Malaysia nun verzweifelt nach Geldgebern gesucht. Die Provinzregierung von Sarawak, der »Employees Provident Fund« und die nationale Energiegesellschaft »Tenaga Nasional« wurden gezwungen, Anteile an dem Projekt zu kaufen, damit Bakun weitergeführt werden kann. Eine solche Maßnahme spricht nicht für die Lebensfähigkeit des Projektes und zeigt einmal mehr die geringe Attraktivität hydroelektrischer Anlagen als Investitionsfeld.

Folgender Satz eignete sich wahrscheinlich als Grabinschrift für das gesamte Bakun-Projekt: »Es ist ein Projekt, das den Malaien aufgezwungen worden ist, in Geheimnis gehüllt, öffentlicher Verantwortlichkeit ermangelnd, und umgesetzt ohne jegliche Diskussion über seine Auswirkungen, Kosten und Unsicherheiten. Es ist ein Projekt, dessen Lebensfähigkeit ernstlich in Frage steht.« Ein Projekt dieser Größe und mit potentiellen Auswirkungen von großem Ausmaß bedarf der uneingeschränkten Diskussion: Sein Platz in der nationalen Energiepolitik muß ebenso diskutiert werden wie die Frage, warum es besser sein soll als mögliche Alternativen. Die Weise, wie die Umsiedlung der indigenen Bevölkerung geplant und durchgeführt wird, muß mit ihren Angehörigen diskutiert werden. Die Machbarkeitsstudien, die Finanzierung, der Bau und die erzielten Ergebnisse müssen offengelegt werden. Malaiische Staudammgegner haben solche Forderungen erhoben – noch ist es für eine Antwort der Regierung nicht zu spät.

393

Dammprojekte am Chico River, Philippinen – ein Schlag ins Wasser

Rainer Werning

Den Norden der philippinischen Hauptinsel Luzon prägen spektakuläre Bergwelten, tiefeingeschnittene Täler, eine üppige Flora, eine vielfältige Fauna und unzählige sprudelnde Gebirgsbäche. Hier befinden sich auch die in jahrhundertelanger Knochenarbeit angelegten Reisterrassen von und um Banaue. Reiseveranstalter werden nicht müde, sie in ihren Hochglanzprospekten überschwenglich als »Achtes Weltwunder« zu preisen. Eine Region also, die sich wahrlich als paradiesisch beschreiben ließe, gäbe es da nicht ambitionierte Politiker und Technokraten, die auf Reißbrettern und im Namen der »Entwicklung« Großprojekte aushecken. Deren »kleine« Fehler: Sie haben die Interessen der dort lebenden Bevölkerung nicht berücksichtigt oder sich bewußt und brüsk über deren Anliegen hinweggesetzt. Das liefert den Stoff für die Vorgeschichte.

Die eigentliche Geschichte bietet ein Lehrbeispiel für Selbstorganisierung von Betroffenen und erfolgreichen Widerstand gegen das Chico-Staudammprojekt.

Während der Marcos-Ära (1969 – 1986) als ehrgeiziges Großprojekt mit vier Dämmen konzipiert und anfänglich auch von der Weltbank als sinnvoll und finanzierungswürdig eingestuft, ging das Chico-Projekt dennoch buchstäblich baden. Weggespült von einer stetig gewachsenen Ablehnungsfront aus Kalingas und Bontocs, die hautnah erfahren mußten, daß Chico nicht zur Metapher für nachholende Entwicklung, sondern aufgrund eskalierender Gewalt und Militarisierung zur nachhaltigen Bedrohung ihres (Über-)Lebens wurde.

Schließlich gibt es regional sowie landesweit Nachgeschichten. So soll heute unweit des Chico-Projektgebietes, in der Provinz Nueva Vizcaya, das sogenannte »Casecnan Multipurpose Irrigation and Power Project« aus der Taufe gehoben werden.[1] Dessen Baupläne wurden in den vergangenen zehn Jahren schon zweimal modifiziert. Über 5.000 Demonstranten, beflügelt durch den Segen zweier anwesender Bischöfe, marschierten am 18. Februar 1996 in die Provinzhauptstadt, um lautstark gegen das Projekt Front zu machen. Das ficht die Regionalpolitiker und die Regierung in der fernen Hauptstadt Manila nicht an – zumindest noch nicht: »Philippines 2000«, die Vision des amtierenden Präsidenten Fidel V. Ramos, dem Land vergleichbar den ostasiatischen Erfolgsökonomien bis zur Jahrtausendwende Frieden und Fortschritt zu bescheren, setzt auf Entwicklung um jeden Preis. Nichts anderes hatten die Macher in Manila auch in der Planungsphase der Chico-Projekte im Sinn.

Die Vorgeschichte

Der Chico River bildet das längste und weitestverzweigte Flußsystem in der Grand Cordillera-Gebirgskette in Nordluzon. Vom Mount Data aus, wo er entspringt, fließt er gen Norden und schlängelt sich durch die Mountain Province, bevor er in nordwestlicher Richtung die Unterprovinz Kalinga erreicht. Von dort aus setzt er seinen Lauf in nordöstlicher Richtung fort und mündet zusammen mit dem Cagayan River bei Aparri ins Meer.

Seit Mitte der 60er Jahre hat die philippinische Regierung erwogen, entlang des Chico hydroelektrische Staudämme zu errichten. Es gab bereits Studien über ein solches Projekt. Sie stießen jedoch auf wenig Interesse weil die veranschlagten Baukosten zu hoch waren.

Die seit Beginn der 70er Jahre kräftig gestiegenen Energiepreise und die Furcht vor einer Energiekrise haben die Regierung in Manila indes davon überzeugt, daß das Kosten-Nutzen-Verhältnis nunmehr für den Bau der Dämme spräche. 1972 bezog die Nationale Energiebehörde (NPC) die Vorstudie über das Chico-Basin in das Projektpaket ein, das mittlerweile von der Weltbank im Rahmen des fünften Energiedarlehens finanziert wurde. Die Studie selbst ist seinerzeit von der bundesdeutschen Firma »Lahmeyer International« erstellt worden.

Im Juni 1973 legte »Lahmeyer« in Kooperation mit der »Engineering and Development Corporation of the Philippines« (EDCOP) die technische Vorstudie über die hydroelektrischen Entwicklungsprojekte entlang des Chico vor. Die Orte Sabangan, Sadanga, Basao und Tomiangan wurden als Bauplätze von Chico I bis Chico IV avisiert, wo nach Fertigstellung der Dämme eine Gesamtleistung von

1.010 Megawatt erzeugt werden sollte.[2] Aus wirtschaftlichen Erwägungen und aufgrund der Besonderheiten des Terrains wurde für den Bau folgende Reihenfolge vorgeschlagen: Chico II, III ,IV und schließlich Chico I.

Die Lahmeyer-Studie regte ferner an zu prüfen, inwieweit die Wirtschaftlichkeit der Dammprojekte durch Bewässerungsmöglichkeiten erhöht werden könnte. Daraufhin erarbeitete die Nationale Bewässerungsbehörde (NIA) eine Studie, in der entsprechende Berechnungen über das Volumen der staubaren Wassermengen und ihre Nutzung für Irrigationsprojekte auch in umliegenden Provinzen erstellt wurden. Manila griff die Lahmeyer-Empfehlung auf und beauftragte 1974 die NPC mit den Vorarbeiten zum Bau von Chico II, III und IV. Priorität genoß Chico II, der Anabel-Tocucan-Damm bei Sadanga, mit dessen Bau 1977 begonnen und der fünf Jahre später in Betrieb genommen werden sollte. Die anderen Dämme sollten nach Vorliegen des Abschlußberichts über das Chico River Basin-Entwicklungsprojekt (CRBDP) 1978/79 errichtet werden.

395

Planfehler und Fehlpläne

Von Anfang an haben die Bewohner der Mountain Province und Kalingas aus ihrer Opposition keinen Hehl gemacht: Chico II geriet dermaßen ins Kreuzfeuer der Kritik, daß sein Baubeginn zunächst zugunsten von Chico IV zurückgestellt werden sollte. Die NPC konnte ihre Arbeiten nicht plangemäß durchführen. Ihre Erdbohrungen zur geologischen Untersuchung der Gegend um Tomiangan und damit verbundene Rodungsmaßnahmen mußten unterbrochen werden.

Das Projektgebiet des CRBDP umfaßte 1.400 Quadratkilometer und erstreckte sich von Mount Data bis nach Tomiangan. Insgesamt etwa 100.000 Menschen wären durch die Dammbauten in Mitleidenschaft gezogen worden. Da sie seit Generationen zusätzlich zum intensiven Terrassen-Reisanbau *kaingin-farming* (Wechselanbau durch Brandrodung) praktizieren, stießen die Regierungspläne zwangsläufig auf Unverständnis. Für die Bontocs und Kalingas bietet das *kaingin*-System mit den *cash crops* Kaffee und Bohnen überdies die Möglichkeit, über eine reine Subsistenzwirtschaft hinauszukommen. Allein das Chico IV-Projekt hätte laut Einschätzung der Provinzregierung zur Evakuierung von mindestens 1.000 Familien geführt. Fruchtbares Reisland im Wert von seinerzeit umgerechnet 10 Millionen DM wäre überflutet worden. Alles in allem hätten über 5.000 Kalingas ihre Dörfer und Reisfelder verlassen müssen. 1.200 steinbefestigte Reisterrassen, von jeher der Stolz traditioneller Kalinga-Bauweise, wären ebenso zerstört worden wie 500 Hektar mit wertvollen Baumbeständen, vor allem Kaffee, Orangen und Mangos. Vorgesehen war auch, außer den *Barrios* (Dörfern) noch ein zehn Kilometer langes Stück Nationalstraße verschwinden zu lassen. Allein der materielle Schaden wäre beträchtlich gewesen, ganz zu schweigen von dem Verlust ergiebiger Jagd- und Fischgründe. Mit der Vernichtung der ökonomischen Basis wäre eine Vielzahl politischer, religiöser und kultureller Probleme aufgebrochen, was letztlich Leben und Überleben der Kalingas und Bontocs in Frage gestellt hätte.

Die traditionellen Religionen der Chico-Tal-Bewohner umfassen den Glauben an den Schöpfer (*Kabunian* bei den Kalingas), die Ahnenverehrung und Furcht vor

Wald- und Feldgeistern. Trotz der Bekehrung eines großen Teils der Bevölkerung zum Christentum sind derartige Vorstellungen noch stark ausgeprägt. Die zahlreichen Ahnen- und Geistergötter wirken im Rhythmus mit der Kultivierung des Bodens. Die Überreste der Toten, selbst wenn sie in entlegenen Orten verstarben, finden hier ihre letzte Ruhestätte. Der Heimatboden garantiert in der Vorstellungswelt der Menschen Entwicklung und verdankt sein Gedeihen den wohlwollenden gemeinsamen Anstrengungen der Vorfahren. In jahrhundertelanger Zusammenarbeit ist das Land bestellt worden. Die Lebenden wachen darüber, daß dieses Erbe und kostbare Gut verantwortungsbewußt erhalten und gepflegt wird. Anderenfalls würden die Geister der Ahnen die Nachfahren zur Rechenschaft ziehen oder sie bestrafen. Krankheiten und Unglück sind in diesem Sinne Ausdruck des Zorns der Geister über mangelnden Respekt und vernachlässigte Bodenbewirtschaftung. Die Religion der Bontocs und Kalingas ist untrennbar mit ihren Wohnstätten entlang des Chico River verbunden – die Dammprojekte wären einer Entweihung der Geister gleichgekommen, und die Überflutung der Dörfer und damit die Vernichtung des gesamten Erbes hätte die gröbste Mißachtung der von den Ahnen übertragenen Verantwortung bedeutet.

Zu dem religiösen Aspekt tritt ein bedeutsamer sozialer Aspekt hinzu. Zwischen verschiedenen Dörfern bestehen auf der Basis klar abgegrenzter Gebietseinteilungen sogenannte Friedenspakte – in Kalinga *bodong* und in Bontoc *pachen* genannt. Jeder Friedenspakt definiert den Besitzanspruch und das Hoheitsrecht über ein bestimmtes Terrain. Friedenspakte und die damit vereinbarten Gesetzeskodices (*pagta ti bodong*) begründen ein komplexes Kooperationssystem und regeln nach wie vor die sozialen Beziehungen. 180 solcher Friedenspakte, die untereinander und mit anderen Dörfern in Kalinga, Bontoc und Tingguian abgeschlossen sind, wären allein durch das Chico IV-Projekt zerrissen und als sozio-politische Institution – nämlich als wirksames Instrument zur Schlichtung von Streitigkeiten – ausgehebelt worden.

Der traditionelle *bodong* wird gewöhnlich zwischen zwei Dörfern zeremoniell geschlossen, um die Souveränität und Unabhängigkeit beider Parteien zu gewährleisten. Er wurde schrittweise erweitert, um einheitlich gegen den Bau der Dammprojekte vorzugehen. So taten sich anläßlich des im Dezember 1978 geschlossenen *bodong* die *papangats* (Barrioführer) aus über 20 Kalinga- und Bontoc-Dörfern zusammen, um gemeinsam ihre ablehnende Haltung gegenüber dem CRBDP zu bekunden. Gleichzeitig knüpften sie erste Kontakte zu außenstehenden Sympathisanten, um ihre Anliegen auch landesweit publik zu machen.

Widerstand formiert sich

Bis 1974 waren die Kalingas und Bontocs in Manilas Entwicklungspläne überhaupt nicht eingeweiht worden. Seitdem sickerten nur spärliche Informationen über die ehrgeizigen Bauvorhaben zu ihnen durch. Mit Eintreffen der ersten Erkundungsteams der NPC zeigte sich die Bevölkerung beunruhigt – über ihre Köpfe hinweg sollte plötzlich mit den Vorarbeiten zu einem Projekt begonnen werden, ohne daß sie jemals die Möglichkeit hatten, darüber mit Regierungsvertretern zu sprechen. Einige Kalingas und Bontocs waren derart erbost über das selbstherrliche Vorgehen Manilas, daß sie sich bewaffnet den Erkundungsteams entgegenstellten und sie zur vorzeitigen Rückkehr zwangen. Kurzerhand wurden Vertreter bestimmt, die mit den verantwortlichen Behörden in Manila Kontakt aufnehmen und ihre Bedenken vortragen sollten. Einer Bontoc-Delegation aus dem Chico II-Gebiet gelang es zwar, mit Präsident Marcos im Malacanang-Palast zusammentreffen, doch ihre Kritik wurde als Sentimentalät abgetan: Marcos entließ die Bontocs mit dem Versprechen nach Hause, für entstandene Schäden aufzukommen und sich um geeignete Umsiedlungsplätze zu kümmern.

1974 entsandten die Kalingas fünf Delegationen nach Manila, doch keine konnte bis zum Präsidenten oder zu einem verantwortlichen Beamten vordringen. Statt dessen wurden sie von einer Stelle zur nächsten geschickt und mit Vertröstungen abgespeist. Ihnen blieb nichts anderes übrig, als ihre Petitionen, die sie an den Präsidenten und an die mit den Dammbauarbeiten beauftragten Firmen geschickt hatten, auch Vertretern der Kirchen und Medien zu überreichen, um sich wenigstens auf diese Weise Gehör zu verschaffen. Keine dieser Petitionen konnte die verantwortlichen Stellen zum Einlenken, geschweige denn zum Umdenken bewegen. Weitere Erkundungsteams, die sich über jegliche Kritik erhaben zeigten, tauchten in den Projektgebieten auf und schürten den Unmut in der Bevölkerung.

Im Mai 1975 wurde unter Mitwirkung der Katholischen Bischofskonferenz ein entwicklungspolitisches Symposium organisiert, an dem unter anderem 150 Bontoc- und Kalinga-Führer sowie kirchennahe Unterstützungsgruppen teilnahmen. Auf diesem Symposium wurde jener *pagta ti bodong* geschlossen, der die Bevölkerung in ihrer Haltung gegenüber den Dammprojekten einte. Dadurch alarmiert, ließ Manila zunächst sämtliche Arbeiten im Projektgebiet stoppen und das NPC-Personal abziehen. Doch auf Weisung des Präsidenten trat nun sein Berater in Fragen der nationalen Minderheiten (PANAMIN), der Großindustrielle Manuel Elizalde, auf den Plan. PANAMIN befürwortete die Schaffung einer Kalinga Special Development Region (KSDR), die schließlich per Präsidialdekret Nr. 848 aus der Taufe gehoben wurde. PANAMIN, die KSDR und NPC verstärkten ihre Anstrengungen, die Opposition gegen das Chico IV-Projekt durch Bestechungsversuche und das Schüren von Zwistigkeiten aufzuweichen – teilweise mit Erfolg. Doch die Mehrheit der Kalingas ließ sich von solchen Winkelzügen nicht beeindrucken. Im Gegenteil: ihre Opposition wurde zunehmend militanter. Mehrfach wurden bei Tomiangan Arbeitslager zerstört, welche die NPC unter dem Schutz der »Constabulary/Integrated National Police« (PC/INP), der Vorläuferin der heutigen Nationalpolizei, hatte errichten lassen.

Seit Herbst 1976 erlebte nun auch die Neue Volksarmee (NPA), der bewaffnete Arm der verbotenen Kommunistischen Partei (CPP), verstärkt Zulauf in der Region, vor allem unter Jugendlichen. Die schleichende Militarisierung begann mit dem staatlich gelenkten Aufbau von paramilitärischen Bürgerwehren, den sogenannten »Civil Home Defense Forces« (CHDF), und der verstärkten Entsendung regulärer PC- und Armeeverbände in die Region. Bis April 1977 waren 150 Kalingas und Bontocs inhaftiert worden, darunter etliche pagangats, Frauen und Kinder. Ihnen wurde zur Last gelegt, Regierungsvorhaben behindert zu haben, subversive Akte begangen und sich des illegalen Waffenbesitzes schuldig gemacht zu haben. Derweil nutzten NPC und PC die Gelegenheit, die Baubarracken bei Tomiangan neu aufzubauen. Engagierte Teile der Kirchen, Persönlichkeiten des öffentlichen Lebens, die Freie Rechtsbeistandsgruppe (FLAG) und amnesty international unternahmen nunmehr alles, um die Freilassung der Inhaftierten zu erwirken. Im Juni 1977 wurden sie schließlich auf freien Fuß gesetzt. In einigen Barrios war aufgrund ihrer Abwesenheit eine äußerst prekäre Lage entstanden – viele Felder blieben unbestellt und die Kinder waren vernachlässigt, so daß Unterstützungsgruppen zu Nahrungsmittelspenden aufriefen.

1978 schien alles auf eine militärische Lösung des Konflikts hinzudeuten. Auf der einen Seite mehrten sich »Strafaktionen« von Regierungstruppen gegen »rebellische« Barrios, auf der anderen Seite griffen NPA-Einheiten immer häufiger militärische und paramilitärische Stützpunkte an und legten Hinterhalte oder zerstörten Fahrzeuge der NPC. Im April desselben Jahres trat mit Gabriel Y. Itchon ein neuer Mann an die Spitze der NPC, während im Juni der Troß des diskreditierten PANAMIN abgezogen wurde. Das mittlerweile entstandene 60. PC-Bataillon erhielt Sondervollmachten, die ihm gestatteten, sich faktisch als regionaler Kriegsfürst aufzuspielen. Über 1.000 hochangesehene Kalingas unterzeichneten eine Petition, in der sie den Abzug dieser Truppen und die Beendigung militärischer Gewalt forderten. Am 20. September 1978 wurde das NPC-Arbeitslager bei Tomiangan erneut gestürmt, wobei vier NPC-Angestellte getötet und vier weitere schwer verletzt wurden.

Die Regierung reagierte prompt und erklärte das Gebiet um Tomiangan kurzerhand zum Niemandsland und zur Freifeuerzone. Betroffen waren davon etwa 786.000 Quadratmeter Reisfelder, Kaffeeplantagen, Wälder, Weideland, Obst- und Gemüsegärten sowie kaingins. Um ihren Feldarbeiten nachgehen zu können, benötigten die Einwohner Tomiangans und der nahebei gelegenen Barrios eine militärische Ausgeherlaubnis. Sofern diese ausgestellt wurde, galt sie lediglich von 9 Uhr morgens bis 3 Uhr nachmittags. Da aber viele Felder und *kaingins* weiter entfernt lagen, war eine geregelte Feldarbeit nicht möglich. So lagen Felder brach, es herrschte Nahrungsmittelknappheit, und die Menschen wurden ihrer Einkommen beraubt. Arbeitstiere wie *Carabaos* (Wasserbüffel) und Kühe, die im Niemandsland grasten, verschwanden plötzlich. Zwar war allgemein bekannt, daß sie von Soldaten geschossen und verzehrt worden waren, doch aus Furcht vor Repressalien fanden sich kaum Zeugen, die es gewagt hätten, öffentlich gegen das Militär auszusagen.

Rücksichtslose Bulldozereinsätze der NPC-Teams vernichteten Kaffeebäume, Heilpflanzen, Felder und mitunter gar Wohnhäuser. Soldaten demonstrierten sinnlose Zerstörungswut, indem sie Kokosnüsse, Hunde und Schweine zu Zielscheiben ihrer Schießübungen machten. Geregelter Schulbesuch der Kinder war wegen der Militärpräsenz unmöglich. Kompensationsforderungen der Bewohner, beispielsweise für die Einkommensverluste beim Kaffeeverkauf, blieben aus. Trotz aller Schikanen und Einschüchterungen weigerten sich die knapp 30 Familien Tomiangans, den Ort zu verlassen.

Zur Jahreswende wurde das 60. PC-Bataillon aus Kalinga abgezogen und durch das gerade aus der Kriegszone im südlichen Sulu abkommandierte 51. PC-Bataillon ersetzt. Es war dort zur Niederschlagung der um Autonomie kämpfenden Verbände der »Moro National Liberation Front« (MNLF) stationiert gewesen. Kalingas und Bontocs unterzeichneten daraufhin einen gemeinsamen *bodong*, dem über zwanzig Vertreter verschiedener Dörfer beiwohnten. Sie bekundeten einstimmig ihre ungebrochene Solidarität mit dem Widerstand der Bevölkerung und erneuerten ihren *pagta ti bodong* gegen die Dammprojekte.

Der Beginn des Jahres 1979 schien eine Phase relativer Ruhe zu verheißen. Die Regierung ließ die Erkundungsteams mit ihren Arbeiten fortfahren, machte aber keinerlei Anstalten, in der Umgebung Tomiangans geologische Untersuchungen durchführen zu lassen. Zwar kam es sporadisch zu Scharmützeln zwischen NPAs und Regierungstruppen, doch blieb die Lage im Vergleich zum Vorjahr weniger gespannt.

Getrübt wurde die Situation zeitweilig durch einen Friedenspaktbruch zwischen zwei Barrios in der Gemeinde Tanudan in Kalinga, der zu Blutvergießen führte. Gleichzeitig jedoch konnte ein langandauernder Streit zwischen den Bewohnern Butbuts in Kalinga und den Bewohnern Sadangas in der Mountain Province geschlichtet werden. Sie schlossen einen Friedenspakt, was in der gesamten Region einhellig begrüßt wurde. Im Oktober wurde das 51. PC-Bataillon durch das 44. Infanteriebataillon der Armee ersetzt. Es war speziell in Aufruhrbekämpfung trainiert und zuvor in der Provinz Isabela, einer Hochburg der NPA-Guerilla, stationiert. Eine Eskalation der Gewalt war damit vorprogrammiert.

Am 3. Februar 1980 fuhren mehrere Kalinga-*papangats* nach Baguio City zu einem Gespräch mit dem neuen NPC-Präsidenten Itchon. Sie bestanden darauf, nur in Gegenwart von Zeugen mit ihm zu sprechen. Noch zu gut erinnerten sie sich an das von PANAMIN-Chef Manuel Elizalde inszenierte Treffen im Malacanang-Palast im Dezember 1975. Damals waren sie getrennt voneinander in verschiedenen Hotels untergebracht worden, man hatte versucht, sie mit Bestechungsgeldern zu ködern, und sie waren teilweise handgreiflich gezwungen worden, mit ihrer Unterschrift das Einverständnis zum Bau von Chico IV zu geben. Diejenigen, die seinerzeit diese Unterschrift geleistet hatten, distanzierten sich später davon mit der Begründung, unter Zwang gehandelt zu haben. Seitdem galt unter den Kalinga-Führern das ungeschriebene Gesetz, nur gemeinsam mit Regierungsvertretern zusammenzutreffen, auf die Präsenz außenstehender Beobachter zu pochen und Sicherheitskräfte oder Militärs herauszuhalten. Daher nahmen sie im Morgengrauen des 3. Februar Kontakt mit dem »Montanosa Social Action Center« (MSAC) in Baguio City auf, um Zeugen für das Gespräch mit Itchon zu erbitten. Das MSAC versuchte einige Journalisten herbeizuholen, was wegen der knapp bemessenen Zeit mißlang. Lediglich Pater Patricio vom MSAC und Schwester Rosalina aus Lubuagan waren imstande, die Kalingas zu begleiten.

In der Unterredung mit dem NPC-Chef begründeten die *pagangats* nochmals ausführlich ihre ablehnende Haltung gegenüber den Dammprojekten. Sie forderten Itchon auf, klar darzulegen, ob die Regierung trotz des breiten Widerstandes seitens der Bevölkerung an ihren Bauplänen festhalte. Itchon verwies auf die immens gestiegenen Preise und unterstrich die Notwendigkeit der Dammprojekte mit der abschließenden Bemerkung: »Uns bleibt keine andere Wahl, als mit dem Bau des Projekts fortzufahren. Nicht zuletzt muß die Elektrifizierung der hier ansässigen Industrieunternehmen sichergestellt werden.« Die Kalingas erwiderten, sich nach ihrer unverzüglichen Rückreise daheim für offensichtlich unvermeidbare Konfrontationen zu rüsten. Die Fronten waren abgesteckt und verhärtet.

Militarisierung statt Elektrifizierung

Wenige Tage nach diesem Gespräch ereigneten sich bei den Bugnay-Kalingas zwei Fälle von Militärschikanen. Im ersten Fall schossen Soldaten der dort stationierten Truppen auf zwei Kinder im Alter von sieben und zehn Jahren, die sich in einem Kramwarenladen nahe dem Militärcamp Süßigkeiten gekauft hatten. Glücklicherweise wurde keines der Kinder verletzt. Am 13. Februar wurde militärische Verstärkung aus dem Kompaniehauptquartier in Bangad angefordert. Als diese in Bugnay eintraf, führten sich die Armeesoldaten wie zuvor die PC-Soldaten auf: Sie randalierten und beschädigten zahlreiche Häuser. Da die Bewohner vorgewarnt waren, konnten sie sich rechtzeitig in Sicherheit bringen. Am selben Tage wurde aus dem Bugnay-Camp ein Gewehr gestohlen. Der Barrioführer Macli-ing Dulag wurde daraufhin unverzüglich ins Militärlager bestellt und aufgefordert, den Soldaten beim Auffinden der Waffe behilflich zu sein. Um seine Mitarbeit zu erzwingen, erklärten die Soldaten, sie würden das Dorf niederbrennen und ihn töten, widersetzte er sich ihrer Anweisung. Noch in der Nacht berief Macli-ing Dulag eine Versammlung aller Einwohner Bugnays ein und bat sie, gemeinsam das gestohlene Gewehr zu suchen. Am nächsten Tag fand Macli-ing unter seiner Haustür einen Papierfetzen mit der Notiz, daß die fragliche Waffe etwa 20 Meter vom Camp entfernt eingegraben worden sei. Als sie gefunden wurde, stellte sich heraus, daß sie dort bereits mehrere Tage gelegen haben mußte.

Pedro Dungoc, Telefonvermittler am Haupttor des Bugnay-Camps, und Robert Ayangao, Bauarbeiter des Straßenbauteams, das für die Instandhaltung der Strecke Bontoc-Bugnay verantwortlich war, wurden verdächtigt, das Gewehr aus dem Camp entwendet zu haben. Fünf Tage lang blieben sie in Basao eingesperrt. Außerdem wurden zwei auf den Feldern arbeitende Jugendliche unter dem Verdacht festgenommen, auf das Militärlager geschossen zu haben. Doch da die Soldaten ihnen keine Schuld nachweisen konnten, wurden die Jungen bereits einen Tag später auf freien Fuß gesetzt. Dungoc und Ayangao hingegen wurden während der Verhöre mißhandelt und gezwungen, den Diebstahl des Gewehrs zuzugeben. Nachdem das Gewehr wieder aufgetaucht war, unterzeichneten die beiden Männer eine eidesstattliche Erklärung, daß sie nichts mit dem Diebstahl zu tun hatten. Als sie am 18. Februar freigelassen wurden, weigerten sich die Soldaten, ihnen eine Kopie ihrer persönlichen Erklärung auszuhändigen. Sofort legten die beiden Männer in Begleitung von Macli-ing Dulag bei der Provinzregierung in Bulanao (Tabuk) Protest gegen das schikanöse Verhalten der Soldaten während ihrer Haft ein. Schließlich erhielten Dungoc und Ayangao wenige Tage später in Bugnay von den Militärs eine Kopie ihrer Erklärung, doch ihr war ein Schreiben beigefügt, in dem Macli-ing beschuldigt wurde, die beiden Männer zum Diebstahl des Gewehrs aufgestachelt zu haben.

Am 27. Februar wurden fünf Armeesoldaten entlang der Straße von Tinglayan nach Bangad vermutlich von NPAs aus dem Hinterhalt erschossen. Unter den Op-

400

fern befand sich Leutnant Malado Disumangkop, Kommandeur der Bravo-Kompanie, der Dungoc und Ayangao in Basao malträtiert hatte. Ein Bediensteter der KSDR, der einst Lehrer und Kandidat bei der Bürgermeisterwahl in Tinglayan war, meldete dem Bugnay-Camp, Macli-ing Dulag sei einer der Drahtzieher dieses Überfalls gewesen – aus Rache für die Mißhandlung von Dungoc und Ayangao. Unverzüglich ordnete die Armee im Gegenzug eine »Strafaktion« in Bugnay an: sie verhängte in den Nachbargemeinden eine von 5 Uhr nachmittags bis 5 Uhr morgens während Ausgangssperre.

Ein weiterer Überfall ereignete sich am 5. März in der Nähe von Tomiangan, bei dem drei Armeesoldaten und ein Angestellter der NPC den Tod fanden und ein weiterer Soldat und NPC-Mitarbeiter verwundet wurde. Anfang April begannen die Militärs, sämtliche Buspassagiere auf der Strecke Bontoc-Tabuk (via Lubuagan) an mindestens sechs Checkpoints zu durchsuchen. Um große Verspätungen und weitere Schikanen zu vermeiden, änderten die Busse kurzerhand ihre Route und nahmen den doppelt so langen Weg durch das Cagayan-Tal. Zwischenzeitlich wurden die Einwohner Bangads gezwungen, von den Militärs jeweils eine Reise- und Feldarbeitserlaubnis einzuholen, die allerdings maximal 14 Tage gültig war und dann erneuert werden mußte. In etlichen Fällen sind selbst diese Schreiben nicht anerkannt worden, und Zivilisten wurden verhört, an der Arbeit gehindert und eingeschüchtert.

Im Morgengrauen des 14. April 1980 verließen rund 40 Soldaten unter dem Befehl von Leutnant Adalem ihr Quartier in Basao und marschierten auf der Bontoc-Tabuk-Straße in Richtung Bugnay. Robbend näherten sie sich dem Ortskern, hämmerten dann an die Haustüren, während Hinterausgänge gesichert wurden und zwangen alle Einwohner, sich auf dem Hof eines leerstehenden Hauses in einer Ecke des Dorfes zu versammeln. Die Soldaten suchten Pedro Dungoc und Macli-ing Dulag, die sich zu der Zeit jedoch in Manila befanden, um mit den zuständigen Stellen über den weiteren Chico-Projektverlauf zu sprechen. Da sie die beiden nicht fanden, wählten die Soldaten 20 Jugendliche im Alter von 14 bis 18 Jahren aus und befahlen ihnen, sich in Reih und Glied aufzustellen. Dann prügelten die Militärs wahllos auf die Jugendlichen ein und schleppten sie ins Bugnay-Camp, wo sie eine Zeitlang in der prallen Mittagshitze ausharren mußten, bevor man neuerlich auf sie eindrosch. Fünf alte Leute waren den Soldaten mit zwei Schweinen gefolgt in der Hoffnung, damit die Freilassung der Jungen zu erwirken. Zwei Jungen, die Leutnant Adalem zuvor eigenhändig geschlagen und denen er befohlen hatte, ihn zu massieren und vor seinen Augen Theater zu spielen, glückte die Flucht. Wutentbrannt ließ er dem Ältestenrat mitteilen, sämtliche Kinder aus dem Dorf zu entfernen; seine Soldaten würden Bugnay in die Mangel nehmen. Adalems Soldaten stürmten das Dorf, verwüsteten einige Häuser und brannten den großen Reisspeicher nieder, nachdem sie sämtliche Reisvorräte geplündert hatten. Als der Offizier die Reiskammer in Flammen aufgehen sah, warnte er die Bevölkerung mit den Worten: »Das ist nur der Anfang. Das nächste Mal werden wir euch verbrennen.«

Am 24. April 1980 um 10 Uhr abends wurden Macli-ing Dulag, Barrioführer von Bugnay und prominentester Kritiker der Dammprojekte, und seine Familie durch barsches Klopfen an der Haustür abrupt aus dem Schlaf gerissen. Uniformierte traten die Tür ein, stürmten in das Haus und streckten Macli-ing Dulag mit

13 Schüssen nieder. Pedro Dungoc, dessen Haus unmittelbar unterhalb Macli-ings lag, wurde durch die Gewehrsalven aufgeschreckt. Da er ahnte, daß er das nächste Opfer sein würde, rollte er schnell seine Bettdecke zusammen, um die Täter im Glauben zu lassen, er schliefe noch. Bevor er durch die Hintertür entwich, hatte er seiner Frau aufgetragen, nach dem ersten Klopfzeichen sofort die Haustür zu öffnen. Als Macli-ings Mörder Pedro Dungocs Haus erreichten, schrien sie dessen Frau an: »Wo ist dein Mann?« Als sie auf Pedros Bett zeigte, feuerten die Uniformierten zwei Schüsse auf sein Bett ab und verließen das Barrio ebenso blitzartig wie sie gekommen waren.

Etliche Zeugen dieses brutalen Überfalls erklärten, daß in jener Nacht ein »Cimarron« und ein Armeejeep mit abgedunkelten Lichtern in Richtung Bugnay unterwegs waren. Beide Fahrzeuge stoppten etwa einen Kilometer vor dem Ortskern, und Männer in Kampfanzügen pirschten sich dann an die Häuser heran. Nach den Schüssen hätten etwa zehn Personen fluchtartig das Barrio verlassen.

Nicht genug: Der Ermordung Macli-ing Dulags folgten weitere Militäroperationen, die stets nach dem selben Muster abliefen. Neben Toten und Verwundeten hinterließen sie tiefe Spuren von Verwüstung, Brandschatzung und Plünderung. Ruhe und Ordnung, die dadurch geschaffen werden sollten, stellten sich nicht ein. Im Gegenteil: Der Tod Macli-ing Dulags, der als kleiner Mann zur Galionsfigur des Widerstandes gegen die Großprojekte einflußreicher Politiker und machtvoller Interessen von Minen- und Holzgesellschaften aufgestiegen war, hatte ein Fanal gesetzt. Die Situation im Chico-Tal blieb danach so »unruhig«, daß die Staudammprojekte versandeten, nachdem auch die Weltbank ihre Finanzierungszusagen von bis zu 100 Millionen US $ zurückgezogen hatte.

Daß »Entwicklung« durchgesetzt wird, ohne deren vermeintliche Nutznießer in den Prozeß von Projektplanungen und -durchführung einzubeziehen, kann verhindert werden, wenn und solange sich die Betroffenen darüber einig sind, daß die Nachteile einer solchen »Entwicklung« die Vorteile bei weitem überwiegen. Diese »Chico-Erfahrung« bleibt bis heute, wenngleich nicht immer erfolgreich, so doch vielerorts und in mehrfacher Hinsicht lehrreich.

1   TSARIS, T.M. (1996): »*Dams, Dams, Dams: truth unfolds, heaven no more*«.
    In: ECDFC Monitor 2.1: S. 1, 7, 8, Manila (Jan./Febr.) 1996. – Diese Zeitschrift wird von der »Ecumenical Commission for Displaced Families and Communities« herausgegeben.

2   Chico I sollte mit einer Kapazität von 100 Megawatt in Sabangan (Mountain Province), Chico II mit einer Kapazität von 360 Megawatt in Sadanga (Mountain Province), Chico III mit einer Kapazität von 100 Megawatt in Basao (Kalinga-Apayao) und Chico IV mit einer Kapazität von 450 Megawatt in Tomiangan (Kalinga-Apayao) ans Netz gehen. – Vgl. Lahmeyer International GmbH (1973): *A Technical Pre-Feasibility Study of the Hydro-Electric Development in the Chico River*. Frankfurt/M., Juni 1973.

»Würden die Dämme gebaut, müßten die Menschen sterben«
Macli-ing Dulag – Profil einer
geschätzten Führungspersönlichkeit

»Er war gegen die Dämme, weil er genau wußte,
daß dadurch unsere Reisterrassen und Dörfer überschwemmt
würden und unsere Kultur ein für allemal ausgelöscht worden wäre.«

»Er war kompromißlos; selbst von der Regierung
und den Militärs ließ er sich nicht einschüchtern.«

»Er nahm sich, wenn es sein mußte, auch schon mal
einen Urlaubstag, um Streitigkeiten zu schlichten.«

»Er hielt sein Wort, war prinzipienfest und ein
wahrhafter Führer der Massen, deren Interessen er stets
über seine eigenen stellte.«

Das sind Stimmen zu Macli-ing Dulag, den die Bewohner der Barrios Bugnay und Ngibat einhellig als herausragende Führungspersönlichkeit schätzten. Für Macli-ing, einen Mann in den späten Fünfzigern, waren Opposition und Widerstand gleichbedeutend mit dem Kampf um Würde und Selbstachtung. Bereits während der japanischen Okkupation seines Landes in den frühen 40er Jahren leistete er als junger Mann Trägerdienste für die Guerilla. Nach dem Krieg heiratete Macli-ing eine Kalinga-Witwe, die sechs Kinder gebar. Sie starb bei der Geburt des letzten Kindes. Für Macli-ing war es die dritte Ehe. Die ersten beiden Ehen wurden geschieden, da sie kinderlos geblieben waren, in Kalinga keine unübliche Praxis.

Wie viele seiner Landsleute hatte Macli-ing niemals die Chance bekommen, eine Schule zu besuchen. Er konnte gerade seinen Namen schreiben. Im Jahr 1966, von der Dorfversammlung zum Barrioführer in Bugnay gewählt, bekam er bei der Straßenbaubehörde in Kalinga-Apayao eine Anstellung als *caminero* (Straßenbauarbeiter), was er bis zu seinem gewaltsamen Tode blieb. Sein Monatsgehalt betrug nie mehr als umgerechnet etwa 130 DM. An Wochenenden arbeitete er gemeinsam mit seinen Verwandten auf den Feldern. Zusammen besaßen sie acht *payaos* (Reisparzellen) und *kaingin*-Felder, auf denen sie Bohnen und Süßkartoffeln anpflanzten. Vom Erlös dieser Produkte konnte er sich den Bau eines relativ großen, teilweise mit Zement gebauten Hauses leisten.

Bereits 1974, als die NPC erste Erkundungsteams in die Region entsandte, opponierte Macli-ing gegen die Chico-Bauvorhaben. Zu der Zeit erfolgte seine Ablehnung mehr aus Stammeserwägungen und orientierte sich an den lokalen Belangen Bugnays. Schrittweise erkannte er die Notwendigkeit, die Interessen der Bewohner seines Barrios mit denen der Nachbardörfer zu verknüpfen und die bodongs als Mittel gewachsener Solidarität und gemeinsamen Protests einzusetzen. Letzteres geschah das erste Mal 1975, als Macli-ing zusammen mit anderen Kalinga-Führern den ersten, ausdrücklich gegen die Dammprojekte gerichteten *bodong* im Barrio Tanglag schloß. Es folgten weitere *bodong*, durch die die Ablehnung der Chico-

Projekte eindrucksvoll zum Ausdruck kam und denen mitunter über 2.000 Kalingas und Bontocs beiwohnten. Anfang 1980 galt Macli-ing Dulag als eloquenter Kritiker der Chico-Projekte und Galionsfigur im Widerstand gegen sie.

Um die Bedingungen zu studieren, unter denen jene lebten, die bereits Jahre zuvor auf Drängen der Behörden in Manila und Baguio ihre Häuser und Felder für den Bau von Staudämmen verlassen hatten, besuchte Macli-ing den Ambuclao- und Binga-Damm in der Provinz Benguet und den Pantabangan-Damm in Nueva Ecija. Vor Ort machte er sich jeweils über deren Entstehungsgeschichte und die Lebensbedingungen der Umgesiedelten ein Bild. Er erfuhr, daß die Regierung in allen Fällen nicht gehalten, was sie versprochen hatte: Kompensationen blieben aus oder erfolgten nicht in der zugesicherten Höhe, und das zugewiesene Neuland war von schlechter Qualität. Was Ambuclao betraf, waren zahlreiche Menschen noch immer obdachlos, während die Pantabangan-Umgesiedelten sozial entwurzelt wurden und völlig verarmt dahinvegetierten.

Weitere beklemmende Erfahrungen sammelte Macli-ing in Zentralluzon, wo das ausschweifende Leben der Großgrundbesitzer und die miserablen Überlebensbedingungen der Kleinpächter und Landarbeiter in scharfem Kontrast standen. In Tondo, dem größten Slumviertel der Metropole Manila, zwangen die Behörden die Leute, ihre Wellblechhütten sogenannten Stadtverschönerungsprojekten zu opfern, ohne ihnen angemessene Alternativen zu bieten. »Wenn sich die Regierung bereits im Herzen dieser Großstadt registrierten Grund und Boden einfach aneignet,« so kommentierte Macli-ing Dulag damals bitter, »so kann man sich leicht vorstellen, mit wie viel größerer Rücksichtslosigkeit sie sich unser Land unter den Nagel reißen will, das zwar seit Menschengedenken uns gehört, aber eben nirgends registriert wurde.« Ebenfalls in Tondo konnte er 1975 miterleben, wie Slumbewohner mit ihrem Blut einen Protestbrief an die Regierung unterzeichneten, in dem diese aufgefordert wurde, ihre Abbruchpolitik zu stoppen.

All dies lehrte Macli-ing Dulag, lokalen Widerstand mit regionalem und nationalem zu vernetzen, und die eigenen Reihen nicht durch Dissens oder Korrumpierungsversuche aufweichen zu lassen. Als er selbst einmal von der PANAMIN einen Umschlag überreicht bekam, sagte er nach Aussagen enger Freunde: »Darin können sich nur zwei Dinge befinden – ein Brief oder Geld. Da ich nicht lesen kann, wird es kaum ein Brief sein. Was Geld betrifft, so gibt man es nur jemandem, der etwas zu verkaufen hat. Ich aber habe nichts zu verkaufen«, und gab ihn zurück.

Kurz vor seiner Ermordung faßte Macli-ing seine Kritik am Chico-Projekt in einem Gespräch mit der NPC zusammen: »Wenn Sie, um uns Entwicklung und angeblich ein besseres Leben zu ermöglichen, gleichzeitig Leben zerstören, entspricht das nicht unseren Vorstellungen. Wir bleiben dabei: Diejenigen, die Elektrizität zur Ausbeutung von Rohstoffen und Abholzung unserer Waldbestände benötigen, denken nicht darüber nach, was das für uns bedeutet. Soll etwa der Wunsch nach Elektrizität ein Grund sein, unseren Tod zu besiegeln? Diese Dammprojekte bedeuten die Zerstörung unserer Gemeinschaft und unseres Besitzes, wovon unser aller Leben abhängt. Wir haben immer selbst gewußt, was für uns gut oder schlecht ist, und entsprechend gemeinsam gehandelt. Wir Kalingas waren einst für unsere Friedfertigkeit bekannt, doch Ihre Projekte haben uns nur Ärger und Leid beschert. Wir legen Ihnen deshalb nahe: Vergessen Sie Ihre Dämme; wir brauchen sie nicht!«

Kedung Ombo – Ein Stück Demokratie am ungewollten Wasser. Geschichte(n) eines Staudamms in Mitteljava, Indonesien

Harriet Ellwein und Agus Setiawan

Die Javaner sind eng mit ihrer Mythologie verbunden. Das Leben kann kein Theaterstück schreiben, das sie aus ihren alten Epen nicht schon kennen. Als wir zu Weihnachten 1989 das Dorf Kedung Pring besuchten, erinnerte sich ein alter, hagerer Mann an eine Szene aus dem *Mahabharata*-Epos, das die dramaturgische Grundlage für die langen Schattenspielaufführungen ist: Die 5 Pandawa-Brüder spielen Würfel gegen die Kurawas, ihre Feinde. Der Einsatz ist hoch. Wer gewinnt, bekommt Land. Wer verliert, wird für 13 Jahre in den Wald verbannt. Die Kurawas gewinnen – durch Falschspiel. Nach 13 Jahren kehren die Pandawas zurück und erheben Anspruch auf ihren Besitz. Sie erhalten ihn nicht, und so kommt es zum Krieg. »Wir sind im Recht«, weiß der Bauer von Kedung Pring. »Das Falschspiel ist die Entschädigung, mit der wir nichts anfangen können. Wir wollen auch unser Land wiederhaben. Sonst kommt es zum Krieg.«

Das Land der Familien von Kedung Pring ist inzwischen seit sieben Jahren unter den Fluten des Stausees von Kedung Ombo begraben, und sie wollen sich bis heute nicht mit dieser »Verbannung« von ihren Feldern abfinden. Manchmal in der Trockenzeit, wenn der Wasserspiegel niedrig ist und einige Hektar wieder zum Vorschein kommen, wird es schnell mit Reis oder Mais bepflanzt. Haben die Bauern Glück, können sie die Ernte einfahren, bevor der Wasserspiegel wieder steigt.

Die Indonesier bemühen sich seit Jahrhunderten um die Harmonie zwischen den lebenswichtigen Elementen Land und Wasser, damit die Fruchtbarkeit des südostasiatischen Inselreichs optimal genutzt werden kann. Die Reisterrassen von Java, Bali, dem Toraja-Land oder West-Sumatra sind Kunst- und Wunderwerke in der Landschaft. Sie basieren auf künstlichen Bewässerungssystemen, die auf der Welt ihresgleichen suchen. Wer einmal das mühselige Ringen um Bodenerträge in den trockenen Gebieten Indonesiens miterlebt hat, weiß die Üppigkeit bewässerter (Reis-)Felder noch mehr zu schätzen.

Die Bewohner der mitteljavanischen Distrikte Boyolali, Sragen und Grobogan kannten diese Üppigkeit bislang nicht. In den fruchtbarsten Gebieten der drei Landkreise konnten ein bis höchstens zwei Reisernten pro Jahr eingefahren werden, ansonsten wurden Mais und Süßkartoffeln angepflanzt. Der Norden der Region war jedoch immer unfruchtbar und wurde von der Regierung bereits als Notstandsgebiet bezeichnet. Nach Angaben der Weltbank lag das Einkommen von über 60 Prozent der Haushalte unter der Armutsgrenze. Als sich Anfang der 80er Jahre die Nachricht verbreitete, daß durch den Bau eines Staudamms ein Gebiet von circa 7.900 Quadratkilometern mit Bewässerungsanlagen, Trinkwasser und Strom versorgt werden sollte, stießen diese Pläne nicht auf Widerstand. Im Gegenteil: Man hoffte, davon zu profitieren, ebenso wie von den Versprechungen, daß die

Überflutungen in der Regenzeit eingedämmt werden und sich die neue Seenlandschaft zu einer touristischen Attraktion entwickeln sollte.

Aber wie bei vielen Projekten des »Nationalen Aufbaus« von Indonesien bemerkten die Bewohner von Kedung Ombo schnell, daß es weniger um ihr Wohl ging als beispielsweise um die Energieversorgung neuer Industriebetriebe in der nahegelegenen Großstadt Solo. 6.000 Hektar Land mußten zum Bau des Staudamms geräumt, 37 Dörfer umgesiedelt werden. 25.000 Menschen mußten ihre Häuser und ihr Land verlassen. Als die lokalen Behörden und Dorfoberhäupter 1982 begannen, mit den Betroffenen über Entschädigungsleistungen zu verhandeln, wußten die unmittelbaren Anwohner des neuen Staudammgebiets schnell, daß sie nicht zu den Nutznießern dieses Weltbankprojekts gehören würden.

Drei Eier für ein Stück Land

Ganze 350 Rupiah wurden den Bewohnern der umzusiedelnden Dörfer für einen Quadratmeter Land angeboten. Das entsprach damals dem Preis für 750 Gramm Reis oder drei Eiern. Neues Land in der Umgebung des neuen Stausees – dafür hatten die Spekulanten schnell gesorgt – hätte schon zu dieser Zeit das Zehnfache gekostet. Auch die weiteren angebotenen Alternativen erwiesen sich nicht als tragfähig: Zunächst hatte nur ein lokales Umsiedlungsangebot bestanden, bei dem es sich jedoch um unfruchtbares Ödland mit steinhartem Boden handelte. Außerdem versuchten die Behörden, die von Staudammbau und Überflutung Betroffenen zum Umzug nach Süd-Sumatra zu bewegen. Diese sogenannten »Transmigrationsprogramme« sind seit den siebziger Jahren ein Kernstück indonesischer Bevölkerungspolitik: Menschen von den als »überbevölkert« bezeichneten Inseln Java und Bali sollen auf die dünner besiedelten Außeninseln, wie Sumatra, Kalimantan oder Irian Jaya, umgesiedelt werden. »Transmigrasi«, das auch von internationalen Organisationen – nicht zuletzt der Weltbank – finanziert wird, steht seit langem im Kreuzfeuer der Kritik: Die Siedler werden häufig mit falschen Versprechungen weggelockt. In Kedung Ombo ließen sich nur wenige auf die Umsiedlung ein, und sie kamen meist wieder zurück: Die Lebensbedingungen in der unfruchtbaren Provinz von Bengkulu waren unzumutbar gewesen. Außerdem litten sie darunter, daß die Familien auseinandergerissen wurden.

Mit der Zeit kristallisierten sich bei den rund 5.400 umzusiedelnden Familien drei Reaktionsmuster heraus. Wer nicht in Konflikt mit den örtlichen Behörden kommen wollte, akzeptierte die Bedingungen: örtliche Umsiedlung, Transmigration oder die niedrige Entschädigungsleistung. Eine zweite Gruppe – zumeist Staatsbeamte und die jeweilige Dorfelite – konnte nicht zuletzt durch die Annahme von Bestechungsgeldern persönlichen Profit aus dem Projekt ziehen. Die dritte Gruppe sind die Pandawas aus dem *Mahabharata*-Epos, die sich den »Betrug der Regierung« nicht gefallen lassen wollten. Sie besorgten sich Unterstützung bei Rechtshilfeorganisationen und verhandelten hart über die Entschädigungsbedingungen. Die Regierung hatte darauf nur eine Antwort: Zwangsmaßnahmen. Im Dezember 1987 beispielsweise wurden 50 Familien unter Aufsicht des Militärs mit all ihrer Habe in einen Bus gepfercht und nach Süd-Sumatra verfrachtet.

Neben dieser unfreiwilligen Transmigration zwang man viele Dorfbewohner – ebenfalls in Anwesenheit des Militärs –, ihre Unterschrift unter die Entschädigungs-Verträge zu setzen. Darüber hinaus griffen die Militärs zu einem weiteren Mittel, das selbst bis heute, 31 Jahre nach dem Militärputsch von 1965 und den Massakern an hunderttausenden von Menschen immer noch wirksam ist: Man stigmatisierte die Dorfbewohner als Kommunisten, um die Sympathie und Solidarität zu unterbinden, die ihnen vielerorts entgegengebracht wurde. Das Gebiet um Kedung Ombo, so Präsident Suharto, sei eine ehemalige Hochburg der PKI, der verbotenen Kommunistischen Partei, gewesen. Diese könne dort noch immer auf Anhänger zählen, die falsche Informationen verbreiteten. Einige Dorfbewohner wurden zu den Behörden zitiert, wo man ihnen das »ET« (Ex-Tapol) oder das »OT« (Organisasi terlarang) in den Personalausweis stempelte, was sie als ehemalige politische Gefangene oder als Mitglieder verbotener Organisationen auswies.

407

Unter den Fluten begraben

Nach sieben Jahren Auseinandersetzungen um den Damm griff die Regierung am 14. Januar 1989 zur letztmöglichen Zwangsmaßnahme: die Schließung der Schleusentore. Etwa 6.000 Menschen waren nun unmittelbar von den steigenden Fluten bedroht. Knapp zwei Monate dauerte es, bis das Wasser beispielsweise das Dorf Ngrakum erreichte. Die Reaktion der Dorfbewohner schilderte die – damals noch nicht verbotene – indonesische Wochenzeitschrift TEMPO: »Im Morgengrauen schlägt ein junger Mann die Alarmglocke. ›Das Wasser kommt‹, schreit er. Im Nu ist das Dorf wach. Panik bricht nicht aus. Alle waren auf diesen Moment vorbereitet. Bananenstauden werden gefällt und Flöße gebaut. Die Bewohner von Ngrakum demolieren selbst ihre Häuser und bringen Holz und Ziegel an einen höhergelegenen Ort.« Genau wie die Familien von Kedung Pring und vier anderen Dörfern bauten sie zum Teil ihre Unterkünfte wieder auf, um sie Wochen oder Monate später wieder abtragen zu müssen. »Wir wurden vom Wasser gejagt«, berichtete der Bauer von Kedung Pring. »Fünfmal sind wir umgezogen. Jetzt wohnen wir auf einer Insel. Hier gibt es keine Bäume mehr, die Schatten spenden.«
Als wir das mühselig aus Spanplatten errichtete Dorf Ende 1989 besuchten, hatte der See schon einmal fast seinen Höchststand erreicht. Die Regenzeit hatte gerade erst wieder eingesetzt, so daß der Wasserspiegel noch nicht wieder so hoch war. Wir sahen zwei Männer, die auf einem Saatbeet arbeiteten, das sie dem Wasser abgetrotzt hatten. Ansonsten sah es aus wie in einer Mondlandschaft. Tote und dahinvegetierende Palmen ragten in den Himmel, und im Wasser schwammen die Bambusgerüste von den Dächern der ehemaligen Häuser, auf denen noch einzelne Ziegel lagen. Die Frauen und Männer klagten über die Abgeschnittenheit von Märkten und Infrastruktureinrichtungen, über die Überflutung der Brunnen, die zu Trinkwasserknappheit und – vor allem bei Kindern – zu Durchfallerkrankungen führten. Die Versorgung mit Nahrungsmitteln gestaltete sich immer schwieriger. Der bekannte Jesuitenpater Mangunwijaya – in Indonesien auch ein renommierter Schriftsteller – hatte ihnen zwei Boote gestiftet. Diese zogen die lokalen Behörden wieder ein, da sie nicht »ordnungsgemäß« übergeben worden waren. Bereits mehr-

fach waren provisorisch zusammengebaute Boote wegen Überladung gekentert, einige Menschen in den Fluten ertrunken. Die Polizei hatte dies als »normale Unfälle« bezeichnet und deshalb auch keine besonderen Nachforschungen angestellt. 1990 gingen 1.000 Bürger aus dem Staudammgebiet von Kedung Ombo, deren Schicksal bis dahin weiterhin ungeklärt war, mit Hilfe von Rechtshilfeorganisationen vor Gericht. 54 Bürger aus Kedung Pring hatten den Anfang gemacht. Sie klagten Ismail, den damaligen Gouverneur von Zentral-Java, und den Leiter des Bewässerungsprojekts JRATUNSELUNA, an. Der Streitwert von über 2 Millionen DM bezog sich auf den Wert ihres Besitzes im Januar 1989 – vor Schließung der Schleusentore. 22 Bürger eines anderen Dorfes verklagten den örtlichen Distriktchef wegen Diffamierung: Sie waren als Kommunisten gebrandmarkt worden.

Als Präsident Suharto am 18. Mai 1991 den Staudamm von Kedung Ombo offiziell eröffnete, hatten die Parteien vor den Gerichten ihre Auseinandersetzungen

noch nicht beendet. So war es Suharto nicht gelungen, die Ufer des Sees und seine Inseln »reinzuwaschen«. 600 Familien hatten sich nach wie vor geweigert, ihre Dörfer zu verlassen. Dafür, daß die Zeremonie ohne Zwischenfälle vonstatten gehen konnte, sorgte die Polizei: Den Bewohnern der umliegenden Dörfer war die Teilnahme verboten worden. Sie konnten sich die Übertragung der Feierlichkeiten im Radio anhören. Selbst Präsident Suharto mußte jedoch zugeben, daß es »noch kleinere Probleme« mit der Zahlung von Entschädigungsleistungen gebe. Diejenigen, die glaubten, sie könnten sich mit ihrem Anliegen an die Weltbank wenden, lägen jedoch falsch: »Zwar hat die Weltbank die Finanzierung des Damms unterstützt, die Durchführung liegt jedoch weiter bei uns«, betonte er in der Eröffnungsrede, äußerte zugleich jedoch »Mitgefühl« mit all denen, die umgesiedelt werden mußten: »Es ist wirklich schwer, das Land, das man von seinen Vorfahren geerbt hat, zu verlassen.«

Die schwimmenden Dächer auf dem See sind inzwischen verschwunden. Die Familien von Kedung Pring wohnen jedoch heute noch auf ihrer Insel, in Häusern, in denen das obligatorische Bild des Präsidenten keine der Spanplatten-Wände ziert. Sie sind hart geblieben und Symbol eines Widerstandes geworden, der in der Geschichte der dreißigjährigen Militärdiktatur von Indonesien wenig Parallelen aufweist.

Geeinter Widerstand

Die Unterstützung für die Bürger in Kedung Ombo kam aus den verschiedensten Kreisen. Da war die »Lembaga Bantuan Hukum«, die bekannteste indonesische Rechtshilfeorganisation, mit Zweigstellen im ganzen Land. Der Jesuitenpater Mangunwijaya kaufte nicht nur Boote, sondern organisierte auch ein Hilfsprogramm für die im Gebiet verbliebenen 3.500 Kinder. Studenten der christlichen Universität Satya Wacana versorgten die Bevölkerung mit Medikamenten und organisierten an mehreren Orten Protestdemonstrationen. Einige von ihnen wurden inhaftiert. Verschiedene Nichtregierungsorganisationen kümmerten sich um die Trinkwasserversorgung und versuchten, die Dorfbewohner an das Leben mit dem Wasser zu gewöhnen.

Die internationalen Proteste richteten sich vor allem gegen die Aktivitäten der Weltbank. Aus Europa kamen Proteste von TAPOL, einer britischen Menschenrechtsorganisation, die ausschließlich zu Indonesien und Ost-Timor arbeitet. Durch eine »Kleine Anfrage« der GRÜNEN wurde auch die Bundesregierung 1989 gezwungen, zu dem Staudammprojekt Stellung zu nehmen. Sie zog sich auf die Position der Weltbank zurück: Diese hielt aufgrund eines damals gerade angebotenen Landes für Umsiedlungsmaßnahmen das Problem für gelöst. Außerdem, hieß es, könnten die meisten Familien, die eine Umsiedlung akzeptierten, ihre Einkommenssituation verbessern.

In Indonesien hält die Unterstützung der »Inselbewohner« bis heute an. Am Anfang sei noch alles etwas unkoordiniert gewesen, berichteten uns Mitarbeiter von Nichtregierungsorganisationen, die in Kedung Ombo aktiv sind. Das habe für die Bewohner auch zu Verwirrung geführt. Inzwischen sind die Aufgaben eindeutig definiert. Immer noch sind Entschädigungsgelder nicht in voller Höhe ausbezahlt. Der Prozeß gegen Gouverneur Ismail ging bis zum Obersten Gerichtshof, dessen Richter in ihrem Urteil Anfang 1994 den Forderungen der Bewohner von Kedung Ombo weitgehend entsprachen – eine im indonesischen Rechtswesen bislang nie dagewesene Entscheidung. Sie billigten den Klägern eine Gesamtsumme in Höhe von 50 Prozent der Forderungen zu. Dies sollte sowohl eine materielle Entschädigung für den Verlust von Häusern, Habe und Land als auch eine immaterielle Abfindung für ihr Leiden und ihre Diffamierung sein. Außerdem wurde beschieden, daß sie von ihrem jetzigen Standort nicht mehr wegziehen müßten. Die beklagte Provinzregierung ist jedoch bis heute den Maßgaben dieses Gerichtsurteils nicht nachgekommen.

Die andere Aufgabe ist es, eine neue Harmonie für das Leben zwischen Wasser und Land herzustellen. Nach wie vor geben die Mitarbeiter der Nichtregierungsorganisationen den Dorfbewohnern Ratschläge für den Bau von Booten, für Fischzucht und -fang und für die Entenzucht. Und nach wie vor ist jeder Quadratmeter Land, der aus dem in der Trockenzeit sinkenden Wasser auftaucht, für die ehemaligen Bauern potentielles Ackerland.

Für die Mitglieder der Nichtregierungsorganisationen entpuppte sich die Unterstützung der Bürger von Kedung Ombo, die lange Zeit ein heißes Thema in Indonesien war, als Gelegenheit, Streitigkeiten untereinander zu begraben, gemeinsam gegen die Benachteiligung der sogenannten Kleinen Leute beim »Nationalen Aufbau« und damit für die Demokratisierung ihres Landes zu kämpfen. »Der schönste Sieg dabei ist, daß Menschen sich für ihre Rechte stark gemacht haben«, sagte der Soziologe Arief Budimann nach der Eröffnung des Staudamms. »Das ist für die Zukunft eine gute Investition für die Demokratie.«

Diese Zukunft ist inzwischen Gegenwart. Daß die Regierung nicht nur bei Staudämmen und Landkonflikten mit aller Gewalt um ihre Machterhaltung kämpft, zeigte sich im Sommer 1996 besser als je zuvor. Der Widerstand von unten gegen ein Regime, das 30 Jahre versuchte, alle Opposition im Keim zu ersticken, wird immer stärker. Noch hat die Gegenwehr des um seine Macht ringenden Präsidenten nichts von ihrer früheren Brutalität verloren. Doch nicht nur die »Insel-Bewohner« von Kedung Pring wissen: Ein Schattenspiel dauert eine ganze lange Nacht. Wenn die Vorstellung zu Ende ist, siegen immer die Pandawas.

Das gestaute Naß – Fluch oder Segen?

Der Flutaktionsplan in Bangladesch – Genese, Entwicklung und Perspektiven eines umstrittenen Entwicklungsvorhabens

Martin Peter Houscht

Wasser – Fluch und Segen

Wasser, immer wieder Wasser – Bangladesch aus der Sicht des Flugzeugpassagiers während der Monsunzeit. Das Gros der 120 Millionen Menschen in diesem an der Ostflanke Südasiens gelegenen, dichtbesiedelten Land hat nicht die Chance, aus der Vogelperspektive das scheinbar allgegenwärtige Naß zu betrachten. Warum auch? Anders als die meistens über Bangladesch Richtung Südostasien und Fernost hinwegfliegenden Fluggäste erleben die Bangladeschis hautnah die Dominanz des Elementes Wasser, nicht nur, aber vor allem zur Regenzeit (*Borsho*).

Bangladesch liegt im Delta der drei großen Flüsse Ganges (Padma), Brahmaputra (Yamuna) und Meghna. Ein Geflecht von 240 Flüssen und Nebenflüssen mit einer Gesamtlänge von 24.000 Kilometern durchzieht das Land. 30 Prozent des Landes liegen weniger als 10 Meter über dem Meeresspiegel, und 30 bis 80 Prozent werden alljährlich mit etwa 1,5 bis zwei Milliarden Tonnen wertvollem Naturdünger überschwemmt. Der Schlamm verschafft Bangladesch den Status, eine der fruchtbarsten Schwemmlandebenen der Erde zu sein und läßt eine enorme Vielfalt an Fischarten Laichplätze finden – die Flut als Segen.

Dies ist jedoch nur die eine Seite der Medaille. Häuser, manchmal ganze Dörfer versinken in den Fluten, aus Hausbewohnern werden Umweltflüchtlinge. Reisfelder werden von Schichtfluten zerstört. Springfluten wie die vom April 1991 fordern 140.000 Menschenleben. Unterschiedliche Fluttypen zwar, die indes von allen Bangladeschis gleichermaßen gefürchtet werden – die Flut als Fluch.

Die ambivalente Bedeutung der Flut für die Mehrzahl der Bangladeschis spiegelt sich auch in ihrer Sprache wieder: *Barsha* bezeichnet die für eine gute Ernte notwendigen Überschwemmungen, während *Bonna* auf die zerstörerischen Fluten hinweist, die entweder zu früh oder zu spät einsetzen oder aber zu intensiv sind.

Die Bangladeschis wissen um die Launen der Natur und haben gelernt, sich anzupassen. Zu jeder der drei Anbauzeiten gibt es beispielsweise zugehörige Reissorten. Während der Trockenzeit im Winter wird *Boro*-Reis angebaut, der wegen der dann ausbleibenden Überschwemmungsgefahr in der tiefgelegenen Stromaufschüttungsebene kultiviert werden kann. Der Vormonsunreis *Aus* wird dagegen auf höhergelegenen Flächen angepflanzt, weil er stehende Gewässer nicht toleriert. Demgegenüber gelten die lokalen Sorten des *Aman*-Reises als Monsunspezialisten und wachsen mit der ansteigenden Flut. Dies gilt allerdings nicht für die neuen *Aman*-Hochertragssorten. In den *Aman*-Feldern können darüber hinaus auch Fische gehalten werden, die eine zusätzliche Einnahme- und für viele die einzige Proteinquelle bedeuten.

Doch es gibt Grenzen der Anpassung. Das Bild einer Symbiose zwischen Mensch und Wasser, das von bangladeschischen Nichtregierungsorganisationen im Widerstand gegen noch zu thematisierende bautechnische Veränderungen der Flußläufe bemüht wird, abstrahiert von den Widrigkeiten des Alltags und verliert an Brillanz vor dem Hintergrund der vielen Todesopfer und Umsiedlungen, die eine Flutkatastrophe fordert.

Was bleibt, ist ein Leben mit dem Wasser, das weder symbiotisch noch konfliktfrei ist und einen hohen Grad der Verwundbarkeit auf seiten der Bevölkerung birgt – ein Nachdenken über Sicherheitsvorkehrungen ist berechtigt. An diesem Punkt setzt auch der Flutaktionsplan (FAP) für Bangladesch ein, der seit seinen Anfängen im Jahr 1989 verschiedene Phasen erlebte und zum Gegenstand teils erbitterter Auseinandersetzungen geworden ist. Die großen Streitlinien liegen – in Vorwegnahme der nachfolgenden Ausführungen – schlagwortartig in den Dualismen *bottom-up-* und *top-down*-Ansatz, der den Konflikt zwischen lokalem und externem Wissen einschließt, sowie einzelwissenschaftliche und interdisziplinäre Fokussierung, was unter anderem auf die Dominanz der Ingenieurwissenschaften und den Aspekt der ökologischen Nachhaltigkeit rekurriert.

Die Genese des Flutaktionsplans

In den vergangenen 40 Jahren wurde Bangladesch rund dreißigmal von Fluten mit *Bonna*-Charakter heimgesucht. Das Nachdenken über Flutkontrollmaßnahmen begann bereits Ende der 1940er Jahre und hatte schon vor Beginn der Diskussionen über den FAP zum Bau von knapp 6.000 Kilometern Dämmen, 1.700 Flutkontrolleinrichtungen und 4.300 Kilometern Entwässerungskanälen geführt. Viele der Anlagen wiesen bereits beträchtliche Schäden auf und litten unter fehlender bzw. unzulänglicher Instandhaltung, als die Idee des FAP geboren wurde. Die Überschwemmungskatastrophe des Jahres 1988, bei der auch erstmals die sogenannten *model towns* der Hauptstadt Dhaka mit vielen diplomatischen Vertretungen überschwemmt wurden, bildete den Hintergrund für den FAP. 80 Prozent des Landes standen damals unter Wasser, 1.900 Menschen starben, knapp 30 Millionen wurden vorübergehend obdachlos, und es entstand ein Schaden in Höhe von 1,2 Milliarden US $.

Nicht der Hilferuf der Bangladeschis, sondern der Situationsbericht der damals im Land weilenden französischen Präsidentengattin Danielle Mitterrand führte binnen weniger Monate zu vier großen Studien, deren Ziel es war, Maßnahmen zur Verhinderung von Überschwemmungskatastrophen zu formulieren. Die Studien einer französischen Ingenieurfirma, des UNO-Entwicklungsprogramms (UNDP), Japans und der amerikanischen Entwicklungsbehörde (USAID) unterschieden sich teilweise beträchtlich in ihren Empfehlungen.

Am weitesten ging der französische Vorschlag, der auf einer Strecke von 3.500 Kilometern ein Netz von Dämmen und Schleusen längs- und beiderseits der großen Flüsse vorsah, das den Überschwemmungen ein Ende bereiten sollte. Die Kosten: geschätzte fünf bis zehn Milliarden US $. Im Gegensatz dazu kam USAID zu dem Ergebnis, daß eine solche Eindeichung weder ökonomisch noch technisch machbar sei und sprach sich für ein effizientes Frühwarnsystem sowie den Schutz vor allem der urbanen Zentren aus.

Im Juli 1989 wurde auf dem G7-Treffen in Paris der Weltbank die Koordinierung aller FAP-Aktivitäten übertragen. Im November desselben Jahres verständigten sich in London 15 bi- und multilaterale Geber sowie die Regierung Bangladeschs auf einen 26 Komponenten umfassenden Plan; später umfaßte er 33 Komponenten. Im Zeitraum 1990 bis 1995 sollten insgesamt 150 Millionen US $ aufgewendet werden. FAP sollte ein besseres Verständnis der wasserwirtschaftlichen, landwirtschaftlichen, sozialen und ökologischen Zusammenhänge ermöglichen und sinnvolle und nachhaltige Maßnahmen im Wassersektor aufzeigen. Eine Erhöhung der Agrarproduktion, so die Befürworter weiter, sei möglich, indem mit Hilfe von Dämmen die gegen Hochwasser empfindlichen *Aman*-Hochertragssorten (HYV) auch in der Regenzeit angebaut werden könnten.

412

Die Entwicklung des Flutaktionsplans

Obschon man sich in London im Vergleich zur französischen Studie auf eine Verringerung des FAP-Ausgabenvolumens geeinigt hatte, wurde doch weiterhin seitens der Geber und der bangladeschischen Regierung den strukturellen Maßnahmen besondere Bedeutung beigemessen, das heißt dem Bau von Deichen. Überschwemmungen wurden primär als das Problem, ihre Verhinderung als die Lösung verstanden.

Der Flutaktionsplan war von Beginn an mehr als eine Studie, wie seine Befürworter behaupteten, jedoch weniger als ein Megaprojekt, wie seine Kritiker bekundeten. In Phase 1 (1990 bis 1995) war der FAP im wesentlichen ein Studien- und Testprogramm, das sogenannte *main components* enthielt, dazu gehörten Befestigungsmaßnahmen am rechten Yamunaufer, Wirbelsturmschutz, Flutvorhersage- und Warnsysteme sowie eine Reihe von Regionalstudien. Hinzu kamen »unterstützende Studien«, die unter anderem bereits bestehende Wasserprojekte und die Folgen von Deich- und Dammkonstruktionen für die Umwelt und die Fischerei untersuchten. Einige dieser Studien hatten als Pilotprojekte experimentellen Charakter und umfaßten strukturelle Arbeiten.

Das von Deutschland und den Niederlanden finanzierte und noch nicht abgeschlossene Projekt einer Polderbewirtschaftung sieht beispielsweise eine Kontrolle des Wasserhaushalts mit Hilfe von Schleusen vor, die den Ein- und Auslaß des Wassers regeln sollen. Innerhalb des Polders, der etwa 25.000 Hektar umfaßt und unweit der Stadt Tangail liegt, etwa 100 Kilometer von Dhaka entfernt, sollen rehabilitierte Kanäle für den Weiterfluß des Wassers sorgen. Der Polder besteht wiederum aus kleineren wasserwirtschaftlichen Einheiten, die von der Bevölkerung selbst betrieben werden sollen. 1996 soll das als »FAP-20« bekannte Polderprojekt seinen ersten großen Härtetest bestehen.

Obwohl noch Ergebnisse aus der Studien- und Testphase ausstehen, soll nun in einer zweiten Phase die Implementierung von prioritären Projekten erfolgen, mit den Schwerpunkten der Errichtung bzw. Rehabilitierung von Deichen zum Schutz von städtischen Siedlungen und Bewässerungsflächen. Auf der Geberkonferenz, die

413

Kluge Intervention oder
entwicklungspolitischer Aberwitz?
Schleusentore des Polder-
bewirtschaftungsprojekts (FAP-20).

im Dezember 1995 in Dhaka statt-
fand, erfolgten jedoch noch keine
festen Mittelzusagen seitens der Geber. Man empfiehlt vielmehr ein Programm mit den Eckpunkten eines
kohärenten nationalen Wassermana-
gementplans, einer Stärkung von Organisationen, die mit der Planung,
Konstruktion und Instandhaltung von
Anlagen vertraut sind, und der Einbeziehung der Bevölkerung in alle Aktivitäten und Investitionen im Wasserbereich, die überdies ökologisch unbedenklich sein sollen. Die von bauli-
chen Maßnahmen Betroffenen müssen
Kompensationen erhalten, und ein
Dialog mit Nichtregierungsorganisa-
tionen muß institutionalisiert werden. Aus dem Flutaktionsplan ist eine »Wasser-
und Flutmanagement-Strategie« geworden. Die oben genannten Punkte implizie-
ren eine zumindest auf der rhetorischen Ebene beträchtliche Gewichteverschie-
bung, die in den vergangenen Jahren stattgefunden hat. Einer der wichtigsten
Gründe hierfür liegt im Engagement sowohl bangladeschischer als auch internationaler Nichtregierungsorganisationen.

Das gestaute Naß – Fluch oder Segen?

Die Kritiker des Flutaktionsplans

Die Studien der Konsulenten im Rahmen der Studien- und Testphase 1990 bis 1995 füllen bereits eine kleine Bibliothek. Auf der anderen Seite haben auch die Gegner des Projekts – das sind vor allem bangladeschische und internationale Nichtregierungsorganisationen – viele Untersuchungen angestellt, in denen sie im wesentlichen folgende Kritikpunkte formulieren:

Partizipation

Die Nichtregierungsorganisationen beklagen, daß die Entstehung des FAP ein typisches Beispiel für einen *top-down*-Ansatz und primär eine Angelegenheit von Beamten, Konsulenten und politischen Entscheidungsträgern ist. Der FAP, so die Kritiker weiter, sei noch unter dem autokratischen Ershad-Regime entstanden und auch nach der Rückkehr zur parlamentarischen Demokratie im Jahr 1991 nie zum Gegenstand einer parlamentarischen, geschweige denn öffentlichen Debatte gemacht worden. Was für den FAP in toto gelte, müsse auch auf der Ebene der einzelnen Komponenten konstatiert werden.

Studien, die zum Beispiel unter »FAP-20« angestellt wurden und zum Ziel hatten, ein Meinungsbild der Tangail Region zu erstellen, krankten daran, daß den Menschen dort nicht alle Angaben gemacht wurden. So wurde die wichtige Bewässerungskomponente verschwiegen und allgemein von einem »Wassermanagementprojekt« gesprochen. Die Bildung sogenannter »Wassernutzergruppen«, die darüber zu entscheiden haben, wann wie lange die Schleusen geöffnet werden sollen, sei, so die Kritiker, extrem problematisch verlaufen: in ihnen spiegele sich die lokale Machtstruktur wider, da vor allem die Einflußreichen hier zu Wort kämen und Entscheidungen träfen. Ferner habe man sich nie für die Erfahrungen und Wissensbestände der lokalen Bevölkerung interessiert, sondern für großtechnische Lösungen optiert. Partizipation habe sich bestenfalls in einer begrenzten Konsultierung der Menschen in den betroffenen Gebieten erschöpft.

Enteignungs- bzw. Kompensationsfrage

Um die Deichkonstruktionen im Rahmen des »FAP-20«-Projekts durchzuführen, mußte man Land von den Besitzern erwerben. Viele der Betroffenen klagen über Verzögerungen bei der Kompensationsregelung oder über zu geringe Entschädigungen. Eine Studiengruppe um Atiur Rahman stellt fest, daß in vielen Fällen noch keine Kompensation erfolgt ist. Andererseits gibt es auch Gewinner: Einige Einwohner bauten besonders große Häuser an Stellen, von denen sie wußten, daß sie bald dem Projekt zur Verfügung stehen sollten. Die unter »FAP-15« erstellte Landakquisitions- und Umsiedlungsstudie hat auf die damit verbundenen Probleme aufmerksam gemacht, doch vermissen die Kritiker des Projekts entsprechende Reaktionen seitens des FAP-Managements.

Ökologie

An dieser Stelle wird vor allem die Dominanz struktureller Lösungsansätze kritisiert. Deichbauten unterliegen der Gefahr, daß sie brechen bzw. im bangladeschischen Kontext unterspült werden können, so daß der Schaden noch höher ausfällt als vorher. Eine Eindeichung verhindert, daß Flüsse sich ihres fruchtbaren Schlammes entledigen können, mit entsprechenden Ertragseinbußen für die Landwirtschaft. Funktionieren die Drainagevorrichtungen nicht, so droht großer Schaden: beispielsweise ersticken Reispflanzen, was wiederum Folgen für die ökonomische Position vor allem der schwächeren Glieder der Bevölkerung hat. Im vergangenen Jahr zerstörten Bauern aus diesem Grund einige der »FAP-20«-Konstruktionen. Innerhalb der eingedeichten Zonen werden Befürchtungen laut, daß der Wassertransport und die freie Fischerei beeinträchtigt bzw. unmöglich gemacht werde. Groß ist auch die Bedrohung für die Inseln außerhalb der Deiche. Die *chars*, das sind durch Sedimentanlagerungen entstandene Inseln in den Flüssen, würden aufgrund des unweigerlich ansteigenden Wasserspiegels überschwemmt werden. Über zwei Millionen Menschen leben auf den *chars*.

415

Soziales und Ernährung

Kritisch wird auch die anvisierte Anbauintensivierung in Form der *Aman*-Hochertragssorten gesehen. Da die Fläche innerhalb der Deiche begrenzt ist, würde eine Ausweitung dieser Hochertragssorten-Areale zu einer Reduzierung der Weideflächen für Kühe führen, die in der Regel von Frauen gezüchtet werden und eine Einkommensquelle darstellen. Außerdem hätte dies Folgen für die Ernährung, da wichtige tierische Fette und Proteine verloren gingen. Vor dem Hintergrund der obigen Kritik fordern die Nichtregierungsorganisationen:

— einen Stop aller Aktivitäten, solange nicht die Berücksichtigung
   sozialer und ökologischer Aspekte sichergestellt worden ist
— eine umfassende Beteiligung der Bevölkerung
— eine Zugrundelegung der strengsten ökologischen Kriterien
   gemäß der Umweltkategorie A der Weltbank
— eine Prüfung der Kosten des FAP
— eine unabhängige Untersuchung der FAP-Studien

Außerdem fordern die Nichtregierungsorganisationen eine regionale Zusammenarbeit im Wassersektor, die angebracht ist angesichts der Tatsache, daß Bangladesch lediglich acht Prozent des Wassereinzugsgebiets der drei großen Flüsse kontrolliert und das Beispiel des Staudammes Farakka die Ohnmacht des Landes nachdrücklich veranschaulicht.

Andererseits präsentieren Kritiker beim Versuch, die positiven Seiten selbst der schweren Flut von 1988 darzustellen, bestenfalls »halbierte Wahrheiten«. Es stimmt zwar, daß im darauffolgenden Jahr eine Rekordernte zu verzeichnen war, doch kann man das eine nicht gegen das andere aufwiegen – auch die Rekordernte macht schließlich die Schäden der Flut nicht wett. Verlierer der Flut sind nicht gleichzusetzen mit Gewinnern der Rekordernte. Durch die Flut landlos geworden oder hoch verschuldet, sind für die Betroffenen allenfalls niedrige Reispreise, so sie diese denn bezahlen können, ein Trost – das Land war vorher weg.

Vom isolierten Projektdenken zum vernetzten Programmdenken

Die Ergebnisse der oben erwähnten Geberkonferenz vom Dezember 1995 zeigen, daß beide Lager näherrücken, wobei die FAP-Befürworter ein größeres Stück zurücklegen mußten. Eine völlige Eindeichung, wie sie zu Beginn der Diskussion um den Flutaktionsplan von französischen Ingenieuren für wünschenswert gehalten wurde, wird von keinem der FAP-Befürworter mehr angestrebt. Auch ist nicht mehr von einer »Zähmung der Flüsse« die Rede oder von der Errichtung einer »modernen Kathedrale«, wie es der ehemalige französische Präsidentenberater Attali einmal ausdrückte. Dazu beigetragen haben die Ergebnisse der verschiedenen FAP-Studien genauso wie der Protest von Bevölkerungsgruppen und Nichtregierungsorganisationen. Es scheint, als ob die Protagonisten des FAP einen Lernprozeß durchgemacht haben, der sie nun kleinflächigere Lösungen favorisieren und die ambivalente Bedeutung von Überschwemmungen sowie ihre Relevanz für die Deltakultur und -umwelt erkennen läßt. Die Nichtregierungsorganisationen sind ihrerseits nicht gegen eine Flutkontrolle, sondern wenden sich gegen die Dominanz eines *top-down-* sowie ingenieurwissenschaftlichen Ansatzes, der die Belange der Bevölkerung und der Umwelt ignoriert.

Trotz der Annäherung existieren noch Gräben, die das Erbe vergangener, aber auch aktueller verbaler Attacken sind. Dem notwendigen Dialog abträglich sind Etikettierungen wie »technikfeindlich« oder »technikblind« an die Adresse der Nichtregierungsorganisationen oder »Konsulentenmafia« an die Adresse der mit dem FAP betrauten Fachkräfte. Vermieden werden sollte aber auch eine Gegenüberstellung eines »worst case FAP Szenarios«, bei dem die Folgen aller möglichen, indes schon längst nicht mehr auf der Tagesordnung stehenden FAP-Optionen mit dem Zustand eines symbiotischen Verhältnisses zwischen Mensch und Wasser verglichen werden, das aber nicht existiert.

Anzuknüpfen gilt es bei der im Dezember beschlossenen »Bangladesh Water and Flood Management Strategy«, die den FAP ablöst. Es geht nicht mehr um reine Flutkontrolle, sondern um Wasser- und Flutmanagement, was die ambivalente Bedeutung des Wassers, aber auch die unterschiedlichen Bedürfnisse der Wassernutzer in den Blick rückt. Dämme, sollten sie gebaut werden, müssen sich als Artefakte in ihre Umwelt einpassen. So wichtig ingenieurwissenschaftliche Studien auch sind, sind sie doch nur ein Mosaikstein. Die Dynamik der Delta-Umwelt und der aus ihr hervorgegangenen Kultur inklusive der sozio-ökonomischen Machtbeziehungen müssen als »Datum« Beachtung finden. Zur Kultur gehören auch die diversen Anpassungstechniken der Bevölkerung, die ebenfalls studiert werden müssen.

Wer die auf dem Kontinuum zwischen »Null Kontrolle« und »Null Flut« liegende »richtige« Lösung finden möchte, darf weder die Flut verdammen noch idealisieren, sondern muß eine Situationsanalyse anstellen, Fern- und Nebenwirkungen anvisierter Maßnahmen abschätzen und in Prozessen denken. Konkret muß es darum gehen, den Wassersektor in seinen relevanten Vernetzungen mit sozio-ökonomischen und ökologischen Variablen zu sehen. Multidisziplinär zusammen-gestellte, lokale Teams, die über die notwendigen kulturellen und sprachlichen Kenntnisse verfügen, sollten eher als ausländische Konsulententeams diese Auf-gabe übernehmen. Doch es geht nicht nur um Forschung und Studien, sondern um Zusammenarbeit mit der Bevölkerung. Letztere ist Ausgangs- und Mittelpunkt einer Projektintervention.

Die Menschen in den verschiedenen Gebieten müssen den Nutzen der Deiche, aber auch nicht-struktureller Maßnahmen einsehen, sonst helfen auch technisch noch so ausgefeilte Systeme nichts. Letztlich hängt die Betriebssicherheit und damit der Nutzen der diversen Eingriffe vom Tun der Menschen ab. Die Projektplanung muß dies berücksichtigen; *Rapport building* im Sinne der Schaffung von Vertrauen zwischen allen Akteuren ist notwendig. Erfolgversprechend sind Konzeptionen, die auf der Grundlage des Wissens der Menschen vor Ort basieren und dieses indigene Wissen gegebenenfalls mit perfektionierenden Technologien kombinieren, so daß lokales Wissen mit externem Wissen verbunden werden kann.

Die Heterogenität der Zielgruppe, die ja im Grunde die gesamte Bevölkerung bestimmter Gebiete umfaßt, stellt nach meiner Einschätzung ein bislang nicht aus-reichend in den Blick genommenes Problem dar, das sich als »Knackpunkt« auch einer angestrebten Lösung »mittlerer Reichweite« erweisen könnte. Wasser wird zwar von allen gebraucht, aber zu unterschiedlichen Zwecken, in unterschiedlichen Mengen und zu verschiedenen Zeiten. Mit wem spricht man? Wie geht man mit Zielkonflikten um? Dies sind nur zwei der Fragen, auf die Antworten gefunden werden müssen.

Die FAP-Protagonisten unterstellen beispielsweise ohne eingehende Prüfung ihrer Hypothese eine mögliche Optimierung von Fischerei und Landwirtschaft. Es kann gezeigt werden, daß sie dabei den Armutskontext Bangladeschs ausblenden. Wer einer Optimierung der Landwirtschaft durch Anbauintensivierung, also mehr *Aman*-Hochertragssorten, das Wort redet und zugleich die Optimierung der Fischerei über kommerzielle Fischteiche anstrebt, ignoriert die Tatsache der Abhängigkeit einer großen Zahl von Fischern von offenen Gewässern. Teichkulti-vierung ist aufwendig und mit Kosten verbunden. Was passiert mit den bisherigen, armen Fischern? Gibt es für sie adäquate Arbeits- und Erwerbsalternativen? Die vorgeschlagene Optimierung hat auch einen »blinden Fleck« im Bereich der Öko-logie. Die Problematik der mit der Kultivierung von *Aman*-Hochertragssorten ver-bundenen hohen Kunstdünger- und Pestizidgaben ist bereits bekannt, wird jedoch offensichtlich unterschätzt oder an dieser Stelle ignoriert. Nur verschärft, indes nicht ausgelöst, wird das Problem noch durch fehlende Lesefähigkeiten auf seiten der Bauernschaft, die Pestizide mehr nach Intuition denn Vorschrift einsetzen. Ohne auch nur den Hintergrund der vertikalen Strukturierung der bangladeschi-schen Gesellschaft angesprochen zu haben, befinden wir uns bereits inmitten eines komplex-komplizierten Netzes von Variablen. Auch hier gilt: Fern- und Neben-wirkungen müssen berücksichtigt werden. Dies gelingt nur, wenn die Struktur- und Situationsanalyse geleistet wird. Reduktionistische Kosten-Nutzen-Analysen unter

Das gestaute Naß – Fluch oder Segen?

Ausschluß der sozio-ökologischen Realität helfen da nicht weiter bzw. sorgen für Verzerrungen, die möglicherweise zu neuen Entwicklungsprojekten führen – Zielgruppe: Verarmte Fischer.

Die Auseinandersetzung um den Flutaktionsplan lehrt, daß der Anspruch einer Projektkonzeption, die sich den Kriterien der Partizipation und der ökologischen Nachhaltigkeit verpflichtet fühlt, erst allmählich und durch Druck von außen Chancen hat, eingelöst zu werden. Sollte es in Zukunft bei der »Wasser- und Flutmanagement-Strategie« tatsächlich nicht nur um ingenieurtechnische Lösungen gehen, sondern auch um Fragen der sozialen Akzeptanz und der ökologischen Verträglichkeit, so dürften die Realisierungschancen für Projekte, besser: Programme, steigen, die »bösen« Fluten in ihren Auswirkungen zu mäßigen, bei gleichzeitiger Erhaltung der nützlichen Fluten.

Weiterhin bestehende Probleme liegen jedoch in der Heterogenität der Zielgruppe, die auch durch die Favorisierung einer kleineren Lösung in Form des Schutzes von urbanen und bewässerten Flächen nicht aufgehoben wird, und in der bislang nicht entschieden betriebenen Einbeziehung der systemischen Komponente. Es wurde also erst ein Teil des Weges zurückgelegt.

Die Fehler, die auf dem bisher zurückgelegten Weg gemacht wurden, müssen indes auf jeden Fall beseitigt werden. Dies schließt die schnelle und zufriedenstellende Kompensation der enteigneten Familien mit ein. In einem dichtbesiedelten Land, in dem gewissermaßen jeder kultivierbare Flecken bereits genutzt wird und für die Mehrzahl der Bangladeschis den Nukleus der Existenzsicherung bildet, führen Landenteignungen zwangsläufig zu Unmut. Nicht nur das: Für arme Haushalte, und das ist jeder zweite in Bangladesch, mag sich in Ermangelung adäquater Sparvolumen beispielsweise die Gefahr der langfristigen Abhängigkeit von lokalen Geldverleihern oder gar die Existenzunsicherheit erhöhen.

Nicht nur das Wasser, auch die Armut erleben viele Bangladeschis »hautnah«. Zu wünschen ist, daß Experten eines jeden Entwicklungsprojekts, anders als die Richtung Südosten fliegenden Fluggäste, dies nicht aus der Vogelperspektive wahrnehmen, sondern Begleiter, nicht »Macher«, eines von den Menschen vor Ort initiierten positiven Transformationsprozesses sind, der die Armut langfristig besiegt.

418

»... aber am Ende werden wir gewinnen«
Der Widerstand gegen den
Narmada-Staudamm in Indien

Bruni Weißen

Als die Weltbank 1985 Kredite über insgesamt 450 Millionen US $ für den Bau des Sardar-Sarovar-Dammes in der indischen Narmada bewilligte, schien es sich nur um ein ganz »normales« weiteres Großprojekt dieser internationalen Finanzorganisation zu handeln. Der Staudamm sollte, so der Kreditantrag der indischen Regierung, die Bewässerung der Dürregebiete im Norden des indischen Bundesstaates Gujarat ermöglichen, die Energieversorgung der umliegenden Großstädte verbessern und auch noch Hunderttausende (später sollten es sogar 30 Millionen Menschen sein) mit Trinkwasser versorgen.

Das Projekt »Narmada« entpuppte sich im weiteren Verlauf jedoch als äußerst »unnormal«. Der Widerstand der Bewohner des Narmada-Tals, unterstützt durch Gruppen in ganz Indien und weltweit, führte zu der einmaligen Situation, daß die Weltbank fünf Jahre nach Bewilligung des Kredites eine Re-Evaluierung des Projektes durch eine unabhängige Untersuchungsgruppe in Auftrag gab, der Rat der Exekutivdirektoren ein zweites Mal über das Projekt zu entscheiden hatte und schließlich zur Auflösung des Kreditvertrages – bis dato einmalige Vorgänge innerhalb der Weltbank. Damit jedoch nicht genug. Die Auseinandersetzungen um Narmada waren der Anlaß für weitere Untersuchungen über Weltbank-Projekte, Umstrukturierungen innerhalb dieser Mammutorganisation und die Einrichtung einer Beschwerdestelle, bei der Projekt-Betroffene Einwände gegen Weltbank-Projekte vorbringen können mit dem Ziel, daß unter Umständen erneut verhandelt werden muß.

Seit den fünfziger Jahren gab es Pläne, das Wasser der Narmada – mit 1.300 Kilometern Länge einer der großen Flüsse Indiens – zu nutzen. Streitigkeiten der drei anliegenden Bundesstaten Gujarat, Maharashtra und Madhya Pradesh um die Nutzungsrechte des Wassers hatten in den siebziger Jahren zur Bildung eines Schiedsgerichts geführt. Dessen Entscheidung sah schließlich den Bau von insgesamt 30 Großstaudämmen, 135 mittleren und 3.000 kleinen Dämmen vor – ein gigantisches Projekt im Dienste der Entwicklung Indiens. Sardar-Sarovar sollte einer dieser Großstaudämme werden, und die Bewilligung des Kredites durch die Weltbank war ausschlaggebend dafür, daß die Bauarbeiten an diesem fast 150 Meter hohen und 1.200 Meter langen Damm 1987 tatsächlich begannen.

Widerstand

Etwa 80.000 Menschen aus 245 Dörfern würden – nach Schätzungen des Kreditantrages – aufgrund des Stausees mit einer Länge von 214 Kilometern und einer Breite von 16 Kilometern – ihre Heimat verlieren, etwa die Hälfte von ihnen Adivasi, indische Ureinwohner. Diese Menschen ahnten nicht im entferntesten, daß ihre Dörfer und Felder im Stausee untergehen sollten. Als eine der ohnehin in Indien benachteiligten Gruppen, die weitgehend weder des Englischen noch der jeweiligen Landessprache mächtig sind, hätten die Adivasi keine Chance gehabt, Entschädigungen für ihre Verluste zu beantragen. Den Richtlinien der Weltbank entsprechend standen ihnen solche Ausgleichszahlungen jedoch zu, auch wenn bei Kreditbewilligung noch keinerlei Pläne zur Entschädigung der Betroffenen vorlagen. Deshalb entschloß sich die Soziologin Medha Patkar 1985, im Jahr der Kreditbewilligung, der Bevölkerung bei der Durchsetzung von Kompensationszahlungen behilflich zu sein. Sie bereiste eine Reihe von Dörfern in Maharashtra – zu Fuß, denn die Dörfer sind nicht mit Fahrzeugen zu erreichen – und nach dieser Tour war deutlich, daß eine Unterstützung in Rechtsfragen die Vielfalt der kommenden Probleme nicht lösen würde. Sie beschloß, ins Narmada-Tal zu ziehen, um die Talbewohner dabei zu unterstützen, sich politisch zu organisieren.

In den folgenden Jahren zog Medha Patkar, zunehmend unterstützt von einigen weiteren Aktivisten, von Dorf zu Dorf und gewann das Vertrauen der Adivasi. Die erste formelle Widerstandsgruppe aus den 36 betroffenen Dörfern in Maharashtra, die *Narmada Dharangrast Samiti* (»Organisation der vom Narmada-Damm betroffenen Bevölkerung«), gründete sich im Februar 1986. Gespräche mit den Verantwortlichen aller Ebenen, von der Bundesstaatenregierung über die Staatsregierung bis hin zu Vertretern der Weltbank, bestimmten die Anfänge dieser Arbeit. Hauptthema aller Versammlungen, Diskussionen und Verhandlungen war die Frage der Umsiedlungen: Wo sollte es Land für die Vertriebenen geben, wieviel Land sollten die Familien erhalten, wo würden sie Zugang zu Wald und Wasser finden, wie könnten die Dorfgemeinschaften erhalten bleiben. Auf all diese Fragen hatten die Regierungsvertreter keine Antworten. Ganz offensichtlich waren sie weder gewillt noch in der Lage, zehntausende Vertriebene umzusiedeln. Auch wichtige Aspekte wie die Auswirkungen des Staudamms auf die Umwelt, Vorsorge für das Einzugsgebiet und Erdbebengefährdung waren bisher nicht bedacht worden – und die Verantwortlichen machten sich auch keinerlei Gedanken darüber. Zugeständnisse von Seiten der Regierung waren nur dann zu erwarten, wenn die Bevölkerung dafür kämpfen würde.

1986 veranstalteten die Adivasi die erste große Demonstration nahe der Dammbaustelle. 1987 knüpften sie erste Kontakte zu den Dörfern in Madhya Pradesh, wo bereits eine kleine Gruppe arbeitete. Durch den Kontakt entstand für diese kleine Gruppe eine neue Dynamik, und schon bald waren die meisten der insgesamt 193 von Vertreibung bedrohten Dörfer in Madhya Pradesh Teil des Widerstands. Im August 1988 erklärten 229 der insgesamt 245 betroffenen Dörfer ihre Opposition gegenüber dem Projekt. »*Koi Nahi Hatega, Bandh Nahi Banega*« (»Niemand verläßt sein Land, der Damm wird nicht gebaut«) war seitdem der auf vielen Kundgebungen, Demonstrationen oder Blockaden skandierte Slogan der Bewegung.

Wachsende Unterstützung erhielten die Dorfbewohner von den verschiedensten Gruppen aus dem sozialen Bereich, aus dem Umwelt- und dem Entwicklungsbereich in ganz Indien. Über 250 dieser Gruppen und Initiativen sowie eine Reihe bekannter Persönlichkeiten trafen sich im September 1989 in Hasud zur »Nationalen Demonstration für Entwicklung statt Zerstörung«, die zu einem der herausra-

420

Der Sardar-Sarovar-Damm im Bau

Das gestaute Naß – Fluch oder Segen?

422

Auch die Kinder,
hier von Chimalkhedi,
beteiligen sich am
Widerstand.

genden Ereignisse in der indischen Umweltbewegung zählt. Denn zu diesem Zeitpunkt war bereits deutlich, daß es nicht nur um die Verhinderung eines Staudamms ging. Die Frage der Entwicklung Indiens kristallisierte sich in der Frage um den Staudamm: selbstbestimmte Entwicklung der Menschen und rücksichtsvoller Umgang mit der Natur – oder Gigantomanie und eine Fortschrittsgläubigkeit, die sich an der Entwicklung der Industrieländer orientierte?

Protestiert wurde auf allen Ebenen: In den Dörfern selbst, wo Bewohner Vermessungsarbeiten für den Staudamm verhinderten, auf Kreis- und Bezirksebene mit Demonstrationen und Bürobesetzungen, in den Hauptstädten der Bundesstaaten und in Delhi. So hatten zum Beispiel bereits im Februar 1989 zehntausend Menschen an der Dammbaustelle demonstriert. Im März 1990 blockierten Tausende den National Highway No. 2 nach Delhi. Im Mai 1990 veranstalteten dreitausend Talbewohner und ihre Unterstützer aus ganz Indien bei 45 Grad Hitze ein siebentägiges Sit-in vor dem Sitz des Premierministers in Delhi.

Der erste offene Einsatz der Staatsgewalt gegen den Widerstand erfolgte beim »Langen Marsch«. Fünftausend Demonstranten waren im Dezember 1990 entlang der Narmada zur fast 200 Kilometer entfernten Dammbaustelle aufgebrochen. An der Grenze zu Gujarat hinderte bewaffnete Polizei sie am Weitermarsch. Ein wochenlanges Sit-in an der Grenze war die Antwort. 22 Tage lang gingen Medha Patkar und sechs weitere Demonstranten gegen diese Verletzung ihrer staatsbürgerlichen Rechte in den Hungerstreik.

Polizei und Militär wurden in den folgenden Jahren noch häufig eingesetzt, sei es, um Widerstand zu verhindern (wie bei den Selbstopferungsaktionen am Ufer der Narmada, als die Höhe des Staudamms zur Überflutung der ersten Dörfer führte) oder um Dorfbewohner aus ihren Dörfern an der Narmada zu vertreiben, indem Abholzungstrupps mit Hunderten von Polizisten und Soldaten in den Dörfern erschienen und den Wald abholzten. Die wirtschaftlichen Interessen am Bau des

Staudamms sind groß und notfalls werden diese Interessen auch mit Gewalt durchgesetzt. Der fortschrittlichste Industriestandort Indiens ist nördlich des Staudamms geplant, Zuckerindustrie und chemische Industrie sollen von der Energie und dem Wasser des Dammes profitieren und dringend benötigte Devisen erbringen.

Und die Weltbank? – Zu Beginn waren die Vertreter der Weltbank in Indien noch durchaus gesprächsbereit. Weltbank-Präsident Conable lud Medha Patkar bei einem Indienbesuch sogar zu einem Gespräch ein. Die Versuche der Weltbank, Einfluß auf die indische Regierung zu nehmen, waren jedoch nicht einmal halbherzig. Selbst die kritischen Berichte der Weltbank-Evaluierungsteams etwa über die Durchführung des Projektes, fehlende Umweltverträglichkeitsprüfungen und fehlende Umsiedlungspläne zeigten keine Wirkung. Einer der Kritikpunkte war beispielsweise der Verstoß gegen die Vorschrift der Weltbank-Richtlinien, Dörfer nur als Einheiten umzusiedeln. Bei einer der wenigen Umsiedlungen, die stattgefunden hatten, waren die Einwohner von zehn Dörfern an 125 verschiedene Orte umgesiedelt worden, sogar Familien hatte man auseinandergerissen.

Die Weltbank schrieb zwar deutliche Briefe an die indische Regierung und stellte eine Reihe von Bedingungen. Aber die deadlines kamen und gingen – und nichts passierte. 31. Dezember 1988, 31. März 1989, 30. Juni 1989, 30. Juni 1990 – die deadlines wurden verlängert, alte Forderungen vergessen, neue aufgestellt. Und alle, einschließlich der indischen Regierung, kamen zu demselben Ergebnis: die Weltbank meint ihre Bedingungen nicht ernst.

Zwischenzeitlich hatte die Bewegung in Indien auch internationale Unterstützung erhalten. Umweltgruppen in den USA und Japan organisierten Protestschreiben an die Weltbank, machten Druck auf ihre Exekutivdirektoren, die Repräsentanten ihrer Regierungen in der Weltbank. Auch aus Europa gab es erste Proteste bei der Weltbank. 1990 war der Druck insgesamt so groß geworden, daß Weltbank-Präsident Conable einer unabhängigen Untersuchung des Projektes zustimmte. Ein

Jahr später, im September 1991, nahm die Kommission unter Leitung des ehemaligen UNDP-Vorsitzenden Bradford Morse ihre Arbeit auf. Weder die Weltbank noch die indische Bewegung oder ihre internationalen Unterstützer hatten mit dem gerechnet, was im Juni 1992 als Ergebnis dieser Untersuchung veröffentlicht wurde. Der Bericht entpuppte sich als regelrechte Ohrfeige für die Weltbank: auf über 360 Seiten wird dargelegt, warum die Weltbank – so die Empfehlung von Morse und seinen Kollegen – von diesem Projekt zurücktreten solle. Detailliert weist der Bericht Richtlinie für Richtlinie nach, welche Bestimmungen der Weltbank nicht eingehalten wurden. Zum ersten Mal wird das voraussichtliche gesamte Ausmaß der Umsiedlungsfolgen deutlich: Nicht etwa 80.000 Menschen sind von Vertreibung bedroht, sondern etwa 250.000 Menschen. Bei den bisherigen Plänen hatte man die etwa 140.000 Menschen, die durch die geplanten Kanäle mit insgesamt 70.000 Kilometer Länge betroffen sind, einfach vergessen. Ebenfalls »vergessen«

424   hatte man all diejenigen, die unterhalb der Staumauer leben, zehntausende Familien wie Fischer und Bootsleute, die ihren Lebensunterhalt aus der Narmada verlieren, wenn das Wasser einmal gestaut sein wird. Auch »vergessen« worden waren die ökologischen Veränderungen an der Mündung der Narmada in den Indischen Ozean, das Eindringen des Meerwassers bis weit ins Innere des Landes, die Verseuchung von Grundwasser und Trinkwasserbrunnen. Unberücksichtigt waren die gesundheitlichen Gefährdungen durch Malaria aufgrund des Stausees, die berechenbare Versumpfung und Versalzung im Umfeld des Stausees. Viel zu optimistisch berechnet war dagegen die voraussichtliche Versandung der gesamten Anlage, die reale Stromerzeugung und last, but not least die Kosten des gesamten Projektes. Zwei Jahre später wurde deutlich, daß selbst die von Morse angestellten Berechnungen über die Gesamtkosten des Projektes noch zu niedrig angesetzt waren. Die Weltbank geht heute von einer Gesamtsumme von 11,2 Milliarden US $ aus, mehr als das Doppelte des ursprünglich angesetzten Betrages von etwa 5 Milliarden US $.

Auch die ersten Umsiedlungsdörfer waren von Morse und seinem Team besucht worden. Die Bewohner beschwerten sich, daß das zugewiesene Land steinig und unfruchtbar sei oder ihnen sogar nach Jahren noch immer kein Land zugewiesen worden war, daß es kein Wasser für ihr Vieh gebe und weit und breit keinen Wald. Die ersten Umgesiedelten waren bereits zurück in ihre alten Dörfer an der Narmada gezogen.

Nach Veröffentlichung dieses Berichtes arbeiteten alle Unterstützergruppen und die indische Bewegung auf Hochtouren. Der Rat der Exekutivdirektoren sollte über das weitere Vorgehen entscheiden, und in den verschiedenen Ländern wurde Druck auf die jeweiligen Exekutivdirektoren bzw. ihre Weisungsgeber der nationalen Regierung gemacht. Mit knapper Mehrheit entschieden die Exekutivdirektoren – die zum ersten Mal in der Geschichte der Weltbank über ein bereits von ihnen beschlossenes Projekt erneut zu entscheiden hatten – im Oktober 1992, daß die indische Regierung eine Reihe von detaillierten Auflagen, darunter insbesondere Forderungen zur Umsiedlung, innerhalb der nächsten sechs Monate zu erfüllen habe – ansonsten würde der Kredit gestrichen. Bevor die indische Regierung – ohne Frage auf Druck der Weltbank – einen Tag vor Ablauf dieser Frist am 30. März 1993 »freiwillig« vom Kredit zurücktrat, unternahm sie einige Anstrengungen, diese Bedingungen zu erfüllen.

Eines der Hauptprobleme bei der Umsiedlungsfrage für die indische Regierung bestand und besteht in der Beschaffung von Land für die Vertriebenen. Es gibt in Indien kaum Land, das nicht besiedelt ist, auch wenn es sich um Land oder Wald in Staatsbesitz handelt. Auf Druck der entsprechenden Behörde war ein größeres Waldstück im Bezirk Taloda von der Forstbehörde freigegeben worden. Mit Bulldozern begann man, den Wald abzuholzen, um Umsiedlungsland zu schaffen. Die Bewohner dieses Waldes, ebenfalls Adivasi, wehrten sich jedoch gegen die Abholzung und ihre drohende Vertreibung. Eine junge Adivasi-Frau bezahlte diesen Widerstand mit ihrem Leben.

Die Auflösung des Kreditvertrages führte allerdings nicht dazu, daß das Projekt abgebrochen wurde, der Bau am Staudamm ging weiter. Mit dem Monsun 1993 wurden die ersten Dörfer an der Narmada durch den Rückstau an der Staumauer überschwemmt. Über 200 Talbewohner hatten zuvor geschworen, lieber im Wasser der Narmada zu ertrinken, als ihre Heimat zu verlassen. Einen Tag vor Überschwemmung des ersten Dorfes veranlaßte die Regierung deshalb die gewaltsame Evakuierung, über 1.000 Talbewohner wurden verhaftet und deportiert. Das Narmada-Tal wurde von Polizisten und Militär belagert, die Bewohner regelrecht terrorisiert. Trotzdem gaben die Talbewohner nicht auf. Nach Abfließen des Wassers richteten sie ihre zerstörten Hütten wieder auf, bebauten ihre Felder erneut. Dieses Szenario – Widerstand gegen die Umsiedlung, Verhaftungen und Polizeiterror – wiederholte sich auch in den folgenden Jahren.

Im Sommer 1996 hat der Staudamm eine Höhe von etwa 100 Metern erreicht. Das Urteil des Obersten Gerichts in Delhi aufgrund eines fünftägigen Hearings steht noch immer aus. Madhya Pradesh und Maharashtra halten eine geringere Dammhöhe, die die Vertreibungen deutlich reduzieren würde, für erstrebenswert. Offen ist, ob der Bau des Staudamms, dessen Fundament durch den Monsun 1994 nachhaltig geschädigt worden war, beendet werden wird. Die Proteste der *Narmada Bachao Andolan* haben erreicht, daß der Bau um Jahre verzögert wurde. Aber sie haben noch viel mehr erreicht.

Narmada ist weltweit nicht nur bei Entwicklungspolitikern zum Inbegriff für verfehlte Projektpolitik geworden. Die Weltbank ist heute sehr viel vorsichtiger bei der Bewilligung von Großstaudämmen, auch wenn sie diese immer noch nicht ganz aufgegeben hat. Die Entscheidung der Exekutivdirektoren im Oktober 1992 aufgrund des Morse-Berichtes enthielt auch die Aufforderung an die Weltbank, alle Weltbank-Projekte auf die Einhaltung der Umsiedlungsrichtlinien zu evaluieren. Bei einem Teil der Projekte hatte man sich nicht einmal die Mühe gemacht zu untersuchen, wieviele Menschen vertrieben werden, und häufig war das für die Zwangsvertriebenen vorgesehene Geld in das Projekt geflossen statt an die Betroffenen. Dieses erschreckende Ergebnis der Untersuchung führte zu strengeren Umsetzungskontrollen in der Weltbank und zumindest dazu, daß neue Projektanträge den Vertreibungen ausreichend Rechnung tragen müssen. Auch die Einrichtung des Beschwerde-Gremiums bei der Weltbank war direkte Folge der Beratungen über den Morse-Bericht.

»Wir werden diesen Kampf vielleicht verlieren, aber wir werden die Schlacht gewinnen.« ist eine frühe Einschätzung Medha Patkars zu den Aussichten des Widerstandes. Noch ist der Kampf nicht entschieden.

Lieder im Kampf gegen den Damm.
Wie die Adivasi im Narmada-Tal
gegen den Staudamm kämpfen

Georg Amshoff

Manibeli, ein kleines Dorf am Ufer der Narmada. Einfache Hütten entlang ungepflasterter Wege, ein kleines Tempelchen, ein verschlafener Dorfplatz. Im Schatten eines Baumes hocken Frauen im Kreis auf dem Boden, klatschen, singen ein Lied:

Stoppt den Damm!

Wald und Felder werden untergehen,
ganze Dörfer werden untergehen,
Menschen werden vor Hunger sterben,
die Göttin wird mit ihrem Tempel untergehen – Stoppt den Damm!

Im Narmada-Tal geht der Kampf weiter,
los auf, los auf, haltet die Zerstörung auf!

Das Haus des Arbeiters wird eingerissen,
dem Bauern wird der Pflug weggenommen,
seht, wie sie bestohlen werden –
hunderttausende Menschen werden vertrieben!

Haben kein Land mehr,
haben keinen Lebensmut mehr,
und alles nur im Namen neuer Versprechen –
laufen einem kleinen Teil der ganzen Zusagen
für Entschädigung hinterher...
los auf, haltet die Zerstörung auf!

Lieder wie diese gibt es viele im Narmada-Tal. Seit sich der Widerstand gegen den zerstörerischen Mega-Damm formierte, ziehen die Aktivisten der *Narmada Bacao Andolan*, der Protestbewegung gegen den Damm, durch Manibeli und andere betroffene Dörfer. Sie diskutieren mit den Menschen über das Projekt, klären über die Folgen auf, ermuntern zum Widerstand. Eines der wichtigsten Mittel dazu sind Lieder.

Warum gerade Lieder? »Weil Lieder in Indien generell außerordentlich wichtig sind«, erläutert Medha Patkar, die Leiterin und Symbolfigur der *Narmada Bacao Andolan*. Insbesondere die Adivasi haben so viele Lieder, daß ihr ganzes Leben darin eingebettet zu sein scheint. Auf den Dörfern ist die tägliche Arbeit begleitet von traditionellen Liedern – Frauen singen bei der Arbeit im Haus, beim Wasserholen vom Brunnen, in den Pausen der Feldarbeit.

Zu diesen traditionellen Melodien wird dann oft ein neuer Text gemacht, von Aktivisten, aber auch von den Betroffenen, von einfachen Frauen und Adivasi. Diese Kampflieder klagen an, entlarven soziale Übel, protestieren, verspotten. Sie haben eine nicht zu unterschätzende Bedeutung in einem Land, in dem über die Hälfte der Menschen nicht lesen und schreiben kann. Lieder können leicht gelernt und behalten werden, und sie sprechen sich sehr schnell herum. »Wenn man drei Frauen eines Stammesvolkes ein neues Lied vorsingt, kann es vier Wochen später der ganze Landkreis«, bestätigt ein Sozialarbeiter. Mit ihnen kämpfen Straßenkinder gegen Schuldknechtschaft, Frauen gegen Mitgift, Slumbewohner gegen Korruption. Für Frauengruppen sind diese Lieder zu Recht »Empowerment Songs« – Lieder, die Kraft geben können.

So erstaunt es nicht, daß auch im Kampf gegen den Narmada-Staudamm Lieder eine wichtige Rolle spielen. »Lieder sind ein ganz entscheidender Teil von allem, was hier passiert«, berichtet Medha Patkar über die *Narmada Bacao Andolan*. »Es gibt Lieder, die praktisch alle im Narmada-Tal kennen.« So zum Beispiel das »Lied der Narmada-Bewegung«, das Medha Patkar selbst geschrieben hat. In einfachem Hindi beschreibt sie die Auswirkungen des Projektes auf die Betroffenen und entlarvt die falschen Versprechen der Projektverantwortlichen:

Im Narmada-Tal geht der Kampf weiter...

Sie nennen es »Fortschritt«, aber das Damm-Projekt
ist ein schmutziges Spiel,
denkt nach und überlegt, was die Kosten und Nutzen sind!

Die künstliche Bewässerung ist ein Fehler, sie führt nur
zur Versumpfung,
Zuckerrohr-Felder ruinieren die Arbeiter!

Das Versprechen von Strom ist falsch, denn der geht in die Städte
hier in der Hitze wird nichts gemacht,
dort verbessert sich die Lage weiter!
Es gibt keine Kontrolle des Projektes, keine Prüfung
die Berechnungen sind falsch, der Damm kostet viele Millionen!

Politik ist eine saubere Sache: sie haben ihren Stuhl für fünf Jahre,
ob der Damm bis dahin fertig ist oder nicht,
jeder wird nachher klagen!

Minister machen Erklärungen, Parteien machen Programme,
Bruder, denk' nach: hier regieren Großunternehmer!

Sie versprechen Glück, und machen doch mit Menschen ihr Geschäft,
seit fünfzig Jahren weinen alle Generationen!

... los auf, los auf, haltet die Zerstörung auf!

Nicht nur abstrakte politische Aussagen gehen in Lieder ein, auch persönliche Schicksale finden darin ihren Niederschlag. Daya Pawar, einer der bekanntesten Dalit-Dichter Indiens, beschreibt in vollendeter Poesie, wie eine Arbeiterin hart für den Damm schuftet, doch der Damm wird ihr nur Verderben bringen – seine Früchte werden einzig den Reichtum der Reichen mehren. Ursprünglich wurde dieses Lied gegen Korruption bei Großprojekten geschrieben. Die *Narmada Bacao Andolan* hat es gewissermaßen »recycled« und gegen den Narmada-Damm eingesetzt. Inzwischen ist es das Kampflied aller Bewegungen gegen zerstörerische Großprojekte.

Der Damm

Ich baue den Damm, Freundin
den Damm, den Damm, und werde (vom Damm)
*   zu Tode, zu Tode, zu Tode zerstampft.*

Das Morgengrauen kommt,
ich habe nur noch wenig Mehl im Mahlstein,
ich koche die Reste, die Körnerreste und Spelzen.
Ich baue den Damm, Freundin...

Der Morgen wird zum Tag, ich gehe zur Arbeit,
meine Gedanken bleiben zuhause zurück
das Kind, mein Baby – mein Kleines,
auf der Erde decke ich es zu mit einem Korb.
Ich baue den Damm, Freundin...

Wie soll ich von der Sonnen-Glut erzählen,
wir müssen Steine zu Schotter zerschlagen
es ist so heiß, so heiß
ich binde Blätter unter meine nackten Füße.
Ich baue den Damm, Freundin...

In jedem Glied des Zuckerrohrs ist der süße Saft,
der Großgrundbesitzer hat eine gute Ernte.
Nach einem Schluck Wasser
suche ich überall.
Ich baue den Damm, Freundin...

Daya Pawar hat sein Lied bewußt einer alten und sehr bekannten Form von Liedern nachempfunden, die Frauen früher beim Mahlen von Getreide gesungen haben. Die schwere Arbeit an den handbetriebenen Mühlsteinen erledigten sie im Morgengrauen, während die Männer noch schliefen. Wie von selbst mündete die monotone Tätigkeit schließlich in Lieder. »Beim Sitzen am Mühlstein ist der Kopf voller Lieder«, sang der Dichter-Heilige Tukaram schon im 16. Jahrhundert. Diese Mühlstein-Lieder wurden von Frauen ausschließlich für Frauen gesungen, sie sind seit

Jahrhunderten eine reine Frauenkultur – und einige enthalten sehr modern anmutende feministische Ideen. Auch wenn inzwischen elektrische Mühlen die Handmühlsteine abgelöst haben und damit die Mühlstein-Lieder mehr und mehr in Vergessenheit geraten, können sich sehr viele Frauen noch an diese Lieder erinnern, sie summen die Melodie oder singen einige Strophen mit. Das Lied über den Damm und die Klage über die unmenschlichen Bedingungen kommt deshalb für sie direkt aus ihrem Inneren. Sehr schnell wurde dieses Lied deshalb ein Teil ihres Lebens – und ist inzwischen im ganzen Narmada-Tal bekannt. Medha Patkar bezeichnet es gar als die »Hymne« der Bewegung.

Nicht umsonst erfreuen sich Lieder wie dieses so großer Beliebtheit. Gerade die Adivasi haben eine besondere Beziehung zu Liedern: Kaum eine Situation, zu der sie nicht sofort ein Lied parat haben – oder sofort ein neues machen. Medha Patkar erzählt: »Während eines Hungerstreiks vor einer Polizeiwache haben die Adivasi pausenlos gesungen und neue Lieder erfunden. So konnten sie auf die sich zuspitzenden Ereignisse reagieren.« Viele dieser Lieder sind in der Beschreibung der Zusammenhänge ganz deutlich. Komplexe ökonomische Sachverhalte werden in einfache Worte gefaßt, so daß sie auch von Menschen verstanden werden können, die nie eine Schule besuchen konnten. Einfache Adivasi-Frauen der Chipko-Bewegung haben ihre Einsichten in ökologische Zusammenhänge so ausgedrückt:

Wenn der Wald abgeholzt ist, verschwindet der Regen

An der Narmada fragen die Adivasi, die vom Projekt betroffen sein werden:

Wenn der Wald abgeschlagen ist:
Wer hat den Gewinn,
wer bringt das Opfer?

Auch in der Analyse der Auswirkungen und Konsequenzen des Damm-Projektes nehmen die Sänger kein Blatt vor den Mund:

Seht das Spiel der Weltbank:
Felder gehen unter,
Menschen werden zerstört!

Angesichts dieser dramatischen Auswirkungen ist für sie deshalb auch die Konsequenz klar:

Wir mögen untergehen,
aber wir werden nicht zurückweichen!
Wir werden nicht zurückweichen,
der Damm wird nicht gebaut!

Die Kraft für ihren Kampf schöpfen die Menschen aus dem Mut der Verzweiflung und der Gemeinschaft, die sie immer wieder beschwören. Sie wissen: Nur gemeinsam können sie etwas erreichen. Nur wenn sie zusammenstehen und gemeinsam kämpfen, können sie das drohende Unheil noch abwenden. Die Menschen von der Narmada haben den Kampf aufgenommen.

Die Menschen von der Narmada

Die Menschen von der Narmada
*   haben den Kampf aufgenommen – wach' auf!*
Einfache Menschen haben den Kampf aufgenommen –
der Wald wurde ihnen weggenommen,
das Feld wurde ihnen weggenommen,
nichts wurde ihnen dafür gegeben!
der Mutter wurden die Kinder weggenommen,
die Tyrannen trinken das Blut von allen – wach' auf!

Sie werden Strom erzeugen und in die Städte schicken – wach' auf!
Minister lassen sich mit Millionen erpressen,
Großunternehmer nehmen sich auch ihren Teil,
das Wasser für die Felder geht an die Großgrundbesitzer,
wer schon viel Land hat, der bekommt noch mehr – wach' auf!

Anhang

Karten und Tabellen
Jürgen Clemens

Literaturverzeichnis
zu einzelnen Beiträgen

Autorenverzeichnis

Das Asienhaus – Ein Porträt

Pro Kopf-Süßwasserverfügbarkeit der Staaten Asiens, 1990

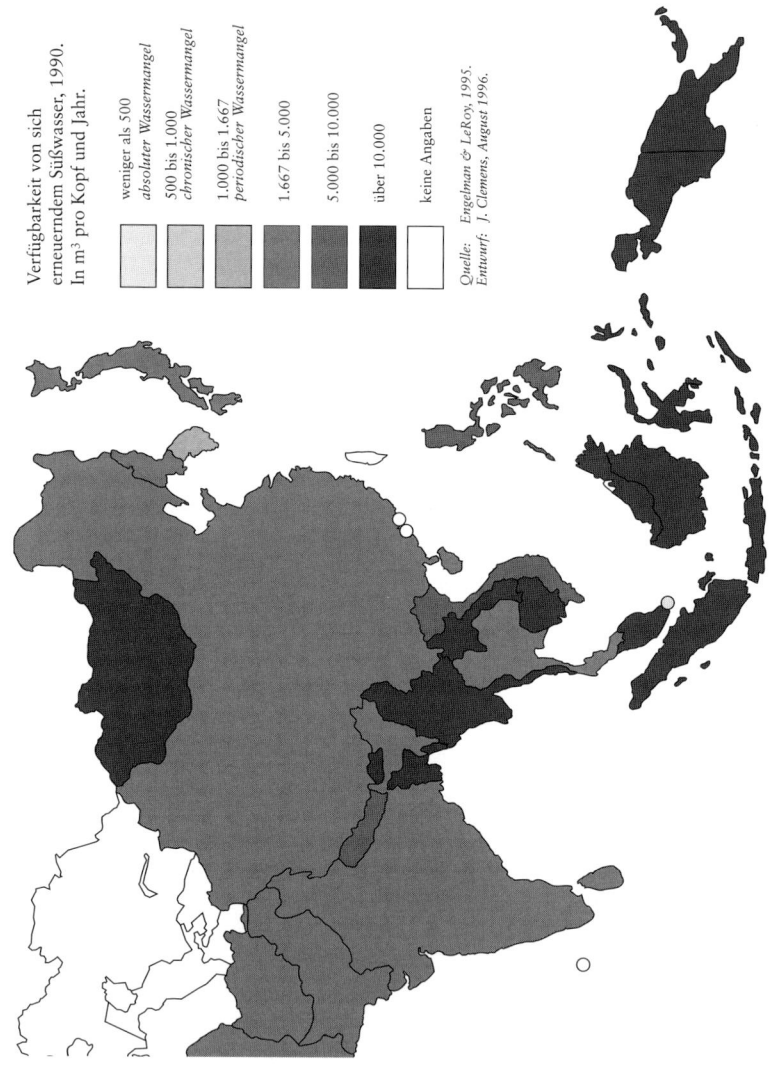

Verfügbarkeit von sich
erneuerndem Süßwasser, 1990.
In m³ pro Kopf und Jahr.

weniger als 500
absoluter Wassermangel

500 bis 1.000
chronischer Wassermangel

1.000 bis 1.667
periodischer Wassermangel

1.667 bis 5.000

5.000 bis 10.000

über 10.000

keine Angaben

Quelle: Engelman & LeRoy, 1995.
Entwurf: J. Clemens, August 1996.

Pro Kopf-Süßwasserverfügbarkeit der Staaten Asiens, 2025

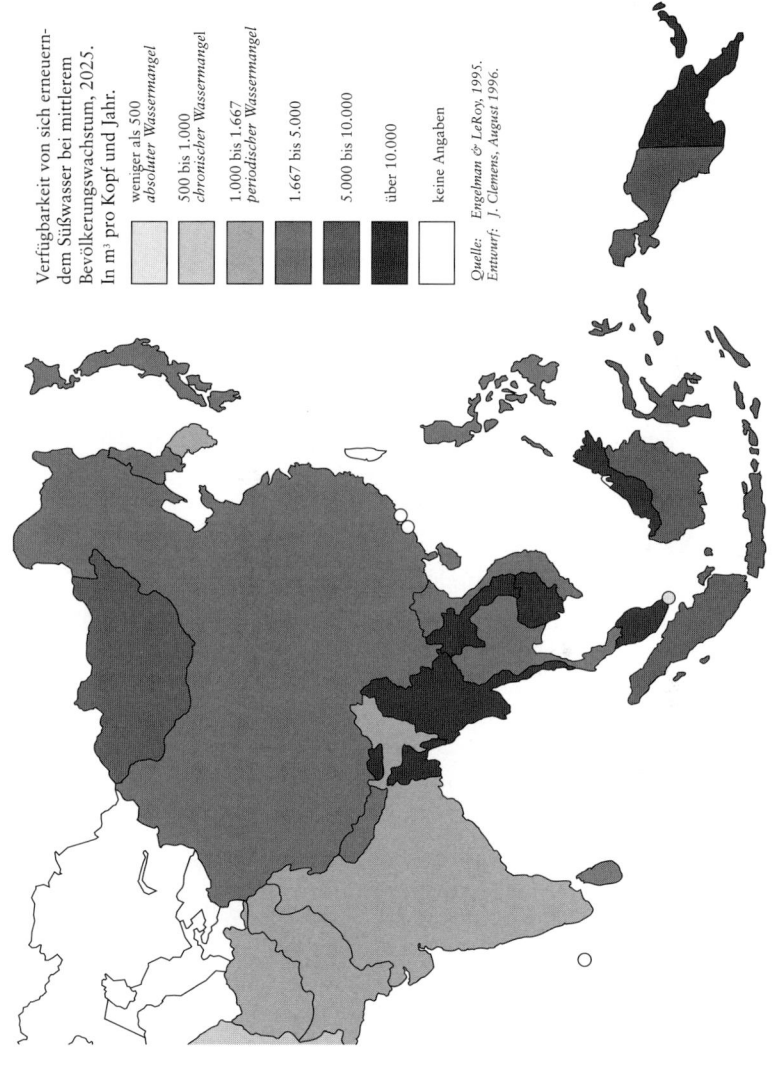

Verfügbarkeit von sich erneuern-
dem Süßwasser bei mittlerem
Bevölkerungswachstum, 2025.
In m³ pro Kopf und Jahr.

weniger als 500
absoluter Wassermangel

500 bis 1.000
chronischer Wassermangel

1.000 bis 1.667
periodischer Wassermangel

1.667 bis 5.000

5.000 bis 10.000

über 10.000

keine Angaben

Quelle: Engelman & LeRoy, 1995.
Entwurf: J. Clemens, August 1996.

Bevölkerung mit Zugang zu sauberem Wasser, 1990 – 1995

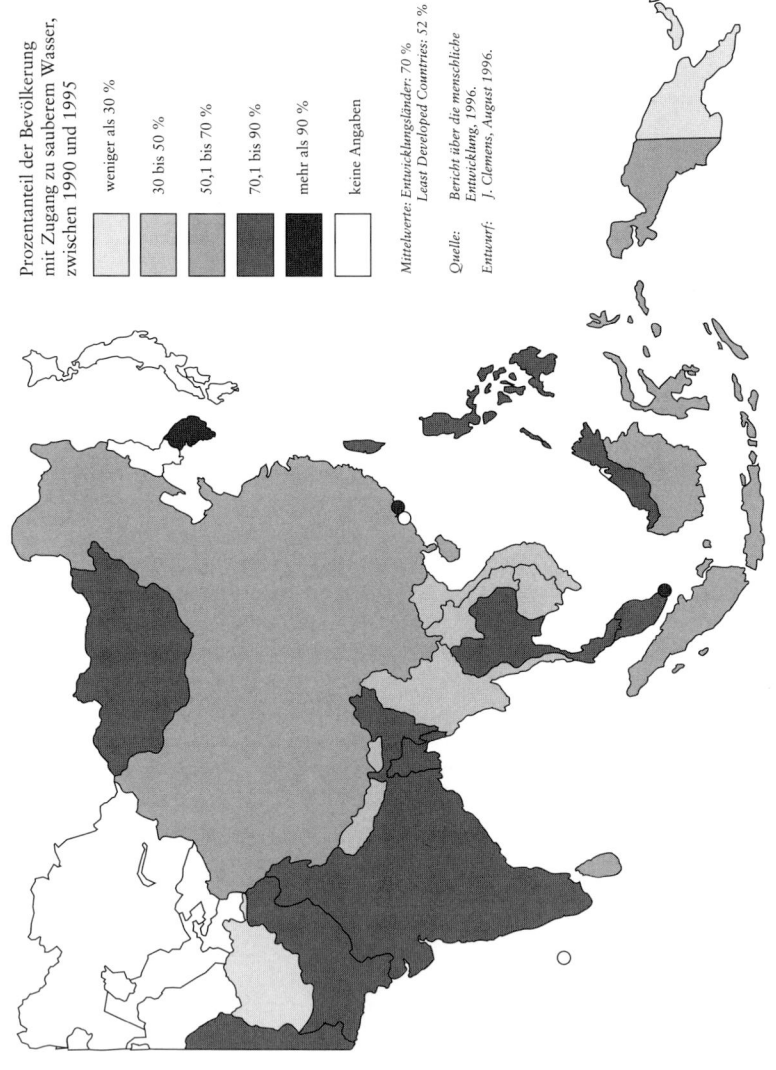

Prozentanteil der Bevölkerung
mit Zugang zu sauberem Wasser,
zwischen 1990 und 1995

weniger als 30 %

30 bis 50 %

50,1 bis 70 %

70,1 bis 90 %

mehr als 90 %

keine Angaben

Mittelwerte: Entwicklungsländer: 70 %
Least Developed Countries: 52 %

Quelle: *Bericht über die menschliche*
Entwicklung, 1996.
Entwurf: *J. Clemens, August 1996.*

Wasser in Asien – Elementare Konflikte

Tabelle 1: Infrastrukturversorgung der Bevölkerung [1]

Bevölkerungsanteile mit Zugang zu ... *(Angaben in %)* [2]

	sauberem Wasser total 1975–80	sauberem Wasser total 1990–95	Land 1990–95	Städte 1990–95	Abwasserentsorgung 1990–95	Gesundheitsversorgung 1990–95
Afghanistan	9	12	5	39	n.v.	29
Bangladesch	n.v.	n.v.	77 [3]	n.v.	34	45
Bhutan	n.v.	34	30	60	65	65
Birma (Myanmar)	17	38	39	36	36	60
China	n.v.	67	56	97	24	92
Hongkong	99	100	96	100	88	99
Indien	n.v.	81	79	85	29	85
Indonesien	11	62	54	79	51	80
Iran	51	84	77	89	67	80
Kambodscha	n.v.	36	33	65	14	53
Korea, Rep.	66	93	76	100	100	100
Laos	n.v.	45	43	57	27	67
Malaysia	n.v.	78	66	96	94	n.v.
Mongolei	n.v.	80	58	100	74	95
Nepal	8	46	43	90	21	n.v.
Pakistan	25	79	71	96	33	55
Papua-Neuguinea	20	28	17	84	22	96
Philippinen	n.v.	85	77	93	69	76
Singapur	n.v.	100	—	100	99	100
Sri Lanka	19	53	49	87	61	93
Taiwan [4]	58	86	n.v.	n.v.	n.v.	n.v.
Thailand	25	86	87	98	74	90
Vietnam	n.v.	36	32	53	22	0
Entwicklungsländer	n.v.	70	60	87	39	80
»Least Developed Countries«	n.v.	52	48	65	31	50
Welt	n.v.	n.v.	n.v.	n.v.	n.v.	n.v.

435

[1] Daten für Brunei, Japan, Kasachstan, Kirgisistan, Dem. Rep. Korea, Macao, Malediven, Tadschikistan, Turkmenistan und Usbekistan nicht verfügbar

[2] Bericht über die menschliche Entwicklung, 1995 & 1996

[3] Quelle: Weltbank in Bangladesch, Internet Information. Der Wert bezieht sich auf das Jahr 1994.

[4] Regierungsquellen, teilweise für andere Bezugsjahre

n.v.: nicht verfügbar

Wasserverfügbarkeit der Volksrepublik China, Indiens und Sri Lankas bei drei verschiedenen Szenarien der Vereinten Nationen zum Bevölkerungswachstum

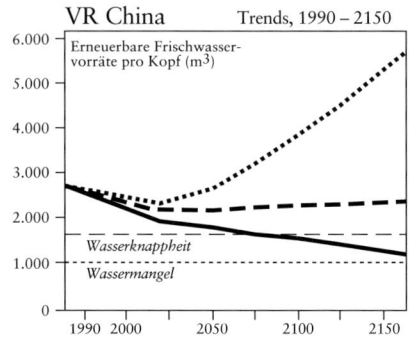

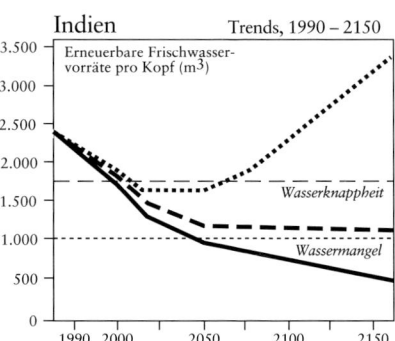

436

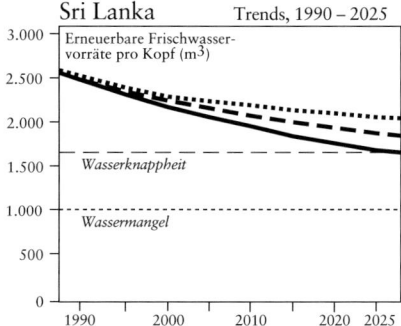

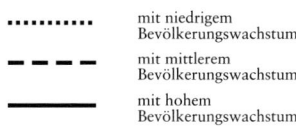

.... mit niedrigem Bevölkerungswachstum

— — — mit mittlerem Bevölkerungswachstum

——— mit hohem Bevölkerungswachstum

*Quelle: Engelman & LeRoy, 1995.
Entwurf: J. Clemens, August 1996.*

Tabelle 2: *Verknappung der jährlich verfügbaren Süßwassermengen: Entwicklung und Projektion in Abhängigkeit des möglichen Bevölkerungswachstums* [1]

	Verfügbarkeit von sich erneuerndem Süßwasser absolut (Mio m³) 1990	Verfügbarkeit pro Kopf (m³) 1955	1990	2025 [2] niedrige	mittlere Projektion	hohe
Afghanistan	50	5.137	3.323	1.208	1.105	1.025
Bangladesch	2.357	51.818	21.800	13.020	12.018	11.140
Bhutan	95	120.406	61.528	32.883	30.293	28.401
Birma (Myanmar)	1.082	55.314	25.877	1.438	14.319	13.340
China	2.800	4.598	2.424	2.054	1.835	1.680
Indien	2.085	5.277	2.451	1.621	1.498	1.389
Indonesien	2.530	29.231	13.839	10.231	9.180	8.321
Iran	118	6.204	2.002	1.047	955	858
Japan	547	6.090	4.428	4.703	4.499	4.198
Kambodscha	498	102.893	56.328	27.954	25.297	23.355
Korea, Dem. Rep.	67	7.387	3.077	2.258	2.007	1.796
Korea, Rep.	63	2.941	1.470	1.295	1.158	1.100
Laos	270	138.889	64.255	31.115	27.870	25.556
Malaysia	456	65.143	25.488	15.838	14.441	13.261
Mongolei	25	29.412	11.484	7.192	6.533	5.784
Nepal	170	19.597	8.830	4.421	4.178	3.956
Pakistan	468	10.590	3.838	1.727	1.643	1.566
Papua-Neuguinea	801	459.289	208.648	112.012	106.346	101.226
Philippinen	323	13.507	5.314	3.352	3.090	2.869
Singapur	0,6	459	222	190	179	171
Sri Lanka	43	4.929	2.496	1.929	1.718	1.540
Thailand	179	7.864	3.220	2.838	2.433	2.103
Vietnam	376	11.747	5.638	3.446	3.182	2.951

437

Wassermangelindices:
(m³ pro Kopf und Jahr)
  < 500   absoluter Wassermangel
500 – 1.000   chronischer Wassermangel
1.000 – 1.667   periodischer Wassermangel = Wasserknappheit

[1] *Daten für Brunei, Hongkong, Kasachstan, Kirgisistan, Macao, Tadschikistan, Taiwan, Turkmenistan und Usbekistan nicht verfügbar.*
[2] *Drei Trendprognosen der Vereinten Nationen zum Bevölkerungswachstum, mit niedrigen, mittleren bzw. hohen Wachstumsraten.*

Anteil des Bewässerungslandes, 1993

Anteil des Bewässerungslandes
an der gesamten landwirtschaftlichen Nutzfläche, 1994, in Prozent.

weniger als 10 %

10 bis 20 %

20,1 bis 30 %

30,1 bis 40 %

mehr als 40 %

keine Angaben

Quelle: Bericht über die menschliche
      Entwicklung, 1996.
Entwurf: J. Clemens, August 1996.

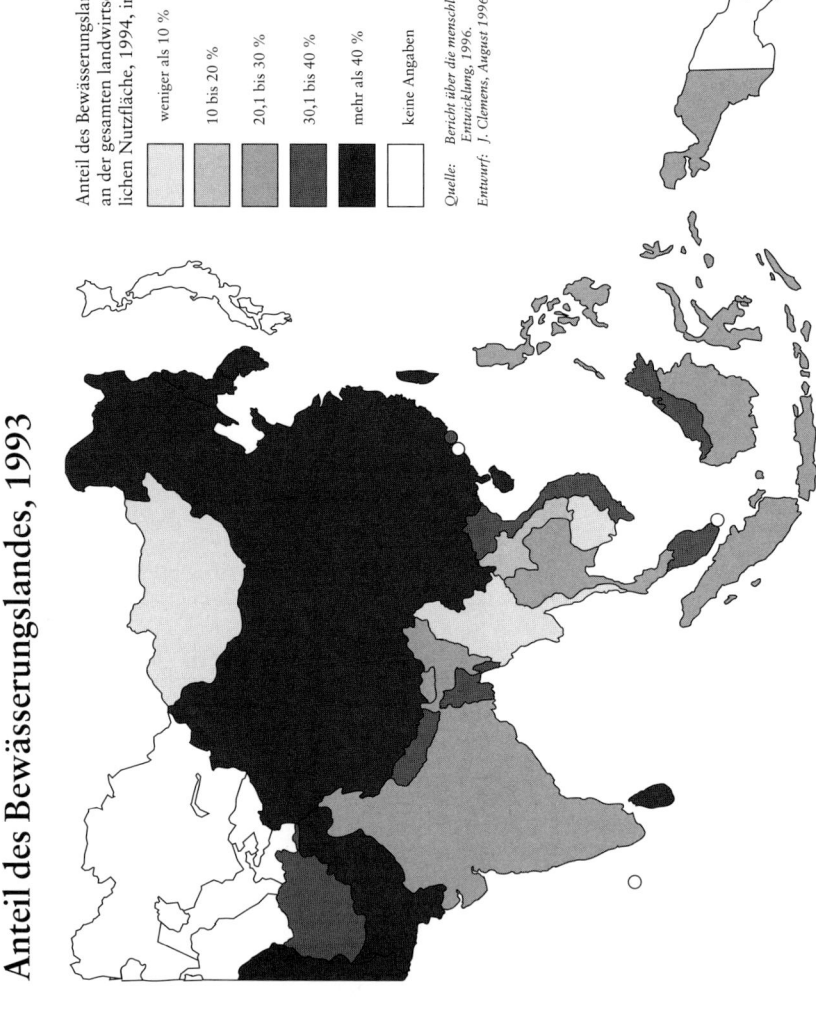

Wasser in Asien – Elementare Konflikte

Daten zu Wassernutzung und -verbrauch [1]

	Verbrauch zwischen 1970–1994 [2] versch. Bezugsjahre		Verbrauch nach Sektoren 1970–1987 (%) [3] versch. Bezugsjahre			Bewässerungs- land 1993 [4]
	in % der Wasser- ressourcen	*pro Kopf m³*	*Haushalte*	*Industrie*	*Landwirt- schaft*	*in % der Anbaufläche*
Afghanistan	52	1.830	1	0	99	37,9
Bangladesch	1	220	3	1	96	32,8
Bhutan	0	14	36	10	54	29,6
Birma (Myanmar)	0,4	101	7	3	90	11,1
Brunei	n.v.	13	n.v.	n.v.	n.v.	33,3
China	16	461	6	7	87	53,6
Hongkong	n.v.	n.v.	n.v.	n.v.	n.v.	33,3
Indien	18	612	3	4	93	28,9
Indonesien	1	96	13	11	76	24,3
Iran	39	1.362	4	9	87	56,5
Japan	17	735	17	33	50	n.v.
Kambodscha	0,1	64	5	1	94	3,9
Kasachstan	30	2.294	n.v.	n.v.	n.v.	n.v.
Kirgisistan	24	2.729	n.v.	n.v.	n.v.	n.v.
Korea, Dem. Rep.	21	687	11	16	73	85,9
Korea, Rep.	42	632	19	35	46	71,1
Laos	0,4	259	8	10	82	16,0
Malaysia	2	768	23	30	47	32,7
Mongolei	2	273	11	27	62	5,7
Nepal	2	150	4	1	95	36,6
Pakistan	33	2.053	1	1	98	82,3
Papua-Neuguinea	0	28	n.v.	n.v.	n.v.	n.v.
Philippinen	9	686	18	21	61	28,6
Singapur	32	84	45	51	4	n.v.
Sri Lanka	15	503	2	2	96	59,1
Tadschikistan	13	2.455	n.v.	n.v.	n.v.	n.v.
Taiwan [5]	n.v.	3.750	15	9	76	53,1
Thailand	18	602	4	6	90	25,0
Turkmenistan	33	6.390	n.v.	n.v.	n.v.	n.v.
Usbekistan	76	4.121	n.v.	n.v.	n.v.	n.v.
Vietnam	8	414	13	9	78	33,8

439

[1] Daten für Macao und Malediven nicht verfügbar
[2] *The World Bank Atlas, 1996;* [3] *Welt Ressourcen 1994–95;* [4] *Bericht über die menschliche Entwicklung, 1996;* [5] *Regierungsquellen, teilweise für andere Bezugsjahre;*
n.v.: nicht verfügbar

Asien – Anteil der Wasserkraft an der Kraftwerksleistung, 1992

Prozentanteil der Wasserkraftwerke
an der gesamten installierten Kraftwerksleistung, 1992

keine Wasserkraftwerke

weniger als 20 %

20 bis 40 %

40,1 bis 60 %

60,1 bis 80 %

mehr als 80 %

keine Angaben

Mittelwerte: Welt: 23,0 %; Asien: 19,4%

Quelle: Energy Statistics Yearbook, 1992.
Entwurf: J. Clemens, August 1996.

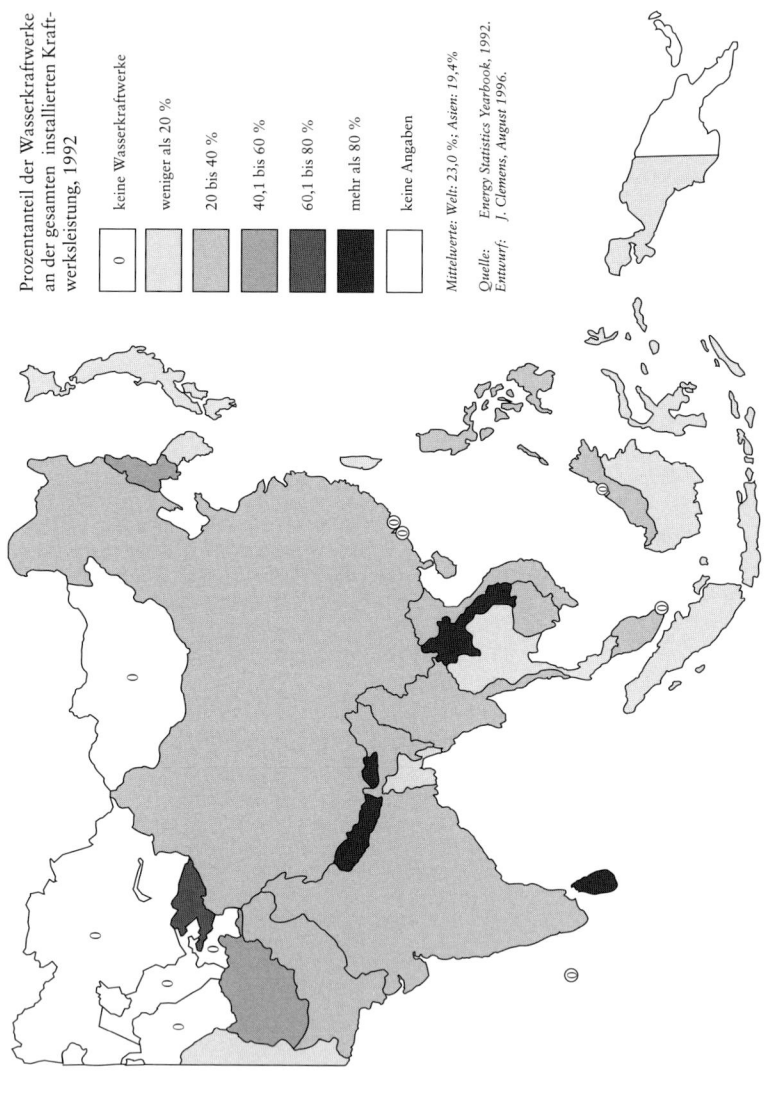

Tabelle 4: **Wasserkraftwerke und Stromverbrauch, 1992 [1]**

	Kraftwerksleistung			Stromverbrauch
	total _MW_	_Wasserkraftwerke_ _MW_	_% v. total_	_pro Kopf und Jahr_ _kWh_
Afghanistan	494	292	59,1	44
Bangladesch	2.738	230	8,4	80
Bhutan	361	350	97,0	115
Birma (Myanmar)	1.090	259	23,8	61
Brunei	382	0	0,0	4.656
China	162.000	42.000	25,9	650
Hongkong	8.932	0	0,0	5.164
Indien	81.204	19.573	24,1	374
Indonesien	12.005	2.075	17,3	239
Iran	19.080	1.804	9,5	864
Japan	205.144	39.535	19,3	7.192
Kambodscha	35	10	28,6	17
Kasachstan	21.250	0	0,0	4.768
Kirgisistan	3.504	2.716	77,5	2.170
Korea, Dem. Rep.	9.500	5.000	52,6	1.680
Korea, Rep.	26.945	2.498	9,3	3.348
Laos	256	230	89,8	67
Macao	260	0	0,0	2.248
Malaysia	6.700	1.545	23,1	1.706
Malediven	14	0	0,0	132
Mongolei	901	0	0,0	1.459
Nepal	277	235	84,8	45
Pakistan	10.184	2.897	28,4	417
Papua-Neuguinea	_n.v._	_n.v._	_n.v._	_n.v._
Philippinen	6.771	2.155	31,8	330
Singapur	3.550	0	0,0	6.330
Sri Lanka	1.409	1.137	80,7	200
Taiwan [2]	19.247	2.577	13,4	4.843
Tadschikistan	4.050	3.240	80,0	3.007
Thailand	12.806	2.459	19,2	1.071
Turkmenistan	3.950	0	0,0	3.393
Usbekistan	17.625	0	0,0	2.367
Vietnam	2.200	600	27,3	141
Asien, insgesamt	728.546	141.135	19,4	924
Welt	2.846.450	654.155	23,0	2.188

441

[1] _Energy Statistics Yearbook, 1992;_ [2] _Länderbericht Taiwan, 1995._
n.v.: nicht verfügbar

Tabelle 5: *Demographische und sozio-ökonomische Indikatoren*

Staat	Bevölkerung			Sozio-ökonomische Indikatoren[3]			
		Wachstum	Schätzg.	Bruttoinlandsprodukt	Human Development-Index	Alpabetisierungsquote	
	1994[1]	1985–94[1]	2025[2]			Lebenserwartung	
	Mio	%/Jahr	Mio	%/Kopf	HDI	Jahre	%
Afghanistan	18,879	2,9	45,3	800	0,229	43,7	29,8
Bangladesch	117,789	2,0	196,1	1.290	0,365	55,9	37,0
Bhutan	0,675	2,2	3,1	790	0,307	51,0	40,2
Birma (Myanmar)	45,555	2,1	75,6	650	0,451	57,9	82,4
Brunei	0,279	2,3	n.v.	18.414	0,872	74,3	87,0
China	1.190,918	1,4	1.526,1	2.330	0,609	68,6	80,0
Hongkong	5,833	0,7	5,9	21.560	0,909	78,7	91,5
Indien	913,600	2,0	1.392,1	1.240	0,436	60,7	50,6
Indonesien	189,907	1,6	275,6	3.270	0,641	63,0	82,9
Iran	65,758	3,3	123,5	5.380	0,754	67,7	66,1
Japan	124,782	0,4	121,6	20.660	0,938	79,6	99,0
Kambodscha	9,968	3,1	19,7	1.250	0,325	51,9	35,0
Kasachstan	17,027	0,8	21,7	3.710	0,740	69,7	97,5
Kirgisistan	4,667	1,7	7,1	2.320	0,663	69,2	97,0
Korea, Dem. Rep.	23,472	1,8	33,4	3.000	0,714	71,2	95,0
Korea, Rep.	44,563	1,0	54,4	9.710	0,886	71,3	97,6
Laos	4,742	3,1	9,7	1.458	0,400	51,3	54,6
Macao	0,395	3,7	n.v.	13.500	n.v.	73,0	n.v.
Malaysia	19,498	2,5	31,6	8.360	0,826	70,9	82,2
Malediven	0,246	3,2	n.v.	2.200	0,610	62,4	92,8
Mongolei	2,363	2,4	3,8	2.090	0,578	63,9	81,7
Nepal	21,360	2,6	40,7	1.000	0,332	53,8	26,3
Pakistan	126,284	2,8	284,8	2.160	0,442	61,8	36,4
Papua-Neuguinea	4,205	2,2	n.v.	2.530	0,504	56,0	70,5
Philippinen	66,188	2,1	104,5	2.590	0,665	66,5	94,2
Singapur	2,819	1,1	3,4	19.350	0,881	74,9	90,3
Sri Lanka	18,125	1,3	25,0	3.030	0,698	72,0	89,6
Tadschikistan	5,933	2,9	11,8	1.380	0,616	70,4	96,7
Taiwan [4]	20,944	1,2	n.v.	10.550	n.v.	75,0	94,0
Thailand	58,718	1,6	73,6	6.350	0,832	69,2	93,6
Turkmenistan	4,010	2,4	6,7	3.128	0,695	65,1	97,7
Usbekistan	22,349	2,3	37,7	2.510	0,679	69,4	97,2
Vietnam	72,500	2,1	118,2	1.040	0,523	65,5	92,5
Entwicklungsländer				2.696	0,563	61,5	68,8
»Least Developed Countries«				898	0,331	51,0	46,5
Welt				5.428	0,746	63,0	76,3

[1] *The World Bank Atlas, 1996;* [2] *Weltbevölkerungsbericht, 1996;* [3] *Bericht über die menschliche Entwicklung, 1996;* [4] *Regierungsquellen, teilweise für andere Bezugsjahre* n.v.: *nicht verfügbar*

Quellen

ENGELMAN, Robert & Pamela LEROY (1995): *Mensch Wasser! Die Bevölkerungsentwicklung und die Zukunft der erneuerbaren Wasservorräte.* Hannover: Balance Verlag. Hrsg. von der »Deutschen Stiftung Weltbevölkerung«, übersetzt von H. Vetter. (Orig.: *Sustaining Water.* Washington, 1993).

Bericht über die menschliche Entwicklung, 1995. Hrsg. von der »Deutschen Gesellschaft für die Vereinten Nationen e.V.« Bonn, 1995. (Veröffentlicht für das Entwicklungsprogramm der Vereinten Nationen (UNDP)).

Bericht über die menschliche Entwicklung, 1996. Hrsg. von der »Deutschen Gesellschaft für die Vereinten Nationen e.V.« Bonn, 1996. (Veröffentlicht für das Entwicklungsprogramm der Vereinten Nationen (UNDP)).

The World Bank Atlas, 1996. Hrsg. von »The World Bank«. Washington, 1995.

Länderbericht Taiwan, 1995. Hrsg. vom Statistischen Bundesamt. Wiesbaden/Stuttgart, 1995.

Weltbevölkerungsbericht, 1996. Welt im Wandel: Bevölkerung, Entwicklung und die Zukunft der Stadt. Hrsg. von der »Deutschen Gesellschaft für die Vereinten Nationen e.V.« Bonn, 1996.

Welt-Ressourcen, 1994–95. Fakten, Daten, Trends, Ökologisch-ökonomische Zusammenhänge. Hrsg. von »World Resources Institute« und International Institute for Environment and Development. Deutsche Fassung: Landsberg a. Lech: Ecomed Verlag, 4. Ergänzungslieferung.

Energy Statistics Yearbook, 1992. Hrsg. von »United Nations, Department of Economic and Social Information and Policy Analysis«. New York, 1994.

443

1 ———— »Wo das Wasser endet, endet auch die Welt«

»Wo das Wasser endet, endet auch die Welt«

BESTE, D./M. KÄLKE (Hrsg.) (1997): *Wasser – der bedrohte Lebensstoff.* Frankfurt/M.

BMZE (Hrsg.) (1996): *Überlebensfrage Wasser – eine Ressource wird knapp.* Bonn. (Materialien des BMZE, Nr. 94)

BÖHME, H. (Hrsg.) (1988): *Kulturgeschichte des Wassers.* Frankfurt/M.

CAPONERA, D.A. (1992): *Principles of waterlaw and administration. National and international.* Rotterdam/Brookfield.

CLARKE, R. (1994): *Wasser. Die politische, wirtschaftliche und ökologische Katastrophe – und wie sie bewältigt werden kann.* München/Zürich.

ENGELMANN, R./P. LEROY (1995): *Mensch, Wasser! Die Bevölkerungsentwicklung und die Zukunft der erneuerbaren Wasservorräte.* Hannover.

GARBRECHT, G. (1985): *Wasser. Vorrat, Bedarf und Nutzung in Geschichte und Gegenwart.* Reinbek.

Geo Wissen (1988): *Wasser – Leben – Umwelt.* Heft 2, 1988.

INAMO (1996): *Konfliktstoff Wasser.* Themenheft der Zeitschrift INAMO, Heft 5/6, 1996.

LANZ, K. (1995): *Das Greenpeace-Buch vom Wasser.* Augsburg.

MISEREOR (Hrsg.) (1996): *Wasser – eine globale Herausforderung.* Aachen.

MUCKE, P. (Hrsg.) (1991): *Zum Beispiel Wasser.* Göttingen.

PEARCE, F. (1992): *The Dammed. Rivers, Dams and the coming world water crisis.* London.

POSTEL, S. (1993): *Die letzte Oase. Der Kampf um das Wasser.* Frankfurt/M.

PROKLA (1996): *Zur politischen Ökonomie des Wassers.* Themenheft der Zeitschrift PROKLA, Heft 102, 1996.

SELBMANN, S. (1995): *Mythos Wasser. Symbolik und Kulturgeschichte.* Karlsruhe.

SERAGELDIN, I. (1995): *Toward sustainable management of water resources.* Washington D.C.

SMITH, N. (1985): *Mensch und Wasser. Geschichte und Technik der Bewässerung und Trinkwasserversorgung vom Altertum bis heute.* Wiesbaden.

2 ———— Wasser als Lebensraum

Leben auf dem Meer: Seenomaden in Südostasien

BOECKMANN, K. v. (1924): *Vom Kulturreich des Meeres.* Berlin.

LENHART, L. (1994): *International Seminar on Bajau Communities.* Jakarta, 22.–25. November 1993. (Konferenzbericht). In: Internationales Asienforum 1–2/94, S. 186–190.

444

LENHART, L. (1995): *International Conference on Bajau/Sama Community.* Kota Kinabalu, Sabah, Malaysia, 24.–28. Juni 1995 (Konferenzbericht). In: Internationales Asienforum 3–4/95, S. 430–434.

SANDBUKT, O. (1984): *The Sea Nomads of Southeast Asia: New Perspectives on Ancient Traditions.* In: Annual Newsletter of the Scandinavian Institute of Asian Studies 17, S. 3–13.

SATHER, C. (1995): *Sea Nomads and Rainforest Hunter-Gatherers: Foraging Adaptations in the Indo-Malaysian Archipelago.* In: BELLWOOD, P./J.J. FOX/ D. TRYON (Hrsg.): The Austronesians: Historical and Comparative Perspectives. Department of Anthropology as Part of the Comparative Austronesian Project. Research School of Pacific and Asian Studies, Australian National University. Canberra, S. 229–268.

SOPHER, D.E. (1965): *The Sea Nomads. A Study Based on the Literature of the Maritime Boat People of Southeast Asia.* Memoirs of the National Museum No. 5. Singapore.

SOPHER, D.E. (1977): *The Sea Nomads. A Study of the Maritime Boat People of Southeast Asia.* National Museum Publication. Singapore (um ein Postskriptum erweiterte Neuauflage von Sopher 1965).

TAUCHMANN, K. (1992): *Maritime Kultur in Südostasien.* In: SCHULZE, F./ K. TAUCHMANN, (Hrsg.): Kölner Beiträge aus Malaiologie und Ethnologie zu Ehren von Frau Professor Dr. Irene Hilgers-Hesse (Festschrift). Kölner Südostasien Studien, Band 1, Bonn, S. 111–130.

UHLIG, H. (1988): *Südostasien.* Fischer Länderkunde Bd. 3. Frankfurt/M.

3 _____ Wasser in den Kulturen Asiens

Nyai Loro Kidul – Königin des Südmeers

BIGEAN, C. (1982): *Labuhan, Rite royal du Kraton de Yogyakarta célébré sur la plage Parangtritis.* Archipel, vol. 24.

DESZENIES, J. (1987): *Geistervorstellungen im javanischen Überzeugungssystem.* Berlin.

GUILLOT, C. (1982): *Histoire de Devi Lampet; Le Mythe de la Déesse de la Mer du Sud à Karang Kolong.* Archipel, vol. 24.

JORDAAN, R.E. (1984): *The Mystery of Nyai Loro Kidul, Goddess of the Southern Sea.* Archipel, vol. 28.

MULDER, N. (1978): *Mysticism and Everydaylife in Contemporary Java, Cultural Persistance and Change.* Singapore University Press. Singapur.

RESINK, G.J. (1982): *Mer javanaises.* Archipel, vol. 24.

Trinkwasserqualität – internationaler Anspruch und asiatische Realität

AMSEL, A./K. LANZ (1992): *Ein Klo geht um die Welt.* Greenpeace Magazin III/1992: 9–13.

ANONYMUS (1988): *Water Quality of Rivers and Reservoirs in India.* – Special session held at Ranchi (Bihar, India), 2nd May, 1988. Central Board of Irrigation and Power. Series: Research and Development Session No. 54.

ANONYMUS (1995): *Wasserknappheit nimmt weltweit zu.* Weltbanknachrichten, August 1995, Jahrgang XIV, Nr. 30: 1–3.

DUDLEY, E./U. WINBLAD (1995): *Dry latrines for urban areas – the findings of the secon Sanres Workshop*, Mexico City, 23.–26. November 1994.

ICONS, V. (1983): *Indian Mythology.* Hamlyn Publ. Group Ltd., London.

LANGE, J./R. OTTERPOHL (1996): *Abwasser – Handbuch für eine zukunftsfähige Wasserwirtschaft.* MALL-BETON GmbH, Donaueschingen.

LAFOND, A. (1995): *A review of sanitation program evaluations in developing countries.* UNICEF and EHP, Washington.

LANZ, K. (1995): *Das Buch vom Wasser.* Augsburg.

SASSE, L./R. OTTERPOHL (1995): *Status Report on Decentralized Low Maintenance Wastewater Treatment Systems (LOMWATS).* Commission of the European Union, BORDA, Bremen.

SCHINDLER, K. (Hrsg.) (1993): *Drinking water as a waste-Transporting Medium – a two hundred year-old error.* Max-Müller-Bhavan, Goethe Institut, Madras.

SHUVAL, H/J. COLL (1986): *Wastewater Irrigation in Developing countries, Health effect and technical solutions.* World Bank No. 51, Washington DC.

STRAUSS, M./U. BLUMENTHAL (1990): *Use of human wastes in agriculture and aquaculture: utilization practices and health perspectives.* In: IRCWD-Report, No. 8/90.

WINBLAD, U./W. KILAMA (1985): *Sanitation without water.* Revised and enlarged edition, Macmillan Education Ltd., London.

WINBLAD, U (1996): *Recent Development in Sanitation. Lund-Conference*, Trans-Tech Publication, im Druck.

Worldbank/World Health Organisation (1985): *Health aspects of wastewater and excreta use in agriculture – The Engelbert report.* IRCWD, Nr. 23.

Worldbank (1992): *»Weltentwicklungsbericht 1992 – Entwicklung und Umwelt«*, UNO-Verlag, Bonn.

World Health Organisation (1989): *Environmental Problems in Delhi – Status and Suggested Measures.* Delhi.

World Health Organisation (1992): *The international drinking water supply and sanitation decade. End of decade review.* Geneva.

World Health Organisation (1993): *Guidelines for drinking-water quality.* WHO, Geneva. (2nd edition).

World Health Organisation, Water Supply And Sanitation Collaborative Council & United Nations Children's Fund (1996): *Water supply and sanitation sector monitoring report 1996.* Geneva.

446

Wasser als Ware: Das Problem der Ökonomisierung einer existentiellen Ressource am Beispiel Indiens

BOHLE, H.-G. (1981): *Bewässerung und Gesellschaft im Cauvery-Delta (Südindien). Eine geographische Untersuchung über historische Grundlagen und jüngere Ausprägung struktureller Unterentwicklung*, Wiesbaden (Geographische Zeitschrift, Beiheft, Heft 57).

JANAKARAJAN, S. (1992): *Interlinked Transactions and the Market for Water in the Agrarian Economy of a Tamilnadu village.* In: SUBRAMANIAN, S. (Hrsg.): Themes in Development Economics, Delhi, S. 151–201.

KUNDU, A. (1993): *In the Name of the Urban Poor. Access to Basic Amenities.* New Delhi.

ROSEGRANT, M.W./H.P. BINSWANGER (1994): *Markets in Tradable Water Rights: Potential for Efficiency Gains in Developing Country Water Resource Allocation.* In: World Development, vol. 22, No. 11, S. 1613–1625.

SHANKAR, U. (1993): *Groundwater – Disappearing act.* In: Down to Earth, 15.7.1993, S. 25–36.

SHIVA, V. (1991): *The Violence of the Green Revolution.* Third World Network, Penang.

Mit Schaufel, Kanal und Tunnel – Einblicke in traditionelle Bewässerungstechnologien und -landwirtschaft Asiens

BÖHME, H. (Hrsg.) (1988): *Kulturgeschichte des Wassers.* Frankfurt/M.

FLEMMING, H.W. (1967): *Weltmacht Wasser.* Göttingen.

GARBRECHT, G. (1985): *Wasser. Vorrat, Bedarf und Nutzung in Geschichte und Gegenwart.* Reinbek.

LANZ, K. (1995): *Das Greenpeace-Buch vom Wasser.* Augsburg.

NEEDHAM, J. (1965): *Science and Civilisation in China.* Vol. 4: Physics and Physical Technology. Part II: Mechanical Engineering. Cambridge.

SMITH, N. (1985): *Mensch und Wasser. Geschichte und Technik der Bewässerung und Trinkwasserversorgung vom Altertum bis heute.* Wiesbaden.

TROLL, C. (1963): *Qanat-Bewässerung in der Alten und Neuen Welt.* In: Mitteilungen der Österreichischen Geographischen Gesellschaft, 105, S. 313–330.

VENZKY, G. (1991): *Die Tankkultur auf Sri Lanka.* In: MUCKE, P. (Hrsg.): Zum Beispiel Wasser. Göttingen, S. 111–116.

5 _____ Der Durst der großen Städte

Ressourcenmanagement in der Megastadt:
Wasser als Engpaßfaktor in Bangkok

KRAAS, F. (1995): Bangkok. *Probleme einer Megastadt in den Tropen Südostasiens.* Problemräume der Welt, Bd. 16. Köln.

KRAAS, F. (1996): *Bangkok. Ungeplante Megastadtentwicklung durch Wirtschaftsboom und soziokulturelle Persistenzen.* In: Geographische Rundschau 48 (2): S. 89–96.

KSEMSAN, S. (1990): *Bangkok Metropolitan Waste Water Problems.* Unveröffentlichtes Manuskript: Training Course on River Quality Management. Bangkok.

LUCIUS, D. (1992): *Khlong. A Study of the Bangkok Canal System.* o.O.

Ministry of Science, Technology and Environment (MOSTE) (1993): *Bangkok Metropolitan Region Wastewater Management Master Plan.* Bangkok.

National Economic and Social Development Board (NESDB) (1991): *National Urban Development Policy Framework.* Final Report. Vol. 2. Bangkok.

National Economic and Social Development Board (NESDB) (1993a): *Metropolitan Regional Structure Planning Study.* Interim Report Vol. 3, Sector Study No. 5: Water Supply and Sewerage. Bangkok.

National Economic and Social Development Board (NESDB) (1993b): *Metropolitan Regional Structure Planning Study.* Interim Report Vol. 3, Sector Study No. 6: Flood Protection and Drainage. Bangkok.

SUMET, J. (1989): *Naga. Cultural Origins in Siam and the West Pacific.* Singapore.

UHLIG, H. (1979): *Wassersiedlungen in Monsun-Asien. Ein Versuch zur Gliederung nach begrifflichen Rahmenmerkmalen und das Beispiel saisonal überschwemmter Reisbauern-Siedlungen in Thailand.* In: KREISEL, W./ W.D. SICK/J. STADELBAUER (Hrsg.): Siedlungsgeographische Studien. Festschrift für G. Schwarz. Berlin, S. 273–305.

»*Tokyo no mizu*« – »Das Wasser von Tokio«

GUNNARSSON, B. (1974): *Japans ökologisches Harakiri.*

FOLJANTY-JOST, G. (1995): *Ökonomie und Ökologie in Japan.*

KREINER, J. (1986): *Religion in Japan.* In: POHL, M. (Hrsg.): Japan.

SHIMBUN, A. (Hrsg.) (1996): *Japan Almanac.*

Kokudocho (National Land Agency, Hrsg.) (1996): *Nihon no mizushigen* (Die japanischen Wasserressourcen).

Die Öko-Gruppen *Tokyo Seikatsusha Nettowaku* und *Tokyo no mizu o kangaeru kai* (Tokioter Lebensnetzwerk und Nachdenken über das Wasser von Tokio, Hrsg.) (1994): *Tokyo no mizu* (Alternatives Weißbuch: Das Wasser von Tokio).

SHIMATSU, T. (1991): *Mizumondai genron* (Grundsatzdiskussion zur Wasserfrage).

David und Goliath – Wasser als politischer Konfliktherd zwischen Nepal und Indien

AHMAD, Q.K. (et.al) (1994): Converting Water into Wealth. Kathmandu.

Centre for Science and Environment (1991): *Floods, Flood Plains and Environmental Myths*. New Delhi.

CHERIAN, J./K. CHAUDHURI (1996): *Friends again*. In: Frontline, 8.3.1996.

DAS SHRESTHA, G. (1992): *Nepal-India Riparian Relations*. In: The Independent (Kathmandu), 14.10.1992.

DONNER, W. (1992): *Probleme der nepalischen Bewässerungswirtschaft*. In: Mensch und Umwelt (Hrsg. S. v.d. HEIDE), Sankt Augustin.

LOHANI, P.C. (1992): *Strengthening Nepal India Relations*. In: The Independent (Kathmandu), 14.10.1992.   449

PRADHAN, B.K./H.M. SHRESTHA (1992): *A Nepalese Perspective of Himalayan Water Resource Development*. In: The Ganges-Brahmaputra Basin: Water Resource Cooperation between Nepal, India and Bangladesh (Ed. D. EATON), Lyndon B. Johnson School of Public Affairs.

THAPA, B.B./B.B. PRADHAN (1995): *Water resources Development. Nepalese Perspectives*. New Delhi.

UPRETI, B.C. (1993): *Politics of Himalayan River Waters*. New Delhi.

VAIDYA, L.B. (1996): *Based on the principle of parity*. In: The Rising Nepal, 29.3.1996.

Bilaterale Konflikte um Wasser zwischen Pakistan und Indien

HUSAIN, I. (1989): *Strategic Dimensions of Pakistan's Foreign Policy*. Lahore.

HUSSAIN, I. (1988): *Issues in Pakistan's Foreign Policy. An International Law Perspective*. Lahore.

LAMB, A. (1991): *Kashmir. A Disputed Legacy 1846–1990*. Hertingfordbury.

Innenpolitische Konflikte um Wasser am Beispiel Pakistans

AKHTAR, R. (Hrsg.) (1996): *Pakistan Year Book 1994–95*. Karachi.

Economic Survey 1994–95. Islamabad.

KHAN, A.A. et al. (1994): *The Energy Crunch. Special Report*. In: The Herald, Karachi, Vol. 25, No. 4/1994, S. 53–62.

KHAN, F.K. (1991): *A Geography of Pakistan*. Karachi.

RUTTIG, T. (1994): *Der große Streit ums Wasser*. In: Südasien, Zeitschrift des Südasienbüros, 14. Jahrgang, Heft 6, S. 64–65.

SCHOLZ, F. (1984): *Bewässerung in Pakistan*. In: Erdkunde, Band 38, S. 216–226.

ZIMMERMANN, J. (1991): *Das Indus-Wasser soll neu verteilt werden*. In: Südasien, Zeitschrift des Südasienbüros, 11. Jahrgang, Heft 6–7, S. 60–64.

»Mizu ni nagasu« – »Was wegfließt, ist vergessen«
Die Quecksilberverseuchung in Minamata, Japan
Japanische Quellen
HARADA, M. (1989): *Minamata ga utsusu sekai* (Die Welt im Spiegel von
Minamata). Tokyo (Nihon hyoron sha).
HARADA, M. (1993): *Minamata-byo* (Die Minamata-Krankheit).
Tokyo (Iwanami shoten) 27. Auflage.
IROKAWA, D. (1988): *Kumamoto Minamata-byo saiban genkokodan daihyo
Watanabe Eizo no kiroku* (Das Tagebuch des Vertreters der Ankläger im
Kumamoto-Minamata-Prozeß, Watanabe Eizo). Sonderdruck aus Tokyo
450   Keidaigaku Kaishi (Zeitschrift der Wirtschaftsuniversität Tokyo), Nr. 158
(Dezember 1988).
IROKAWA, D. (1981): *Shiranui-kai gyomin boryoku* (Die gewaltsamen Proteste
der Fischer der Shiranui-See). Zwei Teile. Sonderdrucke aus Tokyo Keidaigaku
Kaishi (Zeitschrift der Wirtschaftsuniversität Tokyo), Nr. 116/117 (Sept. 1980),
S. 274–228 (Seitenzählung rückwärts), sowie Nr. 119 (Jan. 1981), S. 236–177.
Jigyo daikan – zoritsu sanju shunen kinen (Tätigkeitsbericht zum dreißigsten
Firmenjubiläum). Eigenverlag der Nihon Chisso Hiryo Kabushiki Gaisha
(Japanische Stickstoffdünger AG) 1937.
MARUYAMA, S. (1985): »*Kigyo to chiiki keisei. Chisso (kabu) to Minamata*«
(»Unternehmen und regionales Wirtschaftswachstum – Die Chisso AG und
Minamata«), In: Kumamoto Daigaku bungakubu rongyo (Zeitschrift der
Geisteswissenschaftlichen Fakultät der Universität Kumamoto), Nr. 16
(April 1985), S. 19–37.
Nenpyo (Chronik). Ergänzungsband zu Minamata-byo. *20 nen no kenkyu to kyo
no kadai* (Die Minamata-Krankheit – Zwanzig Jahre Forschung und aktuelle
Fragestellungen). Herausgegeben von ARIMA Sumio. Tokyo (Seirinsha) 1979.
TOMITA, H. (alias Jun UI) (1964): *Minamata-byo* (Die Minamata-Krankheit).
Eigenverlag der Minamata-byo kokuhatsu suru kai (Vereinigung zur Anklage
der Minamata-Krankheit) 1969. [zuerst erschienen als Artikelserie in Gekkan
goka (Monatszeitschrift der vereinigten Chemiegewerkschaften), ab Dezember
1964.]
UI, J. (1992): »*Minamata-byo*« (»Die Minamata-Krankheit«), Gijutsu to sangyo
kogai (Technik und industrielle Umweltverschmutzung), herausgegeben von
demselben, Tokyo (United Nations University Press) 2. Auflage 1987,
S. 97–122. [auf englisch erschienen unter dem Titel »Industrial Pollution in
Japan«, ebda 1992.]

Englische und deutsche Quellen
GRESSER, J./K. FUJIKARA/A. MORISHIMA (1988): *Environmental Law in Japan.*
Cambridge/Mass.
HARADA, M. (1978): »*Minamata Disease as a Social and Medical Problem*«,
Japan Quarterly, 25:1 (January–March 1978), S. 20–34.

HUDDLE, N./M. REICH (1987): *Island of Dreams – Environmental Crisis in Japan*. Neuauflage Cambridge/Mass., bes. S. 103 – 132.
ISHIMURE, M. (1995): *Paradies im Meer der Qualen – Unsere Minamata-Krankheit*. Frankfurt/M. [jap. Original: Tokyo (Kodansha) 1972.]
MISHIMA, A. (1992): *Bitter Sea – The Human Cost of Minamata Disease*. Tokyo. [jap. Original: Nake, Shiranui no umi: Minamata ni sasageta chinkon no tatakai, 1977.]

Taiwan – Ursachen und Folgen eines exzessiven Wasserkonsums

Bureau of Environmental Protection, Department of Health, Executive Yuan (1987): *A synopsis of the Environmental Protection in Taiwan R.O.C.* Taipei.
CHANG, C.D. (1990): *The Prime Environmental Policy Problem in Taiwan – A Study Over Slopeland Development in the Te-Chi Watershed*. In: Journal of Geographical Science, No. 14, National Taiwan University, Juni 1990, S. 1 – 10.
CHANG, C. (1986 – 1987): *The study of tannery wastewater pollution in Taiwan area*. Bureau of Environmental Protection (Hrsg.), Taiwan Provincial Government (Hrsg.), 1986 – 1987.
CHEN, K. (1984): *Dry Mei-Yu and Water Balance in Taiwan*. In: Geographical Studies, National Taiwan Normal University (Hrsg.), No. 8, Taipei, Okt. 1984.
Environmental Protection Administration (EPA) (Hrsg.) (1991): *Highlights of Environmental Protection in the Republic of China, Taipei*.
Free China Journal (FCJ), 14.1.1994, S. 7.
HECK, P. (1995): *Taiwan – Vom Wirtschaftswunder zur ökologischen Krise. Eine kritische Analyse*. Mitteilungen des Instituts für Asienkunde, Hamburg.
Industrial Development Bureau (IDB) (Hrsg.): *Promotion and Accomplishment of Industrial Pollution Prevention and Control in the Republic of China*. Taipei ohne Datum (wahrscheinlich 1995).
LEE, C./S. CHANG/S. WANG/C. HONG (1982): *A conservative waste disposal study of mercury pollution in Taiwan*. In: SU, Jong-ching/Tsu-chang HUNG (Hrsg.): Assimilative Capacity of the Oceans for Mans Wastes, Proceedings of a workshop arranged by SCOPE/ICSU Working Group on Chemical Changes in the Coastal Zones, Taipei, April 1982, S. 83 – 91.
Statistisches Bundesamt (1991): *Länderbericht Taiwan 1991*. Wiesbaden.
The Steering Committee (Hrsg.) (1989): *Taiwan 2000 – Balancing Economic Growth and Environmental Protection*. Taipei/Nankang.
TANG, D.T. (1990): *On the feasability of economic incentives in Taiwan's environmental regulations. Lessons from the American experience*. Institute of American Culture (Hrsg.), Academica Sinica, Taipei/Nankang.
Technischer Überwachungsverein Essen Group (TÜV) (1991): *Mid- And Long-Term Environmental Protection Masterplan for Taiwan Area*. EPA (Hrsg.), Project No. EPA-79-002-14-079, Taipei.
Umweltbundesamt (UBA) (1992): *Daten zur Umwelt 1990/91*. Berlin.

Anhang – Literaturverzeichnis zu einzelnen Beiträgen

WU, S./F. HSU (1989): *An estimate of recreational benefit from water pollution abatement – the case of river Tanshui.* In: Proceedings of the Sino-US Bi-National Conference on Environmental Protection and Social Development, Pacific Cultural Foundation (Hrsg.), Taipei, S. 347–360.

Kwang Hua Company (Hrsg.) (1996): *Yearbook R.O.C 1996.* Taipei.

Goldabbau in Asien – eine neue ökologische Bedrohung für Irian Jaya, Luzon und Kirgisistan

ALCANTARA, E.R.E/L.A. GIMENEZ (1991): *Special Report on the Antamok Gold Project.* Cordillera Resource Center for Indigenous Peoples' Rights, Inc./Mining Communities Development Center, Inc. for the Task Force Against Open-Pit Mining, Baguio City.

FIAN-Hintergrundinformationen zum Goldabbau in Irian Jaya (Artikelsammlung).

JECHT, S./P. HIEDL (1996): *Goldrausch. Hintergründe und soziale und ökologische Folgen des weltweiten Goldabbaus.* FIAN (Hrsg.), Herne.

Minewatch (Hrsg.) (1994): *Goldpack/Paquete de informacion sobre el oro.* London (Artikelsammlung).

RASPER, M. (1995): *Reicher Boden, armes Land. Das Kumtor-Goldprojekt in Kirgistan.* In: RASPER, M. (Hrsg.): Landräuber. Gier und Macht – Bodenschätze contra Menschenrechte, Gießen.

Der »Chromsee« von Kasur: Die ökologischen Kosten der export-orientierten Lederindustrie in Pakistan

KHAWAJA, M.A. (1996): *Leather: Industry with Great Potential.* In: Pakistan and Gulf Economist (Karachi), 2.–8.3.1996, S. 30–32.

ADAMS, J./S. IQBAL (1987): *Export, Politics/Economic Development in Pakistan.* Lahore.

HASAN, A.S. (1996): *Leather Industry hit by new budget.* In: Pakistan and Gulf Economist (Karachi), 6.–12.7.1996, S. 48–49.

MIRZA, A.A.B. (1995): *Environmental Degradation.* In: Pakistan and Gulf Economist (Karachi), 11.–17.2.1995, S. 113–118.

MIRZA, A.A.B. (1996): *Pollution Control Legislation and Technologies therefor.* In: Pakistan and Gulf Economist (Karachi), 30.3.–5.4.1996, S. 119–121.

BHAGWANDAS (1993): *Risky Business.* In Herald (Karachi), Nr. 8/1993, S. 94–96.

BUND/MISEREOR (Hrsg.) (1996): *Zukunftsfähiges Deutschland.* Basel.

KATALYSE UMWELTGRUPPE (Hrsg.) (1985): *Umwelt-Lexikon.* Köln.

AHMED KHAN, A. (1995): *With fingers crossed!* In: natura (Lahore), Vol. 21, No. 2, S. 8–9.

KAZMI, S.H. (1995): *Leather Industry in Pakistan.* In: Pakistan and Gulf Economist (Karachi), 28.1.–3.2.1995, S. 6–8.

452

MASSARRAT, M. (1996): »Wohlstand« durch globale Kostenexternalisierung. In: Widerspruch (Zürich) Nr. 31, S. 5–18.

RASHID, J. (1990): Proto-Industrialisation and Enivronmental Decay. In: Viewpoint (Lahore), 15.11.1990, S. 21–24.

TELKÄMPER, W. (1987): Die Folgen der weltweiten Industrialisierung. In: DITFURTH, J./R. GLASER (Hrsg.): Die tägliche legale Verseuchung unserer Flüsse und wie wir uns dagegen wehren können. Ein Handbuch mit Aktionsteil. Hamburg, S. 204–212.

ZIMMERMANN, J. (1993): Sportartikelindustrie in Pakistan. In: Geographische Rundschau, Vol. 45, Nr. 11, S. 658–664.

ZIMMERMANN, J. (1997): Kleinproduktion in Pakistan: Die exportorientierte Sportartikelindustrie in Sialkot/Punjab. Berlin. (Abhandlungen Anthropogeographie. Institut für Geographische Wissenschaften FU Berlin, im Erscheinen).

453

Die ökologische Katastrophe hat einen Namen: Aralsee

ADELMANN, K. (1993): Den Aralsee gibt es bald nur noch auf alten Karten. In: Stuttgarter Zeitung vom 23.1.1993.

BOZDAG, A. (1994): Opfer des Systems. Ökologie und Gewalt in Zentralasien. In: Der Überblick, Heft 1/1994, S. 35–40.

DECH, S.W./R. RESSL (1993): Die Verlandung des Aralsees. In: Geographische Rundschau, 45. Jg., Heft 6, S. 345–352.

HALBACH, U. (1994): Die zentralasiatischen Republiken. In: NOHLEN, D./F. NUSCHELER (Hrsg.): Handbuch Dritte Welt, Bd. 6: Nordafrika und Naher Osten, S. 122–151.

HEFTY, G.-P. (1993): Die Kinder vergiften sich beim Essen und Trinken. Plansoll erfüllt, das Volk stirbt. In: Frankfurter Allgemeine Zeitung 25.1.1993.

KLÖTZLI, S. (1993): Ökologie und Konflikt in Zentralasien. In: Landeszentrale für politische Bildung Baden-Württemberg (Hrsg:): Die Welt zwischen Öko-Konflikten und ökologischer Sicherheit. Stuttgart. S. 55–62.

LERCH, W.G. (1993): Die Stadt Aralsk liegt heute am Ende der Welt. In: Frankfurter Allgemeine Zeitung 28.6.1993, S. 7–8.

LÉTOLLE, R./M. MAINGUET (1996): Der Aralsee. Eine ökologische Katastrophe. Berlin.

ROSTANKOWSKI, P. (1983): Zur Frage der Umgestaltung der Natur in der Sowjetunion. In: Geographische Rundschau, 35. Jg., Heft 11, S. 566–570.

RUTTIG, T. (1996): Erst Aralsee, dann Salzwüste und schließlich Katastrophe. In: Die Tageszeitung 9.8.1996, S. 19.

STADELBAUER, J. (1995): Usbekistan – Geographische Aspekte eines postsowjetischen Nachfolgestaates in Mittelasien. In: KALTER, J./M. PAVALOI (Hrsg.): Usbekistan. Erben der Seidenstraße. Stuttgart. S. 347–357.

STURM, P. (1995): Wasser aus sibirischen Flüssen für den Aralsee? In: Frankfurter Allgemeine Zeitung 18.10.1995, S. 9.

TIMMERMANN, H. (1995): Der Aralsee – totes Meer von Menschenhand. In: Forum Eine Welt, 3/1995, S. 16.

Golfanlagen verschärfen die Wasserkrise –
das Beispiel Thailand

BENNET, B. (1993): *Green menace – The untold story of golf.*
(Manuskript zum gleichnamigen Dokumentarfilm), Bangkok.
Canal ruling to curb golf course water. In: The Nation, 1.12.1993.
Ministry of Science, Technology and Environment (MOSTE) (1993): *Sanam golf
kap singwaedlom.* (Golf und Umwelt – in Thai), Bangkok.
PLEUMAROM, A. (1992): *» Wer Golf spielt, fährt nicht Auto«. Sanfter Tourismus
oder ökologische Katastrophe?* In: Blätter des iz3w, Nr. 179, Feb. 1992.
PLEUMAROM, A. (1994): *Sport and environment: Thailand's golf boom reviewed.*
In: TEI Quarterly Journal, Vol. 2, No. 4, Okt. – Dez. 1994.
Survey – Golf courses siphoning off water from public sources.
In: Bangkok Post, 7.3.1994.
Thai golf day to ease water drought. In: Bangkok Post, 10.4.1994.
Workers query golf club's use of M'VVA land. In: Bangkok Post, 2.5.1994.

454

8 _____ Das gestaute Naß – Fluch oder Segen?

Wasserkraftnutzung und
nachhaltige Energieversorgung
in den Northern Areas von Pakistan

Aga Khan Rural Support Programme (AKRSP): *Gilgit.* Verschiedene unver-
öffentlichte Projektstudien.
BUTT M./H. MASUD (1983): *Renewable Energy Resources in the Islamic World.
I. Future Prospects of Hydro-Electric Power in Pakistan.*
In: Science & Technology in the Islamic World. Vol. 1, No. 3, S. 137–150.
CHAUDHRY, M.A. (1987): *Rural Electrification. It's sure a Catalyst for Rural
Development.* In: Pakistan Agriculture. Juli 1987. S. 46–47.
DÖSCHER, H.-D./J.J. VICTORIA (1993): *Irrigation and Hydro-Electric Power
on the Indus River in Pakistan.* In: Applied Geography and Development.
Tübingen. Vol. 41, S. 73–88.
Government of Pakistan (Finance Division) (1995): *Economic Survey 1994–95.*
Islamabad.
Government of Pakistan (Planning Commission): *Annual Detailed Plan.*
Islamabad. Verschiedene Jahrgänge.
HEGMANNS, D. (1996): *Weltbankprojekt Ghazi Barotha. Alte Fehler in neuem
Gewand.* In: Südasien (Essen/Dortmund). 16. Jg. Nr. 2–3/96, S. 79–80.
KHAN, A. (1991): *Energy Planning and Management in Swat District, Pakistan.
A Case Study.* Kathmandu: ICIMOD. (= MIT Series No. 6).
KREUTZMANN, H. (1996): *Wasser als Entwicklungsfaktor in semiariden
montanen Siedlungsräumen. Systemansatz und Entwicklungspotential.*
In: Zeitschrift für Wirtschaftsgeographie. Jg. 40, Heft 3, S. 129–143.
Pakistan Water and Power Development Authority (WAPDA), Lahore.
Unveröffentlichte Projektstudien.

RIAZ, R.A./N. ALI (1991): *The Development of Small Hydro for Remote Areas of Northern Pakistan.* In: Work Power and Dam Construction. Vol. 43, No. 5, May 1991. Nachdruck in: Water Resources Journal (Bangkok). No. 170, Sept. 1991. S. 88–91.

TATA Services (Hrsg.) (1995): *Statistical Outline of India, 1995–96.* Bombay.

Stauen des Mekong:
Regionale Energiepolitik
BARDACKE, T. (1995): *Past muddies Mekong deal.* In: Financial Times, 26.10.1995.

CHAIPIPAT, K. (1995): *Foreign investors are being wooed for Mekong, Salween dams.* In: The Nation, 25.10.1995.

Danish group presses for guidelines for Mekong. In: The Nation, 8.12.1995.

PATHAM, D. (1995): *EGAT, Laos to ink electricity supply contract on Wednesday.* In: The Nation, 4.12.1995.

Subregional Energy Sectro Study for the Greater Mekong Subregion. Final Report, Asian Development Bank, Oktober 1995.

TRAISAWASDICHAI, M. (1995): *The Mekong river engineers: Four perspectives on developing the mainstream.* In: The Nation, 29.12.1995.

TRAISAWASDICHAI, M. (1995): *Sino-Thai deal catches Laos off guard.* In: The Nation, 29.12.1995.

Vietnamese academic calls for expert advice on basin. In: Bangkok Post, 20.4.1996.

Instrumentalisierung des Mekong:
Wasserkraft und fremdbestimmter
Wirtschaftsaufschwung in Laos
Asian Development Bank/Kreditanstalt für Wiederaufbau (ADB/KfW) (1996): *Greater Mekong Subregion: Investment Opportunities through Economic Cooperation.* Frankfurt/M.

CARNEGIE, G. (1993): *Investment Guide to the Lao P.D.R.* Vientiane.

Economist Intelligence Unit (EIU) (1995): *Country Report Cambodia, Laos, Myanmar.* London, 2nd quarter 1995.

KRAAS, F./M. RIVET (1996): *Wirtschafts- und Sozialstruktur von Kambodscha, Laos und Myanmar.* Unveröffentlichte Arbeit für die DEG – Deutsche Investitions- und Entwicklungsgesellschaft und das Bundesministerium für wirtschaftliche Zusammenarbeit und Entwicklung (BMZ). Bonn.

KRAAS, F./M. RIVET/S. IWERSEN-SIOLTSIDIS (1996): *Laos.* Munzinger Archiv. Ravensburg.

LUTHER, H.U. (1994): *Laos.* In: NOHLEN, D./F. NUSCHELER (Hrsg.): Handbuch der Dritten Welt. Band 7: Südasien und Südostasien. Hamburg: 436–456.

MEIXNER, M.J. (1994): *Investitions- und Kooperationsförderung im Königreich Kambodscha und in der Volksrepublik Laos.* Aachen.

SCHULTZE, M. (1994): *Die Geschichte von Laos.* Mitteilungen des Instituts für Asienkunde Hamburg 236. Hamburg.

455

SÜDHOFF, R. (1995): *Subregionale Kooperation und Wachstumsdreiecke in Südostasien. Das Beispiel des »Goldenen Vierecks«.* In: Südostasien aktuell 14 (4): 289–308.

United Nations Development Organization (UNDP) (1994): *Industrial Development Review Series – Lao People's Democratic Republic. Industrial Transition.* Washington.

Der Flutaktionsplan in Bangladesch.
Genese, Entwicklung und Perspektiven
eines umstrittenen Entwicklungsvorhabens

BOYCE, J.K.: *Birth of a megaproject: Political Economy of Flood Control in Bangladesh.* In: Environment Management, Vol. 14, No. 4, S. 419–428.

HAGGART, K. (Hrsg.) (1994): *Rivers of Life.* Dhaka.

456 HUGHES, R./S. ADNAN/B. DALAL-CLAYTON (1994): *Floodplains or Flood Plans. A Review of Approaches to Water Management in Bangladesh.* London.

IAO-Network International (1993): *FAP Newsletter* (zweimonatliche Erscheinungsweise).

ISLAM, A./G.M. KAMAL (1993): *Der Flutaktionsplan für Bangladesch und seine ökologischen Risiken.* In: Geographische Rundschau, Nov. 1993, S. 666–673.

Kreditanstalt für Wiederaufbau (1994): *Kurzbeschreibung des Flood Action Plan Bangladeschs.* Frankfurt/M.

KVALOY, F. (1994): *NGO's and People's Participation in Relation to the Bangladesh Flood Action Plan.* Oslo.

RAHMANN, A. (1995): *A Critical Assessment of the Flood Action Plan in Bangladesh.* Dhaka.

Autorenverzeichnis

Georg Amshoff, geb. 1966, studierte Indologie in Hamburg und Maharashtra/Indien. Wissenschaftliche Arbeiten zum Thema »Lieder als Medium sozialer Aktionsgruppen«, zahlreiche Veröffentlichungen zu sozialen und politischen Themen in Süd- und Südostasien. Zur Zeit Referent für Entwicklungszusammenarbeit der Bundestagsfraktion Bündnis 90/Die Grünen.

Dr. Bernd Basting, geb. 1961, Studium der Politikwissenschaft und Germanistik an der Universität Trier. 1988 bis 1992 Wissenschaftlicher Projektassistent am »Programm für Fernöstliche Studien« zu Trier. 1991 Promotion, 1992 bis 1993 journalistisches Aufbaustudium. Mitglied des Südasienbüros und der Redaktion der Zeitschrift *Südasien*. Landeskunde-Tutor für Indien und Birma bei der »Deutschen Stiftung für Internationale Entwicklung« (DSE) in Bad Honnef. Lebt seit 1993 als entwicklungspolitischer Fachjournalist (Südasien, Südostasien) in Bonn. Dr. Bernd Basting ist überdies der Koordinator des Asienhauses.

Christoph Brenk, geb. 1967, studierte an der Rheinischen Friedrich Wilhelms-Universität Bonn Agrarwissenschaften mit dem Schwerpunkt Pflanzenbau und arbeitet dort seit 1994 am Agrikulturchemischen Institut.

Dr. Cha Myong-Jae, geb. 1953 in Seoul, Südkorea, Studium der indischen Philosophie an der Dongguk-Universität, Seoul, 1979 bis 1990 Studium der Soziologie, Politikwissenschaft und Volkskunde an der Universität Münster, 1990 Promotion über *Möglichkeiten und Probleme der Anwendung von Antonio Gramscis Staats- und Revolutionstheorie auf die Länder der Peripherie. Das Beispiel Südkorea*, 1990 Rückkehr nach Südkorea, wissenschaftlicher Dozent, Direktor des Umweltforschungsinstituts »Korean Federation of Environmental Movements« und politisches Engagement in verschiedenen Bürgerrechtsbewegungen.

Jürgen Clemens, geb. 1962, Diplom-Geograph, hat zwischen 1991 und 1995 vierzehn Monate in den Northern Areas, Pakistan, zum Thema »Ressourcenmanagement« geforscht. Seine Arbeit ist Teil eines deutsch-pakistanischen, von der Deutschen Forschungsgemeinschaft finanzierten Projektes. Mitarbeit im Südasienbüro und in der Redaktion der Zeitschrift *Südasien*.

Silke Dauster, geb. 1969 in Frankfurt a.M., studierte an der Rheinischen Friedrich Wilhelms-Universität Bonn Agrarwissenschaften mit dem Schwerpunkt Naturschutz und Landschaftsökologie. Während dieser Zeit lebte sie insgesamt zwölf Monate in verschiedenen asiatischen Ländern. Derzeit arbeitet sie in einem kommunalen Umweltamt.

Ingrid Decker, arbeitet als freie Journalistin für das Südasienbüro, die Deutsche Welle, den Deutschlandfunk u.a. zu den Themenbereichen Politik und Kultur in den Ländern Südasiens. Nach einem sechsjährigen Aufenthalt in Asien studiert sie zur Zeit Geschichte, Indologie und Politikwissenschaften an der Universität Köln.

Dr. Theo Ebbers, geb. 1963, wissenschaftlicher Mitarbeiter am Institut für Entwicklungsforschung und Entwicklungspolitik an der Ruhr-Universität Bochum, Forschungsarbeiten über ländliche Regionalentwicklung und Ressourcenmanagement in Indien, freier Mitarbeiter im Südasienbüro, 1996 Promotion über Probleme der Küstenfischerei in Westbengalen.

Harriet Ellwein, geb. 1953 bei München, 1973 bis 1979 Studium von Geographie und Städtebau an der Universität Freiburg und an der TU München, 1977 mit dem ASA-Programm erstmals in Indonesien. Mehrere Südostasien-Aufenthalte, darunter 1985 bis 1987 zweijähriges Studium der indonesischen Literaturwissenschaft an der Gadjah-Mada-Universität in Yogjakarta. Gründungs- und langjähriges Vorstandsmitglied der Südostasien-Informationsstelle. Seit 15 Jahren journalistische Tätigkeit mit Themenschwerpunkt Indonesien. Derzeit im Amt für Entwicklungsplanung der Stadt Essen.

Ahmed Fazl, geb. 1959 in Bangladesch, Journalismusstudium in Paris, veröffentlicht regelmäßig Beiträge über politische und gesellschaftliche Themen Bangladeschs in internationalen Zeitschriften und Magazinen.

Dr. Jürgen Frembgen, geb. 1955, von 1976 bis 1984 Studium der Ethnologie, vergleichenden Religionswissenschaft und orientalischen Kunstgeschichte in Bonn und Heidelberg, Leiter der Orient-Abteilung des Staatlichen Museums für Völkerkunde, München, Lehrbeauftragter am Nahost-Institut der Universität München, zahlreiche Publikationen zu Nahost, Süd- und Zentralasien.

Valéry Gelézeau, 1988 bis 1991 Studium der Geographie an der Ecole Normale Superieure in Paris, seit 1993 Assistentin und Doktorandin der Geographie zum Thema »Moderne Wohnverhältnisse in Seoul« am Geographischen Institut der Sorbonne, Paris; mehrere Korea-Aufenthalte und Mitarbeit in verschiedenen koreabezogenen Arbeitsgruppen.

Andreas Gruschke, geb. 1960, von 1981 bis 1990 Studium der Geographie, Sinologie und Ethnologie in Aachen, Freiburg und Peking, 1985 bis 1986 Französischlehrer an der landwirtschaftlichen Hochschule von Shanxi, China, lebte mehrere Jahre in Ostasien (Volksrepublik China, Korea), zahlreiche Buchpublikationen, besonders über China, Tibet und Zentralasien.

Imtiaz Gul, geb. 1961, freier Journalist in Islamabad, arbeitet für die Deutsche Welle, die Deutsche Presseagentur und das deutsche Fernsehen über Pakistan und Afghanistan.

Dr. Peter Michael Heck, geb. 21.9.1962 in Saarbrücken, 1982 bis 1989 Studium der Geographie und der Politikwissenschaft an der Universität des Saarlandes. 1989 bis 1990 Stipendiat des DAAD in Taiwan. Seit 1991 Umweltbeauftragter in Wallerfangen/Saar (bis 1993) und Dormagen. 1994 Promotion an der Universität des Saarlandes, Fachrichtung Geographie. Dezember 1995 bis November 1996 Forschungsstipendiat der »Deutschen Japanischen Akademischen Burse« (DJAB) in Ulm.

Dr. Dirk Hegmanns, Soziologe, ist seit über fünfzehn Jahren bei verschiedenen Umwelt- und Entwicklungsorganisationen tätig. Seit April 1996 koordiniert er die Lobbyarbeit bei terre des hommes-Deutschland. Daneben arbeitet er als freier Schriftsteller. Seine Romane *Palmares – Die Republik der Sklaven* und *Rheinpiraten* sind im Peter Hammer Verlag erschienen.

Dr. Thomas Hoffmann, geb. 1961, von 1983 bis 1990 Studium der Geographie, Geschichte und Politikwissenschaften in Freiburg und Berlin, 1991 bis 1994 wissenschaftlicher Angestellter am Institut für Kulturgeographie der Universität Freiburg, Forschungsarbeiten in Thailand, Pakistan und Nepal über Migrationsprozesse aus dem Hochgebirge, gefördert durch die Deutsche Forschungsgemeinschaft; Dissertation über das Thema *Migration und Entwicklung am Beispiel des Solu-Khumbu-Distriktes, Ost-Nepal*; Mitglied des Südasienbüros und der Redaktion der Zeitschrift *Südasien*, Fachjournalist mit Schwerpunkt Asien.

Georgina Houghton, arbeitete 1993 und 1994 zu Fragen sozialer und ökologischer Auswirkungen von Staudammprojekten in dem vietnamesischen Dorf Hien Luong im Da Bac-Distrikt im Rahmen eines Forschungsaufenthaltes in Zusammenarbeit mit dem »Institute for Science Management«, das dem Ministerium für Wissenschaft, Technologie und Umwelt angegliedert ist.

Martin Peter Houscht, geb. 1965, Studium der Politikwissenschaft, Soziologie und Ethnologie in Trier und Glasgow. Nachdiplomstudium für Entwicklungsländer (NADEL) an der ETH Zürich. Robert Schuman-Stipendiat beim Europäischen Parlament in Luxemburg. Forschungskoordinator in einem schweizerisch-bangladeschischen Entwicklungsprojekt im Bereich »Participatory Rural Appraisal«. Fachjournalist mit Schwerpunkt Bangladesch, Berater bangladeschischer NROs, Gutachter für deutsche NROs, Doktorand an der Universität Trier mit einer Arbeit über die Relevanz strategischen Denkens im Zyklus von Entwicklungsprojekten. Seit September 1996 wissenschaftliche Lehrkraft bei der »Deutschen Stiftung für internationale Entwicklung«.

Sabine Jecht, geb. 1961, Studium der Sozialwissenschaften, Bildungsreferentin bei der Menschenrechtsorganisation FIAN, Arbeitsschwerpunkte: Weltbank, UN-Menschenrechtssystem, Goldabbau in der Dritten Welt, Landfrage in Lateinamerika.

Walter Keller, geb. 1951, Geschäftsführer des Südasienbüro, ehemaliger Entwicklungshelfer in Sri Lanka und Indien, Gutachter für zahlreiche Verwaltungsgerichte in Asylverfahren, Tutor bei der »Deutschen Stiftung für Internationale Entwicklung« Bad Honnef/Berlin.

Priv.-Doz. Dr. Frauke Kraas, geb. 1962, Geographisches Institut der Universität Bonn, Studium der Geographie, Biologie, Ethnologie und Philosophie in Bochum und Münster. 1991 Promotion, 1996 Habilitation zum Thema Bangkok. Arbeitsschwerpunkte: Stadt-, Sozial- und Wirtschaftsgeographie, Megastädte, Ethnogeographie, Entwicklungsforschung; Südostasien (Thailand, Malaysia, Laos, Birma), Schweiz; Geographische Informationssysteme.

Dr. Lioba Lenhart, Ethnologin, 1988 bis 1990 zwanzigmonatige Feldforschung bei Seenomaden im indonesischen Riau-Archipel sowie 1979, 1985, 1991 und 1993 mehrmonatige Aufenthalte bei Seenomaden in Malaysia und Indonesien; Magisterarbeit über Kulturwandel bei Orang Kuala in West-Johor (Malaysia) im Zusammenhang mit Projekten der malaysischen Regierung; Dissertation über ethnische Identität von Orang Suku Laut im Riau-Archipel (Indonesien) im Zusammenhang mit interethnischen Beziehungen; arbeitete u.a. in einem Projekt der Deutschen Forschungsgemeinschaft in Südostasien sowie als Lehrbeauftragte und wissenschaftliche Mitarbeiterin am Institut für Völkerkunde der Universität Köln.

James Lochhead, London, Mitglied des Europäischen Menschenrechtskomitees zu Malaysia und Singapur, KEHMA-S, arbeitet seit Jahren über die Probleme indigener Völker in Malaysia.

459

Dr. Heike Löschmann, geb. 1962, Studium der Südostasienkunde und Geschichte an der Humboldt-Universität zu Berlin und der Universität Phnom Penh, an der Humboldt-Universität zu Berlin anschließende Promotion zu einem Thema der neueren Geschichte Kambodschas, von 1993 bis 1996 Tätigkeit als Auslandsmitarbeiterin der »Heinrich-Böll-Stiftung« in einem Kooperationsprojekt mit dem Buddhistischen Institut in Phnom Penh; zur Zeit Asienreferentin der »Heinrich-Böll-Stiftung e.V.«, Köln.

Klemens Ludwig, geb. 1955, von 1977 bis 1989 Asienreferent der »Gesellschaft für Bedrohte Völker« in Göttingen, Vorsitzender der »Tibet Initiative Deutschlands e.V.«, freiberuflicher Journalist mit Schwerpunkt Asien.

Jürgen Maier, geb. 1963, von 1987 bis 1991 Bundesvorstandsmitglied der Grünen, 1993 bis 1996 Geschäftsführer der Asienstiftung, Essen, seit 1996 Projektstellenleiter des NRO-Forums Umwelt und Entwicklung in Bonn.

460 **Anja Osiander,** promoviert am Institut für Politische Wissenschaft der Universität Köln über den Fall Minamata. Sie ist Mitglied im Vorstand der »Vereinigung für sozialwissenschaftliche Japanforschung«.

Arne Raj Panesar, geb. 1962, Studium der Biologie, 1989 bis 1991 Gaststudium an der Jawaharlal-Nehru-Universität in New Delhi, Mitarbeit in Umweltprojekten im Bereich Gewässerschutz in Indien, derzeit Promotion über die »Ökologie der Himalaya-Gewässer« an der Universität Freiburg.

Richard Pestemer, geb. 1946, Studium der Politikwissenschaften und Japanologie, freier Journalist für japanische und deutsche Blätter sowie freier Korrespondent der *Shakai-Shinpo,* Parteizeitung der Sozialdemokratischen Partei Japans, und Redakteur der in Bonn erscheinenden Zeitschrift *Japan aktuell.*

Anita Pleumarom, als freie Journalistin in Bangkok tätig und schreibt hauptsächlich über tourismusbedingte Entwicklungs- und Umweltprobleme in Südostasien. Sie koordiniert das »Tourism Investigation & Monitoring Team« (TIM-TEAM) in Bangkok und ist in der »Global Anti-Golf Movement« (GAG'M) aktiv.

Regina von Reuben, lebt seit 20 Jahren in Bangkok und arbeitet für internationale Entwicklungshilfeorganisationen.

Almut Rößner, geb. 1975, Studentin der Südostasien-Wissenschaften an der Universität Passau, derzeit Praktikantin an der Südostasien-Informationsstelle im Asienhaus, Essen.

Graínne Ryder, Wasserbauingenieurin, arbeitet derzeit für die kanadische Entwicklungshilfeorganisation »Canada Foreign Aid Watchdog/Probe International«, ist Gründungsmitglied der Organisation »Towards Ecological Recovery and Regional Alliance« (TERRA), für deren Regionalbüro in Bangkok sie zwischen 1990 und 1995 mit Bevölkerungsgruppen im Mekong-Gebiet arbeitete.

Hanna Schmuck, geb.1970, 1990 bis 1995 Studium der Ethnologie an der Freien Universität Berlin. 1994/1995 Feldforschung auf den Chars in Bangladesch, seit 1993 Mitarbeiterin bei der Nichtregierungsorganisation »IAO Network International e.V.« zum »Flood Action Plan«.

Jorge Scholz, geb. 1962, Studium der Politkwissenschaften in Bonn, freier Journalist mit dem thematischen Schwerpunkt Pakistan, Vorstandsmitglied des Südasienbüros im Asienhaus, Landeskunde-Tutor für Pakistan bei der »Deutschen Stiftung für Internationale Entwicklung« (DSE) in Bad Honnef.

Ajith Seresundara, Dozent am »Department of Sociology der Universität Colombo«; arbeitete über den sozio-ökonomischen Hintergrund des urbanen informellen Sektors (1987), war wissenschaftlicher Mitarbeiter in Forschungsprojekten über die Transaktionskosten ländlicher Kredite (1987) und im staatlichen Gesundheitswesen (1991) war zuletzt an der Erstellung einer Studie über die sozio-ökonomischen Probleme neuer Siedlungsareale im Rahmen des Mahaweli-Entwicklungsprogrammes beteiligt.

Agus Setiawan, geb. 1962 in Mitteljava, Indonesien, Sportstudium in Yogjakarta, tätig in mehreren Nichtregierungsorganisationen mit Schwerpunkt ländlicher Entwicklung. Bis 1987 Geschäftsführer und Vorstandsmitglied der »Stiftung für kulturelle Entwicklung« in Yogjakarta. Seit 1987 in Deutschland, Mitarbeiter der Südostasien-Informationsstelle sowie freiberufliche Tätigkeit in der entwicklungspolitischen Bildungsarbeit.

Rüdiger Siebert, geb. 1944, Journalistenausbildung in Nürnberg. Redakteur an Zeitungen und Zeitschriften. Seit 1970 bei der Deutschen Welle in Köln, seit 1977 Leiter des Indonesischen Programms.

Dr. Eva Sternfeld, geb. 1957, Sinologin, forscht und publiziert zur Umwelt- und Wasserpolitik der Volksrepublik China. 1996 Promotion über *Ökologische und sozio-ökonomische Determinanten der Beijinger Wasserkrise*, zur Zeit Recherche über »Die Wassersituation in China« für Greenpeace e.V.

Dr. Ira Stubbe-Diarra, geb. 1964, Studium der Vergleichden Religionswissenschaft, Indischen Kunstgeschichte und Philosophie, Promotion 1994. Freie Mitarbeiterin bei der »Ökumenischen Information«, Mitarbeit an verschiedenen Projekten. Seit 1996 Assistentin an der Indischen Botschaft, Bonn.

Ludmilla Tüting, geb. 1946, freie Journalistin und Autorin, lebt seit 1974 in Berlin-Kreuzberg und Kathmandu. Schwerpunktthemen: Menschenrechte, Umweltschutz und Tourismus in der Himalayaregion.

Max Ursin, geb. 1963, Diplom-Bauingenieur, Studium an der ETH Lausanne, seit 1989 Planung und Ausführung von Kleinwasserkraftwerken in der Schweiz. 1991 bis 1994 verantwortlich für alle Bauten des Salleri-Chialsa-Wasserkraftwerkes in Ost-Nepal.

Dr.-Ing. Weiluo Wang, geb. 1951 in Zhejiang, Volksrepublik China, wissenschaftlicher Mitarbeiter des Fachgebietes Stadt- und Regionalpanung der Fakultät Raumplanung an der Universität Dortmund. Studium der Geographie in China und der Raumplanung in Deutschland. 1981 bis 1984 Mitarbeit an der Territorialplanung des Drei-Schluchten-Projektes. 1993 veröffentlichte er das Buch *Bewertung des Drei-Schluchten-Staudammprojektes*.

Dr. Eberhard Weber, geb. 1961, Geograph, promovierte 1996 über Aspekte der Fischereientwicklung und Ernährungssicherung in Südindien. Seine weiteren Arbeitsschwerpunkte liegen in der Analyse von Ressourcenkonflikten im südasiatischen Raum sowie den Auswirkungen von Globalisierungsprozessen auf besonders verwundbare Gruppen.

Bruni Weißen, geb. 1955, Studium der Germanistik und Geschichtswissenschaft. Seit 1980 im entwicklungspolitischen Bereich mit Schwerpunkt Südasien tätig, u.a. im Südasienbüro, bei terre des hommes und als Fraktionsmitarbeiterin im Europäischen Parlament. Seit 1990 bei der Aktionsgemeinschaft Solidarische

Welt mit dem Schwerpunkt Kampagnen und Informationen. Redakteurin der Zeitschrift *Solidarische Welt.*

Dr. Rainer Werning, in Königsdorf bei Köln lebender Politik- und Sozialwissenschaftler, ist Herausgeber der *Schriften- und Scriptenreihe des Forschungsinstituts Dritte Welt/Industrieländer (FDI)* in Osnabrück und seit Herbst 1995 Geschäftsführer der in Freiburg im Breisgau ansässigen »Stiftung für Kinder«, die schwerpunktmäßig in den Philippinen engagiert ist; seit 1970 u.a. längere Studienaufenthalte in und zahlreiche Veröffentlichungen über Südost- und Ostasien.

Dr. Jörg Zimmermamm, geb. 1955, Studium der Geographie und Mathematik in Berlin, mehrmonatige Forschungsaufenthalte in Pakistan zum Thema Sportartikelindustrie, derzeit in der kirchlichen Erwachsenenbildung in Berlin mit den Schwerpunktthemen Weltwirtschaft, informeller Sektor und globales Lernen tätig.

462

Das Asienhaus – Ein Porträt

Der größte Teil der Menschheit lebt in Asien. Ost- und Südostasien erleben zur Zeit ein enormes Wirtschaftswachstum. Das 21. Jahrhundert wird bereits als das »asiatisch-pazifische Jahrhundert« bezeichnet. Mit dem wirtschaftlichen Gewicht steigt auch die politische Bedeutung der Länder dieser Region. Die Lösung globaler Probleme wird ohne sie nicht mehr zu leisten sein. Andererseits wird der sich im radikalen ökonomischen und gesellschaftlichen Wandel befindliche asiatische Kontinent zunehmend selbst Teil dieser Probleme.

Gleichzeitig jedoch ist Asien auch Heimat der Mehrheit der in Armut lebenden Menschen. Die Region leidet unter massiver Umweltzerstörung und den negativen sozialen Effekten des rasanten Wirtschaftswachstums wie des unheilvollen und skrupellosen »Spiels der freien Marktkräfte«.

Um den veränderten Rahmenbedingungen entwicklungspolitischer Arbeit, Bildungs-, Beratungs- und Informationsarbeit zu Asien besser gerecht werden zu können, haben sich im Februar 1995 die *Asienstiftung* und die fünf wichtigsten asienorientierten deutschen Nichtregierungsorganisationen – vorher verstreut über die ganze Republik – unter einem Dach zusammengefunden: Im *Asienhaus* in Essen-Katernberg. Neben der *Asien-Stiftung* ist dort nun die Zentrale des *Korea-Verbandes*, des *Philippinen-Büros*, des *Südasienbüros*, der *Südostasien-Informationsstelle* und der *Tibet-Initiative Deutschland*. Man will nun kooperieren, inhaltliche Arbeit koordinieren, Know-how und Verwaltung, Konzepte, Ziele, Projekte und Initiativen aufeinander abstimmen. Der Gründungs-Vorsitzende der *Asienstiftung*, Prof. Dr. Günter Freudenberg, beschreibt die Aufgaben des *Asienhauses* so: »Es soll als Brücke zwischen den Gesellschaften Deutschlands und Asiens dienen und zur Demokratisierung asiatischer Länder wie zur gegenseitigen Unterstützung fortschrittlicher Bewegungen beitragen. Die Absicht ist, Diskussionen über Fragen von beiderseitigem und globalem Interesse zu vertiefen, supranationale bzw. überregionale Vernetzungen zur Bekämpfung von Verbrechen gegen die Umwelt, gegen Frauen und von Geschäften mit Krieg und Elend zu fördern und schließlich herrschende Wirtschaftsstrukturen und die Orientierung der entwicklungspolitischen Diskussion an ihnen zu hinterfragen.«

Die Leistungsofferten des *Asienhauses* in Essen sind außerordentlich vielfältig: Informations- und Öffentlichkeitsarbeit, die Herausgabe regelmäßig erscheinender Fachzeitschriften, kulturelle Veranstaltungen wie Ausstellungen, Lesungen, Tanz- und Musikaufführungen, Kampagnen, Tagungen, Seminare, Sprachkurse, Rechtsberatung für ausländische Mitbürger aus Asien und nicht zuletzt eine jedem zugängliche, mit Asien-Literatur üppig ausgestattete Bibliothek, deren Angebot von über 250 laufend bezogenen Zeitschriften in Deutschland ihresgleichen sucht.

Da das *Asienhaus* sich auch als eine europäisch-asiatische Begegnungsstätte versteht, als Ort des interkulturellen Dialogs, bietet es Ausländergruppen aus diversen Staaten Asiens bzw. deutsch-asiatischen Gruppen die Gelegenheit, sich zu treffen oder ihrerseits Veranstaltungen abzuhalten. Das neue Zentrum wird zahlreich besucht. Das Gästebuch wird bereits geziert u.a. mit den Namen des Dalai Lama, der Vizepräsidentin a.D. des Indischen Parlaments, Kamala Sinha, des Direktors des »Südasiatischen Dokumentationszentrums für Menschenrechte«, Ravi Nair, des

Führers der Organisation demokratischer Wissenschaftler in Südkorea, Prof. Lee Chong-Oh, und des Trägers des Alternativen Nobelpreises 1996, Sulak Silvaraksa. Für 1997 plant das *Asienhaus* zwei große Projekte, die die Themen »Asiatische Herausforderungen« und »Islam in Asien« mittels Tagungen, Kulturveranstaltungen und Publikationen fokussieren sollen. Das *Asienhaus* ist im Internet mit einer Homepage vertreten. Damit soll eine effektive Verbreitung von Informationen an Presse, Nichtregierungsorganisationen und interessierte Einzelpersonen realisiert werden. Sie steht nicht nur den im *Asienhaus* zusammengeschlossenen Organisationen, sondern auch anderen Nichtregierungsorganisationen zur Verfügung.

Bernd Basting

464   Organisationen im Asienhaus

Asienstiftung
Dr. Klaus Fritsche, Mechthild Schröder
oder Dr. Bernd Basting
Tel.: 0201/8 30 38-38
Fax: 0201/8 30 38-30
Homepage: HTTP://ourworld.compuserve.com/
homepages/Asienhaus_Essen
e-mail: 101673.700@compuserve.com

**Korea Kommunikations- und
Forschungszentrum des Korea-Verbandes e.V.**
Dr. Roland Wein oder Dr. Yoo Jung-Sook
Tel.: 0201/8 30 38-12 oder -13
Fax: 0201/8 30 38-30
e-mail: 101673.700@compuserve.com
Zeitschrift: Korea-Forum

Philippinenbüro e.V.
Sandra Müller oder Ursula Wappler
Tel.: 0201/8 30 38-28
Fax: 0201/8 30 38-30
e-mail: 101673.700@compuserve.com
Zeitschrift: Philippinen-Forum

Südasienbüro e.V.
Walter Keller oder Dr. Theo Ebbers
Tel.: 0201/8 30 38-16
Fax: 0201/8 30 38-30
e-mail: 101673.700@compuserve.com
Zeitschrift: Südasien

Südostasien-Informationsstelle
Peter Franke oder Saskia Busch
Tel.: 0201/8 30 38-18
Fax:0201: 8 30 38-19
e-mail: seainfo@geod.geonet.de
Zeitschrift:
Südostasien Informationen

Tibet Initiative Deutschland e.V.
Andrea Hoever
Tel.: 0201/8 30 38-21
Fax: 0201/8 30 38-22
e-mail: 101673.700@compuserve.com

Bibliothek im Asienhaus
Brigitte Langer oder Fritz Seeberger
Tel.: 0201/8 30 38-23
Fax: 0201/8 30 38-30

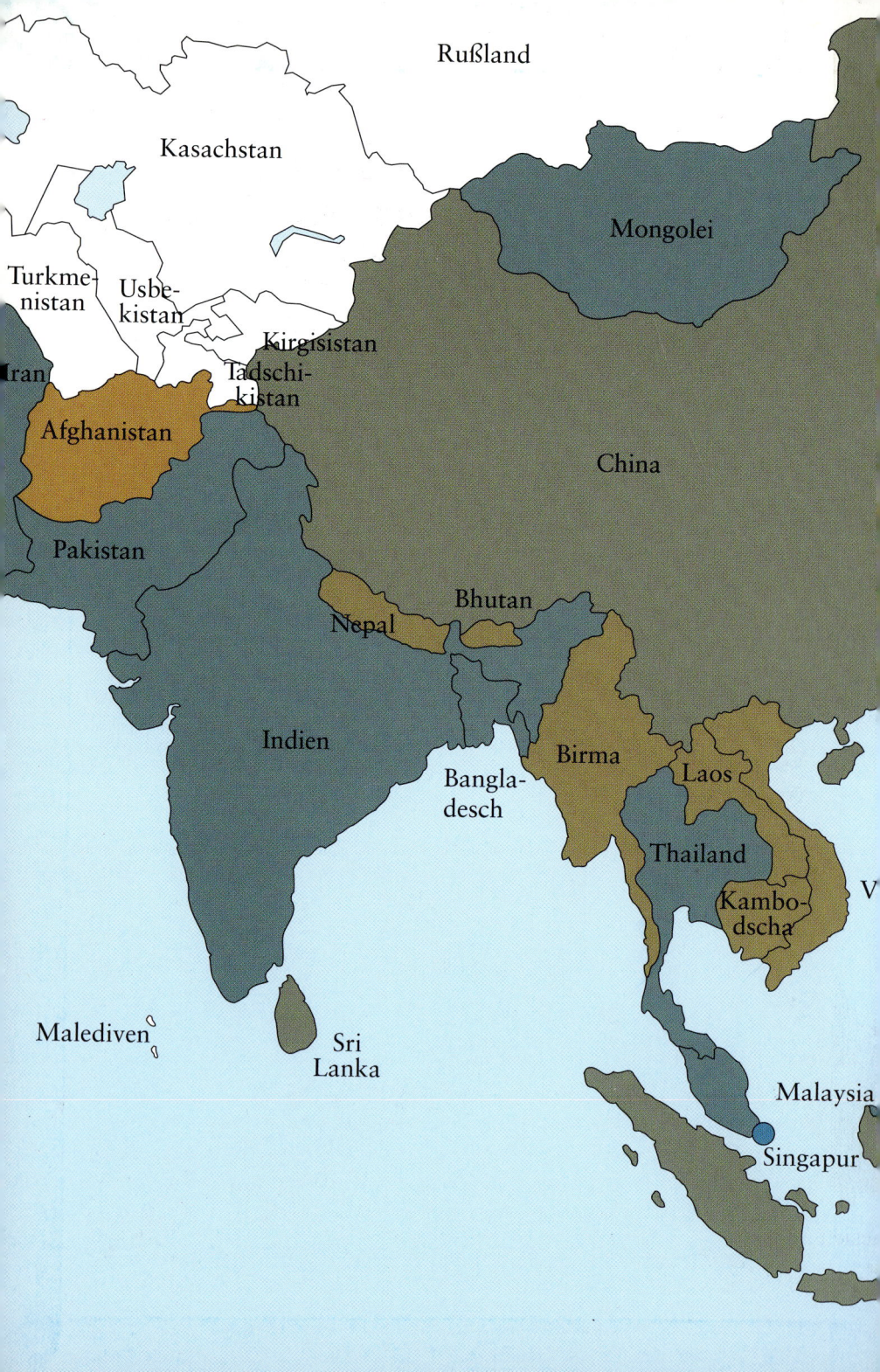

Rußland

Kasachstan

Mongolei

Turkme-
nistan

Usbe-
kistan

Kirgisistan

Iran

Tadschi-
kistan

Afghanistan

China

Pakistan

Bhutan

Nepal

Indien

Birma

Bangla-
desch

Laos

Thailand

Kambo-
dscha

V

Malediven

Sri
Lanka

Malaysia

Singapur